바빙크

- 비평적 전기 -

다함
도서출판 **다** 은

1. **다윗**과 **아브라함**의 자손
아브라함과 다윗의 자손으로, 하나님 구원의 언약 안에 있는 택함 받은 하나님 나라 백성을 뜻합니다.

2. 마음과 뜻과 힘을 **다하여** 하나님을 사랑하라
구약의 언약 백성 이스라엘에게 주신 명령(신 6:5)을 인용하여 예수님이 가르쳐 주신 새 계명
(마 22:37, 막 12:30, 눅 10:27)대로 마음과 뜻과 힘을 다해 하나님을 사랑하겠노라는 결단과 고백입니다.

사명선언문
1. 성경을 영원불변하고 정확무오한 하나님의 말씀으로 믿으며, 모든 것의 기준이 되는 유일한 진리로 인정하겠습니다.
2. 수천 년 주님의 교회의 역사 가운데 찬란하게 드러난 하나님의 한결같은 다스림과 빛나는 영광을 드러내겠습니다.
3. 교회에 유익이 되고 성도에 덕을 끼치기 위해, 거룩한 진리를 사랑과 겸손에 담아 말하겠습니다.
4. 하나님 앞에서 부끄럽지 않도록 항상 정직하고 성실하겠습니다.

바빙크
- 비평적 전기 -

초판 1쇄 인쇄 2022년 12월 10일
초판 1쇄 발행 2022년 12월 30일

지은이 ┃ 제임스 에글린턴
옮긴이 ┃ 박재은
감　수 ┃ 이상웅

펴낸이 ┃ 이웅석
펴낸곳 ┃ 도서출판 다함
등　록 ┃ 제2018-000005호
주　소 ┃ 경기도 군포시 산본로 323번길 20-33, 701-3호(산본동, 대원프라자빌딩)
전　화 ┃ 031-391-2137
팩　스 ┃ 050-7593-3175
블로그 ┃ https://blog.naver.com/dahambooks
이메일 ┃ dahambooks@gmail.com

ISBN　979-11-90584-62-3 [93230]

BAVINCK

비평적 전기
BAVINCK: A Critical Biography

제임스 에글린턴 지음
박재은 옮김
이상웅 감수

목차

추천사 ·· 06

자료에 대한 메모 ·· 15

감사의 글 ·· 18

한국어판 서문 ·· 22

역자 서문 ·· 25

서론 ··· 28

연대 ··· 38

1부 뿌리

1. 벤트하임의 오래된 개혁교회 ··· 42

2. 얀 바빙크와 헤지나 마흐달레나 홀란트 ··· 68

3. 헤르만의 어린 시절과 학교 교육(1854-72) ··· 114

2부 학생

4. 깜픈(1873-80) ··· 144

5. 레이든(1874-80) ··· 171

3부 목회자

6. 프라너꺼르(1881-82) ··· 242

4부 깜픈에서의 교수직

7. 자료 수집(1883-89) ⋯ 294

8. 현대적 종교개혁 집필(1889-1902) ⋯ 367

5부 암스테르담에서의 교수직

9. 니체 시대의 기독교(1902-09) ⋯ 464

10. 자신의 색깔을 보여주기(1910-20) ⋯ 539

11. 바빙크의 마지막 몇 해들(1920-21) ⋯ 592

후기 ⋯ 612

부록 1. "나의 아메리카 여행" ⋯ 625

부록 2. "헤르만 바빙크 박사의 자서전적 스케치" ⋯ 649

부록 3. "과제들: 복음 전도의 개념과 필요성" ⋯ 652

약어 ⋯ 655

중심인물, 교회, 교육 기관, 그리고 언론 ⋯ 657

참고문헌 ⋯ 666

인물 색인 ⋯ 732

주제 색인 ⋯ 740

추천사

다수의 바빙크 저작들이 최근에 들어서야 비로소 활발히 번역되고 있기 때문에 이제야 영어권 독자들이 그의 풍부한 생각들을 충분히 누릴 수 있게 되었다. 바빙크는 교회, 철학, 사회의 흐름에 대한 역사를 고려하면서도 온전히 성경적으로 사고하기 때문에 그의 풍부한 생각들이 독특한 것처럼 보인다. 하지만 아우구스티누스, 아퀴나스, 칼뱅, 루터 같은 신학자에 대한 삶과 배경을 알지 못한다면 어느 누구도 그들의 신학을 제대로 이해할 수 없다. 에글린턴은 20세기 가장 위대한 개혁신학자에 대한 새로운 비평적 전기를 통해 바빙크의 삶과 배경을 설명한다. 이 책은 매우 중요한 책이며, 동시에 매우 읽기 쉬운 책이다.

티모시 켈러 (뉴욕 리디머장로교회 명예목사)

개혁신학과 신칼빈주의 전통에 관심을 두고 있는 사람에게 이 전기는 분명히 유익할 것이다. 이 전기는 어떻게 그리스도인이 복잡하게 변화하는 세상 속에서 정통 신앙을 간직하며 살아갈 수 있을까에 대한 질문, 즉 '그리스도와 문화'에 대한 지속적인 질문에 대해 말한다. 바빙크가 지혜와 혜안을 가지고 탐구하는 주제들의 범위와 폭은 실로 대단하다. 에글린턴은 다원주의, 심리학, 니체, 여성을 위한 교육, 복음주의, 선교, 미국에서의 인종차별문제, 정치문제와 신실하면서도 창조적으로 대화하고 있는 바빙크를 우리에게 소개한다. 우리는 이를 통해 구름 같이 둘러싼 허다한 증인들로부터 여전히 많은 것을 배운다.

크리스틴 디드 존슨 (웨스턴 신학교)

1910년 네덜란드를 방문했던 한 스코틀랜드 신학자는 강의 중 헤르만 바빙크를 가리켜 '카이퍼 박사의 충성스럽고 박식한 심복'으로 칭했다. 110년 후 현재 또 다른 스코틀랜드 신학자는 이런 오해를 바로잡는다. 제임스 에글린턴은 바빙크를 더 이상 누구의 '심복'으로 묘사하지 않으며, 오히려 바빙크를 자기 고유의 생각을 가진 명석하고 창조적인 신학자로 묘사한다. 이 중요한 책은 우리 중 많은 사람이 지금까지 확신해 왔던 바, 바빙크가 우리 시대에 세계 최고의 신학자로 다가오게 될 것이라 확신한다.

리처드 마우 (풀러 신학교 명예총장)

학문적이지만 동시에 이해하기 쉬운 이 전기는 역사적 배경 가운데 바빙크의 삶과 사역에 대한 설명을 제공하며, 이후의 신학적 파당들과 분열 등의 관심사로 바빙크를 끌어들이려는 유혹, 혹은 이런 관심사를 통해 바빙크를 해석하고자 하는 유혹을 거부한다. 이 전기야말로 바빙크『개혁 교의학』의 훌륭한 자매판이다.

칼 R. 트루먼 (그로브 시티 대학교)

에글린턴은 새로운 기록 자료들을 활용하여 19세기와 20세기 네덜란드 칼빈주의의 부흥에 가장 중요한 인물이었던 아브라함 카이퍼와 함께 인간으로서, 교회인으로서, 사상가로서의 바빙크에 대한 새로운 통찰력을 제공한다. 에글린턴은 철저한 역사적 연구를 통해 바빙크를 현대인으로서 보다 더 폭넓은 지적, 영적 정황에 위치시키고 그와 그의 분리측 기독교 개혁 공동체에 대한 반복되는 낭설들에 효과적으로 반박한다. 특별히 헤르만 바빙크의 아버지인 얀 바빙크, 어린 시절의 바빙크, 바빙크의 아내인 요한나 스키퍼르스 바빙크, 바빙크의 딸과 손자에 대한 유산 등의 내용이 특히 빛을 발하며, 모두 괄목할 만하다. 단연코 오랫동안 최고의 바빙크 전기로 기억될 것이다.

존 볼트 (칼빈 신학교 명예교수)

이 책은 바빙크의 출판물과 미발표된 저작 모두를 철저히 읽고 그것을 바탕으로 쓰여진 개혁주의 전통의 신학적 거인에 대한 우아하고 친밀한 묘사이다.

에글린턴은 기독교 교리에 대한 4권의 걸작을 집필하도록 궁극적으로 이끈 바빙크의 치열한 개인적, 영적, 지적 여정을 탁월하게 기록했다.

이 책은 앞으로 헤르만 바빙크에 대한 표준 전기로 자리매김할 것이다.

존 위트 주니어 (에모리 대학교)

교리는 삶의 모루 위에서 구축되기 때문에 신학자의 작업을 이해하려는 모든 시도는 개인의 역사를 기초로 이루어져야 한다. 헤르만 바빙크를 좋아하는 이들이 이제 그 임무를 수행할 전기를 갖게 된 것은 축하할만한 일이다. 에글린턴은 바빙크와 현대 개혁주의 전통을 알고자 하는 이들을 위해 특별한 작품을 저술했다. 그는 이 책에서 심도 있는 연구와 통찰력 있는 분석을 결합했다. 독자들은 그의 뛰어난 노력의 결실에 실망하지 않을 것이다.

J. V. 페스코 (미시시피 잭슨 리폼드 신학대학원)

오랫동안 바빙크 연구는 다음과 같은 가정, 즉 바빙크가 기독교와 근대 사고방식 혹은 문화를 혼합시켰기 때문에 바빙크의 신학은 신조적인 정통의 입장과 불협화음을 가지고 있다는 가정 아래 수행되었다. 에글린턴은 비평적으로 이런 식의 가정이 틀렸다는 것과 바빙크가 살면서 보여준 다양한 모습들이 다방면에 걸친 그의 신학을 증명한다고 설득력 있게 말한다. 또한 피조물이 각자의 자리에서 합력하여 그리스도께 헌신하고자 애쓰는 것처럼 바빙크도 그러했다는 사실을 기술한다.

샤오 카이 청 (저장 대학 철학과 교수)

에글린턴의 바빙크 전기에는 여러 미덕이 드러난다. 다른 전기에서 자세히 알 수 없었던 바빙크 아버지의 교회와 문화 배경, 이슬람 연구 학자 후르흐론여와 나눈 평생의 우정, 그리고 바빙크 후손들의 행적을 자세하게 추적했다. '비평적 전기'라는 부제가 말해 주듯 헤프나 글리슨 등 초기 전기 작가나 최근 작가들의 오류를 여러 면에서 바로 잡아준 일도 이 책이 가진 미덕이다. 개혁 정통주의 신학에 뿌리를 굳게 내리면서도 당대의 사상과 문화와 대화하면서 적극 신학 작업을 한 박학다식하고 일관된 크리스천 학자의 모습을 드러낸 것은 이 책이 가진 가장 큰 미덕일 것이다.

강영안 (미국 칼빈 신학교 교수, 서강대학교 철학과 명예교수)

여느 전기와 마찬가지로 이 책은 저자의 사상에 영향을 준 배경만이 아니라, 신학사상과 삶을 연결점을 들여다보게 한다. 구체적으로 아브라함 카이퍼와 함께 신칼빈주의 운동의 중심 인물로서 신학만이 아니라 심리학, 교육학, 정치 영역 등에서도 관심을 두고 살았던 바빙크가 개혁신학자이며 개혁교회 교인으로서 신앙의 정통성을 견지하면서 신학은 물론 사회 문화의 영역에 있어서 어떻게 삶을 대응해 살아왔는지를 엿보게 한다. 정통과 현대 사이에 놓인 개혁신앙인으로서 개인을 넘어 사회 문화와 관련하여 신자의 신앙과 삶에 대한 관심이 있다면 이 책에서 커다란 유익을 얻을 것이다.

김병훈 (합동신학대학원대학교 조직신학 교수)

에글린턴 박사의 『바빙크: 비평적 전기』는 그 책 제목이 약속하듯이 비평적 작업을 충실하고도 성공적으로 완성했다. 특히 에글린턴은 '전통적' 바빙크와 '현대적' 바빙크라는 '두 바빙크 이론'의 불가해한 모호성을 거부하고, 역사적 사료들에 근거한 새로운 바빙크 해석을 통해 바빙크가 진정한 개혁주의 신학자였음을 잘 드러내고 있다. 바빙크는 한 손엔 기독교 복음의 거룩성을 견지하고, 다른 한 손엔 세속 사회 속 교회의 보편성을 추구했던 개혁주의 신학자요 기독교 철학자였다. 바빙크는 자신의 걸작 『개혁교의학』에서 가르쳤던 개혁신학의 핵심 과제, 즉 한편으론 과거 전통에 뿌리내린 신학적 보수성, 그리고 다른 한편으론 급변하는 19세기 시대 사조와 20세기 문턱에서 맞닥뜨린 삶의 문제들과 씨름하는 실존적 현대성을 학문의 전당에서 균형있게 가르쳤을 뿐만 아니라 변화무쌍한 삶의 현장에서 목회자와 교회 지도자, 정치가로서 몸소 실천했다. 『바빙크: 비평적 전기』는, 눈부시게 화려하지 않지만 복음을 따라 진솔하게 살아간 믿음의 사람, 바빙크의 발자취를 따르기 원하는 21세기 한국교회 목회자, 신학도, 그리고 성도들에게 큰 울림을 주리라 믿으며 적극 추천한다.

박태현 (총신대학교 실천신학 교수)

헤르만 바빙크의 『개혁교의학』이나 『계시철학』의 독자들은 그의 박식함과 엄밀함에 놀랄 것이다. 『헤르만 바빙크의 찬송의 제사』나 『헤르만 바빙크의 설교론』, 『개혁파 윤리학』을 읽은 사람은 그가 지닌 목회적 태도에 감동할 것이다. 『헤르만 바빙크의 기독교 세계관』이나 『헤르만 바빙크의 일반은총』을 통해서는 그의 사상이 가진 호방함에 감탄할 것이다. 이제 에글린턴의 『바빙크: 비평적 전기』의 독자들은 바빙크도 역시 사람이었다는 것을 알게 될 것이다. 신앙에 대한 깊은 고민, 사랑하는 여인과 애절한 사랑, 정치적 소용돌이 속에서의 고뇌와 번민, 지속적인 우정의 대화, 격렬한 갈등과 진지한 토론, 점점 더 탈기독교화 되어가는 세계 속에서 성경적 중심 잡기 등. 바빙크도 우리와 크게 다르지 않은 세상에서 고민하며 사랑하며 글 쓰고 말하면서 살아갔다. 그러나 그는 끝까지 하나님을 붙들었으며, 자신에게 맡겨진 소임에 충실했다. 깊은 울림과 긴 여운을 남기는 바빙크의 일생은 불확실성 속에서 의심과 믿음을 오가며 하루하루를 살아가는 이 시대 그리스도인들에게 밝은 등불이 되어 줄 것이다.

우병훈 (고신대학교 신학과 교의학 교수)

(어떤) 신학자도 특정한 시간과 공간에 제한된 존재일 수밖에 없다. 100여 년이 지난 뒤 누군가 그 신학자의 글을 읽을 때에는 저자가 놓였던 시간과 공간에 대한 이해의 한계에 직면할 수밖에 없다. 이런 한계 내에서 읽을 때, 그 신학이 제대로 읽히지 못하는 한계에 내몰릴 수밖에 없다. 어떤 신학자의 글도 자서전적 (autobiographical) 범주를 벗어날 수 없다는 점에서, 글을 읽을 때 저자의 삶의 미묘한 정황(critical biographical)을 제대로 파악하는 일은 매우 긴요하다. 헤르만 바빙크(Herman Bavinck)의 작품을 대할 때도 마찬가지다. 다행히 기존에 출간된 바빙크 전기들을 배제하지 않으면서, 새로운 자료를 발굴하여 유기적 통합(organic integrity)을 모색한 비평적 전기가 한국의 독자에게도 제공된다니 여간 기쁜 일이 아니다. 제임스 에글린턴(James Eglinton)의 전기가 헤르만 바빙크의 의중을 제대로 파악하는 일에 소중하게 활용되었으면 하는 바람이다.

유태화 (백석대학교 신학대학원 조직신학 교수)

20세기 최고의 개혁파 신학자인 바빙크에 대한 에글린턴 전기의 독특성은 "비평"이다. 저자는 기존의 바빙크 전기들에 약간의 오해 혹은 오류가 있다고 생각하고 수정을 단행한다. 이를 위하여 그는 바빙크의 일기와 서신들과 당시의 신문들도 면밀하게 검토하며 바빙크와 그의 신학을 후기 근대의 복잡한 환경 속에서 파악하며 문맥적 읽기와 분석을 시도한다. 그래서 저자는 바빙크를 특정한 교파에 고립되지 않고 복잡하게 급변하는 유럽의 지성사적 흐름과 교류한, 그러나 하나님과 성경 중심적인 "근대의 유럽인, 정통적인 칼빈주의 학자, 그리고 학문의 인간"으로 규정한다. 바빙크의 출생과 성장의 환경, 학생 시절, 목회자 시절, 깜픈과 암스테르담 교수 시절 등에 대한 저자의 순차적인 묘사를 통해 우리는 웅장한 바빙크 신학의 실존적인 토양을 확인한다. 이 비평적 전기는 바빙크 연구에서 누구도 간과할 수 없는 필독서다.

한병수 (전주대학교 교의학 교수)

자료에 대한 메모

헤르만 바빙크는 자신의 많은 경험을 일기(*dagboeken*)와 편지에 연대순으로 기록했고, 자기 삶의 중요한 부분들을 들여다볼 수 있도록 풍성한 질감을 가진 창을 자신의 삶을 기록할 미래의 전기 작가들에게 남겼다. 이 책에는 1차 자료들에 수록된 삶에 나타나는 규칙적인 변화 및 핵심 요지가 드러나 있으며, 책 곳곳에서 이를 확인할 수 있다. 나는 독자들이 일기와 편지 사이를 구별하는 데 도움을 주기 위해 일기로부터의 인용은 이탤릭체로 표기했고, 편지에서 발췌 인용한 부분은 그렇게 하지 않았다[편집자 주: 한역본에서는 일기 인용을 고딕 계열의 다른 서체로 구별해서 표기했다]. 현재까지는 바빙크의 친구 크리스티안 스눅 후르흐론여(Christiaan Snouck Hurgronje), 헨리 엘리아스 도스꺼(Henry Elias Dosker), 게르할더스 보스(Geerhardus Vos)와 주고받은 일련의 중요한 서신 모음 중 하나 혹은 셋 중에 하나의 짝이 『레이든 우정』(*Een Leidse vriendschap*),[1] 『사람은 기꺼이 마스크를 쓰길 원하지 않는다』
(*Men wil toch niet gaarne een masker dragen: Brieven van Henry Dosker aan Herman Bavinck, 1873-1921*),[2] 그리고 *The Letters of Geerhardus Vos*[3]라는 제목으로 각각 필사되거나 출판되었다. 특별히 언급하지 않은 이상, 바빙크의 일기, 아직 출판되지 않은 원고들, 이 전기에 인용된 모든 다른 편지들은 암스테르담 자유 대학교에 소재한 네덜란드 개신교를 위한 역사적 자료실(1800년부터 현재까지)(the Historisch Documentatiecentrum voor het Nederlands Protestantisme[1800-heden]), 깜픈시의 문서보관소(the Stadsarchief in Kampen), 그리고 깜픈시의 네덜란드 개혁교회 문서보관소 및 자료실(the Archief- en Documentatiecentrum van de Gereformeerde kerken in Nederland)에서 찾았다.

19-20세기의 네덜란드 신문들 속에서 바빙크의 삶에 대한 다수의 정보를 발견할 수 있다. 이 신문들은 네덜란드 본토, 네덜란드령 동인도 제도, 북미의 보수적 네덜란드 디아스포라 공동체에서 출판되었다. 바빙크의 생애는 최근 사회의 민주화와 자유화가 언론에 영향을 끼친 것과 연관되어 있다. 바빙크가 젊었을 때, 네덜란드 신문의 인지대가 폐지되었고 이를 통해 일간 신문의 대량 생산이 가능해졌다.[4] 이런 상황 속에서 새로이 권력을 얻게 된 바빙크가 속한 사회

---

1   George Harinck & Jan de Bruijn, eds., *Een Leidse vriendschap* (Baarn: Ten Have, 1999). 이 책은 바빙크에게 쓴 편지와 바빙크로부터 수신한 편지 둘 다 포함되어 있다.

2   George Harinck & Wouter Kroese, eds., *'Men wil toch niet gaarne een masker dragen': Brieven van Henry Dosker aan Herman Bavinck, 1873-1921* (Amsterdam: Historisch Documentatiecentrum voor het Nederlands Protestantisme [1800-heden], 2018). 이 책은 도스꺼로부터 수신된 편지만 포함되어 있다.

3   James T. Dennison Jr., ed., *The Letters of Geerhardus Vos* (Phillipsburg, NJ: P&R, 2005). 이 책은 보스(Vos)로부터 수신된 편지만 포함되어 있다.

4   Michael Wintle, *An Economic and Social History of the Netherlands, 1800-1920: Demographic, Economic and Social Transition* (Cambridge: Cambridge University Press, 2000), 315.

집단은 새로운 미디어를 적극 활용했다. 바빙크의 삶의 경로는 신문들을 통해 추적이 가능하기 때문에, 나는 이 신문들을 지속적으로 활용할 것이다. 나는 다른 이들과는 다르게 네덜란드어로 된 신문 이름들을 영어로 번역하지 않았다. 「더 가디언」(*The Guardian*), 「르 몽드」(*Le Monde*), 「디 차이트」(*Die Zeit*) 같은 신문들도 국제적으로 그 이름 그대로를 유지하는 것처럼, [네덜란드의] 「드 바자윈」(*De Bazuin*), 「드 헤라우트」(*De Heraut*), 「드 스탄다르트」(*De Standaard*)도 그 이름을 그대로 유지해야 할 필요가 있다[역자 주: *De Bazuin, De Heraut, De Standaard*의 뜻은 각각 트럼펫, 포고자, 기치(혹은 깃대, 표준, 규범) 등이다].

영어 자료를 인용하지 않은 이상, 이 책의 외국어 자료의 번역은 내 번역이다. 번역의 원문은 대개 미주에 달았다[역자 주: 이 번역본에서는 미주를 각주로 옮겨 표기했다].

감사의 글

이 책은 누군가의 이야기를 담고 있기 때문에, 글을 쓰면서 내 스스로도 많은 변화를 겪었다. 처음 다섯 장은 깜픈 신학교에서 초빙 연구원으로 안식년을 보낸 시기였던 2017년에 완성했다. 그곳에서 몇 달을 머물며 많은 친구와 동료들을 만나 교제한 것과 아름다운 도시에서 이 책의 중심 부분을 완성했다는 것은 정말로 큰 기쁨이었다. 룰 카위퍼르(Roel Kuiper), 돌프 뜨 펠더(Dolf te Velde), 에릭 드 부어(Erik de Boer), 한스 뷔르허르(Hans Burger), 얀너커 뷔르허르-니메이예르(Janneke Burger-Niemeijer), 요스 콜레인(Jos Colijn), 욜란다 판 헬더르-바스티아안(Jolanda van Gelder-Bastiaan), 욜란다 즈베어스(Jolanda Zweers), 헤이르트 하르마니(Geert Harmanny), 마르욜레인 팔마(Marjolijn Palma), 꾸르트 판 벡큠(Koert van Bekkum), 아트 드 브라이너(Ad de Bruijne), 볼터 로서(Wolter Rose), 볼터 휘팅아(Wolter Huttinga), 그리고 그 누구보다도 조지 하링크(George Harinck)와 디르끄 판 끄을런(Dirk van Keulen)(하링크와 판 끄을런은 아래 문단에서 찬사를 받게 될 것이다)의 환대에 진심으로 감사한다(*zeer bedankt voor jullie gastvrijheid*)는 말을 남긴다. 나는 깜픈에서의 몇 달 동안 깜픈시의 문서보관소와 네덜란드 개혁교회 문서보관소 및 자료실, 그리고 암스테르담 자유 대학교에 소재한 네덜란드 개신교를 위한 역사적 자료실(1800년부터 현재까지)에 수많은 날을 머무르며 작업했다. 이 기관에 계신 모든 분께 진심으로 감사한다. 특별히 빔 꼴러(Wim Koole), 아프 판 랑어펠더(Ab van Langevelde), 머레인 베이마-판 데어 페인(Merijn Wijma-van der Veen), 한스 세일하우어르(Hans Seijlhouwer)에게 감사를 표한다. 나는 안식년 동안 자유 대학교의 종교 역사 암스테르담 센터와 옥스퍼드 대학교의 존 오웬 협회에서도 연구를 위해 초청받았다. 이 두 곳에도 감사를 전한다.

이 책을 준비하면서 바빙크의 이야기 속에서 중요한 역할을 담당하는 다수의 바빙크의 후손과 만나 인터뷰를 진행한 것은 너무나 특별했다. 바빙크의 종손 빔 바빙크(Wim Bavinck)와 에밀리 바빙크 판 할스마(Emilie Bavinck-van Halsema)는 자신의 집에서 나를 반갑게 맞아줬으며, 전기 작업을 함에 있어 매우 귀중한 자료(출판된 자료와 아직 출판되지 않는 자료)가 들어 있는 상자를 주기도 했다. 상냥하게도 법제처에 소재한 자신의 사무실에 초청해 걸출한 가족사에 대해 말을 나눴던 J. H. 도너(Donner) 목사님의 내손자인 국무성 장관 핏 헤인 도너(Piet Hein Donner)를 만난 것도 영광이었다. 도너 목사님의 또 다른 후손인 에르파아스 도너(Jerphaas Donner)는 친절하게도 가족사에 대한 자신의 연구를 공유해주었다.

이 책의 나머지는 내가 행복하게 일하고 있는 뉴 칼리지(New College)의 뛰어난 일군의 박사과정 학생들과 함께 머리를 맞댄 결과다. 내 과거와 현재의 박사과정 학생들인 코리 브록(Cory Brock), 나다니엘 그레이 수탄토(Nathaniel Gray Sutanto), 브루스 파스(Bruce Pass), 구스타보 몬테이로(Gustavo Monteiro), 카메론 클로징(Cameron Clausing), 그렉 파커(Greg

Parker), 시미안 쉬(Ximian Xu), 리처드 브래쉬(Richard Brash), 이스라엘 구에레로 레이바(Israel Guerrero Leiva)에게 그저 다음과 같이 말하고 싶다. 감사합니다(*Thank you*). 이들 각각과 함께 작업하면서 즐거움과 특권을 누릴 수 있었다. 나는 이 즐거움과 특권을 당연한 것으로 여기지 않는다. 우리가 함께 나눴던 이야기들이 이 책에 영향을 미쳤다. 내가 이들의 연구 덕분에 기쁨으로 많이 배웠던 것처럼, 이들도 이 책을 통해 즐거움을 누리길 바란다.

또한 뉴 칼리지 교무실에서 동료들과 충분한 대화를 나눌 수 있어서 여전히 감사한 마음이 든다. 그곳의 모든 이들이 때로는 미묘하지만 중요한 방식으로 이 책을 좀 더 앞으로 나아가도록 만들어주었다. 때로는 동료들이 자신의 분야에 관한 전문성을 발휘해서 내 작업을 도와주기도 했다. 내 동료들 모두 의미를 담아 나를 격려해주었으며, 내 강박증을 다 받아주며 놀랄 만한 인내심을 발휘해주었다. 데이빗 퍼거슨(David Fergusson), 조슈아 랄스톤(Joshua Ralston), 재커리 퍼비스(Zachary Purvis), 수잔 하드맨-무어(Susan Hardman-Moore), 사이먼 버튼(Simon Burton), 나오미 애플턴(Naomi Appleton), 매튜 노벤슨(Matthew Novenson), 사라 파비스(Sara Parvis), 폴 파비스(Paul Parvis), 울리히 스미델(Ulrich Schmiedel), 엠마 와일드-우드(Emma Wild-Wood), 브라이언 스탠리(Brian Stanley), 졸리온 미첼(Jolyon Mitchell), 폴 포스터(Paul Foster), 헬렌 본드(Helen Bond), 한나 홀츠슈나이더(Hannah Holtschneider), 모나 시디퀴(Mona Siddiqui), 스튜어트 브라운(Stewart J. Brown), 알렉산더 차우(Alexander Chow)(차우는 아래에서 특별한 언급을 받게 될 것이다)에게 감사를 표한다. 부디 뉴 칼리지의 지적인 환대 문화가 사라지지 않길 소망한다. 에든버러에 부분적으로 기반을 두고 있는 이 프로젝트와 관련하여 깜픈 신학교의 신칼빈주의 연구 협회를 대신하여 전자화 작업을 심혈을 기울인 드미트로 빈트사로프스키(Dmytro Bintsarovskyi)에게 많은 빚을 졌다.

아래의 동료와 친구들에게도 특별히 감사를 표하고 싶다. 이 책의 초반 장들을 읽고 도움 되는 조언을 해준 알렉산더 차우에게 전한다. 감사합니다 (*Thank you*). 작업이 마칠 때까지 비평과 격려를 아끼지 않은 리처드 오스터호프(Richard Oosterhoff)에게도 진심 어린 감사를 표한다. 자세히 원고를 읽고 풍성하고도 고무적인 대화를 내내 이어나갔던 조지 하링크와 디르끄 판 끄을런에게 감사하며, 네덜란드 옛 단어와 문법에 대한 수많은 질문을 인내심으로 이겨내 준 마리누스 드 용(Marinus de Jong)에게도 감사한다. 나는 이분들에게 많은 빚을 졌으며, 부디 바라기는 이 결과물로 이분들이 즐거움을 누렸으면 한다. 모두에게 감사합니다(*Bedankt, allemaal*). 학문적인 신학 영역에서 나를 포함한 많은 사람에게 브살렐과 바나바가 되어줄 뿐 아니라, 이 책의 표지를 제공한 올리버 크리습(Oliver Crisp)에게도 감사를 표한다.

이 책과 관련하여 베이커 아카데믹(Baker Academic)보다 더 나은 출판사는 상상하기조차 힘들다. 베이커 출판사도 바빙크처럼 네덜란드 칼빈주의에 깊은 뿌리를 갖고 있으며, 더 넓은 세계 속의 기독교 신학을 향한 예리한 눈을 가지고 있다. 데이브 넬슨(Dave Nelson), 브랜디 스크리츠필드(Brandy Scritchfield), 제임스 코스모(James Korsmo)의 전문가적 면모와 열정에 감사하다.

바쁘게 연구하고 저술할 때 부모님이신 짐(Jim)과 이쉬벨(Ishbel), 장인어른과 장모님이신 알라스데어(Alasdair)와 페이기-마이리(Peigi-Mairi)께서 베풀어준 친절과 지원에 감사를 표한다.

내 삶의 부담스럽고 아주 멋질 뿐 아니라 어려운 순간이었던 이 책의 저술은 앞에서 언급한 모든 분보다 먼저 내 아이들, 셰머스(Seumas), 안나(Anna), 이케인(Eachainn), 마이클(Micheal)과 내 아내, 에일리(Eilidh)의 사랑과 격려에 의존한다. 이 책은 당신의 책이다.

여러분 모두에게 천 번의 축복을(*Mile beannachd oirbh uile*).

한국어판 서문

BAVINCK

헤르만 바빙크는 일생 동안 동아시아의 민족이나 문화에 대해 거의 언급하지 않았다. 실제로 바빙크는 그의 생애의 마지막 10년 동안 전 세계에 기독교 복음이 전파되는 것에 대해 특별한 관심을 기울인 반면, 그의 지정학적 상상 속에서 아시아와 아프리카의 대륙은 모든 의도와 목적 없이 도달하지 못한, 문화적으로 이질적인, 그리고 그의 마음 속에 있는 세계의 광대한 부분을 대표했다는 것도 사실이다. 그런 점에서 바빙크는 그의 동료 아브라함 카이퍼보다 훨씬 덜 국제적이었다. 그의 유명한 서방 세계의 여행은 그가 지중해를 여행하면서 유대인과 이슬람 문화에 대한 몰입을 추구하는 것을 보았다. 이 외에도 카이퍼는 지정학적 전략가였던 반면, 바빙크는 그렇지 않았다. 그는 유럽을 단 두 차례 떠났었는데, 두 번 모두 북아메리카로 여행하기 위해서였고, 그곳에서 그는 서구 문화의 영역에 머물렀다. 거침없는 카이퍼가 국가의 미래를 계획하고 외국을 모험하는데 집중하는 동안, 신중하고 침착한 바빙크는 네덜란드 사람들을 위한 신학에 그의 에너지를 집중시켰다.

동아시아의 사람들이 복음을 필요로 한다는 일반적(그리고 확실히 설득력 있는) 감각을 넘어서, 바빙크의 글에서 동아시아에 대한 그의 견해는 거의 찾아볼 수 없다. 그 중 하나를 그의 책『기독교 학문』(Christelijke wetenschap)에서 찾을 수 있다.[1] 여기에서 우리는 지나가는 말로 짧게 언급된 '황색 위험'이라는 말을 발견하는데, 이는 먼 아시아 땅(특히 일본)의 수많은 강력하고 이국적인 문화의 민족들 사이에서 민족주의가 성장할 것에 대한 일반적인 서구 사회의 두려움을 지적한, 출처가 모호한 구시대의 용어다. 이 용어에 대한 그의 짧은 언급은 바빙크가 19세기 후반의 서유럽인이자 (지정학적) 시대의 자녀라는 한계를 나타내며, 동아시아가 아직 복음의 영향을 크게 받지 않은 곳으로 인식하고 있었다는 것을 암시한다. 그에게 동아시아는 어딘가 모르게 불안한 곳이었다.

물론 바빙크의 시대에는 세계 기독교 인구의 대다수가 서구에 사는 백인이었다. 그는 1892년 토론토에서 열린 장로교회 공의회를 방문하면서 영어권 서방 국가에서 동아시아로 파송된 기독교 선교사들을 알게 되었다. 그곳에서 그는 서울의 대표적인 장로교회 선교사 호레이스 그랜트 언더우드(Rev. Dr. Horace Grant Underwood, 1859-1916)로부터 한국에 불교와 유교가 모두 급속하게 쇠퇴하고 있고, 이제 '종교가 없는 땅'이 되었으며, 따라서 복음화를 위해 '무르익었다'는 희망적인 보고를 들을 수 있었다.[2] 그러나 그 당시에는 한국 기독교인의 수가 적었다. 언더우드는 희망적인 소식을 전하면서, 한국에 대한

---

1 Herman Bavinck, *Christelijke wetenschap* (Kampen: J.H. Kok, 1904), 97.

2 Rev. Dr. Underwood, 'Romanism on Foreign Mission Fields,' in G.D. Mathews, ed., *Alliance of the Reformed Churches Holding the Presbyterian System: The Fifth General Council, Toronto 1892* (London: Publication Committee of the Presbyterian Church of England, 1892), 415.

개신교 선교사들의 관심이 특히 헌신적인 예수회 선교사들과 비교할 때 부족하기에 한국이 로마 가톨릭 국가가 될 수도 있다는 우려를 드러냈다. 바빙크가 포함된 토론토의 청중들에게 언더우드는 한국이 훨씬 더 체계적인 로마 가톨릭 교회의 사역의 배경 속에서도 개혁파 선교사들에게 더 좋은 기회들을 주었다는 아주 위험한 그림을 선보였다. 이런 이유로 인해 바빙크는 자신이 죽은 지 수십 년 안에 개혁파 기독교가 동아시아에 극적으로 전파될 것이라고는 전혀 생각지 못한 채 동방 세계를 두려워하며 바라보았던 것 같다.

이를 염두에 둘 때, 바빙크가 죽은 지 한 세기가 지난 후 개혁파 기독교가 그의 상상을 초월하여 한국에 전파됐으며, 그의 『개혁 교의학』과 그의 생애를 다룬 본서가 한국어로 번역 출간되어 이용된다는 사실은 더 놀랄만한 일이다. 바빙크의 생애와 사상이 주로 그가 살았던 후기 근대의 서구 환경에 집중되어 있음에도 불구하고, 오늘날 그의 글이 여러 나라의 언어로 번역되는 일이 계속 늘어나는 것으로 알 수 있듯이 바빙크의 삶과 신학은 오늘날 전 세계의 기독교인들에게 여전히 유익하고 유용하다. 바빙크의 생애와 발전 과정을 역사적 맥락에서 서술하려고 노력한 이 전기의 한국어판이 한국의 독자들에게 그의 글을 이해하는 데 도움이 되기를 바란다. 바빙크의 글을 그가 살던 시대적 상황과 지역적 배경을 고려하여 이해하면, 한국 기독교인들이 자신들의 환경 속에서 기독교 신앙의 보편성을 숙고하는 데 도움이 될 것이다. 이 책의 한국어판 출간을 위해 힘써준 도서출판 다함의 이웅석 대표와 번역자 박재은 박사, 감수자 이상웅 박사께 깊은 감사를 드린다.

오직 하나님께 영광을,

제임스 에글린턴 박사
에든버러
2022년 10월.

역자 서문

BAVINCK

'멀리서 바라보니 참으로 아름답다'라는 말이 있습니다. 특히 사람이 그렇습니다. 아무리 좋은 사람이라도 가까이서 살피다 보면 평소에는 보이지 않았던 결점들이 눈에 크게 들어오게 되고, 그로 인해 실망을 하게 되는 경우가 종종 있기 때문입니다.

『바빙크: 비평적 전기』를 번역하면서 바빙크를 더 가까이 살펴볼 수 있는 특권이 저에게 주어졌습니다. 물론 이 책이 바빙크의 모든 삶을 구석구석 다 내비쳐 주지는 않지만, 그럼에도 바빙크의 '전 생애'의 중요한 족적들이 이 책 언저리에 고스란히 서려 있기에 바빙크를 더 입체적으로, 더 포괄적으로 이해하게 되었습니다.

저는 이 책을 번역하며 바빙크를 평소보다 훨씬 더 가까이 살펴보면서 바빙크에게 실망하기보다는 오히려 더 잘 이해하게 되었습니다. 바빙크는 왜 『개혁교의학』에서 그런 방식의 교의신학적 진술을 했을까? 바빙크는 왜 『계시철학』

에서 그런 세계관적 진술을 했을까? 바빙크는 왜 그의 수많은 신학적 소품들 가운데서 그런 식의 신학적 진술을 했을까? 언제나 제 머릿속에서 갈피 없이 떠돌았던 이런 일련의 질문들에 대한 답이 서서히 그려지기 시작했습니다. 마치 산발적으로 흩어졌던 퍼즐들이 하나씩 제 자리를 찾아 맞춰지듯이 바빙크의 생애와 신학의 퍼즐들이 유기적으로 통합되어 제자리를 찾아감을 경험했습니다.

『바빙크: 비평적 전기』는 기존에 출간된 바빙크 전기들을 '비평적으로' 고찰하며 바빙크의 삶을 포괄적으로 재구성한 수작입니다. 물론 아무리 탁월한 수작도 나름의 약점은 존재합니다.[1] 그러나 이 책의 약점은 이 책이 가지고 있는 탁월성과 장점에 비할 때 대단히 미미한 수준에 불과합니다.

한 가지 간절히 소망하는 바는 후대 바빙크 연구자들이 이 『바빙크: 비평적 전기』를 또 다시 건설적으로 비평하며 또 다른 비평적 전기를 출간하게 될 날을 목도하는 것입니다. 그렇게 될 때 독자들은 바빙크의 생애와 신학을 훨씬 더 가까이서 살펴보게 될 것이며 그로 인해 바빙크를 보다 더 '객관적으로', 보다 더 '포괄적으로' 이해하게 될 줄 믿습니다.

번역은 참으로 고역입니다. 하지만 번역된 원고가 출간되어 나올 때 그 고역을 압도하는 희열과 기쁨이 존재합니다. 부족한 번역 원고와 치열하게 씨름하며 교정·교열·편집해 준 친애하는 후배 이웅석 대표에게 큰 위로와 감사를 표하며, 동시에 꼼꼼하게 원고를 살피고 감수 작업을 성실히 진행해주신 이상웅 교수님에게도 이 자리를 빌어 깊은 감사를 드립니다. 또한 한글 번역 작업에 큰 관심을 기울이며 원문 수정본을 여러 차례 보내주면서 적극적으로 소통해준 이 책의 저자 제임스 에글린턴에게도 큰 감사를 표합니다. 모두의 수고가 참으로 컸습니다.

---

1 역자 주: 『바빙크: 비평적 전기』를 또 다시 '비평적으로' 고찰한 박재은, "제임스 에글린턴의 *Bavinck: A Critical Biography*에 대한 비평적 고찰," 「개혁논총」 56 (2021): 205-238을 참고하라.

『바빙크: 비평적 전기』가 19-20세기 네덜란드를 살았던 한 신학자와 21세기 대한민국의 현대 독자 사이의 '맥락적 간극'을 충실히 메꾸어 줄 것을 확신합니다. 이 책을 통해 바빙크를 더 가까이서 조망하게 될 모든 독자들을 생각할 때 참으로 기쁘고 참으로 즐겁습니다.

사당동 연구실에서
박재은

서론

BAVINCK

왜 네덜란드 신칼빈주의 운동 내에서 사역하며 수많은 책을 저술한 헤르만 바빙크(1854-1921)의 전기가 출간될 만한가? 바빙크 당시의 상황에 비추어 본다면 이 질문에 대한 답은 너무나 명백하다. 20세기 초반 네덜란드에서 헤르만 바빙크는 꽤 유명했다. 바빙크는 단순히 뛰어난 신학자에 불과한 것이 아니었다. 바빙크는 심리학에서도 개척자였으며, 교육학적으로도 개혁자였고, 여성 교육의 대변자, 여성 참정권 옹호자, 의회 의원, 저널리스트, 그 외의 다양한 분야에서도 활동했던 인물이기도 했다. 바빙크는 국제적으로도 중요한 인물이었고, 여전히 오늘날에도 일부 영역에서는 그 중요성이 여전히 **남아 있다.** 예를 들면, 1908년 바빙크는 프린스턴의 저명한 스톤 강좌(the Stone Lectures)에서 강의했으며, 그 전엔 시어도어 루스벨트(Theodore Roosevelt)가 바빙크와 그의 아내를 백악관에 초청하기도 했다. 네덜란드 언론은 그의 해외여행을 시간순으로 보도했다. 그는 네덜란드로 돌아와서 전국을 누비며 외국에서 받은 인상과 경험에 대해 강의했다. 그의 강의는 항상 만원이었다. 한 세기가 지난 후에도 더 많은 사람이 모국어로 그의 작품을 읽고 있다.

바빙크의 가정적인 배경 아래서 그의 국내외적인 명성은 더욱더 놀라운 것이었다. 바빙크 가문은 19세기 초에 일찍이 네덜란드 개혁교회(the Dutch Reformed Church)를 떠난 이전의 비밀 교단에 속해 있었고, 교단이 가진 종교적 이견 때문에 바빙크가 태어나기 직전까지 국가가 주도하는 박해에 직면했다. 그들은 고립된 채 사회적으로 전혀 성공할 가망이 없었다. 이런 시각에서 볼 때, 그의 삶이 주목할 만하며 중요하다는 사실은 너무나 명백했다. 네덜란드가 자발적으로 자유 민주주의 사회 이념에 접어들기 시작한 때에 바빙크가 태어났고, 그는 기회, 평등, 자유의 새 시대를 대표하는 인물로 자리매김하게 되었다.

이런 배경을 통해 살펴볼 때, 왜 헤르만 바빙크 전기가 기록되지 **않았는지에** 대한 질문이 더 자연스럽게 피어오른다. 하지만 바빙크 사후 당시 많은 사람들도 이런 질문을 했다. 결국 전도유망한 전기 작가들에게 [바빙크 같은] 박식가의 흥미로운 삶은 꿀벌들이 바라보는 꿀과 같았다. 실제로 이 책 이전에도 여섯 명의 작가들이 바빙크 전기를 썼다. 그럼에도 왜 또 다른 바빙크 전기가 나와야만 하는지 추궁할 수밖에 없다. 왜 헤르만 바빙크는 **새로운** 전기를 받을 만한 가치가 있는가?

간단히 말하자면, 이 전기가 추구하고 있는 바빙크 새롭게 읽기는 어떻게 바빙크의 작품이 읽혀야 하는가에 대한 오랫동안 제기된 수많은 가설에 도전하는 운동의 일환이다. 20세기 후반, 바빙크에 대한 2차 자료들은 바빙크를 개혁신학 전통 내의 "지킬 앤 하이드"(Jekyll and Hyde)로 불리며 알쏭달쏭한 용어들에 의존했다. 나는 바빙크의 보수적 칼빈주의 정통과 명백한 현대주의 사이의 흔치 않은 조합에 대한 글을 읽는 가운데 두 개의 분리된 헤르만 바빙크들, 즉 정통적 바빙크와 현대적 바빙크라는 식의 묘사를 자주 접하게 되었다. 이런 자료들은 정통의 존재, 그리고 바빙크의 삶과 사상의 현대적 요소들의 원인이라는 두 개의 화해할 수 없는 자극들로 일관성 있게 귀결되었다. 바빙크는 (아니 오히려, 내가 자주 읽어왔던 것처럼, 두 개의 충돌되는 헤르만 바빙크들은) 서로 반대되고 모순되는 힘으로 인해 밀어 붙여지고 당겨졌기 때문에 절대 한 방향을 결정하지 못했다는 것이다. 이런 생각은 활발히 진행되는 바빙크 연구에 새로운 자극을 주었다. 예를 들면 얀 페인호프(Jan Veenhof)는 바빙크의 사상을 "두 바빙크들"(two Bavincks)과 "두 극들"(two poles)이라는 고전적인 표현으로 묘사했고,[1] 바빙크에 관한 신학적 연구에 힘쓴 결과 말콤 야넬(Malcolm Yarnell)은 바빙크 신학 연구에 관한 노력을 "정신분열증"(schizophrenia)이라는 불행한 언어로 기술했다.[2]

이것들이 원인이 되어 바빙크를 읽을 때 폭넓게 수용되는 해석학적 렌즈가 창조되었다. 바빙크의 작품에서 독자들이 신조적이고도 개혁신학적인 뿌리가 반영된 부분을 읽을 때는 표준적으로 "정통적 바빙크"의 작품이라고 바빙크의 정체성을 규정했다. 반대로, 현대주의와 대화하는 바빙크의 모습이 보이는 부분이 있을 때는 보통 "현대적 바빙크"의 작품이라고 규정했다. 브라이언 매트슨(Brian Mattson)은 『우리의 운명의 회복』(Restored to Our Destiny)에서 유진 하이데만(Eugene Heideman)의 『브루너와 바빙크의 계시와 이성 사이의 관계』(Relation of Revelation and Reason in E. Brunner and H. Bavinck)에서의 해석학적 적용을 관찰했다. 그 책에서는 바빙크의 『개혁 교의학』(Reformed Dogmatics)의 특정 부분을 "어느 바빙크," 즉 "성경적" 바빙크가 썼는지, 아니

---

1 Jan Veenhof, *Revelatie en Inspiratie: De Openbarings- en Schriftbeschouwing van Herman Bavinck in vergelijking met die van de ethische theologie* (Amsterdam: Buijten & Schipperheijn, 1968), 108-11.

2 Malcolm Yarnell, *The Formation of Christian Doctrine* (Nashville: B&H, 2007), 51.

면 "이상적이고, 학문적인" 바빙크가 썼는지에 대한 구별을 시도한다.[3]

나는 이런 시각 속에서 미래의 바빙크 연구가 단순히 바빙크를 "정통적" 시각과 "현대적" 시각으로 분리하는 것을 적극 지지하는 사람들처럼 바빙크의 모든 작품을 이런 방식으로 파편화(Balkanization)하는 것이 맞는지 의문을 품기 시작했다. 내 첫 번째 책인 『삼위일체와 유기체』(*Trinity and Organism*)도 이런 궁금증으로부터 시작되었다.[4] 나는 바빙크 고유의 신학적 시각의 범위에 대해 질문을 던지기 시작했다. 예전 선생님의 농담(원래는 키케로가 했던 농담인데), 즉 일관성은 좁은 마음에서 비롯된다는 농담을 생각해보면, 바빙크의 내면에서 정통성과 현대성이 모종의 비평적 균형을 유지하면서 공존했을까 궁금했다. 내 첫 번째 책에서는 다양한 방식 속에서 신적 다양성 속의 통일성을 강조하고 있는 바빙크의 신론이 함의하는 구체적인 미묘함에 대해 다루며, 이 구체적인 미묘함이 바빙크로 하여금 다양한 부분들이 유기적으로 결합되어 있는 세상 속의 구체적인 시각으로 발전하게 만드는 범주를 창출해냈다는 확장된 논지를 전개한다. 내 첫 번째 책의 중심 원리는 "내재적 삼위일체 신학이 외재적 유기체의 우주론을 이끈다"이다. 하나님에 대한 바빙크의 이해는 세계관과 그 세계관을 통과하면서 세상 속에서 인간으로 살아가는 자기 존재를 어떻게 바라보게 하는지에 대해서도 상당한 영향을 끼쳤다.

『삼위일체와 유기체』는 지난 수십 년간 대부분의 바빙크 해석자들에 의해 활용된 일련의 지배적인 도구들을 거부하며 새로운 바빙크 읽기로 나아간다. 바빙크는 더 이상 개혁신학의 "지킬 앤 하이드"가 아니다. 『삼위일체와 유기체』

---

3 Brian Mattson, *Restored to Our Destiny: Eschatology and the Image of God in Herman Bavinck's Reformed Dogmatics* (Leiden: Brill, 2011), 12; cf. Eugene Heideman, *The Relation of Revelation and Reason in E. Brunner and H. Bavinck* (Assen: Van Gorcum, 1959), 131-32, 138, 142, 144, 156-57, 177-79, 183, 189n1.

4 James Eglinton, *Trinity and Organism: Towards a New Reading of Herman Bavinck's Organic Motif* (London: Bloomsbury T&T Clark, 2012).

는 바빙크 자신이 설정한 힘든 도전들, 혹은 바빙크 생각 속의 긴장들로부터 나오는 어려운 현실을 부정하지 않은 채 바빙크를 창조적 사상가, 즉 신학적 상상력을 가지고 역사적 기독교 신앙의 구별되는 표현을 자신의 현대적 환경 가운데 마음속에 그리는 인물로 그려냈다.

『삼위일체와 유기체』는 이런 논지를 펼쳐가면서 바빙크 연구들 가운데 존재하는 임박한(그리고 결실 없는) 교착 상태를 빠르게 회피하려는 시도를 했다. "두 바빙크들' 모델의 실패는 바빙크 연구에 패러다임 변화를 요청한다."[6] 이런 결론은 "두 바빙크들" 해석학에 대한 거부야말로 향후 바빙크 읽기에 중요한 요소라는 것이 드러난다. 이런 시각에서는, 독자들이 자신의 "진영"을 위해 바빙크의 사상과 작품의 부분들을 단순히 소비하는 것은 더 이상 용인될 수 없는 일이라는 사실이 뚜렷해진다. 오히려 독자들은 정통성을 거부하지 않은 채 현대성을 대했던 동시에 현대성에 참여하는 것을 제외하지 않은 채 정통성을 대했던 바빙크의 모범을 탐구하면서 발견할 수 있는 긴장의 두 가지 측면 모두와 반드시 씨름해야 한다.

결론부에서 밝혔듯이, 『삼위일체와 유기체』는 **신학자로서의** 바빙크보다는 바빙크의 **신학**에 주로 관심을 기울인 책이다.[6] 내 목표는 바빙크를 매우 긴장하게 만들었던 (그리고 이것이 가치 있는 것인지 너무나 알고 싶었던) 신학적 체계의 작동 방식들을 탐구하는 것이었다. 하지만 내 결론은 현재 다시 시작해야 하는 열린 대화의 공간을 남겼다. 그 공간은 어떻게 이 특별하고도 정통적인 칼빈주의 신학자가 급속도로 현대화되는 문화에 참여하게 되었으며, 그 안에서 어떤 발전을 경험하게 되었고, 그 안에서 어떻게 고뇌하였는가와 관련 있다. 『삼위일체와 유기체』는 재결합의 새로운 형태 가운데서 바빙크의 사상에 대해

---

5 Eglinton, *Trinity and Organism*, 209.
6 Eglinton, *Trinity and Organism*, 207.

다양한 영역에서 탐구되는 수많은 신학적 속편 연구들을 낳았다.

하지만 본서는 전기라는 완전히 다른 문학적 장르 가운데서 신학적 속편들과는 다르게 계획되었다. 만약 "두 바빙크들" 모델이 더 이상 정당성이 없는 모델이라면, 바빙크의 삶에 대한 이야기를 말할 때 어떤 측면이 담지된 채 진행되어야 할까? 이 전기는 "두 바빙크들" 해석학들을 붕괴시키는 관점 하에서 어떤 독특한 형태를 지녀야 할까?

위에서 언급했다시피, 바빙크 전기는 이미 많이 출간되었다. 바빙크 사후 1년 안에 영어로 된 전기 한 편과(특별히 이 전기는 칭송 일색의 전기이다) 네덜란드어로 된 전기 두 편이 출판되었다. 네덜란드어로 된 전기 중 발렌떼인 헤프(Valentijn Hepp)의 전기가 바빙크 이야기를 광범위하게 기술한 유일한 전기이다.[7] 네덜란드어로 된 전기인 콕(A. B. W. M. Kok)의 『헤르만 바빙크 박사』(Dr Herman Bavinck)[8]와 이후의 헤일후트(J. Geelhoed)의 『헤르만 바빙크 박사』(Dr. Herman Bavinck)[9]는 20세기 중반에 바빙크를 향한 관심에 불을 꺼지지 않게 해주었다. 1966년에 출간된 브렘머(R. H. Bremmer)의 탁월한 전기인 『헤르만 바빙크와 그의 동시대인들』(Herman Bavinck en zijn tijdgenoten)은 이 두 전기를 능가하는 전기였다.[10] 최근 들어 바빙크의 걸작인 『개혁 교의학』

7　J. H. Landwehr, *In Memoriam: Prof. Dr. H. Bavinck* (Kampen: Kok, 1921); Valentijn Hepp, *Dr. Herman Bavinck* (Amsterdam: Ten Have, 1921); Henry Elias Dosker, "Herman Bavinck," *Princeton Theological Review* 20 (1922): 448-64; reprinted as "Herman Bavinck: A Eulogy by Henry Elias Dosker," in *Essays on Religion, Science, and Society,* ed. John Bolt, trans. Harry Boonstra & Gerrit Sheeres (Grand Rapids: Baker Academic, 2008), 13-24. 도스꺼의 전기는 사실상 최근 유명을 달리한 친구를 향한 확장된 추도 연설이다.

8　A. B. W. M. Kok, *Dr Herman Bavinck* (Amsterdam: S. J. P. Bakker, 1945).

9　J. Geelhoed, *Dr. Herman Bavinck* (Goes: Oosterbaan & Le Cointre, 1958).

10　R. H. Bremmer, *Herman Bavinck en zijn tijdgenoten* (Kampen: Kok, 1966). 브렘머는 바빙크에 대한 짧은 전기를 아프리칸스어로 쓰기도 했다. *Herman Bavinck (1854-1921): Portret van 'n Reformatoriese denker in Nederland* (Potchefstroom: Potchefstroomse Universiteit vir Christelike

(*Reformed Dogmatics*)[11]의 영어 번역본은 여러 명의 영어권 저자들로 하여금 자신의 작품들 속에서 바빙크에 대한 짧은 전기 스케치를 소개하는 일을 촉구했다.[12]

2010년에는 더 긴 전기인 론 글리슨(Ron Gleason)의 『헤르만 바빙크: 목회자, 교회 신자, 정치가, 그리고 신학자』(*Herman Bavinck: Pastor, Churchman, Statesman, and Theologian*)가 영어권에서 출판되었다.[13] 그러나 내가 쓴 이 전기는 많은 부분 헤프와 브렘머 전기의 파생적 결합물인(하지만 항상 정확한 파생적 결합물도 아니다) 글리슨의 전기와는 사뭇 다르다. 물론 본서도 전반에 걸쳐 헤프와 브렘머의 전기와 관계를 맺고는 있지만, 그 관계는 비평적 관계이며, 앞선 전기 작가들의 작업에 의지하면서 원천에(*ad fontes*) 접근하면서 우선순위를 정한다. 이 외에도 바빙크의 이야기로부터 떠나 현시대의 "정통 vs. 자유주의" 논쟁 속으로 바빙크를 끌어들이는 글리슨의 시도는 어쩌면 내가 『삼위일

Hoer Onderwys, 1998).

11 Herman Bavinck, *Reformed Dogmatics,* 4 vols., ed. John Bolt, trans. John Vriend (Grand Rapids: Baker Academic, 2003-8).

12 예를 들면 John Bolt, "Editor's Introduction," in Bavinck, *RD,* 1:12-13; Eglinton, *Trinity and Organism,* 1-26; "The Christian Family in the Twenty-First Century," in *The Christian Family,* by Herman Bavinck, trans. Nelson D. Kloosterman (Grand Rapids: Christian's Library Press, 2012), ix-x; J. Mark Beach, "Introductory Essay," in *Saved by Grace: The Holy Spirit's Work in Calling and Regeneration,* by Herman Bavinck, trans. Nelson Kloosterman (Grand Rapids: Reformation Heritage Books, 2008), ix-xi 등을 보라.

13 Ron Gleason, *Herman Bavinck: Pastor, Churchman, Statesman, and Theologian* (Phillipsburg, NJ: P&R, 2010). [역자 주: 한글 번역본은 론 글리슨, 『헤르만 바빙크 평전: 목회자, 교회 지도자, 정치가, 신학자』, 윤석인 역 (서울: 부흥과개혁사, 2014)이다]. 이 전기에 대한 리뷰로는 Harry van Dyke, review in *Calvin Theological Journal* 46, no. 1 (April 2011): 192-97; James Eglinton, review in *Scottish Bulletin of Evangelical Theology* 29, no. 1 (Spring 2011): 127; Guy Davies, review in *European Journal of Theology* 21, no. 2 (October 2012): 176; Russell Dykstra, review in *Protestant Reformed Theological Journal* 46, no. 1 (November 2012): 133-37를 참고하라.

체와 유기체』에서 정중하게 거절했던 바빙크 사상의 분할화 어딘가에 글리슨의 전기를 위치시켜도 되겠다는 생각을 갖게 한다.[14]

이 책은 구체적인 목적을 가지고 있다. 그 목적은 개인적인 이야기가 신학적일 수밖에 없는 한 남자가 변화하는 세상 속에서 정통적인 삶을 사는 게 가능한가를 탐구하며 이야기하는 것이다. 『삼위일체와 유기체』 속에 있는 이 전기의 토대들은 신앙의 위기들, 또는 바빙크의 단호한 개혁주의적 확신들을 무시하거나 경시하는 그 어떤 동기도 부여하지 않는다. 자칭 "정통적" 독자, 아니면 "현대적" 독자를 위해 바빙크의 현시대적 적용을 이끌어내는 것이 이 전기의 의도가 아니다. 오히려 반대로, "두 바빙크들" 모델에 대한 부인은 이런 의무들로부터 자유롭게 되는 것을 의미한다. 이 자유는 결론적으로 바빙크의 삶을 새롭게 볼 수 있는 기회를 제공한다. 이런 시각에서 본서는 바빙크의 삶의 이야기를 재추적하려는 시도이며, 이를 통해 바빙크의 (분리되기보다는 하나의) 신학적 관점이 어떻게 발전했는지를 기록하는 시도라고 볼 수 있다.

이 시점에서 몇 가지의 서론적 언급이 최종적으로 필요하다. 이 전기는 헤르만 바빙크의 생애와 시대를 이야기하면서 세 가지 핵심 용어에 대한 언급으로 풍부하다. **현대**(*modern*), **정통**(*orthodox*), **학문**(*science*)이 바로 그것들이다. 역사적 연대에 따라 본서는 여기서 1848년 혁명 사건을 다룬다. 그 사건은 주요 국가들에게 봄(the Spring of Nations)이라 할 수 있다. 그리고 그때를 네덜란드의 **근대 초기**(*early modern*)의 마지막 단계가 **근대 후기**(*late modern*)의 후예에게 길을 내준 것으로 보는데, "현대 유럽 문화"(modern European culture)라는 명칭으로 폭넓게 칭해지는 특징적인 시기로부터 다른 시기로의 이동이 있었던 시기이며, 동시에 바빙크의 삶을 풍성하게 설명해줄 수 있는 시기이기도 하다. 이와 더불어 이 책이 **근대**(*modern*)에 대해서 다루는 방식은 슈무엘

---

14 Gleason, *Herman Bavinck*, 55.

노아 아이젠슈타트(Shmuel Noah Eisenstadt)의 "복수의 현대성"(multiple modernities) 개념에 아주 많이 기대고 있다. 이것은 현대 사람들이 끊임없이 자기가 살고있는 문화들을 재구성하고, 현대화 중 어떤 부분을 받아들이고 어떤 부분을 거부할 것인지에 대해 협상하는 삶을 살고 있다는 개념이다. 단 하나의 "현대 신학"(modern theology)이 없는 것처럼, 단 하나의 "현대성" 혹은 단 하나의 "현대 문화"도 없었다. 오히려 "근대화"(modernisation)는 무수히 많은 방식이 실현되는 과정이었다.[15] 신학적으로 보수적 칼빈주의자였던 바빙크도 바로 이런 현대 유럽인이었다(이 책은 계몽주의 후기 개신교 신학들의 복잡한 망을 표현하기 위한 광의의 포괄적 용어로서의 일반적인 **현대 신학**(*modern theology*)과 더불어 이름은 같지만 꽤 성격이 다른 19세기 후반 레이든 대학 교수들이 정의 내린 네덜란드 신학인 "**현대 신학**"(*de moderne theologie*) 둘 다를 다루고 있다는 사실을 알리는 것이 아마도 독자들에게는 도움이 될 것이다. 레이든 학파의 생각과 그 주창자들에 대해 말할 때는 대문자 표기를 했다 [*Modern*]. 두루뭉술하게 **현대 신학**(*modern theology*)과 현대 신학자를 말할 때는 소문자를 유지했다) [감수자 주: 영어의 중의성과 비교하여 한글의 예민함 때문에 "modern, modernism, modernity" 등을 어쩔 수 없이 "현대, 현대성, 현대주의 혹은 근대, 근대성, 근대주의" 등으로 혼용하여 표기했으므로 독자들이 유연하게 읽고 이해하기를 권장한다].

이 전기는 자주 **정통**(*orthodox*)에 대해서도 말한다. 정통이란 용어는 비록 때로는 의심과 분투의 순간이 있었지만, 바빙크 전 생애에 걸쳐 유지되어온 지적, 신학적, 교회적 헌신을 지칭한다. 이런 관점에서 이 책은 **정통**이라는 용어

---

15 Shmuel Noah Eisenstadt, "Multiple Modernities," in *Comparative Civilizations and Multiple Modernities* (Leiden: Brill, 2003), 2:535-60; Jacques Robert, *The European Territory: From Historical Roots to Global Challenges* (London: Routledge, 2014), 70-137.

를 계몽주의 이전과 (특별히 기독교적) 지적 전통의 기여에 대해 평가 절하하고 무시하는 계몽주의적 성향에 대한 반항이라고 다룬다. 분명히 정통이라는 용어는 이전 세대의 그리스도인들을 통해 2천 년에 걸쳐 형성된 문서, 신조, 신경, 기관(교회)과 역사적 네덜란드 개혁신학 전통의 독특한 맥락에 순종하려는 바빙크의 충성과 의욕을 지칭한다.

학문(*science*)이라는 용어도 바빙크의 삶을 설명하는 데 핵심 역할을 감당한다. 비록 이 책은 영어로 기록되었지만, 주로 네덜란드어로 기록된 자료들을 묘사하고 그 자료들과 상호 작용하는 책이기도 하다. 네덜란드어 단어 *wetenschap*(베이튼스캅)은 독일어 어원인 *Wissenschaft*(비센샤프트)처럼 영어로는 science(사이언스)로 적절히 표현할 수 있는 단어이다. 그러나 상응하는 영어 단어와는 다르게 네덜란드 단어 *wetenschap*은 이해의 범위를 자연 과학 혹은 사회 과학에만 엄격히 제한시키지 않는다. 오히려 이 단어는 사색적 지식의 고등 형태를 폭넓게 다루며, 신학 같은 인문학 분야도 물리학, 화학, 생물학처럼 묘사한다. 바빙크 자신도 이런 언어적 차이에 대해 의식했으며, 단 하나의 강력한 단어 사용권을 거부함을 통해 다른 조사 방식들보다 자연과학에만 특권을 부여하는 영어의 경향성을 공개적으로 비판했다.[16] 따라서 이 책은 네덜란드어 *wetenschap*을 **학문**(*science*)으로 번역한다. 만약 그렇게 하지 않을 경우 고등 형태 지식에 대한 오늘날의 영어 중심적인 가정이 바빙크에게 상당히 부적절하게 투영될 것이다.

나는 이런 정의들과 더불어 바빙크를 현대적 유럽인, 정통적 칼빈주의자, 학문의 사람으로 그려낼 것이다.

이 책은 헤르만 바빙크의 이야기이다.

---

16 Herman Bavinck, *Philosophy of Revelation: A New Annotated Edition,* ed. Cory Brock and Nathaniel Gray Sutanto (Peabody, MA: Hendrickson, 2018), 71.

연대

1854년 12월 13일. 네덜란드 호허페인(Hoogeveen)에서 얀 바빙크(Jan Bavinck)
와 헤지나 바빙크(Geziena Bavinck)에게서 태어남.

1857. 바빙크 가족이 분스호튼(Bunschoten)으로 이사함.

1862. 바빙크 가족이 알릅께르끄(Almkerk)로 이사함.

1871. 바빙크가 즈볼러 김나지움(Zwolle Gymnasium) 학생이 됨.

1873. 깜픈신학교에 학생으로 등록.

1874. 레이든 대학교의 신학 분과 학생으로 등록.

1880. 암스테르담 자유 대학교 교수 초빙을 거절함, 레이든에서 박사학위 취득,
깜픈에서 신학 시험을 통과.

1881. 프라너꺼르(Franeker)의 기독개혁교회에서 목사로 청빙 받음.

1882. 암스테르담 자유 대학교의 교수 초빙을 거절함, 깜픈신학교에 부임함.

1889. 암스테르담 자유 대학교의 교수 초빙을 거절함, 레이든 대학교의 교수직

을 기대함.

1891. 요한나 아드리아나 스키퍼르스(Johanna Adriana Schippers)와 결혼.

1893. 암스테르담의 자유 대학교의 교수 초빙을 거절함.

1894. 딸 요한나 헤지나 바빙크(Johanna Geziena Bavinck) 출생.

1895-1901. 『개혁 교의학』(*Reformed Dogmatics*) 총 4권 출판.

1902. 암스테르담 자유 대학교의 직을 수락.

1911. 상원 의원으로 선출.

1921, 7월 29일. 66세의 나이로 암스테르담에서 사망,

플라르딩언(Vlaardingen)에 매장.

1부. 뿌리

BAVINCK

1. 벤트하임의 오래된 개혁교회

BAVINCK

"농가로부터 도시로"

격변에 대한 현대 유럽의 경험

19-20세기 유럽사를 격변의 이야기로 보는 한 헤르만 바빙크 생애를 다루는 데 이 격변이 중대한 배경을 형성할 수밖에 없다. 팀 블래닝(Tim Blanning)은 우리의 함축적 주제이기도 한 현대 유럽인들의 경험을 "땅이 그들의 발아래서 움직인다"라는 확신으로 특징화될 수 있다고 묘사한다.[1] 그들의 시대는 믿기 어려울 만큼 대단했으며, 폭넓기도 하면서 때로는 극적인 사회적, 정치적, 지적, 종교적 변화로 가득했다. 19세기의 여명이 시작되면서 프랑스 혁명은 마침표

---

1   T. C. W. Blanning, introduction to *The Oxford Illustrated History of Modern Europe*, ed. T. C. W. Blanning (Oxford: Oxford University Press, 1996), 1.

를 찍게 되었고, 그 여명은 나폴레옹 전쟁으로 이어졌다. 18세기에 시작된 제1차 산업혁명은 한창 진행 중이었다. 이 시대의 유럽인들은 민족주의의 발흥과 유럽 중심의 세계 제국 시대의 정점을 목도했다. 이 시대의 유럽은 새로운 자유민주주의 정치 이념의 발생지였다. 20세기 사람들은 대공황과 세계대전을 경험했으며, 현대화에서 세계화로 방향을 선회하는 세상의 모습을 바라보았다. 현대 유럽은 다양한 종의 세속주의가 한껏 꽃을 피웠던 꽃밭이기도 했다.

특별히 정치적, 상업적, 종교적으로 격동의 시기 가운데 바빙크가 네덜란드에서 태어났다. 바빙크가 태어나기 10년 전, 비민주적 네덜란드의 권위주의적 왕 빌름(Willem) 1세가 퇴위했다. 1848년, 빌름 1세의 후계자 빌름 2세가 새로운 자유 헌법에 동의를 표했다. 하룻밤 사이에 네덜란드는 입헌 군주국이 되어 왕의 권세는 제한되었으며, 현대적 민주주의 시민 자유의 새로운 방식이 네덜란드의 사회적 상호 작용을 이끄는 뼈대가 되었다. 의회 민주주의의 출현과 확장된 투표권은 집회, 종교, 교육의 자유의 기본권이 되었다. 기존의 네덜란드 개혁교회로부터 스스로를 분리시키는 교회적 운동에 속해 있던 설교자의 아들로 태어난 바빙크가 당면한 사회적 맥락도 이런 유동적 상황 가운데 하나였다. 이런 상황 때문에 종교적으로 어디에 소속되었는지가 주기적으로 재편되었고, 종종 극적인 결과로 이어지기도 했다.

바빙크는 새롭게 변화하느라 바쁘게 돌아가는 시기에 세상에 등장했다. 그가 살아 있는 동안에 지속적인 변화가 일어났다. 실제로 바빙크가 태어났던 해(1854년)와 유명을 달리했던 해(1921년)를 비교하면 너무나 다른 세상이 되어 있었다. 그러므로 우리 이야기의 배경은 결코 정지 상태의 배경이 아니다. 만약 바빙크가 좀처럼 수그러들지 않았던 사회적 변화 과정과 전혀 상관없는 삶을 살았다면, 바빙크 전기는 아마 확연히 다른 모습을 지니게 되었을 것이다. 아마도 과거 좋아 보였던 시절 속에서 수십 년간의 폭풍우를 견뎌내는 탄력 없고 변화 없는 암석처럼 신학적으로 완고하면서도 정통적인 전기 이야기가 되었을 것이다. 하지만 이 전기는 그런 이야기가 아니다. 우리 이야기는 바빙크의 사회적, 역사적 맥락을 풍성하게 의식하게 한다. 블래닝의 표현을 다시 빌리자면, 바빙크는 자신의 발밑에서 땅이 움직이고 있다는 사실을 인식하는 데 그렇게 큰 어려움을 느끼지 않았다. 하지만 바빙크에게는 이런 움직임 자체가 본질적인 문제는 아니었다. 오히려 바빙크는 움직이는 땅이 특정한 길로 움직이길 원했다. 변화가 존재한다는, 즉 있는 그대로의 사실 그 자체는 바빙크가 대적해야 할 적이 아니었다. 바빙크가 이후에 분명히 표현한 것처럼, 이 세상에서 은혜와 반대되는 것만이 죄였다. 바빙크의 시각에서 인간 문화의 항구적인 변화를 포함하여 지속적으로 **되어가는** 과정은 창조 질서의 기본적인 특성이었다. 오히려 바빙크의 생애에서 가장 큰 도전은 정통적 칼빈주의자인 그가 항상 변화하는 지형에 맞추어 자신의 발을 내디뎌야 한다는 점이었다.

만약 주의 깊게 읽지 않는다면, 독자들은 바빙크의 젊은 시절에 대한 기본적인 세부 사항들을 특정한 방식으로 이해할지도 모른다. 작은 도시의 경건한 개혁신앙을 소유한 가정에서 자랐던 바빙크가 큰 도시의 세속 대학교에서 비정통적인 "근대 신학" 운동의 지도자들 밑에서 공부하려고 선택했다.[2] 만약 주의 깊게 읽지 않는다면, 독자들은 바빙크가 레이든으로 이동한 것을 그가 교육받았던 보수적 하위문화를 거부했던 것으로 이해할 수도 있다. 레이든 대학교에 속한 비정통의 신학자들 밑에서 공부하려 했던 바빙크의 결정을 현대 세상으로 나아가려는 바빙크의 첫 번째 사상적 진출로 읽을 수 있다. 여기서는 헤르만 바빙크를 꽤 다른 인물로 보여줄 것이다. 바빙크의 삶의 방향성은 자신의 전통을 부수는 쪽이 아니다. 비록 자신의 동료였던 정통 칼빈주의자들은 현대 유럽 문화로부터 멀어져갔지만, 바빙크는 본성적으로 그 문화 속으로 전진했

---

2 19세기에 걸쳐 존재했던 네덜란드 근대 신학(de moderne theologie)에 대한 개괄적인 논의로는 Eldred Vanderlaan, *Protestant Modernism in Holland* (Oxford: Oxford University Press, 1924)를 참고하라.

다. 초기 근대 유럽이 혁명으로 소모되고 이후 현대 문화의 새롭게 재편된 형태가 혁명의 잿더미로부터 일어나면서 네덜란드 개혁주의는 사회적 운동의 선봉장으로 그 입지를 다졌다. 그는 그 운동의 선구자였다.

앞으로 설명하게 되겠지만, 초기 근대 문화의 끝자락이었던 19세기 중반에 영적으로 환기된 네덜란드 개혁주의 그리스도인들의 운동이 네덜란드 개혁교회(the Dutch Reformed Church)로부터 분리되었고, 그 결과 그들은 사회의 변두리로 밀려나게 되었다. 19세기 중반에 그들은 엄청난 사회적 변화를 겪게 되었다. 초기 근대는 막을 내리게 되었고, 이렇게 막을 내린 초기 근대는 후기 근대 문화의 상당히 변화된 표현, 즉 권력의 흐름이 군주로부터 사람들에게로 이동한다는 표현으로 대체되게 되었다.

이런 새로운 사회적 상황과 시대는 변두리로 밀려났던 개신교들에게 일련의 가능성을 안겨 주었다. 그중 하나는 그들이 동등한 참여자들로서 새롭게 완화된 민주적 사회로 재진입할 수 있게 되었다는 것이었다. 헤르만 바빙크는 이 시대에서 가장 주목할 만하면서도 뛰어났다. 바빙크는 인식 가능한 정통적 목소리를 내면서, 후기 근대 네덜란드 속에서 정통적 목소리의 위치를 설정하고 교섭하는 운동을 전개했다. 바빙크의 이야기는 놀랄만하며, 게다가 확실히 독특할 것이다. 바빙크는 거대한 운동의 선봉장으로 서 있었으며, 그 운동 안에서 독특한 역할을 감당했다. 하지만 다른 사람들의 삶이 존재해야만 바빙크도 훌륭하게 공헌할 수 있었다. 다른 이들의 이야기를 통해 바빙크의 이야기에 접근할 때에야 비로소 바빙크의 생애는 특별하고도 매력적인 모습을 취하기 시작한다.

성 바포(St. Bavo)의 방황하는 아이들

바빙크의 뿌리를 추적하기 위해서는 19세기 초반 네덜란드-독일 국경 동쪽 지역에 위치한 벤트하임(Bentheim)에서부터 반드시 시작해야 한다. 독일의 니더작센(Niedersachsen) 주의 중심지였던 벤트하임에서 바빙크의 아버지가 태어났고, 바빙크 집안은 줄곧 그곳에 살았다.

비록 바빙크는 네덜란드에서 살았지만, 그 자신도 자신의 니더작센 유산에 대해 잘 알고 있었다. 바빙크는 아버지가 돌아가시기 직전 1909년에 네덜란드 메노파 신문이었던 「드 존닥스보더」(De Zondagsbode)의 편집장에게 한 편으로는 메노파였으며 또 한편으로는 루터파와 개혁파가 섞여 있었던 벤트하임에서의 가족사에 대한 정보를 제공했다.[3] 먼 옛날부터 전해 내려오는 가족 풍습을 믿는다면, 바빙크 집안은 루터파가 되어 남쪽 벤트하임으로 이동했던 바우잉가슈테데(Bauingastede)(현재는 독일 북부 지방의 작은 마을 방슈테데[Bangstede])로부터 온 16세기 로마 가톨릭교의 후예들인 바우잉가 집안(Bauingas), 바빙가 집안(Bavingas), 바우잉크 집안(Bauinks), 바빙크 집안(Bavinks)이었다. 바우잉가슈테데라는 이름은 7세기 가톨릭 은둔자였던 성 바포(Saint Bavo)를 기념하며 수세기에 걸쳐 벤트하임에서 성 바포의 이름을 가졌던 모든 바우잉가, 바빙가, 바우잉크, 바빙크 집안의 후예의 이름들과 관련이 있다.[4]

---

3 "Oude Doopsgezinde Geslachten, III: Bavink," *De Zondagsbode*, September 5, 1909.

4 1877년에 출간된 이전 자료는 이와 꽤 많이 비슷한 이야기를 제공하며, (16세기 독일 지도 제작자였던 우보 에미우스(Ubbo Emmius)의 지도에 근거하기도 하고), 기록된 형태로서는 가장 빠른 '바포의 아들'로서 15세기 프리슬란트어 Douwa Bawngha을 인용하기도 한다. Johan Winkler, "Een en ander over Friesche Eigennamen," *De Vrije Vries* vol. 1, sections 3-4 (1877), 285; W. Eekhoff, ed., *Oorkonden der geschiedenis van het Sint Anthonij-Gasthuis te Leeuwarden, uit de 153 en 16e eeuw, Eerste deel, Van 1406-1562* (Leeuwarden: n.p., 1876), 133을 보라.

이 후예들의 일부가 루터파 교회를 떠나 종교적 관용을 찾아 네덜란드로 이 동해 온 메노파가 되었다(바빙크의 동년배들 중 하나였던 네덜란드 메노파 설 교자 로더베이끄 헤르하르트 바빙크[Lodewijk Gerhard Bavink, 1812-90]도 이런 메노파 가문의 후손이었다).[5] 벤트하임에 남았던 사람 중 많은 사람이 루 터파 교회를 떠나 개혁파가 되었다. 처음 개혁파가 된 사람들은 이런 이유로 고 향을 떠나야겠다는 압박을 받지는 않았다. 오히려 19세기 중반에 벌어졌던 이 후의 전개된 사실들, 예를 들면 얀의 메노파 사촌들이 자신의 종교적 양심을 따 라 자유를 찾기 위해 국경을 넘으면서 비로소 결국 이들과 한 문중이었던 바빙 크의 아버지 얀도 이주를 고려하게 되었다. 역사적으로, 심지어는 19세기에도 바빙크 집안은 종교적인 이유로 같이 모여 산다는 사실이 잘 알려져 있었다. 성 바포는 자신의 회심 경험 때문에 프랑스로부터 플랑드르(플라망 지역)에 이르 기까지 기나긴 선교 여행을 하면서 평안하고 따뜻한 집을 포기했는데, 그들은 성 바포의 아들과 딸로 남아 있었다.

니더작센과 현대 유럽 속의 네덜란드

니더작센 주의 중심지였던 벤트하임은 장구하고도 산만한 문화적 정체성을 지 닌 곳이었다. 접경 지역이라서 역사적으로 이중 언어를 구사하는 사람들이 많

---

5 Eduard Visser, *God, het woord en de tering: Leven en werk van Simon Gorter (1838-1871), met een teksteditie van zijn brieven en een keuze uit zijn proza en preken* (Hilversum: Verloren, 2017), 28. 바빙크의 평생 친구였던 헨리 엘리아스 도스꺼(Henry Elias Dosker)도 니더작센 지역에 자신의 가족 뿌리를 두고 있었을 뿐 아니라, 1918-19년 프린스턴 신학교에서 스톤 강연을 했을 때 네덜란드 메노파에 대한 관심을 유지한 채 강연하기도 했다. Henry Elias Dosker, *The Dutch Anabaptists* (Philadelphia: Judson Press, 1921).

았다. 국경 인근의 도시가 늘 그렇듯이 벤트하임의 역사도 합병과 점령으로 점철되었다. 스웨나 하거(Swenna Harger)는 이곳 사람들이 회복력이 있고 독립적인 정신을 가졌다고 묘사했다. "그들은 하노버 왕가의 사람들이 되었다. 그들은 나폴레옹에 의해 침략 당했다. 프로이센은 1866년에 그들을 장악했다. 그들은 신성 로마 제국 황제와 히틀러 치하에서 살았다. 그들은 이 모든 것을 겪으면서 선한 용기를 가지게 되었다. 만약 당신이 그들의 현재적 정체성에 대해 질문한다면, 그들은 아마도 다음과 같이 대답할 것이다. 'Wy bint Groofschappers' (우리는 자치구다)."[6] 벤트하임의 19세기 역사는 이민의 역사이기도 했다(이 이민은 독일에서 네덜란드로 이동한 바빙크 집안의 다른 가정의 경우뿐 아니라, 벤트하임에서 북미로 이동했던 많은 예도 포함한다).[7]

비록 벤트하임의 문화적 정체성은 네덜란드-독일 국경을 걸쳐 아우르지만, 벤트하임은 독일 도시였고 바빙크 가문의 헤르만 가(家)의 교회적 연결은 독일 교단과 이어져 있었다. 비록 바빙크의 아버지는 자신이 태어났던 고향 교회를 떠나 니더작센 주의 복음주의 옛 개혁파 교회(Evangelisch-altreformierte Kirche in Niedersachsen)에 가입하긴 했지만, 이전부터 이 특별한 바빙크 집안은 루터파 교회를 떠나 (독일) 개혁파 교회(Reformirte Kirche)에 가입했었다.[8] 하지만 바빙크 집안의 역사를 이해하기 위해서는 반드시 니더작센 주의 맥락을 넘어서, 유럽을 가로질렀던 이전의 역사적 발전상으로부터 시작해서 좀

---

6 Swenna Harger & Loren Lemmen, *The County of Bentheim and Her Emigrants to North America* (Holland, MI: Swenna Harger, 1994), 4.

7 Swenna Harger & Loren Lemmen, *Beloved Family and Friends: Letters between Grafschaft Bentheim, Germany and America* (Holland, MI: Bentheimers International Society, 2007).

8 주의 사항(nota bene): 얀 바빙크의 글에는 옛 철자 표기법이 등장한다(현대 독일어의 *Reformierte*를 얀 바빙크는 *Reformirte*로 표기한다). 독일 개혁교회를 표기할 때 얀 바빙크의 철자를 따른 이유는 19세기 상황을 연출하기 위함이다.

더 구체적으로 네덜란드의 발전상을 살펴봐야만 한다.

19세기 분리 독립과 부흥

북유럽 개신교를 가로질러 존재했던 19세기 초반의 신학은 결국 기독교의 자유주의적, 반초자연주의적, 합리주의적 형태를 낳았던(혹은 지배권을 주었던) 계몽주의 가치와 신념에 깊이 영향을 받았다. 이와 함께, 19세기 중반까지 자유민주주의 노선을 따라 사회가 재편되면서 교회가 사회권력과 어떤 관계를 맺어야 하는지에 대한 새로운 의문이 제기되었다. 이런 조합 요인들에 대한 반응으로 다양한 운동들이 발흥되었다. 그 운동들은 개인 경건의 (상이한 정도를) 회복하려 했을 뿐 아니라, 성경의 권위에 대한 더 고상한 관점, 개인의 기독교적 경험에 대한 강한 강조, 죄와 은혜 사이의 대비에 대한 거듭된 주장을 회복하려 했다. 그에 따라 18세기와 19세기 초반에는 독일 경건주의의 발흥이 있었으며, 영어권 세계 속에서의 복음적 대부흥, 유럽을 뒤덮은 스위스에서 발흥한 부흥(Réveil)이 있었다. 19세기 네덜란드 가톨릭교도들 가운데 존재했던 헌신을 향한 동시다발적 운동도 이런 일련의 개신교 부흥 운동들과 궤를 함께했다.

이런 상황이 네덜란드에서는 어떻게 작용되었을까? 이런 운동이 벤트하임의 바빙크 가문과 그들의 네덜란드 사회로의 진입에 어떤 영향을 미쳤을까?

네덜란드도 이 장의 첫 부분부터 묘사했던 격변의 상태에 놓였다. 1815년 빌름 1세가 네덜란드의 새로운 왕국(Koninkrijk der Nederlanden)의 지도자가 되면서 바타비아 공화국(Batavian Republic)은 막을 내리게 되었다. 빌름 1세는 네덜란드와 벨기에의 정치적 연합 작업에 착수했으며, 이 일은 그의 새로운 왕국에서 가톨릭교도들과 개신교도들 사이의 종교적 분리로 복잡하게 되었다. 빌름 1세가 추구했던 이상향은 이들을 하나의 계몽된 교단으로 묶는 것이었는데, 그렇게 하고자 했던 특별한 이유는 사람들을 시민적 덕목들로 교육시켜 국가를 섬길 자들로 만들기 위함이었다.[9] 이런 연합은 종국에는 불가능한 일로 판명되었고, 빌름 1세는 기존의 기독교 사단과 함께 일하게 되었다. 일반적으로 19세기 초반의 네덜란드 가톨릭교도들은 왕이 추구했던 이상, 즉 계몽주의 가치들과 더불어 재정의된 하나의 교회로서의 이상을 거부했으며, 왕의 이런 계획에 기꺼이 동참하지 않았음이 증명되었다. 그러므로 왕의 관심은 계몽주의로 영감을 받은, 자신의 영향에 더 수용적인 집단으로 입증된 네덜란드 개혁교회에 집중하기 시작했다.[10] 왕은 자신의 신념에 따라 실천적으로 지향되고 계몽된 "교리적 분열 너머에 있는 기독교"를 촉구했다.[11]

빌름 1세는 1808년에 설립된 종무 정부 부처(governmental Departments for Religious Affairs)를 이어받았으며,[12] 1814년에는 국가가 개혁파 목회자들의 봉급을 제공하는 업무까지도 맡게 되었다. 국가가 개신교 예배에 상당한 영향력을 행사하기 위한 시도를 감행했으며, 특별히 국가는 (자주 도덕주의적이었던) 찬송가집 『복음적 찬송가』(*Evangelische Gezangen*, 1807)에 대한 홍보를 통해 영향력을 행사하려고 했다. 이렇게 늘어만 가던 영향력은 프랑스와 스위스 전역에 걸쳐 퍼진 복음주의 부흥 운동(the evangelical Réveil movement)이 네덜란드 개신교도들 안의 성장으로도 목도되는 맥락을 창출해냈다. 비국

---

9 George Harinck & Lodewijk Winkler, "The Nineteenth Century," in *Handbook of Dutch Church History*, ed. Herman Selderhuis (Gottingen: Vandenhoeck & Ruprecht, 2015), 445.

10 J. Roegiers & N. C. F. van Sas, "Revolution in the North and South, 1780-830," in *History of the Low Countries*, ed. J. C. H. Blom & Emiel Lamberts (New York: Berghahn Books, 1999), 308.

11 Harinck & Winkler, "Nineteenth Century," 450.

12 1866년 2월과 6월 사이에 단기간으로 연명했던 정부를 제외하고 1807년과 1871년 사이에 존재했던 모든 네덜란드 정부는 개혁파 예배와 로마 가톨릭 예배를 통제하는 부처가 분리되어 있었다. Amry Vandenbosch, *Dutch Foreign Policy since 1815: A Study in Small Power Politics* (The Hague: Martinus Nijhoff, 1959), 141.

교도의 비밀 집회가 형성되었고, 숫자가 늘어만 갔던 개혁파 설교자들은 부흥
운동의 "죄와 은혜"에 강조점을 두기 시작했을 뿐 아니라, 옛 네덜란드의 더 심
화된 종교개혁인 나더러 레포르마치(Nadere Reformatie) 시대의 신학자들의
작품들이 새로운 인기를 구가하기 시작했다.

　　네덜란드 개혁교회에 대한 국가의 의도된 전용(轉用)을 향한 진척된 반응
은 1834년 분리(Afscheiding) 안에서 목도되었다. 경건한 회심을 경험했던 개
혁파 목회자 헨드릭 드 콕(Hendrik de Cock, 1801-42)은 네덜란드 개혁교회를
지배하고 있는 자유주의 정신에 공개적인 반대를 표하는 설교를 하기 시작했
다. 1834년 드 콕과 그의 회중은 공식적으로 네덜란드 개혁교회로부터 분리했
다. 앞에서도 언급했는데, 같은 해 드 콕은 델프제일(Delfzijl)의 사업가 야코뷔
스 끌록(Jacobus Klok)이 쓴『시험하고 무게를 재보고 지나치게 가벼움을 발견
한 복음적 찬송가』[13]의 서문을 썼다.[14] 그 책은 찬송가집을 반대하는 내용을 담
고 있었다. 이런 특별한 종교적 반란은 성직자와 일반성도 모두를 끌어들였다.

　　찬송가집의 내용과 목적에 대한 끌록의 비판은 부상하는 분리파들의 영역
속에서 한껏 교훈적인 분위기를 조성했다. 끌록은 찬송가집을 옹호하는 "소위
개혁파 선생들과 그들을 따르는 자들"을 "아르미니우스주의자, 펠라기우스주
의자, 소시니주의자"로 명명해 공격하면서, 찬송가집의 과오를 강력히 시사하
는 언어로 이렇게 썼다. "전체적으로 볼 때, 내 판단에서 이 192개의 찬송가를
한마디로 요약하면 사이렌의 애가(愛歌)이며, 이미 노래 가운데 울려 퍼진 개혁
파의 거룩한 교리를 없애는 노래일 뿐 아니라, 개혁파 교리를 거짓되고 속이는
교리로 대체시키는 노래이고, 교회 밖의 모든 당파를 연합하기 위해 달래는 노

13　Jacobus Klok & Hendrik de Cock, *De evangelische gezangen getoetst en gewogen en te
　　ligt gevonden* (Groningen: J. H. Bolt, 1834).

14　Jasper Vree, *Enkele aspecten van de Afscheiding in Delfzijl: Gebeurtenissen van toen—
　　een vraag aan ons* (n.p., 1985), 5.

래일 뿐이다."[15]

이런 감정은 더 넓게 퍼져 나가기 시작했다.[16] 2년 안에 네덜란드 개혁 교회 회원권자의 대략 2-3퍼센트 정도가 130개의 회중이 모인 새롭게 형성된 분리 교회에 합류했다(이 분리 교회는 1869년 기독개혁교회[Christelijke Gereformeerde Kerk]로 칭해졌다).

이 분리 교회는 1848년 헌법 개정을 통해 완전한 종교의 자유가 수용되기 전부터 존재 형태를 갖추었다. 그 전 1815년 이래로 종교적 자유의 제한적인 정도는 수용되었고, 그 제한적 수용 덕분에 네덜란드 로마 가톨릭파, 루터파, 항론파, 메노파는 종교적 관용을 누리게 되었다. 하지만 개혁파가 되는 자유 가운데서도 다른 교단을 시작하고자 이미 설립된 개신교회를 떠나는 권리는 수반되지 않았다. 그러므로 첫 번째 분리 측 회원들(Afgescheidenen)은 스스로가 자신의 모(母)교회로부터 분리된 것을 이유로 상당한 국가적 박해에 직면해야 했다. 실제로 그들은 지난 유럽인들 가운데서도 국가로부터 허가받은 군대의 임시 숙소가 자신의 집에 상주했던 것을 경험한 사람들이었다(임시 숙소에 대한 경비까지도 그들이 냈다).[17] 그 결과, 많은 사람이 북미로 이주했으며, 그들은 북아메리카와 캐나다에 네덜란드 개혁파 식민지를 건설했다. 앞으로 살펴

---

15 Klok & de Cock, *De evangelische gezangen getoetst,* 74. "Het gezangboek in zijn geheel beschouwd, deze 192 gezangen zijn kortom mijns inziens Sirenische minneliederen, om de Gereformeerden al zingende van hun zaligmakende leer aftehelpen, en eene valsche en leugenleer intevoeren, en alle partijen, buiten de kerk overtehalen om tot eene kerk of gemeente zich te vereenigen"[역자 주: "사이렌의 애가"라는 표현은 그리스 신화에 등장하는 바다의 유혹자 혹은 요부의 이름인 사이렌[네덜란드어로는 sire'ne]을 딴 표현으로, 아름답고 요상한 노랫소리로 근처를 지나가는 뱃사람을 유혹해 파선시켰다는 신화 이야기와 관련 있다].

16 H. van Veen, "De Afscheiding en de gezangenstrijd," in *Afscheiding—Wederkeer: Opstellen over de Afscheiding van 1834,* by D. Deddens & J. Kamphuis (Haarlem: Vijlbrief, 1984), 117-49.

17 Douwe Fokkema & Frans Grijzenhout, *Dutch Culture in a European Perspective: 1600-2000* (New York: Palgrave Macmillan, 2004), 331.

보게 될 것이지만, 이주하지 않고 남았던 사람들은 결국 네덜란드 현대 사회 속에서 더 안정된 위치를 차지하게 되었고, 이런 맥락 가운데서 그들의 교단이 급속도로 성장하는 것을 목도하게 되었다.

네덜란드의 분리 시기에 바빙크 가문의 헤르만 가정도 분리(Afscheiding)의 영향이 독일 개신교회 속에서의 유사한 운동으로 공명되고 있던 벤트하임에 거주했다. 네덜란드 개혁교회의 분리가 일어난 지 4년 후 1838년에 또 다른 분리가 이루어졌는데, 그 이유는 한 작은 개혁교회가 태어났기 때문이다. 이 작은 개혁교회는 니더작센의 복음주의 옛 개혁교회(Evangelisch-altreformierte Kirche)였으며, 헤르만 바빙크의 아버지인 얀이 중요한 역할을 감당하게 될 교단이었다.[18]

이 운동의 중심에는 벤트헤이머르스 하름 힌드릭 스후마꺼르(Bentheimers Harm Hindrik Schoemaker, 1800-1881)와 얀 바런트 쉰다흐(Jan Barend Sundag, 1810-93)가 있었다. 독일 경건주의 개혁신앙을 가진 아버지를 둔 젊은 이 쉰다흐는 지역 개신교회 목회자들이 참된 개혁신앙을 버렸다고 믿기 시작했다. 쉰다흐는 1837년에 공식적으로 교회를 분리시켰고, 바로 모여서 주일 예배 때마다 비밀 집회로 모여 뜻을 함께하는 일군의 신자 무리를 이끌었다. 스후마꺼르는 1837년 23세 때 회심을 경험했고(1837년은 쉰다흐가 교회를 떠났던 같은 해였다), 네덜란드 분리파들에 공식적으로 동조했다.[19]

쉰다흐와 스후마꺼르는 살아 있는 경건과 정통 교리를 회복시키려는 지역 운동, 즉 네덜란드 분리 운동과 이와 함께한 신학적인 지도자들이 지향했던 운

---

18 Gerrit Jan Beuker, *Umkehr und Erneuerung: Aus der Geschichte der Evangelisch-altreformierten Kirche in Niedersachsen 1838-1988* (Bad Bentheim: Hellendoorn KG, 1988).

19 J. Schoemaker, *Geschiedenis der Oud-Gereformeerde Kerk in het Graafschap Bentheim en het Vorstendom Ostfriesland* (Hardenberg: A. Kropveld, 1900), 28.

동의 중심이 되었다. 일찍이 네덜란드 분리 측들도 경험했던 것처럼, 벤트하임의 개신교회를 떠났던 첫 개혁주의 그리스도인들도 국가적 박해에 직면하게 되었다. 옛 개혁교회의 보통 구성원들에게는 벌금이 부과되었으며, 목회자들은 주기적으로 투옥되었다.[20] 이 벌금의 액수는 불법적인 교회 예배로의 참여가 적발될 때마다 올라갔으며, 무장 경찰은 교회 예배를 방해했다.[21] 네덜란드 분리 측 목회자였던 알베르투스 판 랄터(Albertus van Raalte)가 박해받는 분리주의자들이 북미에서 더 나은 삶을 영위하기 위한 운동을 이끌 때, 벤트하임의 많은 옛 개혁주의 그리스도인들도 그와 함께했다.[22]

국가들의 봄

옛 개혁교회의 많은 것들이 1848년 혁명을 거치며 상당히 많이 변화되었다. 국가들의 봄(the Spring of Nations)이라고도 불리는 이 혁명으로 정치적 격변이 일어났다. 새롭고 현대적이며 자유주의적인 사회적 이상의 실행이 전 유럽을 뒤덮었다. 이미 언급했던 것처럼, 이런 변화는 네덜란드에서 빌름 왕 2세 치하의 새로운 헌법의 수용, 즉 국가가 현대 자유주의 민주국가로 변했다는 것을 의미하는 것이었다(동시에 새로운 개혁주의 교단을 세울 수 있는 자유까지도 갖게 되었다는 의미이다).

벤트하임의 옛 개혁주의 그리스도인들은 이 혁명의 영향력, 즉 비록 단계적

---

20 Beuker, *Umkehr und Erneuerung,* 288.

21 Beuker, *Umkehr und Erneuerung,* 259, 427-31.

22 Robert Schoone-Jongen, "Dutch and Dutch Americans, to 1870," in *Immigrants in American History: Arrival, Adaptation, and Integration,* ed. Elliott Robert Barkan (Oxford: ABC-CLIO, 2013), 1:63.

이기는 하지만 자신들도 종교의 자유를 얻었다는 것을 느꼈다. 벤트하임의 주민들이 새로운 교단을 세우기 위해 기존의 개신교회를 떠나는 것은 1847년까지 불법이었다. 높은 수준의 종교적 자유는 옛 개혁주의 신자들이 받았던 박해가 끝난 후, 그들에게 종교적 자유가 주어졌던 1848년에야 비로소 처음 도입되었다. 그럼에도 불구하고 옛 개혁주의 신자들은 법 앞에 동등하지 못했다. (벤트하임이 속해있었던) 하노버 왕국이 1866년 프로이센에 합병당할 때까지 지역 개신교회 목회자들은 옛 개혁교회 구성원들이 절대로 자신들의 교회를 떠날 수 없다는 내용이 담긴 선언문을 강제로 요구했다. 1873년까지 모든 옛 개혁교회 신자들의 출생 기록이 지역 개신교회에 등록되었으며, 결혼을 원하는 모든 연인은 먼저 지역 개신교회 목회자의 허가를 먼저 구해야 했다. 그 어떤 면제나 공제도 옛 개혁교회 신자들에게는 허락되지 않았다. 지역 개신교회를 위한 기금 모음과 세금도 1900년이 되어서야 보편적으로 중단되었다.[23]

옛 개혁파는 종교적 자유를 조금씩 체험하게 되었다. 네덜란드와 비교할 때 니더작센 사회와 그 사회 안의 옛 개혁파 교회의 지역은 서서히 이 자유를 경험했다. 그러므로 옛 개혁파 신자들이 다원주의적 종교 맥락과 새로운 관계성을 맺어야만 했던 속도와 네덜란드 분리 측 신자들이 경험한 변화 속도에는 서로 차이가 있었다. 하지만 국가들의 봄은 즉각적이진 않았지만 옛 개혁파 교회의 많은 것들을 결정적으로 변화시켰다. 계몽주의 이전 기독교 전통으로의 회복을 추구하는 한 **옛스러운** 형식을 지닐 수밖에 없는 종교 무리였던 옛 개혁파의 사회 속 위치도 임마누엘 칸트(Immanuel Kant)나 고트홀트 레싱(Gotthold Lessing)과 같은 사람들이 옹호했던 독특하고도 새로운 현대 자유

---

23 Gerrit Jan Beuker, "German Old reformed Emigration: Catastrophe or Blessing?," in *Breaches and Bridges: Reformed Subcultures in the Netherlands, Germany, and the United States,* ed. George Harinck & Hans Krabbendam (Amsterdam: VU Uitgeverij, 2000), 102.

주의적 사회 이념의 실행을 통해 영원히 변화되었다. 칸트나 레싱 같은 사람들은 국가 교회의 신념을 고수하지 않는 그 어떤 사람도 박해 받아서는 안 된다는 신념을 가졌다.

비록 이전의 바빙크 전기 작가들은 마치 상대적인 모호함과 공동체적인 개혁파 정체성이 벤트하임을 "그리스도인들이 살기에 거의 이상적인 장소"로 만들었다고 하면서 낭만적으로 보는 경향이 있었지만,[24] 벤트하임의 역사 그 자체가 선명히 다시 말하는 바는 19세기 초 벤트하임의 역사는 유럽 전역에 걸쳐 일어났던 격변의 폭넓은 맥락의 한 부분이었다는 점이다. 벤트하임은 현대주의의 시작점에 깊은 영향을 받았다.[25] 벤트하임은 자연적인 아름다움이 가득했던 지역이었을 뿐 아니라, 19세기 중반의 벤트하임은 기존 개혁교회에 순응하지 않았던 개혁파 그리스도인들에게 도전을 주는 현장이기도 했다. 얀 바빙크가 태어날 시기의 벤트하임은 초기 근대 마지막 시기의 전형적인 북유럽 도시였다. 인기 있는 종교였던 도덕주의적 종교 혹은 반(反)초자연주의적 종교가 벤트하임에 자리를 잡았으며, 벤트하임의 사회적 구조(사법 체계와 의료 체계가 급속도로 현대화되었던 구조)도 그 당시의 특징을 지니고 있었다.

---

24 예를 들면 Ron Gleason, *Herman Bavinck: Pastor, Churchman, Statesman, and Theologian* (Phillipsburg, NJ: P&R, 2010), 4; Valentijn Hepp, *Dr. Herman Bavinck* (Amsterdam: Ten Have, 1921), 7를 참고하라.

25 중세시대부터 19세기까지 벤트하임에서 활동했던 전문적이지 않은 퇴마사들과 점쟁이들에 관한 슐뤼터(Schlüter)의 연구는 이런 사회적 변화의 과정에 대한 선명한 예이다. Dick Schlüter, "De grensoverschrijdende activiteiten van duivelbanners," in *Nederland en Bentheim: Vijf eeuwen kerk aan de grens / Die Niederlande und Bentheim: Funf Jahrhunderte Kirche an der Grenze,* ed. P. H. A. M. Abels, G.-J. Beuker, and J. G. J. van Booma (Delft: Eburon, 2003), 131-46.

헤르만 바빙크의 니더작센 뿌리들은 바빙크 생애의 최종적인 모습을 형성하는데 적지 않게 기여했다. 바빙크의 니더작센 뿌리들은 다음과 같은 가정, 즉 바빙크가 레이든으로 옮겨가기 전, 혹은 정통성과 현대성 둘 다를 자기의식을 가진 채 조합하려 시도했던 걸출한 신학자로서의 바빙크의 출현 전에 바빙크와 그의 가족은 전근대적인 공동체 안에 거주했으며 결코 시대의 아들들이 아니었다는 식의 가정을 바로잡는다.

19세기 유럽 속에서 다양하게 발전된 근대성들을 단순히 균등화시키는 일과[26] 이런 균등화를 위해 19세기 벤트하임의 많은 사람에게 각인된 경건과 강한 개혁파 정체성을 간과하는 일은 옳지 않다. 하지만 헤르만 바빙크의 아버지가 현대화되는 세계 속에서 태어났다는 것과 이런 문화적 유산을 바빙크도 물려받았다는 것은 여전히 얘깃거리가 된다. 계몽주의 이전의 정통 기독교와 필수적인 교감을 유지하면서도 어떻게 현대 사회 속에서 거주할 수 있는가에 대한 질문은 헤르만 바빙크 자신이 창작한 질문은 아니었다. 오히려 이 질문은 바빙크의 아버지로부터 전해 내려온 질문이었으며, 1830년대와 1848년 혁명 속의 네덜란드와 니더작센 주의 분리 운동 이야기에서는 **이미** 핵심적인 질문이었다.

그러므로 아주 흥미로운 그림이 그려지기 시작한다. 얀 바빙크가 합류하고 싶어 했던 교회는 "새" 형식을 가진 교회라기보다는 "옛" 형식을 가진 교회였고, 그 교회는 옛 형식을 따르면서 계몽주의의 현대적 설정 중 핵심 요소를 거부했다. 계몽주의의 핵심 요소는 전통은 비합리성과 미신으로 가득 차 있기 때문에 새롭고 현대적이며 합리적인 것을 위해 이런 전통이 반드시 사라져야 한다는

---

26 Jacques Robert, *The European Territory: From Historical Roots to Global Challenges* (London: Routledge, 2014), 70-137.

생각이었다.[27] 이런 사상에 직면했던 옛 개혁파 교회는 옛 정체성과 정통성을 다시 주장하기 시작했다. 하지만 계획된 것이라기보다는 우연의 일치로 1848년 이후 옛 개혁파 교회는 정말 기묘하게도 현대의 사회적 기관으로서 현대 자유주의 가치의 실행하면서 재탄생했다. 한마디로 요약하자면, 얀 바빙크의 전통과 현대 세계 사이에서 발견 가능한 관계성은 어떤 한 현대적 요소의 거부가 또 다른 현대적 요소의 적용을 통해 가능하게 되는 이미 복잡해질 대로 복잡해진 관계성이었다. 분명하게도 정통성이든 현대성이든, 이 새로운 현대 사회 속에 담긴 발을 찾는다는 것은 마치 기브-앤-테이크(give-and-take)를 하는 것과 같았다.

물론 이는 네덜란드 분리파들, 또는 벤트하임의 옛 개혁파들 모두가 이 게임에 참여하길 기뻐했다는 뜻은 아니다. 네덜란드의 분리 운동은 참된 네덜란드 개혁교회로 인정받길 원했던 사람들과(그러므로 근대 초기의 훼손되지 않은 사회 질서 속에서 현재 기존교회의 교체를 원했던 사람들과) 기존교회와 더불어 소수집단으로 존재하길 원했고 (새로운 사회 질서 가운데서) 자신의 신앙을 자유롭게 펼쳐나가길 원했던 사람들 사이에 강한 의견 차이가 나타났다. 알베르투스 판 랄터(Albertus van Raalte, 1811-76)와 헨드릭 삐떠 스홀터(Hendrik Pieter Scholte, 1805-68) 같은 사람들에 의해 움직여진 후자는 네덜란드 사회 공간의 자유화를 열정적으로 요구했다. 하지만 전자는 종교 다원주의 같은 자유주의적 개념에게 너무 빨리 승리의 축하를 보내지 않았고, 그 개념에 동조하지도 않았다. 그럼에도 불구하고 새롭게 형성된 자유 개념은 그들의 존재를 충분히 변화시켰다.

분리는 그 충동 또는 의도에 있어 동질적인 것으로 보여서는 안 된다. 분

---

27 Matthew Lauzon, "Modernity," in *The Oxford Handbook of World History*, ed. Jerry H. Bentley (Oxford: Oxford University Press, 2011), 74.

리 측 신자들은 기존 개신교회들이 참된 개혁 전통을 떠났다는 믿음 가운데 확실히 스스로를 **유일한** 참된 개혁교회의 정체성을 천명하는 자로 여겼다. 하지만 이 천명이 이루어지는 방식은 복잡하고 다양했다. 삐떠 스토끄비스(Pieter Stokvis)의 기억에 남는 묘사를 소환해서 표현하자면, 네덜란드 분리 운동 주류가 추구하는 생각은 "신비로운 칼빈주의 국가 교회"로의 회복이었다.[28] 드 콕의 협력으로 빌름 1세가 분리 측을 참된 개혁교회로 인정하기 위한 공의회를 연 것은 아마도 이런 욕망의 전형일 것이다. 그러나 이와 더불어 교회와 국가의 분리를 통해 자신들이 받았던 박해의 종식을 요구했던 상당수의 소수가 있었다.

하지만 다수의 분리 측에게, 다원주의적 자유 사회 체제 속에서 소수파가 용인되었던 1848년 이후의 새로운 상태는 그들 자신이 세웠던 계획이나 선택에서 비롯된 것이 아니었다. 그럼에도 불구하고 그들은 사납게 밀려오는 새로운 상황을 맞이하게 되었다. 그 상황은 그들에게 기대하지 못했던 유익이자 기회가 되었다.

현대 네덜란드 헌법은 교회와 국가 사이를 분리를 추구하는 것을 합법화하려는 빌름 2세의 마음이 반영되었다.[29] 하지만 이 헌법도 새롭고도 급속히 정의된 종교적 풍경을 만들지는 못했다. 오히려 이 헌법을 통해 많은 종교 권력들이 자신만의 정체성과 존재들을 주장하는 현대적 환경이 형성되었다. 제임스 케네디(James Kennedy)와 얀 즈베머(Jan Zwemer)가 "헌법 전 상황으로 되돌아가는 것은 더 이상 상상할 수 없다"[30]라고 주장했듯이, 어떤 종교 집단도 1848년

---

28 Pieter R. D. Stokvis, "The Secession of 1834 and Dutch Emigration to the United States: Religious Aspects of Emigration in Comparative Perspective," in Harinck and Krabbendam, *Breaches and Bridges,* 22.

29 Harinck and Winkler, "Nineteenth Century," 468.

30 James Kennedy and Jan Zwemer, "Religion in the Modern Netherlands and the Problems of Pluralism," *BMGN—Low Countries Historical Review* 125, no. 2-3 (2010): 249.

에 도입된 사회 구조로 1848년 이전처럼 이어나가는 것이 불가능해졌다. 이와 더불어 유일한 참된 개혁교회가 되기 위한 추구의 실현과 이 실현에 따라 사회에서 대우받는 것은 실제로도 매우 힘든 일이 되었다. 이제부터 국가는 어떤 종교 집단을 박해하거나 그 집단에 특혜를 베풀지 못하게 될 것이다.[31] 그러나 분리 측 신자들은 오직 자기 정부의 기본적 조건들을 수용하는 한도 내에서 예배를 위해 자유롭게 모일 수 있었고 새로운 사회 속에서 자신들만의 영역을 창출해낼 수 있었다(이 경우, 교회와 국가의 분리와 종교적 다형성은 종교의 자유에 의해 필연적 조건이 되었다).

주류 개혁파(Hervormd)와 정치적 진보자유파(Liberalen)도 그랬던 것처럼, 모든 분리파와 옛 개혁파가 자신들이 거주하고 있는 새로운 사회적 방식에 기꺼이 합의했던 것은 아니었다. 이는 이들이 "[다원주의] 사회 속에서 자신들 고유의 자리를 위해 분투해야만 했던 새로운 종교 권력"이 되었다는 사실을 수용한다는 의미이다.[32] 물론 이 새로운 사회와 타협하길 꺼려했던 사람들은 사회 주변부에서 새롭게 시작하면서 자신들의 종교적 자유를 행사했다. 권리로서의 종교적 자유는 종교 집단들이 사회의 어떤 부분에 반드시 참여해야 한다는 의무를 부과하지 않았다. 그러므로 1848년 이전 목표를 계속해서 요구할 수 있는 종교적 자유의 행사가 완전히 가능하게 되었다. 그러나 현재 달성했던 목표를 성취하는 일은 훨씬 더 어려워졌다. 물론 재창조된 네덜란드 사회를 단호히 거부하는 방식 중에 하나인 새로운 사회로의 이주도 남아 있었다.[33]

---

31 이런 추구가 사실상 달성되기 힘듦에도 불구하고 일부 분리파들과 그 후예들은 자신들의 교회가 참된 교회라는 인식을 지속적으로 추구했다는 것을 반드시 인정할 필요가 있다. 예를 들면, 이런 생각은 자신이 "유일한 참된 교회"(de enige ware kerk)라고 역사적으로 주장했던 네덜란드 개혁교회(해방파)(Gereformeerde Kerken vrijgemaakt) 역사 속에서 많이 볼 수 있다.

32 Kennedy and Zwemer, "Religion in the Modern Netherlands," 249.

33 앞으로 살펴보겠지만, 헨드릭 삐떠 스홀터(Hendrik Pieter Scholte) 같은 경우에는

이후 헤르만 바빙크는 이런 가능성들의 범위 내에서 자신의 위치를 반영하는 가운데, 한편으로는 네덜란드에 남았지만 종교적 자유의 행사를 예배와 복음적 지원 활동에만 제한했던 사람들과 또 한편으로는 조국의 문화적 발전에 더 이상의 참여를 거부했던 망명자들 모두를 동등한 논조로 강하게 비판했다. "많은 사람이 자신들이 예배했던 장소에서 하나님을 예배할 수 있는 능력 혹은 복음 전도에 참여할 수 있는 능력에 만족하는 가운데 국가, 도시, 사회, 예술, 학문을 자기 뜻대로 버렸다. 많은 이들이 삶으로부터 완전히 물러났으며, 문자 그대로 모든 것으로부터 자신을 분리시켰을 뿐 아니라, 이보다 더 심각하게도 어떤 경우에는 미국으로 떠나버려 불신으로 잃어버린 조국을 버렸다."[34] 남기로 선택했던 사람 중 일부의 경우, 종교 다원주의 사회 속에서 소수 집단으로서 새로운 지위를 수용하기까지 수십 년이 걸렸다. 이는 단순히 그들이 오래되고 참된 교회를 재구성했다는 초기 견해를 대신하고 있다.[35] 또 다른 사람들은 새로운 사회적 토양에 더욱더 열정적으로 긍정을 표했다. 예를 들면, 네덜란드 분리 측 스홀터는 미국에서의 종교적 자유 관행에 영감을 받았다. 그는 분리 측 신자들이 네덜란드의 새로운 상황 하에서 자신들에게 주어진 새로운 자유를 반드시 품어야 한다고 일찍이 주장했다.[36]

이민으로의 소명이 항상 현대 사회에 대한 거부 열망으로 동기부여가 되지는 않았다. 오히려 스홀터가 아메리카로의 이민을 주장했던 이유는 종교의 자유를 누리는 데 아메리카가 더 좋은 조건을 가지고 있다고 믿었기 때문이었다.

34 Herman Bavinck, *De katholiciteit van Christendom en kerk* (Kampen: G. Ph. Zalsman, 1888); ET: *"The Catholicity of Christianity and the Church,"* trans. John Bolt, *Calvin Theological Journal* 27, no. 2 (1992): 246. 옛 개혁파 교회로부터의 이주에 관해서라면 Beuker, "German Oldreformed Emigration," 101-3을 살펴보라.

35 Koert van Bekkum, "Verlangen naar tastbare genade: Achtergrond, geschiedenis en typologie van spiritualiteit in de Gereformeerde Kerken (vrijgemaakt)," in *Proeven van spiritualiteit: Bijdragen ter gelegenheid van 160 jaar Theologische Universiteit Kampen*, ed. Koert van Bekkum (Barneveld: Uitgeverij De Vuurbaak, 2014), 140.

36 이런 맥락에서 하링크(Harinck)는 스홀터 같은 사람들은 토머스 찰머스(Thomas Chalmers)가 스코틀랜드 자유교회의 형성을 이끌었던 스코틀랜드 분리

스홀터는 1848년 헌법 개정 전 네덜란드 교회와 국가의 분리를 공개적으로 요구했다. 스홀터는 이를 위해 교회에 권한을 행사할 수 있는 국가의 권리와 정치적 영역에 참여할 수 있는 교회의 권리를 동시에 거부했다. 정부 종무 부처의 목회자가 개혁파 목회자들에게 빌름 2세의 1841년 생일에 대한 감사 기도를 권장했을 때, 분리 측 출판물이었던 「드 레포르마치」(De Reformatie)[37]의 편집장이었던 스홀터는 교회와 국가의 분리를 믿으면서 어떻게 왕을 위해 기도할 수 있느냐며 반론을 피력했다.[38] 물론 스홀터도 성경에 따라 그리스도인들은 반드시 권세 있는 모든 자를 위해 기도해야 한다고 주장했다. 그러나 빌름 2세를 위한 신자들의 기도가 빌름 2세 정권을 특별히 지지하는 기도로 채워져야만 했던 것은 아니었다. 실제로는 서로 다른 신념을 가진 그리스도인들이 언제나 다른 결과를 위해 기도했다. 만약 스홀터의 논리를 좇는다면, 왜 네덜란드 로마 가톨릭교도들은 자신들의 교회에 왕을 합류시키는 것을 위해 혹은 왕을 교황에 순종시키기 위해 기도하지 않았을까? 왜 자유주의 네덜란드 개혁파 그리스도인들은 왕이 분리파들을 신속히 처리할 것에 대해 기도하지 않았을까? 분리파들은 왕이 자신들의 분리 운동에 따를 것을 위해 기도하면 절대 안 되는 것일까?[39] 어떤 경우라도 스홀터는 빌름 2세가 회심을 경험하고 네덜란드 국민들에게 종

운동(1843년 분열, the Disruption of 1843)에 동조하긴 했지만 스코틀랜드 분리 운동에서는 긍정적이었던 교회-국가 관계성을 거부했다고 묘사했다. 스코틀랜드의 경우 분리 운동이 스코틀랜드 교회와 스코틀랜드 자유교회 둘 다 관계되며, 설립 원리에 따라 이 두 교회 다 스코틀랜드의 참된 개혁교회라고 주장했다. 대신 스홀터는 미국 스타일의 교회와 국가의 분리를 선호했다. George Harinck, "Groen van Prinsterer en Thomas Chalmers: 'Precious Ties of a Common Faith,'" in *Groen van Prinsterer in Europese Context,* ed. George Harinck and Jan de Bruijn (Hilversum: Uitgeverij Verloren, 2004), 45.

37 스홀터의 「드 레포르마치」(De Reformatie) 편집인의 직무 및 직위에 대한 연구로는 Eugene P. Heideman, *Hendrik P. Scholte: His Legacy in the Netherlands and in America* (Grand Rapids: Eerdmans, 2015), 163-84를 참고하라.

38 Hendrik Pieter Scholte, "De zesde december," *De Reformatie* 2, no. 1 (1841): 291.

39 Heideman, *Hendrik P. Scholte,* 150.

교의 자유를 허락하길 위해 기도하라고 자신의 독자들에게 권유했다. 윌리엄 2세의 1841년 생일 4년 후인 1845년에 스홀터는 「드 레포르마치」에 "1786년 종교의 자유를 위한 버지니아 법령"(Virginia Statute for Religious Freedom of 1786)의 전문을 실었다. 스홀터는 이 전문을 통해 종교적 다형성에 대한 미국의 예를 보여주며 분리 측 지도자들의 용기를 북돋았다.[40]

판 랄터와 스홀터 둘 다 "종교의 자유를 향한 정부의 완고한 반대"[41]라는 표현을 고려하여 분리파들에게 이주를 권유했다. 1848년 이전의 분리 교회는 한스 끄랍번담(Hans Krabbendam)의 정확한 표현인 "이주 열병의 확산"[42]이 갈수록 더 드러나는 교회가 되었다. 그 이유는 날이 갈수록 늘어만 갔던 분리파들이 종교의 자유가 보장될 서로 다른 종류의 사회적 상태로 부름 받았기 때문이다.

스홀터와 그를 따랐던 사람들은 종교의 자유에 대한 요구를 관철시키기 위해 무신론적 세속 국가와 논쟁하지 않았다. 스홀터는 네덜란드 사람들을 다스리기 위해 하나님께서 오라녀 가(House of Orange)를 세우셨다는 것과 네덜란드 군주는 반드시 그리스도인이어야만 한다는 사실을 믿었다(여기서 말하는 그리스도인은 평화주의를 요구하고 로마서 13장 4절에 명시된 역할을 할 수 없는 왕을 묘사하는 메노파 그리스도인이 아니며, 동시에 교황에게 복종하는 로마 가톨릭 그리스도인도 아니었다).[43] 스홀터의 관점에서 네덜란드 군주는 자신의 백성들이 자유롭게 종교적 표현을 하는 것을 옹호하는 개혁파 그리스도

40 Hendrik Pieter Scholte, "Wet op de Verdraagzaamheid opgesteld door Jefferson," *De Reformatie* 2, no. 8 (1845): 175.

41 Hans Krabbendam, *Vrijheid in het verschiet: Nederlandse emigratie naar Amerika 1840-1940* (Hilversum: Uitgeverij Verloren, 2006), 30: "… hardnekkige tegenstand der Regering tegen vrijheid van godsdienst."

42 Krabbendam, *Vrijheid in het verschiet*, 35: "… verspreiding van de emigratiekoorts."

43 Hendrik Pieter Scholte, "Moet in de Nederlandsche Staatsregeling de Bepaling worden Opgenomen, dat de Koning Behooren moet tot de Hervormde Godsdienst?," in *De Reformatie* 1, no. 7 (1840): 326-27.

인이 되어야만 했다.[44]

이런 맥락 속에서 종교의 자유가 네덜란드에서 드디어 실행이 되었음에도 불구하고 흥미롭게도 판 랄터와 스홀터 둘 다 미국으로 이주했다. 왜 그들이 스스로 운동을 펼쳤던 새로운 사회 질서를 저버리고 이주를 선택했는지에 대해 설명하려는 시도들은 분리 측 내부 정치를 금세 혼란스럽게 만들었다. 예를 들면, 분리 측 시몬 판 펠전(Simon van Velzen)은 이 운동에서의 스홀터의 영향력이 시들해졌다고 주장했으며, 스홀터는 더 큰 개인적 가치와 중요성을 찾기 위해 이주했다는 논지를 폈다.[45] 그러나 한스 끄랍번담의 이해가 도움을 주었는데, 아마도 이런 의견은 스홀터보다 판 펠전에 대해 더 많은 것을 말하고 있다. 분리 측 교회와 국가 사이의 관계성에 대해 각자 바라보는 시각이 상당히 다르다는 것을 우리는 명심해야 한다.[46]

스홀터와 판 랄터 같은 사람들이 이주한 동기가 정말로 무엇이었든지 간에, 1848년 전후 그들의 이야기들은 분리 측 정체성이 가지고 있는 정적이거나 균일하지 않은 지속적인 본질과 신학적 시야를 묘사해주고 있다. 분명하게도, 현대 세계를 살아가는 분리파들은 복잡한 길을 걸어갔다.

분리의 아들이었던 헤르만 바빙크

그렇다면 분리 측 신자들 가운데서 신학적 다양성의 역사가 헤르만 바빙크 전기에 어떤 기여를 할 수 있을까?

---

44 이에 대한 구체적인 내용은 Heideman, *Hendrik P. Scholte*, 152-56을 참고하라.

45 Krabbendam, *Vrijheid in het verschiet*, 30.

46 Krabbendam, *Vrijheid in het verschiet*, 30.

바빙크는 단순히 분리 측 설교자의 아들로만 묘사되었다기보다는(사실 바빙크는 정말로 그랬지만), 동시에 "분리의 아들"(son of the Secession)로도 묘사되었다. 이런 호칭은 이 책 서론에서 언급했던 "두 바빙크들" 해석학의 발전 가운데서 우선적으로 형성된 호칭이다.[47] 실제로 바빙크가 살면서 스스로 "분리의 아들"이란 호칭을 언급했다. 그럼에도 좀 더 최신의 "두 바빙크들" 학문 영역의 전성기 속에서, "분리의 아들"이라는 호칭은 "정통적 바빙크"의 작품 전체의 부분들에 적용되었다. 그러므로 "분리의 아들"이라는 별칭은 일종의 반립 테제인 "현대적 바빙크"와 날카롭게 대비시키기 위해 사용되었다. 이런 논리는 분리파들은 현대적이지 않았으며, 분리 측 유산에 대한 바빙크의 충성은 현대 세계로 향해 가는 것이 아니라 현대 세계로부터 바빙크를 멀어지게 만들었다는 가정된 암시와 함께했다.[48] 바빙크의 생각을 이런 식으로 읽는 문제들에 대해서는 이미 관련 증거가 많으며, 바빙크의 분리 측 선조들에 관한 이런 가정 안에 존재하는 관련된 결점도 반드시 인식되어야 한다. 즉 이런 가정은 새롭게 현대화되는 사회를 향한 자세에 관해 분리 측 신자들 안에서도 어느 정도의 (부정적인) 목소리가 존재했다.

그러나 분리 운동이 시작된 이래 분리 운동의 신학적 시각은 동일성과는 거리가 멀었다.[49] 이는 그리 놀랄만한 일은 아니었다. 그 이유는 분리 운동의 급속한 성장과 방식이 원래의 분리 측 소규모 집단과 아직 훈련되지 않은 다수의

---

47 예를 들면 G. M. den Hartogh, *Onze Theologische School* (Kampen: Kok, 1953), 23. "Een echt 'kind der Scheiding,' bij zijn optreden en in zijn werk te Kampen de trots van School en kerken, 'onze doctor,' zoals men hem met liefde en met dank noemde."

48 예를 들면 John Bolt, "Grand Rapids between Kampen and Amsterdam: Herman Bavinck's Reception and Influence in North America," *Calvin Theological Journal* 38, no. 2 (2003): 264-65.

49 J. van den Berg, "De Spiritualiteit van de Afgescheidenen," *Gereformeerd Theologisch Tijdschrift* 92 (1992): 172-88.

설교자로부터의 신학적 유입과 관련되어 있었기 때문이다. 이런 시각 속에서 "분리의 아들"이었던 바빙크의 정체성에 대한 새로운 읽기는 "그 분리자들"(*the Seceders*)이라고 통칭하여 부르는 것에 매우 문제가 있다는 J. 판 덴 베르흐(J. van den Berg)의 지적을 유의하며 읽는 것이 좋다.[50] 분리파들은 다양했다. 바빙크가 따랐던 분리 측의 생각과 전통의 흐름 속에 존재했던 미묘한 차이점을 인지하지 않는 한, "분리의 아들"이라는 표현은 일반적이고 폭넓으면서도, 그리 유용하지 않은 식별이 될 것이다.

분리 교회는 생긴 지 처음 수십 년 안에 급속도로 성장했으며, 분리 측의 이주는 차츰 감소하기 시작했다. 그리고 분리 측 지교회의 지위는 19세기 후반 네덜란드 사회 속에서 관용된 소수집단으로서 점차 안정화되었다. 바빙크의 생애 동안 이런 수용 속에서 괄목할 만한 발전을 보여주었다. 이를 통해 19세기 후반과 20세기 초반 네덜란드 사회 속에서 자신들만의 공간을 개척하기 위한 야망 어린 시도들이 분리파들 가운데 늘어만 갔다.

나는 계속해서 바빙크를 "분리의 아들"로 묘사한다. 하지만 이런 호칭을 쓰는 목적은 바빙크에 대해 보다 더 풍성한 질감을 주기 위해서다. 확실히 헤르만 바빙크는 분리 측 얀 바빙크의 아들이었고 헨드릭 드 콕에 의해 시작된 운동의 상속인이었다. 하지만 바빙크는 (적어도 일부분은) 헨드릭 삐떠 스홀터와 알베르투스 판 랄터 전통의 아들이기도 했다. 물론 바빙크가 개정된 1848년 후기 사회 속에서 더 높은 등급의 통합을 추구했던 수많은 평범한 분리 측 사람들과 가깝게 지냈다는 사실은 말할 필요도 없이 자명하다. 이런 관점 속에서 나는 "분리의 아들"이란 제목을 바빙크의 관점 속에서의 분리의 증상으로서 언급하기보다, 오히려 분리 운동의 원시적인 중심부 안에서의 바빙크 궤적의 시작점 혹

---

50 Van den Berg, "De Spiritualiteit van de Afgescheidenen," 174. "De Afscheiding was niet een homogene beweging, en ook al werden uiteindelijk binnen de hoofdstroom de tegenstellingen in een geleidelijk proces van samensmelting opgelost, toch kan men niet zonder meer van 'de' Afgescheidenen spreken."

은 이 궤도의 움직임 속에서 바빙크를 중요한 인물로 보기 위해서 언급한다. 이 책은 분리 운동에 대한 야스뻐 프레이(Jasper Vree)의 묘사인 "분리로부터 통합 으로의 여정"[51] 속에 헤르만 바빙크를 위치시킨다. 게다가 이 책은 현대 세계에 정통적으로 참여했던 바빙크의 헌신을 정확히 묘사하는 표현인 G. M. 덴 하르 토흐(G. M. den Hartogh)의 용어 전개("어느 한 진정한 '분리의 아들')에 대한 회복으로 기능한다.[52]

이 전기의 핵심 주장 중 하나는 바빙크 생애의 중심적 관심들을 몇 개의 중 요한 날짜들, 즉 1834년 네덜란드 분리, 1838년 벤트하임에서 옛 개혁교회의 형 성, 그리고 1848년 국가들의 봄 등으로 뼈대를 세우는 것이다. 우리는 이런 배 경을 알아야 비로소 네덜란드 문화와 그 문화 안에 있는 정통 개혁파 전통을 다 시 구상했던 그의 삶을 이해할 수 있다.

분리 측 신자들과 옛 개혁파들의 경우, 국가들의 봄 이전에도 이후에도 작 은 안식도 발견할 수 없었다. 1848년 이전 그들 각각의 첫 십 년은 정통 개혁파 그리스도인들이 (종교적 자유에 대한 제한적인 관점 때문에) 그들을 박해하고 그들이 추구했던 핵심 가치들의 실현을 막았던 **초기 근대** 사회에서 어떻게 살 아야만 했는가라는 실존적으로 대답하기 어려운 질문으로 가득했다. 1848년 이후 이 질문은 정통 개혁파 그리스도인들이 (종교적 다원주의 때문에) 그들을 관용했던 **후기 근대** 사회에서 어떻게 기존의 이상을 한물갔거나 도달할 수 없 는 것으로 여기며 살아야만 했는가라는 질문으로 옮겨갔다. 그들 밑에 있던 땅 은 계속 움직여갔다. 이런 상황이야말로 얀 바빙크가 전면에 내세운 맥락이다. 얀은 그의 아들이었던 헤르만이 생애 전체에 걸쳐 계속해서 대답하길 원했던 질문들을 다뤄야만 했다.

---

51 Jasper Vree, "Van separatie naar integratie: De afgescheidenen en hun kerk in de Nederlandse samenleving (1834-1892)," in *Religies en (on)gelijkheid in een plurale samenleving,* ed. R. Kranenborg and W. Stoker (Leuven: Garant, 1995), 176.

52 Den Hartogh, *Onze Theologische School,* 23.

2. 얀 바빙크와 헤지나 마흐달레나 홀란트

BAVINCK

"그 당시, 우리는 여전히 버림받은 자였다"

짧고도 현대적인 스케치

얀 바빙크는 경건과 야망을 동등하게 유지하면서 상호 채찍질하기도 하고 좌절시키기도 했다. 얀은 종교적으로 깨어 있는 인물이었지만, 자신의 시대에서 완전한 소시민으로 살았다. 그는 합리주의적 계몽주의에 의해 이끌림 받았던 기독교와 그런 기독교를 선호했던 독재 군주의 몰락을 친히 목도하기도 했고, 이런 몰락을 지켜보면서도 전혀 눈물을 머금지 않았다. 오히려 얀은 새로운 대안이었던 경험적 칼빈주의와 자유민주주의를 두 팔 벌려 환영했다. 얀의 후손들이 그 어떤 위대한 사회 변화에 대해 이야기하더라도, 얀의 이야기야말로 여전히 더 훌륭했다.

그는 자신의 다채로운 생애의 마지막을 향하는 중에 "내 생애의 짧은 스케치"라는 제목의 미간행된 친필 자서전을 후손들에게 물려주었다.[1] 날짜가 기록되어 있지 않은 이 자서전은 54년간의 목회 사역 후 80번째 생일을 맞기 직전에 기록되었다.[2] 1905년과 1906년 끝 무렵 사이 어느 날 "[그의] 인생의 황혼에" 얀은 자신의 기억들이 사라지지 않았음을 확신했다. 얀은 암스테르담에서 헤르만 그리고 그의 가족들과 더불어 살았는데, 이 자서전은 가족들과의 사적인 일을 추억하면서 쓴 글이다. 그 전에도 얀은 40주년 안수 기념일을 맞아 스스로 추억을 돌아보면서 1888년에 설교집인 『오직 예수의 이름 안에서의 구원』을 출간했다.[3] 표면상으로는 사도행전 4장 12절에 대한 설교였던 이 자서전은 얀의 생애를 성경적 주해와 더불어 곁들인 것이었다. 이런 글 모음들은 깜픈의 기독개혁교회 목회자 시절에 기록되었다.

전성기 시절에 자신의 경험을 연대순으로 기록했던 그의 준비성과 노년에도 그렇게 글을 썼다는 사실을 고려하면, 우리는 얀이 현대적 인물이었다는 사실을 알 수 있다. 노년의 얀 바빙크가 자신의 가족들을 위해 펜을 들어 미출간된 자서전을 기록했던 그것 자체로 역사적 의미가 충만하다. 한 인물의 고유한 삶을 설명하기 위해 글을 쓰는 것은 결코 소설이 아니다. 이런 "자전적 문서"(egodocuments) 형태의 기록은 얀 바빙크가 글을 쓰기 시작하기 전부터 독

1 Jan Bavinck, "Een korte schets van mijn leven," 미출간, 친필 자서전, n.d., HBA, folder 445. G. A. Wumkes, "Bavinck (Jan)," in *Nieuw Nederlansch Biografisch Woordenboek,* ed. P. C. Molhuysen and P. J. Blok (Leiden: A. W. Sijthoff's Uitgevers- Maatschappij, 1911), 34-35도 참고하라.

2 Jan Bavinck, "Een korte schets van mijn leven," 75. "Hij heeft mij ruim 54 jaren in dien dienst doen arbeiden, mij steunende en sterkende, zoodat ik schier zonder onderbreking mijn werk kon verrichten," and, "Ik ben nu oud en grijs geworden. Nog enkele dagen en ik heb den leeftijd van tachtig jaren bereikt. Ik ben aan den avond, aan den laten avond van mijn leven."

3 Jan Bavinck, *De zaligheid alleen in den naam van Jezus* (Kampen: J. H. Bos, 1888).

일이나 네덜란드 문화에서는 흔한 일이었다.[4] 하지만 시대에 따라 자서전의 특징적인 강조점, 세부 사항, 목적들은 상당히 변화되었다.

이런 개인적인 자서전 대부분은 저자의 직계 가족을 위해 기록되었다. 가장 이른 (중세나 종교개혁 후기 시대의) 자서전들은 가족 공동체의 기억을 계속 유지시키려는 열망 때문에 기록되었다. 그리고 시간이 지나고 나서는 개인적인 충동 때문에 기록되기 시작했다. 자서전을 기록했던 사람은 자신의 후손들에게 잊히고 싶지 않았다. 얀 바빙크가 태어났던 시기인 1800년 이래로 가족 자서전을 기록할 때 두 가지의 중대한 변화가 일어났다. 첫째, 저자들은 좀 더 직접적으로 논의하고 증명하기 매우 어려웠던 정보들을 전파하기 위한 분출구로서 자서전 양식을 사용하기 시작했다. 둘째, 저자들은 자신들의 어린 시절의 경험을 보다 더 자기 반성적으로 반추하고자 자서전 양식을 사용하기 시작했다. 이와 비교해 17-18세기 자서전들은 장년이 된 한 사람의 정보와 그 사람의 어린 시절의 경험은 대체로 서로 상관없다고 생각했다. 루돌프 데꺼(Rudolf Dekker)는 네덜란드 자서전들 속에 등장하는 어린 시절 경험의 위치에 대한 자신의 포괄적인 연구에서 "내 생애의 짧은 스케치"를 완벽하게 구성하는 방식으로 이런 발전을 묘사했다.[5]

문학 역사가들은 자서전들의 두 유형 사이를 구분했다. 전통적인 자서전 저자는 자신의 가족 배경에 대해 대단히 많이 언급하고, 자신의 어린 시절에 대해서는 덜 언급한다. 이런 자서전의 저자는 가통(家

---

4 "자존적 문서"(egodocuments)라는 용어의 역사에 관해서라면 Rudolf Dekker, introduction to *Egodocuments and History: Autobiographical Writing in Its Social Context since the Middle Ages,* ed. Rudolf Dekker (Hilversum: Verloren, 2002), 7-20을 참고하라.

5 Rudolf Dekker, "Childhood in Dutch Autobiographies, 1600-850: Changing Memory Strategies," *Paedagogica Historica* 32 (1996): 69.

統) 속의 연결 지점으로 자기 자신을 먼저 바라본다. 현대적 유형의 자서전 저자는 자신의 선조들에 대해서는 짧게 언급하지만 자신의 어린 시절에 대해서는 대단히 길게 언급한다. 이때는 처음부터 저자가 중심인물이다. 이런 변화는 18세기 후반부터 일어났으며, 이는 개인성에 대한 감각이 자라난 결과였다. 네덜란드 자서전들의 발전상도 이런 방식에 걸맞다. 16-17세기 저자 대부분은 자신들의 어린 시절에 대해서는 몇 마디 쓰지 않았다. 그들은 대체로 자신들의 학교나 선생님에 대한 언급을 스스로 제한했고, 주로 자신들의 이야기를 사회에서 어느 정도 위치를 차지했을 때의 이야기로 시작했다.

얀 바빙크의 자서전도 전형적인 근대 후기 유럽인으로서의 자신의 위치를 보여주었다. 얀은 비록 어느 정도는 제한적이었지만 자신의 선조들과 자신의 삶에 영향을 끼친 그들의 영향력에 대해 관심을 표했다. 얀은 자신의 어린 시절과 양육의 영향을 훨씬 더 중요한 것으로 믿었다. 얀은 자신의 성인 시절을 후손들에게 전하는 가운데 대화로는 논의하기 매우 어려웠던 사건들, 예를 들면 자신의 형제자매 네 명의 죽음, 어머니의 죽음, (후손들은 절대 경험하지 못했던) 종교적 박해에 대한 자신의 지식, 그리고 실패한 포부에 대한 감정과 같은 사건들로 눈을 돌렸다. 얀 바빙크를 포함한 19세기 유럽인들은 자신의 선조들과는 다르게 시간의 흐름을 인식했다. 그들은 빠르게 흘러가는 것처럼 보였던 시간의 흐름에 더 집중했는데, 그 이유는 그들의 세기는 혁명적인 격변을 향해 (그리고 후에는 그 너머로) 돌진했던 세기였기 때문이다.[6] 얀의 스케치는 이런 인식에 대한 언급으로 뒤덮여 있다. 얀의 스케치는 집 시계처럼 평범하면서도 동시에

---

6 Arianne Baggerman, "Lost Time: Temporal Discipline and Historical Awareness in Nineteenth-Century Dutch Egodocuments," in *Controlling Time and Shaping the Self: Developments in Autobiographical Writing since the Sixteenth Century,* ed. Arianne Baggerman, Rudolf Dekker, and Michael James Mascuch (Leiden: Brill, 2011), 455-535.

1848년 국가들의 봄이 중요한 역할을 감당했던 것처럼 세상을 변화시키는 자서전이다. 이런 이유로 얀 바빙크의 세대의 사람들은 자신들의 경험들을 놀랄 만한 열정을 가지고 연대순으로 기록하기 시작했다. 얀의 자서전은 시대의 산물로서 보고 원하고 앞으로 향해 나아갔던 삶의 이야기이다. 얀의 자서전은 철두철미하게 근대적이었다.

벤트하임 숲에서의 경건

제목은 "짧은 스케치"지만 4만 2천 단어에 육박하는 자신의 생애에 대한 얀의 기억은 자신의 백성들에게 주시는 하나님의 약속인 이사야서 42장 16절을 반영하는 짧은 도입부로 시작한다.

> 내가 맹인들을 그들이 알지 못하는 길로 이끌며 그들이 알지 못하는
> 지름길로 인도하며 암흑이 그 앞에서 광명이 되게 하며 굽은 데를 곧
> 게 할 것이라 내가 이 일을 행하여 그들을 버리지 아니하리니

얀 바빙크의 개인적인 깊은 경건은 이런 도입부에서 분명히 드러난다. 이 세상 속에서의 얀의 여정은 죄인들에게 자비를 베푸시고 맹인의 길을 이끄시는 이사야서에서의 하나님의 약속에 의존했다. 얀은 자서전을 시작하며 1826년 2월 5일 벤트하임에서 태어났다고 스스로를 소개한다. 이런 기억은 전 생애 동안 자신의 마을에 충격을 가했던 현대성에 대한 감사로 바로 옮겨갔다. "내 어린 시절에는 철도에 대해 아는 사람이 없었다. 하지만 현재는 벤트하임을 거쳐 아른헴(Arnhem)에서부터 잘츠베르겐(Salzbergen)으로 철도가 달리고 있으

며, 기차가 뱀처럼 나무 사이로 증기를 내뿜는 광경은 참으로 아름답다."[7] 벤트하임 주변 숲을 지나 니더작센으로부터 네덜란드까지 철도가 생긴 것은 얀의 생애 속에 존재했던 놀랄만한 변화의 상징이었다. 이는 산업화 이전 시대로부터 산업화 시대로 접어들었음을 의미했다. 산업화 이전 사회의 핵심 자원이었던 목재는 석탄 및 철강으로 대체되었고, 이를 통해 유럽인들의 삶도 영구히 변화되었다. 실제로 벤트하임 숲은 산업화 이전 시대 연료의 중요한 지역 자원이었다. 기차 같은 새로운 기계적 신문물이 나무들 사이를 빠르게 지나갔으며, 나무들로부터 오는 자원들은 대체로 구식이 되었다. 이런 변화 때문에 얀 바빙크 같이 새롭게 산업화된 유럽인들은 변화된 세상에서 어떻게 살아가야 하는지를 다시 정의내리기 시작했다.

문화 비평가 볼프강 쉬벨부쉬(Wolfgang Schivelbusch)는 얀 바빙크 세대 유럽인들의 기차 여행의 결과를 "시공간의 소멸"로 묘사했다.[8] 얀도 이 증기 기관차로 인해 어떻게 (그리고 어떻게 최대한 빨리) 자기 주변에 있는 세계로 이동할 것인가를 재고하는 법을 배웠다. 어쩌면 증기 기관차의 출현은 19세기 유럽 산업화의 궁극적인 상징이었을 것이다. 얀에게도 증기 기관차의 출현은 아름다운 것이었다. 벤트하임에서 태어난 얀은 현대 세계를 더 잘 이해할 수 있었다. 그 이유는 이 특별한 기찻길이 네덜란드로부터 유럽 전역으로 폭넓게 연결되었고, 얀의 고향은 그 당시 기행문학 속에서 중요한 역할을 차지했기 때문이다.[9]

---

7 Jan Bavinck, "Een korte schets van mijn leven," 3. "In mijne jeugd kende men nog geene spoorwegen, maar thans loopt de spoorlijn van Arnhem naar Salzbergen langs Bentheim heen, en het is een prachtig gezicht den spoortrein als een slang door het woud zien stoomen."

8 Wolfgang Schivelbusch, *The Railway Journey: The Industrialization of Time and Space in the 19th Century* (Berkeley: University of California Press, 1986), 33.

9 Daniël François van Alphen, *Reisverhalen en indrukken van een togt via Bentheim (Munster), Hannover, Hamburg, Kiel en Korsor naar Kopenhagen* ('s Gravenhage: J. M. van 't Haaff, 1874).

헤르마누스 바빙크와 페나 니하우스

얀 바빙크의 부모였던 헤르마누스(Hermanus)와 페나(Fenna, 옛 성은 니하우스[Niehaus])는 벤트하임의 개혁교회(the Reformirte Kirche) 구성원이었다. 그들은 딸 5명과 아들 1명 총 6명의 자녀를 두었고 얀은 그중 5번째 아이였다. 후에 얀이 자신의 아들들의 이름 중 하나에 붙였던 이름인 헤르마누스는 목수 집안에서 태어났고 그 자신도 목수였다. 자녀들의 나이가 12살에서 몇 개월 정도밖에 안 되었던 1829년에 헤르마누스가 세상을 떠났다. 그때 헤르마누스 나이 49세였고, 얀은 불과 3살이었다.[10] "비록 나는 여전히 매우 어렸지만, 아버지께서 살아계실 때 일터에서 저녁 즈음에 집으로 돌아오시면 난로 옆에 앉으셨고, 그때 나는 몸을 데우기 위해 아버지 무릎에 앉았던 기억이 어렴풋이나마 남아 있다. 무엇보다도 아버지 장례 때 이웃이 나와 4명의 누이들의 손을 잡고 아버지께서 누워계셨던 관으로 우리를 이끌었으며, 우리 모두 비통하게 울기 시작했던 기억이 선명하게 남아 있다."[11] 얀의 어머니는 1850년 남편 곁으로 가기 전까지 남편의 죽음을 애통해했으며, 여러 번의 기회가 있었음에도 불구하고 결코 재혼하지 않았다. 오히려 얀의 어머니는 홀어머니로서 자녀들을 키우는 데 헌신했다. 얀 바빙크는 12살 때까지 이중 언어 교육(독일어와 네덜란드어)을 시켰던 개혁과 학교(the Reformirte Schule)에 다녔으며, 바빙크 가문의 얀

---

10 어린 시절의 먼 기억들을 회상하고 기억하는 노력으로서의 자서전의 사용도 19세기의 발전이다. Dekker, "Childhood in Dutch Autobiographies, 1600-1850," 72-6.

11 Jan Bavinck, "Een korte schets van mijn leven," 3. "Doch ofschoon ik nog zoo jong was, heb ik mij toch altoos als uit de verte kunnen herinneren, dat Vader leefde, dat hij bij voorbeeld des avonds van zijn werk tehuis kwam, bij het vuur ging zitten, en dat ik in zijn schoot moest komen staan om mij te verwarmen. Inzonderheid bleef mij dit steeds levendig voor den geest staan, dat bij de begrafenis van Vader eene buurvrouw mij en mijne vier zusjes bij de hand nam, ons naar de kist geleide, waarin Vader lag, en dat wij toen alle bitterlijk begonnen te schreien."

가정은 독일어와 네덜란드어로 예배를 드렸던 개혁교회에 출석했다. 게다가 얀은 지역 목회자였던 A. L. 판 네스(van Nes)를 통해 독일어 교리문답 교실에도 참석했다.[12]

적어도 얀 바빙크의 기억 속에서의 벤트하임은 번영했던 도시였지만, 동시에 영적으로는 나태했던 곳이었다. 얀은 벤트하임에서 성경을 주기적으로 읽지만 한 사람의 생애 속에서의 성경 읽기의 결과에 대해서는 절대 논의하지 않았던(이것이 얀에게는 실망스러운 일이었다) 전형적인 종교적 중산층의 집에서 성장했다. 비록 공적 기도와 가정 기도는 규범처럼 지켜졌지만, 오히려 얀은 개인적이고도 열렬하게 기도했던 그리스도인들의 이야기들에 매력을 느꼈다. 그 당시 개혁교회는 도덕적 행위에 대해서는 강하게 강조했지만 그리스도인의 삶에 미치는 복음이 이끄는 변화에 대한 강조는 회피했다(개혁교회 목사였던 판 네스가 쓴 책은 도덕주의적 책이었는데 일반적으로는 그리스도인들에게 알코올 소비를 하지 말라는 내용이었고, 구체적으로는 네덜란드의 독한 술을 마시지 말라는 경고를 담고 있었다).[13] 얀은 청소년 시절 때 개혁신앙에 대한 서로 다른 종류의 강조점, 예를 들면 중생(*wedergeboorte*), 믿음(*geloof*), 회심(*bekeering*) 등을 논하는 그리스도인들과 조우하기 시작했다. 이 용어들은 경험으로서 이런 용어들을 이해하길 원했던 얀에게는 생경했다. 얀은 하나님께서 호의적으로 듣고 계신지 혹은 응답하실지 확신하지 못한 채 신앙고백을 위한 감정적 기도를 읊조리기 시작했다.

---

12 *Hof- und Staats-Handbuch fur das Koningreich Hannover auf das Jahr 1844* (Hannover: E. Berenberg, n.d.), 431.

13 A. L. van Nes, *Woorden van broederlijke onderwijzing en waarschuwing ten opzigte van het gebruik der sterke dranken* (Groningen: J. Oomkens, 1841). *Hof- und Staats-Handbuch fur das Koningreich Hannover auf das Jahr 1844*, 431를 참고하라.

얀 바빙크의 영적 각성

얀이 여전히 청소년이었을 때, 이전 장에서 소개했던 경건한 개혁파 설교자였던 얀 바런트 쉰다흐(Jan Barend Sundag)의 영향 아래 있었던 외삼촌 하름 니하우스(Harm Niehaus)가 왔다. 얀 바빙크의 설명에 따르면, 하름은 자신의 딸과 함께 쉰다흐의 운동에 이끌렸고 같은 정통에 속했던 경험적 신앙으로 회심했다. 이 소식이 얀을 매혹시켰다. 그는 다른 많은 젊은 북유럽인들이 속했던 기존 교회들보다 더 활력이 넘치고 정통적인 곳에서의 신앙을 갈망했다.

1842년 얀이 16세가 되었을 때 쉰다흐의 설교를 들었다. 쉬토르프 (Schüttorf)의 농가에서 전해진 설교를 들었던 얀의 경험은 그의 생애의 "전환점"이 되었다. 그 후 얀은 네덜란드 분리 측 모임과 옛 개혁교회의 모임 둘 다에 참석했다. 농가에서 드리는 옛 개혁교회 예배에 참석하기 위해 외삼촌과 사촌과 함께 정기적으로 벤트하임 숲을 걸었다. 이런 맥락 속에서 기존 개혁교회의 관할 밖에 있었던 불법 교회에 출석하는 얀의 선택은 짜릿하면서도 동시에 어려운 선택이기도 했다. 얀은 자신에게 하이델베르크 요리문답을 가르쳐준 판 네스에게 충성하고 싶었다. 중요한 지점은 청소년이었던 얀이 개혁파 교리와 기존 개혁교회를 대조하기 시작했다는 점이다. 얀은 교회의 형태 때문에 개혁파라고 명명하고 있어도 그 교회가 역사적 개혁파 전통에 속하는 교리를 따르고 있다는 사실을 보증할 수는 없다고 믿었다. 이런 결론에 비추어 보면 얀이 기존 개혁교회를 결국 떠나게 된 것은 불가피했다고 볼 수 있다. 하지만 만약 얀이 1848년 이전에 기존 교회 너머에서 자신이 선호하는 교리를 찾았었다면, 개인적으로 지불해야 할 대가는 상당했을 것이다. 이런 결과에서 보면, 얀은 "모든 분파주의와 분리주의를 두려워했고 개혁파 입장에 남길 원했다."[14]

---

14 Jan Bavinck, "Een korte schets van mijn leven," 12. "Ik was daarom bang voor alle

얀이 도보로 벤트하임 숲을 지나 분리 측 모임으로 향할 때마다,[15] 그의 애정과 충성심은 불법과 합법적 인가(認可) 사이에서, 농가 모임과 기존 개혁교회의 17세기 건물 사이에서, 쉰다흐와 판 네스를 향한 서로 다른 충성심 사이에서, 개혁파 교리와 기존 개혁교회 사이에서 팽팽한 긴장을 유지했다. 이런 시각에서 볼 때, "내 생애의 짧은 스케치"에 그려진 벤트하임 숲에서의 어린 시절, 벤트하임 숲에서의 청소년 시절, 20세기 초반의 최종적인 관점 사이에는 대비가 뚜렷하게 나타난다. 젊은 얀 바빙크에게 벤트하임 숲은 그의 청소년 시절의 갈등의 시기 속에서의 두 충돌하는 세계들 사이의 경로가 되기 전 자유와 모험의 장소였다.[16] 결국 관용의 시대가 확대되면서 벤트하임 숲은 기계적인 놀라움을 위한 자연적 무대가 되었다. 이것이야말로 "내 생애의 짧은 스케치" 속의 미묘하지만 중요한 주제였다.

과연 나는 정말로 기존 개혁교회를 떠나서 이미 그 교회를 완전히 떠난 후 그 교회 옆에서 독립적인 교회를 세운 사람들에게 갈 수 있을까? 나는 이 질문에 대해 오랜 시간 동안 숙고했다. 나는 이 문제를 쉰다흐와 더불어 다른 이들과도 나누었다. 나는 내가 계속해서 해야만 하는 일과 따라야 할 중대한 문제에 대해 길을 보여 달라고 많은 시간 기도의 무릎을 꿇었고 주님의 얼굴을 겸손함과 진지함 가운데

---

sectarisme en seperatisme, en wilde op de Gereformeerde lijn blijven."

15 Jan Bavinck, "Een korte schets van mijn leven," 11. "Ik herinner mij nog levendig, dat wij, te weten, oom, zijne dochter en ik des Zondagmorgens vroeg ons opmaakten en dat wij bij schoon weer door een gedeelte van het Bentheimsche woud gingen om ons te begeven naar de bijeenkomst der Afgescheidenen, die destijds in de woning van den landbouwer Sandfoort onder Gildehaus gehouden werd."

16 Jan Bavinck, "Een korte schets van mijn leven," 5. "Menigmalen heb ik het Bentheimsche woud doorkruist, op de bergen gedoold, de boerenplaatsen rondom Bentheim afgeloopen om er naar te zoeken en heb mij soms daarbij aan gevaren blootgesteld."

간청했다. 나는 당분간 주저했고 의심했지만, 종국에는 옛 개혁교회 회원으로 입회해야 한다는 결론에 이르렀다.[17]

얀은 새롭게 발견한 신념과 경험적 믿음에 대해 개혁교회 목회자 판 네스와 논의하는 가운데 다음과 같은 결론에 이르렀다. '나는 개혁파에 머물기 위해 나 자신을 기존 개혁교회로부터 분리하고 옛 개혁교회에 입회했다는 것을 솔직히 증언할 수 있다.'[18]

목회를 향한 얀 바빙크의 길

얀 바빙크는 스스로를 옛 개혁파 옆에 나란히 두는 가운데 목재 가공일의 견습 기간을 보냈다. 얀은 1888년도에 출간된 공개적 회상록에서 "나는 나를 말씀 사역으로 보내는 것이 주의 뜻이 아닐 것이라고 생각하며 직업을 선택했다"라고 밝혔다.[19] 하지만 얀은 개인적으로 자신의 자녀들에게는 다른 이야기를 들려주

---

17 Jan Bavinck, "Een korte schets van mijn leven," 13. "Mocht ik mij nu wel van de 'Reformirte Kirche' scheiden, en mij voegen bij degenen, die geheel en al met haar hadden gebroken en voor zich eene zelfstandige Kerk nevens en naast haar hadden gesticht? Over deze vraag heb ik lang nagedacht en gepeinsd; ik heb met Sundag en met anderen er over gesproken; ik heb er meermalen mijne knieen voor gebogen en het aangezicht des Heeren gezocht, Hem ootmoedig en ernstig biddende, dat Hij mij in deze gewichtige zaak den weg mocht wijzen, dien ik had in te slaan en te bewandelen. Lang heb ik geaarzeld en getwijfeld, maar eindelijk ben ik er toe overgegaan om mij als lidmaat in de Oud-Gereformeerde Kerk te doen opnemen."

18 Jan Bavinck, "Een korte schets van mijn leven," 13. "Vrijmoedig kan en mag ik van mijzelven getuigen dat ik, om Gereformeerd te blijven, mij van de 'Reformirte Kirche' heb afgescheiden en mij bij de Oud-Gereformeerde Kerk heb gevoegd."

19 Jan Bavinck, De zaligheid alleen in den naam van Jezus, 19. "Ik koos een beroep, denkende, dat het de wil des Heeren niet was, mij in de bediening Zijns Woords te stellen."

었다. 명백하게도 청소년 시절 얀 바빙크는 목재 가공일을 선택했는데, 그 이유는 개혁교회의 회원으로 헌신했던 바퀴 기능공 J. B. 끄라버(Krabbe) 아래서 공부하기 위해(그리고 그와 함께 살기 위해) 조합 회관으로 이사하고자 했기 때문이다. 얀에게는 끄라버의 가정에서 거주하는 것이 더 큰 매력으로 다가왔다. 그 당시 쉰다흐도 끄라버의 가정과 함께 살고 있었다. 이 시기에 얀은 쉰다흐의 생각에 더 많이 노출되었다. 얀은 "나는 쉰다흐를 매일 만나 이야기를 나눌 수 있는 기회를 가졌었다"라고 기억했다.[20]

얀 바빙크의 생애와 그가 헤르만 바빙크에게 영향을 미친 부분을 탐구하는 데 특별히 다양한 분리주의 운동 내에서의 얀의 최종적인 위치에 주의를 기울인다면, 이렇게나 빨리 얀이 쉰다흐와 상호 관계를 형성하면서 교감을 나눴다는 사실은 너무나 중요하다. 쉰다흐는 판 랄터의 이민 옹호 경향을 강하게 반대했고, 분리파들은 이주 대신 반드시 자신의 고향에 남아 그 고향에서 신앙을 위해 싸워야 한다고 주장했다.[21] 얀 바빙크는 판 랄터와 쉰다흐의 생각들과 교감하는 가운데 복잡하고 (다양했던) 신학적 운동 속으로 들어가게 되었다. 쉰다흐는 판 랄터보다 훨씬 더 문화적으로 보수 성향을 가졌으며, 판 랄터의 이주 충동과 현대 문화를 향한 그의 개방성에 대해 반대를 표했다.[22] 헤르만을 포함하여 바빙크 가문은 자신들의 분리 측 영역 내에서 이 사안에 대해 자신들 고유의 독특한 입장, 즉 강한 반(反)이민주의 태도와 더불어 현대 문화에 개방성을 지니는 통합적 입장을 유지했다. 이런 시각들은 조합 회관의 바퀴 기능공 작업 중에 처음 형성된 것으로 보인다.

---

20 Jan Bavinck, "Een korte schets van mijn leven," 20. "Ik was dus in de gelegenheid om hem dagelijks te ontmoeten en te spreken."

21 H. Beuker, *Tubantiana* (Kampen: Kok, 1897), 62.

22 Gerrit Jan Beuker, "'The Area beyond Hamse and Hardenberg': Van Raalte and Bentheim," in *The Enduring Legacy of Albertus C. Van Raalte as Leader and Liaison*, ed. Jacob E. Nyenhuis and George Harinck (Grand Rapids: Eerdmans, 2014), 26.

1845년 얀 바빙크가 19세가 되었을 때, 쉰다흐는 옛 개혁교회 노회에 자신의 사역을 도와달라는 청원했다. 사역의 무게에 부담감을 느꼈던 쉰다흐는 목회자 훈련에 들어올 사람을 간절히 찾았다. 쉰다흐의 요청에 회신한 옛 개혁교회 노회의 응답의 구체적인 세부 사항들은 자료마다 다르지만, 이야기의 요지는 같다. "내 생애의 짧은 스케치"에 따르면, "J. H. 뢰릭(Reurik), F. 하위스끈(Huisken), B. H. 깝떼인(Kaptein), G. J. 달링끄(Dalink), J. 바빙크(Bavinck)" 등 총 5명의 옛 개혁교회 회원들이 이 힘든 일에 관심을 표하며 모임에 참석했다(그러나 H. 뵈꺼르[Beuker]의 『투반티아나』(*Tubantiana*)는 오직 바빙크, 하위스끈, 뢰릭 3명만 이 사안에 대해 고려 중이었다고 전한다).[23] 하지만 장로와 집사로 구성된 22명의 노회 회원들은 쉰다흐의 요청을 승인할 것인지에 대해 의견이 갈렸다. 11명은 찬성이었고, 11명은 반대였다. 이 상황에 대한 얀 바빙크의 묘사는 극적이다. 노회장은 하나님의 뜻을 확인하기 위해 제비뽑기를 제안했다.[24] 얀의 설명에 의하면, 한 글자는 **찬성**, 또 다른 한 글자는 **반대**를 적은 두 가지 글자를 썼고, 가정부에 의해 한 글자가 뽑혔다. 그녀는 **찬성**을 뽑았다(H. 뵈꺼르는 세 글자를 써서 두 글자는 반대, 한 글자는 찬성이 나왔다고 주장한다).[25] 젊은 사람 중 한 명이 목회를 위한 훈련을 받게 될 것이다. 이에 따라 노회는 어떤 사람을 후보자로 정할 것인지에 대해 투표했다. 또 다시 투표는 동률을 이루었다. 11표는 프레데릭 하위스끈(Frederik Huisken)을, 11표는 얀 바빙크를 선택했다. 제비뽑기가 이루어졌고 같은 가정부가 이번에는 얀 바빙크의 글자를 뽑았다. 이 특별한 경험 속에서 신적 섭리와 개인적 소망이 깔끔하게 일치

---

23 H. Beuker, *Tubantiana*, 64.

24 장립 선택에서 하나님의 뜻을 분별하기 위해 제비뽑기 수단을 사용했던 것은 그 당시 경건주의 개신교도들 가운데 흔한 일이었다. 예를 들면 Heinrich Rimius, *The History of the Moravians* (London: J. Robinson, 1754), 13을 살펴보라.

25 H. Beuker, *Tubantiana*, 64.

된 것처럼 보였다. 얀 바빙크는 제비뽑기를 통해 비준되었고, 더불어 자신의 마음속 소망을 받게 되었다. 얀은 목회를 위해 훈련받게 될 것이다.

옛 개혁교회는 네덜란드 분리 측의 신학적 지도를 기대했기 때문에, 얀 바빙크의 신학 훈련이 네덜란드에서 이루어져야 한다는 것은 그리 놀랄만한 선택이 아니었다. 하지만 "내 생애의 짧은 스케치"가 분명하게 말하고 있는 것처럼, 옛 개혁교회는 국경 너머에 존재했던 분리 운동의 성향과 일치하지 않았다는 사실을 잘 인식하고 있었다. 그 당시 네덜란드 분리 측의 목회 훈련은 세 지역, 즉 안토니 브룸멀깜프(Anthony Brummelkamp)의 아른헴(Arnhem), 탐머 폽펀스 드 한(Tamme Foppens de Haan)의 흐로닝언(Groningen), W. A. 콕(Kok)의 라위너르볼트(Ruinerwold)에서 이루어졌다. 노회는 얀의 목회 훈련이 반드시 라위너르볼트에서 시행되어야 한다고 결정했다. 그 이유는 "네덜란드의 분리 측 후손들 가운데서 논쟁이 벌어졌을 때 라위너르볼트가 가장 순수한 진리를 유지했기 때문이라고 판단되기" 때문이었다.[26] 옛 개혁교회는 분리 운동 내의 다양한 흐름을 인지했으며, 자신들의 후보자를 특히 이들 중 하나로 인도하려고 노력했다. 얀은 네덜란드 분리의 아들들 속에서 자기 고유의 길을 찾을 필요가 있었다.

네덜란드에서의 신학 공부

얀 바빙크의 학생 시절(1845-48), 그가 공부했던 신학교가 라위너르볼트에서 호허페인(Hoogeveen)으로 이사를 했다. 학교는 단기 임대 건물의 방 한 칸이

---

26 Jan Bavinck, "Een korte schets van mijn leven," 23. "Men oordeelde, dat Drente bij de twisten onder de zonen der Scheiding in Holland het zuiverst bij de waarheid was gebleven."

어서 지역 주민들로부터 비웃음을 샀다. "내가 처음으로 학교에 가면서 어떤 사람들에게 어떻게 비웃음과 조롱의 대상이 되었었는지 아직도 분명히 기억한다. 그 당시 우리는 항상 사회의 부랑자 취급을 받았다."[27]

라워너르볼트와 호허페인에서의 얀 바빙크의 학업 성취에 대해서 이후의 자료들은 일반적으로 얀이 탁월하고 기량이 뛰어난 학생이었다는 것을 강조한다.[28] 그러나 얀은 자서전에서 신학교 예비 교육의 역량이 부족했고 충분한 교육을 받지 못했음을 매우 강조하는 것처럼 보인다. 얀은 지리, 일반 역사와 더불어 네덜란드어를 향상시키기 위해 공부했다는 사실을 회상한다. 적어도 초기에는, 이런 공부가 그에게 도전이 되었다(얀 바빙크는 평생 자신의 자녀들에게 대단히 높은 수준의 교육을 추구했다. 얀이 벤트하임에 있는 개혁학교의 한계를 맛보며 동기부여가 되었다는 것은 의심할 여지 없는 사실이다.).[29]

얀은 오직 2명이 신학, 성경, 교회사, 주해, 설교, 네덜란드 역사, 네덜란드어, 라틴어, 헬라어, 히브리어를 모두 가르치는 신학교 교육의 결점들을 솔직히 인정했다. "많은 주제들을 오직 2명이! 이런 교육은 부족하고, 매우 부족하며,

---

27 Jan Bavinck, "Een korte schets van mijn leven," 27. "Ik herinner mij nog zeer goed, dat ik in het eerst op den weg naar de School door sommigen uitgelachen en bespot werd. Wij werden toen nog altoos als de pariati's der maatschappij geacht."

28 예를 들면, R. H. Bremmer: "Jan Bavinck bleek een scherpzinnig student. ⋯ De leerling was spoedig verder dan de meester"(얀 바빙크는 총명한 학생으로 밝혀졌다. ⋯ 학생이 곧 스승을 넘어섰다) (*Herman Bavinck en zijn tijdgenoten* [Kampen: Kok, 1966], 11). Ron Gleason: "Jan Bavinck was a dedicated and precocious student who was very bright and quickly grasped the subject matter"(얀 바빙크는 매우 밝고 주제의 핵심을 빨리 이해했던 헌신적이고 조숙한 학생이었다). *Herman Bavinck: Pastor, Churchman, Statesman, and Theologian* (Phillipsburg, NJ: P&R, 2010), 12도 살펴보라.

29 이는 헨리 도스꺼의 1922년 헤르만 바빙크를 위한 추도 연설에서 바빙크의 아버지는 "[벤트하임에서의 학교 교육 안에서의] 이전 특권들을 즐거워해야만 했다"라는 암시와 모순된다. "Herman Bavinck: A Eulogy by Henry Elias Dosker," in *Essays on Religion, Science, and Society,* ed. John Bolt, trans. Harry Boonstra and Gerrit Sheeres (Grand Rapids: Baker Academic, 2008), 14.

부적절한 교육에 지나지 않는다는 것은 말할 필요도 없다.'[30] 하지만 얀은 학문적으로 신학을 훈련하는 데 이상을 두었고 분리 측 전통에 대해서는 칭찬했다. 그래서 초창기에는 그렇지 않았지만 얀의 신학교 현실에 대한 진솔한 입장은 점차 누그러졌다. 훗날 얀이 깜픈 신학교 교육을 선택하지 않고 학문적으로 엄격한 신학 훈련을 위해 레이든으로 갔던 헤르만 바빙크의 결정에 지원을 아끼지 않았던 점을 살피면서, 우리는 호허페인의 작은 신학교에서 느꼈던 한계에 대한 그의 열린 태도를 반드시 기억해야 한다.

목사 안수를 위한 얀의 공부와 준비는 1848년 여름에 끝났다. 1848년은 얀의 아들이 앞당긴 특별한 현대 개혁과 유산을 우리가 이해하는 데 중요한 연도라는 사실을 기억해야 한다. 1848년 부활절에 유럽은 혁명의 극심한 고통 아래 있었다. 하노버 왕가는 슐레스비히-홀슈타인(Schleswig-Holstein)과 전쟁을 벌였다. 젊은 하노버 사람이었던 얀 바빙크도 23세의 나이에 징집되었다.

목회 사역을 기대하고 있던 얀에게 이 새로운 소식은 개인적으로 절망을 안겨다 주었다. 얀은 벤트하임으로 다시 돌아와 장교와 군의관의 평가를 기다리고 있는 보충병들의 무리에 합류했다. 얀은 1888년에 "나는 고함치며 술을 마시던 젊은 사람들 사이에서 보냈던 그날 밤을 절대 잊지 못한다"라고 기록했다.[31] 그러나 그들(장교화 군의관)이 얀 바빙크에게 다가왔을 때, 얀은 "옷을 다시 입어라. 우리에겐 충분한 사람들이 있다. … 너는 자유다. 가도 좋다"라는 말을 들었다.[32] 만약 현대 유럽인들이 실제로 "땅이 그들의 발아래서 움직인다"라는 신

30 Jan Bavinck, "Een korte schets van mijn leven," 24. "Vele vakken voor slechts twee mannen! Het spreekt vanzelf, dat het onderwijs niet anders dan gebrekkig, zeer gebrekkig en onvoldoende kon zijn."

31 Jan Bavinck, De zaligheid alleen in den naam van Jezus, 20. "Nooit kan ik dien nacht vergeten, die ik daar ten midden van tierende en drinkende jongelingen heb doorgebracht."

32 Jan Bavinck, "Een korte schets van mijn leven," 31. "Ziehen sie euch nun wieder an,

념으로 표현된다면, 개인적 상황이 극적으로 꼬여버렸던 1848년 얀 바빙크의 발아래의 땅에는 지진이 일어났다고 볼 수 있다.

[바쁜 공부의] 압박 아래서도 날은 지나갔고 문제와 저항과 전환의 해인 1848년이 밝았다. 프랑스에서 혁명이 새롭게 시작되었고, 그 혁명은 빠르게 다른 나라와 독일에까지 영향을 미쳤다. 혁명적 운동들은 때로 매우 강하고 치열해 왕과 왕자들의 보좌를 흔들리게 만들었다. **비록 이 혁명은 모든 종류의 파괴의 원인이 되었고 수많은 사람의 마음속을 공포와 두려움으로 가득 차게 만들었지만, "분리파들" 혹은 지방[벤트하임] 안의 옛 개혁파에게 이 혁명은 안도감과 상쾌함을 가져다주었다.** 그 이유는 지금까지 지속되어 왔던 박해가 1848년에 끝이 났을 뿐 아니라, 이 해부터 그들은[분리파들] 용인되었고 자신들의 마음속 확신에 따라 제한 없이 모여 주를 섬길 수 있게 되었기 때문이다. … 그러므로 지방[벤트하임] 안의 옛 개혁파들은 더 이상 정부의 방해를 받지 않게 되었다. 오히려 그들은 풀렸고 용인되었다. **그들이 이를 붙잡았고, 이에 대해 기뻐했으며, 이를 사용했다는 것은 말할 필요도 없다.**[33]

---

wir haben schon Mannschaften genug. … Sie sind frei, sie konnen gehen."

33 Jan Bavinck, "Een korte schets van mijn leven," 28. "Onder die drukte vlogen de dagen voorbij en brak het jaar 1848 aan, dat jaar van beroeringen, opstanden en omkeeringen. De revolutie was bij vernieuwing uitgebroken in Frankrijk en sloeg weldra tot andere landen, ook tot Duitschland over. De bewegingen der revolutie waren soms zoo sterk en hevig, dat zij de Koningen en vorsten op hunne tronen deden beven. Doch richtte de revolutie allerlei verwoestingen aan en vervulde zij de harten van duizenden met schrik en angst, zij was het die voor de 'Seperatisten' of de Oud-Gereformeerden in het Graafschap verademing en verkwikking aanbracht; want niet alleen hielden de vervolgingen, waaraan zij tot dusver hadden blootgestaan, met het jaar 1848 op, maar zij werden van dat jaar af aan ook geduld, en mochten onverhinderd samenkomen om den Heere naar de overtuiging van hun hart te dienen. … De Oud-Gereformeerden in het Graafschap werden alzoo niet meer door de Regeering bemoeilijkt, maar zij werden vrijgelaten en geduld. Dat zij hiermede ingenomen, dat zij er blijde mede waren en er gebruik van maakten, spreekt vanzelf."

옛 개혁파는 종교의 자유를 찾지도 기대하지도 않았다. 그들의 "적들"(enemies)이 축하하면서 종을 울렸을 때, 옛 개혁파는 이 축하의 의미가 무엇인지에 대해 물었다. 다음과 같은 대답은 그들을 놀라게 만들었다. "왜냐하면 종교의 자유가 도착했기 때문이다."[34]

근대 후기 문화 속의 옛 개혁파

명백하게도 옛 개혁파는 후기 근대 시기의 한 측면, 즉 앞에서도 언급했다시피 칸트나 레싱 같은 사람들이 투쟁한 자유의 수혜를 입었다. 어떤 자세로 그들은 현대 신학(현대 문화와는 구별되는 현대 신학)에 적응했을까?『투반티아나』(*Tubantiana*)에서 뵈꺼르는 이 시기에 옛 개혁파와 [기존] 개혁교회 사이가 얼마나 더 분리되었는지에 대해 묘사했다. 옛 개혁파는 네덜란드 분리파들과 그들의 신학에 집중했던 반면, [기존] 개혁교회는 "독일의 합리주의적 대학교들 속에서 형성된 교사들과 원리들만을 받았다."[35] 이런 분리는 언어적으로도 발

강조는 첨가했음.

34 H. Beuker, Tubantiana, 62. "De Oud-Gereformeerden—oo noemden zij zich—adden geen vrijheid gevraagd, noch dezelve nu reeds verwacht, toen de vijanden, die hen vervolgd hadden, de vlaggen uitstaken en de klokken begonnen te luiden. Op de vraag van de onnoozele verdrukten: wat dit toch te beduiden had?—gaven de feestvierders ten antwoord: 'omdat er vrijheid van godsdienst is gekomen.'"

35 H. Beuker, *Tubantiana,* 67. "De klove tusschen de Oud-Gereformeerde en de dusgenaamde 'Groote Kerk' werd al gaandeweg grooter en de tegenstelling beslister. De eene leefde, in correspondentie met de Nederlandsche kerken, uit de Gereformeerde beginselen; de andere kreeg uitsluitend leeraren en beginselen, zoo als ze aan de rationalistische Universiteiten in Duitschland gevormd werden"[역자 주: 이 부분에서 에글린턴은 옛 개혁파와 개혁교회[the Reformed Church]를 구별하고 있는데, 뵈꺼르는 이를 'Groote Kerk' 즉 '큰 교회'라고 표현한다. 그러므로 의미상 혼동을 피하기 위해 한글 번역은 옛 개혁파 교회와 대비되는 교회였던 기존의 기성 개혁교회를 지칭하는 차원에서 '[기존] 개혁교회'라는 표현으로 번역했다].

전되었다. 옛 개혁파는 독일어로 예배드리는 자유가 있었지만, 오히려 네덜란드어로 예배드리는 것을 선호했다. 이에 대한 반응으로 계몽주의에 의해 영감을 받은 신학 편에 섰던 개혁파 목회자들이 독일어로 예배드리는 것을 강화하려는 노력에 마음을 담았다. 벤트하임의 대부분의 젊은 설교자들은 네덜란드어보다 독일어를 훨씬 더 유창하게 구사했고, 이는 독일식 개념을 받아들이는 데 상당히 유리하게 작용했다(얀 바빙크도 벤트하임을 떠나기 전에는 네덜란드어보다는 독일어가 훨씬 더 편했다. 얀이 라위너르볼트에 도착했을 때 그의 네덜란드어 실력은 더 나은 교육을 받기에는 충분하지 않았다).[36]

[기존] 개혁교회는 월간 간행물과 정기적인 팸플릿을 간행했다. 이는 옛 개혁파의 교리, 특별히 선택에 대한 아우구스티누스적인 설명과 알브레히트 리츨(Albrecht Ritschl)과 중재 신학자들(*Vermittlungstheologen*) 같은 사람들이 촉구했던 교리를 비판하기 위함이었다. 이에 대한 반응으로 옛 개혁파도 팸플릿과 월간 간행물(*De Vrije Presbyteriaan*과 *Graafschap Bentheimsche en Oostfriesche Grensbode*)을 통해 자신들의 교리를 전파했다.[37] 비록 옛 개혁파들은 현대 문화가 제공한 자유를 행복한 마음으로 수용했지만, 그들은 매번 현대 신학에 반대하고 동시에 현대 신학에 의한 반대를 받으며 이에 대한 확고한 입장을 유지했다. 박해는 새로운 투쟁으로 대체되었다. 그들은 후기 근대 사회 속에서 자신들의 위치의 유효성을 위해 싸웠던 전투원들이 있는 사상들의 전쟁터로 이끌려졌다. 얀 바빙크 고유의 표현을 빌리자면, 옛 개혁파는 "농가로부터 도시로 이주했다."[38]

---

36 얀 바빙크의 학생 시절 이후 네덜란드의 옛 개혁파 학생들의 경험에 대해서라면 Berthold Bloemendal, "Kerkelijke en nationale achtergronden van Duitse studenten in Kampen, 1854-1994," *Documentatieblad voor de Nederlandse Kerkgeschiedenis na 1800,* no. 85 (December 2016): 62-78을 참고하라.

37 H. Beuker, *Tubantiana*, 68-69.

38 Jan Bavinck, "Een korte schets van mijn leven," 35. "Wij waren alzoo met onze

니더작센에서의 안수

이런 배경을 뒤로하고 1848년 8월 9일 얀 바빙크는 옛 개혁교회의 목회자로 안수 받았다. 옛 개혁교회는 갑작스럽게 국가의 박해로부터 해방되었고, 얀도 옛 개혁파 예배가 열렸던 벨트하우젠(Weldhausen), 윌슨(Uelsen), 빌줌(Wilsum), 엠리히하임(Emlichheim) 마을에서 사역을 시작했다. 옛 개혁교회는 이런 마을의 농장과 외양간에서 예배를 드렸고, 얀 바빙크의 안수식도 야외에서 열렸다. 새로운 목사관이 윌슨에 세워졌고, 얀의 목회 사역은 윌슨과 빌줌 지역에 집중되었다. 이 시기 장로들은 얀에게 결혼을 강권했다. 니더작센의 가장 저명한 초기 분리 측 인사 중 하나였던 하름 힌드릭 스후마꺼르(Harm Hindrik Schoemaker)는 헤지나 마흐달레나 홀란트(Geziena Magdalena Holland)를 얀에게 바로 소개해주었다.

쿤라트 베르나르두스 홀란트(Coenraad Bernardus Holland)와 베런디나 요한나 용끄만(Berendina Johanna Jonkman)의 큰딸이었던 헤지나는 1827년 4월 15일에 네덜란드 쪽 국경 마을이었던 프리전페인(Vriezenveen)에서 태어났다. 프리전페인 지역은 옛 개혁교회와 얀이 주기적으로 설교했던 프리전페인의 작은 분리 측 모임 사이를 연결하고 있는 곳이었다. 하지만 헤지나의 가족은 네덜란드 국교회(Hervormde Kerk)에 속해 있었다. 홀란트 집안은 분리 측에 속해 있지 않았

헤지나 바빙크 - 홀란트

다. 아내의 젊은 시절의 삶에 대해 얀은 "그녀는 주를 섬기기로 결정적으로 선

---

godsdienstoefeningen uit de boerschappen naar de dorpen zelve verhuisd."

택했다. … [그리고] 천국으로 가는 좁은 길을 주의 사람들과 함께 걷기 위해 그들에게로 합류했다"라고 기록했다.[39]

얀과 헤지나는 1850년 4월 27일에 프리전페인에서 결혼했다. 헤지나는 23세였고, 얀은 24세였다. 비록 그들은 국가들의 봄 이후에 결혼했지만, 그 당시 결혼을 원했던 벤트하임의 옛 개혁파 연인들은 여전히 지역 개혁교회 목회자에게 결혼 승낙을 받아야만 했다. 더 관용적인 네덜란드에서의 결혼으로 이런 잠재적인 불명예를 피할 수 있었다.

얀과 헤지나는 결혼 후에 얀의 학생들로부터 집 시계(huisklok)를 선물 받았다(목회 사역을 시작하기 위해 호허페인의 신학교를 떠났을 때, 얀은 신학교 학생들에게 고전어를 가르칠 것을 수락했다. 얀이 복음주의 옛 개혁교회의 목사로 있었을 시절, 그에게 배우기 위해 11명의 학생들이 호허페인에서 니더작센으로 왔다). "내 학생들도 기쁨으로 우리와 인사를 나누었다. 그들은 이번 기회에 수년 동안 우리 가정을 위해 잘 봉사했던 집 시계를 선물함으로 우리에게 존경을 표했다. 주님은 우리에게 선하신 분이었다."[40] 이들의 결혼 6년 후에 출판된 문화 안내서인 S. J. 호프깜프(Hofkamp)의 『문명의 역사』(Geschiedenis der Beschaving)는 집 시계가 1850년대 네덜란드 사회에서 최신 유행이었다고 기록한다.[41] 근대 초기에 왕족들은 정교한 시계들을 멋지게 제작했다. 이는 예

---

39 Jan Bavinck, "Een korte schets van mijn leven," 72. "Reeds in de dagen van hare vroege jeugd was de Heere begonnen door Zijnen Geest het goede werk in haar te werken. Door dien Geest bewerkt deed zij in hare prille jeugd met beslistheid de keuze om den Heere te dienen en sloot zich bij het volk des Heeren aan, om met hen op den smallen weg naar den hemel te wandelen."

40 Jan Bavinck, "Een korte schets van mijn leven," 41. "Ook mijne Studenten begroetten ons met blijdschap; zij vereerden ons bij deze gelegenheid eene huisklok, die vele jaren hare goede diensten aan ons gezin heeft bewezen. De Heere was goed over ons!"

41 S. J. Hofkamp, Geschiedenis der Beschaving: Een leesboek voor de hoogste klasse der lagere scholen (Groningen: M. Smit, 1856), 121.

술과 기술의 접목에 대한 상징이면서 부를 드러내는 것이었다. 얀과 헤지나가 결혼할 시기 즈음에 나타난 이런 물질적이고도 현실적인 문화는 중산층 문명화 과정을 거치면서 급속히 스며들어갔다. 바빙크 집의 시간의 흐름도 안정적이면서 빠르게 유행을 따라갔다.[42] 결혼 다음 해 그들의 첫째 딸 베런디나 요한나(Berendina Johanna)가 이 전형적인 소시민 가정에서 태어났다.

얀의 벤트하임에서의 초기 목회 사역은 참으로 감사한 일이었다. 얀은 1853년에 네덜란드 북부 지방의 작은 마을이었던 스밀더(Smilde)에 소재한 기독개혁교회의 목사로 청빙받았다. 하지만 얀은 이 청빙을 사양했다. 이 청빙이 네덜란드 회중으로부터의 마지막 청빙은 아니었다. 얀은 같은 해에 자신의 이전 멘토였던 W. A. 콕과 더불어 호허페인에서 사역하

얀 바빙크

라는 청빙을 받았고 이 청빙을 받아들였다. 얀의 원래 의도는 호허페인의 신학교에서 목회자와 교사 두 가지 역할을 함께 감당하는 것이었다. 하지만 놀랍게도 얀은 지역 신학교가 문을 닫기 전까지 호허페인에 좀처럼 도착할 수 없었다. 1854년 6월 15일 총회(synod)는 신학 교육을 위한 노력을 더 강화하기 위해, 지금까지는 분리파들 사이의 일련의 신학적 분쟁들을 반영하고자 여러 지역에서 신학 교육을 시행했지만 한 학교에서 교육하는 것으로 바꿨고, 이후 깜픈에서 개교하게 되었다.

제비뽑기와 편지 작성

42 Elizabeth Sullivan, "A Brief History of the Collection," in *European Clocks and Watches in the Metropolitan Museum of Art,* ed. Clare Vincent, Jan Hendrik Leopold, and Elizabeth Sullivan (New York: Metropolitan Museum of Art, 2015), 3.

2. 얀 바빙크와 헤지나 마흐달레나 홀란트

분리 측의 새로운 신학교는 교원을 충분히 확보해야 했다. 네덜란드 분리 운동의 저명한 아들들이었던 시몬 판 펠전(Simon van Velzen), 안토니 브룸멀깜프(Anthony Brummelkamp), 탐머 폽펀스 드 한(Tamme Foppens de Haan)과 더불어 28세가 된 얀 바빙크도 교사로 지명되었다. 또다시 얀은 자신이 예전에 받았던 교육의 부족함이 자신에게 걸림돌이 될 것 같았다. "어떻게 내가 학문적인 교육을 받았던 이 세 분 옆에 서서 일을 할 수 있겠는가?"[43] 얀은 자신이 교사로는 부족하다고 생각되어 그 지명을 거의 즉각적으로 사양했다(『오직 예수의 이름 안에서의 구원』에서만이 "나는 감히 이 지명을 수락할 수 없었다. 내 생각에는 이 일이 내 능력보다 훨씬 더 힘든 일이었다"고 고백하는 것을 볼 수 있다).[44]

대회 후에, 얀은 그래도 가능성을 열어두라고 격려했던 아내와 장인, 장모와 함께 프리전페인에서 교사 지명에 대해 논의하는 시간을 가졌다. 얀은 자신의 결정을 하나님의 뜻에 맡겼고, 그가 살았던 환경 속에서 이것은 비교적 흔한 모습이었다. 또다시 제비가 던져질 것이다. 얀은 호허페인으로 돌아가 한 편지는 수락, 또 다른 편지에는 거절의 편지를 써서 각각 봉투에 담아 봉했다. 얀은 지역의 어떤 학생에게 두 개의 봉투를 주면서 한 봉투는 발송하고 다른 한 봉투는 버리라고 부탁했다.[45] "어떤 편지를 그가 발송했는가? **거절 편지**. 아니, 결과를 알았던 그 순간 내가 무엇을 느꼈고 내 안에서 어떤 일이 일어났는지에 대해

---

43 Jan Bavinck, "Een korte schets van mijn leven," 49. "Hoe zou ik kunnen staan en arbeiden nevens mannen, die alle drie eene academische opleiding hadden genoten!"

44 Jan Bavinck, *De zaligheid alleen in den naam van Jezus,* 24. "Ik durfde die roeping niet aanvaarden. Die taak was, naar ik toen oordeelde, te zwaar voor mijn krachten."

45 1854년 6월 18일 호허페인에서 쓴 거절 편지에는 얀 바빙크가 후보로 지명된 것에 대해 심각하게 고민했으나 사양을 결정했다는 내용이 적혀있었다. 사양 이유에 대해서는 어떤 설명도 없었다. 이는 얀 바빙크가 1854년 7월 18일과 25일, 8월 9일과 22일에 P. 데익스떠르하위스(Dijksterhuis)에게 보낸 편지다(목록 번호 1-9, 12772, 신학교 이사 기록 보관소, 깜픈시 문서 보관소).

BAVINCK

나는 아무것도 말하지 않을 것이다! 나는 그 결과로 인해 그때도, 그 후 오랜 시간 동안에도 아무런 평화가 없었었다는 것만을 말하고 싶다. "[46] 왜 경건했던 젊은 분리 측 얀은 이 결정적인 제비뽑기 결과에 강한 실망감을 느끼고 (어떤 평화도 찾지) 못했던 것일까? 얀은 자서전에서 그의 삶이 후반부에 이르러서야 제비뽑기 결과를 받아들일 수 있었다고 시인한다. 그 이유는 헤르만 바빙크가 그 신학교에 교사로 임명되었기 때문이다. 하지만 (적어도 얀의 시각에서 봤을 때) 무심했던 한 학생이 잘못된 봉투를 보낸 후 28년이 지나서야 그 임명이 일어났다. 시간이 흘러서도 얀은 그 제비뽑기 결과에 대해 불편한 마음을 가지고 있었고, 이 불편함은 일찍이 벤트하임에서 경험했던 제비뽑기와 비교했을 때 모두에게 예민함을 안겨주었다. 이 시기에 얀의 갈망은 하나님의 주권에 대한 제비뽑기의 표현에 깔끔히 수렴되었다. 또다시 제비뽑기를 하려 했던 그의 준비성에 비추어 볼 때, 얀은 똑같은 일이 벌어질 것을 예상했던 것으로 보인다. 그 예상은 학생이 수락 편지를 보낼 것이고, 얀은 기꺼이 깜픈에서의 직을 맡아 주께서 그의 수락에 신호를 보내셨다는 사실 안에서 행복해했을 것이다.

그러나 다소 일이 다르게 흘러갔다. 신적 전능성에 대한 얀의 믿음은 그가 예상했던 결과에 확실히 굴복하지 않았다. 제비뽑기의 결정에 대한 얀의 불만이 널리 알려지게 되었다(재미있게도 훨씬 후일에 헤르만 바빙크는 "제비뽑기와 잃음은 종종 사람을 괴팍하게 만든다"라고 기록했다).[47] 예를 들면 1854년 8월 18일에 출간된 분리 측 신문「드 바자인」(De Bazuin)의 "교회 소식"란에 얀

---

46 Jan Bavinck, "Een korte schets van mijn leven," 50. "En welke brief was door hem op de Post gedaan? *De bedankbrief.* Neen! ik zal er geen melding van maken van hetgeen ik gevoelde en in mij omging op het oogenblik, dat ik met dien uitslag bekend werd! Alleen dit wil ik ervan zeggen, dat ik er geen vrede mede had, noch toen noch langen tijd daarna."

47 Herman Bavinck, *Gereformeerde Ethiek,* ed. Dirk van Keulen (Utrecht: Uitgeverij Kok- Boekcentrum, 2019), 438. "Het lot maakt bij verlies dikwerf gemelijk." 나는 이 관찰에 대해서 디르끄 판 끄을런(Dirk van Keulen)에게 빚졌다.

의 구체적인 상황과 이에 대한 재평가가 실렸다. "깜픈에 설립될 신학교 교사로 지명되었지만 이 지명을 거절했던 얀 바빙크 목사는 [이 상황 속에서] 평화롭지 않았다. 이사들이 다시 모일 때 그 고귀한 목사를 다시 부를 것인가? 혹은 그 고귀한 목사에게 지명을 수락하라고 촉구할 것인가?"[48] 이 사안에 대한 얀의 이후 해명에도 그가 거절했다는 것을 극복하기 위해 공연히 소란을 피웠다는 사실이 반영되어 있다.

내가 교사 지명을 거절했다는 사실을 교회가 일반적으로 알게 되었을 때, 내 결정의 공표에 유감을 표했던 많은 편지를 받았다. 이 편지들 가운데는 내 결정을 다시 논의하고 뒤로 물리라는 조언도 여럿 있었다. 나는 감히 그렇게 하지 않았다. 나는 이미 제비뽑기를 통해 결정된 바를 믿었으며, 내 결정대로 해야만 한다고 생각했다. 비록 나는 제비뽑기를 사용할 필요가 없었지만, 제비뽑기의 모든 결과는 주님께 속해 있다. 주님께서는 선한 목적을 위해 내 거절을 좋은 쪽으로 돌리실 수 없을까? 나는 주님께서 높으신 지혜로 이를 위해 무엇을 의도하셨는지, 무슨 목적으로 그렇게 하셨는지, 어떻게 섬겨야만 하는지 알고 있었는가? 그러므로 나는 내 거절을 재고하지 않았다. 오히려 그 거절을 그대로 놔두었다.[49]

48 "Kerknieuws," *De Bazuin,* August 18, 1854. "Ons wordt gemeld dat Ds. J. BAVINCK, die bedankt heeft voor de benoeming als leraar aan de op te rigten Theol. School te Kampen, daarbij geene rust heeft. Zouden de Curatoren, als zij samenkomen, ZEw. niet op nieuw mogen beroepen, of liever op de aanneming van het beroep bij ZEw. mogen aandringen?"

49 Jan Bavinck, "Een korte schets van mijn leven," 50. "Toen het algemeen in de Kerk bekend was geworden, dat ik voor de benoeming tot Docent had bedankt, ontving ik vele brieven, waarin leedwezen over mijn bedanken werd uitgesproken. Zelfs waren er enkele onder die brieven waarin mij aangeraden werd om op mijn bedanken terug te komen en het terug te nemen. Dit durfde ik ook niet te doen. Ik had eenmaal de beslissing aan het lot toevertrouwd, en hierbij, dacht ik, moest het ook blijven. Al had ik van het lot geen gebruik moeten maken, het gansche beleid van het lot is toch van

하지만 이런 회상은 교사 지명에 대한 거절 이후에 얀이 신학교 이사회에게 보낸 편지 내용으로 어색하게 되었다. 얀의 처음 거절 편지(1854년 7월 18일) 속에는 거절 이유에 대한 내용이 없었다. 이후 얀은 이사회에게 이 상황 속에서 평화를 찾지 못하고 불안에 시달리고 있다는 내용의 편지를 썼다. 얀은 이 편지에서 자신의 거절 결정을 철회할 수 있는지에 대한 가정적 질문을 던졌다. 하지만 얀은 교사 지명을 사양했다는 사실이 이미 (특별히 얀의 교회에도) 공표되었다는 것을 알게 되었다. 1854년 8월 9일 3번째 편지도 다소 논조가 진정되긴 했지만 이와 비슷한 딜레마가 편지의 개요였다. 하지만 4-5번째 편지는(1854년 8월 22일) 가장 중요한 편지였다. 얀은 앞에서 언급했던 「드 바자윈」의 내용을 명시적으로 언급하면서, 자신의 거절 결정이 공개적 사안이 된 것에 대해 유감을 표현했고 이사회의 자비에 자신의 장래를 맡겼다. 만약 이사들이 얀의 처음 거절을 못 본 체하고 넘어갈 각오만 되어 있었다면, 얀은 이 지명을 기꺼이 수락했을 것이다.[50] 이제 얀은 제비뽑기의 결과를 최종적으로 보기보다는 암시적인 것으로 보길 원했다.

이제 이사회는 대답을 해야만 했다. 얀의 지명을 재고하기 위한 투표, 혹은 재고를 반대하기 위한 투표가 열려야 한다는 것이 합의되었다. 얀이 청소년이었을 때는 뚜렷한 결과를 내놓지 못했기 때문에 제비를 뽑았던 벤트하임에서의 노회 경험과는 다르게, 이제는 결정적인 제비뽑기임에도 불구하고 (혹은 오히려 결정적인 제비뽑기이기 때문에) 투표에 부치게 되었다. 이사회는 재고

---

den Heere. Kon Hij mijn bedanken niet ten beste doen keeren en doen medewerken ten goede? Wist ik wat Hij er in Zijne hooge wijsheid mede voorhad en waartoe het kon en moest dienen? Ik kwam daarom op mijn bedanken niet terug, maar liet het erbij blijven." 얀은 비슷한 문장을 *De zaligheid alleen in den naam van Jezus,* 24에도 기록했다.

50 얀 바빙크가 P. 데이끄스떼르하위스에게 보낸 편지들을 참고하라.

를 위한 얀의 상고에 7대 2로 반대를 표했다.[51] 그는 기회를 놓쳤다. 이 지점에 서 교사 지위에 대한 얀의 추구는 똑같이 이 추구에 대한 공개적인 거절을 만나 게 되었다. 9월 말에 「드 바자윈」은 우트레흐트(Utrecht)의 분리 측 목사였던 P. J. 오헬(Oggel)이 지명받았다고 보도했다.[52] 얀에게는 유감스럽게도 오헬 도 이 지명에 사의를 표했고, 결국 또 다른 인물 헬레니우스 드 콕(Helenius de Cock)이 임명되었다.

헤르만 바빙크 전기를 쓴 작가 중 한 명인 A. B. W. M. 콕(Kok)은 얀 바빙 크를 "**매우** 겸손하고 자기 자신과 자신의 은사를 **너무** 낮게 생각했기 때문에 신 학교 교사 지명을 감히 수락하지 않았던" 인물로 묘사했다.[53] 이런 그림은 원하 지 않았던 제비뽑기 결과를 극복하려 했던 얀의 노력과 좀처럼 조화되지 않는 다. 오히려 이 제비뽑기 사건은 얀의 삶을 형성했던 경건과 야망의 흥미롭게 뒤 섞인 특징이 드러난 사건으로 볼 수 있다. 또 다른 바빙크 전기 작가였던 발렌 떼인 헤프(Valentijn Hepp)는 이에 대해 더 침묵하고 있지만, 비슷하게도 「드 헤라우트」 기사에 의존하면서 "제비뽑기를 통해 얀은 주 하나님께 이 결정을 맡 겼고 제비뽑기를 통해 이 지명을 거절해야만 한다는 신호를 받았다고 생각했 다"라고 기록했다.[54] 이 지명에 대한 얀의 (우발적으로 보이는) 거절의 여파 속

---

51 G. M. den Hartogh, *De Afscheiding en de Theologische School* (Aalten: N.V. de Graafschap, 1934), 29; "De eerste halve eeuw," in *Sola Gratia: Schets van de geschiedenis en de werkzaamheid van de Theologische Hogeschool der Gereformeerde Kerken in Nederland,* ed. J. D. Boerkoel, Th. Delleman, and G. M. den Hartogh (Kampen: Kok, 1954), 26.

52 "Kerknieuws," *De Bazuin,* September 29, 1854.

53 A. B. W. M. Kok, *Dr Herman Bavinck* (Amsterdam: S. J. P. Bakker, 1945), 17. "Hij was echter zóó bescheiden en dacht zóó klein van zichzelf en zijn gaven, dat hij de benoeming tot docent aan de Theologische School niet durfde aannemen."

54 Valentijn Hepp, *Dr. Herman Bavinck* (Amsterdam: Ten Have, 1921), 16. "Volgens *De Heraut,* 'riep hij door het lot de beslissing in van God den Heere en meende daarin een aanwijzing te ontvangen, dat hij voor deze roeping bedanken moest.'"

에서의 그의 행동은 보다 더 복잡한 그림을 연출해낸다. 이 그림은 정통, 경험적 경건, 그리고 제비뽑기가 항상 경건한 마음의 갈망을 확증하는 것이 아니라는(그에게는 놀라우면서도 거대한) 배움을 통해 얀이 품었던 개인적 야망의 감정을 전달한다.

아이들의 출생과 죽음

얀 바빙크가 제외된 교사진으로 1854년 12월 6일 깜픈 신학교가 개교했다. 개교 후 정확히 일주일 후 얀과 헤지나 사이에서 두 번째 아이였던 아들 헤르만이 태어났다. 이제 4명이 된 바빙크 가정은 얀이 분스호튼(Bunschoten) 기독개혁교회의 청빙에 수락하기 전까지 호허페인에서 3년을 더 지냈다(이즈음 1858년에 딸 페미아[Femia]가 태어났다). 그들은 얀이 알름께르끄(Almmkerk)에서 목사로 청빙 받았던 1862년까지 분스호튼에 살았다.

알름께르끄에서의 그들의 삶(1862-73년)은 개인적인 비극으로 점철된 삶이었다. 알름께르끄에 도착한 지 일 년 후 그들의 네 번째 아이인 아들 까렐 베른하르트(Karel Bernhard)가 태어났다. 이 남자아이는 태어난 지 2주 만에 세상을 떠났다. 1864년 그들의 장녀였던 베런디나 요한나(디나)가 13세의 나이로 남동생을 따라갔다. 이로부터 4년 후, 딸 페미아가 겨우 8살에 하늘나라로 가게 되었다. 까렐, 디나, 페미아를 잃어버린 얀과 헤지나의 상실감은 실로 엄청났다(앞에서 언급했던 것처럼, 미출간된 전기는 독자들에게 말로 표현하기 너무 어려운 내용을 전달하기 위해 의도된 것이었다). 그들의 유일한 위로는 은혜 언약뿐이었다. 하나님께서는 자녀들의 삶과 죽음을 신실하게 인도하실 것을 약속하셨다. "이것이 알름께르끄와 엠미끄호븐(Emmikhoven) 시에서 우리에게 벌어졌던 일들이었다. 우리는 그곳에서 사랑과 괴로움을 경험했다. 하지만 주님께서는 모든 것들 가운데서 우리와 함께 하셨다."[55]

분리 측 아이들에 대한 교육

알름께르끄의 분리 측 회중 가운데 L. W. 하설만(Hasselman)[56]이 있었다. 그
가 운영했던 사립 기숙학교에는 기독교회에 속한 아이들이 많이 다녔다. 니우
언데이끄(Nieuwendijk) 근처에 있었던 이 학교는 1860년대에 놀랄만하게 성
장했다. 이런 성장은 곧장 바빙크 가족에게도 중요한 일이 되었다. 바빙크 가
족의 아이들도 이 기숙학교와 인접했던 초등학교에 다녔고 얀은 그곳에서 헬
라어와 라틴어를 가르쳤다(얀은 "내 생애의 짧은 스케치"에서 하설만의 학교에
서 자신이 가르쳤던 2명의 학생이 깜픈으로 목회 훈련을 받으러 떠났다는 사실
을 기쁜 마음으로 기록했다). 이 학교의 교육 과정은 포괄적이었으며 현대적이
었다. 이 학교의 학생들은 네덜란드어, 프랑스어, 영어, 독일어, 라틴어, 헬라어,
산수, 대수학, 기하학, 회계, 피아노, 미술, 체조 등을 배웠다.[57] 벤트하임의 개혁
파 학교에서의 교육은 단편적이었고 목회 훈련을 받기에는 너무나 부족했지
만, 여기서는 그 수준이 현저히 달랐다. 이런 이유로 얀은 이런 학교가 가까이
있다는 사실에 확실히 감사했다(실제로 1923년 헤르만 바빙크의 부고에서 헤

---

55 Jan Bavinck, "Een korte schets van mijn leven," 62. "Zoo is het ons gegaan in de
gemeente te Almkerk en Emmikhoven. Wij hebben er lief en leed ondervonden. De
Heere echter was met ons onder alles."

56 얀 바빙크는 "내 생애의 짧은 스케치"에서 그를 "P. Hasselman"으로 칭했다. [하지만]
얀은 다른 자료들 속에서는 그를 L. W. Hasselman으로 칭했다. 예를 들면 Adriaan
Cornelis Rosendaal, *Naar een school voor de gereformeerde gezindte: Het christelijke
onderwijsconcept van het Gereformeerd Schoolverband (1868-1971)* (Hilversum:
Verloren, 2006), 20을 살펴보라.

57 H. Hille and J. P. Neven, "Verheerlijkt en verguisd," *Oude Paden,* March 2001, 42-52.

프는 바빙크 아버지의 "학문을 향한 사랑" 덕분에 바빙크 가정의 자녀들은 "그들의 영역에 속한 대부분의 목회자 자녀들보다 훨씬 더 폭넓은 교육을 받았다"라고 기록했다).[58]

물론 1848년 이전 분리 측 사람들은 교육 문제로 국가와 상당한 투쟁을 벌였다. 몇몇 분리 측 사람들은 국가가 절대로 교육을 독점해서는 안 되며, 그리스도인 부모들은 반드시 자기 자녀들의 교육에 가장 중요한 책임을 맡아야만 한다는 확신 가운데 규모가 작고 잠재력이 제한된 자체 비밀 학교를 시작했다. 얀 바빙크는 라워너르볼트와 호허페인에서 공부하면서 1840년대 초부터 운영되었던 호허페인의 비어빌러(Weerwille) 근처의 (불법) 분리 측 학교에 익숙했다. 이런 학교들은 대부분 집에서 사람들이 종종 비공식적으로 가르쳤다. 결국 정부는 이 학교들을 폐교했다.[59] 1848년 이후에야 분리 측 교육은 상당히 발전했다. 하설만의 교육 기관은 1860년대 몇몇의 분리 측 아이들에게 상당히 탁월한 교육을 제공했다. 바빙크 가정의 어린 자녀들도 혜택을 보았다.

이 장의 첫 부분에서 언급했던 것처럼, 얀 바빙크의 아버지였던 헤르마누스는 목수였으며 동시에 목수의 아들이기도 했다. 산업화 이전에는 아버지의 직업적 지위가 아들에게 명백히 직접적으로 영향을 끼쳤다. 하지만 산업화에 접어들고 노동 시장이 변화되면서 어떤 직업은 구식이 되고 또 어떤 직업은 필수적 직업이 되었다. 헤르마누스의 아들인 얀은 그 현실을 목도하게 되었다. 일이 기계화되고 고도로 전문화되면서, 아버지의 일이 아들에게로 넘어가는 사업 분야가 엄청나게 줄어들었다. 새롭게 창출된 교육에 의존하는 직업들이 기하

---

58 Valentijn Hepp, *Levensbericht voor Herman Bavinck* (Leiden: Brill, 1923), 2. "Herman genoot van meet af breedere vorming dan de meeste domineeskinderen uit zijn kring. De omstandighedenwerkten daartoe mede en niet het minst de wetenschappelijke liefde van den vader."

59 Emo Bos, *Souvereiniteit en religie: Godsdienstvrijheid onder de eerste Oranjevorsten* (Hilversum: Verloren, 2009), 399.

급수적으로 늘어갔다. 자녀들의 미래도 부모로부터 물려받는 직업에 의해서가 아니라 오히려 자녀들 스스로의 성과에 의해 결정되는 새로운 현실이 촉발되었다. 비록 얀 바빙크는 목수의 아들이었지만, 얀은 단 한 번도 목수가 된 적이 없었다. 오히려 얀이 바퀴 기능공 일을 잠시 했던 것을 제외하고는 대부분 지식 기반 경제 아래에서 일했다.

얀 바빙크는 이러한 문화적 변화를 잘 인식하고 있었다. "내 생애의 짧은 스케치"을 보면, 얀은 현대 문화에 참여하기 위한 교육의 중요성을 인식하고 있었고, 벤트하임과 호허페인에서 더 좋은 교육을 향한 갈망이 고동쳤음을 알 수 있다. 이런 울림의 잔향은 (더 좋은 교육을 받은 동료들과 함께 일할 수 있었던) 깜픈에서 교사로 일을 해도 되는지 여부에 대해 마음 내키지 않아 했던 얀의 모습 속에서 발견할 수 있다. 게다가 이런 울림은 네덜란드 사회에서 자기 자녀들이 감당하게 될 궁극적인 역할을 위해 어떤 교육을 제공해야 하는가에 대한 문제로 표면화되었다. 얀이 그의 자녀들에게 전달한 야망에 대한 감각은 산업화의 진통 속에서 살아가는 소시민 계급이 전형적으로 고민했던 지점이었다. 얀과 헤지나는 자녀들이 더 이상 아버지의 직업을 따라가지 않는다고 가정하는 세대로서, 자기 자녀들을 보다 더 길고 엄격한 교육을 받게 했던 당대의 전형적인 부모였다.[60] 니우언데이끄에서 바빙크 가정의 자녀들이 받았던 교육이 얀이 벤트하임에서 어린 시절에 받았던 교육보다 훨씬 더 좋았던 것처럼, 1848년 이전에 투쟁하는 가운데 비밀스럽게 운영된 분리 측의 작은 학교들의 교육과도 크게 달랐다(다음 장에서 살펴보겠지만, 얀의 야망은 국립 대학교에서 공부하고자 했던 자기 자녀들의 야망을 지원했던 그의 모습에서 명백하게 드러난다). 얀의 생애의 궤적과 분리 운동의 궤적, 얀의 자녀들의 궤적은 함께 움직였고,

---

60 Richard Lindert Zijdeman, *Status Attainment in the Netherlands, 1811-1941: Spatial and Temporal Variation before and during Industrialisation* (Ede: Ponsen & Looijen, 2010), 92.

그 궤적의 둥근 모양은 1848년 전의 주변부에서 네덜란드 사회의 중심부를 향해 곡선을 이루며 접근해갔다. 얀은 자기 자녀들이 부랑자가 되는 것을 원치 않았다.[61]

얀 바빙크의 글

알름께르끄에서 얀은 작가로 활동하기 시작했다. 출판된 설교들의 모음집이 었던 1863년에 얀의 첫 번째 책『구원의 목소리』(*Stemmen des heils*)가 출간되 었다.[62] 1870년에 이 책이 다시 출간되었을 때, 문화 정기간행물이었던「우리의 해석자: 예술과 문학 소식을 위한 중심 간행물」(*Onze Tolk: Centraalblad voor Kunst- en Letternieuws*)에 소식이 실렸다.[63] 이달에 출간된 신간에 대한 개관에 서 쥘 베른(Jules Verne),[64] 찰스 해돈 스펄전(Charles Haddon Spurgeon),[65] 마 르틴 루터(Martin Luther)의 새로운 네덜란드 번역본 갈라디아서 주석[66]과 더 불어 이 책이 언급되었다. 분리파 얀 바빙크는 작가로서 "사회에서 자신들의 고

61 헤르만 바빙크도 이런 사회적 발전을 상세히 반영했다. Herman Bavinck, *De opvoeding der rijpere jeugd* (Kampen: Kok, 1916), 174-88을 보라.

62 Jan Bavinck, *Stemmen des heils* (Gorinchem: Van Nas, 1863).

63 *Onze Tolk: Centraalblad voor kunst- en letternieuws* 1, no. 8 (January 5, 1870): 62.

64 Jules Verne, *De Noordpool-expeditie van kapitein Hatteras,* trans. Gerard Keller (Leiden: de Breuk & Smits, 1870; 1864년에 프랑스어로 첫 출간).

65 Charles Haddon Spurgeon, *Voor iederen morgen: Dagboek voor huisgezin of binnenkamer,* trans. P. Huet (Amsterdam: W. H. Kirberger, 1870; 1866년에 영어로 첫 출간).

66 Martin Luther, *Het regtveerdigend geloof verklaart en bevestigt: In eene verhandeling over Paulus brief aan den Galaten,* trans. Theodorus van der Groe (Utrecht: A. Visscher, 1870; 1519년에 라틴어로 첫 출간).

유한 위치를 위해 싸워야만 하는 새로운 종교적 힘"을 가진 지위에 참여했다.[67]

1866년 얀의 아들 쿤라트 베르나르두스(Coenraad Bernardus)가 태어났
다. 얀은 1860-70년대 동안 6권의 설교집을 더 출판했다.[68] 얀은 이 시기 동안 새
로운 월간 간행물이었던 「드 흐따위흐니스」(De Getuigenis, 역자 주: 증언)의 편
집장이 되었다. 이 간행물은 이전에 출간된 얀의 설교집에서는 찾을 수 없었던
현대 문화에 대한 얀의 생각과 관계성에 대한 측면이 드러나는 통로였다. 얀의
설교집들은 성경 주해에 무게중심을 둔 책이었다. 얀은 「드 흐따위흐니스」에서
문화적 주제들에 대해 훨씬 더 직접적으로 다루었다. 얀은 헤르만 바빙크가 14
살이었을 때 쓴 「드 흐따위흐니스」의 첫 번째 판 개간 편집 논설에서(헬레니우
스 드 콕과 함께 썼다) 오늘날의 필요에 대해 논하는 새로운 기독교 간행물의
사례를 시작했다.

> 현재의 지적 풍조는 만연하다. 우리의 교회도 스스로 발견되는 시대
> 의 영향을 경험하고 있다. 특별히 시대정신의 영향으로부터 스스로
> 를 보호할 수 있는 것보다는 더 이상 **시대정신**으로부터 물러날 수 없
> 는 것이 우리의 젊은이들이다. 그러므로 우리는 복음의 진리가 보다
> 폭넓게 선포되고 옹호되며 불신앙과 미지근한 신앙의 공격에 대항해

---

67 James Kennedy and Jan Zwemer, "Religion in the Modern Netherlands and the
    Problems of Pluralism," *BMGN—Low Countries Historical Review* 125 (2-3): 249.

68 Jan Bavinck, *De vriendschap der geloovigen met God: Leerrede over Jac. 2:23b*
    (Amsterdam: Van den Bor, 1866); *Het toebrengen van andere schapen tot de kudde
    van Jezus: Leerrede over Johannes X:16* (Amsterdam: Van den Bor, 1867); *Klachte
    van eene geloovige ziel over de verberging van Gods aanschijn: Leerrede over Psalm
    88:15* (Kampen: G. Ph. Zalsman, 1868); *Wilt gijlieden ook niet weggaan? Leerrede
    over Joh. 6:66-69* (Amsterdam: Kröber, Heijbrock & Hötte, 1868); *"Houd wat gij
    hebt": Afscheidswoord aan de Gemeente van Almkerk en Emmikhoven, uitgesproken
    den 27 Juli 1873* (Kampen: G. Ph. Zalsman, 1873); *De bediening des Evangelies een
    schat, gelegd in aarden vaten: Intreerede, uitgesproken te Kampen, den 3 Aug. 1873*
    (Kampen: G. Ph. Zalsman, 1873).

성경의 진리와 신성(神性)을 유지하는 주간 출판물의 발행이 필요하다고 생각했다.[69]

바빙크 가족의 깜픈으로의 이사

얀과 헤지나는 1870년대에 2명의 아들, 베런디누스 요한네스 페미아(Berendinus Johannes Femia, 디누스[Dinus], 1870년 출생)와 요한네스 헤리트(Johannes Gerrit, 요한[Johan], 1872년 출생)를 낳았다.[70] 직후인 1873년에 얀이 깜픈의 기독개혁교회 목사가 되어 바빙크 가족은 깜픈으로 이사를 했다. 깜픈에서 얀은 설교 사역에 온 힘을 쏟았다. "주님의 안식의 날에 완수해야 할 세 번의 설교가 있었고, 겨울에는 주중에 또 다른 순서가 추가되었다."[71] 비록 신학교의 교수진이 한 번의 설교를 감당했지만, 얀은 그 외 나머지 설교를 감당했다. 이 날들은 성취의 세월이었다. "오, 나는 특별히 저녁에 가스등 옆에서의 몇 번의 [설교] 순서를 선명히 기억한다. 큰 무리가 얼마나 조용하고 주의 깊게 설교를 듣

---

69 Jan Bavinck and Helenius de Cock, "Inleiding," in *De Getuigenis: Maandschrift in het belang van Waarheid en Godzaligheid* 1 (1869): 3-4. "Ook onze kerk ondervindt den invloed van den tijd waarin zij zich bevindt. Onze jongelingen vooral zijn het, die aan den invloed van den tijdgeest zoo min onttrokken kunnen worden, als dat zij er zich van kunnen vrijwaren. Daarom achtten wij het behoefte, dat er ook van ons een orgaan uit mocht gaan, waarin de waarheden des Evangeliums breedvoeriger verklaard en verdedigd, en de waarheid en goddelijkheid van de Schrift tegen de aanvallen van het on- en het halfgeloof gehandhaafd worden, dan dit in weekbladen kan geschieden"[역자 주: 에글린턴의 인용문에서는 "현재의 지적 풍조는 만연하다"라는 문장에 대한 네덜란드어 원문이 없다].

70 베런디누스 요한네스 페미아는 그의 두 누이 즉, 베런디누스가 태어나기 2년 전 죽은 페미아와 베런디나 요한나의 이름을 따서 붙여졌다.

71 Jan Bavinck, "Een korte schets van mijn leven," 68. "Er waren drie predikbeurten op den Rustdag des Heeren te vervullen en des winters kwam er nog eene beurt in de week bij."

고 설교자의 말을 먹고 있는 것처럼 보였는지! 하나님의 말씀에 대한 배고픔과 목마름이 있었으며, 생명의 말씀은 굶주리고 목마른 영혼을 위한 양식과 음료였다. 그 당시 내 사역은 열매와 복 없이는 할 수 없었던 것이라 믿는다."[72]

얀은 일찍부터 깜픈에서 지역 목회자(*pastor loci*)보다는 신학교 교사로 사역하길 소망했다. 비록 이런 소망은 성취되지 않은 채 남아 있게 되었지만, 종국에 가서야 깜픈으로 이사한 것에 대한 얀의 이후 회상은 신학교 교수였던 시몬 판 펠전이 말한, 더 위대한 선이 특별한 섭리 속에서 쓰임 받았다는 언급을 포함한다. "판 펠전 교수님께서 '학생들에게 미치는 당신의 영향은 심지어 교수들의 영향보다도 큽니다'라고 나에게 말씀하셨다. 나는 [판 펠전] 교수님께서 이 말씀을 하시게 놔두었지만 교수님들과 학생들이 내 설교에 교화되었다는 사실을 한 번 이상 내게 증언했다고 생각한다."[73] 얀과 헤지나는 깜픈 시절 결혼 25주년 기념일을 축하했고, 이 중요한 기념일은 1875년 4월 29일 「드 스탄다르트」광고면에 1875년 5월 8일 축하 사례와 더불어 공지되었다.[74]

---

72 Jan Bavinck, "Een korte schets van mijn leven," 68. "O ik herinner mij nog levendig enkele beurten, vooral des avonds bij het gaslicht, hoe stil en aandachtig eene groote schare naar de prediking kon luisteren en de woorden van de prediker scheen op te eten! Er was honger en dorst naar het Woord Gods en de woorden des levens waren spijze en drank voor die hongerige en dorstige zielen. Ik mag gelooven dat mijn arbeid in die dagen niet zonder vrucht en zegen is geweest."

73 Jan Bavinck, "Een korte schets van mijn leven," 69. "'Uw invloed op de studenten,' zeide eens Prof. van Velzen tot mij, 'is nog grooter dan die van ons Professoren.' Ik laat dit door den Professor gezegd zijn, maar dit, dunkt mij, mag ik zeggen, dat en Professoren en Studenten mij meer dan eens betuigd hebben, dat zij door mijne prediking waren gesticht."

74 "Advertentien," *De Standaard,* April 29, 1875; "Advertentien," *De Standaard,* May 5, 1875.

얀, 헤르만, 그리고 학문적 신학

1882년 얀 바빙크는 자신의 아들 헤르만이 루카스 린더봄(Lucas Lindeboom)과 다우어 끌라제스 비렝아(Douwe Klazes Wielenga)와 더불어 교원으로 임명되었을 때 신학교 이사회의 의장이었다. 얀은 자신의 역할 가운데 임명 수여 강연 중 하나를 부탁받았다. 얀의 강의는 W. H. 히스펀(Gispen)의 강연과 더불어 1883년에 출판되었다.[75] 이 강연은 헤르만의 신학 과정에 대한 얀의 지지를 이해하는 데 가장 유용하면서도 분리 측 신학의 발전을 위한 얀의 야망을 볼 수 있는 자료이기도 하다.

얀의 강연에 따르면, 신학교의 목적은 "경건하며, 견고하며, 학문적으로 [wetenschappelijk] 훈련된 복음의 종들"을 기독개혁교회에 공급하는 것이었다.[76] 얀은 이렇게 주장하면서, 훈련의 학문적 요소는 불필요하다고 주장했던 몇몇 분리파들이 제기할 만한 반론들을 예상했다. "나는 복음 사역자에게 이런 학문적 지식의 필요성을 찾지 못하는 사람들이 있고 그 결과 모든 학문적 훈련을 못마땅해 한다는 사실도 잘 알고 있다."[77] 얀의 답변은 특별한 역사적 맥락에 집중했다. "19세기 복음의 사역자에게는 당연히 높은 수준이 요구되었다. 철저하게 연구하지 않는다면 그 수준을 충족시킬 수 없을 것이다."[78] 얀 바빙크에

---

75 Jan Bavinck and Willem Hendrik Gispen, *De Christ. Geref. Kerk en de Theologische School: Twee toespraken, gehouden den 9 Jan. 1883 bij de installatie van de drie leeraren aan de Theol. School* (Kampen: G. Ph. Zalsman, 1883).

76 Bavinck and Gispen, *De Christ. Geref. Kerk en de Theologische School*, 19. "Die Kerk heeft behoefte, groote behoefte aan godvruchtige, degelijke, wetenschappelijk-gevormde dienaren des Evangelies."

77 Bavinck and Gispen, *De Christ. Geref. Kerk en de Theologische School*, 20. "Ik weet wel, dat er zijn, die zulk eene wetenschappelijke kennis niet noodig achten in den dienaar des Evangelies, en daarom alle wetenschappelijke opleiding afkeuren."

78 Bavinck and Gispen, *De Christ. Geref. Kerk en de Theologische School*, 20. "Bovendien stelt de negentiende eeuw met recht groote eischen aan den dienaar des Evangelies, aan

게 신학교는 교회와 세상을 위해, 목회자들을 훈련시키기 위해, 그리고 고유의 학문적 연습 가운데 네덜란드 문화 속에서 성화되는 존재가 되기 위해 존재했다. 얀은 이런 시각 속에서 "교회의 왕이신 주님께서 여러분을 보고 계신다. 기독개혁교회가 여러분을 보고 있다. 네덜란드가 여러분을 보고 있다. 맞다. 수많은 친구들과 적들의 눈이 여러분께 고정되어 있다."[79]라고 신임 교수들에게 직접적으로 연설했다. 정통적이며 학문성을 추구하는 신학자 교수진을 향한 얀의 이런 도전은 이 세상에서 그들이 어떤 위치에 있는지 도전하기 위함이었다. 이 연설은 자기 아들의 사명을 향한 깊은 헌신의 성명서였다. 이 성명서는 자기 아들의 노력에 대한 공개적 확증이었다(1882년에 얀이 깜픈에서 했던 연설과 1883년에 헤르만이 깜픈에서 했던 "거룩한 신학의 학문"이라는 연설을 함께 읽어보라. 이 둘은 놀랄 만큼 짝을 이룬다).[80]

분리 측 역사의 맥락 가운데, 정통 신학을 위해 학문(*wetenschap*)을 공개적으로 재강조하려는 얀 바빙크의 기여를 절대 간과해서는 안 된다. 일찍이 분리 측 역사 속에서 분리 운동을 이끌었던 사람들은 분리 측 사람들에 대항해 학문이라는 개념을 사용했던 사람들(이 경우 기존의 네덜란드 국가 개혁교회의 신학자들)이 거부한 것이 무엇인지 확실히 알았다. 예를 들면, 1841년에 쓴 분리파 C. J. 판 후끈(van Hoeken)은 『개혁파로부터의 분리파들을 향한 말』의 작

---

welke hij zonder degelijke studie niet voldoen zou."

79 Bavinck and Gispen, *De Christ. Geref. Kerk en de Theologische School*, 24. "De Heere, de Koning der Kerk ziet op U; de Chr. Geref. Kerk ziet op U; Nederland ziet op U; ja de oogen van duizenden, van vrienden en vijanden zijn op U geslagen."

80 Herman Bavinck, *De wetenschap der H. Godgeleerdheid: Rede ter aanvaarding van het leeraarsambt aan de Theologische School te Kampen* (Kampen: G. Ph. Zalsman, 1883) [역자 주: 한글 번역본은 헤르만 바빙크, 『헤르만 바빙크의 교회를 위한 신학: 거룩한 신학과 보편적 교회』, 박태현 편역 및 해설 (군포: 도서출판 다함, 2021) II. 기독교와 교회의 보편성을 참고하라]. ; cf. James Eglinton, *Trinity and Organism: Towards a New Reading of Herman Bavinck's Organic Motif* (London: Bloomsbury T&T Clark, 2012), 38.

가에게 보내는 답변』에서 분리 측 신학이 "학문은 진보하고 있는데 따라가지 못하고 있다"라는 비난에 대해 반박했다.[81] 이런 시각 속에서 헤르만은 학문적 신학에 접근하려 했고, 얀은 연설로 헤르만을 지원했다. 수십 년 동안 재택 신학교육의 "학문적" 내용을 발전시키기 위해 노력했던 분리파들의 맥락 안에서 반드시 그 연설은 살펴볼 필요가 있었다. 얀은 헤르만보다도 신학 교육에 더 폭넓은 관심을 기울였다.

이런 관심은 시작부터 깜픈 신학교의 목적과 통합되었다. 헤르만의 출생일주일 전이었던 1854년 12월 6일 학교가 공식적으로 개교했을 때 덴 함(Den Ham)의 분리 측 목사였던 까렐 호더프로이 드 문(Carel Godefroy de Moen)이 연설을 맡았다.[82] 드 문의 강의는 기독교적 학문에 대한 신학교의 고유 브랜드를 위한 기초 작업으로서 역대하 1장 10절의 솔로몬의 기도에 대한 주해였다("주는 이제 내게 지혜와 지식을 주사").[83] 그러나 드 문의 시도는 아무런 호응을 얻지 못했다. 드 문이 사용했던 성경인 1637년 국가번역본(*Statenvertaling*)은 문제가 되는 구절 "내게 지혜와 지식을 주사"를 *geef mij wijsheid en wetenschap*

---

81 C. J. van Hoeken, *Antwoord aan den schrijver van: Een woord aan de afgescheidenen uit de hervormden, en aan allen die de waarheid lief hebben* ('s Gravenhage: J. van Golverdinge, 1841), 22. "Over den inhoud van ons geloof, kan er geen twijfel bestaan ··· dat men zelfs ··· ons beschuldigt van illiberaliteit, (stonden tegenover vrijheid van denken) begrompenheid, en, van, bij vooruitgang der wetenschap, achterlijk te blijven."

82 드 문 가정은 레이든에서부터 온 부유한 분리 측 신자들이었다. 분리 측 목회 지도자들이었던 안토니 브룸멀깜프(Anthony Brummelkamp), 알베르투스 판 랄터(Albertus van Raalte), 시몬 판 펠전(Simon van Velzen)은 드 문 가정의 아내들을 통한 처남들이었다. Gerrit Jan Beuker, *Abgeschiedenes Streben nach Einheit: Leben und Wirken Henricus Beukers 1834-1900* (Bad Bentheim: Hellendoorn KG, 1996), 43.

83 드 문의 개교 강의는 이미 「드 바자윈」에 공표되었다. "De Theologische School," *De Bazuin,* December 1, 1854. 드 문의 강의 최종 출판본은 다음을 참고하라. Carol Godefroy de Moen, *De Bede van Salomo om wijsheid en wetenschap: Een gepast voorbeeld voor allen, maar inzonderheid voor de dienaren in 's Heeren wijngaard, die met Gods hulp de hun opgelegde taak willen aanvaarden en volbrengen* (Kampen: S. van Velzen Jnr., 1854)[역자 주: 본서 전반에 걸쳐 인용된 성경은 개역개정역이다].

즉 문자적으로 직역하면 "내게 지혜와 학문을 주사"라고 번역했고, 베이뜬스캅 (*wetenschap*)의 의미를 19세기 맥락이 아니라 17세기 맥락 속에서 반영했다. 19세기에 베이뜬스캅은 학문적 길드를 향한 헌신, 공식적 승인, 그리고 산업계 전체 기준의 의미로 사용되었고, 17세기의 용례와는 거리가 멀었다. 17세기에는 더 개인적인 통찰 및 이해와 관련된 의미로 사용되었다. 드 문은 기독교 목회자들은 반드시 지혜(*wijsheid*, wisdom)와 학문(*wetenschap*, science) 둘 다 주님으로부터 찾아야 한다는 주장 가운데 언어적 발전의 시대들을 너무 쉽게 얼버무리고 넘어갔다. 드 문은 경건한 학문적 연습의 진전된 예로서 청중들에게 다니엘서 2장 21절을 지적했다("주님은 학문[*wetenschappen*]의 신이시다. '지혜자에게 지혜를 주시고 총명한 자에게 지식[*wetenschap*]을 주시는도다").[84] 드 문은 새로운 학교의 학생들이라면 과감하게 현대 학문적 학교의 다니엘들이 되어야만 한다고 믿었다.

신학교 개교 기념 공개 강의로 현대에 걸맞은 학문적 기관으로서의 새로운 학교를 나타내려 했지만, 그런 시도는 헛수고였다. 히브리어 성경 어휘 아래로 함께 닻을 내렸지만 동일한 네덜란드어 단어가 17세기와 19세기에 각각의 (서로 다른) 용례로 쓰임에도 불구하고 강제로 겹치게 만드는 시도를 통해서 기대 이하의 강의가 탄생하게 되었다.[85] 신학교의 학문적 소명을 위한 드 문의 주장은 설득력이 없었다. 「드 바자원」에 실린 드 문의 연설에 대한 기사는 그가 선택한 본문을 "내게 지혜를 주사!"(*"Geef mij wijsheid!"*)로 줄인 채 실었다. 「드 바자

---

84 De Moen, *De Bede van Salomo om wijsheid en wetenschap,* 28. "De Heere toch is de God der wetenschappen, 'Hij geeft den wijzen wijsheid, en wetenschap dengenen die verstand hebben,' *Daniel* II : 21b."

85 드 문의 책이 *Vaderlandsche Letteroefeningen, of Tijdschrift van Kunsten en Wetenschappen* (Amsterdam: P. Ellerman, 1855), 322-24에서 호의적으로 서평된 것은 인정되어야만 한다. 이 서평은 초기 분리파 설교의 질을 비판적으로 묘사했지만, 새로운 신학교의 기초, 즉 "우리 조국의 학교들을 세운" 선생님들에 의해 대부분 세워진 기초를 축하했다.

윈』은 그 강의가 "강력하고, 유쾌하며, 고무적인 연설"이라고 보도했다.[86] 하지만 학문(wetenschap)에 대한 고찰은 『드 바자윈』의 요약 기사에서 완전히 빠졌다. 그러므로 우리는 『드 바자윈』의 필진들이 이 사안에 대한 드 문의 주장에 주목하지 않는 것이 더 시의적절하다고 생각했는지 아닌지에 대해 의문이 남는다. 강의가 잘 진행되지 않았다는 사실은 드 문이 감동 없는 연설에 대한 사과를 그다음 주 『드 바자윈』에 실은 것을 통해 드러난다.[87] 학문적 신학 훈련의 장소로서 자기 스스로를 규정하려는 신학교의 최초의 공개적 시도는 만족스럽지 못했던 시도로 보인다.

28년 후의 얀 바빙크의 강연은 분리 측 서술의 베이뜬스캅(wetenschap)에 대한 전용을 좀 더 성숙하게 표현했다. 실제로 얀이 학생들에게 했던 요구, 즉 "교회의 왕이신 주님께서 여러분을 보고 계신다. 기독개혁교회가 여러분을 보고 있다. 네덜란드가 여러분을 보고 있다. 맞다. 친구들과 적들의 수천의 눈들이 여러분께 고정되어 있다"[88]는 드 문의 강의에 영향을 받은 것으로 보인다. 이는 다음과 같은 [드 문의] 주장과 매우 유사한 구조를 지니고 있기 때문이다. "주 예수께서 여러분을 보고 계신다! 하나님의 교회가 여러분을 보고 있다! 이 학교의 양육자들이 여러분을 보고 있다! 이 학교의 관리자들(후견인들)이 여러분을 보고 있

---

86 "Verslag van de Opening der Theologische School te Kampen, 6 December 1854," *De Bazuin,* December 16, 1854: "⋯ eene krachtige, opwekkende en bemoedigende toespraak."

87 이 기사에서 드 문은 자신이 받았던 비판, 즉 자신의 연설이 준비 없이 한 설교였지만 미리 기록한 원고로부터 읽은 설교였다는 비판에 대답했다. 드 문은 연설이 2가지 이유로 미리 기록된 연설이었다고 주장했다. 첫째, (원고가 필요한) 연설을 기록하기 전에 출판되는 것을 동의했었기 때문이었고, 둘째, 연설을 계획하고 암기하기에는 시간이 없었기 때문이었다. 드 문은 연설을 읽는 것은(드 문은 13년간의 강단 사역 속에서도 원고를 읽는 행위는 하지 않았다고 기록한다) 전달의 질 측면에서도 만족할 수 없었다는 점을 인정하기도 했다.

88 Bavinck and Gispen, *De Christ. Geref. Kerk en de Theologische School,* 24. "De Heere, de Koning der Kerk ziet op U; de Chr. Geref. Kerk ziet op U; Nederland ziet op U; ja de oogen van duizenden, van vrienden en vijanden zijn op U geslagen."

다! **네덜란드**가 여러분을 보고 있다! 거짓말의 아비가 여러분을 보고 있다!"[89]

이런 시각 속에서 앞에서 언급된 드 문의 강의(1854년), 얀 바빙크의 강연(1882년), 그리고 헤르만 바빙크의 강연(1883년)은 자신들 고유의 정통적 전통을 학문적으로 기울어진 후기 근대 문화의 학교와 화해시키려 했던 한 전통 안에 존재했던 일련의 시도들로 볼 수 있다.[90] 분리 측의 후손들은 헤르만 바빙크가 등장하기 훨씬 이전부터 이런 과업을 해냈다. 얀 바빙크는 이렇게 자신의 전통에 크게 기여했다.

요한네스 헤리트와 헤지나의 죽음

얀 바빙크는 40번째(1888년)와 50번째(1898년) 안수 기념일에 『오직 예수의 이름 안에서의 구원』과 『구약 시대 다윗의 기도』를 출판했다.[91] 그러나 얀과 헤지나는 이 기념일들 사이에서 아들 요한을 잃게 되었다.

요한네스 헤리트 바빙크는 바빙크 가족이 알름껠르끄에서의 시간을 마무리할 때 태어났다. 바빙크 가족이 깜픈으로 이사할 때 요한의 나이는 1살도 채

---

89 De Moen, *De Bede van Salomo om wijsheid en wetenschap,* 21. "De Heere Jezus ziet op U! De Gemeente Gods ziet op U! De Kweekelingen dezer School zien op U! De Bezorgers (Curatoren) der School zien op U! *Nederland* ziet op U! De Vader der leugenen ziet op U!"[역자 주: 강조가 원문 강조인지에 대한 언급이 없어서 모호하다].

90 "내 생애의 짧은 스케치"에서도 깜픈에 도착한 직후 얀 바빙크는 목사로서 지역 신학생들에게 잠언 1장 7절을 "De vreeze des Heeren is het beginsel der wetenschap"(주를 두려워하는 것이 학문의 근본이다)라는 네덜란드어로 그려내며 연설했다. Jan Bavinck, "Een korte schets van mijn leven," 67. 이 연설은 *De Bazuin,* September 26, 1873에도 실렸다.

91 Jan Bavinck, *De zaligheid alleen in den naam van Jezus; Davids bede in den ouderdom: Eene overdenking bij gelegenheid van zijne vijftigjarige bediening van het Woord Gods* (Kampen: Ph. Zalsman, 1898).

되지 않았었다. 요한은 깜픈에서 기독 초등학교에 다녔고, 이후 (그의 형제 디누스와 함께) 라틴어로 교육받고 대학 입시를 준비하는 지역 김나지움에 들어 갔다. 요한은 6년 동안 김나지움에 출석했으며 우등으로 최종 시험을 통과했다. 요한은 부모가 허락하여 암스테르담 대학교와 암스테르담의 자유 대학교 두 곳에서 법학을 공부하기 위해 암스테르담으로 이사했다. 요한의 형 헤르만과 디누스는 국립 대학교에 입학하여 높은 수준의 교육을 받고 있었다. 요한이 대학 공부를 시작했을 때 헤르만은 레이든 대학교에서 신학을 공부하고 있었고, 디누스는 암스테르담 대학교 의대생이었다. 이 세 명은 목수의 아들이었던 목수 헤르마누스 바빙크의 손자들이었다. 그들은 이제 신학, 의학, 그리고 법학을 공부하는 학생이 되었다. 얀과 헤지나는 할아버지와 손자 사이를 이어주는 가교였다. 산업화 때문에 이들 가족은 새로운 지식기반 경제로 나아갔다.

요한은 암스테르담에서 법학과 사회과학 박사과정을 시작했고,[92] "국가론의 칼빈주의적 원리들"(De Calvinistische Beginselen der Staatsleer)이란 제목으로 박사논문을 작성하다가 폐결핵을 얻어 1896년 12월 26일에 24세의 나이로 세상을 떠났다(요한의 죽음과 그 죽음이 가족들에게 미친 충격은 8장에서 더 구체적으로 다룰 것이다). 자신의 아버지와 형들처럼 요한의 미완성 박사논문 제목은 그가 얼마나 현대 사회 속에서의 정통 개혁파의 참여에 대해 고뇌했는지가 잘 드러난다. 요한의 죽음은 유일한 위로를 기독교적 신앙고백으로 두고 있었던 얀과 헤지나에게 엄청난 일격이었다.

헤지나도 1900년에 세상을 떠났다. 얀은 회상했다. "나는 그녀 안에서 사

---

92 University of Amsterdam, *Album academicum van het Athenaeum illustre en van de Universiteit van Amsterdam: Bevattende de namen der curatoren, hoogleeraren en leeraren van 1632 tot 1913, der rectores magnifici en secretarissen van den Senaat der universiteit van 1877 tot 1913, der leden van den Illustrissimus senatus studiosorum Amstelodamensium van 1851 tot 1913, en der studenten van 1799 tot 1913* (Amsterdam: R. W. P. de Vries, 1913), 21.

랑스럽고 충실한 배우자를 잃었다. 박식하다 칭하지는 않았지만, 자신의 가정을 잘 돌보고 자신의 가정을 신실하게 보살폈던 현명한 주부를 잃었다. 주 하나님 옆에서 나와 내 자녀들은 그녀에게 많은 감사를 표한다. 약 50년 동안 기쁨과 축복 가운데서 그녀와 진정으로 연합되었고, 이제 나는 그녀를 빼앗겼다. 이제 나는 그녀를 잃음으로 인해 너무 외로움을 느끼고 실의에 빠졌다."[93] 헤지나를 잃고 난 후 얀 바빙크는 헤르만의 집으로 이사했다.[94] "나는 목사관을 떠나내 아들의 집으로 갔다. 내 아들은 플라르딩언(Vlaardingen)의 A. W. 스키퍼르스(Schippers) 씨의 장녀와 결혼했다. 주님께서 그들에게 한 자녀, 딸을 주셨다. 이미 몇 살이 된 이 아이는 집에서 사랑받는 아이다."[95]

얀은 깜픈에서의 사역이 몇 해 남지 않았을 때 아내를 잃고 나서 겪었던 외로움을 출판으로 해소한 것처럼 보인다. 1900년과 1901년에 기록된 설교문이 두 권의 책으로 출판되었고,[96] 1903년과 1904년에 출판된 하이델베르크 요리문답에 대한 방대한 해설집도 준비했다.[97] 얀이 사역에서 은퇴하고[98] 헤르만이 암

---

93 Jan Bavinck, "Een korte schets van mijn leven," 72. "Ik verloor in haar eene lieve en trouwe Gade, eene, ik zeg niet geleerde, maar verstandige huisvrouw die op hare huishouding goede acht gaf en haar huisgezin trouw verzorgde. Ik en ook mijne kinderen, wij hebben naast God den Heere, veel, zeer veel aan haar te danken. Ruim 50 jaren was ik in een genoeglijken en gezegenden echt met haar vereenigd geweest, en nu was zij van mijne zijde weggerukt. Ik gevoelde mij ten gevolge van haar verlies nu zoo eenzaam en mismoedig gestemd."

94 Jan Bavinck, "Een korte schets van mijn leven," 72.

95 Jan Bavinck, "Een korte schets van mijn leven," 72. "Ik verliet de pastorie en werd in het huisgezin van mijn zoon opgenomen. Mijn zoon is gehuwd met de oudste dochter van den heer A.W. Schippers te Vlaardingen. De Heere heeft hun één kind, eene dochter gegeven. Dit kind, reeds eenige jaren oud, is de lievelinge des huizes."

96 Jan Bavinck, *Feeststoffen (voor het Kerstfeest en voor het Oud- en Nieuwjaar)* (Kampen: Ph. Zalsman, 1900); *Feeststoffen (voor het Paaschfeest)* (Kampen: Ph. Zalsman, 1901).

97 Jan Bavinck, *De Heidelbergsche Catechismus in 60 leerredenen verklaard*, 2 vols. (Kampen: Kok, 1903-4).

98 얀의 마지막 연설도 출판되었다. Jan Bavinck, *De algeheele heiliging van de*

스테르담 자유 대학교의 교수에 임명된 이후에는 암스테르담에 가서 "내 생애의 짧은 스케치"를 기록했다. 얀의 생애의 궤적은 얀 스스로 설명한 것처럼 니더작센 사회의 주변부로부터 암스테르담의 가장 저명한 지역 중 하나인 흐라흐튼호르델(Grachtengordel)에 있는 아들의 집으로 갔게 되었다.[99] 어른이 얀 바빙크는 이 엄청나게 달라진 공간들에 여전히 중요한 의미를 부여했다. "내 아들이 이후 암스테르담의 자유 대학교 교수로 지명되고 그 지명을 수락했을 때, 나는 아들과 아들의 가정과 함께 암스테르담으로 떠났고, 나는 노년에 이 거대한 대도시의 주민이 되었다."[100] 바빙크 가족의 삶의 모습은 그 시대의 특징을 품고 있다. 얀은 헤르만과 더불어 헤르만의 아내였던 요한나 아드리아나, 그리고 할아버지가 자신의 가정으로 들어왔을 시점에 9살이 되었던 헤르만의 딸 요한나 헤지나와 함께 살았다. 산업화와 경제적 현대화 덕분에 노인들의 수명이 늘어났고, 이 수명 연장 때문에 종종 노인들은 어른이 된 자녀들의 핵가족과 더불어 살게 되었다. 암스테르담의 바빙크 가족은 네덜란드의 "3세대 가정"의 전형이었다.[101]

---

geloovigen, de wensch van de dienaar des Evangelies: Afscheidswoord uitgesproken den 25 Januari 1903 (Kampen: Kok, 1903).

99 1902년부터 1904년까지 헤르만 바빙크는 암스테르담 동쪽 바터르흐라프스미어(Watergraafsmeer)에서 Linnaeusparkweg 37을 임대한 후 흐라흐튼호르델(Grachtengordel)에서 Singel 62를 구입했다. Hepp, *Dr. Herman Bavinck*, 289.

100 Jan Bavinck, "Een korte schets van mijn leven," 72. "Toen mijn zoon later tot hoogleeraar aan de Vrije Universiteit te Amsterdam werd benoemd en die benoeming aannam, ben ik met hem en zijn gezin naar Amsterdam vertrokken en nog op mijn ouden dag een inwoner van die groote wereldstad geworden." 얀은 목회 중 암스테르담의 분리 측 회중으로부터 한 번 이상의 청빙을 받았지만, 그는 사양했었다. 예를 들면 "Kerknieuws," *De Bazuin*, June 8, 1855; "Kerknieuws," *De Bazuin*, July 30, 1855; "Kerknieuws," *De Bazuin*, August 31, 1855를 살펴보라.

101 예를 들면 Michael Wintle, *An Economic and Social History of the Netherlands, 1800-1920: Demographic, Economic and Social Transition* (Cambridge: Cambridge University Press, 2000), 332를 보라.

얀은 암스테르담에서 자신의 생애 마지막 6년을 보냈다. 1909년에 세상을 떠났고 헤지나와 요한과 함께 깜픈에 묻혔다.[102]

&

헤프가 쓴 전기의 영향 때문에 얀과 헤지나 바빙크는 종종 딴 세상의, 반(反)문화적(*Kulturfeindlich*), 그리고 어느 정도는 반(反)현대적 사람들로 여겨졌다.[103] 실제로 그들은 헤프의 설명이 제안하는 것보다 훨씬 더 현대적이었다. 사실 헤프 자신이 바빙크를 개인적으로 알았을 때도 그들은 바빙크의 어린 시절에 대해서는 절대 서로 이야기하지 않았다는 인정으로부터 헤프는 자신의 전기를 시작했다(이는 그의 작업에 대한 적어도 한 번의 초기 검토를 통해 얻은 사실이다).[104]

이런 이유로 헤프는 고전적 근대성에서 후기 근대성으로의 급격한 문화적 이동을 다루는 가운데 얀과 헤지나가 새로운 자유민주주의적 사회 토양에서 외국인이었고 이 익숙하지 않은 맥락에서 자신의 자녀들을 키우려는 선택을 했다는 사실을 간과했다. 이런 관점에서 헤르만에게 미친 얀의 특별한 영향과 자기 아들이 정통적 칼빈주의자로서 후기 근대 문화 속에서 살아가려는 노력들을 평생토록 지원해준 것은 이전에 인식되었던 것보다 훨씬 더 큰 중요성을 지닌다. 바빙크를 "자신의 부모와 매우 닮았지만 너무 완벽하게 닮지 않았던"

---

102 "Ds. J. Bavinck van de oud-gereformeerde kerk is overleden," *Kamper Courant,* December 31, 1909.

103 Hepp, *Dr. Herman Bavinck,* 14.

104 Hepp, *Dr. Herman Bavinck,* v; *De Bazuin,* December 17, 1921.

인물로 봤던 헨리 도스꺼(Henry Dosker)의 묘사와는 대조적으로,[105] 나는 한편으로는 얀과 헤지나가, 또 다른 한편으로는 (그의 형제, 자매와 더불어) 헤르만이 거대하게 공유하는 연속성 내에 위치했다고 주장한다. 하나의 가족 안에서 바빙크 가(家)는 현대 사회 속에서 자기 고유의 위치를 찾으려는 분리 측 자극의 눈에 띄는 예다. 핵심 차이는 헤르만도 그의 형제, 자매들처럼 후기 근대에서 문화적 토박이로 태어난 것과 달리, 얀과 헤지나는 현대 문화의 초기 형태 속에서 나이를 먹어갔다는 점이다.

105   Dosker, "Herman Bavinck: A Eulogy by Henry Elias Dosker," 14.

3. 헤르만의 어린 시절과 학교 교육
1854-72

"현대 젊은이는 현대 사회의 영향 아래 있다"

광고:

오늘, 하나님의 선하심을 통해,

신성한 말씀의 목회자 얀 바빙크의 따뜻하게 사랑받는 아내

헤지나 마흐달레나 홀란트가

아주 무사히 아들을 낳았다.

호허페인,

1854년 12월 13일[1]

---

1 "Heden beviel, door Gods goedheid, zeer voorspoedig van een *Zoon* GEZIENA
MAGDALENA HOLLAND, hartelijk Echtgenoot van J. BAVINCK, *v.d.m.*,
HOOGEVEEN, 13 December 1854." "Advertentien," *De Bazuin*, December 22,
1854. 주의 사항: 줄임말 v.d.m.은 "하나님의 말씀의 목회자"라는 의미를 가진 라틴어

얀과 헤지나는 1854년 12월 22일 금요일 「드 바자윈」에 이 광고를 실었다. 이전 장에서 언급했던 강력한 효과를 지닌 (미출간되고 개인적인) 현대적 자서전처럼, (출간되고 공개적인) 이 짧은 글도 역사적 중요성을 풍성히 품고 있는 글이다. 이 광고가 실렸을 시기는 분리 측 신문이었던 「드 바자윈」이 창간된 지 1년 정도 지났을 시점이었고 아직 "출생 소식"란이 없었을 때였다. 오히려 자녀 출생 소식을 공개적으로 알리길 원했던 분리 측 부모들은 이미 분류된 광고란을 사용하기 위해 돈을 지불해야만 했다. 신문이 발간 초기부터 분리 측 목회자들은 흔히들 이렇게 하곤 했다.[2] 항목별 광고란에 실린 출생 광고들은 헤르만의 초기 생애를 파악하는 데 유용한 자료다. 헤르만의 출생 광고는 "도덕적으로 흠이 없으면서 훌륭한 이력을 가지고 있는 도우미"를 구하는 구리 세공인과 주석 세공인 광고 위에 게재되었다.[3]

나는 2장에서 새롭게 구성된 후기 근대 사회 속에서 거대한 통합의 정도를 찾으려 했던 보통의 분리 측 사람들의 운동 속의 바빙크의 위치를 묘사했다(이에 대해서는 역사가들도 의도적으로 거의 문서화하지 않았다). 「드 바자윈」의 광고란은 그들의 이야기 중 일부를 일별해 우리에게 짧게나마 제공한다. 예를 들면, 그 시대의 광고들은 출생 광고와 더불어 분리 측의 식초 수출 사업,[4] 빵과 유아용 비스킷 사업,[5] 패션 학생들에게 숙소를 제공하는 가정,[6] 일련의 의약품

문구 *verbi divini minister*를 뜻한다.

2 그 한 예로서 「드 바자윈」의 첫째 판에서 망명자 알베르투스 판 랄터(Albertus van Raalte)는 미시간에서 "건강한" 딸의 출산을 공지했었다. "Advertentie," *De Bazuin,* August 4, 1853.

3 "Advertentien," *De Bazuin,* December 22, 1854.

4 "Advertentien," *De Bazuin,* March 30, 1855.

5 "Advertentie," *De Bazuin,* December 1, 1853.

6 "Advertentie," *De Bazuin,* October 20, 1853.

을 파는 판매 회사 목록[7] 등을 포함한다. 이런 광고들은 그 당시 사람들의 교회적 분리와 문화적 통합을 향한 동시적 책무로 특징화된 삶을 보여준다. 실제로 「드 바자윈」 초기 시대 때의 광고란은 이런 실례들을 통해 사회적 열망에 대한 감각이 명백해졌던 1848년 후기 시대의 상층으로 이동하려는 유동적인 중산층(*kleine burgerij*)의 전형적인 모습이었다. 1854년 12월 22일 「드 바자윈」에서 출생이 광고된 아들 역시 이런 분리 측 사람들의 한 아들이었다.

얀과 헤르만 바빙크

헤르만이 태어났을 때 얀 바빙크는 28세였고, 헤르만은 아버지가 소천 받은 이후 12년을 더 살았다. 얀 바빙크는 헤르만이 어렸을 때 아버지와 목회자로서 역할을 감당했다. 이 장에서 앞으로 살펴보겠지만, 전통적인 고등학교였던 즈볼러 김나지움(the Zwolle Gymnasium)에 다닐 때의 헤르만의 일기는 그가 얼마나 아버지와 가깝게 지냈고 얼마나 그 당시 아버지의 목회 사역과 관련을 맺고 있었는지를 선명히 보여준다. 헤르만이 레이든에서 학생이었을 때의 편지들은 레이든 시절 얼마나 헤르만이 그의 부모님과 밀접한 관계를 유지하고 있었는지 선명히 드러낸다.[8] 이전 장에서 언급했던 것처럼, 노년의 얀은 (헤지나의 죽음 이후) 깜픈에서, 그리고 헤르만이 지적으로 가장 열매를 많이 맺은 곳인 암스테르담에서 헤르만과 그의 가족과 더불어 살았다. 헤르만 바빙크의 생애와 시대에 대해서 우리가 이해하는 얀 바빙크의 역할을 단순히 서론에서만 언급하고 그 후로는 아무런 역할을 하지 않는 배경적 역할만으로 치부할 수 없

---

7 "Advertentie," *De Bazuin,* May 16, 1855.
8 Bavinck to Snouck Hurgronje, Kampen, January 6, 1879, in *ELV.*

을 만큼 얀과 헤르만의 삶은 서로 겹친다.

　그러므로 헤르만 바빙크의 어린 시절을 다루려는 이번 장에서는 2장에서 윤곽이 드러난 얀 바빙크의 생애를 배경 정도로만 치부하려는 생각을 당연히 거부한다. 얀의 사회생활과 세계관은 헤르만의 초기 생애의 여정에 영향을 끼치고 있다. 얀의 목회 사역은 헤르만이 자랐던 마을과 헤르만이 출석했던 학교의 윤곽을 분명히 나타낼 것이며, 얀의 영향력은 헤르만이 학생 시절 내려야 했던 중요한 선택들에 궁극적으로 영향을 끼쳤을 것이다.

　이런 시각에서 이 장에서는 호허페인에서 분스호튼으로, 이후 알름께르끄로, 그다음 즈볼러로 이동했던 헤르만의 어린 시절의 구체적인 내용들을 그저 민숭민숭하게 연대기적으로 단순나열하는 일을 반복하지는 않을 것이다. 그 대신, 각 사건들에 대한 헤르만 자신의 회상들을 탐구하면서 그의 어린 시절에 대해 더 풍성한 질감들을 제공하려 한다. 이런 회상들은 19세기 중후반 당시 네덜란드에서 헤르만이 경험한 어린 시절에 대해 보다 폭넓게 사회-역사적인 질문들을 해결하면서 차례차례 틀이 잡힐 것이다. 이와 관련해 영향력이 큰 질문들은 서로 뒤얽혀 있지만 뚜렷하다. 헤르만의 어린 시절은 구체적으로 어땠을까? (1850-1870년대까지의 다른 네덜란드 아이들과 비교해서) 헤르만은 어떤 어린 시절을 보냈을까?

헤르만 바빙크의 자서전

「드 바자윈」의 출생 광고 후, 소수의 1차 자료들은 헤르만의 어린 시절에 대한 주목할 만한 통찰을 제공한다. 헤르만이 54세가 되던 해인 1908년, 그는 네덜란드어로 된 미국 신문 「드 흐론트벳」(*De Grondwet*, 역자 주: 근본법칙)에 "헤르만 바빙크 박사의 자서전적 스케치"(*Autobiographische schets van Dr. H. Bavinck*)

라는 짧은 전기를 실었다.[9] (그 당시 헤르만은 강의 때문에 아메리카에 있었고, 생애에 대한 개괄을 투고해달라는 요청을 신문사로부터 받게 되었다. 이 특별한 자료는 지금까지도 바빙크 학계에 잘 알려지지 않은 채로 남아 있다. 이 자료의 영어 번역본이 이 책 부록에 수록되어 있다).

연장자 [얀] 바빙크와 연하자 [헤르만] 바빙크 자서전들은 대단히 흥미로운 비교점을 자아낸다. 얀의 4만 2천 단어의 "짧은 스케치"[10]와 비교해 헤르만은 단지 360단어로 전기를 구성했다. 얀의 자서전은 문학의 한 부분으로서 그 당시의 구체화된 장르에 속했다. 얀의 자서전은 출간되지 않았으며 개인적이었고 자신의 직계 가족을 염두에 두었을 뿐 아니라 공개적으로 소비되기에는 너무 민감한 정보들을 전달하려는 용도를 가지고 있었다. 헤르만의 자서전은 전형적인 전기의 하위 장르에 속했다. 간결했으며 신문사 편집장의 부탁으로 작성했고 대중에게 공개하려는 의도를 가지고 있었다. 그럼에도 불구하고 "내 생애의 짧은 스케치"나 「드 흐론트벳」에 실린 헤르만의 간결한 스케치는 둘 다 전기의 형식, 즉 내용을 선별해 기록하는 형식을 본질적으로 지녔으며, 이런 형식을 취한 이유는 정확히 자신들의 작품 속에서 저자 재량권을 행사하는 것이 종종 효과적이기 때문이다. 그렇다면 이런 맥락에서 헤르만은 자신의 어린 시절을 묘사하기 위해 (만약 존재한다면) 무슨 정보를 반드시 찾아야만 했을까? "호허페인에서 1854년 12월 13일 태어났고, 그 당시 내 아버지 얀 바빙크는 목회자였다. 그 후 아버지는 분스호튼으로, 또다시 북쪽 브라반트(Brabant)의 알름께르끄로 이사했다. 거기서 나는 하설만 학교에서 교육받았다. 그 후 나는 즈볼러에 소재한 김나지움(고등학교)에 다녔다. 거기서 나는 도스꺼 가정과 안면

---

9 Herman Bavinck, "Autobiographische schets van Dr. H. Bavinck," *De Grondwet*, no. 9, October 6, 1908, 3.

10 Jan Bavinck, "Een korte schets van mijn leven," 미출간 친필 전기, 기록 날짜 없음, HBA, folder 445.

BAVINCK

을 트게 되었고 그 가정의 아들인 헨리 도스꺼와 현재까지 우정을 지속하고 있다."[11] 이전 장에서 개략적으로 소개한 것처럼, 헤르만은 [얀의] 총 7명의 자녀 중 둘째였다. 헤르만의 누나였던 디나는 헤르만보다 3살이 더 많았다. 설교자의 자녀들이 늘 그랬듯, 얀의 자녀들도 여러 마을에서 어린 시절을 보냈다. 헤르만이란 이름은 얀 바빙크가 어릴 때 돌아가셨던 할아버지 헤르마누스의 이름을 따서 붙여준 이름이었다. 헤르만은 목회자의 아들로 태어난 지 4일 만에 아버지 얀으로부터 호허페인에서 세례를 받았다.[12]

이 외에도 헤르만이 자신의 전기에서 제시한 구체적인 사항들은 하설만 학교와 망명자 도스꺼 가족 둘 다에 고개를 끄덕거리며 익숙해했던 네덜란드계 미국인 청중의 눈길을 끌었다.

분스호튼과 알름께르끄에서의 어린 시절들: 신비로운 "다듬어지지 않은 다이아몬드"

바빙크 가정의 아이들이 7살과 3살이 되었을 때, 그들은 호허페인을 떠나 헤르만이 8살 때까지 머물렀던 분스호튼으로 이사했다. 비록 얀의 전기는 분스호튼의 분리 측 회중의 역사와 그곳에서의 목회 사역에 대한 확장된 해설을 제공하지만 아마도 거기서 헤르만이 처음으로 경험했던 초등학교 생활에 대해서는 아무런 말도 하지 않는다. 알름께르끄의 하설만 학교와 즈볼러의 김나지움에 대한 명확한 언급과 비교할 때, 헤르만 자신의 전기 또한 이에 대해 침묵한다.[13]

---

11 Bavinck, "Autobiographische schets van Dr. H. Bavinck," 3.

12 R. H. Bremmer, *Herman Bavinck en zijn tijdgenoten* (Kampen: Kok, 1966), 17.

13 분스호튼에서의 초기 교육에 대한 바빙크 자신의 침묵에도 불구하고, 현재 그곳에는 바빙크의 이름을 딴 개혁과 초등학교(Gereformeerde Basisschool)인 "헤르만 바빙크

헤르만의 죽음 직후에 기록되었고 바빙크 가족들과 그들의 지인의 육성에 크게 의존했던 헤프의 전기는 분스호튼에서 헤르만이 어린 시절 그 어떤 분명한 학술적 잠재력을 드러내지 못했음을 암시한다.

나는 어딘가에서 다음을 읽었다. "이 다이아몬드(즉, 젊은 바빙크)가 마치 평범한 돌처럼 다듬어지지 않은 채로 옆에 놓인 순간이 있었다. 바빙크가 교수가 된 직후 이에 대해 알 만한 사람으로부터 들었던 것은 [안] 바빙크 목사님이 알름께르끄로 들어가 하설만 학교의 사람이었던 드 부어 씨('Monsieur' de Boer)에게 환영을 받았을 때, 그 아버지는 자기 자녀들과 그들의 추후 교육에 대해 이야기를 나누었다는 것이었다. 그들은 분스호튼에서 '우리의 헤르만'에게 학술적 능력이 있다는 것을 많이 보지 못했다. 물론 그보다 더 어린 아들은 학술적 능력이 있었지만 말이다. 이 어린 아들은 드 부어 씨의 학생이 되었다. 하지만 큰아들이 어떤 사람이 되어야만 하는지에 대해 아버지 바빙크는 아직 알지 못했다. 드 부어 씨는 '지금입니다! 그냥 그에게 시도해봅시다'라고 말했다. 그 일이 일어났다. 몇 주 후에 바빙크 목사는 큰아들에게 기대할 만한 것이 있는지 없는지 그 교사에게 물어봤고 그는 대답했다. '목사님, 그는 다이아몬드이지만 아직 잘 다듬어지지 않았고 세련되게 만들 필요가 있습니다.'"[14]

학교"(Dr. H. Bavinckschool)가 존재한다.

14 Valentijn Hepp, *Dr Herman Bavinck* (Amsterdam: Ten Have, 1921), 17. "Wel las ik ergens het volgende, 'Er is een oogenblik geweest, waarin deze diamant (n.l. de jonge Bavinck) ongeslepen zou zijn ter zijde gelegd als een gewone steen. Toen,—zoo is ons reeds kort na zijn optreden als professor door iemand, die het kon weten, verhaald,—toen Ds. Bavinck Sr. te Almkerk zijn intrede gedaan had, en door "Monsieur" de Boer, den man van het Instituut Hasselman, werd verwelkomd, sprak de vader over zijn kinderen en hun verder onderwijs. In "onzen Herman" had men te Bunschoten niet veel studiekracht gezien; wel in den jongeren zoon. Die zou wel een leerling van "Monsieur" worden. Maar wat de oudste zoon moest worden, dat wist vader Bavinck nog niet. Nu! zeide de heer de Boer: "geef hem mij toch maar eens op proef." En dat geschiedde. Toen na enkele weken Ds. Bavinck den onderwijzer vroeg: of er van zijn

헤프도 인정했던 것처럼, 너무나 총명한 얀 바빙크의 어린 아들은 실제 어려움을 겪었다. [헤프의] 보고에 따르면, 이 어린 아들도 분스호튼에서 학교 교육을 받았으며 아마도 하설만 학교에 출석했을 것이다. 하지만 바빙크 가정이 분스호튼에서 알름께르끄로 이사했을 때, 그들의 가족은 얀, 헤지나, 디나, 그리고 헤르만 총 네 명이었다. 헤르만의 동생들은 이 시점에서는 아직 태어나지 않았다. 불행하게도 매력적이었을 이야기의 중심인 더 어린 아들은 존재하지 않았다.[15] 브렘머의 전기는 이 어린 아들에 대한 내용을 삭제했으며 7살의 헤르만이 다듬어지지 않은 다이아몬드였다는 드 부어 씨가 제기한 이야기를 편집해서 실었다.[16] 그리고 나서 이에 따라 글리슨의 전기에는 "바빙크의 어린 시절: 다듬어지지 않은 다이아몬드"(Bavinck's Youth: A Diamond in the Rough)라는 장에서 헤르만의 어린 시절을 묘사하고 있는데, 헤프의 입증할 수 없고 문제가 되는 이야기에 완전히 의존해서 얀과 헤르만에 대해 믿을 수 없는 내용들을 말하고 있다.

아버지였던 얀의 평가에 따르면, 헤르만은 특별히 조숙한 아이는 아니었다. 얀은 그의 아들에 대해 학업적으로 많이 걱정했다. 헤르만의 어린 시절(기억하라, 그는 겨우 7살이었다), 얀에 따르면 그는 사상가로서 많은 약속을 보여주지 못했던 것으로 보이며, 얀은 헤르만이 진척된 공부를 할 수 있는 자격이 있는가에 대해 궁금해했다. … [하설만 학교에서] 헤르만은 탁월했는가, 혹은 그는 따라갈 수 없어 압박 가운데 포기했는가? 이런 질문들은 헤르만의 어린 시절의 발전 가운

---

oudsten zoon nog iets te verwachten was, gaf deze hem ten antwoord: "Domine, 't is een diamant, maar die is niet goed geslepen, die moet nog ontbolsterd worden.""

15 Hepp, *Dr. Herman Bavinck,* 18.

16 Bremmer, *Herman Bavinck en zijn tijdgenoten,* 17-18.

데 얀을 괴롭혔던 질문들이었다.[17]

이런 주장들이 정말로 어느 정도까지 "얀에 따르면"인지 매우 의심스럽다. 헤르만을 하설만 학교로 보냈던 결정에 대한 얀 자신의 글은 헤르만의 능력에 관한 어떤 불안감도 내비치지 않고 있으며, 분스호튼에서 헤르만의 학술적 성과에 관해 교사들과 나눴다는 대화도 전혀 언급되지 않는다. 오히려 위에 인용된 주장들은 헤르만이 1882년 깜픈에서 교수로 임명되었을 당시 ("이에 대해 알 만한 사람이 전한") 이야기의 1921년 회상에 근거한 최근의 책에서 제기한 것이다. 이 회상 자체는 1862년 알름께르끄에서 얀 바빙크와 드 부어 씨가 대화를 나누었다고 말하는 언급에 근거할 뿐이다.

바빙크의 궁극적 동료인 아브라함 카이퍼(Abraham Kuyper)의 초기 전기들도 종종 낭만주의적 문화 안에서 카이퍼의 어린 시절을 언급하지 않는다.[18] 바빙크의 어린 시절 같은 경우에, 어쩌면 "다듬어지지 않은 다이아몬드" 이야기는 어린 천재가 처음으로 천재성을 발견하는 낭만주의에 근거해 바빙크의 어린 시절 이후의 전기적 설명을 발전시키려는 허구의 예일 수도 있다. 비록 헤프는 이런 예들이 바빙크의 죽음의 여파 속에서의 분리 즉 구전 전통 내의 흔한 예라고 주장하지만 어린 시절을 묘사하는 데 이런 "출처가 불분명한" 이야기가 바빙크 전기에 포함됨으로 말미암아 (비록 이 이야기는 물샐틈없는 이야기로부터 먼 이야기라는 헤프의 분명한 인정이 있었음에도 불구하고) 결과적으로 뒤따르는 **기전**(記傳) 전통에서는 바빙크의 초기 교육에 대한 "다듬어지지 않은 다이아몬드"에 관한 내용이 정상적으로 기술되었다(앞으로 보게 될 것이지만,

---

17　Ron Gleason, *Herman Bavinck: Pastor, Churchman, Statesman, and Theologian* (Phillipsburg, NJ: P&R, 2010), 32-33.

18　이런 경향에 대한 비판은 James Bratt, *Abraham Kuyper: Modern Calvinist, Christian Democrat* (Grand Rapids: Eerdmans, 2013), 3을 참고하라.

바빙크의 어린 시절 주변을 감싸고 있던 문화는 하설만 학교나 바빙크 가정의 아이들이 알름께르끄에서 출석했던 중등학교에 대한 묘사들로 확장된다). 바빙크 가정의 입장에서 봤을 때, 우리는 그들이 자신들의 어린 시절에 대한 일반적인 관심을 갖지 않았다는 사실을 발견한다. 어쩌면 이런 무관심은 19세기 중반 네덜란드 문화 속에서 어린 시절 혹은 그 시절의 구체적인 행위에 대한 낭만주의적 개념이 아직 발전되지 않았다는 사실이 대부분 반영되었을 것이다.[19]

헤르만의 전설적이고도 똑똑했던 어린 형제에 대한 이야기를 차치하고서라도, 7살부터 16살까지 바빙크가 다녔던 하설만 학교가 그의 삶에 지대한 영향을 미쳤다는 것은 분명하다. 하설만 학교는 헤르만의 어린 시절에 대한 얀 바빙크의 설명과 헤르만 자신의 짧은 자서전적 설명 안에서도 큰 주목을 받았다.

우리는 헤르만이 비교적 특권적 교육을 누렸다는 사실에 대해 대충 얼버무리고 넘어가면 안 된다. 비록 네덜란드어를 읽고 쓰는 능력과 학교 출석률은 19세기 전반에 걸쳐 극적으로 향상되었지만(1826년에는 남자아이들의 62퍼센트, 여자아이들의 47퍼센트가 학교에 다녔지만, 1888년에는 각각 73퍼센트와 65퍼센트로 높아졌다), 19세기 중반 인구의 4분의 1은 여전히 문맹이었고 1901년이 돼서야 비로소 학교 출석도 의무화되었다.[20] 헤르만의 어린 시절에 부의 창출과 교육적 성취는 놀랄 만큼 성장했음에도, 그 당시 대부분의 네덜란드 어린아이들은 가난 가운데 살아갔다. 19세기 중반 네덜란드 어린이들은 라틴어, 영어, 음악, 회계 등을 공부하기보다는 일반적으로 공장이나 농장에서 일했다.[21] 이

---

19 Michael Wintle, *An Economic and Social History of the Netherlands, 1800-1920: Demographic, Economic and Social Transition* (Cambridge: Cambridge University Press, 2000), 335.

20 Wintle, *Economic and Social History of the Netherlands,* 270.

21 Colin Heywood, "Children's Work in Countryside and City," in *The Routledge History of Childhood in the Western World,* by Paula S. Fass (London: Routledge, 2013), 133; cf. Wintle, *Economic and Social History of the Netherlands,* 335.

3. 헤르만의 어린 시절과 학교 교육

런 관점에서 바빙크의 어린 시절은 다소 이례적이었다.

하설만 학교와 헤르만의 청소년 시절

헤르만은 하설만 학교에서 전인격적으로 균형 잡힌 특권적 교육을 누렸다. 그럼에도 불구하고 이 학교의 독특성과 탁월성, 혹은 심지어 이전 학생들 속에서 헤르만 바빙크의 중요성에 대해 과장하는 것을 경계해야 한다는 C. 스미츠(Smits)의 경고는 기억할 만한 가치가 있다. 특별히 헤프,[22] H. 바우마 (Bouma)[23], W. 드 흐라프(de Graaff)[24]를 언급하면서, 스미츠는 이 기관이 "만들어진 이야기 속에서 낭만주의의 옅은 안개로 둘러싸여 있었다. 그 이유는 … 헤르만 바빙크가 거기에서 7살부터 16살까지 교육을 받았기 때문이다"[25]라는 식의 묘사에 비판을 가했다.

스미츠는 바빙크가 특출난 재능이 있는 사람들만 독점적으로 다녔던 독특한 학교에서도 당연코 훨씬 뛰어난 학생이었다는 모호한 그림에 교정을 가한다.[26] 그보다는 훨씬 더 현실적인 그림을 제시한다. 하설만 학교는 여러모로 탁

---

22 Hepp, *Dr. Herman Bavinck,* 17-20.

23 H. Bouma, *Een vergeten hoofdstuk* (Enschede: Boersma, 1959), 133-35.

24 W. de Graaff, "Een merkwaardige school in de vorige eeuw," *De Hoeksteen* 11 (1982): 105-12.

25 C. Smits, *De Afscheiding van 1834,* vol. 8, *Provincie Noord-Brabant* (Dordrecht: J. P. van den Tol, 1988), 165. "Het reilen en zeilen van deze onderwijs-inrichting— ostschool en lagere school—is in de literatuur omgeven met een lichte nevel van romantiek. En deze is enigszins verdicht doordat … Herman Bavinck er van zijn zevende tot zijn zestiende jaar onderwijs heeft genoten." 스미츠가 1988년에 비판했던 자료 목록에 헤프와 브렘머에 의존했던 하설만 학교에 대한 글리슨의 설명이 추가될 수 있다. Gleason, *Herman Bavinck,* 32-33.

26 예를 들면, Hepp, *Dr. Herman Bavinck,* 19. "Want het instituut-Hasselman had een

월했다. 교과 과정은 도전 의식을 북돋우고, 폭넓으며, 현대적이었다. 의도적으로 기독교 학교를 표방했으며, 분리 측이 이끌었다는 점에서 바빙크에게도 안성맞춤이었다. 이 기관은 영어, 프랑스어, 독일어 원어민 교사들을 교사로 고용했다(하지만 현대 언어들을 가르치기 위해 원어민 교사를 고용했던 것은 그 당시 네덜란드 기숙학교에서는 비교적 흔한 일이었다. 1864년 작 『네덜란드 학교에서의 영국 소년』(*An English Lad at a Dutch School*)은 원어민 교사들에게 다국어 교육을 받기 위해 네덜란드 기숙학교로 보내진 영국 소년의 경험을 묘사하고 있다).[27] 이곳의 학생들은 성공적인 경력을 갖게 될 것이다. 1883년부터 1917년까지 흐로닝언에서 교수로 사역했던 저명한 신학자이자 교사 이삭 판데이끄(Isaäc van Dijk, 1847-1922)[28]도 이 기관의 학생이었다.

이 학교의 학생들은 항상 학문적인 은사를 가지고 있다는 생각도 앞에서 언급했던 "낭만주의의 안개"의 한 부분일 것이다. 정부로부터 어떤 재정적 지원도 받지 못했던 이 학교가 지속 가능할 수 있었던 이유는 기숙사비를 지불했던 학생들 가정의 돈 덕분이었다.[29] 학교 기숙사 거주 학생들은 엄격한 학술적 유익보다는 그들 가정의 재정적 지원 때문에 대부분 기숙사에 있었다. 그럼에도 불구하고 하설만 학교는 헤르만에게 탄탄한 교육을 제공했다. 그 교육은 탁월했고 이례적이었지만 어쩌면 일부 이전 학문에서 전해진 것들보다는 덜 독창적이었다.

---

goeden naam. Het was eenig in het land."

27 P. J. Andriessen, *Een Engelsche jongen op eene Hollandsche school* (Amsterdam: P. N. van Kampen, 1864), 9.

28 Smits, *De Afscheiding van 1834*, 8:165. 이삭 판 데이끄는 브렘머의 전기에도 이전 학생으로 기록되어 있다. Bremmer, *Herman Bavinck en zijn tijdgenoten*, 17.

29 스미츠는 기숙사비가 매년 225길더였고, 26길더는 피아노 수업, 50길더는 헬라어와 라틴어 수업을 위해 추가로 지불해야 했을 것이라고 기록했다. Smits, *De Afscheiding van 1834*, 8:168.

헤프는 바빙크의 부모로부터 만들어진 "반(反)문화적" 환경, 그리고 하설만 학교의 더 개방적이고 세속적인 환경으로 바빙크가 분리되었다는 식으로 주장하면서 거기서 보낸 시간들을 청소년 바빙크가 자기 성찰과 내부적 갈등을 겪은 시기로 묘사했다.[30] 하지만 그의 전기 전반에 걸쳐 그렇듯이 헤프는 이런 주장에 대한 증명 가능한 근거들을 제공하지 않는다. 어떤 경우라도 얀 바빙크와 그의 총애를 받았던 하설만 학교를 문화에 대한 반대와 찬성으로 양분하여 묘사하는 것은 사실 백번 양보한다 하더라도 어리둥절할 수밖에 없다. 비록 이는 초기 분리파들의 특성을 반문화성(*Kulturfeindlichkeit*), 즉 현대 문화를 일반적으로 "세속적"으로 규정하고 업신여기는 특성으로 정형화했던 헤프의 생각이 일관성되게 나타나지만, 분리파들에 대한 헤프의 묘사는 "그 분리파들"(*the Seceders*)[31]처럼 균질화된 이야기 안에 내재적으로 존재하는 문제 앞에서 고개를 떨굴 수밖에 없다. 현대 문화를 향한 얀의 일관적인 긍정적 자세를 염두에 두는 한, 이런 대조는 다소 부자연스럽게 읽힌다.[32]

하지만 만약 헤르만이 실제로 알름께르끄에서의 기간(1862-70)에 어느 순간부터 내성적이 되었다면, 이 시기(7-16세)에 헤르만에게 개인적으로 부담되었던 것들이 무엇이었는지 돌아봐야 한다. 헤르만이 9세였을 때, 갓 태어난 동생 까렐을 2주 안으로 얻고 잃었다. 그 후 장녀였던 디나가 세상을 떠났다. 5년 후에는 헤르만의 누이 페미아도 세상을 떠나게 되었다. 까렐이 1863년 2월 22

---

30 Hepp, *Dr. Herman Bavinck*, 20.

31 Hepp, *Dr. Herman Bavinck*, 14; van den Berg, "De Spiritualiteit van de Afgescheidenen," 174.

32 얀 바빙크에 대한 헤프의 묘사를 비슷하게 비판하는 John Bolt, *Bavinck on the Christian Life: Following Jesus in Faithful Service* (Wheaton: Crossway, 2015), 25도 살펴보라. Henry Dosker's "Herman Bavinck: A Eulogy by Henry Elias Dosker" (in *Essays on Religion, Science, and Society,* ed. John Bolt, trans. Harry Boonstra and Gerrit Sheeres [Grand Rapids: Baker Academic, 2008])도 얀과 헤지나를 반문화적으로 묘사한다(15).

일에 태어났을 때, 헤르만은 4명의 아이 중 두 번째로 나이가 많았다. 2주 후, 3명의 아이 중 두 번째가 되었다. 그다음 헤르만은 2명의 아이 중 가장 연장자가 되었다. 너무나 힘들었던 시간이었다.

사춘기 경험에 대한 후기의(1911) 숙고 속에서 바빙크는 다음과 같이 기록했다. 그는 사춘기를 어린아이가 완전한 어른으로 성장하는 과정 가운데 부모에 대한 의존이 줄어들면서 비판적 자의식이 확장하는 시기로 이해했다. 바빙크는 다음과 같이 기록했다.

> 현대 청소년은 이전 시대에는 존재하지 않았거나 아니면 같은 정도로 존재하지 않았던 특성을 나타낸다. 현대 청소년은 그 자체로 현대 사회의 영향을 겪는다. 하지만 사실, 청소년은 언제 어디서나 독립을 위해 노력하고, 과거의 권위로부터 벗어나, 자신의 미래의 길을 구축하는 것이 내재되어 있다. 이것 자체로는 아무 문제가 없다. 진보를 가능하게 만드는 발전은 자연적 과정이다. 이런 이유로 이런 자연적 과정을 폭력으로 억눌러서는 안 되며, 오히려 성장하는 청소년을 위해 과거와 현재가 조화를 이루도록 어떻게 인도할 것인가를 알아야만 한다.[33]

청소년이 된다는 것에 대한 바빙크의 성숙한 생각은 개인적이라기보다는 일반

---

33 Herman Bavinck, *De opvoeding der rijpere jeugd* (Kampen: Kok, 1916), 79: "De moderne jeugd karaktertrekken vertoont, die haar in vorige tijden niet of niet in die mate eigen waren. De moderne jeugd heeft zelve den invloed der moderne maatschappij ondergaan. Wel is waar is het aan de jeugd ten allen tijde en overal eigen, om naar zelfstandigheid te streven, aan het gezag van het verledene zich te ontworstelen, en in de toekomst zich een eigen weg te banen. Er ligt daarin op zichzelf ook niets verkeerds; het is een natuurlijk proces van ontwikkeling, dat vooruitgang mogelijk maakt; men mag het daar om ook niet met geweld onderdrukken, maar moet het weten te leiden, zoodat verleden en toekomst bij de opwassende jeugd in harmonie met elkander blijven."

적인 어조로 서술되었다. 청소년이 된다는 것은 시대나 문화를 막론하고 신체적, 사회적 어려움과 불편함을 본질적으로 가득 가진 채 살아가야 한다는 인간미 있는 주장을 했다. 하지만 바빙크는 이 기록물에서 기독교 가정에서 자란 많은 당대 네덜란드 청소년들도 신앙과 불신앙 사이에서의 감내하기 어려운 갈등을 발견하며 성숙한 기독교적 직업을 가지기 위한 여정에서 실패한다는 것을 인정했다.[34] 이런 배경에 반하여, 우리는 헤르만이 14세였을 때 기록된 「드 흐따위흐니스」의 첫 번째 판에서의 얀 바빙크의 개간 편집 논평을 기억한다. "특별히 시대정신의 영향으로부터 스스로를 보호할 수 있는 것보다는 더 이상 **시대정신**으로부터 물러날 수 없는 것이 우리의 젊은이들이다."[35]

김나지움 혹은 고등직업학교?

1870년 16세가 되던 해 바빙크는 하설만 학교에서 교육을 마쳤다. 그 후 즈볼러 김나지움에서의 2년간의 공부가 시작되었다. 라틴어 학교와 프랑스어 학교와 더불어 김나지움들과 아테나이움들은 대학 수준의 교육을 준비하기 위해 네덜란드 청소년들이 다녔던 특수 중등학교였다. 1848년 전만 하더라도 김나지움과 아테나이움은 숫자가 적었고 엘리트 계층의 자녀들만 가는 학교로 기획되었다.[36] 예를 들면 1860년에는 네덜란드에 30개가 있었고, 대략 1,300명의 학생이 고전 교육을 받았다(이 중 오직 5개의 학교만 학생이 50명이 넘었다). 1860년

---

34 Bavinck, *De opvoeding der rijpere jeugd,* 75.

35 Jan Bavinck and Helenius de Cock, "Inleiding," *De Getuigenis: Maandschrift in het belang van Waarheid en Godzaligheid* 1 (1869): 3-4. "Onze jongelingen vooral zijn het, die aan den invloed van den tijdgeest zoo min onttrokken kunnen worden, als dat zij er zich van kunnen vrijwaren."

36 Wintle, *Economic and Social History of the Netherlands,* 269.

네덜란드 전역의 인구는 3백 3십만 명이었는데 그중 대략 1,400명이 대학생이었다.[37]

이러한 학교들의 주도권 역시 자유화된 네덜란드 사회 속에서 약화되었다.[38] 예를 들면 1863년에 1848년 헌법의 수상이었으며 주요한 입안자였던 요한 루돌프 토르벡꺼(Johan Rudolf Thorbecke)가 50개의 "고등직업학교"(hogere burgerscholen)를 세우는 중등교육법을 통과시켰다. 이 계획은 새로운 지식기반 경제에 필요한 전문적인 수업을 제공하기 위해 기획되었다. 고등직업학교의 학생들은 자연과학과 현대 언어에 집중한 현대적인 교과 과정을 배웠고, 현대적이고도 전문적인 수업을 통해 사회 속에서 살아갈 수 있게 되었다. 학생들은 19세기 후기 네덜란드 사회 속에서 사무직원, 회계사, 업무 관리자가 되었다. 이 새롭고도 전문적인 학교의 탄생을 통해 새로운 기회들이 많이 생겼음에도 불구하고, 얀과 헤지나는 자신의 아들을 김나지움으로 보내는 선택을 했다. 적어도 자신의 부모를 통해 구상된 헤르만의 궤적은 고등직업학교와 잘 맞지 않았다.

이 새로운 직업학교의 대규모적 확장은 네덜란드의 학문적 문화 속에서의 주목할 만한 변화와 동시에 일어났다. 헤르만이 성년이 되었을 때 네덜란드 학술 공통어가 라틴어에서 네덜란드어로 급격히 대체되었고, 이 변화는 1876년

---

37 P. Th. F. M. Boekholt and Engelina Petronella de Booy, *Geschiedenis van de school in Nederland vanaf de middeleeuwen tot aan de huidige tijd* (Assen: Van Gorcum, 1987), 197-98; Frederick Martin, *The Statesman's Year-Book: A Statistical, Genealogical, and Historical Account of the States and Sovereigns of the Civilised World for the Year 1886* (London: MacMillan and Co., 1866), 353.

38 교육의 자유화와 "고등직업학교"의 시작에 대한 바빙크의 성숙한 생각은 "Inrichting der gymnasia," "Gymnasiaal onderwijs," "Bezwaren tegen gymnasiaal onderwijs en hedendaagsche gymnasia," "Hoogere burgerscholen"(1896, 1901, 1903, 1904, 1908), HBA, folder 122에서 볼 수 있다.

에 공식적으로 일어났다.[39] 이와 더불어 라틴어는 더 이상 유용하지 않다는 일반적 합의가 중산층 속으로 확장되어 퍼지기 시작했다. 그럼에도 불구하고 라틴어를 기반으로 한 교육의 보루였던 김나지움들이 네덜란드 교육 체계 속에서의 자신의 위치를 유지했다. 얀과 헤지나 바빙크처럼 일부 부모들은 자녀 교육을 위해 여전히 김나지움을 선택했다.

P. Th. F. M. 북홀트(Boekholt)와 엥얼리나 페트로넬라 드 보이(Engelina Petronella de Booy)는 이런 선택을 새로운 사회 속에서 공간을 두고 다투는 방식으로 봐야 한다고 주장했다. 그들의 주장에 따르면, 비록 네덜란드 사회가 자유화를 겪었지만, 이 사회는 여전히 스스로가 계급적인 사회라는 강한 의식을 가지고 있었다. 헬라어와 라틴어 지식을 전수했던 고전 교육은 한 사람을 문명화된 사람으로 드러나게 만들었고, 이런 교육은 엘리트들을 중산층들보다 특출나게 만드는 기능을 감당했다.[40] 하지만 본질적으로 엘리트주의를 지니고 있는 김나지움을 선택했다는 것에 대한 일반적인 관점과 정통 개혁파 목회자들이 자녀들을 위해 고전 교육을 추구하려는 선택했다는 것에 대해서는 논의에 있어 보다 큰 미묘한 차이를 요구한다. 헤르만 바빙크는 목사관에서 김나지움에 가게 된 유일한 분리 측의 아들은 아니었다. 예를 들면, 그의 가장 가까웠던 친구들이었던 헨리 도스꺼와 게르할더스 보스도 같은 종류의 교육을 받았다.

물론 그 당시 네덜란드 대학은 많지 않은 주제들, 예를 들면 신학, 문학, 의학, 자연과학, 철학, [법학] 등에 대해 공부했다. 개혁파 목회자들은 헬라어, 히브리어, 라틴어 지식이 매우 가치 있으며, 목회 훈련을 받기 위해서는 고전어 공부가 필수불가결하다고 여겼다. 만약 19세기 후반 일반적으로 네덜란드 개혁파 목회자들은 아들 중 한 명이 자신과 같은 길을 가고자 원했을 때는 김나지

---

39 Boekholt and de Booy, *Geschiedenis van de school in Nederland,* 199.

40 Boekholt and de Booy, *Geschiedenis van de school in Nederland,* 199.

움에 보냈다. 그곳에서 신학 공부를 준비할 수 있었기 때문이다. 특히 이런 계층의 학생들에게는 사회적 계층의 상승을 위해서라기보다는 교육적인 성취를 위해서 김나지움을 필수적이었다.

얀과 헤지나가 헤르만을 즈볼러의 김나지움으로 보낸 뚜렷한 동기를 확정하기란 어려운 일이다. 어쨌든 그들은 아들을 그 탁월한 학교에 보냈다. 즈볼러 김나지움은 중세시대 때의 근대적 경건 운동(modern devotion movement) 으로부터 성장했고, 놀랄만한 평판과 장구한 명성을 지닌 학교였다.[41] 실제로 이 학교의 이전 학생들 가운데 수상이었던 요한 루돌프 토르벡꺼[42]가 있었으며, 비록 오래전이긴 하지만 네덜란드인으로는 유일하게 교황직에 올랐던 아드리안 6세(Adrian VI, 1459-1523)도 있었다.[43] 즈볼러 김나지움에서의 공부는 확실히 헤르만에게도 사회적 유익을 주었다. 헤르만의 부모가 의도했든 의도하지 않았든, 헤르만은 이를 통해 엘리트들과 교제할 수 있는 기회를 얻었을 것이며, 대학으로 진학할 수 있는 자격도 받았을 것이다.

헤르만의 첫 번째 일기(*Dagboek*)

바빙크는 이 시기 즈음에 일기를 꾸준히 쓰기 시작했다. 일기는 대학 입학 직전의 그의 삶과 경험을 관찰할 수 있는 매력적인 창문과 같다.[44] 문학 장르의 관점에서 볼 때, 후기 근대사회에서 일기는 자서전식 글쓰기의 단편적 방식이며 일

---

41 Boekholt and de Booy, Geschiedenis van de school in Nederland, 10.

42 Marius Buys, Mr. Jan Rudolf Thorbecke herdacht (Tiel: D. Mijs, 1872), 6.

43 Ross Fuller, The Brotherhood of the Common Life and Its Influence (New York: State University of New York Press, 1995), 195.

44 "H. Bavinck, 1872, Zwolle," HBA, folder 16.

종의 자기 기록이다. 일기를 꾸준히 작성하는 습관은 매우 현대적인 이유로 생겨났는데, 왜냐하면 사람들이 매우 빠르게 시간이 지나간다고 인식하면서 지속적으로 변화하는 세상 속에서 자신의 생애를 연대기로 기록할 필요성을 느꼈기 때문이다.[45] 1871년부터 1891년 사이에 기록된 바빙크의 일기들은 바빙크 문서 보관소에 보존되어 있다. 마지막으로 완성된 현존하는 일기인 "1886년부터 1891년까지"의 일기는 1901년에 기록한 일기도(아마도 분실되었을 것이다) 일부분 포함하고 있다(1921년과 1966년에 각각 출판된 헤프와 브렘머의 전기들은 바빙크의 생애의 나머지를 포함하고 있는 일기를 인용하고 있다. 현재는 그 일기들이 분실된 상태다).[46] 현재 남아 있는 17-37세, 그리고 잠깐이긴 하지만 47세에 기록된 그의 일기들은 바빙크가 끊임없이 스스로를 어떻게 성찰했는지에 대한 자료로서 우리가 그의 일생을 추적하는 데 매우 귀중한 역할을 감당할 것이다. 헤프와 브렘머가 소개한 잃어버린 일기의 파편들도 마찬가지다.

청소년기의 바빙크는 자신의 삶의 어떤 사건들을 연대순으로 기록했을까? 그의 일기의 첫 페이지는 일련의 성경 본문들로 채워져 있다. 이 모든 본문은 잘못된 그리스도인 형제로부터 거리를 유지하거나 믿음 안에서 굳건히 서는 것을 격려하는 내용이다. 비록 이 본문들의 주제와 관련된 양식이 함축적이었지만, 바빙크는 그 본문들의 의의에 대해서는 아무런 언급도 추가하지 않았다. 17세의 바빙크는 어떻게 예수와 관계를 맺으며 그를 신실하게 따를 수 있

---

45 Arianne Baggerman, "Lost Time: Temporal Discipline and Historical Awareness in Nineteenth-Century Dutch Egodocuments," in *Controlling Time and Shaping the Self: Developments in Autobiographical Writing since the Sixteenth Century*, ed. Arianne Baggerman, Rudolf Dekker, and Michael James Mascuch (Leiden: Brill, 2011), 455-535.

46 예를 들면, Hepp, Dr. Herman Bavinck, 209; Bremmer, Herman Bavinck en zijn tijdgenoten, 108. [역자 주: 에글린턴은 마지막으로 완성된 현존하는 일기를 "1896 to 1891"로 표기했지만 이는 잘못된 표기이다. 맥락상 "1886-1891"이 맞다. 본문에는 수정된 년도로 번역했다].

을까에 대한 고민을 거듭했다. 이와 관련해 우리는 한 소녀 **아멜리아 데꺼라나**(*Amelia Dekkerana*)에 대한 (라틴어로) 기록된 메모들을 찾을 수 있다. 비록 시간 순으로 봤을 때 날짜가 명기된 첫 번째 메모(1871년 6월 20일)보다는 앞서겠지만, 이 메모들의 날짜는 명기되어 있지 않다. 이 메모들은 내용으로 봤을 때 알름께르끄 시절 막판에 기록되었고, 그 당시 그의 삶에 대한 드문 일별을 제공한다. **"5월이 되기 3일 전, 나는 아멜리아 데꺼에게 만약 이곳을 떠난다면 우리가 서로 편지를 주고받을 수 있는지 물어봤다."**[47] 아멜리아 요시나 덴 데꺼(Amelia Josina den Dekker, 1849-1933)는 알름께르끄에서 가까운 엠미끄호븐의 분리측 회중의 구성원이었고, 농부인 아리 덴 데꺼(Arie den Dekker, 1813-94)와 아나 미덜꼬프(Anna Middelkoop, 1819-54)의 딸이었다.[48] 바빙크는 17세의 나이 때 22세였던 그녀에게 반했다.

그밖에도 헤르만의 초기 일기들은 대부분 라틴어로 기록되었다. 그 일기에는 즈볼러 감나지움 입학시험(1871년 8월 14일), 즈볼러 감나지움에 성공적으로 입학, 네덜란드 역사와 대수학에 대한 학급상, 그리고 지인들의 참여 등이 포함되어 있다. 헤르만은 1871년 9월 6일 아멜리아 덴 데꺼로부터 온 편지에 대해서도 메모했다. 1872년에는 더 개인적이면서도 조금 더 긴 이야기를 담았고 (비록 여전히 간결했지만), 이제는 대부분 네덜란드어로 기록했다. 부모님의 방문, 기차 여행, 부모님 댁으로의 여행, 그리고 헨리 도스꺼와의 만남 등을 주로 언급했다.

도스꺼 가정과 헤르만 사이의 관계의 중요성은 일기 속에서 명백히 드러

---

47 "H. Bavinck, 1872, Zwolle." "III dies ante Cal. Junias ego rogavi Ameliam Dekkeranam, alius alia litteras scribene, si hunc locum relinquam."

48 "Amelia Josina den Dekker," *Bevolkingsregister, Almkerk, 1910-1920*, 34:96; "Wouterina Arnolda den Dekker," *Bevolkingsregister, Emmikhoven en Waardhuizen, 1870-1879*, 14:103; Smits, *De Afscheiding van 1834, 8:150; Provinciale Noordbrabantsche en 's Hertogenbossche courant*, December 18, 1933.

난다. 바빙크의 아버지처럼 헨리의 아버지 니꼴라스(Nikolaas)도 얀 바빙크와 같은 분리 측 목회자였다. 니꼴라스 도스꺼는 얀 바빙크보다 앞서서 분스호튼을 담임했던 목회자였고, 그곳에서 헨리가 태어났다. 바빙크 가족처럼, 도스꺼 가족도 독일에서 네덜란드로 이주했었다.[49] 즈볼러 김나지움에서 동급생으로서[50] 청소년이었던 헤르만과 헨리는 공통점이 참 많았다. 그들의 삶은(그리고 신학적 관점은) 결국에는 다른 방향으로 향했지만, 어린 시절에 그들이 깊은 우정을 쌓았다는 것은 놀랄 만한 일이 아니다.

아멜리아 덴 데꺼

아멜리아 덴 데꺼를 향한 바빙크의 감정은 김나지움 시절 동안 계속되었던 것으로 보인다. 바빙크의 1872년부터 1874년까지의 일기 마지막 페이지들 속에서 친필로 쓴 낭만적인 시가 수록되어 있다. 다양한 열정이 시 속에 서려 있지만, 모두 다 바빙크가 직접 창작한 것은 아니었다. (위로부터 아래로 읽고 그 후 아래로부터 위로 읽게끔 정렬되어 있는) 시 한 편은 바빙크에 의해 영어로 기록되었고 (아마도 아멜리아를 암시하는 듯) "레이든, 1874년"이라고 날짜가 명기되어 있다. 예를 들면 다음과 같은 시다.

---

49 George Harinck, "'The Tares in the Wheat': Henry E. Dosker's Calvinist Historiography of Dutch Anabaptism," in *Religious Minorities and Cultural Diversity in the Dutch Republic,* ed. August den Hollander, Mirjam van Veen, Anna Voolstra, and Alex Noord (Leiden: Brill, 2014), 269.

50 "Binnenland," *Provinciale Overijsselsche en Zwolsche courant,* August 19, 1872, 2. 헤르만의 동급생들은 E. S. Eisma, W. H. Roijer, J. H. Tobias, A. Frankel, T. Brouwer, H. Kerbert, H. N. Dosker, A. H. van Deventer, B. Wartena, H. E. Dosker, G. Kortenbos van der Sluijs, S. Gratama, E. Damste, G. Kalff, P. Sichterman, J. A. de Vos van Steenwijk, S. J. van Buuren, J. C. Roosenburg, H. Ferwerda, D. Z. van Duijl, and E. F. J. Heerspink으로 기록되어 있다.

Read	C	that	me	if	you	No	2
Down	will	I	love	U	love	knife	in
and	U	love	U	love	I	will	love
up	and	U	as	me	as	cut	our

읽으세요	보게	라는 것을	나를	만약	마치	그 어떤	둘
아래로	될거에요	내가	사랑하는 것만큼	당신이	내가	칼도	안의
그리고	당신은	당신을	당신이	사랑한다면	사랑하는 것만큼	할 수 없습니다	사랑을
위로	그리고	사랑합니다	마치	나를	당신을	자를 수	우리의

(아래에서부터 위로, 그리고 위로부터 아래로 읽으세요.
그렇게 하면 당신이 나를 사랑하는 것만큼
내가 당신을 사랑한다는 것을 당신도 보게 될 것에요.
만약 내가 당신을 사랑하는 것만큼 당신이 나를 사랑한다면,
그 어떤 칼도 우리 둘의 사랑을 자를 수 없을 거에요)

"즈볼러, 1872년"이라는 날짜와 더불어 네덜란드어와 프랑스어로 기록된 선별된 시도 비록 이름은 언급하지 않았지만 바빙크가 아멜리아에게 빠져 있었던 그의 어린 시절에 대해 말하는 시다. 구조는 고르지 않았지만 내용만큼은 진지했던 이 시들 중 하나를 아멜리아가 읽었는지는 잘 모르겠지만 이 시는 분명히 청혼을 염두에 두고 있었다. (네덜란드어로 기록된) 이 특별한 시는 23세의 아멜리아를 향한 18세이던 바빙크의 톡톡 튀는 사랑을 언뜻 느낄 수 있다.

사랑하는 사람이여! 나는 당신을 진심으로 사랑합니다.

나는 즐거이 당신을 배우자로 생각해봅니다.

내 선언을 봐주세요.

내 마음을 당신도 느끼고 있나요?

저는 기도하고 있습니다. 가장 사랑하는 사람이여.

내게 허락해주세요.

당신의 눈에서 불꽃이 일어나

하나의 다이아몬드보다 훨씬 더 아름답고

은밀한 힘을 통해

내 젊은 마음이 불탑니다

거리낌 없이 말해보세요, 말해보세요, 내가 길을 잃지 않도록.

나를 태우는 불꽃을 불어주세요.

당신의 얼굴에서부터 태어난 불꽃,

태양과 달이 용감히 도전하는 그 얼굴.[51]

바빙크와 아멜리아는 레이든 시기까지 지속적으로 관계를 유지했고, 결국 1877년 청혼에 실패한 그의 트라우마와도 연결된다. 하지만 지금 바빙크는 사랑에 푹 빠져 있다.

---

51 "H. Bavinck, 1872, Zwolle." "Lief meisje! Dat ik u hartelijk min, / 'K zag gaarne u tot echtsvriendin / Ziedaar mijn declaratie / Voelt ge ook voor mij genegenheid / Zoo bid ik, lieve beste meid / Geef mij uw approbatie / Een vonk geschoten uit uw ogen / Veel schooner dan een diamant / Stak door een heimelijk vermogen / Mijn jeugdig hart in vollen brand / Spreek uit, spreek uit ik ben verloren / Blaas met een vonk die mij verteert. / Een vonk uit uw gezicht geboren / 't Gezicht dat zon en maan braveert."

분리 측 아들이 분리 운동의 아들이 되다

1873년 3월 19일 바빙크는 신앙고백 회원으로 기독개혁교회에 정식으로 입회
했다. "즈볼러의 기독개혁교회의 도스꺼 목사와 함께 신앙고백을 완료했다." 3
월 30일 주일 입회문에는 바빙크가 도스꺼 목사를 통해 교회의 회원으로 확정
되었다고 기록하고 있다.[52] 헤르만은 스스로 공식적인 기독개혁교회 회원임을
분명히 했고, 이와 더불어 분리 측의 아들 자신이 분리 운동의 아들이라는 사실
도 선언했다. 니꼴라스 도스꺼의 사역 아래서 즈볼러의 바빙크가 맛보았던 분
리 운동의 특별한 풍미는 청소년이었던 바빙크가 정확히 어떤 분리파가 되었
는지를 알려주는 중요한 시금석이다. 즉 도스꺼는 네덜란드 사회 속에서의 통
합과 관계를 고취했었다. 적어도 그의 일기 속에서 바빙크가 얼마나 교회 생활
에 열심히 참여했는지가 드러난다. 바빙크는 새로운 집사를 임명하는 교회의
투표에 대한 구체적인 내용을 일기에 기록했다. 바빙크는 이 투표에 교회 회원
으로 참여했고 다른 회원들과 함께 모임에 참석했다. 헨리 도스꺼도 같은 시기
에 이 교회의 회원이 되었다.[53]

하지만 바빙크가 신앙을 고백하고 나서 니꼴라스 도스꺼는 미시간 그랜드
래피즈의 제2개혁교회 목사로 청빙 받았고 이를 수락했다. 바빙크는 도스꺼와
함께했던 입회식에 대한 두 개의 메모에서 즈볼러에서의 도스꺼의 마지막 설
교가 1873년 4월 11일에 있었다고 기록했다. 어린 바빙크는 네덜란드와 네덜란
드의 자유화된 후기 근대 문화, **그리고** 네덜란드 분리 측 교회를 떠나고자 결정
했던 자신의 목회자를 어떻게 생각했을까? 하링크는 니꼴라스 도스꺼를 네덜

---

52 "H. Bavinck, 1872, Zwolle." "19 Maart 1873. Belijdenis des Geloofs afgelegd bij Ds.
    Dosker in de Chr. Geref. Kerk te Zwolle. 30 Maart '73. Zondag. Bevestigd door Ds.
    Dosker."

53 Bremmer, *Herman Bavinck en zijn tijdgenoten*, 19.

란드 사회의 주변부로 밀려나는 것에 만족해하고, 기독개혁교회를 향한 좌절감을 크게 느끼면서도 딱히 성격이 전투적이지 않아서, 오히려 자신의 이상을 실현하고자 더 간단한 방식인 이주를 선택했던 인물로 묘사했다.[54] 1874년 봄에 헨리 도스꺼는 또 다른 이유를 들었는데, 사회적인 유동성 때문에 이주했다고 편지했다. 몇몇 미국 신학교에서 공부하기 전 미시간주 홀랜드의 호프 칼리지(Hope College)에 등록했던 도스꺼가 자신이 받고 있는 미국 교육의 일반적인 모습을 설명하면서 바빙크에게 다음과 같이 말했다.

> 넌 완전히 달랐어. 넌 어릴 때부터 우리보다 더 나은 조건에서 공부했잖아. 네 아버지는 네가 학위를 취득할 수 있는 수단을 가지셨지. 우리에게는 영원토록 닫혀 있었던 수천 개의 길이 너에게는 열려 있었잖아. 내가 네덜란드에서 그림자에라도 도달할 수 없었던 그 무엇을 하나님의 도움으로 넌 할 수 있을 거야. 현재 우리의 교육이 매우 달라지고 있는 것은 사실이잖아.[55]

청소년 및 목회자 시절을 같이 보낸 가장 가까운 친구가 곧 떠날 것을 바라보면서도 바빙크는 의기소침하지 않았다. 앞에서 언급했던 1872년의 시에서 표현된 것처럼 아멜리아 덴 데꺼와 너무나 결혼하고 싶었음에도 1873년 봄에 기록된 일기에는 알티쩌 끌링꺼르트(Aaltje Klinkert, 1857-1934)에 대한 관심이 메모되어 있다.[56]

---

54 Harinck, "Tares in the Wheat," 269.

55 Dosker to Bavinck, Holland (Michigan), Spring 1874, in *BHD.* "Met u is het gansch anders. Van jongs af waren uwe studieen beter gebaseerd dan de onze. Uw vader bezit de middelen om u een academische graad te doen verkrijgen. Voor u staan duizend wegen open die ons voor immer gesloten waren. Met Gods hulpe kunt en zult ge iets worden, waarvan ik in Nederland de schaduw zelfs niet had kunnen bereiken."

56 "Zwolle, Geboorteakte, Aaltje Klinkert, 18-11-1857, Zwolle," Historisch Centrum

[18]73년 4월 10일. 도스꺼의 가구 판매(총 ±1100길더). 이 때 그녀의 자매들과 함께 Aaltie Klinkert(알티에 클린케르트)를 만났다.[57]

바빙크는 보안상 그녀의 이름을 헬라어로 쓰고 그녀의 자매들과 함께(*cum sororibus*) 만났다는 것을 라틴어로 언급했다. 하지만 이 관심은 오래가지 않았다. 오히려 아멜리아가 앞으로의 시간 속에서도 헤르만의 애정의 대상으로 남게 된다.

깜픈에서 얀 바빙크를 초빙함

가족 경조사들이 이 시기의 일기 속에 두드러지게 나타난다. 바빙크는 1872년 9월 25일에 태어난 어린 남동생(요한네스 헤리트)의 출생에 대해 기록했는데, 헤리트의 출생 그다음 날에 이 소식을 전해 들었다고 언급한다.[58] 다음 해의 일기 목록에는 깜픈으로부터 온 아버지의 청빙이 시간 순으로 기록되어 있다.

> 5월 19일. 아버지께서 깜픈으로부터의 청빙 때문에 즈볼러로 오셨다.
> 5월 20일. 아버지와 함께 깜픈에 감.
> 5월 22일. 그리스도 승천일. 아버지께서 다시 집으로 돌아가셨다. 이 청빙

Overijssel, inventory no. 14445, article no. 556; "Zwolle, Registers van overlijden, 1811-1942, Aaltje Klinkert," Historisch Centrum Overijssel, inventory no. 15325, article no. 231.

57 "Notes, H. Bavinck, 1873, Zwolle." "10 April '73. Verkooping van Ds. Dosker inboedel (ten bedrage van ± *f.* 1100). Bij die gelegenheid kwam ik in aanraking met *Ααλτιε Κλινκερτ cum sororibus.*"

58 "H. Bavinck, 1872, Zwolle." "25 Sept. '72. Broertje gekregen. 26 Sept. kreeg ik er de tijding van."

의 결과는 무엇일까? 특별히 우리는 이 질문에 가장 집중했다.
5월 24일. 아버지께서 깜픈으로부터의 청빙을 <u>수락했다</u>는 전신을 받았다.
5월 27일. 최종적으로 <u>청빙에 수락했다</u>.[59]

이 시기의 일기를 보면, 헤르만이 얼마나 자신의 부모님과 가깝게 지냈으며 정기적으로 방문했고 아버지의 목회 사역에 관계를 맺고 지원을 아끼지 않았는지가 선명히 드러난다. 이런 점에서 필자는 헤프의 관점을 거부하는 브렘머, 글리슨과 같은 편에 서고자 한다.[60] 헤프는 그 당시 바빙크와 부모 사이의 관계가 소원했으며 긴장 가운데 있었다고 주장하지만 그건 사실이 아니다. 바빙크 가족은 서로 가깝게 지냈다.

바빙크가 김나지움에서 마지막 시험을 마쳤을 때 라틴어, 헬라어, 프랑스어, 네덜란드어 분야에서 학급상을 받았다. 학문적으로 봤을 때 바빙크는 김나지움에서 꽤나 성공적인 시절을 보냈다. 네덜란드어 학급상의 경쟁자였던 헤리트 깔프(Gerrit Kalff, 1856-1923)는 후에 레이든 대학교 네덜란드어 교수와 총장이 되었다. 일기에서 바빙크는 자신과 깔프의 작문 시험 최종 점수를 서로 비교했다. 바빙크는 하나의 작은 문법적 실수를 저질렀지만 깔프는 세 개의 실수를 저질렀다고 기록했다.[61] 바빙크처럼 깔프도 레이든 대학교에서 공부했다. 바빙크와 깔프 둘 다 최종적으로 네덜란드 왕립 학술원(Koninklijke

59 "H. Bavinck, 1872, Zwolle." "19 Mei. Vader hier gekomen te Zwolle wegens de roeping naar Kampen. 20 Mei. Met vader naar Kampen gegaan. ⋯ 22 Mei. Vader weer naar huis gegaan. Wat zal de uitslag van diens roeping zijn? Dit was de vraag die ons vooral bezig hield. 24 Mei. Kreeg ik een telegraam ⋯ dat vader de roeping v. Kampen had <u>aangenomen</u>. 27 Mei. Had voor goed de <u>Aanneming der roeping</u> plaats."

60 Bremmer, *Herman Bavinck en zijn tijdgenoten,* 20; Gleason, *Herman Bavinck,* 35-37.

61 "Notes, H. Bavinck, 1873, Zwolle." "10 Juni. De uitslag der Hollandsche Prijsthemata was dat ik den prijs van Kalff had gewonnen. 't Laatste thema had ¼ fout voor mij en ¾ voor Kalff."

Nederlandse Akademie van Wetenschappen)의 구성원이 되었으며, 네덜란드 사자 훈장을 수여 받았다.

바빙크가 이 우수한 동급생과 함께(때로는 그보다 더 높은 점수를 받으며) 공부했던 것은 이후의 이 전기의 몇몇 지점에서도 중요하게 작용한다. 우리는 왜 바빙크가 짧았던 깜픈의 신학교 기숙 학생 시절을 만족스러워하지 않았는지를 분명하게 이해할 수 있다(바빙크의 동료 학생 중 소수만이 동종의 중등교육을 누렸다). 게다가 바빙크가 이후에, 특별히 그의 성인 초기에 높은 직업적 야망을 품었는지에 대한 실마리도 발견할 수 있다. 바빙크도 깔프처럼 레이든에서 공부하고 싶었고 또한 가르치고 싶어 했다.[62] 이런 경험 때문에 바빙크는 높은 수준의 사회적 야망을 품게 되었다.

이 전기의 첫 부분("뿌리")의 중심 요지는 바빙크의 삶은 반드시 분리파들의 폭넓은 사회적 궤적과 함께 이해해야 한다는 것이었다. 앞선 주장과 마찬가지로, 그들은(사회 참여 기회의 제한과 더불어) 은밀했던 1848년 이전에서 벗어나 근대 후기 네덜란드 문화의 관용과 자유의 장소로 이동했다. 바빙크는 국가들의 봄(the Spring of Nations)을 맞이하고 나서 태어난 덕분에 후기 근대 문화의 토박이로 살아갈 수 있었다. 예를 들면 이는 김나지움 시절 때 바빙크가 네덜란드 정계에 관심을 보인 모습 속에서 많이 드러난다. 바빙크는 깔프보다 더 높은 점수를 받았다는 내용을 담고 나서 그다음 일기에서는 네덜란드 의회 상원 의원 선거에 대해 언급한다. 현존하는 자료의 부족으로 청소년기 바빙크의 삶에 어떤 건설적인 지적 발전이 있었는지 제한적으로 표현될 수밖에 없다는 점이 안타깝다. 일기 이외에도 이 시기 바빙크가 기록한 것으로 보이는 자료 한 조각은 우아한 손놀림으로 빨간색 잉크와 더불어 라틴어로 기록한 고대 그리

---

62   Bavinck to Christiaan Snouck Hurgronje, Kampen, January 29, 1889, in *ELV*.

스 희극 역사에 대한 연설 원고다.[63]

여기서 이 전기의 첫 번째 부분을 마무리하고자 한다. 1830년대 니더작센 과 네덜란드 속에서 일어난 쌍둥이 같은 교회의 분리와 함께 사회적 운동이 급속히 가속화되었다. 사회 속에서 힘의 균형이 드러났을 뿐 아니라 이런 급속한 가속화에 참여한 옛 개혁파와 분리파들이 개혁되었고, 사회적 유동성으로 새로운 가능성들이 모습을 드러냈다. 이런 설정 가운데 한 사람 옛 개혁파 독일인 얀 바빙크가 네덜란드 문화로 이주해왔고, 분리 측 교회에 입회한 후 상층부로 야심 있게 올라가려 했던 유동적인 중산층(*kleine burgerij*)의 한 자리를 차지했다. 1873년 자신을 분리 측 교회로 스스로 규정했던 얀의 아들 헤르만이 탁월한 교육을 받았고, 그의 동급생 헤리트 깔프처럼 헤르만도 막 대학에 입학하고자 한다.

이 이야기가 두 번째 부분("학생")으로 이동하면서 드러난 놀라운 발전은 즈볼러 김나지움에서 암스테르담 아테나이움으로, 그다음 레이든 대학교로 옮겼던 깔프와는 다르게, 헤르만 바빙크는 적어도 잠시 동안 전혀 다른 교육의 길을 선택했다는 점이다.

---

63 Manuscript "Oratio de Historia Atticae Comoediae Antiquae: Elocutus est H. Bavinck Jz. die III in. Sept. a. MDCCCLXXIII" (1873), HBA, folder 17.

2부. 학생

4. 깜픈
1873-80

BAVINCK

"그 곳에서의 교육은 나를 만족시키지 못했다"

바빙크는 암스테르담 시절 마지막 즈음에 출판하지도 않고 날짜를 명기하지도 않은 "나의 출간물 목록"(Lijst mijner geschriften)이라는 노트를 작성했다.[1] 바빙크는 이 목록의 서문에서 지금까지 자신의 전문가적 교육의 발전상을 시간 순서로 기록했다.

출생	1854년 12월 13일	호허페인
신학 [시험] 후보 자격	레이든	1878년 4월 1일
셈어 [시험] 후보 자격	레이든	1878년 9월 20일

---

1 Manuscript "Lijst mijner geschriften" (no publisher, no date), HBA, folder 99.

독토란투스 시험	레이든	1879년 8월 4일
박사학위	레이든	1880년 6월 10일
신학 [시험] 후보 자격	깜픈	1880년 7월 20일
프라너꺼르에서 안수 받음		1881년 3월 13일
임명	즈볼러 대회	1882년 8월 24일
목회 마무리	프라너꺼르	1882년 10월 8일
[교수]직 수락	깜픈	1883년 1월 10일
[교수]직 수락	암스테르담	1902년 12월 17일[2]

이 타임라인의 초반은 그리 놀랍지 않다. 호허페인에서 태어난 한 젊은이가 네덜란드에서 가장 유서 깊고 명망 있는 레이든 대학교로 공부하러 갔고, 신학과 셈어를 복수 전공해서 학위를 취득했다(1878-79). 그 후 이 젊은이는 1879년에 박사 후보생이 되었고, 그로부터 1년 후 1880년에 박사학위를 취득했다. 학위를 취득하고 나서 대학 교육을 마쳤으며 깜픈에서 교회 목회자 후보생 시험을 통과한 후(1880년) 프라너꺼르에서 안수 받았다(1881년).

기독개혁교회에서 목회 사역을 감당하게 될 레이든에서 훈련받은 신학자들이 결코 흔한 것은 아니었지만, 그 시대 네덜란드 대학들은 교계, 법조계, 학

2
Geb.	13 Dec. 1854	Hoogeveen.
Candid. Theol.	Leiden	1 April 1878.
" Semit.	"	20 Sept. 1878
Doct. exam	"	4 Aug. 1879
Doctorate	"	10 Juni 1880
Cand. Theol.	Kampen	20 Juni 1880
Intrede te Franeker		13 Maart 1881
Benoemd,	Syn. Zwolle	24 Aug. 1882
Afscheid	Franeker	8 Oct. 1882
Ambt Kampen aanvaard		10 Jan. 1883
" Amsterdam "		17 Dec. 1902.

술계 등에서 앞으로 활약할 학생들을 훈련시키는 토대로서 그 역할을 감당했다.[3] 하지만 예를 들면, 공부를 위해 즈볼러에서 암스테르담에 왔고, 하를렘(Haarlem)과 암스테르담에서 교원 자격을 취득하기 전에 레이든에 와서, 이후에 결국 우트레흐트와 레이든에서 교수직을 맡게 된 그의 김나지움 동료 헤리트 깔프의 여정과 비교하자면, 성인이 되고 나서 바빙크가 기록한 그의 무난한 타임라인은 그가 받은 교육을 감안해서라도 그리 독특하게 보이지는 않는다.

하지만 실제로는 김나지움 시절 이후에 바빙크가 밟아나갔던 초기 교육 여정은 "나의 출간물 목록"에 기록된 것보다 훨씬 더 복잡했다. 여기서 말하는 타임라인은 오직 성공적으로 마친 교육만을 기록했고, 시작했으나 중단된 교육에 대해서는 언급하고 있지 않다. 비록 레이든에서 신학과 셈어로 학위를 받는 것은 바빙크처럼 김나지움을 졸업한 학생에게는 놀랄만한 여정은 아니었지만 (깔프는 레이든에서 네덜란드어로 학위를 받았다), 다소 놀랍게도 이런 여정이 바빙크의 다음 단계는 아니었다. 19세의 바빙크는 김나지움에서 대학으로 바로 진학하기보다는 오히려 어쩌면 지금까지의 교육 여정과는 다소 어울리지 않는 결정을 감행했다. 바빙크의 1873년 9월 18일 일기 목록에는 다음과 같이

---

3 Michael Wintle, *An Economic and Social History of the Netherlands, 1800-1920: Demographic, Economic and Social Transition* (Cambridge: Cambridge University Press, 2000), 271. 비록 1834년 분리 전이었지만, 깜픈의 교수들이었던 시몬 판 펠전(Simon van Velzen)과 안토니 브룸멀깜프(Anthony Brummelkamp)도 레이든에서 신학을 공부했다. 하지만 바빙크가 레이든으로 가기 전에는 1834년 이후의 분리 측 학생들은 레이든에서 신학을 공부하지 않았다. 그럼에도 불구하고 또 다른 분리 측 학생들이었던 물리학자 빌름 힐러브란트 니우하위스(Willem Hillebrand Nieuwhuis)와 법학을 공부했던 크리스티안 루카스(Christiaan Lucasse)는 바빙크가 레이든에 도착했을 때 이미 레이든에서 공부하고 있었다. F. L. Bos, "Velzen, Simon van," in *Biografisch lexicon voor de geschiedenis van het Nederlands protestantisme*, ed. D. Nauta, A. de Groot, J. van den Berg, O. J. de Jong, F. R. J. Knetsch, and G. H. M. Posthumus Meyjes, 2nd ed. (Kampen: Kok, 1983), 2:431-33; Melis te Velde, "Brummelkamp, Anthony," in *Biografisch lexicon voor de geschiedenis van het Nederlands protestantisme*, ed. D. Nauta, A. de Groot, J. van den Berg, O. J. de Jong, F. R. J. Knetsch, and G. H. M. Posthumus Meyjes (Kampen: Kok, 1998), 4:74-77.

짧은 한 문장이 기록되어 있다. "**나는 학생이 되었다.**"[4] 하지만 바빙크는 레이든, 암스테르담, 흐로닝언, 혹은 우트레흐트에서 학생이 된 것이 아니었다. 오히려 헤르만 바빙크는 깜픈 신학교에 등록했다.[5]

1870년대의 신학교

헤르만이 1854년 이래로 계속 분리 즉 학교였던 깜픈 신학교에 등록하기 직전, 그의 아버지는 깜픈의 기독개혁교회의 목회자로의 청빙을 수락했다. 비록 얀은 깜픈에서 일하길 오랫동안 고대했지만, 청소년 시기를 보내고 있던 그의 아들은 그렇지 않았다. 비록 글리슨은 이 시기의 깜픈을 "전원의", "목가적이며 섬에 가까운" 지역, 혹은 "작은 전원 마을"로 반복적이면서도 과장스럽게 강조하고 있지만,[6] 그 당시의 깜픈은 앞에서 언급했던 그 어떤 대학 도시들보다도 확실히 작긴 작았지만 문화적으로 훨씬 더 보수적인 도시였다. 암스테르담의 인구가 이십 팔만 명이었던 것과 비교할 때 일만 오천 명 정도의 깜픈은 산업도시이긴 했지만 규모가 작았다.[7] 바빙크처럼 문화적인 호기심으로 가득 찼던 청소년에게 네덜란드의 대학 도시들은 넓은 세상을 바라보는 창문과도 같았다. 깜픈은 매력적인 측면에서 다른 도시들과 경쟁조차 할 수 없었다.

또한 이런 지역 신학교는 바빙크의 이목을 사로잡기 어려웠다. 신학교 초

---

4 "Notes, H. Bavinck, 1873." "19 Sept. Student geworden."

5 바빙크의 신학교 등록에 대해서는 「드 바자윈」 1873년 9월 26일에 기록되어 있다.

6 Ron Gleason, *Herman Bavinck: Pastor, Churchman, Statesman, and Theologian* (Phillipsburg, NJ: P&R, 2010), 136, 147, 307, 399.

7 그 시기 깜픈의 특징적인 인상에 관해서라면 *Verslag van den toestand der gemeente Kampen over het jaar 1873* (Kampen: n.p., 1874), 1을 참고하라.

기에 교수들은 자신의 집에서 수업을 열었다. 이 수업들은 나중에는 초등학교가 사용하던 건물에서 진행되었다. 그 이전에 신학교는 1870년에 깜픈 신학교의 교수였던 헬레니우스 드 콕(Helenius de Cock)의 집을 구입했는데 그곳에서 수업을 진행하다가 결국 아우더스트라트(Oudestraat)의 남쪽 끝에 더 큰 건물을 추가했다.[8] 헤르만 바빙크가 깜픈 신학교에 등록할 때까지 신학교는 19년 동안 발전을 경험했다. 이제 이 신학교는 전용 공간과 더불어 4명의 교수진을 보유하게 되었다. 깜픈 신학교의 교수는 레이든 졸업생이었던 시몬 판 펠젠(Simon van Velzen, 1809-96)과 안토니 브룸멀깜프(Anthony Brummelkamp, 1811-88), 아버지 헨드릭 드 콕(Hendrik de Cock)의 지도 아래서 목회 훈련을 받았던 헬레니우스 드 콕(Helenius de Cock, 1824-94), 그리고 깜픈 신학교의 학생이었던 아드리안 스테꺼떼이(Adriaan Steketee, 1846-1913)였다. 젊은 바빙크는 스테꺼떼이에게 독특한 매력을 느꼈다. 바빙크가 깜픈 신학교에 도착하기 직전 해에 고전어와 고대어 교수로 임명된 스테꺼떼이는 폭넓은 지적 흥미(특별히 문학적, 예술적, 철학적 흥미)로 주목을 받았다. 스테꺼떼이는 고전어를 가르치는 첫 번째 교원으로 임명되었기 때문에, 1860년대부터 시작된 현대화를 향한 신학교의 노력의 차원에서 그의 임명은 중요성을 띠고 있었다.[9]

비록 신학교는 설립된 1854년부터 1873년까지 괄목할만한 성장을 경험했지만, 1870년대 초기 신학교의 역사는 기관의 정체성, 방향성, 장소, 그리고 네덜란드 국가 개혁교회(Nederlands Hervormde Kerk) 속에서 풍파를 일으

---

8 G. M. den Hartogh, "Varia," in *Sola Gratia: Schets van de geschiedenis en de werkzaamheid van de Theologische Hogeschool der Gereformeerde Kerken in Nederland*, ed. J. D. Boerkoel, Th. Delleman, and G. M. den Hartogh (Kampen: Kok, 1954), 61.

9 George Harinck and Wim Berkelaar, *Domineesfabriek: Geschiedenis van de Theologische Universiteit Kampen* (Amsterdam: Prometheus, 2018), 61.

컸던 탁월했던 젊은 칼빈주의 신학자임과 동시에 목사였던 아브라함 카이퍼 (Abraham Kuyper)를 향한 신학교의 태도에 관한 논쟁으로 점철되었다.

이 시기 깜픈 신학교는 독특한 교회적 특징을 가지고 있었는데, 학문적인 교원들이 아닌 단편적인 교육을 받았던 얀 바빙크와 같은 목사들로 구성된 이사들이 입학이나 시험에 관한 사항을 결정했다. 덴 하르또흐(den Hartogh)는 입학에 있어 "고령"의 지원자나 "신체적으로 약한" 지원자들을 이사들이 관대하게 결정한 사례를 예로 들면서 1870년대의 신학교 행정 수준이 "원시적"이라고 묘사했다.[10] 이미 언급한 것처럼, 신학교의 교원들은 다양한 교육 배경 아래 놓여 있었고(레이든 대학교에서 공부, 분리 측 목회자 아래서 공부, 그리고 깜픈 신학교에서 공부), 분리 운동 내에서도 세대 간 차이가 드러나고 있었다.

게다가 1870년대에 분리 측 사람들의 북아메리카를 향한 이주의 물결이 이어지자 신학적 기관들을 설립했거나 신학교들을 세우는 과정 가운데 있던 네덜란드계 미국인 공동체에 교원이 필요하게 되었다. 이런 관점에서, 교원들이 이민을 가게 되면 깜픈 신학교는 (적어도 이론상으로는) 어려움을 겪을 수밖에 없었다. 예를 들면, 1871년 시몬 판 펠젼은 1874년에 미시간 그랜드 래피즈의 신규 신학교에서 제안한 더 나은 기회를 거절하기 전에도, (깜픈 신학교보다 3년 전에 세워진) 호프 칼리지(Hope College)[11]에서 가르치기 위해 미시간 홀랜드(Holland)로 이주해달라는 요청을 거절했다.[12] 1871년 7월 24일 금요일 「드

---

10 Den Hartogh, "Varia," 60.

11 *Handelingen der Zes-en-twintigste Vergadering van de kuratoren der Theologische School der Christelijke Gereformeerde Kerk in Nederland* (Kampen: S. van Velzen Jnr., 1871), 12.

12 Handelingen der Dertigste Vergadering van de kuratoren der Theologische School der Christelijke Gereformeerde Kerk in Nederland (Kampen: G. Ph. Zalsman, 1874), 16. 1854-83년에 판 펠젼은 프랑스어, 고대어, 윤리학, 교회사, 자연신학, 설교학 등을 가르쳤다. 1883년 이후로 판 펠젼은 설교학에만 집중했다. Bos, "Velzen, Simon van," 431.

바자윈ᵎ에 보도된 깜픈 신학교의 시험 진행 상황에 대한 기사에는 학교 측이 판 펠전에게 이민가지 말라는 간청도 실렸다.[13] 깜픈 신학교는 교직원뿐 아니라 학생을 잃는 것 자체에도 취약했다.

1870년대 초반 기독개혁교회 내에서는 신학교가 폭넓은 네덜란드의 고 등 교육과 어떻게 연합해야 하는가에 대한 논쟁이 지속되었다. 예를 들면 1875년에 이 논쟁은 그간 사용한 "교사[혹은 강사]"(*docent*)라는 호칭을 "교 수"(professor)라는 호칭으로 바꿔야만 하는가에 집중했다. 신학교 이사들은 의견이 갈렸다. 주류의 의견이 모아지기 전 총회의 숙고도 합의에 이르지 못했 다. 신학교의 교수진은 "강사들"(lecturers)로 남게 되었다.[14] 바빙크가 신학교 에 들어갔을 때, 신학교와 더 넓은 학문과의 관계성은 모호했다. 비록 깜픈 신 학교는 학문의 이상들을 오랫동안 소중히 간직했지만, 교사들은 학문적 신학 의 실행자로서 선명히 자리매김하지 못했다.

이 시기 이사들은 신학교를 계속해서 깜픈에 둘 것인지에 대해 지속적으 로 논의했다. 바빙크가 재학 중일 때 암스테르담, 우트레흐트, 레이든이 대안적 장소로 거론되었다. 신학교의 교원들을 **교수**로 호칭하는 것에 대해 반대했던 1875년 총회에서는 레이든으로 이전하자는 강력한 의견이 제기되었고 이를 검 토했다. 바빙크가 기숙생으로서 신학교에 재학 중일 때 문화적 환경으로서 깜 픈을 새롭게 보는 한, 신학교를 이전하려는 이유들은 흥미로웠다. [만약 신학교 를 이전하면] "특히 학생들을 위한 보다 더 보편적인 문명과 발전의 기회가 표 면화된다."[15] 하지만 총회는 궁극적으로 신학교 이전에 반대하는 결정을 내렸 다. 바빙크와 달리 신학교는 여전히 깜픈에 남았다.

---

13 "Theologische School," *De Bazuin*, July 24, 1874.

14 Den Hartogh, "Varia," 61.

15 Den Hartogh, "Varia," 61. "Vooral de gelegenheid tot meer universele beschaving en ontwikkeling van de studenten werd naar voren gebracht."

신학교의 학우회(*studentencorps*)는 1863년에 설립되었다. 학우회들은 이미 네덜란드 대학 생활에서 이미 확고부동하게 자리잡았다. 학우회들은 드라마, 음악, 스포츠, 문학 등에 집중함을 통해 엘리트들의 문명화된 사회적 정체성을 강화시키는 역할을 감당했다. 대학도 아니었으며 엘리트의 자녀들이 다니지도 않았던 깜픈 신학교의 학우회 발전은 1848년 이후의 사회적 유동성의 과정 안에서 "문명화 충동"의 확산으로 드러났다. 학우회는 깜픈 학생들에게 현대 문화와 가까워질 수 있는 기회를 제공했으며, 이 과정 속에서 사회적으로 높아지기 위한 힘을 실어 주었다. 하지만 초기 깜픈 학생들은 문명화되기 위해 서두르지 않았다.[16] 실제로 신학교가 세워지고 초기 10년간은 학우회의 이름조차도 없었다. 바빙크가 등록하기 7달 전이었던 1873년 2월 13일에 이런 상황은 변화되었다. 학우회의 이름이 *Fides Quaerit Intellectum*(믿음은 이해를 추구한다)가 되었기 때문이다.[17]

명백하게도 젊은 바빙크는 신학교가 지속적으로 자성했을, 세대교체의 시기, 그리고 보기에 따라서는 불안정의 시기에 깜픈에 도착했다.

카이퍼와 깜픈

바빙크가 깜픈 신학교에 등록하기 2년 전인 1871년, 바빙크의 삶에서 밀접한 관련을 맺게 될 아브라함 카이퍼가 강연을 하기 위해 깜픈 신학교를 방문했다. 카

---

16 Gerrit Roelof de Graaf, "Fides Quaerit Intellectum: 'Het geloof zoekt te verstaan'; Het Kamper studentencorps 'Fides Quaerit Intellectum' in zijn omgang met de 'moderne' cultuur (1863-1902)," in *Documentatieblad voor de Nederlandse kerkgeschiedenis na 1800* 28 (2005): 20-35.

17 Den Hartogh, "Varia," 68.

이퍼는 레이든에서 신학을 공부했고, 그의 첫 번째 목회적 돌봄 기간에 경건주의적 회심을 경험했던 고전적 자유주의자로서 부상했다. 바빙크가 신학교에 입학했을 당시 카이퍼는 네덜란드 개혁교회 안에서 개혁적인 목소리를 주도적으로 내며 파장을 일으키고 있었다. 신학교 역사에서 다소 불안정했던 시기였던 그때를 염두에 둔다면, 모든 네덜란드 학교에 천연두 예방접종을 실행해야 한다는 사안에 대해 신학교와 경찰 당국 사이에서 갈등이 불거졌던 시기에 카이퍼가 방문했다. 분리 측 첫 세대 사람들은 자녀들에게 예방접종을 하는 것을 강하게 반대했다. 그 이유는 예방접종을 하나님의 섭리에 대한 불신앙으로 이해했기 때문이다. 하지만 1871년 후부터 분리 측의 이후 세대 사람들도 예방 의학을 수용하기 시작했다.[18] 이런 맥락 속에서 카이퍼는 종교적 자유와 현대 의학 모두를 옹호하는 사람으로서 1865년 이후부터 이미 공개적으로 예방접종에 찬성했고, 분리 측 사람들에게 [예방접종 실행의] 강요를 거부해야 한다고 신학교에서 강연했다.[19] 그해 기독개혁교회의 총회록(acts of synod)은 깜픈 신학교가 카이퍼를 따뜻이 맞아들였다고 강조했다.[20]

1874년 3월 24일 카이퍼가 깜픈을 두 번째로 방문했을 때 바빙크는 신학교에 재학 중이었고, 카이퍼는 "무소속 개신교인" 자격으로 의회에서 막 임명

---

18 분리의 아버지였던 헨드릭 드 콕과 그의 아들이었던 깜픈 신학교 교수 헬레니우스 사이의 의견 불일치야말로 이런 세대교체의 전형이다. 헬레니우스 드 콕이 어렸을 때는 예방접종을 거부했었지만, 그가 스코틀랜드를 방문하고 스코틀랜드 개혁 그리스도인들이 그들의 네덜란드 형제들에 의해 유지된 의견 때문에 혼란스러워하는 것을 발견했을 때 자신의 의견을 바꾸었다. Helenius de Cock, *Waarom heb ik mijn kinderen laten vaccineren? Open brief aan de heer D. Wijnbeek* (Kampen: Simon van Velzen jnr., 1871), 11.

19 Jasper Vree, *Kuyper in de kiem: De precalvinistische periode van Abraham Kuyper, 1848-1874* (Hilversum: Verloren, 2006), 135.

20 *Handelingen der Zes-en-twintigste Vergadering van de kuratoren der Theologische School der Christelijke Gereformeerde Kerk in Nederland*, 20.

된 상태였다.[21] 카이퍼의 방문은 1848년 헌법 25주년 기념의 일환으로 이루어
진 순회강연의 일환이었다. 카이퍼는 "칼빈주의: 우리의 헌법적 자유의 기원
과 보증"(Het Calvinisme, oorsprong en waarborg onzer constitutioneele
vrijheden)[22]이라는 강의를 깜픈 신학교를 포함한 여러 네덜란드 대학들에서
했다.[23] 이 강의의 핵심은 칼빈주의의 열매들은 자유가 보호받는 자유주의적
상태라는 것이었다(일반적으로도 그렇고 특별히 이 맥락에서는 종교에 적용되
는 자유를 뜻한다). 카이퍼는 깜픈 학생들에게 이런 독특한 현대적 사회 관점이
야말로 역사적 개혁 신앙에 뿌리내리고 있는 관점이라고 설득하며 다음과 같
이 주장했다. "칼빈주의는 칼뱅 당시 이미 최종적인 결론에 이르렀고 결정적인
모양새를 유지하고 있는 완고하고 변경될 수 없는 힘이 아니다. 오히려 반대로
칼빈주의는 점진적으로 그 힘이 드러나는 원리인데, 이 원리는 모든 시대에 걸
쳐 독특한 통찰을 가지고 있고 모든 나라에 적절한 형태로 적용될 수 있다. 정
확히 이런 탈바꿈 안에서 칼빈주의 원리의 발전은 지속된다."[24] 비록 제임스 브
랫(James Bratt)은 카이퍼의 강연을 "정통 칼빈주의자들이 처음부터 [1848년
헌법을 향한] 열정이 거의 없었다"는 관점 속에서 힘든 투쟁에 직면했던 강연이
라고 묘사했지만,[25] 1848년 이전의 많은 분리 측 사람들과 옛 개혁파 신자들도
종교의 자유에 대해 적극적으로 찬성하는 운동을 펼쳤고 새로운 헌법에 대해

21 R. H. Bremmer, *Herman Bavinck en zijn tijdgenoten* (Kampen: Kok, 1966), 21.

22 Abraham Kuyper, *Het Calvinisme, oorsprong en waarborg onzer constitutioneele
vrijheden* (Amsterdam: B. van der Land, 1874); ET: "Calvinism: Source and
Stronghold of Our Constitutional Liberties," in *Abraham Kuyper: A Centennial
Reader*, ed. James Bratt (Grand Rapids: Eerdmans, 1998), 279-322.

23 James Bratt, *Abraham Kuyper: Modern Calvinist, Christian Democrat* (Grand Rapids:
Eerdmans, 2013), 78.

24 Kuyper, "Calvinism," 293.

25 James Bratt, introduction to "Calvinism: Source and Stronghold of Our Constitutional
Liberties," by Abraham Kuyper, in Bratt, *Abraham Kuyper: A Centennial Reader*, 279.

서는 크게 기뻐했다. 바빙크의 가족만 보더라도 이런 상황은 명백히 사실이었다. 깜픈 신학교의 학문적 교사들 사이에서는 카이퍼에 대한 반응이 훈훈했다. 비록 깜픈의 몇몇 학생은 카이퍼의 강연에 반감을 드러냈지만, 일반적인 분위기는 대단히 긍정적이었다.[26] 학우회 총무였던 Ph. W. 에스꺼스(Eskes, 1851-1929)가 「드 바자윈」에 쓴 카이퍼의 강연 기사는 공개 행사로서 진행된 이 강연에 대한 간단한 느낌을 제공할 뿐 아니라 학우회에서 카이퍼의 관점에 대해 어떤 합의에 다다랐는지도 기록한다.

> **깜픈.** 지난 화요일 저녁, 신학교 선생님들과 다른 초대받은 손님들과 더불어 학우회와 이 도시의 대부분의 목회자들과 고등시민학교의 교사들에게 환영과 유용한 시간이 준비되었다. 학우회의 초청으로 아브라함 카이퍼 박사는 "칼빈주의: 우리의 헌법적 자유의 기원과 보증"이라는 강의를 위해 그들 가운데 섰다. 비범한 기술을 가진 이 연사는 역사의 깊은 보물로 우리를 인도했고, 그 보물 속에 있는 칼뱅의 가닥을 우리에게 가져다주기 위해 제네바로부터 네덜란드, 잉글랜드, 아메리카로 전진해왔던 사람들의 진정한 자유를 보여주었다. 강연 방식은 대단히 흥미로웠으며, 사실 스스로가 말하게끔 만드는 그의 방식은 인상적이었고, 이후에는 통찰과 실마리들을 이끌어냈다. 하나님의 주권은 그 명예 속에서 힘차게 유지되었으며, 이 주권에 대한 인정 가운데 교회와 사회의 자유를 향한 길이 지적되었다. 개혁과 혁명은 때로는 서로 꽤 비슷하게 보이긴 하지만 다른 나무로부터 움튼 가지들로, 자유와 방종처럼 본질과 활력이 구별되며 각 가지로부터 돋아날 수밖에 없는 싹들로 적절히 묘사되었다.
> 우리는 우리가 들은 것을 조만간 읽을 수 있게 되길 소망하며, [여기에 그 내용을] 자세히 상술하지는 않을 것이다. 하지만 우리는

---

26 Den Hartogh, "Varia," 67-8.

다음과 같이 말할 수 있다.

참된 자유의 원리를 위한 우리의 공감!

반응이 아닌 이 원리들의 올바른 발전을 위해!

그토록 성실하고 진실하게 [참된 자유에 대해] 소개해주신 존경
하는 연사에 대한 우리의 공감!

우리의 감사와 축하가 그에게도 전해진다.

학우회를 대표하여,

집행부

Ph. 에스꺼스(Eskes), 총무.[27]

1848년에 얻은 종교의 자유를 기뻐했던 옛 개혁파 선조들을 둔 한 깜픈 학생이
카이퍼의 강연에 주목했다. 바빙크는 카이퍼의 강연을 들은 후 자신의 일기장
을 펼쳤다. "<u>1874년 3월 24일 카이퍼 박사를 보았다.</u> 그는 우리의 헌법적 가치의

---

27 *De Bazuin*, March 27, 1874. "Kampen. Dinsdag avond l.l. werd het studentencorps
met de leeraren der Theol. School en andere uitgenoodigden, waaronder de meeste
predikanten en leraren der Hoogere Burgerschool van deze stad, een aangename en
nuttige ure bereid. Op uitnoodiging van genoemd corps, was Dr. A. Kuyper in hun
midden opgetreden, om zijne lezing te houden over 'Het Calvinisme, oorsprong en
waarborg onzer constitutioneele vrijheden.' Met ongewone bedrevenheid wist de
Spreker ons in de diepe schatkameren der historie binnen te leiden, om ons daar den
draad van Calvijn te doen zien, langs welken de ware volksvrijheid, van uit Geneve
over Nederland en Engeland naar Amerika heen, zich had voortbewogen. Boeiend
was de wijze van voorstelling, indrukmakend het doen spreken der feiten, wegslepend
straks het geven van inzichten en wenken. De Souvereiniteit Gods werd in hare eer
krachtig gehandhaafd en in de erkenning dier Souvereiniteit de weg der vrijheid
voor kerk en maatschappij aangewezen. Hervorming en Revolutie werden treffend
voorgesteld, als takken, somtijds geheel gelijkend op elkaar, maar opgeschoten uit
verschillende stam, en daarom in wezen en groeikracht onderscheiden, gelijk ook de
vrijheid en de willekeur, de loten, welke uit elk dier takken voortspruiten moeten.
Het gehoorde hopen we spoedig te kunnen lezen en weiden er niet over uit. Maar
wij zeggen: Onze sympathie voor die beginselen der ware vrijheid! Niet voor reactie,
maar voor de rechtontwikkeling dier beginselen! Onze sympathie voor den geachten
Spreker, die haar zoo getrouw en waar voorstelde! Onze dank en heilwensch zij hem
ook hierbij toegebracht. *Namens het corps*, de Senaat, PH. ESKES, Secr."

기원과 보증으로서의 칼빈주의에 대해 말했다.'[28] 비록 바빙크는 카이퍼의 주장에 대해서 다른 언급을 하지는 않았지만, 그럼에도 이 일기 내용은 중요하다. 지금까지의 카이퍼의 정치적 노력들은 한 정당을 대변한다기보다는 오히려 무소속 후보로서의 노력을 대변하는 것이었다. 카이퍼는 이런 순회강연을 통해 변화를 소망했고 부상하는 반혁명적 정치 운동을 위한 미래 지도자들을 찾기 위해 고군분투했다(이 시기의 카이퍼의 노력들은 1879년 네덜란드의 첫 번째 현대적 정치 정당인 반혁명당을 형성하는 데까지 이끌었다). 카이퍼는 즈볼러 시기의 일기에 이미 국가 정치 문제에 대해 초기적 관심을 보였던 바빙크 속에서 이런 미래적 지도자의 모습을 발견했다. 실제로 1905년과 1907년 사이에 바빙크는 비록 대단히 성공적이지는 않았지만 반혁명당 대표직을 카이퍼로부터 물려받게 된다.[29]

이 일기 내용은 젊었던 바빙크가 카이퍼를 언급하는 첫 번째 자료이며, 아마도 이때 바빙크는 카이퍼의 말을 처음으로 들었던 것 같다. 일기 내용과 더불어 「드 바자윈」에 실린 에스꺼스 기사의 자세한 내용에 비추어 봤을 때, 카이퍼의 강연에서 바빙크와 카이퍼가 서로 중대한 개인적인 관계를 맺은 것처럼 보이지는 않는다. 그럼에도 바빙크의 나이 19세, 카이퍼의 나이 34세였던 1874년 3월 24일에 있었던 이 강연은 바빙크의 생애 속에서 중대한 변화의 시작점으로 자리매김했다. 강연

깜쁜 시절 [헤르만 바빙크의] 일기
(1874)

---

28 "Notes, H. Bavinck, 1874." "24 Maart 1874 Dr Kuyper gezien. Hij sprak over het Calvinisme oorsprong en waarborg onzer constitutioneele vrijheden."

29 Valentijn Hepp, *Dr Herman Bavinck* (Amsterdam: Ten Have, 1921), 296.

이후, 바빙크는 레이든으로 신학을 공부하러 감으로 카이퍼의 발자취를 따라 갔는데, 레이든에서 바빙크의 침실 벽은 카이퍼의 사진으로 장식되어 있었다. 카이퍼는 바빙크의 상상력을 사로잡았다.

깜픈에서의 바빙크

깜픈 시절 동안의 바빙크의 초기 일기 목록은 카이퍼의 강연을 들은 것 외에는 뜸하며, 네덜란드의 다른 지역에 사는 친구들을 방문했던 이야기 정도로 구성된다. 그 당시 깜픈보다는 아머르스포르트(Amersfoort), 바른(Baarn), 분스호튼(Bunschoten) 지역이 바빙크에게는 더 흥미로운 지역이었다. 이 시기 동안에 기록된 바빙크의 강의 노트는 아드리안 스테꺼떼이의 철학 강의 연습장 한 세트만 보존되어있다.[30]

아멜리아를 향한 바빙크의 사랑도 여전히 이 시기 동안 지속되었다. 그해 봄 헨리 도스꺼는 그해 여름에 여자친구 사진과 함께 있는 바빙크의 사진을 받고 싶다는 편지를 바빙크에게 썼다. "만약 아멜리아가 있다면, 나에게 보내줘. 그녀를 바라보며 너의 행복을 상상할 수 있을 거야."[31]

비록 이 시기 신학교 교수진들의 기록 가운데 신학교 학생으로서 바빙크의 존재에 대해 오직 두 번의 언급만 있었지만, 그중 두 번째 언급은 중요한 언급

---

30 연습장 제목은 "철학"(Philosophie)이었다. HBA, folder 18. 아마도 바빙크가 강의에서 범신론적 철학자로 언급되었던 독일 신학자 프리드리히 슐라이어마허(Friedrich Schleiermacher)에게 처음으로 노출된 것처럼 이 연습장은 기록하고 있다.

31 도스꺼가 바빙크에게 쓴 편지, 장소 미상, 1874년 봄, in *BHD*. "Heb gij er een van Amelia, stuur dat mij dan eens, opdat ik me in het aanschouwen harer trekken uw geluk moge kunnen voorstellen."

으로 볼 수 있다.[32] 첫 번째 언급은 안토니 브룸멀깜프가 1873년 9월 17일에 기록한 언급으로 바빙크가 학생으로 등록한 것에 대한 언급이었다. 두 번째 언급은 신학교의 문학 시험을 치룰 자격이 있다는 바빙크의 요청과 관련 있는 언급이었다. 그 당시 깜픈 신학교는 신입생들에게 신학 교육을 집중적으로 시키기 전 개론적인 인문학 수업들을 먼저 들을 것에 대해 요구했었다. 이런 개론 수업들을 들은 후 학생들은 신학생이 될 자격을 살펴보기 위한 문학 시험을 반드시 통과해야만 했다. 하지만 김나지움 졸업생이었던 바빙크에게 이런 개론 수업들은 불필요했다. 1874년 3월 19일 부룸멀깜프에 의해 기록된 회의록은 바빙크를 포함한 몇몇 학생들이 개론 수업 수강을 면제하고 문학 시험을 볼 자격을 허락해달라는 요청에 대해 묘사하고 있다. 교수들은 신체적 질환을 가진 바빙크의 동료 학생 중 2명의 요청에 대해서는 거리낌을 표현하긴 했지만, 결국 이 요청들은 수락되었다. 이 시기 이후 바빙크는 깜픈에서 더 이상 수업을 들을 필요가 없었다. 바빙크의 공식적 신분이 변화되었다. 바빙크는 다음 기회를 선용할 수 있는 문학 시험을 치룰 자격을 부여받은 학생이 되었다.

이 시기 동안 신학교 교사들과 학생들 사이에서 주고받은 많은 편지들이 보존되었지만, 바빙크가 깜픈 교수진들과 편지를 주고받은 것 같지는 않다. 신학교 교원들 대부분을 향한 바빙크의 명백한 열정 부족은 이후 깜픈 신학교와 레이든의 유명했던 교수들의 매력을 대비시키며 깜픈에서의 시간을 회상했던 바빙크의 전기적 요약을 위한 교훈적인 맥락을 제공한다. "김나지움을 마친 후 나는 1년 동안 아버지가 현재 목회자로 계시는 깜픈의 신학교로 갔다. 하지만 그곳에서의 교육은 나를 만족시키지 못했다. 1874년 나는 유명한 교수들이었던 스홀튼(Scholten)과 꾸우는(Kuenen) 밑에서 신학을 공부하기 위해 레이든으

---

32 "Notulen: 1872 november 7-7 april 1876," Archief van het College van Hoogleraren, Stadsarchief Kampen, item no. 15491.

로 갔다."[33]

바빙크는 자신과 좋은 관계를 맺었고 그의 지적인 깊이가 학생 시절 자신의 상상력을 사로잡았던 아드리안 스테꺼떼이에 관한 그의 이후 출판물(1914년)에서 이 시기에 대해 더 자세히 언급했다.[34]

> 그때는 1873/74년이었다. 나는 김나지움 교육을 마쳤고, 레이든에서 계속 공부하고 싶은 강한 열망을 가지고 있었으며, 현대 신학에 대해 더 깊이 알고 싶었다. 하지만 부모님은 깜픈으로 이사하셨고, 집으로 와서 적어도 1년 동안이라도 [깜픈] 신학교에 학생으로 등록하라고 권유하셨다. 나는 기꺼이 그렇게 했지만, 신학교에서 줄 수 있는 것보다 학문적으로 심화된 교육을 받고 싶은 갈망은 여전했다. 그래서 1874년 9월에 레이든에 가는 것이 승낙되었다.[35]

---

33 Herman Bavinck, "Autobiographische schets van Dr. H. Bavinck," *De Grondwet*, no. 9, October 6, 1908, 3. "Na het gymnasium te hebben afgeloopen, ging ik een jaar naar de Theol. School te Kampen, waar mijn vader predikant geworden was. Maar het onderwijs aldaar bevredigde mij niet. Zoo ging ik in 1874 naar Leiden, om daar Theologie te studeeren onder de beroemde professoren Scholten en Kuenen."

34 스테꺼떼이는 1882년에 교원 지위를 잃었는데 이는 바빙크의 깜픈 신학교 교수직 임명과 밀접한 관련이 있었다. 바빙크의 깜픈 시절에 관한 글리슨의 설명은 스테꺼떼이의 사임에 대해 길게 상술하고 있고, 이 사임이야말로 바빙크가 레이든에 등록하게 된 중요한 이유였다고 주장한다. "한 마디로 말하면, 이 사임은 예의를 차리지 않은 사임이었다. 이 역시 젊었던 바빙크에게 오랫동안 지속되는 인상으로 남았다." Gleason, *Herman Bavinck*, 41. 하지만 이런 주장은 연대기적으로 봤을 때 헷갈리는 주장이다. 그 이유는 스테꺼떼이는 바빙크가 깜픈 신학교에 학생으로 등록하기 전 해에 임명되었고 바빙크가 이미 프라너꺼르의 기독개혁교회 목회자로 활동했던(그리고 막 깜픈 신학교에 임명되려는) 1882년까지 사임하지 않기 때문이다.

35 Herman Bavinck, "Inleidend woord van Prof. Dr. H. Bavinck," in *Adriaan Steketee (1846-1913): Beschouwingen van een Christen-denker*, by A. Goslinga (Kampen: Kok, 1914), v. "Het was in de jaren 1873/'74. Ik had den gymnasialen leertijd achter de rug en koesterde eene sterke begeerte, om in Leiden mijne studie voort te zetten en met de moderne theologie van nabij kennis te maken. Maar mijne ouders waren toen pas naar Kampen verhuisd, en drongen er bij mij aan, dat ik althans voor een jaar thuis zou komen en mij als student aan de Theologische School zou laten inschrijven.

물론 이런 회상은 바빙크가 스테꺼떼이의 생애와 사역을 기념하는 사후 출판물의 한 부분으로 이후에 이루어진 회상이었다. 스테꺼떼이는 바빙크의 깜쁜 시절 때의 일기장에서 단 한 번도 언급된 적이 없었다. 바빙크의 이전 선생님에 대한 감사는 회상 가운데서 자라갔다.

학문적 환경으로 봤을 때 깜쁜 신학교는 (비록 이후에 회상한 것이지만) 즈볼러에서 바로 레이든으로 가고 싶은 열망이 있었지만 부모님의 바람을 만족시키고자 깜쁜에서 1년을 보내는 것을 승낙했던 젊은 바빙크에게 어울리지 않았다. 바빙크는 신학교의 다른 학생들 속에서도 뭔가 어울리지 않은 학생이었다. 1873년 여름 곧 그 지역의 목회자로 사역하게 될 얀 바빙크를 위해 입학생 명단이 준비되었다.[36] 이 명단 안에는 학생들의 나이, 이전 교육 상황, 이전 직업 등이 정리되어 있었다. 입학생 중 두 명은 김나지움이나 라틴학교에 다녔었고 한 명은 고등지역학교에 다녔지만, 대부분은 선행 교육을 받지 않았거나 분리 측 목회자 밑에서 짧은 기간 공부한 것이 전부였다. 입학생들 가운데는 제빵사, 정원사, 수많은 농업종사자, 통 제조업자, 판매원 등이 포함되어 있었으며, 그중 한 명은 간단히 "직업 무"라고 적었다. 오직 한 명의 입학생만 바빙크와 얼추 비슷한 나이 또래였다. 그 외는 다 바빙크보다 나이가 많았으며, 과반수 이상이 2-30대 후반이었다. 입학생 대부분 사회적 지위가 낮은 가정에서 왔으며, 한 역사학자는 이에 대해 "거의 무일푼이며 정치적인 힘을 전혀 가지고 있지 않

Ofschool ik daaraan gaarne voldeed, bleef toch het verlangen mij bij, om eene meer wetenschappelijke opleiding deelachtig te worden, dan de Theol. School toenmaals geven kon; en zoo werd goedgevonden, dat ik in Sept. 1874 naar Leiden zou gaan."

36 F. J. Bulens, "Litt. Examenandi" and "Theol. Examinandi," June 11 and July 12, 1873, Archief van het College van Curatoren, Stadsarchief Kampen, item no. 12821. 입학생 정보를 요청했던 얀 바빙크의 행보는 깜쁜에서의 목회자로서의 청빙을 기독개혁교회뿐 아니라 신학교를 섬기는 부르심이라고 믿었던 자신의 신념과도 어울리는 행보였다. Jan Bavinck, *De zaligheid alleen in den naam van Jezus* (Kampen: J. H. Bos, 1888), 24.

BAVINCK

은" 집단으로 입학생들을 묘사했다.[37] 이와 대비되게 바빙크는 확실히 자기 아버지처럼 부상하는 유동적인 중산층의 한 부분에 위치해 있었다. 비록 다른 학생들은 목회 훈련을 받기 위해 깜픈 신학교에 왔지만, 청소년 시기 바빙크의 갈망은(앞에서 언급했던 1914년의 진술에 따르면) 순수하게 학문적인 맥락 하에서 "현대 신학" 운동을 공부하고 싶어 했다. 바빙크도 종국에는 목회 사역에 1년을 몸담았지만, 신학을 공부하려는 그의 선택이 원래부터 목회를 향한 부르심에 의해 동기 부여된 것처럼 보이지는 않는다. 바빙크의 초기 관심은 학문적 훈련으로서의 신학이었고, 1854년 드 문(de Moen)의 연설 이후 학문적인 신학 교육을 목회자들에게 시키려는 분리 측 학교의 노력에도 불구하고, 1873년의 제안은 바빙크를 깜픈에 남게 만들지 못할 정도로 충분히 매력적이지 않았다.

헤르만이 학생으로 등록하기 2달 전 1873년 7월 입학생 명단이 만들어졌을 때, 바빙크의 이름과 상세 정보가 그 명단에 수록되지는 않았었다. 바빙크의 정보들은 곧 그의 동급생이 될 학생들과 나란히 기록되긴 했지만, 바빙크는 확실히 비정규적 후보로 보였다. 그 이유는 바빙크가 그 중에서도 가장 나이가 어렸고, 동급생들보다 훨씬 더 뛰어난 선행 교육을 받았으며, 높은 사회적 지위를 가진 가정을 가졌고, 노동이나 고용이 아닌 교육으로 자신의 생애를 채워나갔던 인물이었기 때문이다. 얀은 1873년 6월 12일 이 목록의 완성을 요청했다. 이날은 헤르만이 즈볼러 김나지움에서의 마지막을 보내기 전날이었다. 바빙크가 대학에 진학하지 않고 깜픈에서 계속 공부하면서 어떤 학생 집단이 기대될 수 있는지에 대해 간절히 알고 싶어 했다면 그 정보는 쉽게 얻을 수 있었을 것이다. 다양한 이유로 인해 깜픈에 있는 신학교에 등록하려는 선택은 바빙크처럼 김나지움을 졸업한 사람에게는 뜻밖의 선택이었다. 바빙크의 옛 라이벌 헤리트 깔프는 미래에 암스테르담 교수가 될 우루쐴 필립 부아스벵(Ursul Philip

---

37 Wintle, *Economic and Social History of the Netherlands*, 301.

Boissevain)과 꾼라트 카이퍼(Koenraad Kuiper)와 함께 암스테르담의 아테나이움(the Athenaeum Illustre in Amsterdam, 암스테르담 시립대학)에서 공부하고 있었다.[38] 즈볼러 김나지움은 교육 수준이 낮았던 농장 노동자들로 대부분 구성된 새로운 동배 집단과 지내야 했던 바빙크를 거의 준비시키지 않았다.

바빙크 가정의 동기(motivation)

자신들의 아들이 레이든에서 현대 신학 운동의 지도자들 밑에서 공부하길 원했다는 것을 알고 있었음에도 불구하고 왜 얀과 헤지나는 아들에게 깜픈 신학교에서 1년을 보내길 권유했을까? 얀 바빙크의 자서전은 이에 대해, 얀이 깜픈으로 옮겼을 시기 즈음에 그의 장남이[헤르만 바빙크] 즈볼러 김나지움 교육을 마쳤고 가족과 살기 위해 깜픈으로 왔다고 회상하고 있다. 흥미롭게도 얀은 신학교에서 공부하기 위해 헤르만이 김나지움 교육을 마쳤다는 것에 대해 언급하지 않는다.[39] 사실 "내 생애의 짧은 스케치"는 헤르만의 신학교 시절에 대해 아무런 언급도 하고 있지 않다. 부모님의 이런 구체적인 바람에 대한 헤르만 자신의 글 속에서도 이에 대한 가족들의 생각에 대해서는 어떤 암시도 주고 있지

---

38 아테나이움 일루스트레(the Athenaeum Illustre)는 1877년에 암스테르담 대학이 되었다. Gerrit Kalff Jr., *Leven van Dr. G. Kalff (1856-1923)* (Groningen: Wolters, 1924), xiv[역자 주: 그 당시 네덜란드의 학제는 초등학교(Junior School), 라틴학교(Latin School), 초급대학(Illustrious School), 대학(University)으로 구성되었다. 이에 대한 구체적인 논의로는 박재은, "위트레흐트 대학의 설립, 운영, 그리고 교육," 『종교개혁과 교육』, 개혁주의 신학과 신앙 총서 제11권 (부산: 개혁주의학술원, 2017), 231-59를 살펴보라. [감수자 주: 화란 역사 가운데 Illustre school은 초급대학 수준의 교육기관이었다].

39 Jan Bavinck, "Een korte schets van mijn leven," 미출간된 자필 전기, n.d., HBA, folder 445, p. 67. "Onze oudste zoon, die te Zwolle op het gymnasium was, had juist zijn eindexamen gedaan en kwam in Kampen weer bij ons inwonen."

않다.

깜픈 교원이었던 안토니 브룸멀깜프는 얀과 헤지나를 비판했는데 그 이유는 헤르만이 레이든으로 옮긴 것을 부모가 불신앙의 "호랑이 굴"로 아들을 보냈다는 식으로 이해했기 때문이었다.[40] 이런 비판에 대한 헤프의 설명은 만약 바빙크가 실제로 레이든에서 공부를 할 경우 분리 측 신학 전통에서 1년에 걸쳐 기초 교육을 받았던 경험이 바빙크를 여전히 정통 신앙 안에 머물게 도와줄 수 있을 것이라는 식의 설명이었다. 하지만 이런 설명은 추측에 불과하다. 얀 바빙크의 글 속에서는 헤르만의 교육 여정 혹은 신앙의 회복에 대한 어떤 불안감도 내비치지 않고 있다. 바빙크 가정은 헤르만이 레이든에서 공부를 시작하기 전 신학교에 가야 한다는 갈망에 대해 어떤 설명도 하고 있지 않다.

어쩌면 이에 대한 가장 타당한 설명은 헤르만이 즈볼러의 김나지움에 출석하기 위해 17세의 나이 때 (알름께르끄의) 부모님 집을 떠났다는 사실에 기인할 수 있다. 그 후 헤르만은 오랜 기간동안 분리 측에 속해있었으며 옛 도시의 중심부에 위치한 제과점 '즐거운 우리 집'(De zoete inval)의 소유주였던 보쉬(Bosch) 가정에 2년간 하숙생으로 살았다.[41] 바빙크 가정은 서로 친한 가정이었다. 헤르만의 남동생 베르나르트와 디누스는 헤르만이 즈볼러로 옮겨갔을 때 기껏해야 5살과 1살이었다(요한은 아직 태어나지 않았다). 얀과 헤지나의 새로운 집과 깜픈 신학교는 서로 가까웠다는 것에 비추어 볼 때, 바빙크 가족들은 적어도 김나지움을 졸업한 헤르만이 대학 교육을 시작하기 전 1년 만이라도 함께 사는 것이 형제들에게 좋은 기회가 될 수 있으리라 생각했다고 볼 수 있다.

---

40 Hepp, *Dr. Herman Bavinck*, 83-84; J. Geelhoed, *Dr. Herman Bavinck* (Goes: Oosterbaan & Le Cointre, 1958), 7에서도 반복된다.

41 Bremmer, *Herman Bavinck en zijn tijdgenoten*, 18. 글리슨 *De zoete inval*을 문자 그대로 "달콤한 침입 혹은 급습"(The Sweet Invasion or Incursion)으로 번역했다. 하지만 이 네덜란드어 표현은 "즐거운 우리 집"(Home Sweet Home)의 의미에 더 가깝다. Gleason, *Herman Bavinck*, 38.

J. H. 도너(Donner)와 레이든의 끌어당김

바빙크는 스테꺼떼이와의 상호영향을 제외하고는 깜픈에서의 시간 속에서 지적 흥미를 느끼지 못했다. 즈볼러 감나지움 시절 때 자주 썼던 노트와 이후 레이든 시절 때 썼던 풍성한 일기 목록들과 비교할 때 바빙크는 깜픈 신학교에서의 경험을 자신의 일기에서 거의 쓰지 않았다. 카이퍼를 처음 만난 후 기록했던 묘사를 제외하고(1874년 3월 24일) 바빙크가 묘사했던 단 하나의 또 다른 사건은 선교 행사 때 강연한 J. H. 도너 목사의 연설이었다(1874년 6월 5일). 레이든의 두 명의 기독개혁 목회자들 중 하나였던 도너와의 만남이 가진 중요성은 바빙크가 깜픈을 떠나려는 결정을 한 것을 통해 드러난다. "**1874년 6월 5일. 결심함, 선교 모임이 열려 도너 목사님께서 이곳에 계심, 나는 레이든에 갈 것이고 도너 목사님께서 집을 빌려주실 것이다.**"[42] 이 결정 후, 바빙크는 프리전페인에서 부모님과 형제들과 시간을 보냈고, 다시 깜픈으로 돌아와 거처 가능한 곳을 둘러보기 위해 레이든을 방문했다. "**6월 23일. 화요일. 하루 동안 레이든에 갔다가 돌아왔다. 하를레메르스트라트 (Haarlemmerstraat)의 스미트[Smit] 양의 방을 보았다. 내게 잘 맞았다. 1년 동안 세 들었고, 도너 목사님께서 나를 매우 친절히 대해주셨다.**"[43]

J. H. 도너

바빙크가 실제로 레이든으로 옮긴다는 결정 이후 다음 차례의 문학과 신학

---

42 "Notes, H. Bavinck, 1874." "5 Juni 1874. Besloten, terwijl Ds. Donner, bij gelegenheid van de zendingsvergadering hier was dat ik naar Leiden zou gaan en Ds. D. een huis zou huren."

43 "Notes, H. Bavinck, 1874." "23 Juni. Dinsdag. In een dag naar Leiden heen en terug. De kamer gezien bij Juffrouw Smit Haarlemmerstraat. 't Stond me goed aan. Zoodat ik ze gehuurd heb voor een jaar Ds. Donner ontving mij aller vriendelijk."

(구두) 시험이 깜픈 신학교에서 열렸다. 바빙크도 이 공개 시험에 참석했다. 하지만 바빙크가 시험 자격을 가지고 있었고 그의 교수들도 바빙크가 그 시험들을 치를 것이라고 당연히 예상하고 있었음에도 불구하고, 바빙크는 동료 학생들의 성과를 단순 관찰하기 위해 시험장에 왔다. "74년 7월 14-18일. 깜픈에서의 시험. 13명의 문학자들(litteratores) 중 12명은 통과하고(퐁크[Vonk], 임펠라[Impela]) 1명은 떨어졌다. 16명의 신학자들은 모두 통과했다. 두 시험 모두 다 나에게 나쁘지는 않았고 신학 시험도 마찬가지였다. 그들은 아주 뛰어나지 않았으며, 에스꺼스[Eskes]와 린든[Linden]도 마찬가지였다."[44]

이 시점에서의 바빙크의 공식적 학적 상태는 앞으로 신학 공부를 진행할 수 있을지를 판단하는 문학 시험을 치를 수 있는 자격을 여전히 가진 등록된 학생 상태였다. 바빙크가 레이든으로 옮겨갔을 때도 이 자격은 유지되었는데, 이는 다음 장에서 살펴보겠지만 레이든에서 두 번째 해를 보낸 후 다소 놀랍게도 다시 깜픈으로 돌아와 종국에는 문학 시험을 치루고 (품위 있게 통과한) 바빙크의 모습을 볼 때 이해가 되는 지점이다. 바빙크가 레이든으로 갔을 때 그 어떤 교수들도 이에 대해서 아무런 기록도 남기지 않았다. 그 이유는 사실 바빙크는 다시 돌아와 문학 시험을 치룸으로서 깜픈 신학교를 완전히 떠나버린 것은 아니었기 때문이다.

레이든으로 옮기려는 바빙크의 결정 직후, 얀바빙크는 헤이그('s Gravenhage)의 기독개혁교회의 목회자로 청빙을 받았다는 사실을 자신의 회중에게 공표했다. 그 당시 깜픈 회중의 교회 협의회 총무였던 까렐 드 문(Karel de Moen)은 얀의 청빙을 「드 바자윈」 다음 판에 실었고 얀 바빙크 목사가 깜픈에 남는 것

---

44 "Notes, H. Bavinck, 1874." "14-8 July '74 Examen te Kampen. Van de 13 Litteratores 12 doorgekomen (Vonk, Impela) en 1 afgenomen. De 16 Theologen alle er door. Beide examens vielen me zeer mee, ook het theologisch. Toch waren ze niet schitterend. Eskes, Linden evenmin."

이야말로 회중이 가진 소망이라는 사실을 공개적으로 공표했다.[45] 비록 이 청빙은 얀 바빙크가 받고 거절한 수많은 청빙 중 하나였지만, 헤르만이 깜픈 시절 때 얼마나 뿌리를 내리지 못했던 상황이었는지가 드러나는 상징과도 같은 일이었다. 이 해는 헤르만, 얀, 그리고 깜픈 신학교 자체도 깜픈을 떠나야 하는지, 아니면 그대로 남아야 하는지에 대한 선택에 직면했던 해였다.

H. Bavinck

학생 시절의 헤르만 바빙크
(1874)

헤르만은 그해 여름이 다가올 때도 1874-75년 학기 시작과 더불어 깜픈에 여전히 남아 있었다. 하지만 다음 해에 대한 헤르만의 계획은 현재 굳어진 상태였다. 9월 23일, 헤르만은 배를 타고 암스테르담으로 여행했고, 거기서부터 기차를 타고 현대 신학과 직접 대면하기 위해 레이든으로 이동했다.

우리는 바빙크가 더 진전된 공부를 찾아 깜픈에서 레이든으로 이동했던 시절을 살펴보면서 두 가지를 반드시 염두해야 한다. 첫째는 과연 바빙크가 깜픈 신학교와 맺고 있는 모든 연을 완전히 끊어버렸고 학교를 바꾸는 가운데 이전 신학교와 깨끗이 결별했는가와 관련 있다. 이 장에서 이미 살펴본 것처럼, 그리고 앞으로의 장에서 전개될 것처럼, 레이든으로 옮겼던 헤르만은 깜픈 신학교와 완전히 결별하지 않았다. 레이든으로 간지 2년 안에 아주 흥미로운 상

---

45 "Kerknieuws," *De Bazuin*, July 31, 1874. "KAMPEN. Onze geachte Leeraar J. Bavinck, maakte Zondag 26 Juli aan de Gemeente bekend, dat hij eene roeping had ontvangen naar 's Gravenhage. Onze wensch is dat Zew. hier zijn arbeid zal voortzetten, te meer daar hij nauwlijks een jaar onder ons verkeerd heeft. *Namens den Kerkeraad*, C. G. DE MOEN, Scriba."

황 속에서 바빙크는 신학교의 문학 시험을 치루기 위해 깜픈으로 돌아왔다. 그후 몇 년 뒤 바빙크는 깜픈 신학교의 이사들에게 기독개혁교회의 목회자 후보생이 될 수 있을지에 대해 또다시 평가받았다. 이전 장에서 다루었던 자기 아들의 생애 이야기에 대한 얀의 이야기 경우와 같이, 우리가 바빙크와 깜픈과 레이든과의 연결을 고려할 때 강하게 겹치는 부분이 존재한다는 것이 발견 가능하다. (19세기 중반에 존재했던) 학습 프로그램의 중단에 대한 언급이 없는 깜픈 신학교에 대한 J. 판 헬더런(van Gelderen)과 F. 로즈몬트(Rozemond)의 역사적 설명에 따르면, 바빙크의 학생 번호는 281번이었고, 1873년 9월 17일에 등록하고 1880년 7월에 학업을 마쳤다고 기록되어 있다. 깜픈에서 공부했지만 학업을 다 마치지 않은 학생들의 명단에는 *v(vertrokken*, 떠남)가 기록되었고, 반대로 성공적으로 학업을 마친 학생들의 명단에는 *p(predikant geworden*, 목회자가 됨)가 기록되었다. 이 명단에서 바빙크는 학업으로부터 떠난 것이 아니라 성공적으로 깜픈 신학교 과정을 마쳤다고 기록되어 있다.[46] 비록 이 장의 마지막은 레이든으로 떠나는 바빙크의 모습을 담고 있지만, 깜픈은 여전히 우리의 이야기를 전개해 나감에 있어 중요한 장소로 남아 있을 것이다. 실제로 레이든에서의 2년 후 몇몇의 분리 측 교회와 깜픈 신학교가 깜픈에서의 남은 공부를 위해 바빙크를 다시 돌아오게 하려는 공동의 노력을 기울이기도 했다. 1874년 바빙크가 레이든을 위해 깜픈을 떠난 것은 사실이지만, 이는 순전히 한정된 의미에서의 떠남이었다.

염두해야 할 두 번째 지점은 바빙크와 동시대를 살았던 인물들이 레이든에 등록하려 했던 그의 결정에 대해 얼마나 논쟁했는가와 관련된다. 바빙크는 분리 측 세대 가운데서 처음으로 **분리 운동 이후의** 현대 네덜란드 신학의 보호자

---

46 J. van Gelderen and F. Rozemond, *Gegevens betreffende de Theologische Universiteit Kampen, 1854-1994* (Kampen: Kok, 1994), 107.

였던 레이든 대학교에서 신학 공부를 시작했다. 이런 바빙크의 결정이 기독개혁교회에 얼마나 큰 충격을 주었을까? 브렘머의 전기는 레이든으로 옮겨갔던 헤르만이 기독개혁교회와 깜픈 신학교 내에서 주목할 만한 논쟁의 중심에 서 있었다고 기록했다.[47] 이 논쟁의 중심에는 자기 아들의 열망을 기꺼이 지원해 주고자 했던 얀 바빙크를 향한 깜픈 신학교 교수 안토니 브룸멀깜프의 강한 비판이 자리를 잡고 있다고 보았다.[48]

이전의 전기적 설명을 살펴볼 때 젊었던 바빙크의 레이든으로의 이동에 대한 관련 논쟁들이 과장된 성향을 가지고 있다는 것은 명백하다. 예를 들면 글리슨은 레이든에 등록한 바빙크를 "네덜란드 전역에 걸쳐 들리는 총성"[49]으로 묘사했으며, "분리 측 교회 속에 떨어진 폭탄과도 같았고 꽤 오랜 시간 동안 가시지 않았던 파급 효과를 불러왔다"[50]라고 기록했다. 헨리 도스꺼의 추모사에서도(1922년) 바빙크를 "[레이든으로의 이동에 대한] 폭넓고 쓰린 반대에도 불구하고 불가항력적인 자극에 복종한"[51] 인물로 묘사했다. 반면 브렘머의 전기는 바빙크가 내렸던 결정의 무거움에 대해 기록하며, 논쟁의 범위를 "깜픈 영역"[52]에만 옳게 제한시켰다. 안토니 브룸멀깜프는 이 사안에 대한 바빙크 가족의 결정을 매우 유감스럽게 생각했다(이에 대해서는 다음 장에서도 보게 될 것이다). 이는 1876년에 바빙크가 문학 시험을 보기 위해 깜픈으로 다시 돌아왔

47 Bremmer, *Herman Bavinck en zijn tijdgenoten*, 20-21.

48 Hepp, *Dr. Herman Bavinck*, 83-84; Geelhoed, *Dr. Herman Bavinck*, 7.

49 Gleason, *Herman Bavinck*, 45.

50 Gleason, *Herman Bavinck*, 46.

51 Henry Elias Dosker, "Herman Bavinck: A Eulogy by Henry Elias Dosker," in *Essays on Religion, Science, and Society*, ed. John Bolt, trans. Harry Boonstra and Gerrit Sheeres (Grand Rapids: Baker Academic, 2008), 15.

52 Bremmer, *Herman Bavinck en zijn tijdgenoten*, 20. "Natuurlijk gaf dit besluit hevige reacties in de Kamper kring."

을 때 명백히 드러났다. 네덜란드 전역의 분리 측 교회들이 20세 젊은이의 레이든 등록 결정에(바빙크 가족을 제외하고는 아직 알지 못하는 결정에) 진정으로 충격을 받았다는 사실은 받아들이기는 힘들다. 바빙크의 레이든으로의 이동에 대해서 「드 바자윈」은 어떤 주목도 하지 않았다. 실제로 바빙크의 이름은 레이든으로 옮긴 후 정통기독신문이었던 1879년 1월 29일자 「드 스탄다르트」에 처음 기록되었는데, 그 내용은 바빙크가 레이든의 기독개혁교회에서 설교했다는 내용이었다. 하지만 바빙크의 이름은 "Mr. F. Bavinck"로 잘못 표기되었다.[53] 아마 그때까지도 바빙크는 자신의 이름 철자가 언론상에 제대로 기록되지 못할 만큼 충분히 주목받았던 인물은 아니었던 것 같다.

비록 깜픈 교수였던 브룸멀깜프와 뮐더(Mulder)는 바빙크의 결정에 반대를 표했지만, 바빙크는 부모님과 더불어 헬레니우스 드 콕, 아드리안 스테꺼떼이, 그리고 바빙크가 떠난 직후 깜픈 신학교로 온 마르뜬 노르트제이(Maarten Noordtzij, 1840-1915)의 지원을 받았다.[54] 바빙크는 두 개의 분리 측 회중을 가지고 있었던 레이든에 처음으로 등록했던 분리 측 인물은 아니었다. 몇몇 기독개혁교회는 신학 교육을 위해 레이든을 선택했던 젊은 분리 측 학생의 생각에 지원을 하지는 않았지만, 레이든으로 옮겼던 바빙크를 향한 범교단적인 "분리 측 반응"에 대한 이야기들은 거의 확실히 과장에 가깝다. 만약 부정적인 반응이 있었었다면 그런 반응은 범교단적이라기보다는 거의 지역적 반응에 가까웠다. 바빙크의 선택은 자신의 부모님, 대부분의 깜픈 교수진, 레이든에 있는 바빙크를 방문하고 싶어했던 깜픈 학생들, 혹은 레이든에 온 바빙크를 따뜻하게 맞아주었던 분리 측 J. H. 도너 목사에 의한 "격렬한 반대"에 결코 직면하지 않았다.[55]

---

53 "Binnenland," in *De Standaard*, January 29, 1879, 2.

54 Den Hartogh, "Varia," 69-70. See J. H. Landwehr, *In Memoriam: Prof. Dr. H. Bavinck* (Kampen: Kok, 1921), 9.

55 Alexander de Savornin Lohman, "Donner (Johannes Hendrikus)," in *Nieuw*

이 지점에서 바빙크의 궤적은 일찍이 자신의 아버지의 목회 사역의 움직임
과 쌍을 이루었다. 자신의 아버지처럼, 바빙크도 주변부로부터 중심을 향해, 은
밀함으로부터 공인된 상태를 향해 움직이고 있었다. 바빙크는 이제 레이든 대
학교 학생이다.

Nederlandsch Biografisch Woordenboek, ed. P. C. Molhuysen and P. J. Blok (Leiden: A.
W. Sijthoff's, 1911), 1:738. 도너 자신의 생애의 기본적인 유형도 후기 근대 네덜란드
문화와 관계 맺는 정통 칼빈주의적 참여들 중 하나였다. 도너는 상원 의원으로
의회에 입성했던 1877년까지 레이든의 기독개혁교회의 목회자였다.

BAVINCK

5. 레이든
1874-80

"오 하나님, 레이든에서 저를 보호하소서!"

영혼과 육체로부터(*Ex animo et corpore*). 헤르만 바빙크(H. Bavinck)
"지나가는 모든 것은 한낱 비유에 지나지 않는다"
(*Alles Vergängliche ist nur ein Gleichnis*) 괴테(Goethe)[1]

레이든으로의 옮김은 **"영혼과 육체로부터. 헤르만 바빙크"**(*Ex animo et corpore.*
H. Bavinck)라는 문구로 시작되는 바빙크의 자서전적 글인 새로운 일기장
의 첫 부분에 표시되어 있다. 이 문구 다음에는 괴테(Goethe)의 『파우스트』
(*Faust*) 마지막 후렴구인 "지나가는 모든 것은 한낱 비유에 지나지 않는다"(*all*

---

1 "Ex animo et corpore. H. Bavinck, Theol Stud.," HBA, folder 16.

레이든 시절 [헤르만 바빙크의] 일기
("영혼과 육체로부터")(1874)

"영혼과 육체로부터"의 첫 번째 페이지(1874)

transience is only a likeness)라는 문장으로 이어진다. 물론 괴테의 이야기는 높은 지식과 쾌락을 위해 악마에게 자신의 영혼을 팔았던 인물에 대한 이야기다. 이 일기의 독자는 새로운 일기의 저자 바빙크가 레이든에서 그렇게 하지 않았다는 것을 상기시키는 것으로 시작했는지에 대해 추측해야 한다.[2]

비록 바빙크는 새로운 일기에서 자신의 레이든 경험에 대해 시간순으로 기록하긴 했지만, 1875년 중반까지 깜픈 시절의 일기도 계속 썼으며, 같은 사건을 (때로는 다른 사건을) 두 일기장에 동시에 쓰기도 했다. 이렇게 이중으로 일기를 썼던 예상 가능한 이유는 각 일기장의 물리적 크기 때문으로 볼 수 있다. 깜픈 시절의 일기장은 작은 주머니 크기의 일기장이었지만, 레이든 시절의 일기장은 그보다 훨씬 더 큰 크기의 일기장이었다. 레이든에서의 첫해에 바빙크는 사안에 대해 짧고도 즉각적으로 기록하기 위해 옛 일기장을 가지고 다녔던 것

---

2 괴테의 모든 작품 가운데 이 부분에 대한 바빙크의 언급은 바빙크의 후기 글인 *Philosophy of Revelation: A New Annotated Edition*, ed. Cory Brock and Nathaniel Gray Sutanto (Peabody, MA: Hendrickson, 2018), 10, 28-30, 39, 42-43, 67-68, 88-89, 100-102; "Evolution," in *Essays on Religion, Science, and Society*, ed. John Bolt, trans. Harry Boonstra and Gerrit Sheeres (Grand Rapids: Baker Academic, 2008), 107을 참고하라.

으로 보인다. 시간이 지날수록 정리가 흐트러질 수밖에 없는 이 일기들은 더 큰 레이든 시절 일기장에 글씨와 내용이 더 정갈한 형태로 기록되었다. 이 두 일기 장 목록의 서로 다름은 문화 충격을 받았던 레이든 초기 시절의 바빙크의 일상 에 대해 반추할 수 있는 창문이 될 뿐만 아니라 기독개혁 교단 학생으로서 레이 든에 적응해나가는 바빙크의 모습도 비추고 있다.

초기 레이든 생활

호허페인, 알름께르끄, 즈볼러, 깜픈과도 같은 일반적으로 소소하며 문화적으 로 보수적인 도시들 속에서의 바빙크의 분리 측 경험은 바빙크를 기다리고 있 는 레이든에서의 문화 충격을 충분히 준비시켜주지 못했던 경험으로 볼 수 있 다. 이런 문화적 변화에 대한 바빙크의 인지는 깜픈에서 레이든으로 여행했던 일정에 관한 바빙크의 일기 속 설명 안에서도 발견되지 않는다. 바빙크는 같이 여행했던 친구 두 명의 이름과 단순한 여행 일정 정도만 일기장에 기록했다.[3] 바빙크는 그날 이후로 새로운 일기장에서 이 변화의 순간에 관한 개인적인 통 찰을 더 많이 적어 내려갔다.

1874년 9월 23일. 판 데이픈떠르(van Deventer), 페르실러(Persille), 목회자 즈반 (Zwaan), 그리고 린페르스(Linpers)와 암스테르담에 갔고, 거기서부터 기차로 레 이든으로 갔다. 즐거웠지만 … 여전히 따분한 여행이었다. 소나기 오는 레이든에 도 착하기 전까지는 아름다운 날씨였다. 특별히 레이든에 갔기 때문에 부모님께 작별

---

3 "Notes, H. Bavinck, 1874." "24 Sept '74 Met van Deventer, Persille per boot naar Amsterdam, per spoor naar Leiden gegaan."

인사하는 것이 어려웠다. 내가 서 있을 수 있을까? 오, 하나님이시여 베풀어 주시길![4]

깜픈 신학교와 레이든 대학교 사이의 문화적 차이의 냉혹함은 금방 명백해졌다. 레이든에서의 바빙크의 첫날은 온종일 신입생 신고식 주간(ontgroenings week)으로 시작되었는데, 이 한 주간을 통해 신입생들은 대학 학우회(studentencorps)에 가입했고 알코올을 지나치게 마시고 "진짜 선원처럼 욕하는" 행위를 하도록 부추김 받았다.[5] 바빙크에게 레이든에서의 처음 삶의 모습은 조화되지 않는 것이었다. 바빙크는 레이든에 오기 전에도 깜픈 신학교 학생의 삶에 꽤 무관심한 참여를 보여주었다. 깜픈에서의 바빙크는 학생들의 삶의 한 부분으로 참여하기에는 너무 높은 교육 수준을 가지고 있었고 문화적으로도 품위 있는 상태였었다. 하지만 레이든에서의 이유는 꽤 다른 것이었다. 기독개혁교회의 회원이 이런 특별한 학생 문화에 어떤 역할을 가지고 참여할 수 있을까?

바빙크가 깜픈을 떠나기 전, 아마도 바빙크는 자신이 레이든 학우회에 실제로 가입할 수 있으리라 생각했던 것처럼 보인다. 바빙크의 새로운 일기장에는 레이든 대학교 교무과장이었던 파울루스 요한네스 오스트페인(Paulus Johannes Oostveen, 1831-1909)과 나눴던 긴 대화가 기록되어 있고,[6] 그 다음에

4　"Ex animo et corpore. H. Bavinck, Theol Stud." "1874. 23 Sept. Met van Deventer, Persille, v.d. Zwaan en Linpers naar Amsterdam en vandaar per spoor naar Leiden gegaan. Genoeglijk maar ⋯ toch vervelend reisje. Mooi weer, tot we onder een regenbui in L. aankwamen. 't Afscheid van mijn ouders viel me zwaar, vooral hierom, dat ik naar L. ging. Zal 'k staande blijven? God geve het!"

5　헤프의 전기는 1875년에 출간된 레이든 학우회 연감 속의 시를 인용했다. 이 시의 결론부는 참된 학생의 삶을 "vloeken als een echt matroos"(진짜 선원처럼 욕하는)으로 정의 내렸다. Valentijn Hepp, *Dr Herman Bavinck* (Amsterdam: Ten Have, 1921), 33.

6　Jan Jacob de Gelder, *Catalogus van de tentoonstelling ter herdenking van het driehonderdvijftigjarig bestaan der Leidsche universiteit in het museum 'De Lakenhal,' Leiden, Februari 1925* (Leiden: Sijthoff, 1925), 27.

는 신학 수업을 위해 꽤 큰 돈인 284길더를 냈다고 기록되어있다(이 장에서 설명될 것이지만, 비록 바빙크는 신학과 학생으로 등록했지만, 2년 동안의 인문학 수업을 마치기 전까지는 신학 수업을 시작할 수 없었다). 바빙크는 깜픈 시절 일기에 "신입생으로 지내기 시작했다. … [하지만] 내 양심 때문에 학우회의 회원이 되지 않기로 결정했다."[7]라고 기록했다. 하지만 레이든 시절 일기는 레이든의 학생 문화에 대한 바빙크의 첫 경험에 대해 더 완성된 그림을 보여준다. "[오스트페인을 만난] 그 후 신입생으로 지내기 시작했다. … 나는 그리스도인으로 레이든의 학우회의 회원이 될 수 있을까? 도너 목사님은 저녁 10시 30분에 내게 오셔서 회원 가입에 반대하는 조언을 주셨다. 나는 회원이 되지 않기로 결정했다. 종종 나는 스스로에게 <u>오직</u> 그리고 <u>순전히</u> 내 양심 때문에 회원이 되지 않았는지에 대해 묻는다."[8] 깜픈 시절 바빙크의 일기는 바빙크가 레이든으로 이동한 후 학우회에 가입하려고 했다는 것을 보여준다. 이 일기 마지막 부분의 잡다한 노트 속에서 바빙크는 "레이든 비용"에 대한 윤곽을 그려냈는데, 수업료로 270길더, 학우 회비로 14길더, 그리고 맥주를 위해 5길더를 책정했다.[9] J. H. 도너의 조언 덕분에 바빙크는 14길더를 절약해 다른 부분에 쓸 수 있게 되었다. 레이든 학우회의 회원이 되려고 했던 바빙크의 계획은 현실화되지 않았다.

---

7 "Notes, H. Bavinck, 1874." "<u>24 Sept,</u> In laten schrijven voor de Theologie. Betaald 284 Glds. Begonnen groen te lopen. … Besloten geen lid te worden van 't Corps om mijns gewetens wille."

8 "Ex animo et corpore. H. Bavinck, Theol Stud." "Daarna begonnen groen te lopen. … Mag ik lid worden als Christen van 't Leidsche Stud.-Corps. 'K twijfelde: Ds. Donner kwam 's avonds te half elf bij me, ried 't me af en—k word geen lid, zoo besloot ik. Dikwerf vraag 'k me af, of 't wel <u>alleen</u> en <u>zuiver</u> gewetenshalve was, dat ik geen lid werd."

9 "Notes, H. Bavinck, 1874." "Kosten te Leiden, Collegegeld 270, Lid Corps. 14, Glas bier5." 이 노트는 날짜가 명기되어 있지 않지만, 구상 중이었던 수업료는 레이든 대학교 어느 시기의 수업료와도 맞지 않는다. 아마도 수업료 270길더는 첫해의 수업료일 가능성이 크다. "Kasboek, H. Bavinck," HBA, folder 19. "Uitgaven sedert 23 Sept. 1874 … Collegegelden, f. 284"를 살펴보라.

학우회에 가입하지 않았던 바빙크의 결정 뒤에 어떤 이유가 있었든지(그것이 양심이든, 자기 목회자의 뜻이든, 혹은 분리 측이 아니었던 학생들이 바빙크의 가입을 거부했을 가능성이든) 그의 결정은 다소 이상하긴 했지만 아주 특별한 일은 아니었다. 1874년 레이든 대학교에는 총 830명의 학생이 있었고 그중 723명이 학우회 회원이었다.[10] 이런 곤란한 첫 번째 날의 결과가 가진 의미는 바빙크가 대략 총 학생 수의 8분의 1(학우회에 가입하지 않았던 학생들)에 속해 있었다는 의미이다. 비록 학우회에 가입하지 않은 학생이 분명 바빙크 혼자는 아니었지만, 네덜란드 학문의 중심을 향한 바빙크의 이동은 이제 중대한 장애물을 만나게 되었다. 바빙크는 학우회에 가입하지 않음을 통해 학생 문화의 주변부에 남아 있게 되었다. 회원들은 학생 단체(corps)에 가입하지 않은 학생들을 가리켜 "새끼 돼지들"(de biggen)라고 불렀다.[11]

레이든에서 공부하려는 바빙크의 이전 열망은 대단히 강했지만, 레이든에서의 처음 몇 주간은 바빙크에게 어려운 주간이었다. 두 번째 주가 끝날 무렵은 레이든 도시가 스페인으로부터 독립한 지 300주년 되는 기념일이었다. 이 기념일은 중대한 국제적 행사였다. 독일, 스위스, 영국, 러시아, 벨기에, 덴마크, 프랑스, 오스트리아-헝가리 제국, 포르투갈 대학들을 대표해 국제적으로 교수들이 모였다.[12] (네덜란드의 다른 대학들의 대표들과 더불어 깜펀 신학교도 공식적인 초청을 받았다. 아드리안 스테꺼떼이, 헬레니우스 드 콕, 안토니 브룸멀깜

---

10 *Almanak van het Leidsche studentencorps voor 1874*, quoted in "Akademie-en Schoolnieuws," *Provinciale Overijsselsche en Zwolsche courant*, December 25, 1873.

11 "Herinneringen aan den Leidsche Dies van 1875," *Het Vaderland: Staat-en letterkundig nieuwsblad*, February 12, 1925. "… niet-corpsleden, die biggen werden genoemd."

12 J. M. E. Dercksen, *Gedenkboek der feestvieringen van het driehonderdjarig bestaan der hoogeschool te Leiden* (Leiden: De Breuk & Smits, 1875), 120. 흥미롭게도 이 책의 서문에 기록된 서명인들의 목록에는(이 책의 출간을 위해 미리 돈을 지불했던 서명인들의 목록) 레이든 시절의 바빙크의 목회자 J. H. 도너(Donner)도 있었다.

프, 시몬 판 펠전이 깜픈 신학교 이름으로 레이든에 왔다).[13]

이런 행사야말로 정확히 청년 바빙크를 레이든으로 끌어당겼던 일련의 행사였다. 하지만 의미심장하게도 바빙크는 이 행사에 즐겁게 참여하고 있지 못하는 자기 자신을 발견했다. 바빙크는 이날에 대한 소회를 깜픈 시절 일기장에 남겼는데, 그는 레이든에서 예수를 따라야 하는 자신의 부르심에 대한 예리한 인식을 다음과 같이 묘사했다. 지금까지는 레이든 대학교가 불만족스러운 장소였다. "**74년 10월 3일. 나는 이곳 대학 속에서의 그리스도인으로서 이루어야 하는 의무들을 많이 느끼며 살고 있다. 하나님께서 이를 위해 나에게 힘을 주시길! 말이 아닌 행동으로 내가 예수를 따르는 자라는 사실을 보여줄 수 있는 힘을!**"[14] 바빙크는 이후에 레이든 시절 일기장에 자신이 가지고 있는 불만족함의 본질에 대해 더 자세히 묘사했다. "**10월 3일. 레이든 해방 300주년. 나는 축제 분위기가 아주 즐겁지는 않았다. 나는 과도함과 방탕함으로만 이 날을 사용했던 바글거리는 군중을 보았고, 하나님께서 우리에게 주신 것들이 얼마나 하찮게 여겨지는지 생각했다.**"[15] 바빙크는 레이든 초기 시절 때 하나님 앞에서의(*coram Deo*) 삶을 위한 필요를 거의 느끼지 않는 도시를 집으로 생각하기에는 힘들다는 느낌을 받았

---

13 George Harinck and Wim Berkelaar, *Domineesfabriek: Geschiedenis van de Theologische Universiteit Kampen* (Amsterdam: Prometheus, 2018), 68.

14 "Notes, H. Bavinck, 1874." "3 Oct '74 ⋯ Ik leef veel onder den indruk van de plichten, die ik als Christen hier ter Academie te vervullen heb. God geve mij er kracht toe! Kracht, om niet door woorden slechts maar door daden te toonen, dat ik een volgeling van Jesus ben."

15 "Ex animo et corpore. H. Bavinck, Theol Stud." "3 Oct [1874]. Derde Eeuwfeest van Leidens ontzet; ik was niet feestelik gestemd en had dus niet veel genoegen: zag ik de woelende & kriolende schare, die deze ⋯ dag slechts dienstbaar achtte voor uitspatting en losbandigheid, dan dacht ik, hoe weinig God toch erkend wordt voor wat Hij ons schenkt. Ik leefde veel onder den indruk der plichten, als Christen hier voor mij te vervullen. God verleene me kracht, kracht om niet door woorden slechts, maar door daden te toonen dat 'k een volgeling van Jezus ben"[역자 주: 에글린턴은 각주 14번과 같은 내용을 15번 각주 하반부에 인용했지만 영어 본문에는 따로 번역해서 싣지 않았다].

다. 레이든의 삶은 [바빙크의 삶과는 조화되지 않는] 세속적인 삶이었다.

J. H. 도너의 설교들

비록 바빙크는 여러 교수들로부터 들었던 첫 강의들을 기록했고, 유명했던 수학자였던 다피트 비런스 드 한(David Bierens de Haan, 1822-95)의 강의를 처음 들은 후엔 심지어는 "나는 내가 레이든 학생이라는 것을 잘 이해하지 못했다"라고 기록했지만,[16] 레이든에서의 기록된 초기 일기 목록들을 보면 이 시기 바빙크의 삶을 형성하는 데 가장 큰 영향을 끼쳤던 J. H. 도너의 설교에 큰 관심을 두고 있었음을 알 수 있다. 설교에 대한 바빙크의 노트를 볼 때, 설득력 있는 주해와 그 당시의 상황과(현대주의와 현대주의의 결과, 신앙과 불신앙의 차이, 죄와 은혜의 대비와 같은 상황과) 적절하고도 선명하게 교감하는 도너의 설교들은 바빙크의 상상력을 사로잡았다.[17] 도너의 설교는 바빙크 같은 학생에게 더

16 "Ex animo et corpore. H. Bavinck, Theol Stud." "1 Oct [1874]. Eerste college: bij Bierens de Haan. Goed bevallen maar hij spreekt onduidelijk. 'K kon niet goed begrijpen, dat ik Leidsch student was"[역자 주: 에글린턴은 이 일기 조각의 뒷부분만 영어로 번역해서 본문에 실었다. 이 인용문 전체 한글 번역은 다음과 같다. "10월 1일. 첫 번째 강의: 비런스 드 한의 [강의]. 마음에 들었지만 그의 말은 불분명하다. 나는 내가 레이든 학생이라는 것을 잘 이해할 수 없었다"].

17 레이든 시절 바빙크가 들었던 설교의 예로는 J. H. Donner, *Lichtstralen van den kandelaar des woords* (Leiden: D. Donner, 1883)을 참고하라. 도너 사후에 출판된 설교 선집은 H. W. Laman, ed., *Wandelen door geloof: Overdenkingen van de gereformeerde predikanten* (Utrecht: Gereformeerd Traktaatgenootschap "Filippus," 1930)이다. 로마 가톨릭교로 개종했던 분리 측 선교사 호더프리두스 요한네스 람베르투스 베런즈(Godefridus Johannes Lambertus Berends)의 죽음 후 했던 도너의 설교는 J. H. Donner, *Afgewezen, maar niet teleurgesteld: Toespraak naar 1 Koningen 8:17-19a* (Kampen: G. Ph. Zalsman, 1873)이다. 도너의 출간된 설교들은 적어도 최종적으로 출간된 형태가 보다 더 일관적으로 경건하며 서술적이며, 대화체의 수사를 사용하지 않고, 긴급한 문화적 사안들에 대해 다루려는 명백한 목적이 없는 얀 바빙크의 설교와는 확실히 차이가 있다.

할 나위 없이 영감을 던져주었다.

　비록 바빙크는 도너의 설교에 깊은 감명을 받았지만, 아무런 비평 없이 그대로 다 받아들인 것은 아니었다. 바빙크는 1874년 10월 18일 주일 설교를 언급하며 도너의 생각을 "오 매우 아름답다!"라는 표현으로 묘사했지만, 사용했던 언어와 방식이 설교 내용과 맞지 않았기 때문에 유감스러웠다고도 기록했다.[18] 젊었던 바빙크의 기대치는 높았다. 하지만 도너의 사역은 방식의 부적절함에도 불구하고 바빙크에게 깊은 영향을 미쳤다. 같은 날 바빙크는 (도너의 50번째 생일날 전해진) 부활의 위로에 대한 설교에 대한 반응을 기록했다. "오늘 내 기분은 어땠을까? 나는 짧은 시간 동안이나마 예수를 섬기는 축복을 느꼈다. 예수를 위해 사는 것이 내 소망이지만, 죄, 바로 그 죄[가 문제다]. 나는 예수를 위해 살길 원했지만, 죄는 하나님 나라를 위한 진정한 관심보다는 나 자신을 보좌 위에 더 올려놓았다. 예수를 위해 사는 삶은 명예와 명성과 명망으로 '보상 받아야만' 한다는 것에 대해 내 자신을 정확히 어떻게 표현해야 할지 모르겠다. 이것은 좋지 않다! 아니다!"[19] 이 시기 동안의 도너의 설교와 예화는 바빙크에 영감을 주었을 뿐 아니라 반응을 이끌어 내기도 했다. 결국 도너의 설교가 바빙크를 깜픈에서부터 레이든으로 이끌었고, 레이든에서 개론적인 공부를 처음 2년 동안 하는 가운데

---

18 "Ex animo et corpore. H. Bavinck, Theol Stud." "18 Oct [1874]. Zondag ⋯ O zoo mooi! . . . Jammer dat voordracht, en ook taal en stijl niet harmoniseren met de gedachten, de schoone gedachten, die Ds. Donner heeft"[역자 주: 에글린턴은 영어 번역 인용 본문에 느낌표를 넣지않았다. 한글 번역 본문에는 네덜란드어 원문에 있는 느낌표를 추가했다].

19 "Ex animo et corpore. H. Bavinck, Theol Stud." "18 Oct [1874]. Zondag ⋯ Hoe was ik gestemd dezen dag? Een enkel oogenblik voelde ik maar dat zalige van den dienst van Jezus. En 't was mijn wensch om voor Hem te leven maar─ie zonde, die zonde. 'K wilde wel voor Jezus leven, doch 't was meer, om mijzelf op den troon te plaatsen, dan oprechte belangstelling in Gods Koninkrijk. 'K weet niet hoe me juist uittedrukken: dat leven voor Jezus moest dan ook 'beloond' worden met eer en roem en aanzien. En dat is toch niet goed! neen."

바빙크의 신학 형성에 있어 중요한 지점이 되었다. 바빙크는 레이든 시절 동안 도너가 "분리로부터 통합으로 향하는" 길을 따라가는 것을 면밀하게 관찰했다.

레이든에서의 분리 측의 다양성

그 당시 레이든에는 2개의 분리 측 교회가 있었다. 도너가 목회했던 호이흐라흐트(Hooigracht)의 교회와 J. 홀스터(Holster) 목사가 목회했던 히어른흐라흐트(Heerengracht)의 교회였다.[20] 이 교회들은 그 당시 분리 운동 속에서 발견할 수 있는 다양성을 대변해주었던 교회들이었다. 도너와는 다르게 홀스터는 지적인 인물이 전혀 아니었다. 이 교회들에 출석하는 사람들의 사회 계급도 각 목회자들을 통해 운영된 목회의 모습들을 반영했다. 예를 들면 호이흐라흐트 교회는 다윈렐(Duinrel)의 꼬르넬리스 헤르만 바론 팔란트(Cornelis Herman Baron Pallandt, 1807-90) 가정들과 아내가 빌헬미나 공주의 유모가 된 스헬토 판 헤임스트라(1842-1911)와 같은 귀족들이 포함되어 있었다.[21] 게다가 베네브룩(Bennebroek)과 뿔헤이스트(Poelgeest)의 빌링크스 (Willinks) 숙녀들도 정기적으로 그 교회에 출석했다. 호이흐라흐트 교회의 독특한 구성은 눈에 잘 띄었는데 그 이유는 주일 아침 예배 때마다 마차들이 교회 주변에 자리를 잡았기 때문이다.[22] 하지만 히어른흐라흐트 교회는 그렇지 않았다.

물론 심지어 호이흐라흐트 교회의 신분이 점차 나아지고 사회적으로 통합

---

20 레이든의 분리 측 사람들에 대한 역사에 대해서는 J. De Lange, *De Afscheiding te Leiden* (Rotterdam: J. H. Donner, 1934)을 참고하라.

21 Wilhelmina, Princess of the Netherlands, *Eenzaam maar niet alleen* (Amsterdam: W. ten Have, 1959), 49.

22 J. H. Landwehr, *In Memoriam: Prof. Dr. H. Bavinck* (Kampen: Kok, 1921), 11. "Daar stonden iederen Zondagmorgen de equipages voor de deuren der kerk."

되는 분리 측 신자들이라고 할지라도 레이든 도시가 생긴지 오래되었기 때문에 내리막길을 걷게 되었다는 사실은 주목할 만한 가치가 있다. 그 하나의 예가 바로 도너의 목회 사역 가운데 레이든에서 자랐던 분리 측 신자 J. H. 란트베어(Landwehr)였다. 1879년 도너는 레이든 시의회원으로 임명되었고(지역의 로마 가톨릭교도들을 지원하는 일에 대한 임명), 이 역할을 1890년까지 수행했다. 어느 시의회 모임에서 도너는 동료 시의회원이었고 어쩌다가 대학의 법학 교수와 1870-1871년 총장이 된 요엘 엠마누엘 하웃즈미트(Joël Emanuel Goudsmid)에게 왜 교육 기록에 레이든 도시의 기독개혁학교들에 대한 언급이 전혀 없느냐고 물어봤다. 하웃즈미트는 아랫사람 대하듯 가르치려 들며 "당신과 당신의 교회와 타협하지 않기 위해 그렇게 되었던 것이다"라고 대답했는데, 이 대답은 분리 측 교육이 부실했고(더 이상의 정밀조사를 받지 않는 것이 최선이었고) 도너와 도너의 교회는 통합보다는 고립을 원했다는 것을 내포하는 대답이었다.[23]

란트베어는 유창한 웅변이나 다정한 목소리가 아니라 설득력 있는 성경 주해와 심리학적 지식의 조화가 돋보이는 도너의 설교가 가진 강점에 대해 묘사했다.[24] 이런 비슷한 설명은 바빙크의 일기 전반에도 선명히 드러나는데, 바빙크는 일기에서 홀스터의 설교는 비교적 인상적이지 않았다는 것을 분명히 기록했으며, 히어른흐라흐트 교회의 교인들이 초기에 사회와 교감을 맺는 것이 다소 어색하다는 점을 발견했다. **"10월 4일 … 저녁, 홀스터 목사님에 대하여. 회중 가운데서 하나님을 찬양하라, 이스라엘의 샘인 여러분이여. 시편 68편 27절. 나는 무슨 말을 해야 할까? 교회를 마치고 홀스터 목사님을 방문했다. 많은 사람들**

---

23 Landwehr, *In Memoriam*, 13. "Dat is gebeurd, om u en de uwen niet te compromitteeren."

24 Landwehr, *In Memoriam*, 11.

이 있었지만 크게 즐겁지는 않았다. … 나는 특별히 기분이 좋지 않았다. 심지어 때때로 작은 조롱의 감정이 내게로 다가왔다. 나는 반드시 그냥 놔두어야만 한다. 왜냐하면 그렇게 하는 것은 매우 위험하기 때문이다. 유혹은 여러 가지 형태의 모습으로 옷 입고 있다. 하나님께서 그들을 나에게 드러내 주시고 그것들로부터 나를 구해주소서."[25] 홀스터의 설교에 대한 바빙크의 반응은("나는 무슨 말을 해야 할까?") 도녀의 기민한 설교에 대한 바빙크의 자세한 노트와 날카로운 대비를 자아낸다. 레이든에 존재했던 분리 측의 다양성에 대한 경험들은 바빙크 자신이 어떤 구체적인 종류의 분리 측이었는지 인식할 수 있도록 젊은 바빙크를 도와주었다. 바빙크는 자연스럽게 홀스터와 히어른흐라호트 교회보다는 도녀와 호이흐라흐트 교회에 이끌렸다. 이런 모습은 바빙크의 삶 전반에 걸친 서로 다른 환경들 가운데서 반복적으로 드러났다.

레이든에서의 물타툴리(Multatuli)와 카이퍼

새롭게 만난 교수들에 대한 바빙크의 초기 평가는 하이헌스(Huygens, **적당함**), 코베트(Cobet, **뛰어남**), 도제이(Dozij, **좋음**), 란트(Land, **나쁨**), 드 프리스(de Vries, **뛰어남**), 루트허르스(Rutgers, **꽤 좋음**) 등으로 다채로웠다.[26] 교수

---

25 "Ex animo et corpore. H. Bavinck, Theol Stud." "4 Oct [1874] … 's avonds Ds. Holster over: Looft God in de gemeente: gij die zijt uit den springaders Israels. Ps. 68 vers 27. Quid dicam? Na kerktijd bij ds. Holster geweest. Veel volk weinig genoeg. … 'K was niet bijzonder opgewekt; ja zelfs bekroop me een weinig spotzucht soms. 'K moet mij daarvoor wachten, want 't is zeer gevaarlijk. De verleiding kleedt zich in allerlei gedaanten. God doe ze mij ontmaskeren en ze schuwen"[역자 주: 시편 68편 27절 말씀은 "거기에는 그들을 주관하는 작은 베냐민과 유다의 고관과 그들의 무리와 스불론의 고관과 납달리의 고관이 있도다"이다].

26 "Ex animo et corpore. H. Bavinck, Theol Stud." "13 Oct [1874]. Eerste college bij Huygens—tamelijk, id bij Cobet, uitmuntend, id bij Dozij, goed, id bij Land, slecht, id

들에 대한 바빙크의 관심은 레이든 초기 시절 바빙크에 관한 중요한 빛을 던져 준다. 그때 바빙크는 고대 그리스·로마 연구가였던 카럴 하브릴 코베트(Carel Gabriel Cobet, 1813-89), 아라비아어 연구가 레인하르트 도제이(Reinhart Dozij, 1820-83), 언어학자 마디아스 드 프리스(Matthias de Vries, 1820-92), 셈 어학자 안토니 루트허르스(Antonie Rutgers, 1805-84), 그리고 논리 철학자였 던 얀 피떠르 니콜라스 란트(Jan Pieter Nicolaas Land, 1834-97)의 수업을 들 었다. 이미 언급했던 것처럼, 레이든으로 옮긴 바빙크의 궁극적인 의도는 현대 신학과 관계를 맺는 것이었지만, 처음 2년 동안은 인문학 개론 수업, 즉 사전 준 비 수업을 반드시 들어야만 했다(학생들은 이 시기를 예과 과정[propedeuse] 이라고 불렀다). 바빙크도 이 사전 준비 기간을 성공적으로 마쳐야만 신학 공부 를 할 수 있었다.

바빙크는 레이든에서의 첫해에 새로운 환경 속에서 고향 같은 느낌과 외국 같은 느낌 사이에서 오락가락했다. 예를 들면, 1874년 11월 3일 미래에 대한 바 빙크의 시각은 암울했으며, 그리스도인으로의 부르심을 마치 어둠 속에서 빛 이 가진 부르심으로 이해하는 시각을 보여주었다. 다음 날 바빙크는 수상이었 던 얀 헤임스께르끄(Jan Heemskerk)의 아들이었으며 후에 신칼빈주의자가 되었던 테오 헤임스께르끄(Theo Heemskerk)가 이미 깜픈에서 들었던 아브라 함 카이퍼의 "칼빈주의: 기원과 보증" 강연에 대해 토론하는 대학 토론회 모임 에 대해 묘사했다. 바빙크는 명백하게 이 행사를 즐겼다. "**카이퍼가 거기에도 있 었다. 오, 나는 카이퍼의 강연 속에서 즐거움을 느꼈다.**"[27] 이 일기 목록의 나머지

bij de Vries, uitmuntend, id bij Rutgers, tamelijk bevallen."

27 "Ex animo et corpore. H. Bavinck, Theol Stud." "4 Nov [1874] Debating Society. Heemskerk verdedigde stellingen tegen Kuypers: 't Calvinisme, oorsprong, enz. Kuyper was er ook. O, zoo'n genoegen gehad in K's …"[역자 주: 에글린턴은 인용문 뒷부분만 영어로 번역해 본문에 실었다. 에글린턴이 누락한 앞부분은 "헤임스케르끄는 카이퍼의 칼빈주의, 기원 등에 반대하는 논제를 방어했다"이다.

부분은 일기에서 없어졌지만, 아마도 바빙크는 카이퍼와 함께 했던 저녁의 즐거움을 묘사하고 있는 것처럼 보인다. 바빙크는 2주 후인 11월 16일에 또 다른 토론회 모임에서 카이퍼를 두 번째 만났다. 바빙크는 1875년 봄이 될 때까지 유쾌한 마음으로 집에 방문하기도 하며, 또는 이와 대비되는 레이든에서의 학생 문화 속에서의 여유의 부족을 경험하며 살아가기도 했던 삶의 유형을 명백히 가지고 있었다. 공부를 위한 동기부여를 부단히 찾고 있었던 바빙크의 모습이 4월 12일 노트 속에서 선명히 드러난다. "레이든으로 돌아감. 상당히 평안함. 공부에 대한 열정을 위해 기도.'[28]

레이든으로 돌아간 그 주 바빙크는 물타툴리(Multatuli)라는 필명으로 책을 집필하는 무신론 소설가 에두아르트 다우어스 데꺼(Eduard Douwes Dekker, 1820-87)의 강의를 들었다. "4월 20일. 영적으로, 도덕적으로, 실질적으로 완전한 인간을 위한 학교와 집에서의 노력의 관계성에 대해 물타툴리로부터 처음 들었다.'[29] 동인도에서 벌어졌던 엄청나게 충격적인 네덜란드의 압제와 부당함에 대한 폭로로 큰 반향을 일으켰던 물타툴리의 『막스 하블라르』(*Max Havelaar*)[30]는 바빙크가 6살 때 출판되었다. 바빙크가 레이든 학생이 되었을 때, 물타툴리의 반식민지주의, 반기독교주의, 반칼빈주의 책들이 그 당시 네

이 인용문 맨 앞 날짜 뒤에는 Debating Soceity라는 영어가 등장한다. 아마도 에글린턴이 네덜란드어를 영어로 번역한 것을 실수로 넣은 것 같다].

28 "Ex animo et corpore. H. Bavinck, Theol Stud." "12 April [1874]. Weer naar Leiden. Tamelijk op mijn gemak. Bede om lust tot studie."

29 "Ex animo et corpore. H. Bavinck, Theol Stud." "20 April Multatuli voor 't eerst gehoord over de verhouding van de in school en huis aangewende pogingen tot volmaking van den mensch, op geestelijk, zedelijk en stoffelijk gebied"[역자 주: 에글린턴은 앞 장에서는 날짜 밑의 밑줄을 그대로 본문에 넣었는데 이번에는 그렇게 하지 않았다].

30 Multatuli, *Max Havelaar, of De koffieveilingen der Nederlandsche Handelmaatschappy*, ed. Annemarie Kets-Vree (Assen: Van Gorcum, 1992); ET: *Max Havelaar, or The Coffee Auctions of the Dutch Trading Company*, trans. Baron Alphonse Nahuys (Edinburgh: Edmonson & Douglas, 1868).

덜란드 문화가 반기독교화되는데 강력한 힘을 실어 주었다. 물타튈리의 강연을 들으며, 바빙크는 "처음으로 위대한 비기독교적 네덜란드 문학을 공개적으로"[31] 면전에서 만나게 되었다.

물타튈리의 강연을 들었던 날 바빙크의 영수증들 가운데 물타튈리의 책값 1.5길더가 포함되어 있었다.[32] 이런 명성을 가진 무신론자를 이해하려는 바빙크의 노력은 물타튈리가 종종 논의에 등장하는 바빙크의 성숙한 작품들 속에서도 계속해서 발견된다.[33] 1913년 의회 연설에서도 바빙크는 자신의 학생 시절 동안 사회를 강타했던 물타튈리의 영향력의 범위에 대해서 묘사했다. 이런 회상들은 학생이었던 바빙크가 물타튈리의 무신론에 직면했을 때, 그는 스스로를 그리스도인이 아닌 다른 존재로 상상할 수 없었다는 것을 보여준다. 무신론으로 이끄는 물타튈리의 요청은 바빙크의 상상력 내에 자리 잡지 못했다. 그럼에도 이후 의회의 연설들은 자신을 길렀던 신앙의 전통을 맹렬하게 비난하며 압제, 착취, 부당함에 대해 주목하고 있는 갈채 받는 혁명적인 소설에 대한 바빙크 자신의 분투가 서려 있다.

젊었을 때 나는 네덜란드 젊은이 절반이 물타튈리의 발 앞에 무릎을

---

31 George Harinck, "The Poetry of Theologian Geerhardus Vos," in *Dutch-American Arts and Letters in Historical Perspective*, ed. Robert P. Swierenga, Jacob E. Nyenhuis, and Nella Kennedy (Holland, MI: Van Raalte Press, 2008), 72.

32 "Kasboek, H. Bavinck," HBA, folder 16. "Uitgaven sedert 12 April 1875 ⋯ Multatuli (20 April), 1.50."

33 예를 들면, Herman Bavinck, *Het Vierde eener Eeuw: Rede bij gelegenheid van het vijf en twintig-jarig bestaan van de "Standaard"* (Kampen: J. H. Bos, 1897), 33, 37; Bavinck, *De Welsprekendheid* (Kampen: Kok, 1901), 9, 15, 23, 30; Bavinck, "Voorrede," in *Het Gebed*, by Frans Kramer (Kampen: Kok, 1905), 1; Bavinck, *Bilderdijk als denker en dichter* (Kampen: Kok, 1906), 143; Bavinck, *Mental, Religious and Social Forces in the Netherlands* (The Hague: P. P. I. E., 1915), 45를 살펴보라.

끓고 존경과 함께 그를 올려다보는 것을 목격했다. 나는 결코 그 정
도까지 존경을 나눈 적이 없지만, 나를 강하게 사로잡았던 한 가지는
물타툴리의 영혼이 의분(義憤)으로 작열했으며 이런 의분을 가지고
있다는 점이었다. 우리는 그 자체로 가치 없고 거짓된 상황에 직면할
때 이런 의분이 종종 필요하다. 그러므로 이런 상황은 강화되어서는
안되며 오히려 가능한 빨리 정리되어야 한다. [34]

바빙크는 네덜란드 사회를 비기독교화하려는 물타툴리의 강력한 요청에
직면하며 "영혼이 의분으로 작열할 수 있는" 다른 인물을 이끌어냈는데, 그 인
물은 다름 아닌 바로 아브라함 카이퍼였다. 젊은 바빙크와는 다르게 학생 시절
의 카이퍼는 물타툴리의 팬이었고, 심지어 1860년에 약혼자의 부모님을 "문명
화"시키기 위한 노력으로 『막스 하블라르』 한 권을 그들에게 드리기까지 했다. [35]
그러나 기독교를 거부했을 뿐 아니라 『막스 하블라르』에 영향을 받았던 카이퍼
의 남동생 헤르만이 네덜란드 동인도 전투에서 사망했을 때 물타툴리와 카이

---

34 *Verslag der Handelingen van de Eerste Kamer*, March 12, 1913, 433. "Ik ben in
mijn jeugd getuige geweest, dat het halve jonge Nederland geknield lag aan de voeten
van Multatuli en met bewondering tot hem opzag. Ik heb die bewondering in die
mate nooit gedeeld, maar een zaak is er geweest, die mij in Multatuli sterk heeft
aangetrokken en dat is, dat zijn ziel van verontwaardiging gloeien kon en zulk een
verontwaardiging hebben wij menigmaal noodig tegenover toestanden, die in zichzelf
onwaardig en onwaarachtig zijn en welke men daarom niet consolideeren, maar zoo
spoedig mogelijk in het reine moet brengen." 이 관점이 물타툴리가 레이든 시절의
바빙크의 생각 속에 진정으로 반영되어있다는 관점인지, 아니면 공론화의 장에서
잘 알려진 악신론자(misotheist)의 작품들을 어떻게 다루는지에 대한 59세 정치인의
성숙한 관점인지에 대해서는 확인 불가능하다[역자 주: 에글린턴은 이 네덜란드어
인용문의 영어 번역 인용문에서 네덜란드어 원문에는 없는 문장을 포함시켰다[···
[his soul,] according to his conviction, thought to perceive untruth and injustice in
diverse contexts, here and in the East Indies]. 한글 번역에는 추가된 이 영어 문장을
삭제했다].

35 James Bratt, *Abraham Kuyper: Modern Calvinist, Christian Democrat* (Grand Rapids:
Eerdmans, 2013), 25; Jan de Bruijn, *Abraham Kuyper: A Pictorial Biography* (Grand
Rapids: Eerdmans, 2008), 33.

퍼의 관계는 1874년부터 돌이킬 수 없을 정도로 나빠졌다. 물타툴리에게 꽂혔던 34세 나이의 카이퍼의 동생이 먼 전쟁터에서 불신자로 죽게 된 것이다. 카이퍼는 "[자신의] 동생의 믿음을 앗아간"[36] 물타툴리를 비난하며 그의 공식적 적으로서 네덜란드 대중에게 계속해서 자신을 소개했다.[37] 레이든은 바빙크에게 물타툴리와 카이퍼를 소개하는 가운데 그의 시대 때의 두 위대한 인간 영혼들과 교감 할 수 있는 기회를 제공했다.

젊었던 바빙크는 공적인 영역 내에서 날이 갈수록 커가는 물타툴리와 카이퍼의 쟁쟁한 목소리에 직면하는 가운데 미래에 대한 두 가지 상상을 듣게 되었다. 하나는 후기 기독교와 세속화와 무신론에 대한 상상이었으며, 또 다른 하나는 칼빈주의의 부활을 통한 네덜란드 문화의 갱신에 대한 상상이었다. (1875년 4월과 6월 사이에 기록된) 날짜가 표기되어 있지 않은 일기 목록에서 바빙크는 "그날 카이퍼의 초상화를 구입했다"[38]라고 기록했다. 총 1길더짜리 초상화 구입은 바빙크의 영수증 모음 책에도 기록되어 있다.[39] 바빙크의 동료 학생들은 물타툴리의 발 앞에 무릎을 꿇고 엎드렸지만, 바빙크는 그렇게 하는 대신 현재 하를레머르스트라트의 벽에 걸린 네덜란드 칼빈주의의 기대주를 바라보았다.

아브라함 카이퍼(1875)

36   De Bruijn, *Abraham Kuyper*, 33.

37   Abraham Kuyper, "The Blurring of the Boundaries," in *Abraham Kuyper: A Centennial Reader*, ed. James Bratt (Grand Rapids: Eerdmans, 1998; first published 1892 by J. A. Wormser [Amsterdam]), 365-66.

38   "Ex animo et corpore. H. Bavinck, Theol Stud." 날짜 없음. "Kuyper's portret dien dag gekocht."

39   "Kasboek, H. Bavinck." "Uitgaven sedert 12 April 1875 ⋯ Portret van Kuyper, *f.* 1."

크리스티안 스눅 후르흐론여(Christiaan Snouck Hurgronje)

동시에 1875년 6월 8일 일기에는 평생 가장 중요했던 바빙크의 친구 이름이 등장한다. 그 이름은 자신의 시대에 네덜란드인으로서 가장 권위 있는 이슬람 학자가 되고 싶어 했던 신학적으로 자유로운 학생 크리스티안 스눅 후르흐론여(1857-1936)였다.[40]

바빙크와 스눅 후르흐론여는 예상외로 함께 짝을 이루었다. 비록 둘 다 목사관에서 태어났지만, 각각의 배경은 완전히 달랐다. 스눅 후르흐론여 가정은 네덜란드 귀족에 속해 있었다. 크리스티안은 네덜란드 개혁파 목사였던 야코프 율리아누

학생 시절 크리스티안
스눅 후르흐론여(약 1880)

스 스눅 후르흐론여 박사(Dr. Jacob Julianus Snouck Hurgronje, 1812-70)와 그의 둘째 부인 안나 마리아 스눅 후르흐론여-드 피서(Anna Maria Snouck Hurgronje-de Visser, 1819-92) 사이에서 태어난 아들이었다. 아버지였던 스눅 후르흐론여는 1849년에 첫째 아내를 버리고 "악화하는 상황 속에서 믿음 없는 봉사" 행동으로 안나 마리아 드 피서와 함께 영국으로 도망쳤고, 이로 인해 그는 목회 사역에서 물러났다.[41]

불미스러운 두 번째 결혼으로 성직을 박탈당한 목회자의 아들이었던 크리스티안 스눅 후르흐론여는 귀족 가문의 명성은 고사한 채 무거운 실존적 짐을

---

40 "Ex animo et corpore. H. Bavinck, Theol Stud." "8 Juni [1874] ··· 's avonds met ons vijfen (Wartena, Diena, Snouck, Cramer, en ik) ··· naar Alphen geweest."

41 *De Nederlander, Nieuwe Utrechtsche Courant*, July 7, 1849. "'t Provinciaal Kerkbestuur van Zeeland heeft onlangs, wegens trouwelooze dienstverlating met verzwarende omstandigheden, van zijne bediening als predikant in de Nederlandsche Herv. Kerk, ontzet *J. J. Snouck Hurgronje*, Theol. Doct. en vroeger Pred. te Tholen."

짊어지게 되었다. 바빙크과 스눅 후르흐론여는 신학적으로 하늘과 땅처럼 달랐고 윤리적 확신, 세계관, 가정 배경도 아주 달랐지만, 그들은 레이든에서 어느 정도의 사회적 고립을 공유하고 있었다. 즉 헤르만과 크리스티안은 각각 교회적 분리와 교회적 추문의 아들들이었다. 1870년대 대학생 문화는 혈육과 결혼으로 서로 묶여있고 귀족이 아닌 동료들과 거의 관계를 맺지 않았던 많은 수의 귀족 학생들이 주도했던 문화였다.[42] 일반적으로 스눅 후르흐론여 같이 애매한 학생은 바빙크 같은 출세한 소시민과는 어울리지 않았다. 그들이 가까운 친구가 되었다는 사실은 이 두 젊은이들과 레이든 학생 문화 속에서의 그들의 위치에 대해 많은 것을 말해준다.

1875년 중반 바빙크는 자신의 동료 학생들 가운데서 평안함을 느끼기 시작했다. 예를 들면 1875년 6월 15일 일기는 바빙크의 친구 E. 바크(Baak)가 계획한 역사적인 대학 연례행사였던 가장무도회 행사를 바빙크가 찬성하는 모습을 보여준다.[43] 이 해 가장무도회는 레이든 대학교 설립 300주년에 집중했으며 레이든의 가장 유명한 지성적 영웅들의 역사가 소개되는 행사였다. 오라녀의 빌름(William of Orange) 왕자가 소개되었다.[44] 무언가 변화되었다. 바빙크는 이제 자신의 본분에 맞게 있었다. "학생들의 가장무도회 … 멋진 볼거리였다."[45]

그때 깜픈 시절의 옛 일기장은 몇 달 동안 건드리지 않은 채 놓여 있었고, 레

---

42 Jacob David Mees, *Dagboek: 1872-1874* (Hilversum: Verloren, 1997), 24. 야코프 다피트 메이스(Jacob David Mees)는 1870년대 레이든의 학생이었다.

43 1874년 9월 24일 일기 목록은 바크를 바빙크와 함께 신입생 주간에 참여했던 학생 중 한 명으로 말하고 있다. "Ex animo et corpore. H. Bavinck, Theol Stud." "1874, 23 Sept." 바크는 1875년 가장무도회 위원회의 총무였다. "1875," *Het nieuws van den dag: Kleine courant*, May 12, 1874를 보라.

44 "Een studentenfeest," *Algemeen Handelsblad*, June 17, 1875.

45 "Ex animo et corpore. H. Bavinck, Theol Stud." "15 Juni [1874]. Maskerade der studenten … Mooi om te zien"[역자 주: 에글린턴은 이 인용 문장의 앞부분을 번역하지 않아서 따로 번역해 본문에 추가했다[학생들의 가장무도회 …]]. 다음 자료도 살펴보라. 'Akademienieuws,' *Bataviaasch handelsblad*, April 4, 1874.

이든의 300주년 기념행사가 그렇게 즐겁지 않았다는 바빙크의 노트가 1874년 10월 3일 마지막 일기 목록을 차지했다. 그러나 1875년 6월 21일에 바빙크는 다시 일기 목록을 작성했다. "바우테리나[*Wouterina*]가 죽었다"[46](똑같은 단어 두 개로 이루어진 노트가 레이든 시절 일기장에 끼워 넣어진 채 발견되었다). 아멜리아의 여동생이었던 바우테리나 아르놀다 덴 데꺼(Wouterina Arnolda den Dekker, 1851-75)가 23세의 나이로 죽었다.[47] 바빙크는 여전히 관심을 가지고 덴 데꺼 가족의 가정사를 좇고 있었다.

현존하는 가장 오래된 바빙크와 스눅 후르흐론여 사이의 편지는 1875년 6월 28일부터이다.[48] 이 시기 그들의 편지는 대부분 학문적 사안에 대한 편지였고, 초기 편지들은 휴일에 레이든 밖으로 나가는 것에 대한 내용도 포함되어 있다. 교회 생활과 기독교 신앙 훈련에 큰 관심을 기울였던 바빙크의 일기 목록들과는 다르게, 이 편지들은 바빙크의 학업에 대해 더 많은 통찰을 선사한다. 현존하는 첫 편지에는 바빙크와 스눅 후르흐론여가 원래보다 더 이르게 아랍어 수업을 듣기 시작했다는 내용이 포함되어 있으며, 아랍어를 기본 1년간 듣는 것이 언어를 제대로 공부하는 학생에게 충분할 수 없다고 믿었던 미하엘 얀 드 후여(Michael Jan de Goeje, 1836-1909) 교수의 조언이 뒤따라 나온다.[49] 세월이 갈수록 그들의 우정이 더 깊이 싹텄고 그들의 편지는 훨씬 더 사적인 성격을 띠었

---

46 "Notes, H. Bavinck, 1874." "21 Juni 75 Wouterina gestorven."

47 "Wouterina Arnolda den Dekker 23-07-1851," in *Emmikhoven en Waardhuizen Bevolkingsregister, 1870-1879*, 14:103.

48 Bavinck to Snouck Hurgronje, Kampen, June 28, 1875, in *ELV*.

49 아랍어를 숙달하는 과정에 대한 그들의 논의는 둘 다 셈어 시험을 통과할 때까지 3년 동안 이어졌고, 결국 바빙크에게 다음과 같은 말을 하게 만들었다. "행복하게도 우리는 이 수고로부터 해방되었다." Bavinck to Snouck Hurgronje, Kampen, September 24, 1878, in *ELV*. "Gelukkig zijn we van deze zorg bevrijd." 1876년 8월 9일 날짜의 편지에서 바빙크는 아랍어를 "[나를] 아주 조금 흥분시키고 몹시 건조한" 주제로 묘사했다.

다. 이 편지들은 우리가 가진 독특한 1차 자료이며, 이 편지들은 바빙크의 레이든 시절 이후의 성격의 발전사를 볼 수 있게 만들어주는 창문과도 같다. 이런 이유로 이 편지들은 이 책의 나머지 부분 속에서도 자주 등장하게 될 것이다.

깜픈에서부터 되돌아오기: "오 하나님, 레이든에서 나를 보호하소서!"

레이든에서의 첫해가 저물었다. 바빙크는 여름 방학 때 깜픈으로 되돌아와서 공개 시험을 구경하기 위해(다시 시험을 치기 위해서가 아니라 구경하기 위해) 깜픈 신학교에 방문했다.[50] 바빙크는 "오 하나님, 레이든에서 나를 보호하소서!"[51]라는 기도와 함께 예비 교육을 받기 위해 레이든으로 돌아가기 전까지 여름 방학 기간에 종종 레이든 시절 일기장에 네덜란드의 다양한 지역에 살고 있는 친구들을 방문했던 일을 기록했다.

깜픈 일기장 마지막 목록에는 니우언데이끄(Nieuwendijk)에 방문했던 일이 기록되어 있다. 니우언데이끄는 아멜리아가 살았던 곳이었다. "**8월 14일 집으로. 나는 W와 함께 머물렀다. 멜리아[Melia]에게 말 걸지 않았음.**"[52] 레이든 시절 일기는 이에 대해 더 구체적으로 말하고 있는데, 바빙크가 8월 2일에 니우언데이끄에 갔고, 그곳에서 분리 측 목사였던 다우어 끌라저스 비렝아(Douwe Klazes Wielenga, 1841-1902)와 함께 머물렀다고 기록하고 있다. 비록 비렝아

---

50 "Ex animo et corpore. H. Bavinck, Theol Stud." "13 juli [1875]."

51 "Ex animo et corpore. H. Bavinck, Theol Stud." "27 Sept 1875 Weer naar Leiden na een genoeglijke vakantie. O God: bewaar me in Leiden!"[역자 주: 에글린턴은 인용문의 뒷 문장만 본문에 실었다. 앞의 문장은 "기분 좋은 휴가 후 레이든으로 돌아감"이다].

52 "Notes, H. Bavinck, 1875." "14 Aug Naar huis. Ik was bij W. gelogeerd. Melia niet gesproken."

와 바빙크는 친구 사이였지만, 바빙크에게 그날은 실망스러운 휴일이었다. "**8월 14일 다시 집으로 돌아옴. 나는 비렝아 목사를 제외하고는 니우언데이끄에서 그렇게 많이 즐겁지 않았다.**"[53] 비록 레이든 시절 일기는 왜 이 12일 동안의 방문이 즐겁지 않았는지에 대한 이유를 밝히고 있지는 않지만, 바빙크의 깜픈 일기를 통해 살펴볼 때 그 이유는 아멜리아 때문이었다는 사실이 분명하다. 바빙크는 니우언데이끄에서 최고의 2주를 보냈지만, 여전히 즐겁지 않던 밝혀지지 않은 이유가 하나 있었는데 그 이유는 바로 "**멜리아[Melia]에게 말 걸지 않았음**"이라고 적은 일기 내용 때문이었다.

하를레머르스트라트(Haarlemmerstraat)

자신의 가정사를 돌보는 것을 기대할 수 없었던 1870년대 레이든의 젊은 학생들은 일반적으로 음식과 세탁을 도와주는 주인 아주머니(*hospita*, 호스피타)와 함께 살았었다.[54] 1875년 9월 16일 스눅 후르흐론여에게 쓴 편지는 바빙크의 호스피타가 자기 집으로 이사 간 것에 대한 바빙크의 좌절을 담고 있다(비록 여전히 같은 거리에서 살았지만 말이다).

> 요즘 큰 어려움이 날 짓누르고 있어. 주인 아주머니께서 다음 11월에 이사 가신다고 하네. 난 주인 아주머니 집에 세 들었고 거기서 밥을 먹기 때문에 나도 이사를 해야만 할 거 같아. 주인 아주머니는 바께

---

53 "Ex animo et corpore. H. Bavinck, Theol Stud." "14 Aug [1876] Weer naar huis teruggekeerd. Behalve bij Ds. W. had ik niet veel genoegen op Nieuwendijk."

54 이런 관습은 16세기 이래 레이든에서 흔한 관습이었다. Pieter Antoon Marie Geurts, *Voorgeschiedenis van het statencollegte te Leiden: 1575-1593* (Leiden: Brill, 1984), 11-12.

르스테이흐(Bakkersteeg) 반대쪽 같은 길거리에 있는 또 다른 집을 임대하셨는데 (나보다 먼저 그 집을 보신 도너 목사님에 따르면) 그 집에는 아름다운 방과 그 옆에는 침실이 있다고 하네. 주인 아주머니는 새로운 집으로 같이 이사가지 않겠냐고 나에게 물어보셨어. 나는 그 집이 학교와 멀고 하를레머르스트라트(Haarlemmerstraat)의 덜 유쾌한 부분에 있다는 것을 제외하고는 이사에 대해 반대하지는 않았어. 이것이 바로 내가 레이든에 도착할 때까지 내 결정을 연기해 달라고 요청 했던 이유야.[55]

바빙크는 이런 일상적인 문제들 한복판 속에서 더 중요했던 경험, 즉 성찬 참여자로서 처음으로 공개적으로 신앙을 고백하는 경험에 대해 1875년 10월 초 자신의 일기장에 더 자세히 기록했다.

<u>10월 10일 주일.</u> 도너 목사님께서 시편 34편 9절에 대해 말씀하셨다. 성찬이 있었다. 나는 죄와 허물로 죽었지만 내 유일한 소망은 그리스도의 의로움이라는 사실을 내 생애 처음으로 성찬 상에서 공개적으로 신앙고백을 했다. 오, 내 판단으로 먹고 마시지 않게 하옵소서! 오 하나님, 당신을 섬기려는 내 소망이 내 안에서 진실되게 하시고 마음이 흔들리지 않게 하소서.[56]

---

55 Bavinck to Snouck Hurgronje, Kampen, September 16, 1875, in ELV. "Tegenwoordig drukt me een groote moeilijkheid. Mijne hospita gaat namelijk met november eerstkomende verhuizen. Daar ik van haar de kamer gehuurd hebben en bij haar in kost ben, moet ik ook verhuizen. Nu heeft ze een ander bovenhuis gehuurd in dezelfde straat aan gene zij der Bakkersteeg, met een (volgens getuigenis van ds. Donner, die ze voor mij gezien heeft) mooie voorkamer en slaapkamer daarnaast, en vroeg mij of ik met haar naar de nieuwe woning verhuisde. Hierop had ik niets tegen, dan alleen dat 't nog verder van de Academie en op een min aangenaam gedeelte der Haarlemmerstraat is. Daarom heb ik uitstel gevraagd met mijn besluit, totdat ik in Leiden kom."

56 "Ex animo et corpore. H. Bavinck, Theol Stud." "10 October [1874] Zondag. Ds. Donner sprak over Ps. 34:9. Het was Avondmaal. Voor 't eerst in mijn leven sprak ik aan de tafel des Heeren de openlijke belijdenis uit, dat ik dood ben in zonden

비록 바빙크는 김나지움 시절 때 이미 즈볼러 기독개혁교회의 회원이 되었지만(1873년 3월 30일), 성찬을 합당하지 않게 먹고 마시는 것에 대한 사도 바울의 가르침(고전 11:27-32)에 대한 바빙크 자신의 해석이 1875년 후반까지 성찬에 참여하지 않는 상황으로 그를 이끌었던 것 같다. 성찬에 참여하려는 바빙크의 결정은 그의 초기 생애 속에서도 중요한 발걸음이었다. 그 후 일상이 다시 시작되었다. 바빙크는 하를레머르스트라트 가까운 거리, 즉 224번에서 167A번으로 이사했으며, 이 새로운 집은 바빙크가 기록한대로 "여러모로 더 좋았다."[57]

레이든에서 본 깜픈

이사 간 지 2달 후 바빙크는 21번째 생일을 부모님과 함께 보내기 위해 부모님 집에 깜짝 방문했다. "12월 13일. 내 생일이었다. 나는 알베르트 훈닝끄(Albert Gunnink)에게서 250개의 시가가 들어있는 상자 하나를 받았다."[58] 깜픈에 방문했을 때 바빙크는 깜픈 신학교 개교 축하연에 참석했으며 이는 확실히 인상 깊었던 경험이었다. "12월 15일. 플라톤에 대한 스테꺼떼이의 아름다운 강의를 시작으로 깜픈 신학교 축하 행사가 있었다."[59] 스테꺼떼이의 강의 주제는 "신학적

en misdaden, maar mijne enige hoop de gerechtigheid van Christus is. O, moge ik mij niet een oordeel gegeten en gedronken hebben! Laat, o God, de wensch om u te dienen, bij mij een waarachtige geweest zijn en dus onberouwelijke"[역자 주: 시편 34편 9절 말씀은 "너희 성도들아 여호와를 경외하라 그를 경외하는 자에게는 부족함이 없도다"이다].

57 "Ex animo et corpore. H. Bavinck, Theol Stud." "18 Oct. [1875] Verhuisd naar een nieuwe woning, Haarlemmerstraat No. 167A. Beter in vele opzichten."

58 "Ex animo et corpore. H. Bavinck, Theol Stud." "13 Dec. [1875] Was ik jarig en kreeg daarbij van Albert Gunnink een kist (250) sigaren." 바빙크의 학생 시절 영수증 모음 책을 보면 바빙크는 주기적으로 시가를 구입했다.

59 "Ex animo et corpore. H. Bavinck, Theol Stud." "15 Dec. [1875] Schoolfeest in

형성을 통해 본 플라톤에 대한 연구'[60]라는 주제였다. 그 당시 깜픈의 신학적 환경의 창문을 통해 스테꺼떼이의 강의를 살펴볼 때 이 강의 주제는 대단히 흥미로웠던 주제였다. 스테꺼떼이는 기독교적 아리스토텔레스주의를 비난하며 그 대신 현대 신학을 근본적으로 뒤엎은 정통적이지 않았던 독일 신학자 프리드리히 슐라이어마허(Friedrich Schleiermacher)를 인용하는 가운데 기독교적 플라톤주의의 갱신된 형태를 주장했다. 스테꺼떼이는 슐라이어마허야말로 아리스토텔레스보다 플라톤이 더 우월하다는 사실을 재발견했던 개신교 신학자 중 으뜸이 되는 예라고 설명했다. 스테꺼떼이의 강의는 1870년대 초기 깜픈 신학교가 지적으로 재미없고 고루했다는 가정과는 다른 현실을 보여주고 있다. 스테꺼떼이를 통해 깜픈 신학교는 셸링(Schelling), 슐레겔(Schlegel), 슐라이어마허와 같은 인물들로부터 유출된(emanating) 낭만주의적 플라톤주의의 폭넓은 부활에 사로잡히게 되었다.[61] 이런 상황은 젊었던 바빙크에게 꽤 매력적으로 다가왔던 상황이었다.

바빙크가 깜픈 학생들과 맺었던 지속적인 관계는 일기에서도 명백히 드러난다. 레이든으로 돌아온 바빙크에게 2명의 깜픈 신학교 학생들이 찾아왔는데 그들은 꼬르넬리스 스따더흐(Cornelis Stadig)와 꼬르넬리스 요한네스 베설스(Cornelis Johannes Wessels)였다(1876년 3월 1일). 바빙크는 그들을 레이든 국

Kampen, dat met een schoone rede over Plato door Steketee geopend was."

60 "Ex animo et corpore. H. Bavinck, Theol Stud." "16 dec. 1875 A. Steketee, De studie van Plato, met het oog op de theologische vorming. Kampen 1875." 이 강의는 이후에 *De studie van Plato, met het oog op de theologische forming: Rede, uitgesproken, bij het neerleggen van 't rectoraat, den 16en december 1875* (Kampen: G. Ph. Zalsman, 1875)로 출판되었다.

61 Douglas Hedley, "Theology and the Revolt against the Enlightenment," in *The Cambridge History of Christianity: World Christianities, c. 1815-c. 1914*, ed. Sheridan Gilley and Brian Stanley (Cambridge: Cambridge University Press, 2006), 8:41.

립 역사 박물관에 데려갔다.[62] 여전히 문학 시험을 볼 수 있는 자격을 가진 등록 학생이었던 바빙크가 깜픈 신학교뿐 아니라 깜픈 학생들과도 지속적으로 관계를 맺었던 것을 통해 볼 때 바빙크가 이 시기 동안에 깜픈에 대해 완전히 부정적으로 생각하지 않았다는 것이 드러난다. 바빙크를 향한 의심의 눈초리가 깜픈에 여전히 남아 있었다 하더라도, 그런 눈초리는 보편적인 것은 아니었다.

의심의 위기와 깜픈으로 돌아감

1876년 5월이 시작될 때 바빙크는 의심으로 인한 극심한 고통과 더불어 깜픈에서부터 레이든으로 돌아왔다는 것을 기록했다. **'5월 1일 레이든으로 돌아옴. 의심의 공격 아래서 공부를 시작함, 하지만 동시에 그리스도를 통해 계시된 깊은 진리의 감정과 함께 공부를 시작함.'**[63] 이 일기에서는 이 의심의 정확한 본질이 무엇인가에 대해서 말하고 있지 않지만, 이어지는 상황을 통해 유추해볼 때 바빙크 자신의 기독교 신앙에 대한 위기일 수도 있고(아마도 레이든에서의 공부 맥락에서 벌어진 위기), 아니면 계속해서 레이든에서 공부해야만 하는가에 대한 의심일 수도 있다. 만약 이 의심이 개인적 신앙의 위기였다면, 이후 출간물(1902년)에서 밝혔던 어려움과 경험들, 즉 보수적인 기독교 부모님 밑에서 태어나고 자

---

62 "Ex animo et corpore. H. Bavinck, Theol Stud." "1 Maart. [1876] Studenten Stadig en Wessels bij me geweest. Museum v. Oudheden." 꼬르넬리스 스타더흐(Cornelis Stadig, 1853-1924)는 1871년부터 깜픈 신학교 학생이었다. 꼬르넬리스 요한네스 베설스(Cornelis Johannes Wessels, 1852-1915)는 1872년에 깜픈 신학교에 등록했다. Van Gelderen and Rozemond, *Gegevens betreffende de Theologische Universiteit Kampen*, 106-7.

63 "Ex animo et corpore. H. Bavinck, Theol Stud." "1 Mei [1875] Naar Leiden terug. Voortzetting van studie onder aanvallen van twijfel maar ook met gevoel van de innige waarheid, door Christus geopenbaard."

란 아이들이 현대적인 학문을 하는 대학에서 직면하는 어려움과 "종교와 신학, 삶과 지식 … [일반] 사람들과 높은 교육을 받은 사람들, 교회와 학교 사이에서의 고통스러운 갈등"에 대한 경험 등에 확실히 흥미로운 빛을 던져줄 수 있었을 것이다. 바빙크는 정통 기독교 학생들이 세속 대학에서 겪는 경험에 대해 기록하며 다음과 같이 주장했다. "그 믿음이 그의[정통 기독교 학생의] 민감한 마음속에 깊이 뿌리를 내렸으며 그 속에서 삶에 대한 열정과 이상적인 성향을 키웠기 때문에, 대학 강당 안팎에서 곧 드러나게 될 갈등이 더 치열해질 수밖에 없다. 많은 사람들이 이런 위험한 위기 앞에 굴복해 무릎 꿇었다. 그들은 의심의 먹잇감이 되었을 뿐 아니라, 스스로를 회의와 절망에 내어줘버렸다."[64]

물론 이 "의심의 공격"이 바빙크 자신의 목전에 놓인 미래에 대한 표현일 가능성도 있다. 일반 인문학 과정이 곧 끝나게 되어 바빙크는 레이든의 유명한 현대 신학자들과 더욱 가까워지게 되었다. 바빙크의 깜픈에서의 신분은 여전히 똑같이 유지되어 있었다. 바빙크는 깜픈에서 문학 시험을 치룰 자격을 여전히 가지고 있는 상태였으며, 문학 시험 후에 깜픈에서 신학 공부를 할 수도 있는 학생이었다. 현재 바빙크의 레이든에서의 기초과정 상태는 이미 초과 상태였다. 바빙크는 스홀튼(Scholten)과 꾸우는(Kuenen) 밑에서 공부할 자격을 묻

---

64 Herman Bavinck, *Godsdienst en godgeleerdheid* (Wageningen: Vada, 1902), 13. "Deze ontwikkelingsgang der moderne wetenschap is de oorzaak van het pijnlijk conflict, dat thans allerwege tusschen Christendom en cultuur, tusschen godsdienst en godgeleerdheid, tusschen leven en kennis, tusschen zijn en bewustzijn, tusschen volk en geleerden, tusschen kerk en school wordt aanschouwd. Nergens wordt dit conflict met meer smart doorleefd dan in het hart van den student, die, tehuis in het Christelijk geloof opgevoed, straks op gymnasium en akademie met de moderne wetenschap in aanraking komt. Naarmate dat geloof dieper wortelen heeft geschoten in zijn ontvankelijk gemoed en er levensernst en ideale gezindheid heeft gekweekt, wordt de strijd heviger, waaraan hij straks in en buiten de gehoorzalen der universiteit blootgesteld wordt. Velen zijn in die gevaarlijke crisis bezweken. Zij werden een prooi van den twijfel niet slechts, maar gaven zich ook aan twijfelzucht en vertwijfeling over"[역자 주: 에글린턴은 이 인용문 뒷부분만 영어로 번역해 본문에 실었다. 이 인용문 앞부분 내용은 인용 문장 바로 전 문장에 간헐적으로 드러나 있다].

는 시험을 치룰 예정이었다.

레이든 시절 일기는 바빙크가 (스눅 후르흐론여와 함께) 기초과정 시험을 최우등(summa cum laude)으로 통과했고(5월 26일), 이를 통해 레이든으로 자신을 이끌었던 학문적 신학 훈련으로 들어가는 길이 닦였다고 기록하고 있다. 그러나 그다음 일기 내용은 바빙크의 이야기 가운데서도 결정적인 순간을 묘사하고 있는데, 그 결정은 깜픈에서 문학 시험을 치룰 것이라는 결정이었다. 이 결정은 바빙크가 레이든에서의 신학 공부를 완전히 포기할 것이라는 가능성을 내비쳤던 결정이었다. "**5월 27일. 그들이 매우 행복했던 집으로 갔다. 또한 깜픈에서 시험을 치기로 결정함.**"[65]

이런 시기들 가운데 바빙크는 스눅 후르흐론여에게 두 통의 편지를 썼다. 6월 6일에 썼던 첫 번째 편지에서 바빙크는 깜픈의 문학 시험을 준비하고 있으며, "이런 완전히 새로운 미지의 영토가 우리 앞에 열려 있기" 때문에 휴일이 끝나길 간절히 바라고 있다고 썼다. 바빙크는 레이든에서의 기초 과정 수업들을 "지루한" 수업으로 묘사했지만, 나중에는 그 수업들을 즐겼다고 인정했다. 이 편지의 마지막에서 바빙크는 "나는 아마도 레이든으로 돌아갈 거 같아"라고 끝을 맺었다.[66] 이 의미는 무엇일까? "새로운 미지의 영토가 우리 앞에 열려 있다"는 표현은 바빙크와 스눅 후르흐론여를 기다리고 있는 레이든에서의 그다음 공부 과정을 지칭하는 표현이다. 바빙크에게 이 의미는 학문적인 신학 훈련을 뜻하는 것이었지만, 스눅 후르흐론여는 자신의 장래 진로에 대해 확신을 가지

---

65 "Ex animo et corpore. H. Bavinck, Theol Stud." "27 Mei. [1875] Naar huis gegaan, waar ze zeer blij waren. Voornemen om in Kampen ook examen te doen."

66 Bavinck to Snouck Hurgronje, Kampen, June 6, 1876, in ELV. "Te meer nu repetite voor 't examen hier een groot deel van mijn tijd rooft. ⋯ Met verlangen zie 'k al uit naar 't einde der vacantie, omdat zoo'n geheel nieuw en onbekend terrein zich voor ons opent; zoo vervelend als de colleges op 't laatst me waren, zoo trekken ze me nu aan. Denkelijk zal ik weer wel in Leiden komen."

지 못했으며, 그 결과 종국에는 신학 공부가 아닌 셈어 공부를 선택하게 되었다. 기초과정의 시기를 다 마친 바빙크에게는 현재 두 개의 선택권, 즉 레이든에 남아 현대 신학과 백병전을 벌이는 선택, 아니면 깜픈 신학교로 돌아가 문학시험을 치룬 후 분리 측 전통 내에서 신학 공부를 전개하는 선택이 열려 있다.

바빙크는 6월 29일에 쓴 두 번째 편지에서 다양한 소식들을 나눈다. "네가 놀랄만한 소식인데 나 지난주에 사진을 찍었어. 너만 괜찮다면 사진 받고 나서 내 사진을 다음에 보내줄게"(이 사진은 19세기의 일반적인 명함판 사진이다). 바빙크는 레이든 기초과정 가운데 배웠던 "역사, 언어학 등과 같은 흥미로울 것 없는 과목들 모두"를 버둥대며 공부해야만 했던 것을 인정했으며, 깜픈 문학 시험을 치룬 후 2주간 여행할 계획을 분명히 하기도 했다. 바빙크가 이렇게 했던 이유는 이 시점에도 바빙크는 여전히 레이든으로 돌아갈 마음이 있었기 때문이다. "따라잡아야 할 것이 많고 날 기다리고 있는 새로운 공부를 준비하기 위해 [레이든으로] 가야 할 것 같아. "[67]

시험을 치루기 전 바빙크는 깜픈 신학교에서 이후 과정을 진행하기 위해 도너 목사로부터 증명서를 받아야 했다. 증명서는 바빙크가 레이든에서의 2년간 호이흐라흐트의 기독개혁교회에서 흠 없는 회원으로 잘 지냈는지에 대한 증명서였다. 도너 목사는 7월 8일에 이 증명서 요청을 승인했다.[68] 이제 바빙크는 깜

---

67   Bavinck to Snouck Hurgronje, Kampen, June 29, 1876, in *ELV*. "Als nieuws kan ik u meedeelen, dat ik me—waarover ge u wel verwonderen zult—in de vorige week heb laten photographeeren. Zoo gij 't goed vindt, zal ik u een volgend maal een portret oversturen, als ik ze dan namelijk heb. Van studie van Hebreeuwsch en Arabisch of theologie komt niet veel. 't Repeteeren van al die dorre vakken—eschiedenis, taalkunde etc—eneemt me haast alleen lust. Na 't examen, dat den elfden juli zal gehouden worden, denk ik een veertien dagen op reis te gaan, om dan de geleden scha in te halen, en eenigszins me voor te bereiden voor de nieuwe studie, die ons wacht." 이 사진은 1876년 8월 9일에 바빙크가 스눅 후르흐론여에게 보낸 편지에 있었다.

68   이 증명서는 the Archief van het College van Curatoren, Stadsarchief Kampen, folder no. 12824에 보존되어있다.

픈 신학교 이사들을 만날 준비가 되었다.

문학 시험(The Literary Exam)

문학 시험을 치르는 학생들은 신학 공부를 할 수 있는 자격을 증명하기 위해 논술 주제를 스스로 정해야만 했다. 바빙크는 "신화의 기원과 가치"라는 자신이 선택한 주제와 씨름하면서, 신화는 종교에 대한 인간의 능력과 상상력에 그 기원이 있으며, 오직 그리스도 안에서만 발견 가능한 것을 향한 인간들의 갈망에 대한 표현이라는 미묘한 주장을 전개했다. "**7월 11일과 12일. 깜픈에서 문학 시험 완료: 명예로운 인증서와 함께. 오직 하나님께만 영광을, 그리고 은혜를! 내 논술 주제는 신화의 기원과 가치였는데, 나도 즐거웠으며 토론을 불러일으키기도 했다.**"[69] 바빙크가 문학 시험을 통과했다는 것은 그해 열렸던 신학교 이사회 회의록에도 선명히 기록되어 있다. "학장의 개회 기도 후, 시험에 통과한 학생들의 역량을 판단하는 통상적인 절차가 진행되며, 시험 결과를 통해 볼 때 비록 시험을 치룬 학생들 사이에서 눈에 띄는 역량 차이가 관찰되었지만 학생들 모두 다음 과정으로 진학하게 될 것이다. H. 바빙크 형제와 H. 세이프끈스(SIJPKENS) 형제가 명예로운 언급이 있는 졸업장을 받게 될 것이다; 나머지 7명은 일반 인증서만 받게 될 것이다."[70]

---

69 "Ex animo et corpore. H. Bavinck, Theol Stud." "11 en 12 Juli. [1875] Litterarisch Exam te Kampen gedaan: met loffelijk attest erdoor. Soli Deo Gloria—et gratia! Mijn opstel was over: Oorsprong en Waarde der Mythologie, dat me wel beviel en nog tot discussie aanleiding gaf." "신화의 기원과 가치"의 원본은 the Archief van het College van Curatoren, Stadsarchief Kampen, folder no. 12824에 보존되어있다.

70 *Handelingen der drie-en-dertigste vergadering van de kuratoren der Theologische School der Christelijke Gereformeerde Kerk in Nederland* (Amsterdam: P. van der Sluys, 1876), 10. "Na voorafgaand gebed door den president, gaat men op de gewone

명예로운 언급을 받은 학생이었던 H. 세이프끈스는 "관상술"(Physiognomy)에 대해 논술했다. "네덜란드 언어 속의 독일 정신"이라는 주제를 제외한 그 외의 논술 주제들은 지적으로 그렇게 큰 야망이 있는 주제는 아니었다. 예를 들면 "시험 치루기 전 6주," "설교를 들은 후 세 명의 문학 학생들 간의 대화," 그리고 호기심을 자극하는 주제인 "내 논술을 그 누구도 도와주지 않았다"였다.[71] 레이든에서 2년을 보낸 후 깜픈으로 다시 돌아온 바빙크는 여전히 돋보였다. 지난 2년에 걸쳐 풀리지 않은 채 남아 있었던 질문, 즉 바빙크가 문학 시험을 치룰 것인지 아닌지(만약 치룬다면 언제 치룰 것인지)에 대한 질문은 이제 해결되었다. 바빙크는 깜픈에서 새로운 자격을 갖게 되었는데, 이 자격은 이제 비로소 남은 신학 공부를 시작할 수 있는 학생이 되었다는 자격이었다.

이후 날들 가운데 바빙크는 자신의 뿌리, 즉 가정적 뿌리, 교회적 뿌리와 다시 연결하는 시간을 가졌는데, 이 일환으로 프리전페인의 외가를 방문했으며(7월 28일), 삼촌과 함께 벤트하임으로 여행해 아버지 얀의 회심과 기독교적 목회를 향한 여정에 큰 영향을 끼쳤던 옛 개혁파 설교자 얀 바런트 쉰다흐(Jan Barend Sundag)를 만났다(8월 7일).[72] 쉰다흐와 (헤르만) 바빙크가 만났을 때

---

manier over om over de bekwaamheid der geene, die hun examen hebben afgelegd te oordeelen, met dien uitslag dat, hoewel er een merkbaar verschil van bekwaamheid bij de geexamineerden is waargenomen, hen allen tot hoogere studien te bevorderen, met dit onderscheid dat de broeders H. BAVINCK en H. SIJPKENS een diploma zullen verkrijgen met loffelijke vermelding; het overige zevental slechts met gewoon attest."

71 *Handelingen der drie-en-dertigste vergadering*, 8. "H. BAVINCK, over de oorsprong en waarde der Mythologie, J. KOOI, de zes weken voor het examen, J. KOOI, een gesprek tusschen drie litt. studenten, na het hooren eener predikatie, C. STEKETEE, het Germanisme in de Nederlandsche taal, M. SIJPKENS, de Physionomie, H. VAN DER VEEN, niemand heeft mij aan mijn opstel geholpen." 이 시험 원고들은 Archief van het College van Curatoren, Stadsarchief Kampen, folder no. 12824에 보존되어있다.

72 "Ex animo et corpore. H. Bavinck, Theol Stud." "28 Juli [1876] … met mijn nichtje Dientje naar Vriezenveen (Ds. Verhagen). … 7 Aug. Met oom Ohman naar Bentheim, Ds. Sundag, de Must, Bad." 비록 바빙크가 어린 시절 때 벤트하임에 방문했을

그들의 나이는 각각 66세, 22세였다. 하지만 아쉽게도 바빙크는 쉰다흐와 만나 무슨 말을 나눴는지, 혹은 자기 아버지의 옛 조언자를 만난 이후의 구체적인 인 상에 대해 기록하지 않았다. 자료로부터 취합할 수 있는 유일한 추가 정보는 학 생 시절 바빙크의 영수증 모음 책 속의 노트인데, 아버지의 고향(Heimat)을 잠 시 방문할 때 25길더를 받았다는 노트였다. 네덜란드 분리의 아들이었던 바빙 크는 환영을 받았고 독일 옛 개혁파 교회로 호의적으로 돌아갔다.[73] 이 방문을 6월 29일 스눅 후르흐론여에게 보낸 바빙크의 편지의 빛 속에서 살펴볼 때, 종 교적 불순종 때문에 수차례 감옥에 갇혔던 인물이었던 쉰다흐와의 만남 가운 데서 바빙크는 레이든에서 자기에게 닥칠 일에 대해 자신을 자극하고 있었던 것 같다. 이 일 후 바빙크는 깜픈의 부모님 댁으로 돌아갔으며, 그곳에서 늦은 9 월까지 친구들을 방문했다.

최종적으로 레이든으로 돌아감

깜픈에서의 공부를 재개함에 있어 필요한 모든 단계가 다 준비되었음에도 불 구하고 바빙크는 레이든의 현대 신학자들에게로 되돌아갔다. "**9월 25일. 외부 의 많은 반대 가운데서 레이든으로 돌아감**."[74] 외부의 많은 반대는 무엇이었을 까? 바빙크 자신의 그 어떤 글 속에서도 바빙크 부모님이 이 사안에 대해 그를 압박했다는 증거는 없다. 레이든 시절 일기는 얀 바빙크가 헤르만을 만나러 레

가능성이 있긴 하지만 쉰다흐를 방문했던 이 일은 헤르만 바빙크가 벤트하임을 방문했다는 기록된 형태의 최초 증거이다.

73 "Kasboek, H. Bavinck." "7 Aug. Oom Ohman en ik naar Bentheim. 25 Gld gekregen."

74 "Ex animo et corpore. H. Bavinck, Theol Stud." "25 Sept [1876]. Onder veel strijd van buiten weer naar Leiden terug."

이든에 왔고, 레이든 생활을 즐거워했다고 선명히 기록하고 있다.[75] 오히려, 문제의 이 반대는 아마도 기독개혁교회의 부모들이 자신의 자녀를 국립 대학에 보내는 것과 더불어 그 길을 가려 했던 자기 자녀들도 강하게 반대했던 깜픈 교수 안토니 브룸멀깜프와 관계있을 것이다.[76] 아마도 브룸멀깜프는 장차 바빙크가 깜픈 신학교로 돌아오리라 생각했던 것 같고, 깜픈에서 문학 시험을 통과했음에도 불구하고 레이든에 돌아가 계속 공부할 것을 결정했던 바빙크에게 특별히 실망했을 것이다.

이런 맥락 속에서 브룸멀깜프는 얀 바빙크의 행동을 정통 그리스도인 아버지로서 "부적절하고 꼴사나운" 행동으로 여기며, 얀을 강도 높게 비판했다.[77] 브룸멀깜프는 깜픈 신학교 교수들 사이에서 헤르만의 계획에 대한 논쟁을 시작했고, 헤르만의 계획에 대해 만장일치로 반대 성명을 내야 한다고 제안했다. 그러나 브룸멀깜프의 제안은 일반적인 근대 후기 시대의 토대 위에서 바빙크의 "개인적 자유"를 침해할 수 있다고 생각한 시몬 판 펠전에 의해 반대에 부딪혔다.[78] 깜픈 교수들 중 오직 뮐더(Mulder)만 브룸멀깜프 편에 섰다. 그 외 나머지 교수들은 레이든으로 돌아가려는 바빙크를 지지했다.

북아메리카로부터도 반대 목소리가 들려왔다. 1876년 12월 23일 미시간 호

75 "Ex animo et corpore. H. Bavinck, Theol Stud." "29 Nov-1 Dec [1876]. Vader hier geweest. 't Stond hem goed aan. Veel genoegen gehad. Hij vertelde mij dat. …" 이 일기 내용의 나머지는 이 일기에서 사라지고 없다.

76 Melis te Velde, *Anthony Brummelkamp: 1811-1888* (Barneveld: Uitgeverij de Vuurbaak, 1988), 414.

77 G. M. den Hartogh, "Varia," in *Sola Gratia: Schets van de geschiedenis en de werkzaamheid van de Theologische Hogeschool der Gereformeerde Kerken in Nederland*, ed. J. D. Boerkoel, Th. Delleman, and G. M. den Hartogh (Kampen: Kok, 1954), 69. "In een volgende vergadering noemde Brummelkamp het 'gedrag' van Ds Bavinck met behelzing tot zijn zoon, lid der gemeente, student der Theol. School, aanstaand predikant, ongepast en onbetamelijk."

78 Den Hartogh, "Varia," 69-70.

프 칼리지 학생이었던 바빙크 친구 헨리 도스꺼는 신학생으로 레이든에 남으려는 바빙크의 선택에 대한 의구심을 표현했다.[79]

난 네 주변을 둘러싸고 있는 불신앙의 모든 공격 속에서도 네가 계속서 있는 것에 대해 하나님께 감사해. 과연 무엇이 **거기서** 신학을 공부하게끔 헤르만을 움직이고 있는지가 자의든 타의든 내 마음속에서 떠올랐던 질문이었어. 레이든, 현대주의의 핵심. 유감스럽게도 스홀튼과 꾸우는 등의 이름들은 너무 잘 알려진 이름들이야. 넌 거기서 무엇을 찾을 수 있니[?] … 내 생각엔 공격 계획에 대한 완전한 지식, 무장, 그리고 적의 강함이야. 하나님께서 헤르만 너의 결정이 굳건히 유지되도록 도와주시고 적대적인 학문의 번쩍거리는 모든 광선보다도 우리의 역사적 기독교의 선명한 믿음을 선택하려는 너를 도와주시길. 하지만 **넌 많은 모험을 하고 있어.** 우리 둘 다 논리적으로보이는 주장들에 영향을 받기 쉽잖아. 우리는 폭풍 가운데 구부러지고 쉽게 방향이 바뀌는 성장하고 있는 연약한 식물들이잖아. 거기서넌 너 자신의 견해의 좁은 벽들 안에서 반드시 후퇴하게 될 것 같아. 넌 지나치게 방어적이 되어야만 할 것이고, 그 결과 넌 **오직** 공격을통해서만 성장하고 발전할 수 있는 가운데 아마도 넌 진리에 대한 다소 간결한 견해를 **반드시** 받아들여야만 할 거야. 이것들이 내가 너의다음 편지 속에서 명확히 보고 싶은 몇 가지 지점들이야. 너를 레이든에서 공부하게 만드는 동기는 뭐야? 넌 그 공부에서 무엇을 기대하니? 이 질문에 대한 일반적인 의견은 뭐야?[80]

79 Harinck, "'The Tares in the Wheat': Henry E. Dosker's Calvinist Historiography of Dutch Anabaptism," in *Religious Minorities and Cultural Diversity in the Dutch Republic*, ed. August den Hollander, Mirjam van Veen, Anna Voolstra, and Alex Noord (Leiden: Brill, 2014), 269.

80 Dosker to Bavinck, Grand Rapids, December 23, 1876, in *BHD*. "Ik dank God, dat ge tot nog toe staande gebleven zijt, te midden van al de aanvallen des ongeloofs rondom u. Wat beweegt toch Herman om *daa*r theologie te gaan studeeren, was de vraag, die

레이든 신학생으로서 바빙크를 기다리고 있는 가능한 현실에 대한 도스꺼의 예측, 즉 바빙크 자신의 보수적인 신앙과 경건을 보호하는 수단으로서 "자신의 견해의 좁은 벽들" 속으로 지적인 후퇴를 할 것이라는 예측이 어느 정도까지는 정확한 예측으로 증명되었지만, 이 편지의 마지막 질문도 실상을 효과적으로 보여주었던 질문이었다. 젊은 망명자였던 도스꺼도 옛 나라의[네덜란드의] 대부분의 분리 측 신자들이 젊었던 헤르만을 위한 자신의 걱정을 공유하고 있는지 아닌지, 혹은 새로운 세상으로 떠난 후 분리 측 문화가 얼마나 많이 바뀌었는지에 대해 확신할 수 없었다.

얀 바빙크의 양육에 대한 브룸멀깜프의 불만은(아마도 이 불만은 도스꺼가 찾았던 "일반적인 의견"과 동의어일 것이다) 얀 바빙크가 하르더베이끄(Harderwijk)의 기독개혁교회로부터 청빙을 받은 후 이에 대한 신학교 교수진들의 조언을 구했던 1878년에 다시 표면에 드러나게 되었다. 이에 대한 반응으로 브룸멀깜프는 자신의 동료 교수들에게 얀이 의무적으로 이 청빙을 수락하도록 만들자고 제안했다. 그 이유는 레이든에서의 신학 공부를 허락했던 얀의 결정은 근본적으로 깜픈 신학교의 고결성을 손상시켰다고 생각했기 때문이

---

zich, nolens volens, aan mijn geest voordeed. Leiden, de focus van het modernisme. De namen van Kuenen, Scholten, etc. helaas maar al te zeer bekend. Want kunt ge daar zoeken. ⋯ Dit eene, mijns inziens, een volledige bekendheid met het plan van aanval, de wapenrusting en sterkte der vijanden. God helpe u, Herman, om standvastig bij uwe keuze te volharden en de heldere geloofswaarheid van ons historisch christendom te kiezen, boven al de flikkerende lichtstralen eener vijandige wetenschap. Toch ge *waagt veel.* Wij zijn beiden vatbaar voor de invloed van schijnbaar logische argumenten. We zijn groeiende, teere planten, die door de storm gebogen worden en gemakkelijk een scheeve richting behouden; gij zult u daar dunkt me te zien moeten terugtrekken binnen de enge muren van eigen opvatting; ge zult te veel verdedigenderwijze moeten te werk gaan, en daardoor wellicht een eenigszins gedrongen opvatting der waarheid *moeten* aannemen, terwijl ge groeien en ontwikkelen kunt, *alleen* door aan te vallen. Zie hier eenige puntjes, die ik gaarne zag opgehelderd in uw volgend schrijven. Wat beweegt u om te Leiden te studeeren? Wat verwacht ge ervan? Wat zegt de algemeene opinie dienaangaande?" 강조는 원문.

었다. 이 상황 속에서 이전에도 그랬던 것처럼, 판 펠전이 브룸멀깜프의 분노를 억누르기 위해 개입했다.[81] 이 일과 상관없이, 얀 바빙크는 깜픈에 남기로 결정했다.

고등교육법(1876년)

기초 예비 과정 단계에서 전문적으로 신학을 공부하는 단계로 옮겨갔던 바빙크의 특별한 지점은 학교와 관련된 1848년 헌법 개정의 결과와 지속적으로 씨름해왔던 네덜란드 정부의 그림자가 드리워져 있었던 지점이었다. 1876년 중반 통과된 고등교육법(the Higher Education Act)은 오랜 기간에 걸쳐 논쟁해왔던 주제, 즉 지금까지는 네덜란드 대학에서 가르쳐왔던 주제였던 신학을 종교연구로(인간의 종교적 행위에 대한 명백하게 중립적인 접근으로) 대체해야만 하는가라는 주제를 해결하려는 시도였다. 이에 대한 의견 불일치가 만족스럽게 해결되지 않았고, 결국 이런 불만족은 이 법안의 결과 속에서 명백히 드러나게 되었다. 즉 신학부의 이름을 "신학"(*godgeleerdheid*)으로 유지해야만 했지만, 실상 가르치는 내용은 종교연구 프로그램이었다. 자신의 학생 시절에 영향을 끼쳤던 이 법안의 결과에 대해 바빙크는 이 법안이 대학 수준의 신학 공부를 다소 지적인 혼돈으로 만들었다고 이후 회상했다. "그 결과는 모든 통합과 개념의 통일성이 결여된 서로 호환되지 않는 것들의 이상한 혼합이었다. 어떤 과목들은 옛날 신학 프로그램이 상기되게끔 가르쳤으며, 또 다른 과목들은 종교연구 영역에 선명히 속해 있었다."[82]

---

81   Den Hartogh, "Varia," 70; te Velde, *Anthony Brummelkamp*, 414.

82   Herman Bavinck, "Theology and Religious Studies," in *Essays on Religion, Science,*

그러므로 바빙크의 레이든 시절은 위기와 불안정의 시기로 진입했던 학문적 신학 속에서 신학적 단계를 밟아 나갔던 시절이었다.

신학생의 사회생활

레이든에서의 바빙크의 공부 과정이 변화를 겪었다는 것은 그때를 기록하고 있는 레이든 시절 일기 속에 명백히 드러난다. 요한네스 헨리퀴스 스홀튼(Johannes Henricus Scholten, 1811-85)과 요한네스 야코부스 프린스(Johannes Jacobus Prins, 1814-98) 같은 새로운 이름들이 등장하기 시작한다 [역자 주: 스홀튼의 생몰 연도가 원문에는 1811-58로 되어 있는데 1811-85가 맞으므로 후자로 수정했다]. 이전 일기 목록에서는 학문적인 열정이 결여된 부분이 보인 것과는 다르게, 지금부터는 새롭게 발견된 진지한 열심들이 전면에 드러나기 시작한다. "9월 26일. 신학 강의들이 열렸다. 계속 참석하는 가운데 내 믿음이 강하게 된다. 종교개혁에 대한 브라위닝(Bruining)의 논제 '신학적 희생의 설립.' 다우반톤(Daubanton), 나, 빌더부어(Wildeboer), 그리고 드 호흐(de Hoogh)가 반박함. 나 스스로는 아주 썩 만족스럽지 않았는데, 어쩌면 좋았었을 수도 있다. 오 하나님! 당신의 영광을 위해 싸우게 하소서!"[83] 그 후 바빙크의

---

and Society, ed. John Bolt, trans. Harry Boonstra and Gerrit Sheeres (Grand Rapids: Baker Academic, 2008), 53.

83 "Ex animo et corpore. H. Bavinck, Theol Stud." "26 Sept [1876] worden de theol. colleges geopend, die me bij voortgaande bijwoning in mijn geloof versterken. 'Oprichting van Theologico Sacrum' stellingen van Bruining over de Hervorming. Geopponeerd door Daubarton, mij, Wildeboer en de Hoogh. Voor mijzelven had ik niet veel voldoening wat misschien wel goed was. O God! laat me voor Uw eer strijden!" 이 노트는 레이든의 동료 신학생이었던 J. 브라위닝(Bruining, 1853-1943)을 지칭하고 있다.

일기는 교수들과 나눈 학문적 교감보다는 사회적 교감에 더 집중하고 있다. "3월 3일 드 프리스(de Vries) 교수님과 저녁을 함께 함. 매우 좋았음. 3월 18일 주일—프린스(Prins) 교수님 댁에서 저녁을 함께 함. 꽤 괜찮았음. 3월 21일 드 후여(Goeje) 교수님 댁에서 저녁을 함께 함."[84] 하지만 초기 신학생 때는 레이든의 현대 신학자들과의 교감보다도 아멜리아 텐 데꺼와의 관계에 대한 트라우마로 압도당했던 시기였다. 1877년 4월 16일 바빙크는 분리 측 동료 친구였던 니우하위스(Nieuwhuis)와 함께 깜픈에서부터 레이든으로 여행했다. 이 날짜의 바빙크의 일기에는 "H. 라븐스호르스트(Ravenshorst) 양과의 약혼을 나에게 말한 니우하위스와 함께 레이든으로 돌아감"이라고 적혀있다.[85] 명백하게 바빙크의 마음에 청혼이 있었다.

이전에 니우언데이끄(Nieuwendijk)에서 실망스럽게 보냈음에도 불구하고(1875년), 바빙크는 1877년 여름에 다시 그곳을 방문했다. 다시 방문한 이유에 대해서는 바빙크의 일기장에 선명히 명시되어 있다. 도착 다음 날 바빙크는 라틴어로 "*Ameliam rogavi*"[86] 즉 "나는 아멜리아에게 물었다."라고 기록했다. 이 질문의 본질은 그다음 일기 목록에 상세히 설명되어 있다. 바빙크는 청혼을 위해 알름께르끄로 갔었다. 청혼에 대한 아멜리아의 반응은 기록되어 있지 않지만, 그다음 세 번에 걸쳐 대부분 라틴어로 쓴 일기 목록은 이에 대한 어느 정도

---

84 "Ex animo et corpore. H. Bavinck, Theol Stud." "3 Maart [1877] Gedineerd bij Prof. de Vries. Heel aardig. 18 Maart Zondag—Gesoupeerd bij Prof. Prins. Tamelijk. 21 Maart Gesoupeerd bij Prof. de Goeje."

85 "Ex animo et corpore. H. Bavinck, Theol Stud." "16 April [1877] Weer naar Leiden met Nieuwhuis die me meldt dat hij geengageerd is met Juffr. H. Ravenshorst"[역자 주: 에글린턴은 "니우하위스와 함께 레이든으로 돌아감"이라는 문구를 본문에 넣지 않아 이 문구를 본문에 추가했다. 게다가 원문 본문에는 1876년으로, 각주에는 1877년으로 표기되어 있는데 맥락상 1877년이 맞으므로 본문에는 1877년으로 수정해 번역했다].

86 "Ex animo et corpore. H. Bavinck, Theol Stud." "1 Sept [1877]. Ameliam rogavi."

의 통찰을 주고 있다.

> 9월 8일 토요일. 멜리아 양과 얘기함. 난 나의 사랑 아멜리아에게 흠뻑
> 빠져 있다.
> 9월 9일 아멜리아와 함께 교회에 감. [교회는 혹은 목사님은] 그녀와
> 내게 [닥칠] 몇몇 어려움들을 예상했다.
> 9월 10일 [교회는 혹은 목사님은] 목회자 아내가 반드시 그리스도인이
> 어야 한다고 내게 말씀하셨다. 큰 도움을 내게 말씀하셨다. 주여, 당신
> 께 감사 드립니다. 그리고 우리에게 은혜를 베풀어 주시길 위해 기도합
> 니다.[87]

비록 아멜리와 함께 교회에 갔었을 때 바빙크가 인지한 문제의 본질이 정확히
무엇인지는 알려져 있지 않지만, 그럼에도 바빙크는 그녀와의 결혼을 기대했
던 것으로 보인다. 아멜리아가 바빙크의 청혼을 수락하지 않았던 것과 바빙크
자신이 그녀와의 결혼에 대해 어느 정도 의구심을 느꼈던 것은 1878년 4월달
일기에 드러나 있다. "4월 30일. 아멜리아와 얘기를 나눴고 아멜리아가 1877년 9
월 1일의 질문에 긍정적인 대답을 할 것 같다고 나에게 희망을 주었던 드 부어 씨
(Monsieur de Boer)로부터 편지를 받음. 오 하나님, 이렇게 될 수 있도록 해주시
고 내 속에서도 반대가 일어나지 않게 해주소서."[88] 드 부어 씨는 바빙크가 하설

---

87 "Ex animo et corpore. H. Bavinck, Theol Stud." "8 Sept [1877] Zaterdag. Met Juffr.
Melia gesproken de amore meo es Ameliai et de ira Dionisii. 9 Sept En ecclesia cum
Am. iri et mihi numeravit nonnullas difficultates. 10 Sept Feminam ministri v.d. esse
debere Christianam mihi dixit. Magnam opem mihi dixit. Tibi Domine gratias ago et
precor ut nobis faveas!"

88 "Ex animo et corpore. H. Bavinck, Theol Stud." "30 April [1878]. Een brief ontvangen
van Mons. den Boer, die me zijn gesprek meedeelde met A., en hoop gaf dat A. de
vraag van 1 Sept. 1877 met ja beantwoorden zal. O God, geef dat dat gebeurt en
dat er ook van mijne zijde geen bezwaar kome"[역자 주: 이 전기의 3장에서도 부어
씨가 등장한다. 3장에서는 헤프와 브렘머를 인용하며 드[de] 부어로 인용되지만,

만 학교에서 공부할 때 바빙크의 선생님이었으며, 바빙크 가정과 덴 데꺼 가정 둘 다와 관계를 맺고 있었다. 바빙크에게 희망 섞인 편지 내용이었음에도 불구하고, 아멜리아는 바빙크의 청혼을 수락하지 않았다. 실상을 효과적으로 보여주듯이, 이 일기 목록의 후반부는 비록 밑줄 친 부분은 분명히 드러나긴 하지만 아마도 바빙크 스스로가 쓴 것으로 보이는 연필로 휘갈긴 내용이 등장한다. 하지만 청혼 실패의 이유가 분명히 밝혀졌던 1879년 후반에 시작한 이후 일기 내용 속에도 아멜리아는 특별히 포함되었다.

흥미롭게도, 이후 일기에서는 또 다른 친구가 알름께르끄에 가서 젊은 여인에게 청혼하는 모습을 그리고 있다. 이 친구도 "(그녀의 처음 답변은 승낙이었지만) 그녀의 어머니가 강하게 반대해 거절 답변을 받았다."[89] 1879년 일기에 분명히 드러난 것처럼, 바빙크는 친구의 곤경에 공감할 수 있는 충분한 이유를 가지고 있었다. 알름께르끄는 약혼자를 찾는 젊은이들에게 급속도로 불길한 예감의 장소가 되어가고 있었다.

좌절된 사랑의 트라우마 한복판에서도 바빙크와 레이든 현대 신학자들 사이의 교감은 피어올랐다. 그 당시 레이든 대학교의 가장 유명한 신학자들었던 요한네스 헨리쿠스 스홀튼(Johannes Henricus Scholten)과 아브라함 꾸우는(Abraham Kuenen, 1828-91)은 그 시절 바빙크의 일기 속에 구체적으로 등장했던 교수들이었다. 신약학자로 시작했던 스홀튼은 그 시대 레이든 학파의 가장 유명한 조직신학자가 되었다. 스홀튼은 이전에 있었던 철학자 꼬르넬리스 빌름 옵조머(Cornelis Willem Opzoomer, 1821-92)와의 논쟁을 통해 절대적

바빙크의 일기에서는 덴[den] 부어로 표기되어 있다].

89 "Ex animo et corpore. H. Bavinck, Theol Stud." "3 Mei [1877]. Thiele komt weer terug van Almkerk terug met Kok, die meegeweest was om Dientje de Jong te vragen, maar een weigerend antwoord ontving, (nadat ze eerst het jawoord gegeven had) toen haar moeder er sterk tegen was."

물질주의 결정론의 원리를 확신했고, 이를 통해 스홀튼의 교의 작업은 칼빈주의적 예정론과 결합되었다.[90] 하지만 1870년 후반에 들어 스홀튼의 시대 가운데 거대한 지적 발전은 사라진지 오래였다. 1850년대만 하더라도 소설과도 같았던 개혁신학에 대한 스홀튼의 결정론적이고도 현대적인 설명이 이제는 유명한 설명이 되었으며, 이 설명에 대한 스홀튼의 단호한 고수는 그의 학생들에게 그를 지적으로 예측할 수 있게 만들었다. 아브라함 꾸우는은 성경을 고등비평적으로 읽는 거대한 발걸음을 창출해낸 현대주의적 구약학자였다. 바빙크가 꾸우는의 학생이 되었을 때, 꾸우는은 권력의 절정에 이르렀고 국제적으로도 어느 정도의 명성을 갖고 있었던 인물이었다.[91] 바빙크는 1877년에 스홀튼에게 저녁 식사 초대를 받았던 것을 기록했다. "**6월 6일. 스홀튼 교수님 오른편에 앉아 저녁을 먹었다. 매우 즐거웠다.**"[92] 바빙크는 개인적으로 스홀튼과 교제하는 것을 즐겼다. 하지만 바빙크는 스홀튼이 지적으로 더 이상 영향력이 없는 분이라는 사실을 알았다. 이런 생각은 1870년대 레이든 신학생들 사이에 넓게 공유되었던 생각이었다.

요한네스 헨리쿠스 스홀튼

바빙크가 전역의 기독개혁교회 일에 공개적으로 참여하는 것이 늘어났고,

---

90 Johannes Henricus Scholten, *De leer der hervormde kerk in hare grondbeginselen*, 2 vols. (Leiden: Engels, 1850). 개혁신학 전통에 대한 스홀튼의 전용(轉用, appropriation)에 대해서는 다음을 살펴보라. James Eglinton, *Trinity and Organism: Towards a New Reading of Herman Bavinck's Organic Motif* (London: Bloomsbury T&T Clark, 2012), 13-19.

91 Peter Berend Dirksen and Aad W. van der Kooi, eds., *Abraham Kuenen (1828-1891): His Major Contributions to the Study of the Old Testament* (Leiden: Brill, 1993).

92 "Ex animo et corpore. H. Bavinck, Theol Stud." "6 Juni [1877]. Gedineerd bij Prof. Scholten, aan wiens rechterhand gezeten ik zeer veel genoegen had."

도너와의 깊은 관계와 깜픈의 부모님 댁에 기분 좋게 방문하는 일도(동시에 깜 픈 신학교에서 공개 시험이 있었던 일도) 계속되었다. "**7월 21일. 주일. 오늘 아침 엔스헤더(Enschede)에서 내 첫 설교가 있었다. 잘 진행되었다. 내 본문은 요한일서 5장 4절 하반절이었다. 오 하나님, 당신의 이름에 감사합니다.**"[93] 1878년 8월 3일에 스눅 후르흐론어에게 보낸 편지는 24세의 바빙크가 설교를 준비하고 선포했던 첫 경험과 더불어 그 당시 상황을 설명하고 있다.

8일 전 주일날 엔스헤더에서 첫 설교를 했어. 난 이 설교를 나중에 하길 원했지만, 부모님께서 좋아하셨고 엔스헤더에 사시는 이모와 삼촌께서 특별히 좋아하셨어. 예전부터 내 첫 설교를 거기에서 하기로 이미 그분들과 약속했고, 이모의 건강 상태가 안 좋으셔서 얼마나 더 오래 사실지 모르기 때문에 더욱더 내 약속을 지켜야 할 이유가 되었지. 물론 많은 어려움이 있었고 시험 준비할 시간을 많이 잡아먹었어. 설교는 내게 작은 문제가 아니었어. 그래도 결국 잘하긴 했어. 내 본문은 요한일서 5장 4절 하반절, "세상을 이기는 승리는 이것이니 우리의 믿음이니라"였어. 설교하기에 나쁘지는 않았어. 매우 고요했고 차분했지. [설교를] 마쳤다는 것과 가장 컸던 어려움이 극복된 것이 기뻐. 그래도 내가 생각했던 것보다 나에게 큰 영감을 주지 못했다는 것 때문에 썩 만족스럽지는 않아. 난 내가 하길 원했던 대로 나 스스로를 위해 이런 감정을 말하지 않았어. 항상 이상 아래에 머물러 있다는 생각이 끊임없이 나와 함께 있어. 그래도 전반적으로는 잘 진

---

93 "Ex animo et corpore. H. Bavinck, Theol Stud." "21 Juli [1878]. Zondag. 's morgens mijn eerste preek gedaan in Enschede. 't Ging goed. Mijn tekst was 1 Joh 5:4b. Dank zij Uwen naam, o God."[역자 주: 바빙크가 설교한 본문은 "무릇 하나님께로부터 난 자마다 세상을 이기느니라 세상을 이기는 승리는 이것이니 우리의 믿음이니라"이다. 이 설교문은 헤르만 바빙크, 『헤르만 바빙크의 설교론』, 신호섭 옮김 (군포: 도서출판 다함, 2021)에 수록되어 있다.]

행되었고, 난 감사해야 할 수많은 이유가 있어.[94]

그다음 달 일기는 바빙크가 신학교의 다양한 구성원들이 모인 깜픈에 소재
한 교회에서 첫 설교를 했던 모습을 그리고 있다. "이번에도 꽤 잘 마쳤다. 오 하
나님이여 마음속 깊은 곳에서부터 우러나오는 내 감사를 받으소서."[95] 바빙크가
셈어 공부를 성공적으로 마친 내용이 1878년 9월 20일 일기에 기록되어 있다.
스눅 후르흐론여도 다음날 같은 시험을 치뤘고 더 높은 점수를 받았다. 바빙크
의 부모님이 바빙크의 진보적인 친구와 어떤 관계를 맺고 있었는지에 대해서
는 스눅 후르흐론여에게 보낸 축하 편지에서 발견 가능하다. "토요일 저녁 여기
에 안전히 도착했어. 너도 생각했던 것처럼 부모님께서도 너의 시험에 대해 대
단히 기뻐하셨고, 대신 축하해 달라고 요청하셨어."[96]

---

94 Bavinck to Snouck Hurgronje, August 3, 1878, in *ELV*. "Zondag voor acht dagen
    heb ik te Enschede mijn eerste preek gedaan. Ik voor mij had het liever nog wat
    uitgesteld, maar mijn ouders hadden het gaarne en een oom en tante van me, die in
    Enschede wonen, waren er bijzonder op gesteld. Reeds langen tijd geleden had ik
    het hun beloofd, daar mijn eerste preek te houden en nu de gezondheidstoestand
    mijner tante wel van dien aard kon zijn dat ze niet lang meer leefde, was dit reden te
    meer om mijn belofte te volbrengen. Maar daar was natuurlijk veel bezwaar en met 't
    oog op ons examen groot tijdverlies aan verbonden. Een preek maken was voor mij
    geen kleinigheid. Toch lukte het eindelijk. Mijn tekst was 1 Johannes 5:4b, dit is de
    overwinning die de wereld overwint, namelijk ons geloof. En 't uitspreken viel me
    zeer mee. Ik was zeer kalm en bedaard. Zoodat ik blij ben dat ik het maar gedaan heb,
    en de grootste zwarigheid ook hierin weer overwonnen is. Toch was ik in zooverre
    onvoldaan, dat het mij minder inspireerde dan ik gedacht had. Ik sprak niet met dat
    gevoel voor mijzelf, als ik gehoopt had dat ik doen zou; terwijl de gedachte, altijd zoo
    ver beneden 't ideaal te blijven staan, me onophoudelijk bijbleef. Maar overigens ging
    het goed en heb ik tot dankerkentenis overvloedige stof."
95 "Ex animo et corpore. H. Bavinck, Theol Stud." "<u>11 Aug</u> [1878]: Zondag. 's avonds
    voor 't eerst te Kampen gepreekt ⋯ 't liep best af. Ook daarvoor U, o God, mijn
    innige dank."
96 Bavinck to Snouck Hurgronje, Kampen, September 24, 1878, in *ELV*. "Zaterdagavond
    ben ik in welstand hier aangekomen en zooals te denken was waren mijn ouders zeer
    verblijd, ook over uw exam, waarmee ze me verzocht hebben uit hun naam geluk te

박사 공부: 실용주의와 실패한 연애

신학과 셈어 두 영역 모두에서 인정받는 후보가 된 바빙크는 이제 박사논문 쪽으로 생각을 돌리기 시작했다. 1879년에 스눅 후르흐론여에게 보낸 편지에 따르면 바빙크는 1834년 분리에 대해 논문을 쓸 계획을 이미 가지고 있었다. 이 주제는 바빙크의 25번째 생일 때 최근 임명된 교회사 교원이었던 J. G. R. 아쿠오이(Acquoy)에게 우연히 제안받은 주제였다.[97] 박사논문 지도교수였던 스홀튼과 이 계획에 대해 나누는 가운데 바빙크는 다른 학생이 이 주제를 준비하고 있다는 소식을 듣게 되었다. "스홀튼 … [교수님께서] 프로스트[Proost]도 분리에 대해 박사논문을 쓰려는 생각을 갖고 있으므로 주의하라고[nota bene] 말씀하셨어. 하지만 스홀튼은 그에게[프로스트에게] 이 주제를 나에게 넘기라고 요청하셨고, 아마도 그도 그렇게 할 것 같아."[98] 바빙크와 스눅 후르흐론여 둘 다 박사 공부를 독일 대학에서 하려는 야망을 품고 있었다는 것도 이때 나눈 그들의 편지 속에 드러나 있다. 바빙크는 친구에게 "나는 아직도 셈어 박사로서 슈트라스부르크로 가게 될 널 보고 있어"라고 썼으며, 많은 독일 대학들을 방문하려는 자신의 계획을 부모님의 축복과 더불어 묘사했다.[99]

wenschen." 이후 1878년 9월 29일 일기도 스눅 후르흐론여의 부모님이 바빙크에게 축하 편지를 보냈다고 기록되어 있다.

97 "Ex animo et corpore. H. Bavinck, Theol Stud." "13 Dec [1879] … Terwijl ik ook door [Acquoy] tot de beslissing gebracht werd, om een dissertatie te schrijven over de 'Afscheiding.'"

98 Bavinck to Snouck Hurgronje, Kampen, April 8, 1879, in *ELV*. "Scholten … vertelde me dat, nota bene, Proost er ook over dacht om een dissertatie te schrijven over de Afscheiding. Scholten had hem echter gevraagd om dat aan mij over te laten en misschien zou hij dat ook wel doen."

99 Bavinck to Snouck Hurgronje, Kampen, January 6, 1879, in *ELV*. "Met mijn ouders heb ik over mijn reisplan naar een of andere Akademie in Duitschland gesproken. En gelukkig was van hun kant geen bezwaar … en zie ik je nog als litteris Semiticus doctor naar Straatsburg gaan." 그때 당시 슈트라스부르크(Strasbourg)는 독일 도시였다[역자

이후 스눅 후르흐론여로부터 온 편지도 바빙크에게 "당신은 여전히 그 대학을 방문할 계획을 가지고 있습니까? 그리고 당신의 독일 계획은 무엇입니까?"[100]라고 물어본 에든버러 자유 교회 대학(the Free Church University)의 스코틀랜드 히브리어 학자 앤드류 브루스 데이빗슨(Andrew Bruce Davidson, 1831-1902)과 만났던 바빙크에 대해 말하고 있다(지금 현재 자유 교회 대학은 에든버러 대학 신학부의 뉴 칼리지[New College]이다). 데이빗슨과 바빙크는 여러모로 비슷한 마음을 가지고 있었다. 데이빗슨도 스코틀랜드 맥락에서 온건한 기독교에 대항했으며, 복음주의 신학의 학문적인 표현을 위해 애썼고, 아랍어와 네덜란드어를 배웠다.[101] 데이빗슨 전기를 쓴 스트라한(Strahan)은 데이빗슨이 레이든에 방문했고, "언어에 관한 한 그는 … 집에서 … 조간신문을 들어 … 마치 원어민처럼 읽었다"[102]고 기록하고 있다. 스트라한의 작품은 (40세 된) 데이빗슨과 (25세 된) 바빙크의 만남에 대해 어떤 정보도 제공하고 있지 않다.

비록 스눅 후르흐론여는 실제로 눈에 띄는 학술적 업적을 향해 나아갔지만, 독일을 방문하려는 바빙크의 계획은(아마도 스코틀랜드를 방문하려는 계획도) 수포로 돌아갔다. 오히려 바빙크는 깜픈에서 박사논문 자료를 모으고 깜픈과 즈볼러에서 계속 설교하느라 바빴다. 바빙크는 논문을 시작하기 앞서 다음

주: 스트라스부르는 현재 프랑스 도시로서 프랑스-독일 국경인 라인강의 4km 서쪽에 있는 도시이다. 바빙크가 친구에게 편지를 썼을 당시에는 독일 도시였으므로 슈트라스부르크[Strassburg]로 발음 표기했다.

100   Snouck Hurgronje to Bavinck, Leiden, August 4, 1879, in *ELV*. "Denkt gij nog aan die universiteit een bezoek te gaan brengen? En hoe staat het met uwe Duitsche plannen?"

101   James Strahan, *Andrew Bruce Davidson* (London: Hodder & Stoughton, 1917), 48, 98.

102   Strahan, *Andrew Bruce Davidson*, 261. 스트라한은 데이빗슨이 네덜란드어를 "꽤 잘" 읽었지만 후두음(喉頭音)을 발음하기 힘들어 네덜란드어로 말하는 것을 꺼려했다고 기록한다.

3월과 4월에 있을 독토란두스 과정 최종시험을 반드시 치러야만 했다.

3월 28일. 독토란두스 과정 최종시험 1부, 오후 3시. 잘 진행되었다. 2부를 위해 프린스 교수님으로부터 받은 주제는 슐라이어마허가 성경 해석에 미친 영향에 대한 간략한 설명이었다.

4월 4일. 독토란두스 과정 최종시험 2부, 3시 45분 모든 것이 끝났다 … 나는 우등(Cum Laude)을 받았지만, 내 후보자 시험보다는 덜 받았다고 느꼈다. 오직 하나님께 영광.[103]

독토란두스 과정 최종시험을 통과한 바빙크는 방학을 보내러 깜픈으로 돌아갔고(4월 5일), 그곳 지역 기독개혁교회에서 부활주일 다음 날 월요일에 설교했으며 이삭 도르너(Isaak Dorner)의 『그리스도의 위격 교리 발전사』(*Entwicklungsgeschichte der Lehre von der Person Christi*)[104]와 13길더를 선물로 받았다.[105] 깜픈 분리 측 교회가 선택한 선물, 즉 슈트라우스(Strauss)의 『예

---

103 "Ex animo et corpore. H. Bavinck, Theol Stud." "28 Maart [1879] 1e deel doctoraal, 's middags 3 uur. 't Ging goed. Als onderwerp voor 2e deel kreeg ik van Prof Prins: Beknopte aanwijzing van den invloed van Schleiermacher op de uitlegging der H. Schrift. 4 April 2e deel doctoraat. Om kwart voor vier was alles al afgelopen. … Ik kreeg Cum Laude maar had het gevoel dat het minder verdiend was als bij mijn Candidaats. S.D.G." S.D.G는 "오직 하나님께만 영광이"(*Soli Deo gloria*)의 줄임말이다.

104 I. A. Dorner, *Entwicklungsgeschichte der Lehre von der Person Christi* (Berlin: Schlawitz, 1853). 영어 번역본은 *History of the Development of the Doctrine of the Person of Christ*, trans. D. W. Simon (Edinburgh: T&T Clark, 1861)이다.

105 Ex animo et corpore. H. Bavinck, Theol Stud." "5 April [1879] … paaschmaandag preekte ik in Kampen over Gal. 2:20 waar de kerkeraad mij voor cadeau gaf: Dorner *Geschichte der lehre van der person Christi*, 13 Gld"[역자 주: 에글린턴은 깜픈에서 했던 설교 본문을 언급하고 있지 않는데 인용된 바빙크의 일기에 따르면 갈라디아서 2장 20절을 설교했다. "내가 그리스도와 함께 십자가에 못 박혔나니 그런즉 이제는 내가 사는 것이 아니요 오직 내 안에 그리스도께서 사시는 것이라 이제 내가 육체 가운데 사는 것은 나를 사랑하사 나를 위하여 자기 자신을 버리신

수의 생애』(*Das Leben Jesu*)에서 전개된 반(反)초자연주의적 기독론[106]에 대한 반응을 쓴 독일 루터파 신학자 도르너의 기독론 책은 확실히 레이든 맥락 속에서 공부하고 있는 바빙크를 격려하기 위한 의도가 담긴 선물이었다. 교회 장로들로부터 받은 재정적 선물도 실로 후한 선물이었다. 큰돈이긴 했지만 [단위가] 딱 떨어지는 돈은 아니었던 선물은 바빙크의 공부를 지원하기 위해 십시일반 모았던 돈으로 예상해 볼 수 있다. 바빙크는 독토란두스 시험을 통과한 후 레이든 같은 거리에 있는 집으로 또 이사했다. 바빙크는 레이든에서의 남은 시간 동안 거기서 살았는데 그 집 주소는 하를레머르스트라트 216번이었다. 처음 염두했던 박사논문 주제가 분리파에 대한 주제였음에도 불구하고, 다음 일기 내용은 아브라함 카이퍼가 구약 논문을 쓰게끔 종용했다는 사실을 보여준다.

> 5월 30일. 금요일. 오후 1시 아브라함 카이퍼 박사를 만나기 위해 덴 하흐(den Haag, 역자 주: 헤이그)로 갔다. 카이퍼와 함께 지내는 파빈스(Fabins)가 우리에게(루카스[Lucasse]와 나에게) 카이퍼가 방금 산책 나갔다고 전해주었다. 우리는 덴 하흐에 머물고, 스헤브닝헌(Scheveningen)으로 걸어가, 거기서 먹고, (집에 있는) 카이퍼에게 다시 가기로 결정했다. 우리는 8시 30분까지 카이퍼와 함께 했고 내 박사논문과(카이퍼는 소소한 구약 주제로 논문을 쓰라고 조언해주셨다), 자유 대학교의 신앙고백과, 성경의 영감에 대해 이야기를 나누었다. 나에게 작은 빚을 주었다. 게다가 진심으로 손님 접대도 받았다.[107]

하나님의 아들을 믿는 믿음 안에서 사는 것이라." 에글린턴은 영어 제목을 본문에 표기했지만 그 당시 바빙크는 독일어로 된 이삭 도르너의 책을 받았을 것이므로 독일어 제목을 본문에 넣었다].

106 David Strauss, *Das Leben Jesu, kritisch bearbeitet* (Tubingen: Osiander, 1835)[역자 주: 에글린턴은 영어 제목을 본문에 표기했지만 그 당시 맥락에 비추어 독일어 제목을 본문에 표기했다].

107 "Ex animo et corpore. H. Bavinck, Theol Stud." "30 Mei [1879]. Vrijdag. 's middags 1 uur naar den Haag gegaan om met Dr. A. Kuyper kennis te maken. Hij was juist

물론 카이퍼가 바빙크에게 구약으로 박사논문을 쓰라고 종용했던 이유가 있었다. 바빙크의 일기 내용에 드러난 것처럼, 카이퍼는 새로운 기독교 대학을 설립하려는 장대한 계획을 가지고 있었고, 새로운 대학은 교수진을 필요로 했다. 구약학자를 찾는 카이퍼의 상황 속에서 구약 논문에 대한 이야기가 나왔던 것이다.

바빙크는 어떤 주제로 논문을 쓸지 확실치 않은 상황 속에서도 익숙한 사회적 교감들을 진행해나갔고(헨리 도스꺼로부터 예상치 못한 방문을 받았고) 박사 공부 막바지 동안 계속해서 기독개혁교회에서 설교했다. 이 시절 바빙크는 2개의 특정한 설교 본문, 즉 요한일서 5장 4절 하반절과 갈라디아서 2장 20절을 반복적으로 설교했으며, 최소화된 원고 상태로(혹은 원고가 없는 상태로) 설교하는 기술을 발전시켜 나간 것으로 보인다.[108]

레이든을 떠나다

그해 여름이 레이든 거주민으로서 바빙크의 마지막 시간이었다. 바빙크는 1879년 7월 3일까지 박사논문을 마치지 못했고, 깜픈으로 돌아와 거기서 논문

---

uitwandelen, zooals Fabius die bij Kuyper logeerde, ons (Lucasse en ik) vertelde. We besloten in den Haag te blijven, wandelen naar Scheveningen, aten daar en gingen andermaal naar Kuyper die nu thuis was. We bleven bij hem tot half negen spreken met hem over mijn dissertatie (hij ried me klein O. Test. onderwerp aan) over de Vrije Universiteit met haar belijdenis, over de Schriftinspiratie. 't Gaf me weinig licht. Overigens was de ontvangst hartelijk"[역자 주: 에글린턴은 이 인용문을 영어 번역하면서 네덜란드 원문에는 없는 "at quarter to seven"라는 문구를 첨가했다. 한글 번역에서는 그 문구를 삭제했다].

108 "Ex animo et corpore. H. Bavinck, Theol Stud." "15 Juni [1879] 's Zondags in Dordt voor de 9de maal over 1 Joh. 5:4b en 's av. over Gal. 2:20 voor de 11^{e} maal"[역자 주: 이 일기에 따르면 바빙크는 요한일서 5장 4절 하반절로 9번을, 갈라디아서 2장 20절로 11번을 설교했다].

을 쓰기 시작했다. 깜폰으로 돌아온 후 ("1879년부터 1886년"이라는 제목을 가진) 새로운 일기가 시작되었다.[109]

그해 10월 바빙크는 한 번 더 알름께르끄를 방문했다. 아멜리아의 이모 멜리아(Melia)를 만나기 전 아멜리아의 아버지를 만났고(바빙크는 이 어색한 만남을 "매우 뻣뻣한" 만남이었다고 묘사했다),[110] 이모에게 아멜리아에게 보내는 편지를 전해주었다(10월 4일). 1879년 일기는 바빙크가 주일에 설교했을 때 아멜리아도 그곳에 있었다고 말한다. **"아멜리아의 참석은 나에게 힘과 영감을 주었다."[111]** 그 주에 기록된 일기는 왜 바빙크와 아멜리아가 2년 전 약혼하지 못했고 왜 그들의 관계에 미래가 없었는지에 대해 드디어 구체적으로 말하고 있다. **"10월 8일 아침 나는 멜리아 양과 덴 데꺼 씨에게 작별 인사를 했다. 오후에 나는 덴 데꺼 씨가 멜리아 [이모]와 집에 혼자 계시다는 것을 듣게 되었다. 나는 그곳으로 갔다. 멜리아 양이 거기 있었지만 멜리아 [이모]와 바로 방을 떠났다. 나는 덴 데꺼 씨에게 모든 이야기를 하기 시작했고, 왜 이에 대해 반대하시는지 여쭤보았다. 덴 데꺼 씨의 유일한 답변은 "나는 허락해줄 수 없네" 였다."[112]** 헤르만과 아멜리아의 이야기는 그녀의 아버지의 뜻에 의해 최종적으로 마침표를 찍게 되었다. 그 당시 법에 의하면 23세 이하 네덜란드 시민은 결혼 승낙에 대한 부모님의 공식적 성명 없이는 결혼할 수 없었다. 24세부터 30세까지의 시민들은 법적으로 세 번

---

109 "Van 1879 tot 1886," HBA, folder 16.

110 아멜리아 요지나 덴 데꺼(Amelia Jozina den Dekker, 1824-96)는 [아멜리아의 아버지] 아리 덴 데꺼(Arie den Dekker)의 누이였으며 아멜리아 요시나 덴 데꺼(Amelia Josina den Dekker)의 이모였다.

111 "Van 1879 tot 1886." 5 Oct Mij sterkte en inspireerde de tegenwoordigheid van A.

112 "Van 1879 tot 1886." 8 Oct 's morgens nam ik afscheid bij Juffr. Melia & Mijnh. d. Dekker. 's middags verneem ik dat Mijnh. d. Dekker alleen thuis is met Melia. Ik ga er heen. Juffr. Melia was er maar ging weldra met Melia uit de Kamer. Ik begon met Mijnh. d. Dekker te spreken, vertelde hem heel de geschiedenis, vroeg waarom hij er tegen was, enz. Zijn eenig antwoord was: ik kan geen toestemming geven"

에 걸쳐 부모님께 승낙을 받아야만 했으며, 부모들은 각각의 요청에 거부할 수 있는 법적 권리를 가지고 있었다. 세 번에 걸쳐 거절당한 이 나이 때의 사람들만 부모님의 거절과 상관없이 결혼할 수 있었다. 이 시점에 바빙크도 24세였기 때문에, (부모님 승낙 없이 결혼하는 사회적 논쟁을 남기기 전) 아리 덴 데꺼의 승낙을 몇 차례 받을 기회를 가지고 있었으므로, 바빙크는 덴 데꺼 앞에서 어느 정도 무력할 수밖에 없었다. 이런 이유로 바빙크도 인지하고 있는 것처럼 보이듯, 동정심을 가지고 있던 이모는 이런 상황 속에서 필요한 중개인의 역할을 감당해주었다.

그러나 아리 덴 데꺼의 반대 뒤에 숨어 있는 상황에 대해서는 여전히 밝혀지지 않고 있다. 아마도 아리 덴 데꺼는 가업이었던 농사에 별 관심을 두지 않는 사위를 얻는 것에 그다지 큰 가치를 발견하지 못했던 것 같다.[113] 게다가 덴 데꺼는 바빙크의 경건이나 교리를 부적절한 것으로 여겼을 가능성도 있다. 아리 덴 데꺼는 경험주의적 경건과 나더러 레포르마치(Nadere Reformatie) 교리에 강한 영향을 받았고, 분리 측 목사들을 "딱딱하고 완고하며 강한 정통 진리"에 천착되어 있는 사람들로 생각했다.[114] 실제로 알름께르끄에 분리 측 교회를 조직하려는 덴 데꺼의 초기 노력들을 충동적이고 경솔한 노력이라고 묘사했던 자료도 있다.[115] 1836년, 덴 데꺼가 23세 때 그는 분리 측 지역교회를 설립했던 역할 때문에 벌금 120길더 부과와 더불어 "3-5년 징역형"을 받았다.[116] 물론 헤르만을 향한 아멜리아 자신의 생각을 기록한 자료가 없기 때문에, 바빙크

---

113 Harinck and Berkelaar, *Domineesfabriek*, 87. "Voor dochters van bemiddelde boeren waren theologen, zonder grond of kapitaal, geen goede partij."

114 Smits, *De Afscheiding van 1834*, vol. 8, *Provincie Noord-Brabant* (Dordrecht: J. P. van den Tol, 1988), 141.

115 Smits, *De Afscheiding van 1834*, 8:154.

116 Smits, *De Afscheiding van 1834*, 8:158. 젊은 시절 덴 데꺼는 왕의 종교적 신념과 정책들을 강력하게 반대했다.

의 사랑이 짝사랑이었고 아멜리아는 자기 아버지의 강한 결정 뒤에 숨었을 가능성도 배제하지 못한다. 이유야 어떻든 아리 텐 데꺼는 지속적으로 헤르만 바빙크와 딸의 결혼을 반대했다. 그럼에도 불구하고 아멜리아는 또다시 바빙크의 글 속에 나타난다. 하지만 바빙크와 텐 데꺼의 대화는 결혼 가능성에 대해 최종적으로 마침표가 찍히는 순간으로 드러났다.

비록 바빙크는 스눅 후르흐론여와 주고 받은 편지 속에서 아멜리아에 대해 언급하지 않았지만, 텐 데꺼의 최종적인 거절 한 달 후에 쓴 편지에는 그 당시 바빙크가 느꼈던 권태감이 분명히 드러나 있으며, 왜 박사 공부를 마친 후 (바로 목회직으로 가지 않고) 가까운 친척들과 더불어 1년을 보낼 선택을 했는가에 대한 이유도 드러나 있다. "그 밖의 다른 점에서는 특별한 소식이 없어. 나에게 매일이 똑같아. 그래도 지금 집에 있는 기쁨은 예전엔 전혀 소중하게 생각해 본 적이 없는 기쁨이야. 이후에도 1년 더 집에서 시간을 보낸다 해도, 아니면 적어도 회중을 맡지 않는다 해도 나에게 놀라울 일은 아니야."[117] 아멜리아와 결혼하고 싶어 했던 바빙크의 소망은 그들의 미래가 바빙크에게 의미했던 모든 것과 더불어 끝이 나게 되었다. 그리고 이와 함께, 바빙크는 부모님과 형제자매들과 더불어 위로의 시간을 보냈다.

---

117 Bavinck to Snouck Hurgronje, Kampen, November 11, 1879, in *ELV*. "Overigens geen nieuws. Iedere dag is voor mij ongeveer gelijk aan den ander. Maar het huiselijk genot is vroeger nooit door mij zoo gewaardeerd als thans. 't Zou me niet verwonderen als ik na dit jaar er nog een thuis doorbracht, althans nog niet in de gemeente ging."

깜픈에서 츠빙글리(Zwingli)를 연구하다

아쿠오이와 카이퍼로부터 분리 혹은 구약으로 박사논문을 쓰라는 설득을 받았음에도 불구하고, 바빙크는 결국 전혀 다른 주제를 선택했다. 주제는 스위스의 개혁자 울리히 츠빙글리(Ulrich Zwingli, 1484-1531)의 윤리학이었다. 1879년 11월 11일에 스눅 후르흐론여에게 보낸 편지에서 바빙크는 이렇게 선택한 이유에 대해 설명했다. 박사 후보 시험에 통과한 친구를 축하하며 바빙크는 다음과 같이 편지를 썼다.

> 그리고 이제 며칠 혹은 몇 주 정도 휴식을 취한 후(넌 정말 휴식이 필요할거야) 나보다 더 행복하게 논문 주제를 선택하길 바라. 난 오랜 기간 여러 가지를 고민하며 논문 주제에 대해 생각했어. 그리고 많은 주저함 끝에 네가 들은 대로 츠빙글리의 윤리학으로 최종적으로 결정했어. 이 주제가 특별히 나에게 너무 매력적이었기 때문에 선택했다기보다는, 내가 생각했던 모든 것 중 가장 좋아 보였기 때문에 선택했고 최종 결정을 해야만 했기에 선택했어. 행복하게도 편집 준비는 나쁘지 않아. 확실히 매력적인 측면이 있고, '분리'보다는 훨씬 더 많은 열매를 맺고 있으며, 지금 내게 중요한 점은 적어도 현재 나에게 다른 주제를 거의 불가능하게 만드는 어려움이 없다는 점이야. 그래서 난 이 주제를 계속 연구할 것이고 마침내 확신을 가졌다는 것이 기뻐.[118]

---

118 Bavinck to Snouck Hurgronje, Kampen, November 11, 1879, in *ELV*. "En nu hoop
     ik dat ge na eenige dagen of weken van ontspanning (die zult ge wel noodig hebben)
     gelukkiger moogt zijn in het kiezen van een dissertatie-onderwerp dan ik. Lang heb
     ik er over nagedacht, lang gewikt en gewogen. En na veel weifelen ben ik eindelijk
     besloten om, zooals ge goed gehoord hebt, Zwingli's ethiek te behandelen. Ik heb dit
     gekozen, niet zoozeer wijl het me zoo bijzonder aantrok, als wel omdat het me nog
     het beste leek van alles waarover ik nagedacht had en ik toch ten slotte eens beslissen

바빙크의 박사논문 주제는(적어도 부분적으로는) 전략적으로 선택한 주제인 듯 보인다. 바빙크는 다른 선택들로 직면할 수 있는 구체적인 장애물에 대해서는 상세히 설명하지 않았으며, 바빙크가 성경 비평학자 꾸우는 앞에서 (카이퍼의 설득을 통해 시작한) 구약학 박사논문을 변론할 수 없을 것이라는 생각을 가졌는지, 혹은 레이든에서 분리 운동에 대한 "분리의 아들"의 논문 전망이 학문적으로 가치 있는 문제들로 가득 차 있었는지에 대한 궁금함도 여전히 우리에게 남아 있다. 울리히 츠빙글리에 대한 역사신학적 박사논문은 바빙크 자신의 신학적, 교회적 헌신과 **더불어** 바빙크의 논문 지도교수(*Doktorvater*) 스홀튼과의 관계를 통해 볼 때도 의심할 바 없이 상대적으로 안전한 선택이었다.

어떤 경우라도 바빙크는 논문 지도교수였던 스홀튼의 기여에 감명을 받지는 못했다. 논문 구조 잡는 것의 어려움에 대해 스눅 후르흐론여에게 말하며 다음과 같이 편지를 썼다.

> 만약 내가 또 다른 논문지도 교수님이 있었다면, 나는 분명 그분에게 이에 대해 말했을 거야. 하지만 스홀튼 교수님께서 나를 너무 멀리 데려가시지는 않을거라 생각해. 최근 스홀튼 교수님께 만약 허락하신다면 츠빙글리의 윤리학을 다룰 것이라고 썼을 때, 그분은 매우 특유의 답변을 주셨어. ["]특히 츠빙글리의 **선택** 교리와 그의 윤리학을 연결시키는 것은 멋진 주제네. 내 『개혁교회의 교리』(*Leer der Hervormde Kerk*)와 몇몇 다른 책들을 참고하게[."] 교수님께서는 몇몇 다른 책도 언급해주셨어. 이런 답변이야말로 논문지도 교수님께서 [자신의 학생

---

moest. Gelukkig valt het me onder de bewerking veel mee; het heeft bepaald zijn aantrekkelijke zijde, werpt veel meer vrucht af dan de 'Afscheiding,' en—at voor mij thans veel zegt—eeft niet die bezwaren, die een ander onderwerp voor mij althans op dit openblik bijna onmogelijk maken. Ik zal dus dit onderwerp wel houden, en ben blij dat ik eindelijk zekerheid heb."

에게] 많은 것을 주고 계시지 않다는 충분한 증거야.[119]

바빙크도 레이든 초기 시절에는 스홀튼에게 개인적으로 감명을 받았지만, 어느 순간 스홀튼으로부터 지적인 둔함을 발견한 것처럼 보인다. 바빙크의 일기와 편지 속에서 스홀튼은 (약 30년 전에 쓴) 자신의 교의학 저작들의 영광 속에서 근근이 살아가는 노년의 학자로 그려졌으며, 자신의 학생들과 발전적인 방향으로 신학적 교감을 맺는 일에 관심이 없는 인물, 혹은 (자신의 완고한 물질주의적 결정론 때문에) 선택 교리에 대한 신학적 논의에만 관심을 기울이는 경향을 가진 인물로 묘사되었다. 헤프도 1876년 레이든 학생 연감을 인용하여 [스홀튼에 대한] 이런 정서가 스홀튼이 주창한 신학적 체계의 가치를 중시하면서도 보다 광범위하고 창의적인 신학 교육을 열망했던 학생들 사이에서 흔하게 공유되었다고 설명했다.[120]

이런 시각 속에서 1879년 11월 30일 날짜가 적힌 바빙크의 [박사논문 주제] 선택에 대한 스홀튼의 답변 편지는 이에 대한 유익한 설명을 제공해준다. 급하게 쓴 것처럼 보이는 편지에서 스홀튼은 (스홀튼 자신과 같은 식으로) 츠빙글리의 윤리학을 "완전한 결정론"에 근거한다는 이유로 바빙크의 선택에 대한 지원

---

119 Bavinck to Snouck Hurgronje, Kampen, January 6, 1880, in *ELV*. "Had ik een anderen promotor, dan sprak ik zeker nu er al eens met hem over; maar ik denk, prof. Scholten zou me toch niet veel verder brengen. Toen ik eenigen tijd geleden hem schreef dat ik de ethiek van Zwingli behandelen zou indien hij het goedkeurde, antwoordde hij zeer karakterisiek: het is een mooi onderwerp, vooral om aan te wijzen het verband tusschen Zwingli's *verkiezing*sleer en zijn moraal. Raadpleeg mijn *Leer der Hervormde Kerk* en nog een paar andere werken, die hij dan noemde. Dit bewijst genoeg dat zoo'n promotor niet veel geeft." 강조는 원문.

120 Hepp, Dr. *Herman Bavinck*, 44-46.

224BAVINCK

을 표현했다.[121] 스홀튼은 자신의 책『개혁교회의 교리』[122]를 읽으라고 바빙크에게 권하면서, 츠빙글리에 대한 또 다른 책 두 권, 즉 에두아르트 젤러(Eduard Zeller)의『츠빙글리의 신학 체계』[123]와 야콥 티흘러(Jacob Tichler)의『울리히 츠빙글리, 교회 개혁자』[124]을 더 추천했다.

비록 스홀튼이 바빙크의 논문지도 교수였지만, 바빙크의 박사논문이 발전됨에 있어 가장 중요한 건설적인 교감은 (논문의 문법 오류와 오타 정도만 잡아주었던) 스홀튼보다는 구약 학자였던 아브라함 꾸우는으로부터 왔다. 꾸우는은 구약학자로 이름이 나 있었지만, 바빙크에게는 다행스럽게도 꾸우는이 레이든에서 수년 동안 기독교 윤리학과 신학 백과 수업을 맡았기 때문에 그의 놀라운 지적인 깊이와 넓이가 바빙크에게 도움을 줄 수 있었다. 스홀튼은 결국 바빙크에게 전혀 감동스러운 인물로 남아 있지 않았지만, 꾸우는에 대한 바빙크의 경험은 완전 반대였다.

> 몇 주 전 꾸우는 교수님께 내 원고를 좀 봐달라고 보냈어. 교수님께서 봐주시겠다고 했거든. 4-5일 후에 다시 받았어. 교수님께서는 이 지루한 일을 금방 끝내셨어. 다행스럽게도 지적이 많지 않아서 여기저기 좀 고친 후 인쇄할 수 있었어. 꾸우는은 서론 부분만 좋아하지 않으셨는데, 나도 그래. 좀 더 작업을 한 후에도 서론 빼고는 나름 만족해. 그래도 이제 인쇄되어서 너 스스로도 이에 대해 곧 판단할 수 있게 될꺼야. 꾸우는의 조언에 따라 난 항상 스홀튼 교수님께 검사를

---

121 Scholten to Bavinck, Leiden, November 30, 1879, HBA, folder 2. "Ik heb volmaakt geen bezwaar er tegen dat u de ethiek van Zwingli tot het onderwerp van uwe dissertatie maakt. ⋯ Zijn moraal staat uit het volstrekte determinisme."

122 Scholten, *De leer der hervormde kerk*.

123 Eduard Zeller, *Das theologische System Zwingli's* (Tubingen: L. Fr. Fues, 1853).

124 Jacob Tichler, *Huldrich Zwingli, de Kerkhervormer* (Utrecht: Kemink en zoon, 1858).

받기 위해 논문의 장을 보내드렸어. 스홀튼은 주의 깊게 봤던 언어와 인쇄 교정에 대한 지적 외에는 어떤 조언도 없이 매우 빠르게 다시 보내주셨어.[125]

아브라함 꾸우는

1879년 10월 14일 날짜가 적힌 길고 신중하게 기록된 꾸우는의 편지는 얼마나 꾸우는이 스홀튼보다 바빙크의 논문에 더 큰 관심이 있었는지에 대한 뚜렷한 예이다. 꾸우는은 겸손을 마음껏 드러내며 자신은 츠빙글리 사상에 대한 전문가가 아니라는 사실을 먼저 상기시키고, 츠빙글리가 종교개혁자들 중에 가장 뛰어난 인물이라고는 볼 수 없지만 종교학자와 일반인 사이에서 가장 위대한 조화를 추구했던 인물로 츠빙글리를 연구할 것을 바빙크에게 조언을 했다.

이런 이유로 꾸우는은 바빙크에게 츠빙글리의 윤리학이 더 많은 연구가 필요하다고 썼다. 이런 생각을 근거로 꾸우는은 바빙크에게 어떤 식으로 이 주제에 접근할 것인지에 대해 주의 깊은 조언을 해주었다. 즉 츠빙글리의 자료들을 제한적으로 읽기보다는 그의 작품 전체를 폭넓게 읽고 각 자료들과 츠빙글리의

---

125   Bavinck to Snouck Hurgronje, Kampen, May 12, 1880, in *ELV*. "Voor eenige weken heb ik aan prof. Kuenen mijn manuscript gezonden om het eens in te zien; hij had me dit zelf aangeboden; en na eenige dagen, vier of vijf, kreeg ik het al terug. Met zoo'n spoed had hij dit vervelend werkje verricht. Gelukkig waren er niet heel veel aanmerkingen op, zoodat ik na eenige herziening hier en daar met het laten drukken een aanvang kon maken. Alleen de inleiding stond Kuenen niet erg aan, en mij ook niet; en zelfs na de overworking is ze alles behalve voor mij zelven bevredigend. Maar zij is nu gedrukt, en gij zult er spoeding zelf over kunnen oordeelen. Aan prof. Scholten, stuur ik op aanraden van Kuenen die er met hem over gesproken heeft, telkens een vel als proef. Hij zendt ze heel gauw terug, zonder eenige andere aanmerking tot dusverre dan taal- en drukfouten, waar hij zorgvuldig op attent maakt."

삶의 맥락 사이의 교감을 찾아 발전시켜야 한다고 조언해주었다. 꾸우는은 바빙크에게 츠빙글리의 이후 작품의 확장된 목록들을 읽으라고 조언하면서, 자신이 판단하기에 그 작품들 중 상대적으로 우열한 작품을 선별해 그 제목들 앞에 "✝"표시를 해주었다. 바빙크를 친구로 표현하면서(Amice!) 시작하는 편지는 다음과 같이 마친다. "✝ 표시로 표기된 책들은 내가 가지고 있고 너에게 열려 있다 … **전부 당신의 것**, 아브라함 꾸우는."[126] 근대주의 교수가 신학적으로 건설적인 학생에게 보낸 편지는 은혜의 모델이었다.

만약 신학을 공부하기 위해 레이든으로 옮기는 것이 실제로 "호랑이 굴"로 들어가는 선택이었다면, 적어도 자신의 신학적 관점을 바빙크에게 부과하고자 했지만 금방 사라져버린 스홀튼의 경우에 비추어 볼 때 현대주의 사자는 분리 측 젊은이를 집어삼키는데 큰 열망을 가지고 있지 않았었다고 볼 수 있다.[127] 레이든 시절 글 속에서도 바빙크가 스홀튼으로부터 특별한 도전을 받았다거나, 혹은 구체적으로 영향을 받았다는 사실이 드러나지 않는다. (하지만 프라너꺼르에서 목사로 섬길 때 바빙크는 레이든에서 공부할 때 실제로 스홀튼으로부터 영향을 받았다는 것을 자각한 것으로 보인다. 이 자각에 대해서는 다음 장에서 다루도록 하겠다). 하지만 바빙크는 매우 구체적으로 꾸우는의 영향을 풍성히 받았다. 꾸우는은 수용적이고도 관대한 신학적 지식의 모델이 되었고, 자신의 사실상의(de facto) 박사 제자에게 역사-신학적 학문의 모범이 되었다. 방식

---

126 Kuenen to Bavinck, Leiden, October 14, 1879, HBA, folder 2. "De met ✝ geteekende boeken zijn in mijn bezit en tot uw dienst. ⋯ T.T. A. Kuenen." 주의: "T.T."라는 문구는 라틴어 totus tuus, 즉 "전부 당신의 것"(wholly yours)이라는 표현의 줄임말이다.

127 이런 시각에 볼 때, 나는 헤프의 주장, 즉 레이든에서의 공부 시절 카이퍼와 조우했던 스홀튼은 바빙크가 레이든에서 공부를 시작했을 시기에 대체로 더 이상 영향력이 없게 되었다는 주장에 동의한다. 스홀튼의 결정주의적 체계는 여전히 레이든 학풍을 지배하고 있었지만, 1870년대에는 그 참신함이 사라지고 말았다. Hepp, Dr. Herman Bavinck, 44.

과 엄격함 둘 다에서 바빙크의 작업은 꾸우는의 학문 작업과 비슷한 모습을 지니게 되었다.[128]

바빙크는 깜픈에서 박사논문을 작성하면서 깜픈 신학교 행사들에 주기적으로 참여했으며 (이전 장에서 언급한 것처럼) 신앙 고백적 기관에서 학문적 신학을 전개하려는 분리 측 야망의 오랜 전통과 계속해서 씨름해 나갔다. 이 시기 즈음에 스눅 후르흐론여에게 보낸 편지에서 바빙크는 다음과 같이 썼다.

> 25년 전과 비교해 우리 학교는 장족의 발전을 했어. 하지만 내가 가끔 원하는 대로의 학교가 될지는 의심스러워. 교회들로부터 재정적으로, 도덕적으로 지원을 받아 학교가 모든 측면에서 교회에 의존하고 있고, 내 생각에는 학교가 실천적인 의미 외에 더 많은 것을 얻거나 유지할 수는 없을 것 같아. 물론 [신]학교는 절대로 순수하게 학문적일 수는 없지. 내가 가끔 후회하는 것만큼 여전히 학교가 삶에 강력한 영향을 미친다는 생각으로 인해 위로가 되고 꽤 잘 위로 받을 수 있어. 그리고 이것이야말로 궁극적으로 결정적인 요소야.[129]

---

128 예를 들면 Abraham Kuenen, *Critices et hermeneutics librorum n. foederis lineamenta* (Leiden: P. Engels, 1858).

129 Bavinck to Snouck Hurgronje, Kampen, January 6, 1880, in *ELV.* "In vergelijking met voor vijfentwintig jaar is onze school zeer vooruit gegaan. Maar of ze ooit worden zal wat ik soms wensch betwijfel ik. Financieel en zedelijk gesteund door de gemeenten, is ze van haar in elk opzicht afhankelijk en kan ze dunkt mij niet veel meer dan een practische beteekenis krijgen en houden. Zuiver wetenschappelijk kan ze uiteraard nooit worden. Hoezeer ik dit soms ook spijt, ik troost me en kan me ook goed troosten met de gedachte dat ze toch een machtigen invloed kan oefenen op het leven. En dat geeft ten slotte den doorslag."

바빙크가 박사 공부를 마치다

바빙크는 1880년 5월 중반에 박사논문 방어가 수락되었는지를 확인하기 위해 레이든으로 갔다. 5월 21일 스홀튼을 통해 한 소식이 전해졌다. "오후에 나를 위해 한 전보가 스홀튼 교수님께로 전해졌다. 카이퍼 박사님으로부터의 전보가 포함되어 있는 이 전보는 깜픈의 내 주소로 왔고, 루트허르스(Rutgers) 박사님 집에서 5월 22일 오후 1시에 급한 모임이 있다는 전보였다."[130] 바빙크를 향한 카이퍼의 의도는 분명했다. 바빙크는 카이퍼의, 아직 문을 열지 않았고 아무 학생도 없었던 새로운 개혁파 대학의 자리를 위한 모임에 초청된 것이다. "나는 이에 대해 레이든에 막 도착하신 비렝아(Wielenga) 목사님과 이야기했고 나는 카이퍼의 자유 대학교 교수진 수락에 응하지 않았다."[131] 이후 바빙크는 암스테르담에 가서 셈어 학과장직에 대한 카이퍼의 제안과 교회와 성경에 대한 바빙크 자신의 고민을 카이퍼와 함께 3시간에 걸쳐 논의했다(이 시점에서 바빙크는 기독개혁교회에서 안수 받을 생각을 가지고 있었지만, 카이퍼는 여전히 네덜란드 국가 개혁교회 목회자였고 자유 대학은 어떤 교단에도 가입되어 있지 않았던 상황이었다).[132]

---

130 "Van 1879 tot 1886." "21 Mei ⋯ 's middags kwam er een telegram bij Prof. Scholten voor mij. Dat telegram bevatte dat er in Kampen een telegram van Dr. Kuyper aan mijn adres was gekomen inhoudende, om Zaterdag 22 Mei 's middags 1 uur eene dringende conferentie te komen houden ten huise van Dr. Rutgers." 루트허르스 박사는 프레데릭 로더베이끄 루트허르스(Frederik Lodewijk Rutgers, 1836-1917)를 지칭하는 것으로, 그의 아버지 안토니 루트허르스(Antonie Rutgers)는 레이든 시절 바빙크의 교수들 중 한 명이었다. F. L. 루트허르스는 교회사와 교회법 교수로 암스테르담 자유 대학교에 1879년 임명되었다.

131 "Van 1878 tot 1886." "21 Mei ⋯ Ik sprak hierover met Ds. Wielenga, die net in Leiden was, en mij afried een professoraat aan Kuyper's Vrije Universiteit te aanvaarden."

132 카이퍼는 19세기 윤리 신학자들 중의 지도자였던 요한네스 헤르마누스 휜닝(Johannes Hermanus Gunning, 1829-1905)과 성경에 대해서 오랜 기간 공개적으로 논쟁하고 있었다. 다음을 살펴보라. J. H. Gunning Jr., *De heilige schrift, Gods woord: Antwoord aan Dr. A. Kuyper op zijn "Confidentie"* (Amsterdam:

바빙크는 다음 화요일에 돌아오라는 전보를 받고 그렇게 했다. 모임에서 카이퍼와 루트허르스는 이 직을 수락하라고 바빙크에게 강하게 권했다. "그렇다면 그렇게 하겠습니다.'라고 나는 말했다."[133] 하지만 그날 밤 바빙크는 자신의 판단에 의문을 표하기 시작했다. "나는 8시에 떠나야만 했지만, 그 결정에 평온하지 않았다. 나는 돌아왔다."[134] 망설임으로 오도 가도 못하는 가운데 바빙크는 기차를 놓쳤고 결국 루트허르스와 함께 머물게 되었다. 바빙크는 어떤 이유로 결정을 되돌렸을까? "나는 그 제안을 받아들이지 못했다. 나는 이 제안에 대한 어떤 부르심도 느끼지 못했고, 만약 내가 그 제안을 수락했다면, 카이퍼의 뜻과 영광스러운 공부 때문에 수락했을 것이다."[135] 깜픈으로 돌아가기 전 바빙크는 이 제안을 수락하지 않았다고 루트허르스에게 말했다. "이것은 싸늘한 이별이었다. 난 부끄러웠다."[136]

바빙크의 아버지의 공명이 이 결정에 대한 헤르만의 불확실성 속에서 고통스럽게도 명백히 드러났다. "내가 옳은 일을 한 것인가? 나는 그 제안을 받아들여야만 했을까? 오 하나님, 만약 내가 잘못했다면 부르심을 반복적으로 주시길 바랍니다. 그렇지 않다면 이 결정 안에서 평화와 기쁨을 누리게 하옵소서. 부모님도 이를 어느 정도까지는 좋다고 생각하셨다."[137] 이 시기 1880년 5월 27일에 바빙크

Hoveker, 1872); Jasper Vree, "Gunning en Kuyper: Een bewogen vriendschap rond Schrift en kerk in de jaren 1860-1873," in *Noblesse oblige: Achtergrond en actualiteit van de theologie van J. H. Gunning jr.*, ed. Th. Hettema, and L. Mietus (Gorinchem: Ekklesia, 2005), 62-86.

133   "Van 1879 tot 1886." "25 Mei … 'Dan neem ik het aan,' zei ik."

134   "Van 1879 tot 1886." "25 Mei … Om 8 uur zou ik vertrekken. Maar ik had geen vrede bij 't besluit. Ik kwam er op terug."

135   "Van 1879 tot 1886." "25 Mei … Ik kon 't niet aannemen, voelde er hoegenaamd geen roeping toe, en zou, als ik 't aangenomen had, dit alles gedaan hebben om Kuyper's wil en gloriae studio."

136   "Van 1879 tot 1886." "27 Mei … 't Was koel afscheid. Ik was verlegen."

137   "Van 1879 tot 1886." "27 Mei … Heb ik goed gehandeld? Moest ik 't aangenomen

의 친구 헨리 도스꺼는 바빙크에게 향후 계획을 묻는 편지를 보냈다. 1차 자료 들 속에서 이 편지는 깜픈 신학교에서 가르치고자 하는 열망이 비친 첫 번째 편지로 드러난다(비록 바빙크에 **의해** 작성된 편지가 아니라 바빙크**에게** 쓴 편지로 드러나지만 말이다). 자유 대학교 교수로 충원하기 위해 바빙크에게 "환심을 사려고" 했던 것처럼 보이는 카이퍼에 대한 자신의 생각을 피력한 후, 도스꺼는 다음과 같이 편지를 써 내려갔다. "너의 깜픈 계획은 어떻게 되어가니? 거기에서의 너의 전망은 어때? 교회의 관점에서 봤을 때 어떤 계획에 대해 말할 수 있니?"[138] 이 편지는 조지 하링크(George Harinck)와 바우떠 크루스(Wouter Kroese)에 의해 바빙크가 깜픈에서 교회 후보자 시험을 치루려는 계획을 말하고 있는 편지라고 해석되었지만,[139] 이 편지의 내용, 특별히 카이퍼의 접근과 깜픈에서의 "가망성"에 대한 내용은 바빙크가 깜픈에서 가르치고 싶다는 열망을 내비친 것으로 해석의 가능성을 열어 둘 수 있다. 만약 이것이 사실이라면, 바빙크의 "깜픈 계획"을 명백하게 만들 수 있는 1882년에 바빙크 스스로가 기록한 현존하는 첫 번째 자료에 대해 새로운 시각이 열릴 수 있다.

---

hebben? Geef o God dat der roeping herhaald worde, als ik verkeerd deed, en laat me anders vrede en lust genieten bij 't genomen besluit! Mijn ouders vonden het maar ten deele goed."

138 Dosker to Bavinck, Ebenezer, March 27, 1880, in *BHD*. "Hoe gaat het met uwe Kampen plannen? Wat zijn uwe vooruitzichten daar? Wat zegt gij van voornemens op kerkelijk standpunt?"

139 George Harinck and Wouter Kroese, *"Men wil toch niet gaarne een masker dragen": Brieven van Henry Dosker aan Herman Bvinck, 1873-1921* (Amsterdam: Historisch Documentatiecentrum voor het Nederlands Protestantisme [1800-heden], 2018), 172n23.

교의학과 윤리학

브렘머는 바빙크의 박사논문을 바빙크 자신의 신학적 목소리가 쏟아져 나온 것으로 보기보다는 필수적인 대학 숙제 정도로 보았다.[140] 바빙크의 박사논문을 보면 이런 평가는 사실인데, 바빙크는 종교개혁 전통의 특출한 인물에 대한 해석자로서 여전히 해석 기술을 발전시켜 나가고 있었던 학생이었기 때문에 그의 박사논문은 일반적으로 그 당시의 전형적인 논문이었으며 그 당시의 바빙크의 삶의 단계에서의 발전상의 전형이었다. 하지만 특별히 서론과 결론 부분에서 바빙크 자신의 목소리가 들리며, 이후에 중요한 개념이 될, 심지어 삶을 정의 내리게 될 몇몇 개념들에 대해서는 처음으로 바빙크 자신의 목소리를 냈다.

바빙크는 윤리학이 교의학보다 더 유행을 따르는 학문이라는 것을 인지했지만, 윤리학과 교의학 사이의 상호 관계성의 중요성을 제시하며 논문을 시작했다.[141] (바빙크는 후에 수십년간 교의학과 **더불어** 윤리학 분야에서도 자신의 작품을 남겼다). 츠빙글리의 잊혀진 윤리학은 공부할 가치가 충분한 영역이었는데, 그 이유는 아마도 동료 개혁자들보다 "보통 시민"이었던 츠빙글리는 종교개혁이야말로 삶의 모든 영역에서 개혁이 필요하다는 하나님의 주권에 대한 재발견으로 이해했기 때문이다.[142] (비록 바빙크는 이후에 이런 시각을 일반적인 종교개혁의 결과로 이해했지만, 카이퍼의 새롭게 발흥된 현대적 칼빈주의를 향한 바빙크의 관심을 풍성하게 형성했던 핵심 통찰은 여전히 이런 시각 속에 남아 있었다). 이런 시각 속에서 모든 삶의 영역 속에서의 츠빙글리의 개혁은 공동체 속에서의 개별적 특성을 발판으로 개인이 풍성해질 수 있는 지점을

---

140 R. H. Bremmer, *Herman Bavinck als dogmaticus* (Kampen: Kok, 1966), 373.

141 Herman Bavinck, *De ethiek van Ulrich Zwingli* (Kampen: G. Ph. Zalsman, 1880), 1-2.

142 Bavinck, *De ethiek van Ulrich Zwingli*, 107.

232   BAVINCK

열어두었고, 그로 인해 개인주의 때문에 개인이 붕괴되는 일을 사전에 예방할 수 있게 되었다.[143] (물론 바빙크는 츠빙글리보다는 칼뱅을 추적하는 가운데 이후 삶 속의 다양한 지점 가운데서 이런 통찰을 이끌어 냈다). 바빙크는 역사 속에서, 그리고 윤리학의 현재적 표현을 과거와 미래와 연결 시키려는 츠빙글리의 노력 가운데서 츠빙글리가 차지하는 특별한 지점에 대한 예민한 인식 안에서, 츠빙글리는 그 당시 독특했을 뿐만 아니라 현재에도 신학자들에게 모델이 될 수 있다고 주장했다.[144] (바빙크는 자신의 삶 전반에 걸쳐 신학은 이런 "역사의식"이 정확히 필요하다고 끊임없이 주장했다).

바빙크는 박사논문 결론부에서 심지어 "츠빙글리는 그 어떤 종교개혁자들보다 오늘날의 시간과 더 밀접한 관련이 있는데" 그 이유는 "서로 다른 확신들"을 향한 츠빙글리의 "공손한" 태도 때문이라고 주장했다.[145] 바빙크가 얼마나 정확하게 역사 속의 인격성으로서의 츠빙글리를 해석했는지에 대한 질문은 차치하고서라도(이는 츠빙글리와 품위 있게 교감했던 꾸우는에 대한 바빙크의 경험이라는 색이 덧입혀졌을 수도 있지만), 이런 바빙크의 결론부 진술은 자신의 신학적 발전을 위한 바빙크의 열망과 포부와 명백하게 걸맞는 것이었다.

젊은 박사

바빙크는 1880년 6월 10일에 신학박사학위를 수여 받았다. 바빙크는 자신의 교수들로부터 곤란한 질문을 받지 않았으며 우등으로(cum laude)으로 졸업하

---

143 Bavinck, *De ethiek van Ulrich Zwingli*, 175.

144 Bavinck, *De ethiek van Ulrich Zwingli*, 177.

145 Bavinck, *De ethiek van Ulrich Zwingli*, 179. "Geen der Hervormers is onzen tijd zoo na verwant als Ulrich Zwingli. … De eerbiediging van anderer overtuigiging."

게 되었다. "오직 하나님께만 영광!"이라고 바빙크는 적었다. "집으로 갔다. 흐로스전(Groszen), 아쿠오이, 그리고 오르트(Oort) 등 모든 신학 교수님들께서 우리 집으로 오셨다. 스홀튼과 꾸우은은 5시 30분까지 계셨다. 루카스, 스눅, 빌더부어, 크라머와 나는 루아얄 광장(Place Royale)에서 식사를 했다. 후식을 위해 우리는 엔더헤이스트(Endegeest)로 다시 갔다. 우리는 새벽 1시에 헤어졌다."[146] 깜픈으로 기차를 타고 돌아가기 전, 바빙크는 꾸우은과 스홀튼 교수, 지역 기독개혁교회 목회자들이었던 도너와 홀스터를 만나 시간을 보냈다. 바빙크의 부모님은 레이든 박사가 된 아들이 깜픈 집으로 돌아오는 것을 축하하는 파티를 주선했다. 하지만 박사 공부를 성공적으로 마쳤음에도 불구하고 레이든 시절의 마지막 일기 목록 속에는 무의미한 감정이 드러난다. 바빙크는 아멜리아 덴 데꺼와 결혼하고 싶은 마음과 더불어 아브라함 카이퍼와의 밀접한 관계 속에서 레이든으로 갔다. 6년 안에 아멜리아와의 결혼은 불가능한 것으로 밝혀졌으며, 불확실한 순간 속에서 자신의 영웅과 더불어 일할 수 있는 기회도 일축되고 말았다. 바빙크에게는 고통스럽게도, 카이퍼는 심지어 바빙크와 나눴던 대화를 「드 헤라우트」에 구체적으로 실었다.[147] 바빙크가 이 구체적인 공개에 대해 즐거워하지 않았다는 사실은 스눅 후르흐론여로부터 온 편지 속에서 명백히 드러난다. "얼마나 「드 헤라우트」가 히브리어 교수 임명에 대한 상황을 자세하게도 설명하는지! 이런 구체적인 내용들이 즐겁지 않은 내용이라는 것과, 특별히 지금 모든 것이 모든 신문들 가운데 돌고 도는 것을 너도 확실히 발견했을 거야."[148] 바빙크의 당면한 박사 후(postdoctorate) 공부에 대한 전망도 미래에 대

---

146 "Van 1879 tot 1886." "10 Juni … Naar huis gereden: daar kwam alle theol. professoren bij me, ook Groszen, Acquoy, en Oort. Scholten en Kuen bleven tot over half zes. Lucasse, Snouck, Wildeboer, Cramer en ik dineerden samen in Place Royale. Voor dessert reden we Endegeest nog eens om. Om een uur scheidden wij."

147 *De Heraut*, July 4, 1880.

148 Snouck Hurgronje to Bavinck, Leiden, July 8, 1880, in *ELV*. "Wat heeft *De Heraut*

BAVINCK

한 노곤함과 불확실성의 하나였다. 괴테의 "지나가는 모든 것은 한낱 비유에 지나지 않는다"라는 문구로 시작하는 일기는 이와 비슷한 맥락으로 마무리 되었다. "그리고 모든 것이 지나갔고 내 학생 시절은 내 뒤에 있다. 그래서 지금은 무엇인가? 나를 위해 무엇을 해야 하는가?"[149]

하지만 이런 무의미함에 대한 생각이 바빙크에게만 독특하게 있었던 것은 아니었다. 오히려 바빙크가 박사학위를 취득했을 때 신학박사가 된 네덜란드 젊은이들의 숫자가 늘어나기 시작했으며, 교회 또는 학교에서 불합리한 사회적 구조를 당면하게 되었다. 목표를 위한 고군분투가 이 "젊은 신학박사들"에게 흔한 일이 되었는데, 그 이유는 네덜란드 교회와 대학 문화는 역사적으로 신학 전문가를 젊은이에게 박사 자격을 주는 것이 아니라 오히려 수십 년간 누적된 무엇인가로 인식했기 때문이다. (보스[Bos]에 의해 묘사된 것처럼, "젊은 신학박사"는 본질적으로 19세기 창작물이었다).[150] 비록 이는 목회 전문화를 향한 19세기 방향의 결과로서 변화되기 시작했지만, 바빙크가 박사학위를 받았을 때 사회에서 바빙크가 담당해야 할 역할은 여전히 불분명했다. 바빙크는 일부 분리 측 사람들이 포함된 많은 사람들이 전문가로서의 자신의 주장에 대해 의식하지 못하는 사회 속으로 들어갔던 20대의 공인 받은 전문가였다.

그 당시 많은 사람들과는 달리 아브라함 카이퍼는 젊은 박사 바빙크가 받은 교육의 가치를 인정했다. 비록 바빙크는 카이퍼의 (첫 번째) 일자리 제의를 거절하긴 했었지만 말이다. 그럼에도 카이퍼는 바빙크와 열린 자세로 대화하고

---

uitvoerig den stand der zaken meegedeeld wat de benoeming van een professor voor Hebreeuws betreft! Gij vondt zeker die uitvoerigheid minder aangenaam, vooral daar dat alles nu in alle dagbladen de ronde maakt."

149   "Van 1879 tot 1886." "12 Juni ⋯ En zo gaat alles voorbij en ligt heel de studententijd achter mij. En wat nu? Wat is er voor mij te doen?"

150   David J. Bos, *Servants of the Kingdom: Professionalization among Ministers of the Nineteenth-Century Netherlands Reformed Church* (Leiden: Brill, 2010), 366.

자 했던 의도에 대한 확인을 오래 기다릴 필요는 없었다. 카이퍼는 함께 공유했던 신앙 고백과 원리들을 상기시키는 서문과 더불어 젊은 박사에게 축하의 편지를 바로 보냈다.

> 훌륭한 박사님에게,
>
>   당신의 책을 받았고, 하나님의 선하심을 통해 우리가 공유했던 거룩한 원리들에 관한 능숙한 지지자가 나타난 것에 대해 감사와 찬양을 올립니다. 저는 당신과 더 가까운 관계맺기를 소망했으며, 지금도 계속해서 소망합니다.[151]

다음 장들에서 보게 될 것처럼, 카이퍼와 바빙크의 생애는 서로 밀접하게 연결되어 있는 생애였다. 이번이 카이퍼가 바빙크를 자유 대학교로 이끌었던 마지막 시도는 아니었다.

바빙크가 박사과정을 마쳤다는 소식이 「드 바자윈」을 통해 다양한 목소리로 전해졌다. 박사논문을 출간한 바빙크의 첫 번째 책은 학문적인 신학자로서의 바빙크의 출현과 더불어 따뜻한 환대를 받았다. 하지만 바빙크의 모교가 취한 관점은 극찬과는 다소 거리가 멀었다.

> 우리는 매우 만족하며 기록한다. "울리히 츠빙글리의 윤리학"에서 우리의 젊은 친구 헤르만 바빙크 박사는 학자들 가운데서 자신의 목소리를 낸 증거를 제공해주었다. 레이든의 신학부는 이 박사논문에 근거해 그에게 박사학위를 수여했다. 그가[바빙크가] 박사학위 공부를

---

151 Kuyper to Bavinck, Amsterdam, June 18, 1880, HBA, folder 2. "Waarde Doctor, Uw boek ontving ik en het stemde mij tot lof en dank, dat door Gods goedheid zulk een kundig pleitbezorger van de ook mij heilige beginselen was opgestaan. Enger band met u had ik gewenscht, en blijf ik wenschen."

했던 기관은 스스로를 "신학부"라는 옛 이름으로 치장한 기관이긴 하
지만 이 기관은 정확하게 학문에 근거하여 실제로 신학이라고 부르
는 것, 즉 교의학과 윤리학이 제거된 신학을 가르친다. 이것이 우리
에게 깊은 슬픔을 준다는 점을 말하지 않을 수 없다. 학위를 받기 위
해 이런 학교의 교수진에게 청할 때, 거짓이 우리 안에 숨겨져 있다
는 점이 두드러진다. [레이든의] 교수진은 신학을 가르치지 않으며,
오직 신학과 관련 있는 학문들만을 가르치고, [신학이라는] 단어의
옛 의미에 따른 이름을 유지할 수 없으므로 [신학] 학위를 수여할 수
없다. 우리는 이 젊은 박사가 자유 개혁 대학의 교수직을 제안받았지
만 거절했다는 것을 알고 있다. 한편 그는[바빙크는] 깜픈 신학교의
최종시험에 등록한 총수에 속해 있다.[152]

이 시점에서 「드 바자윈」은 명백하게 기독개혁교회 관점에서 깜픈 신학교에 유
익을 주는 신문이었다. 이처럼 이 신문은 특별히 1876년 고등교육법에 기꺼이
순응했던 레이든 교수진과 레이든 신학부를 위한 그 어떤 칭찬의 공간도 신문
지면상에 남기지 않는 편집 정책을 가지고 있었다. 「드 바자윈」의 기독개혁 지

---

152 *De Bazuin*, June 25, 1880. "In de tweede plaats vermelden wij evenzeer met veel
ingenomenheid: DE ETHIEK VAN ULRICH ZWINGLI, waarin onze jeugdige
vriend Dr. H. Bavinck het bewijs geleverd heeft, dat hij mede zijn stem mag laten
hooren onder de mannen der wetenschap. Op dat proefschrift toch verleende hem
de Theol. Fakulteit te Leiden haar doctoraat. Dat hij dit doctoraat vroeg van eene
inrichting die ja, nog wel met den alouden naam zich tooit van 'Theol. fakulteit,'
maar die juist uit de wetenschappen, die zij onderwijst de eigenlijk gezegde
theologie d. i. de dogmatiek en de ethiek heeft geschrapt, wij kunnen niet nalaten
te zeggen, dat ons dit ten zeerste smart. Door aan die fakulteit den graad te vragen,
stempelen wij zooveel, in ons is de leugen, die daarin schuilt. Eene fakulteit die geene
godgeleerdheid onderwijst, maar slechts wetenschappen, die daarmede in betrekking
staan, kan naar de aloude beteekenis des woords dien naam niet dragen en dus
ook dien graad niet verleenen. — Wij vernemen, dat dezen jeugdigen doctor een
professoraat aan de Vrije Gereformeerde Universiteit is aangeboden, maar dat hij er
voor heeft bedankt. Intusschen behoort hij mede tot het getal dergenen die zich voor
het eindexamen aan de Theol. School te Kampen hebben aangegeven."

도자들에게 제시된 이야기는 젊고, 힘이 넘치며, 학문적인 바빙크가 결국 깜픈을 위해 레이든을 떠났다는 이야기였다. 다음 장에서 보게 될 것이지만, 박사 공부를 마친 바빙크는 이제 깜픈에서 최종 신학 시험을 치루기 위해 등록했다.

네덜란드 사회를 향한 수평적, 수직적 궤적

지금까지 이 전기는 1848년 헌법 개정과 기독개혁교회의 의미 있는 모든 것을 통해 네덜란드 내에서 창출된 새로운 (후기 근대) 사회적 풍경 배경 가까이에서 바빙크의 삶의 궤적을 기록해나갔다. 이민을 선택하지 않았고 네덜란드 사회 속에서 자기 그룹의 공간을 개척했던 사람들 중 하나였던 헤르만 바빙크는 새로운 영토 속에서 발견되는 가능성들과 제한들을 탐구하는 가운데 레이든 목회자 J. H. 도너, (호이흐라흐트 회중의 다양한 구성원들), 그리고 레이든 시절 동료 친구들이었던 크리스티안 루카세(Christiaan Lucasse)와 빌름 니우하위스(Willem Nieuwhuis) 같은 사람들과 함께 사회적으로 야망이 있는 분리 측 그룹에 속해 있었다. 그 가운데서 그들은 사회의 중심을 향해 가는 수평 항로와 사회의 상층부를 향해 가는 수직적 항로 둘 다를 향해 이동해나갔다. 50년 안쪽에서 분리 운동은 박해와 은밀한 시작으로부터 레이든에서 교육받은 신학박사를 길러내는 진보를 경험하게 되었다. 이는 분명히 1848년 이후 네덜란드 사회 속에서 교단을 뛰어넘어 베풀어진 관용과 기회의 모습을 보여주는 것이었다. 하지만 레이든에서의 바빙크의 특별한 경험은(즉 정통적인 학생이 현대주의 학교에서 자신의 교수들로부터 격렬한 반대보다는 일반적인 관용을 경험했던 경험은) 이 정통적인 칼빈주의자들이 자신 스스로를 "분리로부터 통합으로의 길"[153]을 따르는 자들로 인식했던 모습의 괄목할 만한 모범으로 드러난다. 그들은 대부분의 영역에서 레이든 대학교같이 오랜 세월에 걸쳐 형성된 사회적 기관에 참여하는 것이 용인되었고 수용되었다. 하지만 그들의 여전히 독특한 전통적인 정통 목소리가 얼마나 후기 근대 문화에 남아 있었는지에 대한 질문은 불분명하게 남아 있다. 이런 이유로, 이 새로운 레이든 박사가 자신의 남은 생애 동안 무엇을 해야만 하는지도 당연히 불분명하게 남아 있었다.

---

153 Jasper Vree, "Van separatie naar integratie: De afgescheidenen en hun kerk in de Nederlandse samenleving (1834-1892)," in *Religies en (on)gelijkheid in een plurale samenleving*, ed. R. Kranenborg and W. Stoker (Leuven: Garant, 1995), 176.

3부. 목회자

6. 프라너꺼르
1881-82

"이 교회는 경험이 부족한 후보자에게는 꽤 크고 상당히 어려운 교회다"

레이든에서 박사학위를 취득했을 때 바빙크는 이미 깜픈에서 1년 동안 살고 있었다. 바빙크가 그 시절에 어떻게 살았는지는 확실치 않지만, 그는 부모님 집에서 1881년 3월까지 머물렀다. 친구들을 방문하고 교회에서 설교하느라 바쁘게 지냈던 이 시기는 아멜리아와의 사랑이 실패한 것 때문에 깊은 고독감으로 점철되었던 시기였다. 예를 들면 1880년 7월 29일 날짜의 일기에는 아픈 친구와 함께 아멜리아의 고향이었던 니우언데이끄(Nieuwendijk)와 지척 거리였던 알름께르끄(Almkerk)로 돌아가는 여행을 해야만 했고, 아멜리아뿐 아니라 그녀의 가족들과도 어떤 교감 없이 그곳에 5일을 머물렀던 내용이 기록되어 있다. "난 그를 집으로 데려갔다. 학교[하설만 학교]에 머물렀다. 새로운 소식 없음.

누구도 덴 데꺼 가정에 방문하지 않음."[1]

이 시기 일기 속에는 다양한 친구들이 언급되는데 그중에서 금방 중요한 인물이 된 친구는 기독개혁 신학생이었던 바빙크보다 4살 어렸던 얀 헨드릭 우닝끄(Jan Hendrik Unink, 1858-83)였다. 바빙크와 우닝끄는 바빙크가 레이든에서 깜픈으로 옮기기 전에는 서로 친하게 보이지 않았던 사이였다. 일기에서 우닝끄가 처음으로 등장한 것은 얀과 헤지나 바빙크가 헤르만의 레이든 박사논문 방어를 축하하기 위해 연 "단촐한 하우스 파티"에 대한 내용 속에서였다. 우닝끄와 바빙크의 우정은 임박한 바빙크의 목회 기간에 중요한 요소였다. 우닝끄의 때 이른 죽음이 바빙크에게 깊은 영향을 끼쳤기 때문이다.

목사안수를 향한 여정

다음 달 바빙크는 깜픈에서 두 부분으로 구성된 공개 신학 시험을 치뤘다. 안수를 위한 이 시험들은 자신의 선생님들이 아닌 헤르만의 아버지 얀과 아드리안(Adriaan)의 아버지였던 크리스티안 스테꺼떼이(Christiaan Steketee)가 포함된 깜픈 신학교 이사회에 의해 관리 감독 된 시험들이었다.[2] 이 시험은 공개 시험이었기 때문에 친구들, 가족들, 기독개혁교회 목사들, 그리고 대중들도 참석 가능했다. (조지 하링크와 빔 베르껠라르[Wim Berkelaar]는 심지어 마을의 유대인 공동체 구성원들도 이 시험들에 참석했다고 전한다).[3] 일반적으로 학생들

---

1 "Van 1879 tot 1886," HBA, folder 16. "29 Juli Thiele was sedert eenige dagen ongesteld. Ik bracht hem naar huis. Logeerde op school. Geen nieuws. Bezocht niemand v.d. familie d. D"[역자 주: 몸이 아팠던 친구 이름은 틸러(Thiele)였다].

2 J. H. Landwehr, *In Memoriam: Prof. Dr. H. Bavinck* (Kampen: Kok, 1921), 20.

3 George Harinck and Wim Berkelaar, *Domineesfabriek: Geschiedenis van de Theologische Universiteit Kampen* (Amsterdam: Prometheus, 2018), 43.

은 신학 공부를 시작한 지 2년째 되는 해 끝 무렵에 첫 번째 시험을 치렀고(엑사먼[*examen*] A), 그다음 해 끝 무렵에 두 번째 시험을 치렀다(엑사먼[*examen*] B).[4] 하지만 바빙크 박사는 첫 번째와 두 번째 시험 모두를 잇따라 치렀다. 중요한 점은 헨리쿠스 뵈꺼르(Henricus Beuker)와 다우어 끌라저스 비렝아(Douwe Klazes Wielenga)와 같이 교단 내에서 적극적으로 바빙크의 명성을 띄우려고 했던 목회자들이 깜픈에서의 이 시험에 참관했다는 점이다.

> <u>7월 13일</u> 시험이 여기 깜픈에서 시작되었다. 좋지는 않음. 매우 많은 사람이 떨어졌음.

> <u>7월 16일</u> A 신학 시험 시작. 시험 참가자는 나, 우닝끄(Unink), 문니끄(Munnik), <u>프로스디</u>(Proosdy), 호흐트(Hoogt) 목사 등. 비평에 대한 어려움들이 좀 있었던 것을 제외하고는 꽤 잘 진행되었다.

> <u>7월 18일</u> 주일. 아침에는 뵈꺼르, 오후에는 비렝아께서 여기서 말씀을 전해주심.

> <u>7월 19일</u> B 신학 시험. 나는 첫 번째로 마 15:14 상반절 설교를 함. 시험은 잘 진행되었다.

> <u>7월 20일</u> 화요일 오후 5시. 발하위전(Balhuizen), 데이(Dee), 로메인(Romein), 스테꺼떼이(Steketee) 떨어짐. 나, 폽펀스 뗀 호르(Foppens ten Hoor) 시니어와 주니어, 콕(Kok), 네이언하위스(Nijenhuis), 엘젱아(Elzenga)는 통과함.[5]

---

4 Jurjen Nanninga Uitterdijk, *Kampen: Geschiedkundig overzicht en merkwaardigheden* (Kampen: Van Hulst: 1878), 143.

5 "Van 1879 tot 1886." "<u>13 Juli</u> Examen hier in Kampen begonnen. 't Was zeer min.

244   **BAVINCK**

비록 바빙크의 일기에는 이 시험의 "비평" 부분의 "어려움들"이 무엇인지에 대해서 구체적으로 기록되어 있지 않지만, 아마도 레이든 대학교에서 배웠던 성경 비평에 대한 바빙크의 관점과 관련된 어려움이었다고 생각해 볼 수 있다. 바빙크가 설교하도록 요청받은 본문 선택이 이런 경우에 해당되는 것처럼 보인다. 네덜란드어로 마태복음 15장 14절 상반절 "Laat hen varen; zij zijn blinde leidslieden"(그냥 두라 그들은 [맹인이 되어] 맹인을 인도하는 자로다)은 분명히 바빙크의 레이든 교수들을 겨냥한 언어유희였다(네덜란드어로 레이든 사람들[Leidsche lieden]과 인도하는 자들[leidslieden]은 동음이의어이다). 이런 이유로, 헤프와 브렘머는 이 설교 시험을 가리켜 젊은 바빙크가 스홀튼, 꾸우는, 그리고 그들이 가르쳤던 이설의 추종자들로부터 얼마나 공개적으로 스스로를 멀리 하는가를 보여주려는 심산으로 의도된 설교 시험이었다고 묘사했다.[6]

헤프의 전기는 이 상황에 대해 확장된 설명을 제공하지만 안타깝게도 추적 가능한 자료에 대한 언급 없이 이 상황을 설명하고 있다. 헤프의 전기에 따르면, 바빙크는 이 본문 선택에 대해 "몹시 화가 났고," 이 본문으로 설교하는 것을 거부했으며, 항의 가운데 시험 응시를 포기하려는 준비를 했고, 자신의 아버지와 친구들을 통해 설교에 대해 말을 해야만 했다고 한다. 헤프는 바빙크의 설교가 레이든 교수들을 반대하는 설교를 거부하는 것으로 시작했고, 마태복음 15장 14절 상반절 부분만 선택한 불런스(Bulens) 목사를 꾸짖는 가운데 성경을 논쟁적인 장난감으로 만들었다고 주장했다. 헤프는 다음과 같은 문장들이

Velen dropen. 16 Juli theol. examen A begon. Eraan deelnamen: ik, Unink, Munnik, Proosdy, v.d. Hoogt enz. 't Ging tamelijk goed. Enkele moeilijkheden over kritiek etc. kwamen er; anders niet. 18 Juli Zondag. Beuker sprak hier 's morgens, Wielenga 's avonds. 19 Juli Examen theol. B. Eerst gepreekt, ik over Mt 15:14a 't Examen ging goed. Dinsdag 20 Juli middag 5 uur. Balhuizen, Dee, Romein, Steketee gedropen. Ik, Foppens ten Hoor Sr en Jr, Kok, Nijenhuis, Elzenga er door."

6 Valentijn Hepp, *Dr. Herman Bavinck* (Amsterdam: Ten Have, 1921), 83; R. H. Bremmer, *Herman Bavinck en zijn tijdgenoten* (Kampen: Kok, 1966), 35.

설교의 "대략적인" 도입부라고 기록했다. "왜 이 본문을 **저에게** 주었는지는 쉽게 납득 가능합니다. '맹인'이라는 단어가 의도적으로 제외되었습니다. 단어들이 추가되는 것이 여전히 필요합니다. 하지만 분명히 그들은 감히 그렇게 하지 않을 것입니다."[7] 이전 전기 작가였던 란트베어(Landwehr)는 바빙크의 설교에 대한 또 다른 증언을 제시한다. 바빙크의 설교는 본문을 특정 목적을 가지고 취사선택했던 불런스의 버릇을 인정하긴 했지만 이에 대한 그 어떤 과격한 반응도 포함되어 있지 않았다는 것이다. 오히려 란트베어는 바빙크가 "아름다운 말씨"로 설교했고, "비록 원했던 것을 얻지는 못했지만" "나이 많은 불런스"도 바빙크의 설교에 감명 받았다고 주장했다.[8]

비록 헤프의 1921년 회상은 이 문제의 인용을 뒷받침하는 데 큰 도움을 주지는 못하지만 영향력 있는 설명으로 자리 잡았다. 바빙크의 시범 설교와 정해진 본문에 대한 분에 찬 명백한 반응은 20세기 전반에 걸쳐 네덜란드뿐만 아니라 다른 나라들의 다양한 자료들 속에서도 반복적으로 드러났다.[9] 하지만 대조적으로, 1880년부터의 다양한 "교회 소식" 신문들은 바빙크 박사가 문제의 그 시험을 통과했고 이제 교회의 청빙을 받을 수 있다는 내용만 간단히 기사화되었을 뿐이다.[10] 이 신문들 가운데 「레이우바르더 쿠란트」(*Leeuwaarder*

---

7 Hepp, *Dr. Herman Bavinck*, 83. 헤프는 바빙크의 "대략적인" 도입부를 이렇게 기록했다. "Waarom men dezen tekst juist *mij* heeft opgegeven, laat zich licht bevroeden. Met opzet heeft men de woorden 'de blinden' weggelaten. Het ontbreekt er nog maar aan, dat men er ook die aan toevoegde. Doch dat dorst men blijkbaar niet aan."

8 Landwehr, *In Memoriam*, 20. "Met de schooner dictie, hem eigen, leverd hij zijn preekvoorstel, dat de bewondering van allen opwekte, misschien ook wel van den ouden Bulens, al kreeg deze ook zijn zin niet."

9 "Nederlandsch Nieuws: bij het cand.-examen van Prof. Bavinck," *Onze Toekomst*, April 19, 1922; "Dr Bavinck kreeg bij examenpreek een bittere pil te slikken," *Friese Koerier*, November 19, 1955.

10 예를 들면 "Kerknieuws," *Provinciale en Overijsselsche en Zwolsche courant*, July 22, 1880; "Schoolnieuws," *Het nieuws van de dag*, July 20, 1880.

Courant)라는 신문은 비록 바빙크가 관련 시험들을 통과하긴 했지만 "현재로서는 [교회의] 청빙을 받을 수 없다"라고 스스로 선언했다는 내용을 실었다.[11] 이는 흥미롭게도 바빙크 자신의 일기에는 없는 내용이다. 실제로 일시적으로나마 교회의 청빙을 받기 힘들었는지 몰라도, 바빙크는 네덜란드 전역의 분리 측 교회에서 정기적으로 설교하기 시작했다.

설교 일정들 중 즈바르트슬라위스(Zwartsluis)로 향하는 일정에 대한 일기 내용은 이 시기 동안에 우닝끄와의 우정의 중요성이 증대되었다는 것을 지적하고 있다. 8월 14일 바빙크는 즈볼러로 설교 일정을 소화하기 위해 여행했다. **"즈볼러로 가서 우닝끄의 집에서 식사했다. 오후에 함께 즈바르트슬라위스로 [갔다].**"[12] 바빙크는 친구와 함께 그곳에 가서 주일에 설교를 하고 즈볼러를 통해 깜픈으로 돌아왔는데, 즈볼러에서 부모님 댁으로 돌아오기 전 우닝끄와 하루를 보냈다.[13] 이 우정은 금방 꽃을 피웠다. 다음 해 동안 바빙크가 바쁘고 고독한 목회 사역 속으로 들어갔을 때 우닝끄는 바빙크를 계속 찾아왔던 손님이 되었으며 가까운 친구로 시간을 보내게 되었다.

프라너꺼르(Franeker) 혹은 브룩 옵 랑어데이끄(Broek op Langedijk)?

이 시기 동안의 정기적인 설교 일정 가운데 바빙크는 프리슬란트(Friesland)의 북서쪽 지방의 마을이었던 프라너꺼르에 방문했던 내용을 아주 구체적으로 일

---

11 "Kerk- en schoolnieuws," *Leeuwaarder Courant*, July 23, 1880. "De heer Bavinck stelt zich vooreerst niet beroepbaar."

12 "Van 1879 tot 1886." "14 Aug. Naar Zwolle, bij Unink gegeten. Samen 's avonds naar Zwartsluis."

13 "Van 1879 tot 1886." "16 Aug … Wij gingen saam naar Zwolle. Ik bleef dien dag bij Unink, ging 's av. naar Kampen."

기에 담았다.

> **9월 18일.** 아침에 프라너꺼르로 갔고, 2시 30분에 거기에 도착했다 L. 호프스트라(Hofstra) 주니어와 함께 머물렀다. 오후에 천문관, 시청, 초상화 등을 방문했다.

> **9월 19일.** 프라너꺼르에서 요한복음 17장 19절과 로마서 8장 28절을 설교했음. 치리회가 나에게 청빙에 대해 말했다.[14]

바빙크는 최종적으로 두 군데 교회, 즉 프라너꺼르(Franeker)와 브룩 옵 랑어데이끄(Broek op Langedijk)에서 청빙을 받았다. 프라너꺼르 방문은 지역 기독개혁교회로 하여금 바빙크의 설교를 듣고 바빙크를 고려할 수 있도록 만들어 주었고, 일기에서도 구체적으로 기록되어 있는 것처럼 바빙크 자신도 프라너꺼르라는 도시의 요건들을 평가할 수 있었다. 브룩 옵 랑어데이끄와 프라너꺼르. 둘 다 유서 깊은 역사를 가지고 있었다. 바빙크에 의하면 브룩 옵 랑어데이끄는 작은 농촌 도시였던 반면, 프라너꺼르는 비록 빛이 바래긴 했지만 대학 도시라는 자랑거리가 존재했던 도시였다.[15] 프라너꺼르는 다른 것들과 더불어 천문관과 건축학상으로 볼 때 16세기 풍의 두드러진 시청을 가지고 있던 도

---

14 "Van 1879 tot 1886." "18 Sept. 's Morgens naar Franeker, kwam daar aan te half drie, logeerde bij L. Hofstra Jr. Bezichtigde 's middags 't planetarium, stadhuis, portretten etc. 19 Sept. te Franeker gepreekt over Joh 17:19 & Rom 8:28. De kerkeraad sprak er van, om mij te beroepen"[역자 주: 요 17:19 - 또 그들을 위하여 내가 나를 거룩하게 하오니 이는 그들도 진리로 거룩함을 얻게 하려 함이니이다, 롬 8:28 - 우리가 알거니와 하나님을 사랑하는 자 곧 그의 뜻대로 부르심을 입은 자들에게는 모든 것이 합력하여 선을 이루느니라].

15 브룩 옵 랑어데이끄의 역사에 관해서라면 Janet Sjaarda Sheeres, *Son of Secession* (Grand Rapids: Eerdmans, 2006), 91-93을 참고하라.

시였다.[16] 하지만 16세기의 프라너꺼르 대학은 1811년 나폴레옹에 의해 해체되었다. 프랑스 통치의 마지막과 더불어 프라너꺼르 대학도 원상태로 회복되지 못했다. 오히려 프라너꺼르 대학은 내무부에 의해 그 지역에서 "풍미, 문명, 그리고 박학함"을 촉진시키기 위해 의도된 문예 진흥 기관, 즉 학위를 수여할 수 있는 작은 규모의 교육 기관으로 재창조되었다.[17] 이처럼 프라너꺼르 문예 진흥 기관은 지방 규모의 크기를 가지고 있었고, 1843년에 학생 부족으로 문을 닫게 되었다.[18] 1880년대 초반 프라너꺼르 도시의 가장 훌륭한 유산들을 방문하며 바빙크는 지나간 시대의 남겨진 것들을 잠깐 경험해 볼 수 있었다. 분명히 바빙크는 더 이상 레이든에 있지 않았다.

바빙크에게 레이든과 프라너꺼르 사이의 대조는 거의 사라질 수 없는 대조였다. 16세기와 19세기 사이의 프라너꺼르와 레이든의 역사는 계속 진행 중인 경쟁 관계였다. 이 시기들의 시작점에서부터 거대한 야망이 이 두 도시 속에 세워진 대학들 속에 투영되었다. 하지만 세기를 거듭하면서 프라너꺼르는 점점 더 네덜란드 이웃보다 뒤 처졌다. 19세기 들어 바빙크의 [레이든] 모교는 국제적인 중요성으로 인해 그 명성을 이어나갔지만, 프라너꺼르 대학은 [이런 레이든과] 경쟁조차도 할 수 없는 상황에 놓여 있었다. 레이든과 비교해 프라너꺼르는 "대학 병원이나 천문대, 실용적 물리학을 위한 적절한 도구 모음이 없었고 (오직 광학장비들만 잘 갖추어져 있었다), 희귀한 식물들에 대한 만족할 만한

---

16 프라너꺼르의 시청과 천문관 사진은 A. Loosjes, *Overijssel, Friesland, Groningen en Drente in Beeld* (Amsterdam: Scheltema & Holkema's Boekhandel en Uitgevers Maatschappij, 1927), 73, 114-15, 166을 참고하라.

17 W. B. S. Boeles, *Frieslands hoogeschool en het Rijks Athenaeum te Franeker* (Leeuwarden: H. Kuipers, 1878), 168.

18 프라너꺼르 문예 진흥 기관은 등록 학생 수가 25명 이하로 떨어졌을 때 문을 닫게 되었다. G. Wumkes, *Stads- en Dorpskroniek van Friesland* (Heerenveen: Nieuwsblad van Friesland, 1917), 9.

소장품이나 윗방들 중 하나의 해부학 강당에도 거의 아무것도 없었다."[19] 네덜란드를 이끌 대학 도시가 되기 위한 이 두 도시의 300년 동안에 걸친 경주는 하나의 우승자만 필요했기에 길었던 경주였다. 바빙크가 프라너꺼르의 문화적 백미들, 즉 자신들의 노력으로 만들었기 때문에 인상적이긴 했지만 긴 세월에 걸친 경주의 실패한 인공적 결과물들에 방문했을 때, 바빙크도 분명 이를 의식하고 있었다. 비록 프라너꺼르가 브룩 옵 랑어데이끄보다는 훨씬 더 레이든 같았지만, 분명 프라너꺼르는 레이든으로 오인될 수는 없었다.

바빙크는 프라너꺼르를 방문 후 레이든의 친구들과 (그의 예전 교수들이었던 스홀튼과 라우언호프[Rauwenhoff])를 방문하기 전 로테르담(Rotterdam)에서 설교하기 위해 남쪽으로 이동했다. 이는 바빙크가 중요한 소식을 받고 난 직후였다. "10월 5일. 3시 30분에 레이든을 다시 떠남. 8시 30분에 깜픈에 도착했고, 바로 전날 프라너꺼르 교회로부터 청빙이 있었다는 것을 듣게 되었다."[20]

3일 후 10월 8일 「드 바자윈」 금요일 판에 프라너꺼르 교회는 바빙크가 이 청빙을 받도록 공개적으로 그에게 호소했다.

> 프라너꺼르, 1880년 10월 3일. 오늘 페르베르트(Ferwerd)의 K. 카이퍼(Kuiper) 목사의 주재 아래 알파벳 순서로 세 명의 목회자들, 즉 깜픈 신학교의 후보인 헤르만 바빙크 박사, 카우둠(Koudum)의 L. 판델런(van Dellen), 그리고 베둠(Bedum)의 베설스(Wessels)가 교회

---

19 A. C. J. de Vrankrijker, *Vier eeuwen Nederlandsch studentenleven* (Voorburg: Boot, 1936), 32. "Er was geen academisch ziekenhuis, geen sterretoren, geen behoorlijke verzameling werktuigen voor het practicum natuurkunde (alleen in optische instrumenten was men goed voorzien), er was geen voldoende collectie botanische zeldzaamheden; het theatrum anatomicum op een der bovenlocalen bezat vrijwel niets."

20 "Van 1879 tot 1886." "5 Oct. half vier weer Leiden verlaten. half negen kwam ik in Kampen aan, waar ik vernam, dat er den vorigen dag een beroep voor mij gekomen was van de gemeente Franeker."

에 추천되었다. 헤르만 바빙크 박사가 교회 구성원들에 의해 선택되었다. 주님께서 이 형제의 마음을 움직여주셔서 담대한 자세로 이 청빙을 받는 것이 교회와 신자회의 바람이다. 교회를 대신해서, J. F. 타윈스트라(TUINSTRA).[21]

이중적 결정

그달 이후 바빙크는 브룩 옵 랑어데이끄에서 설교했고, 그곳의 기독개혁교회로부터도 즉각적인 청빙을 받았다. 바빙크는 즉시 두 개의 중요한 결정을 했으며, 각 결정은 나름대로 바빙크의 포부를 보여주는 결정이었다.

> 11월 1일 오전 9시 『순수 신학 통론』(Synopsis) 출판에 대해 D. 도너 (Donner)와 상의하기 위해 레이든으로 [다시 갔다]. 이 출판물은 내 감독하에 출간될 것이다. 사례비는 150길더, 300-500부의 각 20%. 오후에 다시 깜픈으로.

> 11월 2일. 프라너꺼르의 청빙을 수락 & 브룩 옵 랑어데이끄의 청빙에 감사.[22]

----

21 *De Bazuin*, October 8, 1880. "FRANEKER, den 3 October '80. Heden werd onder de leiding van Ds. K. Kuiper van Ferwerd, door een aan de gemeente Alfabetisch voorgesteld drietal Predikanten, bestaande uit Dr. H. Bavinck, candidaat aan de Theol. School te Kampen, L. van Dellen te Koudum en J. Wessels te Bedum, door de mansleden gekozen Dr. H. Bavinck. Neige de Heere het hart van dien broeder, om met volle vrijmoedigheid de roeping aan te nemen, is de wensch van Kerkeraard en gemeente. Namens den Kerkeraad, J.F. TUINSTRA."

22 "Van 1879 tot 1886." "1 Nov. 's morg. 9 uur naar Leiden, om met D. Donner te spreken over de uitgave der 'Synopsis.' Deze uitgave zal verschijnen onder mijn toezicht; honorarium 150 gld en 20% v. elk exemplaar van 300-500. 's middags

바빙크는 레이든보다는 덜 윤기가 났던 도시였지만 그래도 [브룩 옵 랑어데이끄] 마을보다는 [프라너꺼르] 도시를 선택했다. 다소 빛이 바래긴 했지만 [프라너꺼르의] 고등 문화는 농업 문화가 할 수 없는 방식으로 바빙크를 끌어당겼다. 하지만 바빙크가 프라너꺼르에, 혹은 심지어 목회 사역에 오랜 기간 머무르려 했다고는 보이지 않는다. 바빙크가 프라너꺼르의 청빙을 수락한 것처럼, 바빙크는 분리 측의 중요한 출판가로 알려지기 시작했던 바빙크의 옛 목회자 아들인 디르끄 도너(Dirk Donner, 1858-94)를 만났다. 바빙크가 [교회의] 청빙을 수락하기 전날 그는 네 명의 레이든 교수들, 즉 요한네스 폴리안더(Johannes Polyander), 안드레아스 리버투스(Andreas Rivetus), 안토니우스 발라이우스(Antonius Walaeus), 안토니우스 튀시우스(Anthonius Thysius)에 의해 1625년 출간된 초기 개혁파 정통 신학의 라틴어 요약본인『순수 신학 통론』(Synopsis purioris theologiae)의 새로운 판 출간에 스스로를 헌신하기로 마음 먹었다.[23]

이런 이중적 결정을 통해 바빙크는 향후 궤적을 선명히 설정하는 결정적인 행동을 취했다. 비록 바빙크는 프라너꺼르로 갈 것이지만, 그의 포부는 수십 년간 프라너꺼르에서는 찾아볼 수 없었던 그 어떤 무엇, 즉 학문적 신학자가 되는 것이었다. (여담이지만, 1843년 문을 닫기 전 프라너꺼르 대학에서 가르쳤던 마지막 조직신학자는 바빙크의 박사논문 지도교수였던 J. H. 스홀튼이었다). 그 누가 봐도 프라너꺼르는 학문적 신학자가 되는 길의 디딤돌이었지 절대 최종 종착지는 아니었다. 프라너꺼르를 선택하는 가운데 바빙크는 또 다른 종점을

weer naar Kampen. 2 Nov. Aangenomen het beroep naar Franeker & bedankt voor dat van Broek op Langendijk." 주의하라: 비록 도시 이름의 철자가 현재는 Broek op Langedijk이지만 바빙크는 이를 Broek op Langendijk라고 표기했다.

23 Herman Bavinck, ed., Synopsis purioris theologiae (Leiden: D. Donner, 1881). 이 책의 라틴어-영어 이중 언어 판은 Synopsis purioris theologiae/Synopsis of a Purer Theology: Latin Text and English Translation, vol. 1, Disputations 1-23, ed. and trans. Riemer A. Faber (Leiden: Brill, 2014)이다.

향해 목표를 설정했다.

바빙크는 이 발걸음을 계속 내딛기 위해, 그리고 프리슬란트(Friesland)에서 안주하는 스스로의 모습을 막기 위해 자신에게 충분한 도움이 될 수 있는 학문적인 움직임을 만들 필요가 있었다. 이런 시각에서 볼 때『순수 신학 통론』의 새로운 판을 출판하려는 그의 계획은 그의 영민한 움직임의 결과였다. 그의 기독개혁 대중들의 시점에서 봤을 때 일부는(결코 모든 사람은 아니다) 바빙크의 레이든 대학교 학위를 의심스러운 눈초리로 바라보았기 때문에, 이런 특별한 출판은 바빙크의 신학적 혈통의 빛을 발하게 해주었을 것이며 레이든 신학자들과의 관계도 새로운 시각으로 바라보게 해주었을 것이다. 이 의미는 바빙크의 이름이 현대주의자 요한네스 스홀튼보다는 정통파였던 요한네스 폴리안더의 이름과 더불어 알려지게 되었다는 의미이다. 이런 연상을 창출해냈던 이 출판물은 깜픈 신학교의 장래 유망한 교사로서의 바빙크의 매력을 폭발하게 만들 만큼 놀라울 정도의 잠재력을 지닌 출판물이었다.[24]

이와 더불어『순수 신학 통론』은 바빙크에게 자신의 신학 전통을 공부할 수 있는 중요한 기회를 부여했던 출판물로 대변될 수 있다. 바빙크는 레이든에서의 교육을 통해 현대 신학적 흐름, 성경 비평, 아랍어 등에 대해서는 익숙해졌지만, 분리 측 경건 속에 약동하는 깊이 있는 신학적 지식을 제공 받지는 못했다. 바빙크는 레이든 시절 속에서도 깜픈 신학교 학생으로 여전히 등록되어 있었으며 이제 신학교의 최종 후보자 시험도 통과했으므로, 깜픈 신학교의 신학 수업을 듣지 않은 채 이 모든 과정을 마치게 되었다.『순수 신학 통론』작업을 통해 바빙크는 하나의 돌맹이로 여러 마리의 새를 잡게 되었다.

바빙크가 궁극적으로는 깜픈 [신학교] 임용을 염두한 가운데 프라너꺼르의

---

24 이런 효과의 결과는 출판된 지 몇 년 후에 나타나게 되었다. 예를 들면 *De Heraut*, March 23, 1890와 September 28, 1890에 스홀튼과 함께 하는 바빙크와의 대비 차원에서 레이든의『순수 신학 통론』을 활용했던 기사들을 살펴보라.

청빙을 수락했다는 것은 『순수 신학 통론』 작업에 대한 그의 선택과 프라너꺼르 시절 때 분리 측 신학 저널이었고 동시에 디르끄 도너가 권리를 획득했던 「드 프레이 께르끄」(De Vrije Kerk)의 편집자로 (저명한 분리 측 목회자였던 헨리쿠스 뵈꺼르[Henricus Beuker]와 그의 친구였던 D. K. 비렝아와 함께) 임명된 것을 통해 볼 때 분명하다.[25] 바빙크가 프라너꺼르에 있었을 때, 「드 프레이 께르끄」는 분리 측 교회 속에서 미래의 학문적 신학을 하는 핵심 사상가로서의 바빙크의 위치를 부여하는 데 유용한 역할을 감당했다.

목회 사역의 어려움에 대한 예견

바빙크는 프라너꺼르로부터의 청빙을 수락한 후 미국에서 사랑과 상실감의 이야기를 써 내려갔던 헨리 도스꺼로부터 편지 한 통을 받았다(1881년 2월 12일). 최근에 결혼한 목회자였던 도스꺼는 갑자기 (첫째 아이를 임신한) 아내를 잃게 되었고, 상실감과 처량함 가운데 목회 사역을 하고 있었다. "너 스스로 의도해 혼자 살고 있는 너의 삶이야말로 내 적막한 [현] 상황을 방불케 할거야 … 나는 고령의 부부와 가정부와 함께 살고 있어. 그들과 함께 살고는 있지만 <u>끔찍하게 외로워</u>. 도무지 줄어들지 않는 거대한 슬픔과 함께 외로워."[26] 집 안에서의 도스꺼의 외로운 감정은 그다음 몇 달 동안의 바빙크의 경험 속에서도 잔향이 울려 퍼졌다. 이 편지를 받은 후 도스꺼는 바빙크가 정말로 기독개혁교회의 청빙을 받았다는 사실에 큰 놀라움을 표했다. "나는 네가 프라너꺼르의 청빙을 수락

---

25 H. Beuker, "Bij den overgang 81 tot 82," *De Vrije Kerk* (1882), 3-4.

26 Dosker to Bavinck, Ebenezer [Holland, MI], February 12, 1881, in *BHD*. 강조는 원문.

했다는 사실을 신문에서 읽었을 때 깜짝 놀랐어. 왜냐고? 마지막 편지에서 네가 말했던 어려움들 때문에 [놀랐어]. 37조가 이전보다 더 분명해진거니? 아니면 더 수용 가능하게 된 거야? 너의 성격을 아니까 가장 설득력 있는 설명처럼 나는 반드시 [너의 결정을] 받아들여야만 하겠지. 나는 이 믿음의 승리로 인해 하나님께 감사해."[27] 아쉽게도 바빙크가 심지어 1880년대 초기에도 자신의 정통 고백적 유산을 향해 어떤 교리적 불확실성을 가지고 있었는지에 대해서는 여전히 알려지지 않은 채로 남아 있다. 만약 이런 교리적 문제들이 실제로 존재했다 하더라도, 이 문제들이 이 시기 동안 기독개혁교회들에서 정기적으로 했던 바빙크의 설교를 막지는 못했다.

물론 도스꺼의 편지가 그 당시 바빙크의 전망에 대한 신뢰할 만한 가이드가 아닐 수도 있다. 하링크가 지적한 것과 같이, 도스꺼는 바빙크의 친구였지만, 그는 결코 신칼빈주의자는 아니었다. 도스꺼는 카이퍼가 명성을 떨치기 전, 그리고 정통주의와 현대주의 사이의 균형을 잡고자 했던 바빙크의 노력이 성숙해지기 전 네덜란드를 떠났다.[28] 이런 시각에서 볼 때, 바빙크의 신학적 움직임이 도스꺼를 점점 더 놀라게 만든 것은 그리 놀랄 만한 일이 아니었다. 게다가 일반적으로 봤을 때, 바빙크에게 보낸 도스꺼의 편지는 길었고 감정적이었으며 자기 성찰적인 편지였다. 도스꺼는 자신의 편지에서 자주 바빙크의 답 편지가 너무 짧았다는 것에 대해 불평했다. 그러므로 도스꺼는 바빙크가 자신에게 보내는 짧은 메시지들에 너무 몰두했을 수도 있고, 혹은 그 의미를 오해했을 가능성도 존재한다. 예를 들면, 도스꺼는 특정 편지에서 바빙크의 간결한 편지들

---

27 Dosker to Bavinck, Ebenezer [Holland, MI], February 12, 1881, in *BHD*.

28 George Harinck, "Inleiding," in *"Men wil toch niet gaarne een masker dragen": Brieven van Henry Dosker aan Herman Bavinck, 1873-1921*, ed. George Harinck and Wouter Kroese (Amsterdam: Historisch Documentatiecentrum voor het Nederlands Protestantisme [1800- heden], 2018), 14.

이 읽는 이로 하여금 추론을 불러일으킬 수밖에 없다는 점에 대해 다음과 같이 불평했다. "너의 편지는 짧지만 각 줄 사이에서 갑자기 나타나는 것처럼 보이는 회상들로 가득 차 있어." (이와 똑같은 예가 이후의 편지 속에서도 등장한다. 도스꺼는 바빙크에게 "각 줄 사이를 너와 함께 읽고 느끼고 생각할 때 내가 틀렸니?'라고도 질문했다).[29] 어떤 경우라도 프라너꺼르로 이동하려는 바빙크의 결정이 어느 정도 놀라움으로 드러났다는 것은 바빙크의 저술에서는 다소 불분명하다.

비록 바빙크는 1880년 11월 초에 프라너꺼르의 청빙을 수락했지만, 그다음해 3월까지 프라너꺼르 목회 사역은 시작되지 않았다. 그 시기 바빙크는 목회와 그 너머에 있는 것들을 준비하기 위해 바빴던 것 같다. 바빙크가 치뤘던 교회 시험들과[30] 프라너꺼르로부터의 청빙에[31] 대해 다루고 있는 신문들에 관한 스눅 후르흐론여의 편지 두 통에 대한 답변에서 바빙크는 프라너꺼르로 곧 이동할 것에 대한 확인과 그곳에서 예견되는 어려움들에 대한 이야기를 써 내려갔다(11월 13일).

네가 읽은 대로, 나는 프라너꺼르의 청빙을 수락했어. 그 교회는 꽤 큰 교회고, 경험이 없는 후보에게는 꽤 어려운 교회야. 실전으로 나가는 것에 대한 떨림에, 나는 기꺼이 사양하고 싶었지만, 더 이상 물러나 욕망을 위해 의무를 희생시켜서는 안 된다고 생각했어. 취임은 1881년 3월 6일 주일로 이미 결정되었어. 그래서 이래저래 나 스스로를 준비할 시간이 좀 있어. 프라너꺼르가 너무 멀어 정말 미안하지만 외국에서 네가 돌아왔을 때 목사관에서 곧 보길 바라. 나는 이에

---

29 Dosker to Bavinck, Holland, March 23, 1889, in *BHD*. "Ben ik mis, als ik tusschen de regels las, en met u gevoelde en meedacht."

30 Snouck Hurgronje to Bavinck, Leiden, July 8, 1880, in *ELV*.

31 Snouck Hurgronje to Bavinck, Leiden, September 6, 1880, in *ELV*.

대한 확신을 가지고 있어. 우리가 서로 자주 만나지는 못할거야. 그
래도 만날 기회가 자주 있길 소망하고 바라. 네가 박사논문에 진척
이 있다는 소식을 들으니 정말 기뻐. 곧 논문을 볼 수 있길 기대하고,
논문 내용이 궁금하긴 하다. 너의 박사논문 수여식 초청에 응할 수는
없을거라 생각해. 프라너꺼르로 곧 떠나기 때문에 매우 바쁠 뿐 아니
라 처음부터 꽤 어려운 각종 교회 일들에 점점 더 관여하고 있거든.[32]

이 시기 스눅 후르흐론여는 더 공부를 하기 위해 (독일) 슈트라스부르크 대
학으로 떠나기 전 자신의 박사논문 방어식을 할 채비를 갖추고 있었다. 후르흐
론여에게 이런 행보는 학문적 세계와 공적인 삶 속에서 화려하긴 하지만 논쟁
이 되는 경력의 첫 번째 걸음이었다.[33] 그러나 바빙크는 프라너꺼르의 "크고 …
꽤 어려운" 기독개혁교회의 일들을 처리하기 위해 마음을 단단히 먹고 있었다.
1851-1875년까지 사역했던 지역 분리 즉 목회자 K. J. 삐떠르스(Pieters) 목사
는 신학적으로 전투적이었으며,[34] 과도한 음주와 힘겹게 싸우고 있던 목회자였

---

32 Bavinck to Snouck Hurgronje, Kampen, November 13, 1880, in *ELV*. "Zooals ge
    gelezen hebt heb ik het beroep naar Franeker aangenomen. Het is daar eene tamelijk
    groote en voor een onervaren kandidaat vrij lastige gemeente. Huiverend, om de
    practijk in te gaan, had ik gaarne bedankt, maar ik meende me niet langer te mogen
    terugtrekken en plicht op te offeren aan lust. De intrede is voorloopig bepaald op
    zondag 6 maart 1881. Ik heb dus nog een poosje tijd, om me op een en ander voor te
    bereiden. 't Spijt me wel, dat Franeker zoo ver uit de buurt is maar ik hoop toch, als ge
    van uw buitenlandsch verblijf teruggekeerd zijt, je eens spoedig bij me in de pastorie te
    zien. Ik reken daar zeer vast op. Zoo heel dikwijls zal 't misschien niet meer gebeuren,
    dat we elkander ontmoeten; en toch hoop en wensch ik, dat de gelegenheid ervoor
    zich dikwijls voordoet. Erg blij ben ik, dat ge met uw dissertatie zoover gevorderd zijt.
    Ik verwacht er spoedig een en ben benieuwd naar den inhoud. Uwe uitnoodiging
    om de promotie bij te wonen, denk ik niet aan te nemen. Ik heb het, met 't oog op
    het aanstaand vertrek naar Franeker, erg druk en word zoo langzamerhand in allerlei
    kerkelijke aangelegenheden betrokken, die in het eerst nogal lastig zijn."

33 Philip Droge, *Pelgrim: Leven en reizen van Christiaan Snouck Hurgronje* (Utrecht:
    Spectrum, 2017).

34 예를 들면 K. J. Pieters, D. J. van der Werp, and J. R. Kreulen, *Is de Afscheiding in*

다.[35] 삐떠르스가 결국 교회에 의해 사임되었을 때 교회의 일부 사람들이 그를 따랐고, 지역 자유복음교회의 목회자가 되기 전까지 그는 창고에서 설교하고 성례를 집례하기 시작했다.[36] 헤프의 설명에 따르면, 그다음 목회자였던 P. W. H. 에스꺼스(Eskes)는 예정론을 너무 자주 설교해서 많은 사람의 공분을 자아냈고, 카이퍼를 향한 그의 공감과 동의 때문에 비판을 받았다.[37] (바빙크와 카이퍼가 서로 가깝다는 사실을 염두 할 때) 실제로 바빙크가 적어도 부분적으로나마 카이퍼를 의심하는 교회의 목회자가 될 것인지와 상관없이 그가 분열된 공동체로 이동하고 있다는 사실만큼은 의심할 여지가 없다.

같은 달 11월 24일에 스눅 후르흐론여에게 보낸 또 다른 편지에서 바빙크는 친구의 성공적인 박사과정 마무리를 축하했다. 레이든에서의 학생 시절의 마지막을 반추하며 바빙크는 자신과 친구 사이에 지속되는 신학적 관점의 차이와 미래에 대해 집중하며 편지를 써 내려갔다.

> 우리 둘 다 우리의 학문적 이력의 마지막에 도달했어. 다만 내가 후회하는 것은 우리가 원칙과 인생관에서 너무나도 멀리 떨어졌다는 점이야. 통찰과 확신에서 엄청난 차이가 있음에도 불구하고 내 진심 어린 우정과 따뜻한 관심은 너와 계속 함께 할거야. 이런 차이가 작아지길 바라지만 아직까지는 그렇게 되지 않은 것 같아. 지금 난 레이든을 떠났고, 스홀튼과 꾸우는의 강한 영향력 아래 있었을 때와 비교해 난 현대 신학과 현대 세계관을 다소 다르게 보고 있어. 지금은 [예전에 그것들이] 나에게 보여졌던 것들과는 많이 달라진 것처럼 보

Nederland van het Hervormd Kerkgenootschap, zooals het thans en sedert 1816 bestaat, uit God of uit menschen? (Franeker: T. Telenga, 1856)을 보라.

35 Hepp, *Dr. Herman Bavinck*, 91.

36 M. Mooij, *Bond van Vrije Evangelische Gemeenten* (Baarn: Hollandia Drukkerij, 1907), 19.

37 Hepp, *Dr. Herman Bavinck*, 92.

여. 난 레이든에서 많은 것을 배웠지만, 많은 것을 배우지 못하기도 했어. 배우지 못했던 부분이 나에게 해로움을 끼쳤고, 점점 더 난 그것의 해로움을 보기 시작하고 있어. 과거로부터 되가져온 우리의 확신들이 비판의 용광로 속으로 던져졌던 시대는 끝이 났어. 지금은 우리가 가지고 있는 확신들에 신실해야 할 때이고, 우리에게 가용한 무기들과 함께 그 확신들을 옹호해야 할 때야. 하지만 만약 우리 둘 다 항상 진지하게 진심으로 진리를 찾는다면, 우리는 그 진리를 찾을 수 있을거야. 그 이유는 난 이 진리를 의심할 여지가 없이 확실한 것으로 여기며, 진리는 있고, 진리는 반드시 있을 수밖에 없고, 이 진리는 진심으로 찾는 자들의 눈에 드러나기 때문이야. 여담을 해서 미안해. 나도 모르게 내 펜에서 나와버렸네. 학문적 이력의 마지막을 본다는 것은 정말로 엄청나게 중요한 거야. 다시 한번 내 아버지를 대신해 네가 박사학위와 함께 행복하길 바라. 부디 오랜 세월 동안 많은 유익을 누리길. **전부 당신의 것.** 헤르만 바빙크.[38]

---

38 Bavinck to Snouck Hurgronje, Kampen, November 24, 1880, in *ELV.* "En zoo hebben wij beiden dan het einde van de academische loopbaan bereikt. 't Kan me alleen maar spijten, dat we zoo ver, zoo ontzachlijk ver in beginsel en in levensbeschouwing uiteengaan. Toch blijft mijne hartelijke vriendschap en warme belangstelling u vergezellen ondanks nog zoo groot verschil van inzicht en overtuiging. Dat dat verschil kleiner zal worden hoop ik, maar zie ik nog niet. Nu ik uit Leiden weg ben, en de moderne theologie en de moderne wereldbeschouwing wat anders in de oogen zie, dan toen ik zoo sterk onder den invloed van Scholten en Kuenen stond, nu lijkt mij veel weer heel anders toe dan waarin het mij toen voorkwam. Ik heb in Leiden veel geleerd, maar ook veel verleerd. Dit laatste kan ten deele schadelijk voor mij gewerkt hebben, maar meer en meer begin ik dat schaedelijke ervan in te zien. Het tijdperk, waarin onze van vroeger meegebrachte overtuigingen in den smeltkroes der kritiek geworpen zijn, is voorbij. 't Komt er nu op aan, de overtuigingen, die wij thans hebben, trouw te zijn en ze te verdedigen met de wapenen die ons ten dienste staan. Maar zoeken wij beiden altijd ernstig en oprecht naar waarheid, dan zullen wij ze vinden ook. Want dit acht ik ontwijfelbaar zeker, zij is er, zij moet er wezen en ontdekt zich aan het oog van wie haar waarlijk zoekt. Vergeef me deze uitweiding. Ze ontvlood me onwillekeurig aan de pen. Het is ook zoo iets ontzachlijk belangrijks, de academische loopbaan achter zich afgesloten te zien. Maar nogmaals, ook namens mijn vader, met den doctoralen graad geluk gewenscht. Draag hem lang en met altijd toenemende verdienst. t.t. H. Bavinck."

이 특정한 편지는 바빙크가 레이든을 떠난지 충분한 시간이 흐른 후 스스로를 회상하는 자성의 순간에 기록되었고, 이를 통해 바빙크가 실제로 레이든 학생 시절 때 스홀튼과 꾸우는의 영향을 강하게 받았다는 것이 드러난다.

하지만 스눅 후르흐론여의 답변은(1880년 12월 22일) 이 회상에 대해 트집을 잡는 답변이었다. "공식적인 질문들 속이 아닌 일상 속에서 우리가 교제할 때 난 너에게 꾸우는과 스홀튼으로부터의 강한 영향을 전혀 발견하지 못했었어. 즉 레이든에 머물렀던 너는 교의학의 영역에서는 항상 흔들리지 않았지만, 예전에 네가 가지고 있었던 성경에 대한 옛 관점을 향한 중대한 비판들보다는 더 선명한 통찰을 가지게 되었잖아."[39] 이 사안에 대한 스눅 후르흐론여의 불신은 바빙크의 레이든 시절의 일기 속에서도 전반적인 취지가 일치된 상태로 드러난다(그리고 1914년 일기에서 바빙크는 현대 신학과 백병전을 벌이며 그 신학에 정통해지기 위해 레이든에 갔었다고 말한다).[40] 바빙크의 사상 속의 레이든 학파의 영향에 대한 부정은 바빙크의 자성 속에서 보다 더 깊이 드러난다(1881년 1월 13일). 이어지는 편지 속에서, 바빙크가 두 세계들 사이에서의 이동에 대해 씨름했다는 점이 분명히 드러난다. 바빙크는 레이든이라는 영역 속에서 학문적 신학자로서 설득력있게 말하는 법은 배웠지만, 지금 기독개혁교회 목회자로서 말하는 법에 대해서는 아직 꽤 준비가 덜 된 자신을 발견한다.

---

39 Snouck Hurgronje to Bavinck, Strasbourg, December 22, 1880, in *ELV*. "In den tijd van onzen dagelijkschen omgang heb ik nooit den zoo bijzonder sterken invloed van Kuenen en Scholten op u ontdekt, dan in de formeele vragen, d.w.z. ik meende dat uw verblijf in Leiden u steeds ongeschokt gelaten had op dogmatisch gebied, maar u een helderder inzicht dan vroeger had gegeven in de kritische bezwaren tegen de oude Schriftbeschouwing."

40 Bavinck, "Inleidend woord van Prof. Dr. H. Bavinck," in *Adriaan Steketee (1846-1913): Beschouwingen van een Christen-denker*, by A. Goslinga (Kampen: Kok, 1914), v.

직책을 맡을 시간이 곧 다가오네. 내 임명과 취임은 3월 둘째 주일로 잡혔어. 그 순간이 다가오면 다가올수록 난 더 두려워. 확신, 영감, 믿음과 함께 말하기 위해 나는 믿을 수 없을 만큼 많이 여전히 연구하길 원했고 그 연구를 통해 내 것을 만들고 싶었어. 하지만 아마도 절대 그렇게 되지는 않을 것 같아. 어쩌면 교회와 단순하고 경건한 사람들과의 교제는 공부가 절대 줄 수 없는 것을 나에게 줄 수 있을지도 몰라. 꾸우는과 스훌튼이 나에게 많은 영향을 끼치지 않았다는 것은 사실이야(성경에 대한 관점은 빼고). 만약 네가 이를 신앙을 잃고 다른 사람들과 그들을 수용하는 것으로 이해한다면 말이야. 하지만 그들은 내가 그 진리들을 받아들이는 능력과 방식에 영향을 미쳤어(그렇지 않았다면 어떻게 되었을까?). 난 어린아이 같은 믿음의 순진함, 내 안에 각인된 진리 안에서의 끝없는 확신의 단순함을 네가 보듯 잃어버렸고 점점 더 많이 잃어버리고 있어. 이런 영향력이 크고 강해.

그리고 절대 그것을 되찾을 수 없다는 것을 난 지금 알고 있어. 심지어 난 그것이 좋다는 것을 발견하고, 내가 잃어버린 그것에 참으로 솔직히 감사해. 거짓되고 정화가 필요했던 단순함도 참으로 많았지. 하지만 아직도 이런 단순함(더 좋은 단어를 모르겠어) 안에 무엇인가 좋은 것이 있긴 해. 만약 진리가 우리에게 달콤하고 소중하다면, 그것은 반드시 유지되어야만 하는 무엇이지. 그리고 만약 내가 때때로(아주 가끔씩, 오, 우리의 시대에 과거의 굳건한 믿음이 어디에 있을까?) 이것을 가지고 있고 이것으로 옳게 행하고 매우 행복해하는 사람들을 교회에서 만난다면, 난 지금은 도와줄 수 없지만 나도 아주 행복하고 즐거운 그들처럼 다시 믿기를 바라. 만약 내가 그렇다고 느낀다면, 내가 그렇게 영감된, 따뜻하고 항상 내가 말하는 바에 대해 완전한 확신을 가진 채 설교할 수 있다면, 맞아, 그들 중의 하나처럼 말이야, 오, 그렇다면 나는 강할 뿐 아니라 영향력을 끼칠 수 있을 것이고, 도움이 될 수 있을거야. 살아 있는 나 자신이 다른 사람을

위해 살 수 있을거야.[41]

깜픈을 바라보며 프라너꺼르로 이동하다

지역 시찰회(the local classis, 지역교회의 대표들이 참석하는 지역 모임)의 검
토를 받기 위해(12월 16일에 골로새서 1장 27-28절을 본문으로 한 짧은 시범 설

---

41 Bavinck to Snouck Hurgronje, Kampen, January 13, 1881, in *ELV*.

De tijd van het aanvaarden mijner betrekking breekt spoedig aan. Mijne bevestiging en
intrede is bepaald op den tweeden zondag in maart. Naarmate het oogenblik nadert,
zie ik er te meer tegen op. Er is zoo ontzachlijk veel, dat ik nog wilde onderzoeken
en daardoor tot mijn eigendom maken, om er met vertrouwen, met bezieling, met
geloof over te kunnen spreken. Maar het is wel waarschijnlijk, dat ik er toch nooit mee
zou klaar komen. Misschien geeft mij de omgang met de gemeente, met eenvoudige,
vrome menschen, wat de studeerkamer toch niet schenken kan. Neen, het is waar,
Kuenen en Scholten hebben op mij (behalve in de Schriftbeschouwing) niet veel
invloed gehad, als ge daaronder verstaat het verliezen van geloofswaarheden en het
aannemen van andere, van de hunne. Maar zij hebben wel (hoe kon het anders)
invloed gehad op de kracht en de wijze, waarmee ik die waarheden omhels. Het
naive van het kinderlijk geloof, van het onbegrensd vertrouwen op de mij ingeprente
waarheid, zie, dat ben ik kwijt en dat is veel, heel veel; zoo is die invloed groot en sterk
geweest.

En nu weet ik het wel, dat ik dat nooit terugkrijg. Zelfs vind ik het goed en ben ik
er waarlijk en oprecht dankbaar voor, dat ik het verloren heb. Er was ook in dat naive
veel, wat onwaar was en gereinigd moest worden. Maar toch, er is in dat naive (ik weet
geen beter woord) iets, dat goed is, dat wel doet; iets dat blijven moet, zal de waarheid
ons ooit zoet en dierbaar wezen. En als ik dan soms—heel enkel, want och, waar is het
rotsensterke geloof van vroeger tijd nog in onze eeuw?—in de gemeente nog enkele
menschen ontmoet, die dat hebben en er zoo wel bij zijn en zoo gelukkig, nu, ik kan
het niet helpen, maar dan wenschte ik weer te gelooven als zij, zoo blij en zoo vrolijk;
en dan voel ik, als ik dat had, en ik kon dan zoo preeken, bezield, warm, altijd ten volle
overtuigd van wat ik zei, ja er een mee, o me dunkt, dan was ik sterk, machtig, dan kon
ik nuttig zijn; zelf levend, zou ik leven voor anderen.

이 편지에 대해서는 George Harinck, "'Something That Must Remain, If the Truth
Is to Be Sweet and Precious to Us': The Reformed Spirituality of Herman Bavinck,"
Calvin Theological Journal 38, no. 2 (2003): 248-62를 보라.

교가 포함된 검토 일정) 프라너꺼르로 이동한 후, 바빙크는 깜픈의 교회적, 학문적 공동체들에 많은 가시적인 기여를 하기 전 12월 17일 주일에 그곳에서 설교했다. 북서쪽을 향한 바빙크의 시선을 어두컴컴하게 만든 불길한 예감과는 대조적으로, 깜픈이라는 도시는 비교적 가볍고 근심 걱정 없이 편안한 장소였던 것처럼 보인다.

> 12월 18일. 깜픈으로 다시 돌아감. 크리스마스 연휴가 전날(금요일)에 시작되었다. A. 스테꺼떼이(Steketee)가 12월 16일 목요일에 학예의 의미에 대해 연설했다.

> 12월 26일. 크리스마스 [연휴] 둘째 날 오전에 디모데전서 1장 15절 말씀을 깜픈에서 설교했음([설교 번호] 57번).

> 2월 3일. 목요일 저녁 7시 30분부터 10시까지 "하나님 나라, 최고선"이라는 주제로 학생들에게 강의했다.

> 3월 6일 (주일) 오전 프라너꺼르로 떠나기 전 마지막으로 깜픈에서 이사야서 53:4-6로 설교했음([설교 번호] 58번).[42]

이 시기 바빙크는 깜픈의 기독개혁교회와 깜픈 신학교 둘 다에 두드러진 투자를 했다. 치리회의 검토 일정 때문에 바빙크는 신학교의 지적인 하이라이트 중

---

42 "Van 1879 tot 1886." "18 Dec. Weer naar Kampen terug. Den vorigen dag (Vrijdag) begon de kerstvakantie. Donderdag 16 Dec. hield A Steketee een rede over de bet. der Kunst. 26 Dec. In Kampen 's morg. 2^d kerstdag gepreekt over 1 Tim 1:15 (57). 3 Febr. Donderdag 's av. half acht - tien uur eene lezing gehouden voor de studenten over: het Rijk Gods, het hoogste goed. 6 Maart 's morg. (Zondag) in Kampen gepreekt over Jes. 53:4-6 voor 't laatst voor mijn vertrek naar Franeker (58)"[역자 주: 첫 번째 문장에서 에글린턴은 네덜란드 원문에 나오는 괄호 친 금요일을 표기하지 않아서 추가로 표기했다].

하나, 즉 "복음을 위한 미래의 종을 위한 예술의 의미"라는 주제로 바빙크가 사랑했던 아드리안 스테꺼떼이가 했던 공개 강연을 놓치게 되었다.[43] 동시에 마르튼 노르트제이(Maarten Noordtzij, 1840-1915)는 임명된 학장이었다. 분리 측 3세대였던 노르트제이는 이집트학과 아시리아학 영역에서 적극성을 보였던 정치적으로 바빴던 구약학자였다. 바빙크처럼 노르트제이의 아들이었던 아리(Arie)도 레이든과 깜픈에서 공부했다.[44] 노르트제이의 신학교 학장 취임은 이 시기 동안의 바빙크에게 깜픈의 매력을 설명해 줄 수 있는 기회로 작용했다. 깜픈에서 분리파들의 새로운 세대가 "분리로부터 통합"으로의 여정을 계속해서 따르고 있었던 것이다. 바빙크도 그들 속에 포함되길 열망했다.

바빙크가 1881년 2월 깜픈 학우회 *Fides Quaerit Intellectum*(믿음은 이해를 추구한다)에게 했던 "하나님 나라, 최고선"이라는 강의는 이런 점에서 중요

---

43 Adriaan Steketee, *De beteekenis der Kunst voor den toekomstigen Evangeliedienaar: Rede, uitgesproken bij het overgeven van het rectoraat den 16en Dec. 1880* (Kampen: Zalsman, 1881). 「드 프레이 께르끄」(*De Vrije Kerk*)에 실린 이 강연에 대한 바빙크의 1881년 요약과 강평은 스테꺼떼이의 임박한 (그리고 설명되지 않은) 신학교 교수직 사임에 대한 중요한 실마리를 제공해준다. 이 강평에서 바빙크는 일부 사람들이 학교를 대표해 공개 강연에서 "부적절한" 주제로(복음과 예술 사이의 관계) 강의한 것에 대해 비판했다고 묘사했다. 게다가 바빙크는 목회를 하기 위한 목회자의 능력이 예술에 대한 무관심을 통해 방해받을 수 있다는 점을 지적하기 위해 스테꺼떼이가 "예술"과 "복음" 사이의 경계를 희석시켰다는 비판에 반대하기 위해 스테꺼떼이의 논증을 반복 설명했다. 답변 속에서 바빙크는 비록 목회자들의 사역이 예술에 의존할 수는 없지만, 그럼에도 불구하고 예술은 목회자들에게 유익이 될 수 있다는 점을 드러내며 스테꺼떼이의 강의를 교정하는 가운데 그를 옹호했다. 바빙크의 강평은 스테꺼떼이에게 강의 내용을 저널에서 더 발전시켜 달라는 초청과 더불어 끝을 맺는다. Herman Bavinck, "Eene Rectorale Oratie," *De Vrije Kerk* 7 (1881): 120-30.

44 Maarten Noordtzij, *Egyptologie en Assyriologie in betrekking tot de geloofwaardigheid des Ouden Testaments: Rede bij het overdragen van het rectoraat aan de Theologische School te Kampen, den 19den December 1881* (Utrecht: C. van Bentum, 1882). 마르튼 노르트제이의 전기적 정보에 관해서라면 C. Houtman, "Noordtzij, Maarten," in *Biografisch Lexicon voor de Geschiedenis van het Nederlandse Protestantisme* (Kampen: Kok, 1988), 3:284-86을 참고하라. 그의 아들에 관해서라면 C. Houtman, "Noordtzij, Arie," in *Biografisch Lexicon voor de Geschiedenis*, 3:282-84를 참고하라.

한 강의였다. 「드 프레이 께르끄」에 연속적으로 실린 이 강의[45]는 기독개혁교회 청중들 전반이 바빙크의 능력과 특별한 신학적 목소리에 익숙해질 수 있는 기회를 부여했던 강의였다.[46] "하나님 나라, 최고선"의 내용은 초기 바빙크의 지적 헌신을 위한 선언으로서의 역할을 감당한다. 현대 신학을 향한 슐라이어마허의 기여에 대해 비판적이지만 동시에 조심스럽게 긍정적인 언급을 하면서 시작하는 이 강의는(마치 1875년 플라톤에 대한 스테꺼떼이의 강의와 같은 식의 이 강의는),[47] 끊임없이 성경에 의지하며 새롭게 발흥하는 카이퍼주의 전통과 관계있는 칼뱅 사상의 주창자로서[48] 성경 저자를 묘사한다.[49] 이 강의는 하나님 나라가 이 세상 **안에** 있지만 이 세상의 **것은 아니라는** 사실을 주장하기 위해 통일성 안에서 다양한 것들을 견지하는 수단으로서의 유기체설에 대한 책무를 불어넣을 뿐 아니라, 창조와 죄에 대한 아우구스티누스적 설명, 즉 죄는 창조 안에서 존재의 권리가 없다는 설명을 사용하고 있다. 요약하자면,

---

45 "Het rijk Gods, het hoogste goed," *De Vrije Kerk* 7 (April-August 1881): 4:185-92; 5:224-34; 6:271-77; 7:305-14; 8:353-60. 이 강의의 영어 번역은 Herman Bavinck, "The Kingdom of God, the Highest Good," trans. Nelson Kloosterman, *Bavinck Review* 2 (2011): 133-70.

46 이 강의는 바빙크 사후에 하나의 형태로 출판되었는데, 이는 바빙크의 남동생 쿤라트 베르나르두스(Coenraad Bernardus 혹은 Bernard)에 의해 다시 모아져 편집된 *Kennis en leven* (Kampen: Kok, 1922), 28-52에 실렸다.

47 글리슨의 전기는 바빙크가 "어떤 의미에서는 학문적 결로 말하는 것이야말로 젊은 신학생이라는 사실을 보여주는 것이기 때문에, 그리고 바빙크도 예외가 없었기 때문에" 슐라이어마허를 인용했을 뿐이며, 바빙크의 사상은 그런 것 외에는 반(反)슐라이어마허주의라고 주장한다(Ron Gleason, *Herman Bavinck: Pastor, Churchman, Statesman, and Theologian* [Phillipsburg, NJ: P&R, 2010], 71). 바빙크와 슐라이어마허 사이의 신학적 관계성에 대한(비평과 전용에 대한) 더 구체적인 논증은 Cory Brock, *Orthodox yet Modern: Herman Bavinck's Use of Friedrich Schleiermacher* (Bellingham, WA: Lexham, 2020)을 참고하라.

48 Bavinck, "Kingdom of God, the Highest Good," 153-4.

49 예를 들면, "영역 주권"에 대해 명시적으로 언급하는 Bavinck, "Kingdom of God, the Highest Good," 159 부분은 흐룬 판 프린스터러(Groen van Prinsterer)와 아브라함 카이퍼 전통에 바빙크가 위치하고 있음을 보여준다.

이 강의는 특징적으로 신칼빈주의적 개념이라고 불리게 될 스뫼르고스보르드 [smorgasbord, 역자 주: 온갖 음식이 다양하게 나오는 스웨덴식의 뷔페]이다.

「드 바자윈」 기사는 이 강의에 학생들, 학장, 교수들, 그리고 지역 목회자 얀 바빙크와 청중들의 아내들이 참석했다고 전한다. "주께서 말씀 사역뿐 아니라 학문의 연마 속에서도 이 신학박사에게 풍성한 복을 주시길."[50] 바빙크가 목사 안수 후보자가 되었을 때, 바빙크의 신학적 기질의 특별함 때문에 교회의 일부 사람들 속에서 불확실함이 있었던 것 같다. 1881년 깜픈 신학교에서의 강의와 널리 연속적으로 퍼진 강의 후에야 비로소 이런 불확실함이 사라지게 되었다. 바빙크의 특별한 목소리는 이제 사람들의 귀에 들려지게 되었다.

프라너꺼르로 나아감

이 시기 동안 깜픈에서의 바빙크의 행보들은 아마도 종국에는 신학교 임용을 위해 스스로 자기 위치를 설정한 것처럼 보인다. 목전의 배경 속에서 바라봤을 때 이런 노력은 전략적으로 자리매김 된 많은 활동가들에 의해서도 지원을 받았다. 가장 두드러진 활동가는 지역 기독개혁교회 목사였으며 신학교의 이사이기도 했던 바빙크의 아버지였다. 뿐만 아니라 이 활동가들 사이에는 선도하는 분리 측 출판가 디르끄 도너(Dirk Donner)와 「드 프레이 께르끄」의 편집자들도 포함된다. 하지만 목회 경험이 없었던 레이든 박사는 [깜픈] 신학교의 청빙을 받지 못했다. 비록 바빙크는 대체적으로 신학자로서의 물결을 만들어가기 시작했지만, 바빙크는 프라너꺼르로 가는 경유길 가운데 깜픈에 도착했을

---

50 *De Bazuin*, February 11, 1881. "Stelle de Heer dezen doctor theologiae verder tot een rijken zegen, zoowel in de beoefening der wetenschap als in de bediening des Woord!"

뿐이었다. 적어도 그 시기에는 다른 선택지가 없었고, 디딤돌에 여전히 서 있을 뿐이었다. 그다음 달 일기에는 이 디딤돌에 대한 내용이 마치 느린 동작처럼 두 려웠던 순간이 가깝게 다가오고 있는 것처럼 묘사되어 있다.

3월 11일. 화요일에 내 모든 책 등등이 기차로 프라너꺼르로 보내진 후, 나 혼자 금요일 오후에 갔다. 5시 30분 저녁에 프라너꺼르에 도착 했고, 사랑과 함께 받아들여졌으며, L. 호프스트라(Hofstra) 2세와 함 께 머물렀다.

3월 12일. 부모님이 5시 30분 오후에 오셨다. 침울한 기분이었다.[51]

적어도 처음에는 새로운 목사를 향한 교회의 사랑이 짝사랑에 그쳤었다. 하지만 이 우울한 기분은 그다음 날 풀리게 되었다.

3월 13일 주일. 나는 아침에 이사야 52장 7절을 따라 아버지를 통해 임 직되었다. 감동적인 의식. 오후 5시 30분에 데살로니가전서 2장 4절과 함께 취임했다. 많고도 많은 사람들([설교 번호] 59번).[52]

---

51 "Van 1879 tot 1886." "11 Maart. Nadat al mijn boeken etc. Dinsdag per spoor naar Franeker waren verzonden, ging ik zelf Vrijdag 's middags; Ik kwam 's avonds half zes in Franeker aan, werd met liefde ontvangen en logeerde bij L. Hofstra Jr. 12 Maart. 's Middags half zes kwamen mijn ouders. Ik was droevig gestemd."

52 "Van 1879 tot 1886." "13 Maart Zondag. 's Morgens werd ik door Vader, naar aanleiding van Jes. 52:7, bevestigd. Roerend plechtig. 's Avonds half zes deed ik intree met 1 Thess. 2:4. Veel, veel volk. (59)"[역자 주: 사 52:7 - 좋은 소식을 전하며 평화를 공포하며 복된 좋은 소식을 가져오며 구원을 공포하며 시온을 향하여 이르기를 네 하나님이 통치하신다 하는 자의 산을 넘는 발이 어찌 그리 아름다운가, 살전 2:4 - 오직 하나님께 옳게 여기심을 입어 복음을 위탁 받았으니 우리가 이와 같이 말함은 사람을 기쁘게 하려 함이 아니요 오직 우리 마음을 감찰하시는 하나님을 기쁘시게 하려 함이라].

자기 아들의 취임식에서 얀 바빙크는 "좋은 소식을 전하며 평화를 공포하며 복된 좋은 소식을 가져오며 구원을 공포하며 시온을 향하여 이르기를 네 하나님이 통치하신다 하는 자의 산을 넘는 발이 어찌 그리 아름다운가"라는 본문을 설교했다. 보통 같은 성경 본문들의 작은 못 가운데 지금까지 총 58번의 설교를 했었던 헤르만은 목사로서의 사역을 시작하게 되었다.

목회 사역의 외로움

"프라너꺼르에 대한 좋은 인상을 가지셨던"[53] 부모님이 떠난 후에도 바빙크의 시간은 곧 채워졌다. 바빙크는 이제 목회 사역으로 매우 바쁘게 지냈으며, 주일 오전에는 성경 주해에 근거한 설교를 했으며 주일 오후에는 하이델베르크 요리문답으로 설교했다. 위임 후 첫 번째 주일에 바빙크는 다음과 같은 기록을 남겼다. "**3월 20일. 프라너꺼르에서 이사야서 53장 4-6절과 1번 요리문답으로 설교함(처음에는 완전히 즉흥적으로, 잘 진행됨).**"[54] 그때 이래로 바빙크는 즉석에서 설교한 것으로 보이며, 확실히 원고가 없는 설교였다.[55] 이후의 일기 목록은 첫 번째 결혼 예배(4월 3일)에 대한 내용과 더불어 목사 사례비에 대한 영수증도 기록되어 있다. 바빙크는 첫째 달에 108,42길더를 받았다(4월 10일). 직후에 우

---

53 "Van 1879 tot 1886." "Dinsdag 15 Maart ⋯ 's avonds van dien dag ⋯ vertrokken mijn ouders weer, die goeden indruk van Franeker meenamen."

54 "Van 1879 tot 1886." "20 Maart. In Franeker gepreekt over Jesaia 53:4-6 en Catech. Vraag 1. (voor 't eerst geheel geimproviseerd, ging goed.) (60 en 61)."

55 그의 유일하게 출간된 설교 본문에 바빙크가 추가해 놓은 노트, 즉 바빙크가 했던 모든 말을 회상하는 노력의 결과가 바로 이 설교 원고라는 노트도 이런 방향성에 대한 신호를 보여준다. Herman Bavinck, "The World-Conquering Power of Faith," in *Herman Bavinck on Preaching and Preachers*, ed. and trans. James Eglinton (Peabody, MA: Hendricksen, 2017), 67.

BAVINCK

닝끄가 10일 동안 프라너꺼르를 방문했다(4월 16-26일).

레이든 시절과 프라너꺼르에 도착했을 때 사이의 경우와 마찬가지로, 바빙크가 가족과 함께 살고 친구들과 함께 바빴을 때도 이런 사회 활동의 표면 아래에서는 깊고도 육중한 외로움이 자리 잡고 있었다. 하지만 프라너꺼르는 레이든과 깜픈과는 달랐다. 바빙크는 프라너꺼르에서 새로운 형태의 외로움을 경험했다. 프라너꺼르에서는 친구들과의 동지애, 부모님과 형제자매들과의 사귐이 항상 있기보다는 오히려 가끔씩 있는 행사가 되었다. [우닝끄의] 방문 이후에 바빙크는 이런 고립감을 고통스럽게 느끼고 있었다.

> 4월 24일. 아침에 우닝끄가 나를 위해 고린도후서 5장 17절 상반절을 설교했다. 좋았다. 오후에 나는 또다시 요리문답 7번과 8번을 설교했다 (72번째 [설교]).

> 4월 26일. 화요일. 우닝끄는 다시 오전 8시 30분에 즈볼러로 떠났다. 난 다시 외롭다.[56]

바빙크는 과거보다 더 많이 자신의 사역에 집중하면서 이 외로움을 타개해 나가기 시작했다. 바빙크의 기록된 그다음 사회 활동은(5월 16일) 지역의 책 모임에 방문한 것이었다. 생각들과 친밀한 우정에 의해 자극받는 성격을 가진 바빙크에게 프라너꺼르 책 모임은 분명히 매력적인 모임이었다. 그 당시 네덜란드 도시의 전형적인 독서 모임은 순수 문학에 대해 논의하는 모임이었고, 이 모

---

56 "Van 1879 tot 1886." "24 April. 's morgens preekte Unink voor mij over 2 Cor 5:17ᵃ. 't Ging goed. 's middags preekte ik weer over Catech. Vr. 7 en 8. (72 maal). 26 April. Dinsdag. Unink ging 's morgens half negen weer op reis naar Zwolle. Ik ben weer alleen"[역자 주: 에글린턴은 우닝끄가 떠난 시간을 표기하지 않았다. 그래서 "오전 8시 30분"을 추가로 표기했다].

임은 구성원들에게 고등문화적 즐거움을 제공했다.[57] 하지만 바빙크는 이 방문에 대해서 어떤 언급도 남기지 않았고 재방문도 하지 않았다. 그때의 맥락을 통해 가늠해 볼 때 바빙크가 왜 그랬는지는 상상하기 쉽다. 바빙크는 스눅 후르흐론여에게 그때 당시를 회상하며 그 지역 모임에서 자신이 "항상 '목회자'"였고 그들과 "스스럼없이" 이야기할 수 없었다는 것에 대한 불만을 토로했다.[58] 바빙크는 생각이 비슷한 친구를 사귀기 위해 지역 독서 모임에 갔지만, 그곳에서 바빙크가 유일하게 발견한 것은 독서 모임 사람들이 자신을 다루기 힘든 '타인'으로 여겼다는 점뿐이었다. 공식적으로 박사 목회자였던 바빙크의 신분은 작은 마을에서 쉽게 무시되기 힘든 신분이었다.

바빙크의 교회가 성장하고 있다는 사실은 교회 좌석의 연간 대여 액수를 통해 볼 때 분명한 사실이었다. (19세기 네덜란드에서는 가정들이 교회 건물 좌석 대여의 연간 총액을 지불했는데 이는 교회 건물을 유지 보수하고 목회자의 사례비를 충당하기 위함이었다). 바빙크의 목회 사역은 열매가 있었던 사역이었다. 그해의 총액은 "지난 시간보다 많은 300길더였다."[59] 대부분의 장소에서 좌석 대여가 줄어들고 있던 시기 동안 어느 정도라도 총액이 늘었던 것은 의심할 나위 없이 젊은 목회자에게는 격려가 되는 일이었다.[60]

주일마다 두 번의 설교, 처음으로 인도한 두 번의 장례식(6월 2일과 6일), 노회 서기 신분으로 잡힌 약속(6월 9일)을 포함한 주중에 산재한 교회 일과 목회 사역은 21번째 생일 때 바빙크에게 250개의 시가를 선물로 줬던 친구 알베르트

---

57 Henk Nijkeuter, *Geschiedenis van de Drentse literatuur, 1816-1956* (Assen: Van Gorcum, 2003), 42.

58 Bavinck to Snouck Hurgronje, Franeker, June 16, 1881, in *ELV*. "En dat is, dat men altijd 'domine' is en nooit eens recht vertrouwelijk meer spreken kan."

59 "Van 1879 tot 1886." "26 Mei … 300 gld meer als de vorige maal."

60 David Bos, *Servants of the Kingdom: Professionalization among Ministers of the Nineteenth-Century Netherlands Reformed Church* (Leiden: Brill, 2010), 366.

훈닝끄(Albert Gunnink)의 방문으로 인해 잠시나마 쉼을 얻을 수 있게 되었다. "6월 6일 성령 강림절 월요일. 아침에 에베소서 2장 19-22절 말씀으로 설교함([설교 번호] 86번). 오후, 스떼이껄런부르흐(Stekelenburg) 부인의 아버지 난타(Nanta)를 매장함. 오전 10시 알베르트 훈닝끄(Albert Gunnink)가 교회로 왔고 저녁 7시까지 나와 함께 머물렀다. 비가 많이 왔다."[61] 바빙크가 이런 많은 일들로 인해 압도되었다는 사실은 그다음 주일 아침에(6월 12일) 갈라디아서 2장 20절 본문을 선택해 설교한 것을 통해 어느 정도 암시를 받을 수 있다. 이 본문은 바빙크가 프라너꺼르로 오기 전 수십 번 설교했던 본문이었기 때문에 [익숙한 이 본문의] 설교를 위해 안전한 선택이었을 것이다. 이 사실을 교회에게 알리기는 너무 미묘한 문제였지만, 그 주에(6월 16일) 스눅 후르흐론여에게 보낸 편지에서 바빙크는 자신의 새로운 소명에 대한 개인적인 어려움들에 대해서 다소 구체적으로 설명했다. 학문적인 관심을 목회지에서 계속 유지할 수 있었느냐는 스눅 후르흐론여의 질문에 답하며, 바빙크는 다음과 같이 편지를 썼다. "만약 내가 매주일 두 번씩 설교해야만 하고, 주중에 교리문답을 4번 가르쳐야만 하며, [성도의] 집과 아픈 사람을 방문하는 데 많은 시간을 헌신해야만 하고, 때때로 프리슬란트식의 장례식을 인도해야만 한다고 생각한다면, 넌 내 공부를 위한 시간이나 기회가 남아 있냐고 더 이상 묻지 않을 거야."[62]

같은 편지에서 바빙크는 독신의 어려움에 대해 솔직한 의중을 내비쳤다.

---

61 "Van 1879 tot 1886." "6 Juni Pinksterenmaandag. 'S morg gepreekt over Efeze 2:19-2. (86) 'S nam. Nanta, vader van vrouw Stekelenburg begraven. 's morg. 10 uur kwam Albert Gunnink bij me, in de kerk, en bleef bij me tot 's avonds 7 uur. 't was erg regenachtig."

62 Bavinck to Snouck Hurgronje, Franeker, June 16, 1881, in *ELV*. "Als ge eens bedenkt, dat ik elken zondag twee keer preeken moet, vier catechisantien 's weeks heb te houden, verden aan huis- en ziekenbezoek veel tijd moet wijden en dan soms nog een Friesche begrafenis heb te leiden, dan behoeft ge niet meer te vragen, of er voor eigen studie veel tijd en gelegenheid overblijft."

지금까지의 목회 사역은 압도적으로 외로운 경험이었다. 목회 현실은 아멜리 아에게 푹 빠진 채로 품었었던 소망들과는 완전히 다른 현실이었다. 교회적 삶의 요구들 안으로 갑자기, 그리고 완전하게 빠질 수밖에 없는 삶은 바빙크로 하여금 목회 사역을 감당하는 데 자신의 정직성에 대한 의문을 품게 만들기에 충분했다.

이 일에서 가장 힘든 부분은 항상 나 자신을 고양시켜야 하고 내 믿음과 고백의 이상적인 높이에 머물러야 한다는 점이야. 오, 항상 거룩한 것을 다뤄야만 하며, 항상 기도, 감사, 교훈, 위로로 부름받게 되고, 계속해서 변하는 상황들에 나 자신을 너무 작게 투영할 수 밖에 없게 되며, 이게 힘들어, 이는 불만족감과 무관심을 자주 만들어내지. 목사라는 예복 아래 얼마나 거룩하지 않고, 아픔을 느끼지 못하며, 위선적인 마음이 거하고 있는지 난 예전보다 현재 훨씬 더 잘 이해하고 있어. 목사 직분의 이런 중대하고도 숨 막히는 어려움을 제외하고도 내가 깊이 느끼는 또 다른 어두운 영역이 존재해. 그것은 [내가] 항상 "목사"라는 사실과 절대로 사사로운 이야기를 할 수 없다는 거야. 아무튼 이게 현재 나야. 지금까지 난 내가 감히 믿고 의지할 그 어떤 사람도 여기서 찾지 못했어. 이것이 나를 힘들게 해. 집에서 난 외롭고, 내 방에서나 밖에서 난 항상 "목사"야. 만약 언젠가 나를 이해해줄 수 있고 내가 완전히 믿고 털어놓을 수 있는 한 여인을 고대한다면, 지금이 바로 그때야.[63]

---

63 Bavinck to Snouck Hurgronje, Franeker, June 16, 1881, in *ELV*. "Wat mij 't moeilijkst in mijn werk valt, is om mij altijd op te heffen tot en te blijven op de ideale hoogte van mijn geloof en belijdenis. O, altijd met het heilige te moeten omgaan, steeds tot gebed of tot dankzegging, tot vermaning of vertroosting geroepen te worden, en dan dikwerf zoo weinig zelf in die telkens wisselende toestanden te kunnen inleven, dat valt hard, kweekt een gevoel van onvoldaanheid en dikwerf van onverschilligheid. Ik begrijp het thans nog beter als vroeger, hoe onder het gewaad van den geestelijke een diep-onheilig, gevoelloos en huichelachtig hart wonen kan. Behalve dit ernstige

이런 상황 속에서 추측할 수 있는 점은 결혼하지 않은 젊은 남성이 요리와 청소를 스스로 챙길 수 없었을 것이라는 점이다. 아멜리아와 함께 살길 소망했던 것과 다르게 바빙크는 남편과 함께 목사관 1층에서 살았던 **여주인**(*hospita*) 스떼이껄런부르흐(Stekelenburg) 부인과 사는 것이 예견되었다.[64] 물론 레이든 시절 때도 바빙크는 **여주인** 스미트(Smit) 양의 도움을 받았었다. 하지만 레이든에서의 바빙크는 학생 신분으로 속 편한 삶을 살았었다. 프라너꺼르에서의 바빙크의 사회적 신분은 완전히 달랐다. 스떼이껄런부르흐 가정에게 바빙크는 목사 바빙크였다. 심지어 자신의 집에서도 바빙크는 자신의 방 안으로 들어감을 통해 교인들의 공식적인 기대로부터 겨우 탈출할 수 있었다. 자신의 방 속에서의 고립이야말로 비공식적이고도 불충분한 대체물로서의 역할을 감당했다. "그들과 함께 살고는 있지만 끔찍하게 외로워"라고 말했던 미시간의 도스꺼와 같이, 바빙크는 현재 선택보다는 필연성에 의해 노년의 부부와 함께 살고 있는 젊은 미혼의 목회자였다.

이런 개인적인 어려움에도 불구하고 바빙크의 교회는 지속적으로 성장했다. 실제로 이 편지의 암울한 시작 이후 바빙크는 균열된 교회 역사를 설명하기 전보다 더 긍정적인 언어로 스눅 후르흐론여에게 교회에 대해 묘사했다.

> 하지만 대체적으로 교회는 좋아. 다소 유쾌하지 않은 후유증이 아주 초기부터 약간 있을 뿐이야. 몇 년간 우리 교회 전체 속에서 예외

---

en drukkende bezwaar van het predikantambt, is er nog een schaduwzijde aan verbonden, die ik ook diep gevoel, en dat is, dat men altijd 'domine' is en nooit eens recht vertrouwelijk meer spreken kan. Althans zoo gaat het mij. Tot dusver heb ik hier nog niemand gevonden, wien ik dat vertrouwen mag en durf schenken. En dat valt me hard. Thuis ben ik alleen, op mijn kamer, en buiten ben ik altijd de 'domine.' Zoo ooit, dan heb ik in den laatsten tijd verlangd naar eene vrouw, die mij begrijpen en aan wie ik mij gansch en al toevertrouwen kan."

64 Hepp, *Dr. Herman Bavinck*, 97.

를 확실하게 만들었던 목회자가 있었어. 이 목회자는 특히 지성이 날카로워 우리의 고백을 인정하지 않았고, 신경도 쓰지 않았을 뿐 아니라, 자신이 기쁜 것을 설교했지. 게다가 그는 독한 술을 지나치게 마시는 죄가 있었고, 이 모든 것 때문에 결국 사임하게 되었어. 내 전임자 에스꺼스(Eskes)는 이 사임한 목회자의 친구들과 많은 갈등을 빚었지. 그리고 여전히 전임 목회자 삐떠르스(Pieters)의 죄를 정죄하는 사람들이 있지만, 여전히 그의 교리를 견지하고 있어. 그러므로 그렇지 않았더라면 절대 우리 교회에서 일어나지 않았을 법한 많은 혼란과 의견 차이가 여기에 존재해. 특별히 삐떠르스의 충성스러운 지지자들은 다소 지위가 높아서 자신들이 꽤 영특한 줄 생각해. 하지만 지금까지는 그들도 내 설교에 꽤 동의하고 있어. 특별히 내가 그들의 기분에 동조하지 않을 때 난 이곳저곳에서의 대화를 통해 그것들을 바로 잡으려고 노력해. 인내와 사랑으로 많은 것들을 할 수 있지.[65]

---

65 Bavinck to Snouck Hurgronje, Franeker, June 16, 1881, in *ELV*. "De gemeente is over het algemeen echter wel goed. Alleen zijn er nog enkele minder aangename nawerkselen van vroeger tijden. Voor eenige jaren stond hier een predikant, die bepaald eene uitzondering maakte in heel onze kerk. Bijzonder scherp van verstand, kon hij 't met onze belijdenis niet vinden, stoorde zich daar ook niet aan en preekte gelijk hij goed vond. Bovendien maakte hij zich schuldig aan zeer groot misbruik van sterken drank—alles te zamen maakte, dat hij eindelijk werd afgezet. Mijn voorganger, Eskes, had met die vrienden van den afgezetten predikant erg te strijden. En nog zijn er, die wel de zonde van dien vroegeren predikant Pieters veroordeelen, maar toch zijne leer nog handhaven. Vandaar is er hier—wat in onze kerk anders nooit voorkomt—nogal verwarring en verschil van meeningen. Vooral de trouwe aanhangers van Pieters zijn wat voornaam, beelden zich heel wat in en meenen knap te wezen. Tot dusverre kunnen ze zich echter in mijne prediking nogal vinden. Vooral zoek ik door gesprekken hen hier en daar, waar ik hun gevoelens afkeur, terecht te brengen. Met geduld en liefde kan er veel gedaan worden."

한숨 돌리다

바빙크는 7월 11일까지 프라너꺼르에서 총 38번 설교했다. 그다음 날 아침 바빙크는 깜픈으로 가는 기차에 몸을 실었고 2주 반 동안 프리슬란트(Friesland)로 돌아오지 않았다.

휴가와 그다음 공개 시험 일정이 겹쳤다. 신학교에 임용되는 것이 바빙크의 소망이었기 때문에 아버지의 설교단이 시험 A와 시험 B 사이에 위치한 주일에 전략적으로 중요한 장소였다. 말할 필요도 없이 헤르만에게 상황이 찾아왔고 그는 "이사진들, 교수들, 그리고 학생들이 모두 있는 자리에서"[66] 요한복음 5장 17절을 설교했다. 이 시험에 관한 바빙크의 일기는 우닝끄에 대한 소식도 전하고 있다. 명백하게도 우닝끄는 설교 시험에 참여하지 않았으며, 그는 "다음 해를 기약해야만 했다."[67]

우닝끄와 휴일을 즐기는 가운데 바빙크는 암스테르담으로 설교하러 갔다(7월 23-24일). 이는 곧 프라너꺼르를 떠나라는 청빙을 이끌어냈던 약속이었다. 암스테르담의 큰 기독개혁교회가 바빙크에 흥미를 가졌기 때문이다. 바빙크는 사방에서 부르는 곳이 많은 인물이 되어가고 있었다. 그럼에도 불구하고 교단 안에서의 또 다른 그룹들은 힘든 목회 사역보다 신학 교육 사역에서 바빙크의 미래를 보고 있었다. 프라너꺼르로 돌아온 지 2주 후 D. K. 비렝아(Wielenga)는 바빙크와 자신 둘 다 기고했던 신학 저널인 「드 프레이 께르끄」(De Vrije Kerk)의 변경 사항들에 대해 논의하기 위해 바빙크를 방문했다.

---

66 "Van 1879 tot 1886." "17 Juni. 's morg. heb ik in Kampen, waar Curatoren, proff. & studenten allen waren, gepreekt over Joh. 5:17 (97)."

67 "Van 1879 tot 1886." "19 Juli. 's avonds. Preekvoorstellen in de kerk gehouden. Unink deed geen examen, moet nog een jaar wachten."

> 8월 8일. '프레이 께르끄'가 어떻게 나가야만 하는지에 대한 이야기를 나
> 누기 위해 비렝아 목사가 아침 10시에 날 찾아왔다. 출판사를 바꾸고 다
> 른 형식을 가지기로 결정했다. 이제부터는 내가 최종 편집을 맡는다.[68]

「드 프레이 께르끄」는 기독개혁교회 안에서 널리 읽혔고 분리 측 신문이었던 「드 바자윈」이 강하게 홍보했던 출판물이었다. 바빙크는 이제 「드 프레이 께르끄」의 편집장이 되었다. 비록 바빙크는 레이든과의 관계 때문에 프라너꺼르에서의 목사 임직 때 일부 의심을 받긴 했지만, 이제 그는 교단 신학 저널로부터 상당한 신뢰를 받게 되었다. 이 임명이야말로 바빙크가 계속 디딤돌을 밟아 나갔던 학문적 움직임에 날개를 달게 되었고 바빙크를 보다 더 멀리 데려가게 될 것이었다.

외로움과 직면하기

날이 더해가면서 바빙크는 목회 사역에 점점 더 편안함을 느끼게 되었다. 처음에는 이런 편안함이 우닝끄나 바빙크의 가족들이 바빙크와 함께 시간을 보내려는 노력들에 의존하고 있는 것처럼 보인다. 8월 중순 목회자 모임에 참석하기 위해 우닝끄와 우트레흐트로 여행하기 전 이틀 동안 바빙크는 부모님과 시간을 보냈다. 치통 때문에 얼굴이 부어올라 바빙크가 목회자 모임 참석을 중간에 그만두게 되었을 때도 우닝끄는 바빙크의 부모님 댁까지 함께 여행해주었다. 이틀 후 바빙크는 며칠 동안 휴일을 함께 보냈던 남동생 베르나르트와 함께

---

68 "Van 1879 tot 1886." "8 Aug. 's morg. 10 uur kwam Ds. Wielenga bij mij om ⋯ met mij te spreken, hoe het met de 'Vrije Kerk' gaan moest. Besloten ⋯ om van drukker te veranderen, en ander format te nemen. Eindredactie voortaan door mij."

프라너꺼르로 되돌아왔다.

이와 더불어 바빙크는 교회 교인뿐만 아니라 (결정적으로 자신의 교회 교인이 아니었던) 주변의 분리 측 사람들과도 관계를 맺기 시작했다. 9월 8일 일기 목록에는 자기 교회 장로들 중 한 명과 더불어 지역 기독교개혁 집사들 중 한 명과 함께 저녁 식사를 나누기 위해 섹스베리움(Sexberium)에 방문한 일이 기록되어 있다. 목회자 바빙크의 삶은 점점 더 즐거운 삶이 되어가고 있었다. "아름다운 날씨. 많은 즐거움."[69]

해가 더해갈수록 바빙크의 긍정적인 시각은 계속해서 발전해나갔다. 몬스터(Monster)의 목회자로 청빙 받은 바빙크의 친구 문니끄(Munnik)의 취임식 때 바빙크는 설교했고 그날을 "유쾌한 날"로 기억했다(10월 16일).[70] 그 주 이후 바빙크는 깜픈과 즈볼러에서 우닝끄와 함께 이틀을 지냈다(10월 20-21일). 한 달 후(11월 21일) 바빙크의 친구였으며 학문적인 관심을 가지고 있었던 젊은 기독개혁 목회자 C. 판 프로스디(van Proosdy)[71]가 불시에 프라너꺼르에 방문했다. 바빙크는 이날을 "기분 좋은 날"[72]이라고 기억했다. 미혼 목사였던 바빙크의 외로운 배경에 맞서, 이런 우정들은 바빙크에게 매우 중요한 것이었다.

---

69 "Van 1879 tot 1886." "8 Sept ··· Mooi weer. Veel plezier."

70 "Van 1879 tot 1886." "16 Oct. Munnik bevestigd 's morg. met 1 Cor 3:9 ··· Aangename dag. (124)."

71 판 프로스디는 하이델베르크 요리문답에 대한 우르시누스(Ursinus)의 라틴어 작품을 네덜란드어로 번역하는 책임을 맡았다. Zacharias Ursinus, *Verklaring op den Heidelbergschen Catechismus*, trans. C. van Proosdy (Kampen: Zalsman, 1882).

72 "Van 1879 tot 1886." "21 nov. Naar Franeker terug. 's morg. 10 uur kwam onverwacht Proosdij bij mij. Genoeglijke dag."

목회자로서 첫 생일

이 시기 일기 목록이 보여주는 인상, 즉 바빙크가 프라너꺼르에서 살아남기 위해 우정과 우정 너머의 활동들에 집중했다는 인상은 목회지에서 처음 맞이한 (그리고 유일하게 맞이한) 생일날 기록된 긴 노트에 의해 불식된다.

> 12월 13일. 생일. 나는 교회로부터 많은 존경의 표현을 받았다. 깜스트라(Kamstra), 파르스(Pars), J. 땀밍아(Tamminga), 줄 드라이스마(Jule Draaisma)로부터 시가 각 1박스. 여전도회로부터 시가 한 세트, 젊은 여신도들로부터(안느 브라우어[Anne Brouwer] 등) 비단으로 된 책갈피, 교회 당회로부터 의자. 젊은 소녀들로부터는(교리문답반, 수요일, 8시) 은 숟가락, 은 포크, 냅킨. 저녁에 당회원과 부인들이 방문했다. 유쾌한 날, 하나님께 감사할 이유가 넘치는 날.[73]

실제로 많은 것들이 인내와 사랑과 함께 이루어졌다. 이제 바빙크는 27살이었고 -어쩌면 자신도 놀랄 정도로- 교인들의 사랑을 한껏 받았다.

바빙크는 12월의 마지막을 우닝ㄸ와 함께 보냈다. 크리스마스 직전 그들은 깜픈에서 "아시리아학과 이집트학에 대한 **노르트제이(Noordtzij) 목사의 유용한**

---

73 "Van 1879 tot 1886." "13 Dec. Jaardag. Van de gemeente ontving ik vele bewijzen van achting. Van Kamstra, Pars, J. Tamminga, Jule Draaisma, elk 1 kistje sigaren. Van de vrouwen vereenig. een sigarenstel, van eenige jongedochters (Anne Brouwer c.s.) een zijden boeklegger. Van den kerkeraad een stoel. Van de jongedochters (catechisatie woensd. av. 8 uur) een zilveren lepel, vork & servetband. 's avonds kwam de kerkeraad met hun vrouwen bij mij. Aangename dag, stof tot dank aan God bieden te over."

강의[74]를 함께 들었고, 친구들과 함께 "친목 모임"[75]을 가졌다. 그 후 우닝끄는 새해 첫날 친구의 강단을 메꿔주러 프라너꺼르로 돌아왔다.

암스테르담에서의 기회들

프라너꺼르에서의 바빙크의 삶은 이중의 관심으로 점철되어 있었다. 그는 목회에 열심을 내었고, 동시에 공적이고도 학문적인 이력을 유지하려는 움직임을 만들어가고 있었다. 물론 이 두 개의 관심들은 서로 연결된 관심들이었다. 이 두 개의 관심 모두를 탁월하게 감당함으로 바빙크는 기독개혁교회와 신학교 모두에게 선명한 메시지를 던졌다. 즉 이런 활동을 통해 자신이 목회지에서도 역할을 잘 감당하는 학자이고 동시에 목회 사역을 통해 다른 사람들을 잘 만들어가는 학자라는 사실을 명백히 보여줄 수 있는 메시지였다. 하지만 [깜픈] 신학교만 바빙크의 향내를 유일하게 알아본 학교는 아니었다. 2월 14일 일기에서 바빙크는 다음과 같이 기록했다. "자유 대학교의 이사장 J. W. 펠릭스로부터 해석학 교수와 신약 주해 교수로의 임명을 근본적으로 거절했는지, 그리고 내가 이런 임명을 진지하게 숙고했는지에 대해 묻는 편지를 받았다."[76] 카이퍼는 젊은 박

---

74 바빙크는 이 강의에 대한 출판물을 강평했다. *Egyptologie en assyriologie in betrekking tot de geloofwaardigheid des Ouden Testaments: Rede bij het overdragen van het rectoraat*, by Maarten Noordtzij, *De Vrije Kerk* 8, no. 3 (March 1882): 434을 참고하라.

75 "Van 1879 tot 1886." "19 Dec. 's morg. half zeven op spoor naar Zwolle met Unink naar Kampen. Schoolfeest. Degelijke rede van Ds. Noordtzij over de Assyriologie & Egyptologie voor 't O.T. 's avonds gezellige bijeenkomst. Unink ging den volg. dag terug naar Zwolle."

76 "Van 1879 tot 1886." "14 Febr. Kreeg ik brief van Ds. J. W. Felix president Cur. der Vrije Universiteit of ik principieele bezwaar had tegen de aanneming eener eventueele benoeming als Prof. in Hermeneutiek en Exegese van 't N.T. en of ik zoo'n

사에 대한 관심을 거두지 않았다. 이전에 있었던 자유 대학교 셈어 학과장직에 대한 바빙크의 수락이 곧 거절이 된 어색한 경험에도 불구하고, 이 젊은 영웅과 함께 일할 수 있는 기회가 자유 대학교에 다시 주어졌다. 만약 바빙크가 간절히 원하기만 했다면, 그는 지금도 디딤돌을 밟고 움직여 프라너꺼르의 어려운 교회, 천체 투영관, 그리고 그곳에서의 모든 것을 암스테르담의 케이저르스흐라흐트(Keizersgracht)로 대체할 수 있었다. "2월 16일. 첫 번째 질문에 대해 나는 '아니오'로 대답했다. 두 번째 질문에 대해서는 '네'라고 대답했다. 하지만 아마도 나는 우리 학교[깜쁜 신학교]가 중요하기 때문에 [그 제안을] 사양하게 될 가능성이 큰데, 다가오는 8월 총회에서 임명되기를 바라고 있기 때문이다."[77]

이 일기는 이런 내용에 대해 구체적으로 설명하고 있지 않으며 바빙크가 자유 대학교를 향해 가졌다는 "근본적인 반대"에 대해서도 곱씹고 있지 않지만, 펠릭스 목사에게 보낸 답변 편지에는 많은 것들을 말하고 있다. 실제로 이 편지는 바빙크가 자유 대학교의 제안을 단호하게 거부하지 **않았다는** 사실에 대해 말하고 있다. 오히려 바빙크는 자신의 첫 거절 대상에게 깜쁜이야말로 자신의 첫사랑이라는 점을 선언하고 있다.

> 이달 13번째 날 귀하의 명예로운 편지는 저를 놀라게 했습니다. 귀하
> 께서 저를 마음에 품으시려는 선한 생각에 감사를 표합니다. 진지한

---

benoeming ernstig zou willen overgeven." 바빙크는 "*ernstig ... overgeven*"(진지하게 ... 단념하다)라고 기록했지만, 나는 "내가 진지하게 숙고했는지"(whether I would earnestly consider)라고 번역했다. 그 이유는 특별히 그다음 날 일기(2월 16일) 맥락은 바빙크가 "*ernstig ... overwegen*"(진지하게 ... 숙고하다)라는 의미를 의도했다는 것이 명백하기 때문이다. 이런 가설은 바빙크의 답변 편지(Bremmer, *Herman Bavinck en zijn tijdgenoten*, 39에 수록되어 있음)에서 그가 "*ernstige en biddende overweging*"(진지하고 간구하는 숙고)라고 표현한 것으로 거의 증명된다.

77 "Van 1879 tot 1886." "16 febr. Antwoordde ik op de eerste vraag: neen, op de tweede ja; maar dat ik toch zeer waarschl. bedanken zou, om 't belang onzer School, aan wie ik op de a.s. Synode in Aug. gaarne benoemd zou willen worden."

숙고 후에 주신 질문들에 대해 다음과 같이 솔직한 답변을 드립니다. 저는 이 임명에 대한 수락을 선험적으로 불가능하게 만들었던 그 어떤 근본적인 반대도 가지고 있지 않습니다. 오히려 저는 많은 측면에서 자유 대학교를 기쁨으로 환영합니다. 저는 [자유 대학교의] 설립 속에서 신앙의 행동에 존경을 표합니다. 그러므로 일어날지도 모르는 임명은 저의 진지하고 간구하는 숙고가 되었습니다. 어느 정도까지는 이렇게 말하는 것이 저로서는 충분할 수도 있습니다. 하지만 만약 제가 왜 이 임명을 사양할 것인지에 대해 귀하께 특별한 확신 가운데 말씀드리지 않는다면 제 양심이 완전히 자유롭지 않을 것 같습니다. 저는 저의 교회를 사랑합니다. 저는 저의 교회를 성장시키는 사역을 하길 원합니다. 이 교회의 신학교의 전성기가 제 가슴 가까이에 있습니다. 하지만 신학교 안에 즉각적인 개량이 필요한 것들이 정말 많이 있습니다. 기독개혁교회는 이에 대해 폭넓게 확신하고 있으며 다음 8월 총회 때 개량을 위해 준비하고 있습니다. 솔직히 말씀드리면, 현재 저는 총회가 저에게 학교의 직을 제안했으면 하는 소리 없는 갈망과 소망을 가지고 있습니다(이 갈망과 소망을 향한 권리는 저의 야망으로부터만 비롯된 것은 아니겠죠?). 확실히 그곳은 많은 매력을 가지고 있지는 않지만, 제가 섬기는 교회의 중요성 가운데서 저에게 매력을 끼치고 있습니다. 마음속에 품고 있는 이 소망이 창피를 당하거나, 몇몇 사실들에 의해 부끄럽게 될 수 있음을 저는 너무나도 잘 알고 있습니다. 하지만 우리 교회가 다음 총회 때 저를 임명하지 않음을 통해 제가 학교를 섬기는 것을 원하지 않는다는 것을 공개적으로 선언하지 않는 한, **그렇게 되는 한**, 저는 제가 가질 수 있는 능력들과 고등교육을 위해 다른 기관과의 연결을 철회할 어떤 자유도 느끼지 못합니다. 그러므로 첫 번째 선택 후에 저는 자유롭습니다. 이와 함께 귀하의 소망과 제 마음의 열망을 따라 저는 제 답변을 허물없는 형제와 같이 귀하와 나눕니다. 일의 성질상 저는 이 마지막 부분을 제 자신에게 두길 선호했지만, 부정직한 모습을 저 스스로에게 강요하지 않고서는 그렇게 할 수 없었습니다. 저를 향한 귀하의

긍정적인 감정에 대한 저의 진심 어린 감사를 다시 한번 받아주시길
바랍니다.[78]

비록 [깜픈] 신학교가 아직 바빙크를 선택하지 않았음에도 불구하고, 바빙크는
카이퍼의 새로운 자유 대학교보다는 [깜픈] 신학교를 선택했다. (실제로 이 자
료는 1882년 총회 때 바빙크가 깜픈 신학교에 임용되길 소망했던 모습이 명백
히 드러났던 최초의 현존하는 자료이다). 당분간 우리의 낭만적인 실용주의자
(romantic pragmatist)는 디딤돌에 머물러 있었다.

---

78 Bremmer, *Herman Bavinck en zijn tijdgenoten*, 39-40. "Uwe geerde letteren van
    den 13den dezer hebben mij niet weinig verrast. Dankbaar ben ik voor de goede
    gedachten, die U wel omtrent mij koesteren wilt. Op de gestelde vragen geef ik U na
    ernstig beraad het volgende openhartige antwoord. Principieele bezwaren, die reeds
    a priori het aannemen eener eventueele benoeming mij zouden onmogelijk maken,
    heb ik niet. De Vrije Universiteit is veeleer door mij in veel opzichten met blijdschap
    begroet. In haar oprichting eer ik eene daad des geloofs. Eene eventueele benoeming
    zou dus ook door mij in ernstige en biddende overweging worden genomen. In
    zekeren zin kon ik hiermee volstaan. Toch zou mijn geweten zich niet gansch vrij
    gevoelen, indien ik U niet in bijzonder vertrouwen meedeelde, waarom zulk eene
    benoeming toch vooralsnog hoogst waarschijnlijk door mij zou worden afgewezen. Ik
    heb mijne Kerk lief. Liefst arbeid ik aan haar opbouw. De bloei harer Theol. School
    gaat mij na ter harte. Daar is aan die inrichting echter veel, dat dringend verbetering
    behoeft. De Christ. Gerf. Kerk is daarvan grootendeels overtuigd en zal op de a.s.
    Synode in Augustus op verbetering bedacht wezen. Eerlijk gesproken, heb ik nu
    een stil verlangen en hope (het recht tot beide is toch niet enkel aan mijn eerzucht
    ontleend?) dat die Synode mij eene plaats aanbiede aan hare School. Veel bekorends
    heeft die plaats zeker niet, maar mij trekt ze aan in het belang der kerk, dien ik dien.
    Ik weet ook zeer goed, dat die hope, die ik koester, best beschaamd kan en naar
    sommige gegevens te oordeelen ook beschaamd zal worden. Maar zoolang onze kerk
    nog niet, door mij op de a.s. Synode niet te benoemen, openlijk verklaard heeft, dat zij
    van mij aan haar School niet gediend wil wezen, *zoolang* gevoel ik voor mijzelf geene
    vrijheid, de krachten die ik hebben mocht, aan haar te onttrekken en aan eene andere
    inrichting voor Hooger Onderwijs mij te verbinden. Aan haar dus de eerste keuze;
    daarna ben ik vrij. Hiermede heb ik, naar Uw wensch en den drang van mijn hart,
    vertrouwelijk en broederlijk mijn antwoord U medegedeeld. Het laatste had ik uit den
    aard der zaak liefst voor mij zelven gehouden; maar dat kon ik niet, zonder den schijn
    van oneerlijkheid op mij te laden. Ontvang nogmaals mijn hartelijken dank voor Uwe
    gunstige gevoelens te mijwaart."

암스테르담으로 이동할 수 있는 또 다른 기회가 조만간 또 찾아왔다. 이번에는 암스테르담에 소재한 기독개혁교회로부터의 청빙이라는 형식으로 찾아왔다. 바빙크의 일기에는 바빙크가 그 교회에서 압도적인 선택을 받았다는 것과("나는 **307표를 받았다. 네더르후트[Nederhoed]는 58표, 판 미넌[Van Minnen]은 28표를 받았다.**") 사례비도 프라너꺼르보다 훨씬 더 많았다는 사실이 기록되어 있다(연 2,400길더, 프라너꺼르에서는 대략적으로 1,300길더). 그럼에도 불구하고 바빙크는 이 청빙을 사양했다. 바빙크의 눈은 지금 신학교를 향해 굳게 고정되어 있었다. 실제로 그 후에 어머니가 편찮으셔서 바빙크가 부모님 댁에 방문했을 때도, 바빙크는 신학교 학생들에게 "**불신앙의 특성, 기초 그리고 내용**"[79]이라는 제목으로 강의할 기회를 선용했다. 바빙크는 신학교에서의 잠재적 임용을 바라보며 정확히 해야 할 일을 하는 가운데, 프라너꺼르에서 지속적으로 설교했으며 좀 더 폭넓게 자신의 목회적 책임에 대한 이력을 발전시켜 나갔다. 안수받기 전에는 58번 정도의 설교를 했지만, 1882년 6월 4일에 이르러서는 200편의 설교를 감당했다.

그해 여름 이후에도 바빙크는 아브라함 카이퍼와 7월에도 교제를 지속했고, (판 프로스디[van Proosdy]와 함께) 레이우바르던(Leeuwarden)에서 열린 자유 대학교 졸업생들이 고대했던 미래 전망에 대한 아브라함 카이퍼의 강의를 들었다.[80] 카이퍼가 설립한 새로운 대학 졸업생들의 취직 능력이야말로 그 당시 카이퍼에게는 중대한 사안이었으며, 특별히 신학 분과 졸업생들에게 더 중대했다. 자유 대학교는 "개혁주의 원리"에 근거한 학교였지만, 그 어떤 특정 개혁교회와 관계를 맺고 있지 않았다(동시에 특정 개혁교회에 의해 승인된 학

---

79 "Van 1879 tot 1886." "21 Maart. 's avonds gesproken in de Theol. zaal ⋯ over karakter, grond, inhoud v. ongeloof."

80 Abraham Kuyper, *Welke zijn de vooruitzichten voor de studenten der Vrije Universiteit?* (Amsterdam: Kruyt, 1882).

교도 아니었다). 그러므로 자유 대학교의 신학 분과 학생들은 아직 목회자가 될 수 없었다. 이런 시각에서 보았을 때, 일기 속 확장된 설명은 그 당시를 투영하고 있는 카이퍼의 대학을 바라보는 바빙크의 관점에 대한 희귀한 개인적 일별을 제공한다.

> 개요: 두 개의 사전 인식: a) 다른 누구의 명령에 따른 것이 아닌, 그는 순전히 자기 자신을 위해 말했다. b) 대학교는 학문의 집이며, 학생들을 위해 직업이나 직위를 제공하지 않는다. 세 부분: 1. 현재의 틀 안에서의 전망: 박사들을 위해서는 좋음; 철학, 문학, 법을 위해서는 꽤 괜찮음; 신학자들을 위해서는 나쁨, 왜냐하면 교회 때문에. 2. 전망의 지평선 - 국가 속에서는 더 많은 자유가 있다; 하지만 교회는 그렇지 않음: 존재를 유지하기 위해 총회가 반드시 자유를 억압해야만 한다. 3. 신앙의 예언에 따라 - 십자가를 지는 것과 고난 등이 신자들을 기다리고 있고 교사들을 기다리고 있지만, 상급은 하늘에 있다. 결론: 미래적 전망이 없다. 중대한 논쟁은 없었다.[81]

이 일기를 쓰기 직전 펠릭스 목사에게 보낸 바빙크의 편지 내용, 즉 바빙크가 자신의 교회를 향한 사랑을 피력했던 내용을 염두에 둘 때 [깜픈] 신학교는 자유 대학교보다 바빙크의 애정을 사기 위한 경쟁 구도 안에서 훨씬 더 유리한 지점을

---

81 "Van 1879 tot 1886." "5 Juli ⋯ Dr. Kuyper te hooren over de vraag: welke zijn de vooruitzichten voor de studenten der Vrije Univ. Schema: Twee opmerkingen vooraf: a) hij sprak geheel voor zichzelf, niet na eenige opdracht v. wie ook. b) de Universiteit is residentie der wetenschap—zorgt niet voor baantjes en postjes der studenten. Drie deelen: 1 Vooruitzichten binnen het kader v. thans: voor artsen, goed; voor philos. litterar. rechtsgel. bijna, tamelijk. voor theologen slecht, van wege de kerk. 2 aan den horizon der verwachtingen—in den staat komt er meer vrijheid; in de kerk echter niet: de Synode moet de vrijheid onderdrukken om te blijven bestaan. 3 naar de profetie des geloofs—kruisdragen, lijden enz. is wat ons, gelovigen, wat den leeraar wacht, maar 't loon in de hemelen. Slot was: er waren geen vooruitzichten. Er kwam geen debat van eenige betekenis."

선점하고 있었다. 순전히 실용적인 용어로 표현한다면, 깜픈 졸업생들은 취업 능력이 좋았다. 바빙크의 언어로 다시 표현하자면, 깜픈 학생들에게 강의실은 설교단을 위한 훈련 장소였다. 이런 점에서 신학 교육자로서 젊은 바빙크는 깜픈이 더 낫다고 생각했다. (1883년 깜픈 신학교는 자유 대학교보다 더 많은 신학생이 재학하고 있었다. 깜픈 신학교는 48명, 자유 대학교는 31명이었다).[82]

총회로 나아감

1882년 총회가 가까이 다가오고 이미 깜픈은 바빙크에게 처음으로 섬김을 요청한 상황 가운데서, 바빙크가 자유 대학교 학생들의 미래 전망을 어떻게 생각하는지는 [바빙크에게] 점점 더 동떨어진 사안이 되었다. 스스로의 위치를 주의 깊게 설정했던 이유의 순간과 (D. K. 비렝아[Wielenga]와 디르끄 도너[Dirk Donner]와 같이 주의 깊게 위치를 설정했던) 이유의 순간이 매우 발 빠르게 다가오고 있었다. 바빙크는 그 이전 달에 또다시 깜픈 설교단에 섰으며, 신학교 시험 주간 주일에 설교했다. 바빙크에게 행복하게도 우닝끄의 시험은 잘 진행되었다. "**그는 통과했다.**"[83]

바빙크에게 두 가지 측면에서 총회가 중요했다. 가장 명백하게도 이 총회는 신학자로서의 바빙크의 소명을 확인하는 결정적 순간이었다. 하지만 불길하게도 신학교 교원인 아드리안 스테꺼떼이(Adriaan Steketee)의 갑작스러운 사임의 순간이기도 했다. 신학교 이사진은 이 결정을 내렸고, 스테꺼떼이의 사임에 대한 공개적 진술을 듣지 않은 채 비공개 모임 속에서 정해졌다. 그러나

---

82 Harinck and Berkelaar, *Domineesfabriek*, 89.

83 "Van 1879 tot 1886." "16 Juli ⋯ Unink Dinsdag, om examen te doen. Hij slaagde."

이사 회의록에는 그 당시 깜픈 신학교가 제공했던 신학 교육의 방향성과 질에 대한 폭넓은 불만족들이 묘사되어 있다. 회의록은 "일반적으로 이사진들이 호의적인 인상을 받지 못했다"라고 시작한다.[84] 문학과 신학 시험에서 학생들의 능력이 저조한 것으로 간주 되었으며 (이런 평가는 바빙크의 일기에도 다양한 측면으로 공유되고 있다), 교육의 질도 부적절한 것으로, 그리고 나이 많은 교원들은 실력을 향상시키기에 육체적으로 너무 약하다는 판단이 내려졌다.

젊은 교원 중 2명이 명시적인 관심을 받았다. 구약학자였던 마르튼 노르트제이(Maarten Noordtzij)는 긍정적인 관심을 받았고, 아드리안 스테꺼떼이는 부정적인 관심을 받았다. "스테꺼떼이는 잘 맞지 않는다. 우리는 그에게 실망했다."[85] 특징적인 불만의 목소리는 교원으로서의 그의 은사에 관한 목소리였으며 그의 "[성경] 비평을 향한 일방적인 애정"에

A. STEKETEE

아드리안 스테꺼떼이

관한 것이었다. 이사회는 "비평 신학"에 대한 노르트제이의 연구에 대해서도 비판적이었으며, 자신의 영역에서 시류에 뒤떨어지지 않고 발전을 유지하는 데 실패했다는 평과 함께 교의학자 헬레니우스 드 콕(Helenius de Cock)을 나무랐고, 더 좋은 훈육으로 통합해나가지 못했다는 명목 하에 교원들 전체를 향해 책망했다. 이 모든 것들보다 더 중대하게도, 신학교의 일견 경박하고도 규율 없는 학생 문화에 대한 책망이 스테꺼떼이의 발에 멈춰 섰다.

84 *Verslag van het verhandelde in de Comite-Vergadering der Synode van Zwolle 1882, op Woensdag 23 Aug. in de Voormiddagzitting*, A. Steketee Archive, Historisch Documentatiecentrum voor het Nederlands Protestantisme (1800-heden), folder 17. "In het algemeen ontvingen de Curatoren geen gunstigen indruk."

85 *Verslag van het verhandelde*. "Steketee is niet de man op zijne plaats. Wij zijn met hem teleurgesteld."

이 회의록에 따르면 스테꺼떼이의 사임을 이끌어내려는 노력이 이루어졌지만 별 소득이 없었다. 그래서 스테꺼떼이가 이동하길 거부했을 때 그는 밀쳐지고 말았다. (하링크와 베르껄라르는 아드리안 스테꺼떼이를 향한 이사회의 과민한 짜증은 새로운 것이 아니었다고 기록했다. 이 시기까지 스테꺼떼이의 아버지였던 크리스티안 스테꺼떼이(Christiaan Steketee)는 신학교를 가장 길게 섬겼던 이사였고 다른 이사들의 비판으로부터 자신의 아들을 보호했었다. 하지만 아드리안에게는 중요하게도 그의 아버지가 1882년 총회가 열리기 2달 전에 돌아가시고 말았다. 아버지의 보호를 상실한 스테꺼떼이는 곧 직업을 잃은 자기 자신을 발견하게 되었다).[86]

물론 성과를 내지 못하는 기관으로 신학교를 바라봤던 이사진의 관점은 바빙크에게도 공유된 관점이었다. 그해 초 펠릭스에게 보냈던 자유 대학교로부터의 접근을 사양하는 편지에서 바빙크는 다음과 같은 관찰의 내용을 기록했다. "신학교 안에 당장 개선이 필요한 것들이 정말 많이 있습니다. 기독개혁교회는 이에 대해 대부분 확신하고 있으며 다음 8월 총회에서 이를 개선하기 위해 주의를 기울일 것입니다."[87] 이사회는 확실히 신학교의 결함에 대해 경계했다. 드 콕(De Cock)은 교의학에서 벗어난 대신 예전과 신조학(symbolics)을 가르치는 방향을 취했다. 보다 더 냉혹하게도, 스테꺼떼이는 해임당했고 대신 학교를 위한 이사진의 열망을 만족시키는 새로운 임명이 이루어졌다. 즉 교의학 분야에서는 조금 더 철저하고, 학문적 신학을 선두에 내세워 학생들에게 학문적으로 보다 더 부담을 주며, 조금 더 일관성 있는 공동의 방향성을 추구해나

---

86 Harinck and Berkelaar, *Domineesfabriek*, 80-81.

87 Bremmer, *Herman Bavinck en zijn tijdgenoten*, 39-40. "Daar is aan die inrichting echter veel, dat dringend verbetering behoeft. De Christ. Gerf. Kerk is daarvan grootendeels overtuigd en zal op de a.s. Synode in Augustus op verbetering bedacht wezen"[역자 주: 이 내용은 위의 78번 각주 내용의 일부분이다].

갔다. 요약하자면, 헤르만 바빙크는 스테꺼떼이의 실패에 대한 대안으로 등장했다.

이 시기 바빙크의 글에는 스테꺼떼이의 사임에 대한 언급이 거의 없다. 이런 침묵은 일반적이지 않아 보인다. 그 이유는 바빙크는 수년간 스테꺼떼이를 향한 존경을 공개적으로나 개인적으로나 피력했기 때문이다. 바빙크는 스눅 후르흐론여와 주고받은 편지에서 자신의 직에 대해 논의하는 가운데서도 스테꺼떼이에 대해서는 침묵했다. 바빙크의 일기 속의 유일한 관련 언급은 스테꺼떼이가 도덕적 이유로 해임되지 않았다는 것을 공개적으로 확인해달라고 이사회에 건의했고 그 건의가 총회에서 승인되었다는 내용이었다. (바빙크를 포함한 스테꺼떼이를 지지하는 사람들은 1914년 스테꺼떼이가 사망한 이후에야 비로소 그의 해임에 대해 공개적으로 이야기했다). 어쩌면 이런 즉각적인 침묵은 바빙크 자신의 임명을 둘러싼 낯선 현실 상황을 보여줄 수 있다. 적어도 부분적으로나마 바빙크는 고용된 것과 마찬가지였는데 그 이유는 스테꺼떼이가 해임당했기 때문이다. 이는 실존에 대한 침묵이었고 바빙크 자신의 옛 선생님의 곤경과 자신의 미래 사이를 가르는 관심으로 인해 불거진 것이었다.

총회는 신학교를 위해 세 명의 새로운 교원을 임용하고자 했다. 45명의 투표자들이 지명권을 부여받았다. 19명의 이름이 첫 번째 투표에서 언급되었고, 헤르만 바빙크(40표), D. K. 비렝아(44표), 그리고 루카스 린더봄(33표)이 누가 봐도 명백한 유력한 후보들이었다(얀 바빙크도 8표를 받았다). 두 번째 투표가 시작되었고, 이 투표에서는 4표 이하를 받은 후보자들 모두를 탈락시켰다. 두 번째 투표에서는 결과가 조금 더 엇비슷하게 나왔다. 비렝아(39표), 뵈꺼르(32표), 도른(11표), 브룸멀깜프 2세(23표), 린더봄(33표), 헤설스(22표), 니우하위스(8표), 얀 바빙크(10표), 판 안덜(8표), 헤르만 바빙크(31표), 그리고 바빙크를 불분명하게 지명한 4표는 무효가 되었다. 이 투표에서 가장 많은 표를 획득한 6명의 후보자들이 마지막 투표 대상이 되었다. 헤르만은 이에 대해 다음과 같이 기록했다.

> 이 6명은 스스로 물러나 있어야만 했다.
> 이 투표에서
>
> 비렝아 39표, 뵈꺼르 4표,
> 바빙크 39표, 헤셜스 2표,
> 린더봄 32표, 브룸멀깜프 4표를 받았다.
>
> 나와 아버지에게 인상적인 순간이었다.[88]

얀 바빙크는 자신의 자서전에서 이 순간을 회상하며 아버지와 아들에게 똑같이 개인적으로 중요했던 이 순간에 대해 자세하게 언급한다. 아버지와 아들 모두 깜픈에서 가르치는 자로 지명된 희귀한 우연의 일치에 대해 언급함과 동시에(둘 다 28세였고, 둘 다 즈볼러에서 열렸던 총회에서 지명되었으며, 둘 다 같은 지위에 지명되었다), 얀은 그 가운데 존재했던 큰 차이에 대해서 회상하기 시작했다. 얀은 이 지명을 사양했었지만 아들은 대담하게 이 지명을 수락했으며, 얀은 총회에 "그는 이 직을 위해 하나님께 기도해왔다"라고 말했다. 실수로 제비뽑기를 한 다음 개인적인 회의와 어려움의 많은 시간을 거친 후 얀은 최종적으로 평화를 누렸다.

나는 이제 이런 특이한 상황 속에 비범한 것이 없다는 것을 알고 있

---

88 "Van 1879 tot 1886." "24 aug. Deze zes moesten zich verwijderen. Bij de stemming hadden <u>Wielinga</u> 39. Beuker 4 <u>Bavinck</u> 39 Hessels 2. <u>Lindeboom</u> 32. Brummelk. 4. Treffend oogenblij voor mij en mijn vader." 주의: 바빙크는 D. K. 비렝아의 성을 이 일기에서 몇 번 잘못 썼다.

으므로 이에 대해 언급하지는 않겠지만, 이 상황 속에서 내 앞에 있는 주의 손가락을 봤고 주께 감사했으며, 내 아들에게 나를 뒤따르라고 말하지 않았지만 그는 믿음의 부족으로 내가 감히 맡지 않았던 직을 맡게 되었다. 내가 고사함으로 내 아들에게 이 기회가 열린 것일까? 모르겠다. 하지만 그 시간 이후로 나는 나의 사양 결정을 잘 받아들이고 있다.[89]

바빙크 집안의 꿈이 이루어졌다. 헤르만은 자신의 디딤돌 너머로 움직여갔으며, 얀도 종국에는 자신의 과거와 화해하게 되었다. 하지만 동시에 스테꺼떼이의 학문적 이력은 치명타를 입게 되었다. 이런 이중적인 결과 때문에 감정적으로 기진맥진해진 헤르만은 가족 보금자리에서 위로받기를 갈구했고, 교회에 자신의 떠남에 대해 말하는 것이 적합하지 않다고 스스로에게 분명히 말했다. **"8월 26일. 아버지와 함께 깜픈으로 돌아감. 프라너꺼르로 가기에는 너무 피곤했다. 에이르트만스(Eerdmans) 목사님께서 나를 위해 가셨고 거기서 내 임용에 대해 알리셨다."[90]**

총회가 마쳐질 때 바빙크가 교의학, 윤리학, 백과사전, 철학, 그리고 3년차 라틴어를 가르치는 것이 이사회에 의해 결정되었다. 교수직에 대한 바빙크의 공식적인 수락에 대한 공표 이후에야 비로소(9월 8일) 바빙크는 프라너꺼르

---

89 Jan Bavinck, "Een korte schets van mijn leven," 미출간된 육필 자서전, n.d., HBA, folder 445, p. 52. "Ik weet nu wel dat in deze bijzonderheid niets buitengewoons is gelegen, en daarom vermeld ik haar ook niet, maar ik voor mij zag den vinger des Heeren er in, en ik dankte Hem er voor, dat mijn zoon, ik zeg niet mij zou opvolgen, maar dat hij de plaats zou innemen, die ik door kleingeloof niet had durven vervullen. Zou ik ook tot mijn bedanken geleid zijn, opdat er gelegenheid voor mijn zoon open zou blijven? Ik weet het niet, maar ik weet wel dat ik sedert dien tijd beter in mijn bedanken heb kunnen berusten."

90 "Van 1879 tot 1886." "26 aug. Weer naar Kampen met Vader. Ik was te vermoeid om naar Franeker te gaan. Ds. Eerdmans ging voor mij en maakte daar mijne benoeming bekend."

로 떠났다. 또다시 얀과 헤지나는 그들의 아들과 함께 휴가를 가졌다(9월 12-15일). 그의 책과 가구들 짐이 싸졌고, 바빙크는 호프스트라(Hofstra) 부부와 함께 살았던 목사관에서 나오게 되었다(10월 2일). "난 이번 주 도시의 교회 구성원들을 방문했다."[91] 물론 같은 사건의 순서가 1881년 3월에는 역순으로 진행되었는데, 바빙크가 앞날을 두려워하며 침울한 분위기로 프라너꺼르에 도착했을 때가 바로 그때였다. 1년 반 후, 바빙크의 기분은 다소 고양되었다. 그는 훨씬 더 괜찮은 상태로 떠났다. "10월 8일 아침. 디모데후서 3장 14, 15절을 설교했다. 이별의 말 요한복음 17장 17절. 엄청 많은 사람들. 따윈스트라(Tuinstra)께서 나에게 말씀하셨다. 잊을 수 없는 날! [설교 번호] 232번. 233번."[92]

---

91 "Van 1879 tot 1886." "2 Oct … In deze week bezocht ik de leden der gemeente in de stad."

92 "Van 1879 tot 1886." "8 Oct. 's Morg. Gepreekt over 2 Tim. 3:14, 15. 's nam. afscheid over Joh. 17:17. Ontzachlijk veel volk. Tuinstra sprak mij toe. Onvergetelijke dag! 232. 233"[역자 주: 딤후 3:14-15 - 그러나 너는 배우고 확신한 일에 거하라 너는 네가 누구에게서 배운 것을 알며 또 어려서부터 성경을 알았나니 성경은 능히 너로 하여금 그리스도 예수 안에 있는 믿음으로 말미암아 구원에 이르는 지혜가 있게 하느니라, 요 17:17 - 그들을 진리로 거룩하게 하옵소서 아버지의 말씀은 진리니이다].

4부. 깜픈에서의 교수직

7. 자료 수집
1883-89

BAVINCK

"내 책들이 나의 진정한 친구다"

바빙크가 [깜픈] 신학교에 임명되었다는 소식은 발 빠르게 널리 퍼져나갔다. 어쩌면 그의 임명에 대한 가장 흥미로운 기사는 동인도 지역에서 출간되었던 네덜란드어 일간 신문 「자바-보더」(*Java-Bode*)의 기사였을 것이다. 1882년 10월 14일 토요일 「자바-보더」는 바빙크의 임명이 지닌 중요성에 대해 설명하는 기사를 다음과 같이 실었다.

우리나라에는 여전히 독립적인 연구가 있다. 이에 대한 주목할 만한 예가 여러분이 알고 있는 것처럼 훈련 학교인 깜픈 신학교에 최근 3명의 새로운 교원들이 기독교개혁교회(분리 측) 선생으로 임용된 것이다. 3명 중 한 명은 프라너꺼르 기독개혁교회 목회자인 헤르만 바빙크 박사였다. 이 젊은이는 몇 년 전 그가 공부했던 레이든 대학교에서 라틴어로 된 조예 깊은 박사논문으로 박사학위를 취득했다. 그는 학생 시절부터 매우 신앙 고백적인 인물로 알려졌으며, 그의 학위 논문은 동일한 정신을 큰 목소리로 증언했고, 박사학위 취득 직후 분리 측의 후보 시험을 치렀다. 말할 필요도 없이 그들은 레이든 교수진의 고난의 시험대를 견뎌낸 바빙크 박사를 기쁘게 받아들였다. 하나 더 추가하자면 레이든 교수들은 항상 그를 높이 칭찬했다. 하지만 얼마 전까지만 해도 레이든 신학생이었는데 지금은 깜픈 신학교의 선생이라는 현상은 충분히 주목할 만하다.[1]

바빙크의 학생 시절에 대한 「자바-보더」의 설명은 보다 더 엄밀한 사실관계 확인이 있으면 더 좋을 것 같다. 예를 들면 바빙크의 박사논문은 라틴어가 아닌

---

1 Herman, "Goed en kwaad gerucht uit Nederland," *Java-Bode*, October 14, 1882. "Daar is in ons land nog zelfstandige studie. Een merkwaardig voorbeeld hiervan leverd de jongste benoeming van drie docenten aan de Theologische School te Kampen, de opleidingsschool—gelijk u bekend is—voor de leeraars der Christelijk Gereformeerde (Afgescheidenen) Kerk. Een der drie was Dr. H. Bavinck, predikant bij de gemeente van genoemd kerkgenootschap te Franeker. Deze jonge man promoveerde eerst voor een paar jaren met een geleerde Latijnse dissertatie aan de Leidsche universiteit, waar hij ook gestudeerd had. Gedurende zijn ganschen studietijd stond hij als een ultraconfessioneel man bekend, zijn proefschrift getuigde luide van denzelfden geest, en onmiddelijk na het behalen van de doctorale bul onderwierp hij zich aan het proponentsexamen bij de Afgescheidenen. Dat zij den man, die de vuurproef der Leidsche faculteit aldus doorstond, met gejuich binnenhaalden, behoeft nauwelijks gezegd. Laat mij er bijvoegen, dat de Leidsche professoren immer met grooten lof van hem spraken. Maar het verschijnsel is merkwaardig genoeg, kort geleden theologisch student te Leiden, thans docent aan de Theologische school te Kampen." 「자바-보더」 같은 전통적으로 진보적인 신문이 바빙크가 프라너꺼르를 경유해 레이든에서 깜픈으로 이동한 것에 대해 관심을 가졌다는 사실은 글리슨의 다음과 같은 진술과는 상충된다. "세계는 바빙크가 남든지 떠나든지에 대해 관심을 기울이지 않았다; 이는 프라너꺼르의 기독개혁교회 역사 속에서 흥미를 끌지 않았다." Ron Gleason, *Herman Bavinck: Pastor, Churchman, Statesman, and Theologian* (Phillipsburg, NJ: P&R, 2010), 96[역자 주: 에글린턴은 중간에 *zijn proefschrift getuigde luide van denzelfden geest*[그의 학위논문은 동일한 정신을 큰 목소리로 증언했고]라는 문장을 번역하지 않았기에 따로 추가했다].

네덜란드어로 기록되었고,[2] 레이든 교수진의 "고난의 시험대" 관점도 학생 신분으로 레이든에서 지냈던 바빙크의 경험과는 완전히 똑같지 않았다. 그럼에도 불구하고 예전엔 레이든 신학생이었지만 1870년대 초에는 언론인으로 활동했던 편집장 콘라트 부스끈 후트(Conrad Busken Huet)가 만든 「자바-보더」 같은 전통적으로 엘리트주의적이며 진보적인 매체에게[3] 레이든에서 깜픈으로 이동하며 네덜란드 사회 속에서 새로운 길을 구축해나가는 젊은 분리 측 인사의 이야기는 본질적으로 뉴스거리가 되었다. 처음부터 이 전기는 초기 분리파들이 자신들의 통제 너머로 움직이는 그들의 발아래 있는 땅에 대해 반응하는 자신을 찾아가는 힘든 존재로 살아갔다고 지적했었다. 반세기 이후에 분리의 아들이 같은 움직임을 만들어갔다. 분리 측 신학자가 레이든에서 박사학위를 취득하는 것이 가능하게 되었을 뿐 아니라, 동시에 레이든에서 공부한 신학자가 분리 측 신학교에 임명되는 것도 가능하게 되었던 움직임이었다. 역사(와 뉴스) 양쪽 전선 모두에서 이 일이 이루어졌다.

프라너꺼르 이후에 대한 고찰

비록 바빙크는 1882년 9월에 신학교 임용에 대한 수락을 넌지시 알렸고 그 후로 몇 주안에 프라너꺼르를 떠났지만, 깜픈에서의 취임은 1883년 1월까지 일어나지 않았다. 이 시기 속 일기 목록은 바빙크의 삶이 프라너꺼르 이전의 삶, 즉 친구들을 방문하고 나라 전역에서 설교하며 카이퍼를 방문한 후 암스테르담의

---

2   Herman Bavinck, *De ethiek van Ulrich Zwingli* (Kampen: G. Ph. Zalsman, 1880).

3   Ulbe Bosma and Remco Raben, *Being "Dutch" in the Indies: A History of Creolisation and Empire, 1500-1920*, trans. Wendie Shaffer (Athens: Ohio University Press, 2008), 293.

296   BAVINCK

골동품 전시실을 구경하러 즐겁게 여행을 하는 삶으로 되돌아갔다는 사실을 보여준다. 목회 시절에 대한 확장된 고찰은 스눅 후르흐론여에게 보낸 편지에서 발견 가능한데(11월 10일), 비록 목회 기간은 짧았지만 이 짧았던 목회 기간이 바빙크의 삶에 큰 영향을 미쳤다는 사실이 편지에서 드러난다. 프라너꺼르 이후의 바빙크는 달라졌다.

난 지금 부모님 댁에 있어. 즈볼러에서 8월에 열렸던 우리 교회 총회에서 만장일치로 날 신학교의 교사로 지명했다는 사실을 너도 신문들 속에서 봤지. 난 이에 대해 완전히 기대하지는 않았었어. 난 그 전에 이렇게 되지 않을 줄 알고 종종 두려워했었어. 넌 내가 침묵 속에서 간절히 갈망했다는 걸 알고 있잖아. 난 성장했었어. 내가 섬겼던 교회는 날 잘 받아주었어. 교회 안팎에서 받은 사랑과 존경은 대단했지. 주일이 되면 정말 많은 분들이 내 청중으로 오셔서 교회가 금방 꽉 차버렸어. 그중에서도 가장 중요한 건 난 열매 없이 일하지 않았다는 점이고 말씀 사역 속에서 여러 복을 누렸다는 점이야. 여전히 어려운 곳이었어. 큰 교회였거든. 설교만으로는 충분하지 않아. 애통하는 분들을 위로하고 아픈 분들을 격려하며 임종을 준비하고 약하고 가난한 분들을 구제하며 강한 겸손을 교훈하기 위한 심방이 이루어져야만 했어. 난 사랑과 열매와 함께, 그리고 내 마음과 삶을 위해 했지만, 내 마음 깊숙한 곳의 자기 부인과 희생 없이 하지는 않았어. … 이 모든 좋은 것들에도 불구하고 난 충분히 감사하지 못했고, 내가 더 강한 소명, 기쁨, 소질을 가지고 있다는 생각으로 다른 무엇인가를 갈망했지. 그리고 이 갈망은 성취되었어. 난 만장일치로 지명되었지. 내가 너에게 이 편지를 쓰는 이유는 모든 생각과 기대와는 달리 내가 우리 교회 속에서 가지고 있는 위대한 확신과 이 확신이 날 진정으로 겸손하게 만든다는 것을 보여주기 위함이야.

지명 후에 난 교회에 몇 주간 더 머물렀어. 많은 부분에서 이 마지막 몇 주는 슬픈 주였지. 교회가 나를 많이 사랑했거든. 노인이나

젊은이나 부하나 가난하나 교회 안팎의 모든 이들이 내가 떠나는 것
에 대해 애석해했지. 이는 때때로 나를 붙잡았으며 나의 갈망이 선하
고 순수한지에 대해 나에게 질문했어. … 난 마지막 몇 주 동안 많은
것을 깨달았어; 그들에 의해 내 삶은 풍성해졌어. 교회에서 약 1년 반
정도 사역한 것에 감사하고, 그들의 다양한 불완전함 가운데, 동시에
무엇이 선하고 참된 것인지에 대한 깊은 경건과 고귀한 마음 가운데
사람들을 알게 되었다는 것에 행복함을 느껴. 난 이미 몇 주 동안 깜
픈 부모님 댁에 머물고 있어. 일이 기묘하게 흘러가네. 내가 예전에
부모님 댁을 떠났을 때 난 며칠 내로 돌아올 생각은 절대 안 했거든.
근데 지금은 어쩌면 오랫동안 부모님 댁에 머물러야 할 것 같아. 왜
냐하면 난 아직 약혼을 안 했고 금방 약혼할 것 같지도 않기 때문이
야. 난 결혼에 신경 쓰지는 않을 거야. 내가 여전히 미혼인 것은 내 의
지나 원칙이 아니라 상황 때문이야.[4]

---

4 Bavinck to Snouck Hurgronje, Kampen, November 10, 1882, in *ELV*. Ik zit thans
in Kampen, bij mijne ouders thuis. De couranten hebben u bericht dat de synode
onzer kerk, in augustus te Zwolle gehouden, mij met eenparige stemmen benoemd
heeft tot leeraar aan hare Theologische School. Half en half had ik dit verwacht; toch
vreesde ik voor dien tijd dikwijls, dat het niet gebeuren zou. Dat ik in stilte er naar
verlangde, begrijpt ge. Ik zat hoog in het noorden. De gemeente, welke ik diende,
beviel mij wel goed; groot was de liefde en achting, die ik in en buiten haar ontving. Er
kwam 's zondags veel, zeer veel volk onder mijn gehoor, zoodat de kerk haast te klein
werd. En wat het voornaamste van alles is—ik arbeidde er niet zonder vrucht, er werd
zegen genoten onder de bediening des Woords. Toch was 't een moeilijke post. 't Was
eene groote gemeente. En preeken alleen is niet genoeg; er moest huisbezoek gedaan
worden, om treurende te troosten, kranken te bemoedigen, stervenden voor te bereiden,
zwakken en neergebogenen op te richten en sterken tot nederigheid te manen. Ik
heb het met liefde, met vrucht ook voor eigen hart en leven gedaan, maar niet zonder
zelfverloochening en opoffering van wat mij na aan 't hart lag. … Ik verlangde dus
ondanks al dat goede, waarvoor ik niet genoeg dankbaar kon zijn, naar iets anders, waar
ik meende ook meer roeping en lust en geschiktheid voor te bezitten. En dat verlangen
is vervuld. Met algemeene stemmen werd ik benoemd. Ik schrift u dit, om u met mij te
doen zien het groote vertrouwen, dat ik, eigenlijk tegen alle gedachte en verwachting in,
in onze kerk bezit en dat me waarlijk tot diepen ootmoed stemt.

Na de benoeming ben ik nog eenige weken in de gemeente gebleven. Die laatste
weken waren in veel opzichten smartelijk. De gemeente was zoo aan mij gehecht. Oud

비록 자기 가정의 품으로 되돌아감을 통해 바빙크는 가치 있는 사귐을 누리게 되었고 미혼으로서의 삶도 견딜 수 있게 되었지만, 그는 여전히 아멜리아와 결혼할 수 있으리라는 소망을 품고 있었다.[5] 하지만 바빙크를 더 짓누르는 걱정은 신학교의 취임 연설과 취임 연설 이후에 바로 이어지기 시작할 과중한 강의량이었다. 같은 편지에서 바빙크는 다음과 같이 썼다. "난 때때로 내 어깨에 있는 것에 대해 생각할 때 떨리지만 한편으로는 열정과 용기로 이 일을 시작하길 바라고 있어. 내 취임 연설 주제는 아직 완전히 확실치는 않아. 아마도 신학의 특성(본질)이 될 거 같아 … 만약 내 연설이 출판된다면(아직 확실치 않아), 너에게도 한 부 보내줄게. 내 현재 상황을 알 수 있을 거야. 감사하게도 레이든 시절보다 **조금 더** 이에 대해 잘 알고 있어."[6] 취임 및 취임 연설 직전 바빙크는 스눅 후르흐론여에게 이 행사에 참여하지 말라고 조언했다. 그 이유는 바빙크의

---

en jong, rijk en arm, in en buiten de gemeente—het speet allen dat ik heenging. 't Greep mij soms aan en deed me vragen of mijn verlangen wel goed en zuiver was geweest. … Ik heb in die laatste weken veel geleerd, mijn leven is er door verrijkt geworden. Ik ben blij, dat ik ruim anderhalf jaar in eene gemeente verkeerd heb, en 't volk heb leeren kennen in zijn menigerlei verkeerdheden ja, maar toch ook in zijn diepe godsvrucht en edelen zin voor wat goed is en waar. En nu ben ik al eenige weken in Kampen, bij mijne ouders thuis. 't Kan wonderlijk gaan; toen ik vroeger de ouderlijke woning verliet, dacht ik er nimmer meer dan voor enkele dagen te verkeeren. En nu blijf ik misschien eene geruime poos in huis, want verloofd ben ik nog niet, en het ziet er niet naar uit, dat 't spoedig zal gebeuren. Toch zou ik op een huwelijk niet tegen hebben; 't ligt aan de omstandigheden, niet aan mijn wil of beginsel, dat ik nog vrijgezel ben.

5   1880년대에 헨리 도스꺼와 주고 받은 편지에서 도스꺼는 바빙크의 독신 상태를 원칙에 의해 선택한 것으로 오해해 어쩔 수 없이 바빙크와 함께 독신주의적 베네딕트회 수사로 인내하자고 이끌었던 것처럼 보인다. 예를 들면 Dosker to Bavinck, Ebenezer [Holland, MI], March 27, 1880, in *BHD*을 보라.

6   Bavinck to Snouck Hurgronje, Kampen, November 10, 1882, in *ELV.* "Ik huiver soms bij de gedachte, wat er op mijn schouders ligt, maar ten andere zijde hoop ik de taak toch te beginnen met lust en moed. Het onderwerp mijner oratie is nog niet geheel zeker. Denkelijk wel: het karakter (wezen) der theologie. … Als mijne oratie in 't licht komt (wat nog niet zeker is), zend ik er u een toe; ge kunt dan eens zien, waar ik thans sta. Gelukkig weet ik dat than iets beter dan in Leiden indertijd." 원문에 강조가 있다.

부모는 주기적으로 하숙인들에게 숙소를 제공했기 때문에 손님을 위한 더 이상의 숙박 공간이 없었고 많은 방문객으로 인해 많은 시간을 함께 보낼 수 없을 것으로 생각했기 때문이다. 출판된 취임 연설[7]을 한 부 보내주겠다고 약속하면서, 시작이 달랐기 때문에 필연적으로 결론도 다를 수밖에 없었던 친구의 비평도 환영했다. "그것(비평)을 받는 것은 예리하게 하고 큰 중요성을 가진다네."[8] 바빙크의 친구는 당연히 [친구의 요청을] 승낙할 것이다.

깜픈 취임

다우어 끌라저스 비렝아(Douwe Klazes Wielenga), 루카스 린더봄(Lucas Lindeboom)과 더불어 바빙크는 1883년 1월 9일에 새로운 교사로 신학교에 취임했다.[9] 2장에서 묘사한 것처럼, 이때 기독개혁교회 속에서 학문적 신학 훈련의 중요성에 대한 얀 바빙크의 강연이 이루어졌다.[10] 이 강연 속에서 헤르만은 신학교 이사장이었던 아버지의 지지를 공개적으로 받게 되었다.

헤르만 바빙크와 오랜 기간 알고 지냈던 경험 많은 목회자 비렝아(1841-1902)는 교회사와 교회법을 가르치는 교원으로 임명되었다. 바빙크처럼 비렝아도 친 카이퍼파에 속했다. 바빙크와 비렝아는 막역지우가 되었으며 깜픈 시

---

7 Herman Bavinck, *De wetenschap der H. Godgeleerdheid: Rede ter aanvaarding van het leeraarsambt aan de Theologische School te Kampen* (Kampen: G. Ph. Zalsman, 1883).

8 Bavinck to Snouck Hurgronje, Kampen, January 2, 1883, in *ELV.* "Dat te vernemen scherpt en is van groot belang."

9 취임에 대한 공개적 발표가 *De Bazuin*, December 15, 1882에 실렸다.

10 Jan Bavinck and Willem Hendrik Gispen, *De Christ. Geref. Kerk en de Theologische School: Twee toespraken, gehouden den 9 Jan. 1883 bij de installatie van de drie leeraren aan de Theol. School* (Kampen: G. Ph. Zalsman, 1883), 14-27.

절의 비밀까지도 서로 털어놓는 관계가 되었다. 린더봄(1845-1933)은 모든 면에서 전혀 달랐다. 비렝아보다는 바빙크의 지적 능력에 훨씬 더 근접했던 린더봄은 자신감이 넘치고 때로는 사람을 놀래키기도 하는 두려움이 없는 사상가였다. 예를 들면 깜픈 신학교에 임명되기 전 린더봄은 잔담(Zaandam)에서 10년간 목회를 했다. 이 시기에 90명의 탄탄한 교회가 300명으로 성장했으며, 동시에 100명의 성도가 다른 교회로 떠나기도 했다.[11] 성품적으로 봤을 때 린더봄에 대한 호불호가 동시에 있었다. 바빙크, 비렝아, 혹은 최근에 취임한 학장 마르튼 노르트제이(Maarten Noordtzij)와는 달리 린더봄은 카이퍼나 자유 대학교에 대한 애정이 없었으며 카이퍼를 향한 공개적 존중도 피력하지 않았다. 그러므로 꽤 자연스럽게 카이퍼와 공개적인 반감을 공유했다.[12]

깜픈에서 교수 시절의
헤르만 바빙크

바빙크는 이 세 명의 새로운 교원 중 가장 나이가 어렸기 때문에, 그의 취임 연설은 마지막 순서로 잡혔다. 2시간 반이나 진행된 비렝아의 연설이 그들에 대한 소개 이후에 이루어졌다. 린더봄과 바빙크의 연설은 그다음 날로 예정되었다. "1월 10일, 정오에 린더봄이 3시간 반 동안 성경 역사에 대해 연설했다. 저녁 6시 바빙크는 1시간 동안 거룩한 신학의 학문에 대해 [연

11 H. Mulder, "Lindeboom, Lucas," in *Biografisch lexicon voor de geschiedenis van het Nederlands protestantisme*, ed. D. Nauta, A. de Groot, J. van den Berg, O. J. de Jong, F. R. J. Knetsch, and G. H. M. Posthumus Meyjes (Kampen: Kok, 1988), 3:250-53.

12 R. H. Bremmer, *Herman Bavinck en zijn tijdegenoten* (Kampen: Kok, 1966), 49-53. 예를 들면 린더봄을 향한 아브라함 카이퍼의 호의적이지 않은 모습들을 살펴보라. *Heb de waarheid en de vrede lief. Open brief aan Dr. A. Kuyper, hoogleeraar aan de Vrije Universiteit op Gereformeerden Grondslag en redacteur van "De Heraut," alsmede aan de "Heraut"-lezers en alle gereformeerden in den lande, door L. Lindeboom* (Leiden: D. Donner, 1880), 3-6.

7. 자료 수집

설했다]."[13]

헤프의 설명이 늘 그렇듯이 이 행사에 대한 그의 개작된 이야기는 극적이다. 헤프에 의하면, 이 연설들은 특히 추운 날에 부르흐발 교회(Burgwalkerk)에서 이루어졌다. 린더봄의 연설은 길었고 공을 들인 연설이었다. 짜증이 났던 젊은 바빙크는 회중이 이 추운 날에 오랫동안 앉아 있어야만 하는 것이야말로 너무나도 충격적이라고 생각했다고 한다. 린더봄의 긴 연설에 대한 반응으로 바빙크는 어차피 사람들이 곧 출판될 강연 원고를 읽게 될 것이기 때문에 연설을 하지 않을 것이라고 아버지에게 분명히 말했다고 한다. 아버지와 가까운 친구들의 설득으로 바빙크는 "모든 것을 1시간 15분 안에 마치는 빠른 속도로 연설했다. 이 연설은 설득력있는 웅변으로 여겨지지 않았다."[14] 하지만 늘 그렇듯이 헤프는 이런 이야기의 진위를 확인해줄 어떤 자료도 제시하지 않았다. 이런 헤프의 이야기는 목격에 근거한 란트베어(Landwehr)의 회상, 즉 [바빙크의 연설이] 명백히 "장엄한" 연설이었다는 회상과 일치하지 않는다. "학생들로서 우리는 큰 기대를 가지고 있었지만, 우리가 들은 모든 것은 우리의 기대치를 넘어섰다. … 우리들은 이 강연에 완전히 빠져버렸다."[15]

당혹스럽게도, 브렘머의 또 다른 세심한 전기는 린더봄의 긴 강연에 대한

---

13 "Van 1879 tot 1886," HBA, folder 16. "10 Jan. 's middags 12 uur sprak Lindeboom over de Bijbelsche geschiedenis 3 ½ uur. 'S avonds 6 uur Bavinck over de Wetenschap der H. Godgeleerdheid 1 uur."[역자 주: 바빙크의 깜픈 신학교 교수 취임 연설인 "거룩한 신학의 학문"의 전문은 다음 책을 참고하라. 헤르만 바빙크, 『헤르만 바빙크의 교회를 위한 신학』, 박태현 편역 및 해설 (군포: 도서출판 다함, 2021), 16-80].

14 Valentijn Hepp, *Dr. H. Bavinck* (Amsterdam: Ten Have, 1921), 121. "Hij sprak in zulk een snel tempo, dat alles in een goede vijf kwartier was afgeloopen. Als proeve van welsprekendheid kon deze rede niet gelden."

15 J. H. Landwehr, *In Memoriam: Prof. Dr. H. Bavinck* (Kampen: Kok, 1921), 24, 26. "Wij hadden als studenten groote verwachtingen gekoesterd, maar alles, wat wij hoorden, overtrof die verwachtingen nog. … Wij studenten waren vol over die rede."

바빙크의 일기가 "두꺼운 밑줄"로 기록되어 있다고 주장했다(이 주장은 글리슨의 전기에서 반복적으로, 그러나 "두꺼운 두 줄"이라는 문구로 발전된 형태로 주장되었다).[16] 이런 주장들은 자신의 새로운 동료를 향한 바빙크의 초기적 반감을 묘사하는 방식으로 소비되었다. 린더봄을 향한 바빙크의 감정과 상관없이(물론 이후에는 냉랭해지긴 했지만), 문제의 일기 목록 안에는 브렘머와 글리슨의 주장의 흔적이 존재하지 않는다.

신학을 신학적으로 정의 내리기

만약 바빙크의 초기 강연 "하나님 나라, 최고선"[17]이 이후에 신칼빈주의로 인식되는 신학적 유산을 위한 성명서 형식으로 기능한다면, "거룩한 신학의 학문"은 **신학** 그 자체에 대한 정밀한 정의 내리기로 기능할 것이다.[18] "신학은 반드시 세속화되어야만 한다"라는 레이든 교수 로더베이끄 라우언호프(Lodewijk

---

16 Bremmer, *Herman Bavinck en zijn tijdgenoten*, 46; Gleason, *Herman Bavinck*, 98. 글리슨은 99페이지에서 바빙크가 스눅 후르흐론여에게 "그의 취임 연설 같은 날에" 편지를 썼고 "이런 젊은 교수의 존재에 대한 다소간의 걱정을 털어놓았다"라고 기록했다. 하지만 사실은 그렇지 않아 보인다. 바빙크의 취임 연설은 1월 10일에 열렸다. 이 시기 동안 바빙크가 스눅 후르흐론여에게 보낸 현존하는 편지들은 1882년 11월 10일, 1883년 1월 2일, 그리고 1883년 2월 8일의 날짜가 적힌 편지들이다(*ELV*를 보라). 이 특정한 편지들은 바빙크의 젊은 시절에 관한 어떤 구체적인 걱정들에 대한 고찰이 포함되어 있지 않다.

17 Herman Bavinck, "Het rijk Gods, het hoogste goed," *De Vrije Kerk* 7 (April-August 1881): 4:185-92; 5:224-34; 6:271-77; 7:305-14; 8:353-60; ET: "The Kingdom of God, the Highest Good," trans. Nelson Kloosterman, *Bavinck Review* 2 (2011): 133-70.

18 「드 프레이 께르끄」에 실린 보다 더 형식적인 초기 출간물 혹은 그의 박사논문과 취임 연설을 대조하는 가운데 브렘머는 그의 취임 연설을 바빙크의 건설적인 신학 발전의 "시작점"으로 인식했다. 이런 관점에서 브렘머는 취임 연설과 비교하는 맥락 가운데서 "하나님 나라, 최고선"을 간과했다. R. H. Bremmer, *Bavinck als dogmaticus* (Kampen: Kok, 1966), 373.

Rauwenhoff)의 주장을 상기시키는 가운데,[19] 바빙크는 이 주장에 대해 반론을 펴기 시작했다. 즉 오히려 신학은 반드시 **신학화되어야만 한다**고 주장했다. 바빙크는 하나님의 지식으로서의 신학은 자신만의 연구 방식이 있다고 주장했다. 신학은 신학의 대상을 소유하고, 신학의 원리, 내용, 목적에 생기를 주는 학문이다. 이 강연에서 이 각각의 내용들이 하나님 중심적으로 해석되었다. 신학은 하나님으로부터 오며, 하나님과 관련 있고(그 외 모든 것들도 하나님과 관련 있고), 그 목적을 하나님 안에서 찾는다. 바로 이처럼 신학은 스스로의 의제를 통해서만 살아간다. 신학은 독특하게 존재한다. 비록 신학에 대한 바빙크의 정의는 아우구스티누스와 아퀴나스의 그림자가 강하게 배여 있는 전통적인 정의이지만, 바빙크는 이런 이전 개념을 더 최근의 대화 상대, 즉 프리드리히 슐라이어마허와의 교감 가운데 재진술하려는 노력을 보여주었다.[20] 레이든 학풍과 다투면서, 바빙크는 현대와 함께 현대와 싸워나갔다.

신학의 자치적 성격과 (모든 학문의 여왕인) 신학과 종교연구 사이의 본질적인 차이점에 대한 뚜렷한 주장을 펼친 바빙크의 취임 연설은 레이든 학파가 적어도 부분적으로나마 순응했던 고등교육법(1876년)을 거부했던 연설이었다. 실제로 하나님을 인간의 욕구와 욕망의 투영으로 주장했던 독일 철학자 루트비히 포이에르바하(Ludwig Feuerbach)를 연상시키는 움직임으로 바빙크는 고등교육법의 한계를 수용할 경우 신학을 **신학적으로** 만들기보다는 **인류학적으로** 만들 수 있다고 주장했다. "신학이 간단히 인류학이 되고 있다. 하나님

---

19 Bavinck, *De wetenschap der H. Godgeleerdheid*, 5. 이 주장은 L. W. E. Rauwenhoff in *Theologische Tijdschrift* (1878), 206에 실려있다. Cf. Herman Bavinck, "Theology and Religious Studies in the Nineteenth-Century Netherlands," in *Essays on Religion, Science, and Society*, ed. John Bolt, trans. Harry Boonstra and Gerrit Sheeres (Grand Rapids: Baker Academic, 2008), 283n3.

20 Bavinck, *De wetenschap der H. Godgeleerdheid*, 14, 15, 42.

은 인간에 의해 만들어진 이상, 이미지, 즉 우상[이 되고 있다.]"[21] 바빙크는 이를 세심한 논조로 진술했지만, 그는 동시에 믿기 힘든 대담함과 함께 연설했다. 바빙크는 레이든 학풍의 신학이 마음의 우상들을 만들어 섬기는 신전이라고 주장했다.

이런 비판은 이 시기에 바빙크가 스눅 후르흐론여에게 보낸 편지에서 왜 취임 연설 출판물을 그 어떤 레이든 교수들에게도 보낼 생각이 없다고 했는지에 대한 이유를 설명하는 데 어느 정도 도움을 준다.[22] 특히 바빙크는 자신의 역사와 지적인 헌신에 대한 주장의 엄격함을 감안할 때, 자신의 건설적인 신학적 입장에 대해 레이든 교수들이 어떻게 반응할지 확신이 없었던 것으로 보인다. 하지만 결국 바빙크는 취임 연설 두 부를 가장 협조적이었던 이전 교수들, 사실상 자신의 박사논문 지도수였던 아브라함 꾸우는(Abraham Kuenen)과 꼬르넬리스 페트루스 틸러(Cornelis Petrus Tiele)에게 보냈다. 꾸우는의 반응은 예전에 바빙크와 교감했던 모습 그대로였다. "친구여! 매우 흥미롭게 읽은 자네의 연설을 보내주어서 진심으로 감사하네. 자네도 이해하겠지만 내가 동의하는 것은 아니네. 하지만 내 반대의견이 자네가 자네 의견을 명확하고 일관적으로 그리고 가치있게 제시하고 옹호했다는 점을 읽는 것을 방해하지는 못했다네."[23] 틸러의 반응도 이와 비슷했다. "비록 난 자네와 완전히 다른 관점을 가지고 있지만, 이것이 자네가 자네의 입장을 옹호하는 것에 성공을 빌어주는 것을 방해하

21 Bavinck, *De wetenschap der H. Godgeleerdheid*, 25. "De Theologie wordt eenvoudig anthropologie; God een ideaal, een beeld, gevormd door den mensch, d. i. een afgod."

22 Bavinck to Snouck Hurgronje, Kampen, January 2, 1883, in *ELV*.

23 Kuenen to Bavinck, Leiden, January 19, 1883, HBA, folder 2. "Am.! Ontvang mijne hartelijken dank voor de toezending van uwe Oratie, die ik met groote belangstelling gelezen heb. Niet met instemming, zooals gij begrijpt. Maar mijne dissensus verhinderde mij niet al lezende op te merken, dat gij uwe opvatting helder, consequent, waardiglijk hebt uiteengezet en verdedigt." 주의: 라틴어 *amice*(친구)는 그 당시 대학 수준의 교육을 받은 사람들 사이에서 흔하게 쓰는 인사말이었다.

지는 못하네.'[24] 꾸우는과 틸러 둘 다 바빙크가 깜픈에 서 임용된 것에 행복해했고, 자신의 예전 학생에게 이 미 좋은 말들을 해주었다(꾸우는의 편지에는 자신의 아내의 건강이 약화된 소식도 포함되어 있었다). 하지 만 둘 다 자신의 예전 학생과 신학적 대화를 기꺼이 하 고 싶은 마음을 내비치지는 않았다. 심지어 본질적으 로 절대적인 신학적 주장을 만들어가는 가운데서도 젊은 분리 측 신학박사는 마음을 끌지 않는 종류의 관 용과 조우할 뿐이었다.

C. P. 틸러

감사하게도, 스눅 후르흐론여는 달랐다. 바빙크의 연설 원고를 받은 후 수 눅 후르흐론여는 성경의 권위에 대한 바빙크의 의존과(이는 성경 본문의 고등 비평에 대한 바빙크의 지식 때문이다) 어떻게 이런 절대적 본성의 주장이 비그 리스도인과 관련되는가를 중심으로 한 구체적이고도 비평적인 반응을 바빙크 에게 보냈다.[25] 바빙크의 강연의 명백한 약점에 대한 스눅 후르흐론여의 평가, 즉 "너의 강연은 너에게 동의하는 사람들에게 전하는 강의였고, 그중에서는 이 런 딱딱한 말로 언급된 이런 문제들과 싸울 필요가 없는 사람들이지"[26]라는 평가 는 거의 확실히 [바빙크에게] 예리한 비판으로 받아들여졌다. 바빙크의 강연은 레이든 학풍에 대해 비판할 의도로 이루어진 것이지만, 그의 신실한 레이든 시 절의 친구는 바빙크가 동일한 신앙고백적 환경을 향해 움직임으로써 그가 이

---

24 Tiele to Bavinck, Leiden, January 17, 1883, HBA, folder 2. "Al sta ik op een standpunt, hemelsbreed van het uwe verschillende, dit verhindert mij niet u geluk te wenschen met de wijs waarop gij 't uwe hebt verdedigt."

25 Snouck Hurgronje to Bavinck, Leiden, January 24, 1883, in *ELV*.

26 Snouck Hurgronje to Bavinck, Leiden, January 24, 1883, in *ELV*. "Uwe rede nu was gericht tot met u eensdenkenden, bij wie deze met zoo harde woorden genoemde zaken niet bestreden behoeven te worden."

전에 가졌던 높은 수준이 이미 떨어진 것이 아닌지 시험함으로써 즉각적으로 반응했다.

바빙크의 답변도 마찬가지로 대단히 흥미로웠다. 두 답변 모두 다 이 시기의 바빙크의 신학적 발전을 목도하고 있고, 대폭적으로 서로 다른 두 사상가 사이에 존재하는 우정에 대해서도 이해하고 있는 답변이었다. 이 하나의 강연이 제공하고 있는 제한적 시야를 인정한다 하더라도, 우리는 [이 강의를 통하여] 자신의 작업이 성경 비평의 논리 구조를 절대 다루지 않았다는 것을 주장하고 있는 바빙크를 발견할 수 있다. "내가 했던 것은 완전히 달랐어. [그 강연의] 목적은 신학이 무엇이고 신학은 신학 고유의 특성에 따라 무엇이 되길 원하는지를 보여주는 것이었어. 난 신학이야말로 하나님을 아는 것이라고 생각해. 신학은 이에 대해 매우 간단하고 매우 실천적인 답변을 주며, 모든 사람에게, 덜 배운 사람들에게도, 가장 중요한 질문에 대한 답을 주지. **어떻게 내가 하나님을 알 수 있는가? 그리고 어떻게 내가 영생을 얻을 수 있는가?** 이런 관점에서 오직 성경으로부터라는 답 외에는 가능한 답은 없어."[27] 성경과 신학자 사이의 관계가 자연 그 자체에 의존하는 자연 과학자와(선험적으로 자연에 대해 가정하는 자연 과학자와) 유사하다는 논증을 펴면서, 바빙크는 성경 권위를 사용하는 자신의 방식 속에서 왜 스눅 후르흐론여가 많은 문제를 발견했는지에 대해 설명했다. "이것이야말로 너와 나 사이에 존재하는 다른 점이야(개인적으로 말할게). 넌 시험한 후에 이 관점[즉 성경에 대한 판단이 후험적으로 이루어지는 관

---

27 Bavinck to Snouck Hurgronje, Kampen, February 8, 1883, in *ELV.* "Maar ook wijl mijn doen een gansch ander was. Dat doel was, om te toonen, wat de theologie naar haar eigen aard is en wezen wil. Theologie is, dunkt mij, kennen van God. Zij geeft het antwoord op de zeer eenvoudige en zeer practische en voor elk mensch, ook den ongeleerdste, belangrijkste vraag: *hoe ken ik God,* en *hoe krijg ik dus het eeuwige leven?* Zoo opgevat, is er geen ander antwoord mogelijk, dan: alleen uit de Heilige Schrift." 강조는 원문.

점]에 도달하길 원해. 난 이 관점[즉 성경에 대한 관점을 선험적으로 주장하는 관점]으로부터 시작해서 조사하지. 만약 참된 관점에서 신학에 대해 논한다면 난 후자가 되어야만 한다고 믿어."[28] 이 지점에서 성경의 권위와 신학의 과제 속에서 성경을 통해 이루어지는 역할에 대한 바빙크의 선험적 신념이 스눅 후르흐론여의 목소리가 배인 (그리고 중심 역할을 했던) 매우 중대한 염려를 덜 중요하게 만들었다. 하지만 특별하게도 이 특정 편지는 다음과 같은 솔직한 인정으로 끝을 맺는다. "난 반드시 뭔가를 덧붙여야만 해. 그러므로 성경에 대한 나의 관점은 절대 완성되지 않았어."[29] 하나님이 성경 속에서 계시되신다는 바빙크의 오래된 신념 너머에서, 성경론에 대한 바빙크의 안정적인 관점은 여전히 최종 형태로부터 멀리 떨어져 있었다.

취임 연설에 대한 보다 더 긍정적인 반응은 아브라함 카이퍼로부터 나왔다. 카이퍼는 「드 헤라우트」에서 바빙크의 슐라이어마허 사용에 대해 반대했지만, 이 외에는 바빙크를 향해 흥미로운 평가를 내렸다. "이것이야말로 현재의 진정한 개혁주의 학문적 신학이다. 이는 첫째 원리들이 올바르게 규정된 생각이며, 탁월한 발전으로 이끌 수 있게 정의된 방향이다."[30] 물론 카이퍼가 레이든 학파의 세속화 신학을 공개적으로 비판하며 동시에 비판의 과정 가운데 이런

---

28 Bavinck to Snouck Hurgronje, Kampen, February 8, 1883, in *ELV.* "Dit is het verschil tusschen u en mij (laat me zoo maar eens persoonlijk spreken): gij wilt door en na onderzoek tot deze stelling komen, ik ga er van uit en ga dan aan 't verder onderzoeken. Ik meen, dat dit laatste moet, zal er ooit van theologie in den eigenlijken zin sprake kunnen zijn."

29 Bavinck to Snouck Hurgronje, Kampen, February 8, 1883, in *ELV.* "Er moet nog iets bij: met mijne Schriftbeschouwing ben ik dus volstrekt nog niet klaar."

30 *De Heraut,* January 24, 1883. "Dat is nu werkelijk gereformeerde wetenschappelijke theologie. Hier is doorgedacht, hier zijn de eerste beginselen weer recht gezet, hier is een weg afgebakend, die tot een uitnemende ontwikkeling leiden kan." 바빙크의 주장에 대한 분리 측 반응은 H. Beuker, "Dr Bavincks inaugurele rede," *De Vrije Kerk* 9 (1883): 178-83을 참고하라. 이 자료는 카이퍼의 비평과 찬사에 대한 설명이 포함되어 있다.

비판을 공유하고 있는 카이퍼를 칭찬하고 있는 젊은 레이든 박사의 글을 읽으며 전율하는 것은 그리 놀라운 일은 아니다.[31]

학문적으로는 인정, 연애는 거절

어쩌면 그리 놀라울 것도 없이 신학교에서의 바빙크의 초기 삶은 강의를 준비하며 진행해 나가는 데 집중했던 치열한 삶이었다. 바빙크는 이 시기(1883년 여름과 가을) 스눅 후르흐론여에게 편지를 보내며 휴일에 독일에 놀러 갈 계획과 더불어 많은 글을 써야 해서 지나치게 바쁘다는 불평을 털어놓았다.[32] 상대적으로 매력 있어 보이지 않을 수 있는 학교에 새로 임명되어 너무 많은 일을 함에도 불구하고, 바빙크는 네덜란드 문학 협회(Maatschappij der Nederlandse Letterkunde) 회원으로 지명되는 큰 영광을 누리게 되었다. 레이든에 기반한 이 특권층 협회 회원권은 이 협회의 현재 회원으로부터 지명을 받아야만 했다. 이와 관련된 일기 목록은 바빙크가 6월 21일에 협회로부터 지명받았고 3일 후에 이 지명에 대해 언질 받았다는 것을 간략히 기록하고 있다. 6월 26일에 스눅 후르흐론여에게 보낸 편지는 바빙크가 이 지명을 기대하지 않았으며 누가 바빙크의 이름을 추천했는지 확실치 않다는 사실이 적혀있다.

> 아마도 넌 내가 네덜란드 문학 협회 회원으로 임명되었다는 것에 대해 읽었을거야. 난 누구에게 이 감사의 영광을 돌려야 할지 모르겠어. 아마도 꾸우는 교수님이 아닐까 생각해. 만약 내 생각이 맞다면,

---

31 Bavinck, *De wetenschap der H. Godgeleerdheid*, 23.

32 Bavinck to Snouck Hurgronje, Kampen, June 26, 1883, in *ELV*; Bavinck to Snouck Hurgronje, Kampen, October 23, 1883, in *ELV*.

나는 이에 대해 그분께 감사를 표할 거야. 하지만 난 아무것도 알지 못하고 모든 임명은 완전히 뜻밖의 일이라서 그분께 감사를 표할 수 있을런지 모르겠어. 이 협회의 서기는 J. J. A. A. 프란천(Frantzen) 으로 불리지. 난 이 이름도 전혀 몰라. 만약 너에게 큰 부담이 안 된다면, 이 서기가 누구이며 무엇인지에 대해 **이번 주에** 나에게 간단히 설명해줄 수 있겠니? 그는 레이든에 사는 것 같고, 적어도 이름만큼 은 넌 확실히 알고 있어. 특별히 칭호의 관점에서 볼 때 그 "누군가"가 누군지 정확히 알지 못하는 사람에게 이 편지를 쓰는 것은 어렵잖아. 그래서 이런 관점에서 넌 나에게 큰일을 해줄 수 있어.[33]

1883년 꾸우는은 이 협회의 집행 위원장으로 마지막 해를 보내고 있었다. 만약 이 역할 가운데 꾸우는이 했던 마지막 일들 중 하나가 실제로 바빙크를 이 협회 회원으로 추천하는 것이었다면, 이것야말로 특별히 깜픈 취임 연설을 통해 레이든 학파에 대한 암묵적인 (그리고 명시적인) 비판을 가했던 자신의 예전 학생을 향한 공개적인 친절함의 표현이었을 것이다. 레이든의 교회사 교수였고 이 협회 집행 위원회에 속해 있었던 J. G. R. 아쿠오이(Acquoy)가 바빙크를 추천했을 가능성도 있다. 어떤 경우든지 협회 회원들을 통한 지명은 일반 투표에 부쳐졌고 바빙크를 위해서도 표가 던져졌다.

---

33 Bavinck to Snouck Hurgronje, Kampen, June 26, 1883, in *ELV*. "Misschien hebt
    ge gelezen, dat ik benoemd ben tot lid van de Maatschappij van Nederlandsche
    Letterkunde. Ik weet niet, aan wien ik die eer te danken heb; ik vermoed, aan prof.
    Kuenen. Indien dit vermoeden juist was, zou ik hem gaarne daarvoor bedanken. Maar
    wijl mij er niets van bekend is en heel de benoeming eene pure verrassing is, kan ik
    dit moeilijk doen. De secretaris dier Maatschappij heet J. J. A. A. Frantzen. Die naam
    is mij geheel onbekend. Zoudt ge, indien 't niet te veel gevraagd is, me even *deze week*
    kunnen inlichten, wie en wat deze secretaris is. Hij schijnt in Leiden te wonen, en gij
    kent hem zeker wel, althans bij naam. 't Is moeilijk, een brief aan iemand te schrijven,
    als men niet juist weet, wie die 'iemand' is, vooral met het oog op titulatuur etc.
    Ge kunt me dus hierin een grooten dienst bewijzen"[역자 주: 에글린턴은 '강조는
    원문'이라는 문구를 쓰지 않았지만 강조는 원문에 근거한다].

[이 협회 회원에는] 1883년에 추가된 그리 놀랍지도 않은 협회 회원들과 더불어(예를 들면, 우트레흐트의 법학 교수였던 J. 바론 둘니스 드 부루이여[Baron d'Aulnis de Bourouill], 그의 레이든 상대였던 H. B. 흐레이펀 [Greven], 그리고 그들의 암스테르담 상대였던 J. P. 몰처[Moltzer], 그리고 네덜란드 보병대 중위 H. T. 캅파위스[Chappuis]), 암스테르담의 카이퍼의 자유 대학교 교수들이었던 프레데릭 로더베이끄 루트허르스(Frederik Lodewijk Rutgers)와 얀 볼처(Jan Woltjer)도 포함되어 있었다. 바빙크는 이미 자유 대학교의 처음 접근 속에서 카이퍼주의자였던 루트허르스와 관계를 맺었었고(루트허르스의 아버지 안토니 루트허르스[Antonie Rutgers]는 레이든의 구약 교수였다) 이후에는 볼처의 사상에 영향을 받았다. 이 지점에서 암스테르담과 깜픈의 칼빈주의자들의 부흥이 국가적으로 가장 저명한 학회에서 서로 겹쳐졌다.[34]

이 협회 회원권을 통해 바빙크와 그의 사상은 네덜란드 학계 속에서 더 저명한 자리를 차지하게 되었고 분리 측 영역을 넘어서는 확장성을 갖게 되었다.[35] 예를 들면, 이 해 늦게 스눅 후르흐론여에게 쓴 편지에서 바빙크는 [이 협회의 서기였던] 프란천(Frantzen)으로부터 협회 도서관을 위해 자신의 박사논문 사본과 취임 연설을 달라는 요청을 받았다고 적었다.[36] 이제 바빙크의 초기 학문성과 뚜렷하게 건설적인 저술들은 바빙크의 예전 김나지움 경쟁자였던 헤리트 깔프(Gerrit Kalff)의 최근작 『중세 시대의 노래』와 더불어 그해에 협회를 통해 받아들여진 그곳에 자리를 잡게 되었다.[37] 협회는 바빙크에게 레이든 발

34 *Handelingen der algemeene vergadering van de Maatschappij der Nederlandsche Letterkunde te Leiden, gehouden aldaar den 21sten Juni 1883, in het gebouw van de Maatschappij tot Nut van 't Algemeen* (Leiden: Brill, 1883), 91-92.

35 바빙크가 이 협회 회원으로 지명된 것은 분리 측 사람들 속에서도 자랑거리로 작용했다. *De Bazuin*, June 29, 1883을 보라.

36 Bavinck to Snouck Hurgronje, Kampen, October 23, 1883, in *ELV*.

37 *Handelingen der algemeene vergadering van de Maatschappij der Nederlandsche*

판을 제공했고, 이는 [깜픈] 신학교보다 더 매력적인 설정으로 자리매김했다. 앞으로 보게 될 것이지만, 초기 깜픈 시절 속 바빙크는 레이든과 레이든 학자들을 향한 자신의 열등감을 경험했으며, 비로소 [깜픈] 신학교에서 자신의 위치를 찾았다고 믿었다. 이런 배경과 달리 레이든으로부터 받은 최초의 지지는 중요한 것이었다. 깜픈에서 6년을 보낸 바빙크는 자신의 취임 연설에서 주로 비판했던 로더베이끄 라우언호프(Lodewijk Rauwenhoff)를 대체해 맡게 될 레이든 교수직에 임명될 소망과 자기 확신을 충분히 가지게 되었다. 이런 열망의 점진적 드러남은 이런 특별한 발전 없이는 상상조차 불가능한 것이었다.

이때쯤은 이전에 아멜리아의 아버지와 불운한 대화를 나눈 지 4년이 지났을 때였다. 증명되지 않았던 학생이 아니라 이제는 교계와 학계에서 어느 정도 무게감을 지닌 인물이 된 바빙크는 자신을 향한 아리 덴 데꺼(Arie den Dekker)의 평가가 바뀌었길 소망해 볼 수도 있었을 것이다. 1883년 8월, 바빙크는 대화를 다시 시작했다. "**8월 24일. 금요일. 오후. A. J. [아멜리아 요시나]에게 보내는 편지와 더불어 A. 덴 데꺼께 편지를 보냈다.**"[38] [아멜리아의] 아버지 덴 데꺼에게 편지를 쓰면서 바빙크는 프라너꺼르의 이전 교회에서 설교하기 위해 북서부 지역을 여행했다(8월 26일: "**오후에 난 나 자신에 관하여 매우 어렵게 말했다.**").[39] 하지만 깜픈으로 되돌아 온 바빙크는 실망을 경험하게 되었다. "**8월 29일. ··· 저녁 8시 난 깜픈에 도착했다. 집에 오니 내 앞으로 편지가 와있었다. 아무 내용도 없었고 내가 A. J. [아멜리아 요시나]에게 보냈던 동봉된 편지는 여전히 뜯**

Letterkunde te Leiden, gehouden aldaar den 19den Juni 1884, in het gebouw van de Maatschappij tot Nut van 't Algemeen (Leiden: Brill, 1884), 36, 40; Gerrit Kalff, Het lied in de middeleeuwen (Leiden: Brill, 1883).

38 "Van 1879 tot 1886." "24 aug. Vrijdag. 's Namiddags. Een brief verzonden aan A. den Dekker, met een ingesloten brief aan A. J."

39 "Van 1879 tot 1886." "'s Middags sprak ik zeer moeilijk voor mij zelf."

어보지도 않은 상태였다."⁴⁰ 그럼에도 불구하고 아멜리아는 여전히 1885년까지 바빙크의 일기 목록에서 사라지지 않았다.

한 친구의 죽음

깜픈에서 첫 해를 보내는 동안에도 바빙크와 우닝끄 사이의 우정은 지속되었다. 1883년이 시작될 무렵 우닝끄는 알멀로(Almelo)에 위치한 기독개혁교회를 섬기기 위해 안수받았다. 물론 우닝끄를 소개했던 객원 설교자는 에스겔 3장 17-21절을 설교한 헤르만 바빙크였다. "인자야 내가 너를 이스라엘 족속의 파수꾼으로 세웠으니[겔 3:17上]."⁴¹ 하지만 그 다음달 우닝끄의 건강이 급속도로 안 좋아졌다. 8월 11일에 또다시 우닝끄를 방문했던 사실이 바빙크의 일기에 기록되어 있다. "**아침에 알멀로로 [갔다]. 우닝끄는 매우 약해져 있었고 생기가 없었다.**"⁴² 바빙크는 그 주일에 친구의 강단을 맡아 설교했고 우닝끄의 건강 상태 악화로 인해 다시 알멀로를 방문하기 직전에(이때 바빙크는 자신의 어린 남동생들과 함께 방문했다) 다시 집으로 되돌아갔다. "**난 정말 이 여행을 즐길 수 없었다.**"⁴³ 우닝끄는 죽어가고 있었고 바빙크가 방문한지 꼭 한 달 후 세상을 떠나게 되었다. "<u>1883년 9월 21일. 얀 헨드릭 우닝끄(Jan Hendrik Unink)</u>가 25세

---

40 "Van 1879 tot 1886." "29 aug … 's Avonds te 8 uur kwam ik te Kampen. Thuis lag een brief voor mij, niets inhoudend dan mijn ingesloten brief voor A.J., nog ongeopend."

41 바빙크의 설교는 De Bazuin, January 26, 1883에 기사로 실렸다.

42 "Van 1879 tot 1886." "11 Aug. 's morgens naar Almelo, Unink was zeer zwak en dien dag weinig opgewekt."

43 "Van 1879 tot 1886." "15 aug … op dit uitstapje had ik niet veel genoegen."

의 나이로 죽어 9월 25일에 묻혔다. 아버지가 예식을 집례했다."[44] 우닝끄의 죽음에 대한 바빙크의 유일한 이후 회상은 1886년 위독했던 깜픈 학생 요한 판 하설른(Johan van Haselen, 1865-87)에게 쓴 글 가운데 드러났다. 이 글 속에서 바빙크는 임종의 자리에서 우닝끄 자신이 죽음을 준비하고 있다는 사실에 대해 선언했던 것을 회상했다. "그는[우닝끄는] 한동안 [죽음을] 준비했었고 자기 자신을 주께 올려드렸다."[45] 1883년에 바빙크가 알멀로를 방문했던 것은 바빙크에게 꽤 힘든 자성의 시간이 되었다. 친구가 가졌던 이 땅에서의 삶을 기꺼이 떠나보내려는 준비는 바빙크 자신의 기독교 신앙에 대해 깊고도 불안한 질문을 자아냈다. 이런 상황 속에서 우닝끄는 자신이 신학적으로나 실존적으로나 죽음을 준비하고 있다고 깨달았겠지만, 바빙크는 우닝끄야말로 준비되지 않은 방관자라는 사실을 발견했다.

우닝끄의 장례식과 얀 바빙크의 설교 "적절하고 위로가 되며 격려를 주는 말"에 대한 기사가 그 주 늦게 「드 바자윈」에 실렸다(9월 28일). 시간 순서로 볼 때 우닝끄의 죽음은 아리 덴 데꺼가 자기 딸을 향한 바빙크의 구혼을 가장 최근에 (아무 말도 없이) 거절한 지 몇 주만에 일어났다. 바빙크는 이 시기에 외롭고도 어려운 나날들을 보냈다. 29세임에도 그는 부모님과 함께 살았고, 당장 결혼에 대한 전망도 보이지 않았으며, 우닝끄의 갑작스런 죽음으로 가까운 친구들이 거의 남지 않게 되었다.

이런 상황은 죽어가는 요한 판 하설른에게 이어서 보낸 편지 속 문구, 즉 자신의 삶이 움직여가는 모습을 표현한 "내 책들이 나의 진정한 친구다"[46]라는 문

---

44 "Van 1879 tot 1886." "21 Sept. 1883. Jan Hendrik Unink overleden, 25 j. oud. 25 Sept. 1883 begraven Vader heeft de plechtigheid geleid."

45 Herman Bavinck, "Letters to a Dying Student: Bavinck's Letters to Johan van Haselen," trans. James Eglinton, *Bavinck Review* 4 (2013): 97.

46 Bavinck, "Letters to a Dying Student," 100.

구의 배경을 만들어냈다. 아멜리아를 놓아주어야 했고 우닝끄를 잃어버렸을 뿐 아니라 스눅 후르흐론여와 헨리 도스꺼 같은 친구들과는 오직 편지로만 소식을 왕래해야 했던 바빙크 자신에게 새로운 대화 상대가 주변에 생겼다. 바빙크의 인생의 전성기에 그의 가장 가까운 친구들은 오래전에 이 땅을 떠났던 신학자 그룹이었다.

『개혁 교의학』과 『개혁파 윤리학』의 시작

아리 덴 데꺼의 분명한 뜻과 우닝끄의 가혹한 운명으로부터 스스로를 떼어 놓는 가운데 바빙크는 자기 자신을 신학교 사역에 던졌다. 1883년 7월 시험은 바빙크가 신학교 사역을 시작한 후 처음 있었던 시험이었는데 바빙크는 이 시험에 대해 다음과 같이 기록했다. **"교의학 시험은 좋지 않았다."**[47] 그 다음해 여름에는 학생들의 실력에 대한 바빙크의 평가가 바뀌었다. **"7월 17일. 시험과 이사회 모임이 종료되었다. 교의학 시험은 꽤 잘 진행되었다. 이사진들은 만족했다."**[48] 명백하게도 바빙크의 깜픈 첫 해의 가르침은 좋았다. 하지만 바빙크의 학생들의 성과에 대한 이사진들의 만족도와 바빙크가 바라보는 자신의 사역 사이에는 불협화음이 존재했다. 1883년 10월 23일 스눅 후르흐론여에게 보낸 편지에서 바빙크는 교의학, 윤리학, 신학 백과사전, 철학에 대한 새로운 과목을 준비하는 가운데 글을 써야 하는 고충과 자기 친구의 새로운 출판 작품집 사이를 대조하기 시작했다.[49]

---

47 "Van 1879 tot 1886." "16 Juli … Het examen in de dogmatiek was slecht."

48 "Van 1879 tot 1886." "17 juli. Examen en vergadering der Curatoren is afgelopen. 't Onderzoek in de dogmatiek ging vrij goed. De Curatoren waren tevreden."

49 Christiaan Snouck Hurgronje, "Prof. De Louter over 'Godsdienstige wetten,

언젠가 글 쓰는 것을 시작했으면 좋겠어. 하지만 난 지금 거의 불가능해. 난 먼저 내가 맡은 과목들에 더 익숙해져야만 해. 이는 시간과 연구가 필요한 일이지. 그 무엇보다도, 이 과목들 속에서 뭔가를 말해야 한다는 것이 나에겐 어려워. 그 이유는 그 어떤 것도 고립된 채로 존재하지 않기 때문이야. 하지만 [각 주제가] 서로 분리되지 않고, 결코 쉽지는 않지만 형식적인 문제들이 모든 것을 제어하고 있지. 때론 이것이 날 낙담케 만들어. 가장 중요한 수많은 질문들이 풀리지 않은 채로 남아 있지. 이상과 내 능력 사이의 괴리가 너무나도 놀라울 정도로 크고, 계속 공부를 하면 할수록 이 괴리는 여전히 더 커지고 있어. 아무것도 말하지 않기로 바로 결정하거나, [아니면] 그냥 겸손히 거리를 유지하거나 할 뿐이야.[50]

취임 연설에 대한 소책자를 제외한 1883년 학기 동안의 바빙크의 저술은 소논문들과 「드 프레이 께르끄」의 서평들에 제한되어 있었다.[51] 그해 12월, 디르끄 도너는 「드 프레이 께르끄」의] 저널 편집부가 바뀐다는 공지를 「드 스탄다르트」에 실었다. 바빙크과 비렝아는 여전히 기고자 신분으로 「드 프레이 께르끄」

volksinstellingen en gebruiken," *De Indische Gids* 5, no. 2 (1883): 98-108; "Nogmaals 'De Islam en Oost-Indie' naar aanleiding van prof. De Louters brief," *De Indische Gids* 5, no. 2 (1883): 375-80; *De beteekenis van den islam voor zijne belijders in Oost-Indie* (Leiden: Brill, 1883).

50 Bavinck to Snouck Hurgronje, Kampen, October 23, 1883, in *ELV*. "Ik wenschte wel, dat ik ook eens aan 't schrijven kon gaan. Maar het is me nog onmogelijk. Ik moet me eerst in de vakken, die ik heb, goed inwerken. En dat kost tijd en studie. Bovenal is 't me in al die vakken zoo moeilijk, iets te zeggen, wijl niets op zichzelf staat, maar 't eene in onverbrekelijk verband staat met 't ander, en formele kwestien—aarlijk niet de gemakkelijkste—lles beheerschen. Dikwerf word ik er moedeloos onder. Zoovele vragen van 't hoogste gewicht blijven onopgelost. En de afstand tusschen 't ideaal en mijn krachten is zoo verbazend groot, en schijnt bij voortgezet studie nog grooter te worden. Men zou dan haast besluiten, om maar niets te zeggen en zich op een bescheiden afstand te houden."

51 Eric Bristley, *Guide to the Writings of Herman Bavinck* (Grand Rapids: Reformation Heritage Books, 2008), 44-47.

를 돕게 될 것이지만, 편집에 대한 그들의 책임 의무는 다른 사람에게 넘어가게 되었다.[52] 이 책임을 포기하는 결정을 했던 바빙크의 생각이 1884년 2월에 스눅 후르흐론여에게 보낸 편지 속에 드러난다. "난 내 교의학과 윤리학을 위한 자료를 수집하는 데 여전히 바빠. 즉 난 강의들 속에서 대부분 역사적 관점으로부터 이것들을 수집하고 있고, 역사적 사실 속에서, 명백하게도 특별히 개혁 교의학 속에서 나 자신과 내 학생들에게 방향을 맞추려 노력하고 있어. 한 사람의 고유한 생각을 세우기 전에 역사적 토대가 반드시 먼저 세워져야만 하잖아."[53] 이 편지의 말미에 기록된 특별히 중요한 한 문장은 개혁 교의학과 개혁 윤리학을 저술하려는 바빙크의 의도가 선명히 드러나는 통찰이 포함되어 있다. 네덜란드 신학계가 선호하는 저명한 학술지인 「떼올로히스 떼이뜨스크리프트」 (*Theologisch Tijdschrift*)를 통해 점점 더 많이 출판되는 학문적 신학의 종류를 "점점 더 이해하기 어렵다"라고 묘사하며, 바빙크는 "요즘에는 이 영역에서[학문적 신학 영역에서] 일종의 정지 현상이 관찰되며 길이 막혀 있기 때문에 앞으로 나아갈 수도, 훨씬 더 어렵기 때문에 뒤로 갈 수도 없는 상황처럼 보여"[54]라고 기록했다. "자연과 도덕 세계 속에서 일어나고 있는" (구체화되지 않은) "끔찍한 동향들"[55]의 관점 속에서, 바빙크는 현대 네덜란드 신학이 취하고 있는 "비

---

52 *De Standaard*, December 29, 1883.

53 Bavinck to Snouck Hurgronje, Kampen, February 11, 1884, in *ELV*. "Ik ben zelf maar steeds bezig aan het verzamelen van bouwstof voor eene eigen dogmatiek en ethiek. Dat wil zeggen, dat ik deze thans op de colleges voornamelijk van de historische zijde opvat, en mijzelf en mijne studenten vooral tracht te orienteeren in het historische gegeven, vooral natuurlijk in de gereformeerde dogmatiek. Een historische grondslag moet er eerste gelegd zijn, eer aan het optrekken van een eigen gebouw gedacht worden kan."

54 Bavinck to Snouck Hurgronje, Kampen, February 11, 1884, in *ELV*. "'t Komt me ook voor, dat er tegenwoordig op dat terrein ook eenige stilstand is waar te nemen, en dat men noch vooruit kan, wijl de weg almeer wordt afgesloten, noch terug, daar dit nog veel moeilijker valt."

55 비록 이 편지는 정확히 "끔찍한 동향들"이 무엇인지에 대해서 구체화하고 있지

평적 방향성"은 이 시대의 필요를 만족시키기에는 "너무 약하다"고 믿었다. 왕년의 신학으로 되돌아가기는 꺼리지만 미래를 위한 신학을 만들 능력도 만들 마음도 없는 가운데 스홀튼(Scholten)과 라우언호프(Rauwenhoff)와 같은 사람들은 멈춰 서버렸다.

물론 정통 칼빈주의를 향한 바빙크의 헌신 때문에 이런 비평은 가히 놀랍지 않다. 정통적 해결책은 지난 시대의 신학을 단순히 재진술하는 것이 아니라는 바빙크의 입장은 더욱 놀랍기만 하다. 『순수 신학 통론』(*Synopsis purioris theologiae*)에서 바빙크는 이미 17세기의 중요한 네덜란드 개혁신학 텍스트의 새로운 판을 출간했었다. 하지만 이 새로운 판에 대한 바빙크의 (라틴어) 서문은 비록 짧지만 눈에 띄는 문구로 마침표를 찍는다. "시간은 변한다."[56] 지난 세기 동안 『순수 신학 통론』의 모든 중요성에도 불구하고, 바빙크는 이 문구가 자신의 시대에서 마지막 문구가 될 것으로 생각하지 않았다. 개혁신학은 원상태로 회복되는 것보다 더 발전해야 했다. 새로운 시대에는 교의학과 윤리학에 대한 새로운 표현이 필요했다.

스홀튼과 라우언호프처럼 바빙크도 뒤로 물러서지 않았지만, 바빙크가 그렇게 했던 이유는 그들과는 달랐다. 바빙크의 이전 교수들은 계몽주의 이전의 신학에 대해 혁명적이면서 전면적으로 거부했으며, 명백하게 비합리적인 낡은

않지만, 바빙크는 이후에 『개혁 교의학』 3권에서 20세기를 향한 지속 가능한 신학을 만듦에 있어 19세기 리츨 신학의 실패에 대해 묘사하는 가운데 이와 비슷한, 그러나 구체적인 관찰을 제공하고 있다. "영적 빈곤은 물질적 진보와 더불어 증대되었다. 당시에 사람들은 문화의 한계에 다시금 눈을 떴으며, 이와 관련하여 사회의 악습, 교육과 양육의 결함, 지상 존재의 비참에 눈을 떴다." 헤르만 바빙크, 『개혁 교의학』, 박태현 옮김 (서울: 부흥과개혁사, 2011), 3:691[역자 주: 에글린턴은 『개혁 교의학』 영역본을 인용했다[*RD*, 3:555]].

56 Bavinck, preface to *Synopsis purioris theologiae*, vi. "Sed tempora mutantur." [역자 주: 에글린턴은 『순수 신학 통론』(*Synopsis purioris theologiae*)을 16세기(the sixteenth century) 작품으로 표기했는데 17세기 작품이 맞으므로 17세기로 수정해서 번역했다].

사고방식에 대한 날카로운 단절이었다. 과거에 의존하길 꺼려했던 바빙크는 과거를 향해 노골적으로 반대하지 않았다. 오히려 혁명보다 지속적인 개혁을 더 선호했다. 옛 칼빈주의는 19세기 후반의 갱신을 필요로 했다.

이런 이유로 자신의 옛 교수들과 달리 바빙크는 **자신이** 신학을 앞으로 이끌 수 있으리라 믿었고, 이런 믿음은 놀라울 정도로 명료하고 깊이가 있는 4권으로 구성된 자신의 대표작『개혁 교의학』과 개혁 윤리학의 미완성된 원고 저술로 바빙크를 이끌었다. 일단 1884년에『개혁 교의학』저술을 위한 자료들을 수집하기 시작했고, 이 신학적 체계의 건설은 다음 11년 동안의 바빙크의 작업에 점점 더 큰 그림자로 드리워졌다. 바빙크의『개혁 윤리학』원고에 대해서도 이와 비슷한 말을 할 수 있을 것이다. 하지만『개혁 윤리학』원고는 1902년 암스테르담 자유 대학교로 바빙크가 종국에는 옮겨간 이후 마치 사람들로 붐비는 화실 속의 미완성된 그림처럼 버려진 것처럼 보이며 불완전하게 존재하고 있는 것처럼 보인다. 이 이유에 대해서는 9장에서 다루게 될 것이다.

스눅 후르흐론여의 메카 여행

1884년 6월 바빙크는 스눅 후르흐론여의 유명하면서도 논란의 여지가 있었던 1년간의 아라비아 체류 전에 그에게 편지를 보냈다. 제다(Jeddah)의 네덜란드 영사관에서의 6개월 후, 스눅 후르흐론여는 이슬람식 이름 압둘 알-가파르('Abd al-Ghaffār)로 메카(Mecca)에서 5개월을 지냈고 자신의 대표작인 2권짜리 독일어로 된『메카』(Mekka) 저술을 위한 연구를 하면서 이슬람교의 가르침을 몸소 실천하는 사람으로 살았다.[57] 스눅 후르흐론여의 임박한 출발과 이 방

---

57 Christiaan Snouck Hurgronje, *Mekka*, 2 vols. (The Hague: Nijhoff, 1888-89); Snouck

문의 목적은(일반적으로는 이슬람교에 대한 학문적 연구와 구체적으로는 네덜란드령 동인도 지역의 이슬람 인구에 대한 연구) 이미 「알허메인 한덜스블라트」(*Algemeen Handelsblad*)에 공표되었고, 이 기사는 바빙크에게 편지를 쓰게끔 종용했다.

난 이것이[직접적인 만남이] 곧 이루어질 것에 대해 소망했었어. 난 7월 27일 주일에 델프트(Delft)에서 설교를 해야만 해서, 월요일에 너에게 방문하려고 했었어. 하지만 너의 여행 때문에 그렇게 되지는 못할 것 같아. 게다가 난 다음 목요일에 네덜란드 문학 협회 모임에 참석할 것에 대해 생각했었지만 그건 매우 힘들어. 난 상뜨삐 드 라 소세이(Chantepie de la Saussaye)의 신학에 대한 강연도 해야만 해서 그의 작품들에 빠져 있어. 아마도 이 강연은 소세이의 신학에 관한 소책자로 확장될 거야. ⋯ 넌 아마도 떠나기 전 내게 편지 쓸 시간이 없겠지. 나도 감히 그걸 부탁하진 않을게. 하지만 아라비아에서, 아니면 돌아온 후에라도 너한테서 뭐라도 들었으면 좋겠어. 난 진심으로 이 여행이 너와 너의 연구에 도움이 되었으면 좋겠어. 이뿐만 아니라 (「한덜스블라트」의 기사에서) 판 벰멀른(van Bemmelen) 씨가 최근 말한 이슬람에 대한 평가로부터 널 지키길 바라.[58]

Hurgronje, *Mekka in the Latter Part of the 19th Century—Daily Life, Customs and Learning: The Moslims of the East-Indian Archipelago*, ed. and trans. J. H. Monahan (Leiden: Brill, 2006).

58 Bavinck to Snouck Hurgronje, Kampen, June 16, 1884, in *ELV*. "Ik had gehoopt, dat dit binnenkort zou plaats hebben. Zondag 27 juli moet ik namelijk in Delft preeken en ik was voornemens, dan maandag u een bezoek te brengen. Door uwe reis vervalt dit. Ook had ik gedacht, a.s. donderdag de vergadering der Maatschappij van Nederlandsche Letterkunde bij te wonen. Maar ik kan 't zeer moeilijk doen. Ik moet een referaat leveren over de theologie van Chantepie de la Saussaye en ben dus met diens geschriften bezig. Waarschijnlijk dijt dit referaat uit tot een brochure over Saussaye's theologie. ⋯ Gij zult wel geen tijd hebben, me nog eens voor uw vertrek te schrijven. Ik durf 't ook niet vragen. Maar laat toch 't zij uit Arabie, 't zij na uw terugkeer weer eens iets van u hooren. Van harte wensch ik u eene voor uw studie

여기서 바빙크는 1874년부터 1880년까지 이집트인 입회 법정에서 일했고 한 달 전에 「알허메인 한덜스블라트」에 서평이 실린 『이집트와 유럽』[59]을 썼던 네덜란드 법학자 피떠 판 뱀멀른을 지칭하고 있다. 바빙크가 읽었던 "이슬람 옹호자"라는 제목의 글의 서평에 따르면, "판 뱀멀른 씨는 유럽에서 이슬람교를 제대로 잘 이해하지 못했다고 말했다. 그 이유는 불신자들만큼이나 정통과 현대 개신교도들의 잘못 때문이라고 믿었다. 이슬람교는 순수한 단일신교이다. … 그러므로 저자는 특별히 코란의 가르침으로 돌아가는 한 이슬람교가 종교들 가운데서도 매우 높은 위치를 차지한다고 생각했다. 저자는 [서로 간에] 신뢰를 얻고 이슬람교도들을 존중하기 위해 이슬람교의 미래를 믿고 있으며 기독교인들이 이슬람교를 존중해야 한다고 촉구한다."[60] 판 뱀멀른은 이슬람 문화를 비문명화된 문화로 생각하는 일반적인 유럽인들의 비판은(특별히 인권과 운명론적인 결정론에 대한 비판은) 이슬람교가 가진 진짜가 아닌 현상에 대해 다루고 있으며 이런 비판들은 코란으로 되돌아감을 통해 반박 가능하다는 것을 주장하기 위해 네덜란드로 되돌아왔다. 바빙크는 자신의 친구가 아라비아로부터 이와 비슷한 모습으로 돌아올까봐 걱정스러웠지만, 판 뱀멀른의 사역에 대한 스눅 후르흐론여의 최종적인 신랄한 비평은 바빙크의 걱정이 오해였

---

en leven voorspoedig reis toe. Maar tevens hoop ik dat ge bewaard blijft voor eene waardeering van den islam, als onlangs mr. Van Bemmelen (naar een bericht in 't *Handelsblad*) uitsprak."

59 Pieter van Bemmelen, *L'Egypte et l'Europe, par un ancien juge mixte* (Leiden: Brill, 1884).

60 "Een verdediger van den Islam," *Algemeen Handelsblad*, May 2, 1884. "De heer Van Bemmelen meent dat de Islam in Europa niet goed wordt begrepen, door de schuld zoowel van orthodoxe en moderne protestanten als van ongeloovigen. De Islam is het zuivere monotheisme. … De schrijver stelt dus den Islam zeer hoog onder de godsdiensten, vooral als men tot de leer van den Koran terugkeert; hij gelooft in de toekomst van den Islam en spoort de Christenen aan, hem te eerbiedigen, zijn vertrouwen te winnen en tevens de achting van de Muzelmannen."

음을 증명해주었다. 판 벰멀른은 스눅 후르흐론여에게 이슬람을 위한 그 어떤 칭송도 서양의 칭송 속에서 보다 더 풍성해졌다는 암시와 함께 이슬람 문화를 "문명화"시키기 위한 식민지적 충동을 대변했다.[61]

그 당시에는 기독교를 완전히 버리는 데까지 나아갔던 네덜란드 현대 신학의 옹호자들을 쉽게 찾아볼 수 있었다. (「자바-보더」Java-Bode의 편집자로 이전에 언급되었던) 레이든에서 교육받은 언론인 콘라트 부스끈 후트(Conrad Busken Huet)와 유명한 예술사학자 알라르트 피어손(Allard Pierson, 1831-96)[62]이야말로 이런 상황을 이끌었던 세간의 이목을 끄는 모범들이었다. 스눅 후르흐론여가 아라비아로 여행을 떠나기 직전 바빙크는 이에 대한 구체적인 우려를 친구에게서도 발견하는 가운데, 자기 친구가 피어손이나 부스끈 후트의 세속화된 후기 기독교가 아니라 이슬람교를 향해 걸어갈까 걱정했던 것처럼 보인다. 하지만 스눅 후르흐론여는 여행 기간 이슬람교 안팎을 스쳐 지나가듯 들락날락했으므로, 바빙크의 걱정은 적어도 이 시점에서만큼은 친구의 의도를 오해했던 것으로 볼 수 있다. 1880년대 초반 그들이 주고받았던 편지들은 바빙크와 그의 친구가 거대한 이야기와 통합된 세계관에 대한 탐구 안에서 함께 살았다는 것을 암시한다.[63] 이런 상황 가운데서도 자신의 친구가 기독교와 기독교적 세계관의 우월성을 저버리고 또 다른 "이슬람교 옹호자"가 되어 메카

---

61 Christiaan Snouck Hurgronje, *Verspreide geschriften* (Leipzig: Schroeder, 1923), 1:284, 2:393; cf. J. Brugman, "Snouck Hurgronje's Study of Islamic Law," in *Leiden Oriental Connections, 1850-1940*, ed. Willem Otterspeer (Leiden: Brill, 1989), 91-92.

62 Allard Pierson, *Dr. A. Pierson aan zijne laatste gemeente* (Arnhem: D. A. Thieme, 1865).

63 Willem Jan de Wit, *On the Way to the Living God* (Amsterdam: VU University Press, 2011), 26; F. H. von Meyenfeldt, "Prof. Dr. Herman Bavinck: 1854-954, 'Christus en de cultuur,'" *Polemios* 9, no. 21 (October 15, 1954): 109-12; Bremmer, *Herman Bavinck en zijn tijdgenoten*, 142.

로부터 돌아올 수도 있을 것이라는 두려움이 바빙크에게 싹텄다. 실제로 스눅 후르흐론여는 메카에 있을 때 이슬람교를 받아들였지만, 그는 일단 다르 알 이슬람(Dar al-Islam, "이슬람의 집")이 멀리 떨어져 있으면 이슬람교를 포기하는데 아무런 문제가 없었으며, 이슬람교를 종교로서 옹호하거나 혹은 비판하는데 큰 관심을 보이지 않았다.[64] 얀 유스트 비트만(Jan Just Witman)의 글은 스눅 후르흐론여의 세계관을 잘 지적하고 있으며 그 당시 바빙크를 피해간 것으로 보이는 것에 대해서도 지적하고 있다. "[스눅 후르흐론여는] 인간 이상주의에 대한 많은 존경 없이 종교적 행위 뒤에 숨겨져 있는 물질적인 동기들을 종종 감지하는 인간 본성에 대한 날카롭고 냉소적인 관찰자였다."[65]

그러나 당시 그들의 삶의 단계 속에서 바빙크가 메카에서의 친구의 행동을 예견하지 못한 것은 타당했다. 스눅 후르흐론여의 "표면상의 이슬람식 행동" 뒤에 존재했던 근거는 오직 그의 이후의 삶 속에서 보다 더 분명히 보여졌기 때문이다. 스눅 후르흐론여는 이후 자바(Java)에서 이슬람교도로 16년을 살았으며, 이슬람교도였던 아내들을 받아들였고, 아내 중 한 명이 13살이었을 때 결혼하기도 했으며, 많은 이슬람교 자녀들을 둔 아버지였다. 그러나 스눅 후르흐론여가 유럽을 떠나기 전, 바빙크는 '압둘 알가파르'(Abd al-Ghaffār)라는 이름을 가진 자신의 친구가 메카에서 젊은 에티오피아 여자 노예를 사서 함께 사는 하지(hajjim, 감수자 주: 이슬람 성지인 메카 순례를 성공적으로 마친 사람에게

---

64 Pieter Sjoerd van Koningsveld, "Conversion of European Intellectuals to Islam: The Case of Christiaan Snouck Hurgronje alias 'Abd al-Ghaffār,'" in *Muslims in Interwar Europe: A Transcultural Historical Perspective*, ed. Bekim Agai, Umar Ryad, and Mehdi Sajid (Leiden: Brill, 2016), 88-104.

65 Jan Just Witkam, "Christiaan Snouck Hurgronje's description of Mecca," in *Mekka in the Latter Part of the 19th Century-Daily Life, Customs and Learning: The Moslims of the East-Indian Archipelago*, by Christaan Snouck Hurgronje, ed. and trans. J. H. Monahan (Leiden: Brill, 2006), xv.

부친 존칭)라고 감히 상상할 만한 준거의 틀을 가지고 있지 않았다.[66]

바빙크의 일기는 스눅 후르흐론여가 제다(Jeddah)로 떠나기 전(7월 28일) 바빙크가 친구를 만나기 위해 레이든으로 갔다고 기록되어 있다. 하지만 그다음 편지들을 통해(1884년 8월 3일) 그를 방문하는 동안 바빙크가 자신의 세계관으로는 도저히 헤아리기 어려운 세계관을 가진 친구와 교감하기 힘들었다는 사실이 드러난다. 이상하게도 바빙크는 이런 이해력의 부족이 지적 열등감 탓이라고 여겼고, 이것은 결국 깜픈 신학교야말로 자신의 자질에 적합한 곳이라는 견해를 만들어냈다. 이 지점에서 레이든 대학교의 임명은 바빙크의 개인적 야망의 범주를 한참 뛰어넘는 것이었다. "난 좀 더 겸손한 일이 맡겨진 좀 더 겸손한 길이 가장 적합해. 어쩌면 난 거기에서[깜픈 신학교에서] 완전히 쓸모없는 일을 하고 있지는 않아. 더 고상한 소명이 내 능력 너머에 존재해. 난 이에 대한 확신을 항상 선명하게 가지고 있으므로 내 영역 내에서 매우 만족해."[67] 바빙크는 스눅 후르흐론여에게 보낸 그다음 편지에서도(1884년 12월 23일) 이와 비슷한 이해하기 어려운 정서를 내비쳤다. 그럼에도 불구하고 이런 특별한 교감은 친구로 남고 싶은 바람과 함께 마무리되었다. "우리는 서로에게 여전히 배울 수 있고 서로에게 도움이 될 수 있어. 그리고 정확히 난 마음이 맞는 사람들 속에서 항상 살고 있기 때문에, 여전히 친구 사이인 적수의 교정은 나에게 꼭 필요한 일이야."[68]

---

66 Van Koningsveld, "Conversion of European Intellectuals to Islam: The Case of Christiaan Snouck Hurgronje alias 'Abd al-Ghaffār," 100.

67 Bavinck to Snouck Hurgronje, Kampen, August 3, 1884, in *ELV*. "Bescheidener weg is ij aangewezen, nederiger werkkring toebetrouwd. Misschien dat ik daar niet geheel onnut erkzaam ben. Hooger roeping zou boven mijn krachten gaan; ik ben zelf daar steeds levendig an overtuigd en daarom in mijn kring zeer tevreden."

68 Bavinck to Snouck Hurgronje, Kampen, December 23, 1884, in *ELV*. "Maar daarom kunnen we nog wel van elkander leeren en elkaar nuttig zijn. En juist wijl ik thans altijd onder geestverwanten leef, is mij de controle van tegenstanders die tevens

이 시점에서 레이든을 향한 바빙크의 열등감에도 불구하고, 바빙크는 레이든 학파의 신학적 현대주의의 한계에 대해 통감하고 있었고, 이런 이유로 교의학과 윤리학 저술 준비를 시작할 수 있었다. 하지만 이런 초기 과정 가운데서 우리는 또 달리 발흥했던 학파, 즉 다니엘 상뜨삐 드 라 소세이(Daniël Chantepie de la Saussaye, 1818-74)와 바빙크 사이의 지속적인 교감을 찾을 수 있다. 레이우바르던, 레이든, 로테르담에서는 목회 사역을, 이후에는 흐로닝언 대학교에서 신학 교수 사역을 했던 레이든 졸업생 상뜨삐 드 라 소세이는 독일 중재 신학(*Vermittlungstheologie*)과 맞먹는 네덜란드 중재 신학을 이끌었다. 독일 중재 신학처럼, 상뜨삐 드 라 소세이의 운동은 학계의 학문적 신학과 그 신학을 탄생시킨 교회 사이의 긴장을 완화하려는 시도였다. 이런 맥락 속에서 이 긴장은 학문적 신학과 교회 사이의 균열을 창출했으며, 결국 학문적 신학과 교회 사이의 관계가 급속도로 소원해지고 말았다.

이에 대한 반응으로, 상뜨삐 드 라 소세이의 운동은 바빙크의 지도 교수였던 스홀튼과 신학자였지만 예술사학자가 된 알라르트 피어손을 향해 지속적인 비판을 가했다.[69] 현대 신학자들처럼, 그들의 윤리적 비평도 성경에 대한 역사 비평적 접근 방식을 수용했다. 그들 사이의 큰 차이점은 기독교의 미래적 전망에 대한 관점의 차이에 있었다. 스홀튼과 라우언호프는 기독교의 유통 기한은 기독교 교리가 틀렸음이 드러났기 때문에 그 근거부터 만료되었다고 믿었고, 기독교의 유일하고도 유용한 사회적 기여인 가난한 자들을 위한 구제 사역도

---

vrienden zijn soms te onmisbaarder."

69 Daniel Chantepie de la Saussaye, *Verzameld werk*, 3 vols. (Zoetermeer: Boekencentrum, 1997-2003).

세속 국가가 더 잘 제공할 수 있다고 생각했다.[70] 이와 대조적으로 윤리 신학자들은 현재를 위해 기독교 교리를 다시 분명히 표현하려는 건설적 노력을 만들어갔으며, 옛스러운 신학적 체계의 그리스도 중심적인 재구성과 더불어 특별히 도덕적 인간 주체 속의 하나님의 내재성을 다시 표현하려는 노력을 기울였다. (이런 측면에서 그들의 교리적 재구성은 19세기 초기 슐라이어마허와 20세기 중반의 칼 바르트 사이 어딘가에 위치한다).[71] 이 모든 것들을 통해 윤리 신학자들은 현대 학문의 진보의 빛 아래서 기독교 신학을 위한 미래를 창출하려 노력했다.

바빙크는 1884년 6월 6일 스눅 후르흐론여에게 보낸 편지에서 그해 여름 우트레흐트에서 열릴 목회자 컨퍼런스 때 발표할 소논문을 준비하기 위해 상뜨삐 드 라 소세이와 씨름하고 있다는 사실을 언급했다.[72] 하지만 바빙크에게는 실망스럽게도 그 소논문은 어떤 토론도 만들어내지 못했다.[73] 앞에서 언급했던 편지에서 드러난 것처럼, 이 소논문은 『다니엘 상뜨삐 드 라 소세이 교수의 신학: 윤리 신학의 인식에의 기여』(*De theologie van prof. dr. Daniel Chantepie de la Saussaye: Bijdrage tot de kennis der ethische theologie*, 1884)라는 짧은 책으로 발전되었다.[74] 비록 이 책은 바빙크의 분리 측 지지층에게 "그의 신학은 우리

---

70 예를 들면 Lodewijk Rauwenhoff, quoted in John Halsey Wood, "Church, Sacrament and Civil Society: Abraham Kuyper's Early Baptismal Theology," *Journal of Reformed Theology* 2, no. 3 (2008): 279.

71 Tjerk de Reus, "Op het kompas van De la Saussaye," *Friesch Dagblad*, October 25, 2003.

72 Bavinck to Snouck Hurgronje, Kampen, June 6, 1884, in *ELV*.

73 "Van 1879 tot 1886." "1 juli … Ik las referaat voor over Saussaye's Theol. waar geen discussie uit ontstond."

74 Herman Bavinck, *De theologie van prof. dr. Daniel Chantepie de la Saussaye: Bijdrage tot de kennis der ethische theologie* (Leiden: D. Donner, 1884).

의 신학이 될 수 없다"[75]라고 말하며, 다니엘 상뜨삐 드 라 소세이와 그의 학파를 향해 궁극적인 비판을 가하는 책이었지만, 이 책의 대부분의 내용은 그의 관점에 관한 흔한 오해들을 교정하면서 상뜨삐 드 라 소세이의 작품들을 요약하는 것이었다.

경쟁 관계에 있는 신학 전통과 처음으로 지속적으로 맺은 비평적 교감들 가운데서, 이 책은 바빙크의 후기 작품들 전반에 걸쳐 발견되는 평화주의와 비평이 섞여 있는 형태의 짧은 결론으로 끝을 맺는다. 바빙크는 상뜨삐 드 라 소세이가 "이 세기의 탁월한 신학자들 중 한 명"이며, 신학적 자유주의를 향해 "그리스도의 이름을 부끄럽게 하지 않은 채" 저항했던 인물이라고 주장했다. 그럼에도 불구하고 바빙크는 그의 작품들이 제공하는 대안들이 신학적으로 실행 불가능한 대안이라고 비판했다. 바빙크는 상뜨삐 드 라 소세이의 주된 목표, 즉 교회와 신학적 학문 사이에 존재하는 시대의 긴장을 화해시키려는 목표를 고귀한 목표라고 감사한 마음과 더불어 인식했다. 하지만 바빙크는 그의 성경론과 (하나님의 초월성을 희생시키는 가운데 존재하는) 하나님의 내재성을 향한 지나친 강조가 결국 **모든** 신학적 긴장들, 심지어는 "아타나시우스와 아리우스, 아우구스티누스와 펠라기우스" 사이를 화해시키려는 결과를 낳을 수 있다고 주장했다.[76] 요약하자면, 바빙크는 윤리 학파가 그린 미래의 과정은 기독교 신학이 현대 학문이 제공하는 권위적인 지도력을 충분히 따라잡을 만큼 유연한 내용을 가진 느슨한 훈련 정도로 재창조되는 것이라고 주장했다.[77] 바빙크에게 이런 미래는 결코 미래가 아니었다. 이런 신학은 독창적인 기독교의 신학이 아

---

75 Bavinck, *De theologie van prof. dr. Daniel Chantepie de la Saussaye*, 95. "Zijne theologie kan de onze niet zijn."

76 Bavinck, *De theologie van prof. dr. Daniel Chantepie de la Saussaye*, 91.

77 상뜨삐 드 라 소세이에 대한 바빙크의 관점은 다음을 참조하라. Bremmer, *Bavinck als dogmaticus*, 65-72.

니었다.

　앞에서 지적했다시피, 상뜨삐 드 라 소세이와 바빙크 사이의 첫 교감에 대한 노력들은 정통 개혁파 목회자들로부터 어떤 반응도 이끌어내지 못했다. 하지만 바빙크의 짧은 비평에 대한 출판물은 윤리 신학자들을 언짢게 만드는 데는 성공했다. 1884년 이래로 바빙크는 암스테르담 대학교의 교회학 교수였던 요한네스 헤르마누스 휜닝 2세(Johannes Hermanus Gunning Jr., 1829-1905)와 「드 프레이 께르끄」에서 활발한 논쟁을 펼쳤다.[78] 상뜨삐 드 라 소세이의 새로운 시대를 위해 새롭게 활성화된 신학의 핵심 지지자였던 휜닝 2세는 이미 몇 년 동안 카이퍼와 꽤 전투적인 논쟁을 지속해왔다. 하지만 이 시점에서 바빙크와 휜닝 2세 사이에서 우애 깊고 따뜻한 논조 가운데 의미 있는 우정을 창출해내는 교전이 일어났다.

　이 관계성의 초기 단계 속에서는 바빙크나 윤리 신학자들이나 레이든 학파가 가진 부적절성에 대해 공통으로 인지하고 있었다. 하지만 그들은 서로 다른 대안들로 이 문제를 해결하려 노력했다. 분명하게도, 윤리 학파와 바빙크의 칼빈주의 사이에는 공통점이 많았다. 완고한 물질주의를 선호하며 초자연주의를 거부했던 현대 신학자들과 다르게, 바빙크와 휜닝 2세는 실재야말로 형이상학을 필요로 한다고 주장했으며, 스홀튼과 그의 학파를 통해 발전된 교리는 수용할 수 없는 수정주의라고 여겼다. 비록 바빙크와 휜닝 2세가 서로 다른 학파에 속해 있다는 것이 어쩌면 정식 교육을 받지 않은 사람들 눈에는 불분명하게 보일 수도 있겠지만, 이 둘에게는 그리 낯설지 않았다. 이 지점에서 바빙크는 마

78　J. H. Gunning Jr., "Aan Prof. Dr. H. Bavinck," *De Vrije Kerk* 10, no. 5 (1884): 212-20; Herman Bavinck, "Antwoord aan Prof. Dr. J. H. Gunning Jr.," *De Vrije Kerk* 10, no. 5 (1884): 221-27; Gunning, "Aan Prof. Dr. H. Bavinck," *De Vrije Kerk* 10, no. 6 (1884): 277-86; Bavinck, "Antwoord aan Prof. Dr. J. H. Gunning Jr.," *De Vrije Kerk* 10, no. 6 (1884): 287-92; Gunning, "Aan Prof. Dr. H. Bavinck," *De Vrije Kerk* 10, no. 7 (1884): 314-19.

음속으로 "신학의 원리, 자료, 그리고 방식"의 다름이 미묘하긴 하지만 매우 중대한 다름이라고 믿었다. 그 이유는 "원리들은 이 원리들을 붙잡고 있는 사람들보다 더 장엄하기 때문에" 바빙크는 휜닝 2세에게 "여전히 일치하는 신앙고백의 많은 지점에서도 심지어 이 차이점이 커지면 커질수록 더 큰 위험이 존재한다"[79]고 언질했다.

바빙크는 그 당시 윤리 신학자들이 취했던 교리적 위치들 때문에 물러났다기보다는 오히려 그들의 관점들이 도달했던 종국적 결론 때문에 그들과는 함께할 수 없는 자신을 발견했다. 휜닝 2세는 아리우스와 아타나시우스 혹은 아우구스티누스와 펠라기우스 사이의 차이점을 상대화시키지 않았으므로, 바빙크는 그의 신학적 후예들도 결국에는 그렇게 되리라 믿었다. 이런 이유로 이와 같은 특별한 교감은 바빙크를 카이퍼의 궤도로 더 많이 밀어냈다.

자신의 책에 대한 휜닝 2세의 반응[80]에 대해 스눅 후르흐론여에게 편지로 말하면서(1884년 12월 23일), 바빙크는 카이퍼와 더 가까워질수록 기독개혁교회 속에서 외로움을 느낀다는 감정을 솔직히 인정하는 가운데 날이 갈수록 늘어만 가는 카이퍼의 신학적 매력에 대해 논의했다. 이 지점에서 윤리 학파를 향해 바빙크는 윤리 학파가 하려 했던 기독교와 현대 문화 사이의 중재가 기독교가 현대 문화에 굴복하면서 실패해버렸다고 비판했다. 윤리 신학자들은 현대에서 미래의 기독교가 반드시 **현대화해야만 한다고** 주장했다. 하지만 바빙크

---

79 Bavinck, "Antwoord aan Prof. Dr. J. H. Gunning Jr.," *De Vrije Kerk* 10, no. 6 (1884): 292. "Want juist omdat het verschil tusschen Ethischen en Gereformeerden loopt over het beginsel der Theologie, over de kenbron en de methode, bestaat er groot gevaar, dat het verschil steeds grooter zal worden, ook in menig punt der belijdenis, waarin nu nog eenstemmigheid is. De beginselen zijn machtiger dan hunne menschelijke dragers."

80 J. H. Gunning Jr., *Jezus Christus de middelaar Gods en der menschen: Naar aanleiding van dr. H. Bavinck, De theologie enz. door J.H. Gunning jr.* (Amsterdam: Hoveker & Zoon, 1884).

는 본능적으로 이 주장을 뒤집어 생각했다. 오히려 바빙크는 미래에는 현대 문화가 반드시 **기독교화 되어야만 한다고** 생각했다. 바빙크는 서양 문화야말로 기독교 세계관 없이 생존하기에는 지나칠 정도로 깊숙이 기독교 세계관에 뿌리내리고 있다고 생각했다. 바빙크는 종국의 탈기독교 종말로부터 서양 문화를 구하려면 현대인들이 삶의 모든 영역에서 그리스도의 주되심을 반드시 품어야 한다고 주장했다. 그 시대에서 바빙크는 더욱 카이퍼스럽게 목소리를 내기 시작했다. "나는 모든 인간 생활에, 이것을 허용하는 모든 영역 속에서 이것을 적용하고 싶어. 이 지점이야말로 기독개혁교회의 많은 것들과 내가 정확히 다른 지점이야. … 난 깜픈 신학교에 불리한 것들을 보길 시작했어. 기독교 대학은 내 이상이었어. 그리고 카이퍼 박사를 많이 반대함에도 불구하고 난 그의 위대한 설립이[자유 대학교개 복 받고 성공하길 바라.'⁸¹ 바빙크가 자신의 신학교 환경에 의해 지적으로 제한 받고 있다고 느꼈던 부분이야말로 눈에 띄는 대목이다. 불과 몇 달 전만 하더라도 바빙크는 스눅 후르흐론여에게 신학교야말로 자기 삶의 (행복한) 터전이라고 말했었다. 이런 시각에서 볼 때, 신칼빈주의적 바빙크의 종국적 출현은 윤리 학파에 큰 빚을 진 것으로 볼 수 있다. 윤리 신학자들은 바빙크와 그의 신칼빈주의적 계획 가운데 일평생의 비평적 대화 상대가 되었고, 바빙크를 카이퍼의 계획에 공감하게끔 만들었을 뿐만 아니라, 특이한 방식으로 종국에 바빙크가 자유 대학교로 움직이는데 부분적인 역할을 감당했다.⁸²

---

81 Bavinck to Snouck Hurgronje, Kampen, December 23, 1884, in *ELV*. "Maar dit wensch ik toe te passen op heel 't menschelijk leven, in al de breedte die het toelaat. En juist dat is het, waarin ik van velen in de Christelijke Gereformeerde Kerk verschil. … Ik begin al het nadeelige in te zien van een seminarie en dan nog wel in Kampen. Eene christelijke universiteit zou mijn ideaal zijn; en hoezeer ik in dr. Kuyper veel afkeur, aan zijne grootsche stichting wensch ik zegen en welvaart."

82 Bremmer, *Bavinck als dogmaticus*, 72-114.

물론 바빙크와 휜닝 2세 사이에 벌어졌던 공개적인 논쟁 배경 속에서 우리는 공개된 개인적 교전도 발견할 수 있다. 1885년 봄, 수족관 구경과 기독교 청소년 협회를 위해 "비극의 의미"에 대한 강의를 하러 암스테르담에 갔을 때, 바빙크는 자신의 교전 상대였던 휜닝 2세를 개인적으로 방문했다.[83] 1888년, 휜닝 2세가 다른 일로 깜픈에 왔을 때, 그는 바빙크의 오전 강의에 참석하기 위해 [깜픈] 신학교를 방문했다. 하지만 바빙크는 자신의 친구를 단순한 청중 정도로 반기지 않았다. 오히려 바빙크는 자신의 학생들에게 "우리는 우리 가운데 암스테르담의 휜닝 교수를 맞을 드문 특권을 갖게 되었습니다. 이 시간에 휜닝 교수께서 내 자리를 맡아 주실 것인지 저는 감히 대단히 존경받는 형제께 여쭙고 싶습니다."[84] 휜닝 2세는 기쁨으로 그렇게 했다.

아멜리아와의 마지막 만남

아멜리아에 대한 바빙크의 마지막 언급이 1885년 8월 일기에 등장한다. 네덜란드 남부 지역에서 순회 설교했던 때와 드 부어 씨(Monsieur de Boer, 하설만 학교에서의 바빙크의 예전 교사)와 함께 벨기에로 휴가 갔던 시기 사이 바빙크는 니우언데이끄(Nieuwendijk)에 멈춰 섰다. "8월 6일. 오후 아멜리아와 단둘이 만나 얘기를 나눴다. 아리 덴 데꺼는 판 호르(van Goor) 목사님과 함께 띨부르흐

---

83 "Van 1879 tot 1886." "21 Maart. Visite gemaakt bij Prof Gunning."

84 Harinck and Berkelaar, *Domineesfabriek: Geschiedenis van de Theologische Universiteit Kampen* (Amsterdam: Prometheus, 2018), 101. "Mijne heeren, wij hebben het zeldzame voorrecht, prof. Gunning van Amsterdam in ons midden te hebben en ik waag dien hoogvereerden broeder te vragen, of hij mijne plaats wil innemen."

(Tilburg)에 가셨다.'[85] 13년 전 아멜리아에 대해 처음 일기를 썼던 이래로 대단한 일이 벌어진 것이다. 아멜리아에 푹 빠져 서툴게 시를 썼던("읽으세요—아래로—그리고—위로—보게—될거에요—당신은 …") 젊은 시인이 사랑 게임에는 별 소질 없는 세심하고도 존경받는 학자로 바뀌게 된 것이다. 헤르만과 아멜리아 사이의 마지막 만남은 그녀의 아버지가 그날 출타했었기 때문에 비로소 가능한 만남이었다. (현존하는 자료가 말해주는 한) 이후에 바빙크는 아멜리아에 대해 아무 말도 쓰지 않았고, 그녀의 교회에서도 설교하지 않았다. 아멜리아는 바빙크보다 12년 더 살았고, 결혼하지 않은 채 그녀의 나이 84세가 되던 1933년 유명을 달리할 때까지 알름께르끄에서 살았다.

메카로부터 돌아온 스눅 후르흐론여

1885년이 마무리되던 시기 제다의 프랑스 부영사와 정치적 논쟁을 벌인 이후 스눅 후르흐론여는 메카를 떠나 집으로 돌아왔다. 그의 이야기는 언론의 주목을 상당량 이끌어냈으며, 「니우브 로테르담스 쿠란트」(*Nieuwe Rotterdamsche Courant*)는 그의 메카 순례를 공론화할 기회를 제공했다.[86] 비이슬람교도들에게는 잊혀진 도시였던 메카에 들어가 그곳에서 여러 달을 머물렀던 친구의 성공기를 읽으며 바빙크는 친구의 위업에 대해 (순진한) 놀라움을 표현하는 글을 썼다. 바빙크는 자신의 친구가 메카에 들어가 머물기 위해 이슬람교를 일시적으로 수용했다고 생각한 것 같지는 않다. 결국 스눅 후르흐론여는 현재 네덜란

---

85 "Van 1879 tot 1886." "6 aug.'s Middags Am. alleen ontmoet en gesproken. A.d.D was met Ds. van Goor naar Tilburg."

86 Christiaan Snouck Hurgronje, "Mijne reis naar Arabie," *Nieuwe Rotterdamsche Courant*, November 26 and 27, 1885.

드로 돌아왔으며, 자신을 이슬람교도로 규정하지도 않았고, 아랍 이름을 사용하지도 않았으며, 서양식 복장을 착용하며 살았다. 바빙크의 착각 속에서는 이런 상황이야말로 자신의 친구가 이슬람교의 매력에 영향받지 않았다는 것을 스스로 증명했다는 분명한 의미였다. (그럼에도 불구하고 스눅 후르흐론여는 이슬람교도만 들어갈 수 있는 메카에 들어갔다).

왜 바빙크는 이런 특수한 상황을 지나치게 오해했던 것일까? 바빙크에게 종교란 신자들의 삶 속에 독특한 힘을 가지는 것이었다. 종교가 가지고 있는 거대한 이야기 속에서, 각각의 종교는 종교를 받아들이는 사람들의 삶 속에 기록되는 독보적인 중력을 행사한다. 스눅 후르흐론여의 관점 속에서의 종교는 앞에서 언급했다시피 필요할 때마다 입고 벗는 옷과 같은 것이었다. 이를 인식하지 못했던 바빙크는 다음과 같이 편지를 썼다. "어쨌든 행복하게도 너의 여행이 완전히 실패하지 않았고, 심지어 넌 메카에 얼마 정도 머물 수 있게 되었어. 특별히 난 이 사실에 놀랐어. 네가 떠나기 전 내가 너와 함께 했을 때, [이슬람교] 불신자들은 메카에 들어갈 수 없다고 내게 말했잖아. 난 지금 네가 어떻게 그 거룩한 도시에 들어갈 수 있었는지에 대해 엄청 궁금해."[87] 이 지점에서 바빙크는 자신의 친구가 종교를 무력하게 보고 있다는 사실을 아직 깨닫지 못했고, 이런 간과는 친구가 이슬람교에 대해 새로운 책을 출간하고 이에 대해 바빙크가 반응할 때,[88] 동시에 "이슬람교 옹호자"였던 삐떠 판 뵘멀른(Pieter van

---

87 Bavinck to Snouck Hurgronje, Kampen, December 9 1885, in *ELV*. "Gelukkig dat in elk geval uw reis niet geheel mislukt is en dat gij zelfs eenigen tijd in Mekka hebt kunnen doorbrengen. Vooral dit heeft mij sterk verbaasd. Toen ik voor uw vertrek bij u was, zeidet ge me, dat Mekka niet mocht betreden worden door ongeloovigen; te nieuwsgieriger ben ik nu om te weten, hoe het u gelukt is de heilige stad binnen te dringen."

88 Bavinck to Snouck Hurgronje, Kampen, January 12, 1886, in *ELV*; Bavinck to Snouck Hurgronje, Kampen, May 7, 1886, in *ELV*; Christiaan Snouck Hurgronje, "Der Mahdi," *Revue Coloniale Internationale* 1 (1886): 25-59; Snouck Hurgronje, "Mohammedaansch recht en rechtwetenschap: Opmerkingen naar aanleiding van

Bemmelen)에 대한 친구의 관점에 대해 논의할 때야 비로소 교정되었다.[89] 종교의 힘에 대해 생각하지 못했던 스눅 후르흐론여에 대한 바빙크의 이해는 친구의 신념, 즉 이슬람교 신앙은 세속화의 힘과 어울릴 수 없다는 신념에 바빙크가 도전했던 자신의 삶의 후반기에 가서야 비로소 절정에 이르게 되었다.[90] 시간이 흐르면서 종교에 대한 바빙크의 고등 관점은 친구의 편의상의 회심에 대해 의식하지 못하는 상태로 그를 놔두었다. 바빙크는 자신의 친구를 오직 크리스티안 스눅 후르흐론여로만 알았다. 이와 마찬가지로 메카에서 150 마리아 테레사 은화로 구매한 에디오피아 노예 소녀와 수개월 가량 메카에 두고 온 것들은 오직 스눅 후르흐론여를 압둘 알가파르로 드러낼 뿐이었다.[91] 실제로는 그들이 생각했던 것만큼 스눅 후르흐론여를 잘 알지 못했던 것처럼 보인다.

국가적인 극적 사건과 국제적 접촉

1885년이 마무리를 향해 달려가면서 네덜란드, 네덜란드 문화, 심지어는 네덜

twee onlangs verschenen brochures," *De Indische Gids* 8, no. 1 (1886): 90-111; Snouck Hurgronje, "De islam," *De Gids* 50, no. 2 (1886): 239-73.

89 Bavinck to Snouck Hurgronje, Kampen, January 1, 1887, in *ELV*.

90 Bavinck to Snouck Hurgronje, Amsterdam, May 16, 1915, in *ELV*. 보다 더 최근의 학문의 장에서 조슈아 랄스턴(Joshua Ralston)은 다양한 개혁파 교의학자들의 작품들 속에 나타난 이슬람교를 향한 미묘한 교감들의 정도를 분석했다. 주로 튜레틴, 슐라이어마허, 바빙크를 살피면서 랄스턴은 "바빙크는 이슬람교에 대해 큰 관심과 이슬람교 사상과 실천 속에 존재하는 내적 논쟁들과 전통들의 외견상의 관심(하지만 초기적인 관심)을 보여주고 있다"라고 기록했다. Joshua Ralston, "Islam as Christian Trope: The Place and Function of Islam in Reformed Dogmatic Theology," *Muslim World* 107, no. 4 (October 2017): 754-76.

91 Jan Just Witkam, "Copy on Demand: AbūŠbbā in Mecca, 1303/1886," in *The Trade in Papers Marked with Non-Latin Characters*, ed. Anne Regourd (Leiden: Brill, 2018), 223.

란드의 저명한 학교에 대한 바빙크의 관점이 꽤 우울하게 바뀌게 되었다. 유럽인들의 이런 감상적인 염세 감정(Weltschmerz)은 이국적이며 보다 더 흥미진진한 동떨어진 나라로부터 돌아온 스눅 후르흐론여로부터 의심할 필요 없이 형성되었다. 바빙크는 다음과 같이 기록했다. "우리는 학문의 영역을 포함한 모든 영역에서 불안의 시간 속에서 살아가.'[92] 이런 관점에서 바빙크의 생각은 그 당시의 전형적인 생각이었다. 바빙크도 자기 세대의 젊은 유럽인들처럼 염세적 세기병(mal du siècle)을 예민하게 느끼고 있었다.

이런 일반적인 둔한 감정에도 불구하고, 1880년대 중반 네덜란드 국가 개혁교회(Nederlands Hervormde Kerk) 역사는 조금도 과장 없이 격동의 역사 그 자체였다. 1885년, 카이퍼는 교단 내에서 이교적 신학에 대한 관용에 공식적으로 불만을 토로했던 운동을 암스테르담 지역을 중심으로 이끌었다. 이 영역들 속에서 교회 회원권을 위한 조건으로 개혁파 신앙 고백들을 엄밀하게 지키려는 새로운 주장이 발흥되었고, 이 새로운 주장은 그해 12월 카이퍼를 포함한 문제 인사들에 대한 정직처분을 교회로부터 이끌었다. 이런 정직처분이 내려진 직후, 카이퍼에 공감하는 교회들이 (교회적인 인정을 공식적으로 받지 못했던 교육 기관이었던) 자유 대학교에서 훈련받은 안수 목회자들을 통해 반응을 보였다. 1886년 7월, 카이퍼는 자신의 교회적 직분을 박탈당했고, 그는 항의를 위해 암스테르담의 역사적인 니우브 께르끄(Nieuwe Kerk)를 차지했다.

이런 갈등으로부터(돌레안치[Doleantie, "애통하다"의 라틴어 dolere로부터 유래], 새로운 교단, 즉 네덜란드 개혁교회(애통측)(Nederduitse Gereformeerde Kerk[Dolerende])가 발흥하게 되었다. 불안의 시간이 급작스럽게 극적인 드라마의 시간으로 길을 터주었다. 2년 동안, 약 200여개의 교회와

---

92 Bavinck to Snouck Hurgronje, Kampen, December 9, 1885, in *ELV*. "Wel komt het voor, dat we op elk terrein, ook op wetenschappelijk gebied, leven in een tijd van malaise."

76명의 목회자들이 대략 181,000명의 성도와 더불어 모(母)교회를 나와 카이퍼를 따르게 되었다.

1886년 교회적 지진의 국가적 충격에도 불구하고 바빙크의 즉각적인 집중은 그의 성장하고 있는 국제적 접촉들에 대부분 미치게 되었다. 바빙크는 1886년 7월 공개적으로 열렸던 신학교 시험에 북해(the North Sea) 다른 지역의 수많은 개혁파 신학자들과 교제하라고 바빙크를 격려했던 스코틀랜드의 자유교회 목사 제임스 헌터(James Hunter)의 참석을 일기에 기록하고 있다. (영특한 기독교 사회적 비전 제시가인 토마스 찰머스[Thomas Chalmers]에 의해,[93] 스코틀랜드의 자유교회는 기독개혁교회가 네덜란드 개혁교회로부터 쪼개진 9년 후인 1843년 스코틀랜드 교회로부터 분리 독립했다. 이 각각의 분리가 가진 역사적 근접성 때문에, 찰머스와 드 콕의 교회는 서로에게 큰 관심을 가지고 있었다).

> 7월 14일. 이날 시험에 (글래스고와 에든버러 사이의) 폴커크(Falkirk), 로리스톤(Laurieston) 목사관, 제임스 헌터 목사께서 참석하셨다. 헌터 목사님께서 나에게 아래의 주소들을 주셨다.

존 레이드로 목사 (John Laidlaw)	명예 신학박사 조직신학 교수	자유교회 대학	에든버러
살몬드 목사 (Salmond)	명예 신학박사 조직신학 교수	자유교회 대학	아버딘
캔들리취 목사 (Candlich) [원문 그대로]	명예 신학박사 조직신학 교수	자유교회 대학	글래스
윌리엄 비니 목사 (Wm. Binnie)	명예 신학박사 교회사 교수	자유교회 대학	아버딘

94

---

93 Stewart J. Brown, *Thomas Chalmers and the Godly Commonwealth in Scotland* (Oxford: Oxford University Press, 1983).

94 "Van 1879 tot 1886." "14 juli. 't Examen wordt dezen dag bijgewoond door Rev.

비록 이 특별한 계획이 성사되지는 못했지만, 바빙크는 학생 초기 시절에 스코틀랜드 자유교회의 갓 시작한 기독교 대학을 보기 위해 에든버러를 방문할 계획을 세웠었다. 바빙크의 삶 속에서 이때는 에든버러에 근거한 자유교회 대학이 시작점이었던 신학 분과보다 더 성장하지 못했을 때였다.[95] 하지만 이때는 스코틀랜드 고유의 분리 신학자들과 스코틀랜드의 아주 오래된 대학들 사이의 통합이 늘어갔던 시기였다. 제임스 스미스 캔들리쉬(James Smith Candlish, 1835-97)는 1874년에 글래스고 대학교에서 명예 신학박사학위(DD)를 수여 받았다.[96] (그의 아버지였던 로버트 스미스 캔들리쉬[Robert Smith Candlish]는 일찍이 1865년 에든버러 대학교에서 명예 신학박사학위를 수여 받았다). 바빙크의 목록에 있는 자유교회 신학자들의 나머지 중 스튜어트 살몬

James Hunter … Laurieston Manse, (te) Falkirk (tusschen Glasgow en Edinburgh). Deze gaf mij volgende adressen:

    Rev. John Laidlaw DD prof. of Syst. Theol., Free Church College Edinburgh.

    Rev. Salmond DD   id.   id.   in Aberdeen.

    Rev. Candlich [sic] DD   id.   id.   in Glasgow.

    Rev. Wm. Binnie DD Prof of Church History, Free Church College, in Aberdeen."

95 Stewart J. Brown, "The Disruption and the Dream: The Making of New College 1843- 1861," in *Disruption to Diversity: Edinburgh Divinity 1846-1996*, ed. David F. Wright and Gary D. Badcock (Edinburgh: T&T Clark, 1996), 29.

96 David Wright, introduction to *Disruption to Diversity: Edinburgh Divinity 1846-1996*, ed. David Wright and Gary D. Badcock (Edinburgh: T&T Clark, 1996), x. [역자 주: 원래의 문장은 다음과 같다. "Robert Smith Candlish (1806-73) had been awarded an honorary doctorate of divinity (DD) by the University of Edinburgh in 1865. (Oddly, however, Candlish had been dead for thirteen years before Hunter's visit to Kampen, and he had worked in Edinburgh rather than Glasgow)"[로버트 스미스 캔들리시(Robert Smith Candlish, 1806-73)는 1865년에 에든버러 대학교에서 명예 신학박사학위(DD)를 수여 받았다(하지만 이상하게도 캔들리쉬는 헌터가 깜픈에 방문하기 13년 전에 죽었고, 그는 글래스고가 아닌 에든버러에서 사역했다)]. 하지만 에글린턴이 개인적으로 "James Smith Candlish (1835-97) had been awarded an honorary doctorate of divinity (DD) by the University of Glasgow in 1874. (His father, Robert Smith Candlish had earlier been awarded an honorary doctorate of divinity by the University of Edinburgh in 1865)"으로 변경해달라는 연락이 와서 저자의 요청대로 번역을 수정했다].

드(Stewart Salmond, 1838-1905)는 아버딘 대학교와 아버딘 자유교회 대학에서 가르치기 전 아버딘의 자유교회 대학과 독일의 에를랑겐(Erlangen) 대학 둘 다에서 공부했다.[97] 존 레이드로(John Laidlaw, 1832-1906)는 에든버러의 자유교회 대학과 하이델베르크 대학에서 공부했으며, 1880년에 에든버러의 자유교회 대학에서 조직신학 교수로 재직 중 에든버러 대학에서 명예 신학박사학위(DD)를 수여 받았다. 윌리엄 비니(William Binnie, 1823-86)는 1866년에 글래스고 대학교에서 같은 학위를 수여 받았다. 이 스코틀랜드 분리 측 신학자들이 바빙크에게 관심을 가졌던 것은 전혀 놀라운 일이 아니었다. 그들은 그들의 자유교회, 자유교회의 신학 기관, 위에서 언급했던 스코틀랜드와 독일 대학들 사이에서 쉽게 움직일 수 있었고, 심지어 주류 학계로부터 상도 받았다. 스코틀랜드 분리 운동의 아들들은 분리로부터 통합으로의 길을 잘 걸어갔다.

하지만 헌터 목사의 방문 직전 바빙크는 또 다른 해외여행 계획을 가지고 있었다. "7월 8일. 현재 게르할더스 보스(Geerhardus Vos)가 있는 베를린(Berlin)에 갈 계획을 세움."[98] 게르할더스 보스(Geerhardus Vos, 1862-1949)는 바빙크와 비슷한 옛스러운 관점을 가졌던 분리 측 이민자였다. 실제로 보스와 바빙크 가족은 서로 공유하고 있는 특이한 이력을 가지고 있었다.[99] 둘 다 자신들의 뿌리를 벤트하임(Bentheim)의 복음주의 옛 개혁파 교회(Evangelisch-altreformierte Kirche)에서 찾았다. 이 밖에도 헤르만과 게르할더스는 둘 다

---

97 Alexander Balmain Bruce, "The Rev. Professor Stewart F. Salmond, DD, Free Church College, Aberdeen," *Biblical World* 8, no. 5 (1896): 347-53.

98 "Van 1879 tot 1886." "8 Juli. Plan gevormd naar Berlijn te gaan, waar thans Geerh. Vos is."

99 하링크는 바빙크와 보스가 친척 관계라는 1829년 「드 바자윈」 속의 주장을 유용하게 교정했다. 하링크는 이는 잘못된 정보지만, 그럼에도 불구하고 "얼마나 그 둘 사이가 가까웠는지에 대한 강조"로 이해할 필요가 있다고 주장했다. George Harinck, "Herman Bavinck and Geerhardus Vos," *Calvin Theological Journal* 45, no. 1 (2010): 20n8.

윌슨(Uelsen)에서 목회하기 위해 독일로 돌아가기 전 호허페인(Hoogeveen)에서 교육 받았고 나중에 네덜란드의 기독개혁교회로 옮겨갔던 옛 개혁파 목회자들의 아들들이었다.[100] 게르할더스의 아버지 얀 헨드릭 보스 목사는 자기 아들의 교육에 굉장한 열성을 내었고, 암스테르담의 지방 김나지움에 아들을 등록시키기 전 프랑스어 학교에 먼저 보냈다. 하지만 바빙크 가정과는 다르게 보스 가정은 이민을 반대하지 않았다. 1881년 보스 목사는 그랜드 래피즈(Grand Rapids) 지역 목사로의 청빙에 승낙했고, 이 승낙은 깜픈에서 신학을 공부하려 했던 게르할더스의 계획을 그랜드래피즈와 프린스턴에서 공부하도록 견인했다.

이민 문제를 논외로 할 때, 헤르만과 게르할더스의 삶과 성격은 놀라울 만큼 비슷했다. 바빙크의 또 다른 이민 친구 헨리 도스꺼도 자신과 헤르만이 대서양의 양쪽에서 "유사한 삶"을 사는 영혼의 단짝이라고 생각했겠지만,[101] 게르할더스 보스야말로 의심할 나위 없이 모든 측면에서, 즉 성격, 지성, 신학적 공감과 상상, 시를 향한 사랑, 학계에서의 신학의 위치에 대한 생각들 등이 바빙크와 훨씬 더 비슷했다. 도스꺼와 달리 보스는 바빙크를 이해했고 북미에서 바빙크 사상의 공개적 지지자로 활동했다.

1886년 보스는 프린스턴 신학교(Princeton Theological Seminary)를 졸업한 후 베를린에서 성경 신학으로 대학원 교육을 받으러 유럽으로 돌아왔다. 명백하게도 독일에서의 보스의 존재는 네덜란드에서도 눈에 띄었다. 1886년 동안 카이퍼는 보스를 자유 대학교에서 동양 언어와 구약을 가르치는 교수로 임명하기 위해 보스의 환심을 사려고 했다. (바빙크가 그랬던 것처럼, 보스 역시

---

100 James T. Dennison Jr., introduction to *The Letters of Geerhardus Vos*, ed. James T. Dennison Jr. (Phillipsburg, NJ: P&R, 2005), 14-15.

101 예를 들면 Dosker to Bavinck, Amsterdam, August 16, 1888, in *BHD*을 살펴보라.

카이퍼의 접근에 양해를 구했다).[102]

　카이퍼의 접근에 대한 보스의 생각도 1880년 바빙크가 겪었던 경험과 매우 유사했다. 비록 게르할더스는 카이퍼에 대해 공감했지만, 게르할더스의 아버지는 그렇지 않았다. 이런 측면에서, 카이퍼를 향한 얀 보스는 카이퍼를 네덜란드 개혁교회와의 관계 때문에 부패한 인물로 보는 많은 분리 측 인사들과 같은 태도를 취했다. 이런 시각 속에서, 정통을 향한 카이퍼의 열정과 심지어 최근 그의 교회로부터의 분리조차도 제대로 고려되지 못했다.

　이런 배경 속에서 바빙크와 그의 남동생 디누스(Dinus)는 베를린에서 게르할더스 보스를 만나러 가기 전 처음으로 하노버(Hannover)를 여행했다 (1886년 7월 23일). 그다음 주일(7월 25일), 보스와 함께 지역교회에 참석한 후 그의 일기에 따르면 바빙크는 베를린 동물원을 방문하고 연주회에 참석했다. 이런 행보는 주일을 집 잔디에서 보냈던 일반적인 방식과는 훨씬 다른 것이었다. 일반적으로 주 1회 안식은 네덜란드 개신교 사람들의 집단적 정체성 가운데 중요한 요소였으며, 이는 '기독교적 주일 구별을 위한 네덜란드 협회'(1869년 설립)와 '주일 안식의 발전을 위한 네덜란드 조합'(1882년 설립) 같은 기관들이 가지고 있는 역사적 네덜란드 칼빈주의적 헌신의 살아있는 전통이었다.[103]

　베를린에서의 이런 휴식은 바빙크와 보스를 더 친하게 만들어주었으며, 비록 짧은 시간이었지만 이전에는 오직 책으로만 접했던 세상으로 바빙크를 한 걸음 더 나아가게끔 만드는 기회를 제공했다. 디누스가 그뤼네발트 (Grunewald)에 방문하는 동안, 바빙크는 자신이 『개혁 교의학』과 『계시 철학』

102　카이퍼와 J. W. 펠릭스(자유 대학교의 이사장; 6장의 "암스테르담에서의 기회들"을 보라)에게 보낸 보스의 편지는 Dennison, *Letters of Geerhardus Vos*, 116-21을 살펴보라.

103　Joris van Eijnatten and Fred van Lieburg, *Nederlandse religiegeschiedenis* (Hilversum: Verloren, 2006), 244.

에서 이후에 씨름했던 독일 교의학자 율리우스 카프탄(Julius Kaftan, 1848-1926)의 두 개의 강의에 참석했다. 이 여행에서 바빙크는 헤겔의 이전 강의당에서 유명했던 헤겔 학자 에두아르트 첼러(Eduard Zeller, 1814-1908)의 강의를 들었으나 감명을 받지는 못했고("지겨웠고 무미건조했다"),[104] 헤겔에 대해 강의했던 첼러의 후계자였던 신칸트주의 철학자 프리드리히 파울젠(Friedrich Paulsen, 1846-1908)의 강의도 들었다. 동생과 이틀 동안 현대 문화에 푹 빠진후(카이저와 세단 파노라마, 작품 전시회, 밀랍 골동품 전시실, 베를린 수족관, 어쩌면 그들의 지워지지 않는 칼빈주의 때문에 놀랍지 않았던 자코모 마이어베어[Giacomo Meyerbeer]의 위그노 교도들 오페라 등), 바빙크는 **"정신적인 삶의 역사에 관해 말하며, 창세기 1장을 거부했고, 동물로부터의 인간 계통 교리를 경멸하는 것을 경계했으며, 이 이론은 미래 속에 더 많은 빛을 던져주며, 그렇지 않을 때 부패가 있다"**[105]라고 주장했던 파울젠의 또 다른 강의를 들으러 돌아왔다.

이 휴가 기간에 바빙크는 보스뿐만 아니라 카프탄, 첼러, 파울젠 같은 사람들과도 대면으로 만나길 원했다. 물론 이 네 명의 인물 중 오직 한 사람만 같은 마음을 품었다. 그럼에도 불구하고 이 네 명의 작품들은 주기적으로 바빙크의 『개혁 교의학』에 특징적으로 등장한다.[106] 카프탄, 첼러, 파울젠과는 궁극적으로 서로 다름에도 불구하고, 지면에서 그들과 교감을 맺은 바빙크는 건설적으

---

104 "Van 1879 tot 1886." "Om 9 uur hoorde ik Zeller in Hegels zaal over Logik, dor & droog."

105 "Van 1879 tot 1886." "29 juli … en om 12 uur nog van Paulsen, die sprak over Gesch. des geistigen Lebens, Gen 1 v. verwierp, waarschuwde tegen verachting van de leer van 't menschenafstamming van dier, beweerde dat deze theorie veel meer licht wierp in de toekomst, terwijl anders er depravation is."

106 바빙크는 『개혁 교의학』 1-3권의 다양한 지점들에서 파울젠과 교감하고 있으며, 카프탄, 첼러, 보스와는 1-4권 전반에 걸쳐 많은 교감을 이루어내고 있다. *RD*, 4:855-56, 870, 890, 894를 살펴보라.

로 자주 감탄을 표하며 그들의 작품을 활용했다.[107] 바빙크의 공개적 상대였던 J. H. 휜닝 2세의 경우처럼, 바빙크는 심지어 극단적으로 서로 다른 확신으로 점철된 대화 상대들과의 인간적인 교류도 소중하게 생각했으며, 그들의 강하디 강한 용어들을 이해하는 데 애를 많이 썼다. 인간 계통에 관한 파울젠의 강의 노트가 "1878년부터 1886년까지"의 일기 목록의 마지막 내용이었다. 휴가 기간 이후 바빙크는 "1886년부터 1891년까지"의 새로운 일기를 시작했으며,[108] 이 일기의 처음은 파울젠의 (아마도 다른) 강의에 대한 보스의 노트가 확장적으로 포함되어 있다. 바빙크는 배울 수 있는 이 기회를 낭비하고 싶지 않았다. 8월 14일 깜픈으로 돌아온 후 바빙크는 **"여행 경비는 우리 둘 다 합해서 400길더를 넘지 않았다"**[109]라고 기록했다. 모든 측면에서 이 특별한 여행은 재정적으로도 좋은 가치를 지녔던 여행이었다.

신학교 내의 긴장

1887년 1월 바빙크는 스눅 후르흐론여에게 깜픈에서 늘어만 가는 불만족에 대해 토로하는 편지를 썼다. 바빙크는 [깜픈] 신학교 도서관에서는 접근할 수 없었던 영어 저널 「마인드」(Mind)에 실린 "네덜란드 대학들의 철학"이라는 소논문을 언급하며[110] 다음과 같이 썼다. "얼마나 자주 레이든 도서관을 그리워하

107 카프탄을 인정하는 부분인 *RD*, 1:50-51을 살펴보라.

108 "Van 1886-891," HBA, folder 16.

109 "Van 1886-891." "14 aug … De reis had voor ons beiden nog geen 400 gulden gekost."

110 J. P. N. Land, "Philosophy in the Dutch Universities," *Mind: A Quarterly Review of Psychology and Philosophy* 3 (1878): 87-104.

는지! 그리고 내가 얼마나 기꺼이 깜픈에서 레이든 혹은 암스테르담으로 옮기고 싶은지. 우리는 여기 구석진 곳에 살고 있으며, 너무 촌스러워지고 있어."[111]

그다음 해 여름에 이르러 깜픈에서의 삶에 대한 바빙크의 불만족이 새로운 도서관 장서의 부족보다 훨씬 더 큰 걱정이었다는 것이 선명히 드러났다. 그해 7월 바빙크와 카이퍼를 반대했던 [깜픈] 신학교 동료 루카스 린더봄(Lucas Lindeboom) 사이의 당장이라도 폭발할 것만 같은 긴장이 점점 더 위기에 다다르게 되었다. 바빙크, 비렝아, 린더봄이 1883년에 임명되었을 때, 이사진들은 스테꺼떼이와 그의 동료들이 있었던 시절에 깜픈에 존재했던 격식 없는 문화에 대해 강하게 비판하는 태도를 가지고 있었다. 린더봄은 이사진들의 생각을 공유했고 자신의 동료들, 특별히 바빙크를 믿지 않았으며, 이런 차원에서[이사진의 뜻을 따르는 차원에서] 충분한 진보를 만들어갔다.[112]

자신의 동료들이 가진 신학적 배경에 대한 린더봄의 불만족이 늘어만 갔다. 1885년, 깜픈 교원들, 지역 목회자들, 고등 시민 학교 교사들로 구성된 위원회가 로마 가톨릭 신학자이기도 했으며 카이퍼의 정치적 계획을 지지했던 의회 구성원이기도 했던 헤르만 스캅만(Herman Schaepman, 1844-1903)을 초청해 마을에서 공개 강의 시간을 가졌다.[113] (어딘가에서는 스캅만을 카이퍼의 "가톨릭

---

111 Bavinck to Snouck Hurgronje, Kampen, January 1, 1887, in *ELV*. "Hoe dikwerf verlang ik naar de Leidsche bibliotheek! En hoe gaarne zou ik metterwoon van Kampen naar Leiden of Amsterdam verhuizen. We wonen hier zoo achteraf en worden zoo kleinsteedsch!"[역자 주: 에글린턴은 네덜란드어 인용을 반쪽만 했다. 네덜란드어 원문에는 없지만 영어로 본문에 추가된 부분은 다음과 같다. "나는 기꺼이 이것을[소논문을] 읽고 싶었지만 이 불만족스러운 작은 도시에서는 구할 수가 없어"].

112 Bremmer, *Herman Bavinck en zijn tijdgenoten*, 52.

113 카이퍼와 스캅만의 관계에 대해서라면 Vincent Bacote, *The Spirit in Public Theology: Appropriating the Legacy of Abraham Kuyper* (Eugene, OR: Wipf & Stock, 2005), 56을 참고하라.

쌍둥이"라고 기억하기 쉽게 묘사하기도 했다).[114] 바빙크를 향한 린더봄의 불만
과 카이퍼를 향한 대중의 반감을 염두에 둔다면, 분리 측 신학의 메카였던 깜픈
에서 카이퍼를 동정하는 로마 가톨릭 신학자가 강의하는 것을 공개적으로 환영
하는 바빙크의 모습이 감당할 것이 너무 많았다는 사실에 그 누구도 놀라지 않
을 것이다. 1887년 린더봄의 폭넓은 불만이 폭발 일보 직전에 도달했다. 린더봄
은 자신의 동료들을 향해 공식적인 불만을 제기했고, 이는 신학교 이사진들에
게 온종일 계속되는 비공개 회의를 하게끔 만들었다. "7월 21일. 목요일. 이사회
회의가 거의 온종일 열렸다! 그들은 린더봄과 다른 교사들 사이의 관계에 대해 논
의했다. 아침에 판 펠전과 브룸멀깜프가 각각 소환되었고, 그다음 린더봄이 소환
되었다. 오후에는 콕, 비렝아, 노르트제이, 그리고 내가 들어갔다. 우리는 린더봄
과의 관계 등에 대해 추궁받았다. 그 후 린더봄이 또다시 홀로 들어갔다."[115] 비록
바빙크와 린더봄은 이 회의 이후에도 신학교에서 각자의 위치를 유지했지만,
분리 측과 로마 가톨릭 사이에 공유된 연단에 대한 린더봄의 분노는 좀처럼 사
그러들지 않은 채 커져만 갔다. 1890년, 린더봄은 이 세상 속에서 개혁교회가 받
은 부르심은 로마 가톨릭 교회에 대항하는 것이라는 주장을 펴는 책을 출판했
다.[116] 린더봄과 바빙크 사이의 거리는 점점 더 꾸준히 커져만 갔다.

---

114 George Puchinger and Nico Scheps, *Gesprek over de onbekende Kuyper* (Kampen:
    Kok, 1971), 25. "Bepalend is *dat* Kuyper, mede door zijn bondgenootschap met zijn
    roomse tweelingbroeder Schaepman, het regeringskasteel veroverde."

115 "Van 1886-891." "21 juli. Donderdag. De Curatorenverg. is bijna heel den dag in
    comite! Men spreekt over de verhouding van Lindeboom tot de andere Docenten.
    's Morgens werden Van Velzen en Brummelkamp apart, en daarna Lindeboom
    afzonderlijk binnengeroepen. 's Middags moesten Cock, Wiel. Noordtzij en ik binnen
    komen. Ons werd gevraagd over onze verhouding tot Lindeboom enz. Daarna werd
    L. weer alleen binnengeroepen."

116 Lucas Lindeboom, *Onze roeping tegenover, en onder Rome* (Heusden: A. Gezelle
    Meerburg, 1890).

신칼빈주의자들 속의 바빙크

지금까지 이 전기에서 자주 언급한 것처럼, 바빙크의 이름은 신칼빈주의 신학 전통과 분리될 수 없다. 그럼에도 신칼빈주의라는 용어는 바빙크가 32세 때인 1887년에야 비로소 불리기 시작했다. 하링크가 지적했다시피, "바빙크는 '반혁명파적'(Anti-Revolutionary) 또는 '신칼빈주의'(neo-Calvinist)라는 용어보다는 '개혁파'(Reformed)라는 용어와 함께 성장했다."[117] 신칼빈주의라는 용어는 바빙크의 어린 시절에는 존재하지 않았으나 이제 그의 이름과 동의어가 되었다. 따라서 신칼빈주의는 그의 출발점이 아니라 그의 삶 속에서 드러난 분투의 산물이라 할 수 있다.

운동으로서의 신칼빈주의는 암스테르담과 깜픈에 존재했던 다른 형식의 칼빈주의 부흥 운동의 결과로서 바빙크의 삶에 형성되었다. 1880년 중후반, 지역화된 부흥 운동들은 밀접한 관계 속에서 서로 움직여갔다. 1887년 가을, 자유대학교 윤리학자 빌름 헤이싱크(Willem Geesink)의 『네덜란드 속의 칼빈주의자들』(*Calvinisten in Nederland*)[118]은 헤이싱크와 그의 동류들을 "새로운 유행의 칼빈주의자들," "다시 태어난 칼빈주의자들," "현대적 칼빈주의자들," 그리고 "신칼빈주의자들"[119]로 다양하게 묘사하는 가운데 비평적 서평의 대상이 되었다. 비록 카이퍼 고유의 창조적 힘은 1890년대 전반에 걸쳐 "칼빈주의" 사상

---

117 George Harinck, "Herman Bavinck and the Neo-Calvinist Concept of the French Revolution," in *Neo-Calvinism and the French Revolution*, ed. James Eglinton and George Harinck (London: Bloomsbury T&T Clark, 2014), 21.

118 Willem Geesink, *Calvinisten in Nederland* (Rotterdam: J. H. Dunk, 1887).

119 J. Reitsma, "Passio Dordracena," *Geloof en Vrijheid: Tweemaandeliksch tijdschrift* 21 (September/October 1887): 555-90. J. 레이츠마(Reitsma)의 경멸조 용어는 "nieuwerwetsche calvinisten," "herborene calvinisten," "moderne calvinisten," 그리고 "neocalvinist"였다.

에 집중했지만,[120] "신칼빈주의"라는 경멸조의 초기 표현은 1896년 「드 바자윈」에 기사들이 실릴 때까지,[121] 즉 카이퍼주의 법학자 안네 아네마(Anne Anema, 1872-1966)가 이 용어에 대해 1900년대 초기에 폭넓게 통용시키기 전 1897년[122]과 1900년[123]에 긍정적인 의미로 사용했을 때까지 신칼빈주의 운동 내에 있던 사람들도 긍정적으로 사용하지 않았다.[124] 그럼에도 불구하고 1887년 그 당시 신칼빈주의자들은 신학적으로 분류되어 존재했고, 그들의 특성들이 발견되고 분류되며 명명되었다. 그들이 원했든 원하지 않았든 간에, 바빙크, 카이퍼, 자유 대학교 동료들은 "신칼빈주의자들"이 되었다. 이런 상황 속에서 봤을 때, 바빙크가 1880년대에 걸쳐 자신의 전우들에게 점점 더 다가갔던 것은 그렇게 놀라운 일이 아니다.

이 시기 바빙크는 제도적 뿌리 없음에 대한 공유된 감정에 관해 보스와 편지를 주고받고 있었다.[125] 물론 바빙크가 다른 학교로 갈 가능성에 대해서라면,

---

120 1880년대에 카이퍼는 "칼빈주의"보다는 "개혁파"라는 용어에 더 집중했다. James Bratt, *Abraham Kuyper: Modern Calvinist, Christian Democrat* (Grand Rapids: Eerdmans, 2013), 172.

121 하링크는 신칼빈주의란 용어의 최초의 긍정적인 전용을 W. H. Gispen in *De Bazuin*, June 26, 1896에서 찾는다. Harinck, "Herman Bavinck and the Neo-Calvinist Concept of the French Revolution," 21n43.

122 Anne Anema, *Calvinisme en rechtswetenschap: Een studie* (Amsterdam: Kirchner, 1897), xvi, 100.

123 Anne Anema, *De grondslagen der sociologie: Een studie* (Amsterdam: Kirchner, 1900), 30.

124 예를 들면 F. J. Krop, *Waarom bestrijden wij Rome?* (Leeuwarden: Bouman, 1900), 1; A. J. Hoogenbirk, *Om de kunst* (Nijkerk: Callenbach, 1903), 46; Herman Groenewegen, *De theologie en hare wijsbegeerte* (Amsterdam: Rogge, 1904), 34; Pieter Gerrit Datema, *Zending, een plicht?* (n.p., 1904), 7; M. Beversluis, *De val van Dr. A. Kuyper een zegen voor ons land en volk* (Oud-Beierland: Hoogwerf, 1905), 10; M. ten Broek, *De geestelijke opwekking in Holland* (Ermelo: Gebr. Mooij, 1905), 9; A. J. Hoogenbirk, *Heeft Calvijn ooit bestaan? Kritisch onderzoek der Calvijn-legende* (Nijkerk: G. F. Callenbach, 1907), 36.

125 1887년, 게르할더스 보스는 만족스러운 제도상의 집을 찾으며 슈트라스부르크를

암스테르담이야말로 확실히 바빙크를 끌어당기는 힘을 가지고 있었다. 바빙크의 동생 디누스가 거기서 공부하고 있었고, 가장 어린 남동생 요한도 곧 그렇게 될 것이기 때문이다. 암스테르담은 카이퍼가 세운 큰 계획의 진원지였고, 현재 이 계획이 잘 진행되고 있을 뿐 아니라 기독개혁교회와 카이퍼의 애통측 전통의 사람들과의 가능한 연합에 대해 점점 더 많이 논의하는 자리에 바빙크가 이끌림을 받고 있었다. 비록 이 모든 일은 여전히 바빙크가 깜픈에 있었을 때 일어났지만, 이 상황들의 중대한 사건들은 자주 암스테르담에서 벌어졌다.

1889년 다소 예기치 않게 바빙크의 갈망하는 짧은 눈초리가 레이든 대학교를 짧게 응시했다. 하지만 이때 바빙크의 눈은 모든 측면에서 완전히 다른 장소였던 플라르딩언(Vlaardingen), 즉 로테르담 서쪽 지역의 작은 도시였고 요한나 아드리아나 스키퍼르스(Johanna Adriana Schippers) 양의 집, 그리고 동시에 바빙크가 묻혔던 장소에 결정적으로 멈춰서게 되었다.

스키퍼르스 씨와 스키퍼르스 부인과의 첫 만남

1888년 여름, 바빙크의 이민자 친구들이었던 게르할더스 보스와 헨리 도스꺼가 깜픈을 방문했다. 보스는 슈트라스부르크에서 박사학위를 취득한 후 아메리카로 돌아가는 중에 바빙크를 만나러 깜픈에 들렀고, 도스꺼는 기독개혁교회 회의에 참석하기 위해 깜픈에 들렀다. 1880년 첫 번째 결혼에서 혼자가 된 도스꺼는 1882년에 미니 도르닝끄(Minnie Doornink)와 재혼했다. 하지만 보스와 바빙크는 여전히 독신이었다. 하링크가 지적한 대로, "둘 다 결혼하지 않

위해 베를린을 떠났고, 이에 대해 바빙크에게 편지 썼다. Vos to Bavinck, June 16, 1887, in *LGV*.

았고, 부모님과 함께 살았으며, 밤낮으로 공부했다."[126]

하지만 그해 이후 보스와 바빙크는 각각 장차 결혼하게 될 여인을 만나게 된다. 보스는 그랜드 래피즈의 공공도서관에서 공부하면서 만나게 되었고(도서관 자원봉사자 캐서린 프랜시스 스미스[Catherine Francis Smith]를 만났고), 바빙크 같은 경우 스키담(Schiedam)에 설교하러 갔다가 만나게 되었다. 1874년 레이든으로 옮겨간 헤르만 때문에 얀과 헤르만 바빙크를 떠들썩하게 반대했던 깜픈 신학자 안토니 브룸멀깜프(Anthony Brummelkamp)의 장례식(6월 7일)에서 아버지와 이야기를 나눈 후, 바빙크는 남쪽의 플라르딩언으로 설교 여행을 떠났다. 이 여행은 그의 인생의 전환점이 되었다. "**6월 17일. 에스겔 16장 14절, 로마서 8장 14-17절로 플라르딩언에서 설교함([설교 번호] 365, 366번). A. W. 스키퍼스 댁에 머뭄.**"[127] 그 이유들이 금방 드러나게 될 것이지만, 바빙크는 특별한 배려로 집주인 이름을 일기에 썼다. 안드리스 빌름 스키퍼스(Andries Willem Schippers, 1843-1924)는 바빙크와 같은 분리 측 인물로 바빙크는 그에게 마음이 끌렸다. 부유한 선주였던 그는 카이퍼의 반혁명당에서 적극적으로 활동했으며,[128] 지역 시민 학교에서 주도적인 역할을 감당했고,[129] 이후에는 로테르담의 마르닉스 김나지움(the Marnix Gymnasium)의

---

126 Harinck, "Herman Bavinck and Geerhardus Vos," 23.

127 "Van 1886-891." "17 juni. Gepreekt in Vlaardingen over Ezech 16:14, Rom 8:14-7 (365. 366). Gelogeerd bij A.W. Schippers"[역자 주: "네 화려함으로 말미암아 네 명성이 이방인 중에 퍼졌음은 내가 네게 입힌 영화로 네 화려함이 온전함이라 나 주 여호와의 말이니라"[겔 16:14], "무릇 하나님의 영으로 인도함을 받는 사람은 곧 하나님의 아들이라 너희는 다시 무서워하는 종의 영을 받지 아니하고 양자의 영을 받았으므로 우리가 아빠 아버지라고 부르짖느니라 성령이 친히 우리의 영과 더불어 우리가 하나님의 자녀인 것을 증언하시나니 자녀이면 또한 상속자 곧 하나님의 상속이요 그리스도와 함께 한 상속자니 우리가 그와 함께 영광을 받기 위하여 고난도 함께 받아야 할 것이니라"[롬 8:14-17]].

128 예를 들면 *Delftsche Courant*, June 10, 1883을 보라.

129 플라르딩언의 낮은 수준의 공립 시민 학교와 A. W. 스키퍼스의 관계는 *Het Nieuws van den Dag*, July 9, 1883을 참고하라.

공동 창설자가 되었다.[130] 바빙크가 자기 딸에게 관심을 보이는 것에 대해 스키퍼르스가 재빨리, 열정적으로 환영한 것은 놀랄만한 일이 아니다. 거의 모든 측면에서 안드리스 스키퍼르스와 아리 덴 데꺼는 전혀 달랐다. 같은 분리 측 가정이라 할지라도 너무 달랐기 때문에 바빙크 가정과 보수적인 덴 데꺼 가정은 서로 어울리기 힘들었다. 현대 문화를 향한 바빙크 가정의 개방성은 덴 데꺼 가정이 취하고 있는 시골스러운 보수주의를 꺼릴 수밖에 없었다. 이와 대조적으로 바빙크 가정과 스키퍼르스 가정은 훨씬 더 잘 어울렸다.

그다음 9월, 바빙크는 설교를 위해 플라르딩언과 인접한 도시였던 스키담으로 갔다. 이 여행에서 바빙크는 또 다른 집주인, 즉 우연스럽게도 저녁에 손님과 함께 시간을 보내게 하기 위해 자신의 자매와 제부를 초대했던 안드리스 스키퍼르스의 형수 집에 머물게 되었다.

9월 15일. 스키담으로. 미망인 프레이란트(Vrijland) 부인 댁에 머뭄. 저녁엔 플라르딩언의 스키퍼르스 부부가 옴.

9월 16일. 저녁에 요한복음 1장 16-18절과 골로새서 3장 23절로 설교함([설교 번호] 369, 370번). 요한나 스키퍼르스 양도 저녁에 그녀의 손님들 빌더방끄(Wildervank)의 얀티너 보스(Jantine Bos) 양과 아두아르트(Aduard)의 히어르쪄 비링아(Geertje Wieringa) 양과 함께 왔다.[131]

---

130 "Begravenis A. W. Schippers," *Het Vaderland*, January 24, 1924.

131 "Van 1886-891." "15 Sept. Naar Schiedam. Gelogeerd bij Mevr. Wede Vrijland. Mijnheer en Mevr. Schippers van Vlaardigen kwamen 's av. ook. 16 Sept. Gepreekt over Joh. 1:16-8 en Col 3:23 (369. 370). 's avonds waren van Vlaardingen ook gekomen de Juffr. Johanna Schippers, en hare logees Juffrouw Jantine Bos van Wildervank en Juffrouw Geertje Wieringa van Adnard"[역자 주: "우리가 다 그의 충만한 데서 받으니 은혜 위에 은혜러라 율법은 모세로 말미암아 주어진 것이요 은혜와 진리는 예수 그리스도로 말미암아 온 것이라 본래 하나님을 본 사람이 없으되 아버지 품 속에 있는 독생하신 하나님이 나타내셨느니라"[요 1:16-18],

깜픈으로 돌아가기 전, 바빙크는 "프레이란트 부인과 요한나에 관해 이야기했다"[132]고 기록했다. 또다시 바빙크는 그녀의 고모에게 접근해 그녀의 조카딸에 대해 물어봤다. 최종적인 결과가 관련된 모든 사람에게 훨씬 더 행복한 결과가 되었다.

분리 측 사람들과 애통 측 사람들

1888년 8월, 3년마다 열린 기독개혁교회 회의가 아선(Assen)에서 있었다. 가장 중요한 논의 주제는 1834년 분리에 의해 탄생된 기독개혁교회와 가장 최근 1886년에 분리된 네덜란드 개혁교회(Nederduitse Gereformeerde Kerk) 사이의 교회적 연합에 대한 전망이었다. 다양한 교회 회의들이 그해 마무리되지 못하고 1889년이 되면서 바빙크는 열정적으로 개혁교회들의 연합을 주장했다. 바빙크가 최선을 다했음에도 즉각적인 교회 연합을 이뤄내지는 못했다. 기독개혁교회의 많은 사람들이 애통 측 사람들을 존경했음에도 수없이 많은 차이점들만 발견하고 여전히 해결되지 않은 채로 남아 있었다. 기독개혁교회는 자신들 고유의 보수적이면서 경험적인 경건, 카이퍼의 운동으로 특징화된 현대 문화를 향한 낙관적 개방성, 이 둘을 화해시키는 데 어려움을 겪었다. 게다가 기독개혁교회 사람들은 이전에 자신들이 탈퇴한 교회와 카이퍼가 연합했기 때문에, 여전히 카이퍼가 얼룩진 채로 남아 있다고 생각했다.[133]

"무슨 일을 하든지 마음을 다하여 주께 하듯 하고 사람에게 하듯 하지 말라"[골 3:23]. 에글린턴이 다함 출판사에 보내온 정오표에 명시된 대로, 본래 영어 원문에는 *Adnard*로 표기되어 있었는데 *Aduard*가 맞다. 수정해서 번역했다].

132 "Van 1886-891." "17 Sept … Met Mevr. Vrijland gesproken over J."

133 J. C. Schaeffer, *De plaats van Abraham Kuyper in de "Vrije Kerk"* (Amsterdam: Buijten & Schipperhein, 1997).

바빙크는 그들의 각각의 신학교, 깜픈의 신학교와 암스테르담의 자유 대학교에도 이 두 교회의 차이점이 반영되었다는 점에 큰 좌절감을 느꼈다. 바빙크가 분리 측 유산의 보루로 붙잡고 있는 제도적 기반은 분리 측 사람들이 애통 측 사람들과 연합하지 못하는 이유로 고수하는 요소가 되었다.

1887-8년, 바빙크가 신학교 교장으로 섬겼을 때, 분리 측과 애통 측 사이의 연합을 촉진시키는 데 이 교장의 지위를 활용했다. 임기가 끝나갈 즈음에 했던 마지막 강의는 이후에 『기독교와 교회의 보편성』(*De katholiciteit van Christendom en kerk*)[134]이라는 소책자로 출간되었고 여기서도 직접적으로 분리 측과 애통 측 사이의 분리 문제를 다루었다. 비록 이 강의에서 카이퍼의 이름을 언급하지는 않았지만, 카이퍼의 영향은 책 전반에 걸쳐 뚜렷하게 감지되었다. 경건주의와 성경엄수주의에 대한 바빙크의 비판 속에서, 1888년 분리 측 사람들은 현대 문화의 영향을 필연적으로 받을 수밖에 없는 역사적 시대의 아들들이었다. 바빙크는 교회의 다양성에 대해 지지하고, "예술, 학문, 철학, 정치 및 사회 생활"에 대해서는 지속적인 개혁을 해야 한다고 주장하면서, 자신의 교회 속의 반(反) 카이퍼주의 진영에 대항하며 카이퍼 진영에 확고히 섰다. 바빙크와 달리 반카이퍼주의 진영은 현대 문화를 향한 카이퍼의 낙관론에 대해 나누지 않았고, 오히려 현대 문화에 맞서거나 그것을 구속하고자 하는 일을 교회의 책무로 보지 않았다. 하지만 바빙크는 신념에 따라 행동했다. 바빙크는 "복음은 개인뿐 아니라 인류, 가정, 사회, 국가, 예술과 학문, 전체 우주, 탄식하는

---

134 Herman Bavinck, *De katholiciteit van Christendom en kerk* (Kampen: G. Ph. Zalsman, 1888); ET: "The Catholicity of Christianity and the Church," trans. John Bolt, *Calvin Theological Journal* 27 (1992): 220-51. [역자 주: 바빙크의 깜픈 신학교 1차 교장 이임 연설인 "기독교와 교회의 보편성"의 전문은 다음 책을 참고하라. 헤르만 바빙크, 『헤르만 바빙크의 교회를 위한 신학』, 박태현 편역 및 해설 (군포: 도서출판 다함, 2021), 102-164].

모든 창조계에 기쁨을 주는 소식이다"[135]라고 주장했다. 2달 전, 스코틀랜드 교회에서 열렸고 카이퍼의 간청으로 바빙크도 참석했던 자유 대학교에서의 카이퍼의 교장 강의 주제도 "칼빈주의와 예술"이었다.[136]

청자들에게는 신학교 교장으로서의 바빙크의 시간이 분명한 메시지와 함께 끝나게 되었다. 이 메시지의 대체적인 신학적 요지는 명백히 현실 세계에 적용 가능한 것이었다. 즉 분리 측과 애통 측은 반드시 연합되어야 한다는 메시지였다. 「드 헤라우트」에 출간된 카이퍼의 공개적 대답은 동등하게 분명했다. "이 연설은 대가의 작품이다."[137] 이 연설의 출간물을 읽은 후 헨리 도스꺼는 바빙크의 동료들이 이에 대해 어떻게 반응할지에 대해 상상하며 편지를 썼다. "난 숙고하는 노르트(Noord), 가만히 못 있고 들썩이는 비렝아(Wielenga), **영리한** 린더봄(Lindeboom), 냉소적인 콕(Cock), 불러서 얘기하는 묄더(Mulder), 존경할 만한 판 펠전(Van Velzen)을 봤어. 난 너가 발전시킨 너의 사상의 단계와 기독교에 대한 너의 **이상**과 이 땅에서의 기독교의 임무를 모든 학생과 연구하고 있는 그들의 얼굴에서 봤어."[138] 바빙크는 자신의 논증에 동료들이 어떻게 반응할 것인지에 대해 도스꺼가 잘 알고 있다는 사실에 놀라워하지 않았다. 도스꺼는 신학교의 특성을 알고 있었기 때문이다.

---

135 Bavinck, *"The Catholicity of Christianity and the Church,"* 224. 복음과 예술에 대한 스떼꺼떼이의 1881년 강의, 즉 기독 목회자는 예술에 대한 지식 없이 자신의 사역을 수행할 수 없다는 주장을 비평했던 강의와 비교해 바빙크의 강의는 훨씬 더 신학적인 배려로 구성된 강의였으며 스떼꺼떼이의 강의를 교정할 수 있는 강의였다.

136 Abraham Kuyper, *Het Calvinisme en de kunst* (Amsterdam: Wormser, 1888).

137 *De Heraut*, December 30, 1889. "Deze oratie is een meesterstuk."

138 Dosker to Bavinck, March 23, 1889, in *BHD*. "Ik zag den peinzenden Noord, den mobielen Wielenga, *den snuggeren* Lindeboom, den cynischen Cock, den dikken Mulder, den eerwaardigen Van Velzen. Ik zal al de studenten en bestudeerde hunne gelaatstrekken, als gij uw gedachtengang ontwikkelde en uw *ideaal* van het Christendom en zijn missie op aarde ten beste gaaft." 강조는 원문.

"거룩한 신학의 학문"의 경우와 마찬가지로, 바빙크는 자기 연설을 비평할 수 있는 친구들인 스눅 후르흐론여와 휜닝 2세에게 연설 사본들을 보냈다.[139] 카이퍼와 달리, 휜닝 2세는 교회 연합에 대한 바빙크의 호소에 대해 냉소적으로 반응하며 보편성에 대한 바빙크의 관점은 이 냉혹하게 분리된 기독개혁교회의 현실 속에서는 절대 이루어질 수 없는 소망 없는 이상적인 관념이라고 주장했다. 휜닝 2세는 자기 고유의 대답을 하기 전 다음과 같이 물었다. "왜 그들이 당신을 용인할까요? … 그 이유는 당신이 탁월한 학자이며 경건한 교사이기 때문이며, 그들은 당신 없이는 그렇게 할 수 없기 때문입니다 … 세속적인 유익 [때문에 용인하는 것입니다]."[140] 만약 스눅 후르흐론여가 바빙크의 연설에 대해 반응을 보였다면 [기록이 남아있었을 텐데], 보존되어 있지 않다. 하지만 바빙크가 이 연설에 대해 친구에게 말한 언급을 보면 바빙크가 보다 더 희망찬 마음으로 이 연설에 임했다는 사실이 드러난다.

> 넌 확실히 내 연설을 받았을 거야. 이 강연은 때때로 우리 교회 속에서 드러나는 분리주의적이고 분파적인 성향들을 위한 약으로 주로 의도되었던 강의라는 사실을 생각해 봐. 좁은 마음이 너무 많고, 우리 안에 옹졸한 마음이 얼마나 많은지 몰라. 가장 최악은 이런 마음을 경건으로 여긴다는 거야. 내가 추구하려는 이상이 이 땅에서는 도달할 수 없다는 것을 나도 알아, 하지만 이 말의 완전히 자연스러운 의미 속에서 인간이 되는 것과 모든 것들 안에서 하나님의 자녀인 인간이 되는 것은 그 어떤 것보다도 가장 아름다운 것 같아. 이것이야

---

139 Martien Brinkman, "Bavinck en de katholiciteit van de kerk," in *Ontmoetingen met Bavinck*, ed. George Harinck and Gerrit Neven (Barneveld: Uitgeverij De Vuurbaak, 2006), 307-24.

140 Gunning to Bavinck, Brinkman, "Bavinck en de katholiciteit van de kerk," 307-8에서 인용. "Waarom tolereren zij U? … Omdat gij een uitstekend geleerde en godvruchtig leeraar zijt, omdat zij u niet missen kunnen … wereldlijke utiliteit."

말로 내가 추구하려는 것이야.[141]

1889년 1월 깜픈에서 교회 회의가 더 열렸을 때 [그곳에서 했던] 교회 연합을 위한 바빙크의 계속되는 활기찬 주장은 분명히 이전 달의 학장 연설로부터 나왔다. 회의 속에서의 이 특별한 순간에 대한 란트베어(Landwehr)의 목격담은 눈에 띄는 묘사였다. "난 형제들 가운데 서 있는 바빙크 교수를 여전히 바라보고 있다. 그의 짧은 문장들은 화살처럼 영혼 속으로 관통해 들어갔다. 그는 열정에 차서 심지어 발을 땅에 구르기까지 했으며, 이는 만약 열정이 없었더라면 그에게 완전히 새로운 일이었다. 이는 총회가 제시된 초안을 수용하도록 설득하는 강력하고도 변론적인 호소였다."[142] 바빙크의 열정에도 불구하고, 교회는 1892년까지 연합하지 못했다. 발을 땅에 굴렀지만, 바빙크는 아직까지 이 땅을 충분히 멀리 움직이지는 못했다.

---

141   Bavinck to Snouck Hurgronje, Kampen, December 22, 1888, in *ELV*. "Mijne oratie hebt ge zeker ontvangen. Bedenk bij de lezing dat ze vooral bestemd is als eenige medicijn voor de separatistische en sectarische neigingen, die soms in onze kerk zich vertoonen. Er is zooveel enghartigheid, zooveel bekrompenheid onder ons, en 't ergste is dat dat nog voor vroomheid geldt. Ik weet wel, het ideaal waar ik naar streef is hier onbereikbaar, maar mensch te zijn in den vollen natuurlijken zin van dat woord en dan als mensch in alles een kind van God—dat lijkt me 't schoonst van alles. Daar streef ik naar."

142   Landwehr, *In Memoriam*, 40. "Nog zie ik Prof. BAVINCK staan in het midden der broederen. Zijn korte zinnen drongen als pijlen in de ziel. Hij geraakte zoo in geestdrift, dat hij zelfs met den voet op de grond stampte, iets wat hem anders geheel en al vreemd was. Het was een machtig aangrijpend pleidooi om de Synode te bewegen de Concept-acte aan te nemen."

암스테르담과 레이든에서의 예기치 않았던 기회들

1889년 바빙크는 전년도 교장 연설에서 알 수 있듯이 카이퍼를 은연중 지원했지만, 이미 1888년부터 개인적인 서신들에서 카이퍼와 교회 연합에 대해 찬성했음을 분명히 알 수 있다. 예를 들어 교회 회의가 시작되기 직전 스눅 후르흐론여에게 보낸 편지에서 바빙크는 네덜란드 신학을 비평적 파괴의 광란 속에서 스스로를 잃어버렸고 그 과정에서 신학 본연의 본질과 목적을 잃어버린 학문으로 묘사했다. 비록 스눅 후르흐론여는 카이퍼로부터 큰 감명을 받지 않았지만, 바빙크는 신학의 본질에 대한 자신의 관점을 공유하면서 이 관점을 바탕으로 신학을 발전시키려 노력하는 사람이 카이퍼로부터 감명을 받지 못하는 사례는 드물다고 이해했다. "일반적으로 신학은 신학 밖에 있는 모든 사람에게 초라한 인상을 줄 수밖에 없어. 명백하게도, 대부분의 [신학자들은] 반드시 신학이 **아니어야만** 하는 것에 대해 대략 알기 때문이고, 오직 한 사람 카이퍼 박사 같은 사람만 신학이 실제로 어떠해야만 하는지를 알고 있어."[143] 바빙크의 생각은 이런 좌절감을 느끼는 교회적 분투 가운데서도 지속적으로 네덜란드 사회 속에서 피어올랐다. 1889년 봄, 바빙크는 네덜란드령 동인도 민족 연구를 위한 왕립 학회(Koninklijk Instituut voor Land- en Volkenstudie van

---

143 Bavinck to Snouck Hurgronje, Kampen, August 7, 1888, in *ELV*. "De theologie over 't algemeen moet op allen die buiten haar staan wel een armzaligen indruk maken. Zeker, omdat de meesten wel zoo ongeveer weten, hoe het *niet* kan en slechts een enkele als dr. Kuyper meent te weten, hoe het wel moet." 재미있게도, 네덜란드 신학의 상태에 대한 바빙크의 언급은 이전 해에 보낸 편지에서 드러난 독일 신학의 상태에 대한 보스의 판단과 유사한 공명이 울린다. "만약 보다 더 인간적인 직업들을 위한 장학금이 더 많다면, 그리고 미래를 위한 직위가 더 확실하다면, 현재 신학교에 등록된 대부분의 학생들은 분명히 다른 직업을 선택할 거야. 그러므로 개인적으로는 난 독일에서 신학 학위를 받는 것에 큰 가치를 두지 못하고 있어." Vos to Bavinck, Strasbourg, June 16, 1887, in *LGV*.

Nederlands Oost-Indië)[144]의 회원으로 임명되었다. 이 임명은 자신의 친구가 동인도 네덜란드 식민지와의 학회 차원의 대화에 기여하길 원했던 스눅 후르흐론여가 주선했다.[145] 그 달 말, 아직 개혁교회들이 연합에 대해 즉각적인 전망을 보이지 않았을 때, 바빙크는 또 자유 대학교 교수직 추천을 받게 되었다. 비록 일기에서 바빙크는 추천을 사양하기 전 거의 3주 동안 기다렸다는 것을 제외하고는 이 특별한 제안에 대해 더 길게 언급하지는 않았지만, 추천과 결정 사이에서 벌어졌던 일들은 엄청난 비용을 지불해야 할 일들이었다.

이 (세 번째) 추천은 애통 즉 네덜란드 개혁교회에 남기를 거부했으며 그 결과 카이퍼와 함께 관계를 맺으며 일하는 것이 불가능하다고 판명된 자유 대학교 교수 필리푸스 야코부스 후더마꺼(Philippus Jacobus Hoedemaker, 1839-1910)의 자리에 대한 추천이었다.[146] 자유 대학교로부터의 가장 최근의 접근은 예기치 않게 찾아왔다. 비록 바빙크의 일기 목록은 3월 26일 추천에 대해서만 언급하고 있지만, 그해 1월 카이퍼와 주고받은 편지는 처음에는 깜픈에서의 교수직과 함께 암스테르담에서의 교수직도 제안 받았다는 사실을 말하고 있다. 이 접근은 교회적 이유와 실천적 이유로 인해 거절되었는데,[147] 그 이유는 자유 대학교가 바빙크에게 노골적으로 비어 있는 자리를 제공했기 때문이다(3월 26일).

1879년 자유 대학교로부터의 첫 접근에 대한 반응, 즉 직을 수락한 다음 날 철회했던 반응은 고통스러울만큼 곤란했다. 이 고민은 바빙크의 젊은 시절의 우유부단한 성향을 낱낱이 드러냈다. 두 번째 제안은 바빙크가 1882년 프라너꺼르에서 목회했을 때 받았다. 바빙크는 이전보다 더 단호하게 반응했다. 이 제

---

144   *De Bazuin*, March 1, 1889.

145   Bavinck to Snouck Hurgronje, Kampen, February 11, 1889, in *ELV*.

146   D. J. C. van Wyk, "P J Hoedemaker, teoloog en kerkman," *HTS Teologiese Studies* 47, no. 4 (1991): 1069-87.

147   Bremmer, *Herman Bavinck en zijn tijdgenoten*, 62-63.

안을 통해 바빙크는 카이퍼의 대학교를 향한 자신의 존경을 표현하면서도 그
는 자기 교회를 향한 책무를 우선시했다. 세 번째 제안을 받은 바빙크는 또다시
우유부단하게 반응했다. 이 망설임은 자유 대학교와 깜픈 신학교 모두에 대해
놀랍도록 솔직하게 공개적 입장을 표명하는 통로가 되었다.

F. L. 루트허르스(Rutgers)에게 편지를 보내며 바빙크는 "전 갈림길에 서
있습니다. 그리고 저는 무슨 길이 맞는 길인지 모르겠습니다"[148]라고 썼다. 자
유 대학교에서는 지적으로 수준 높은 동료들과 함께할 수 있었고, 매우 자유롭
게 글을 쓸 수 있는 환경, 그리고 가르치는 책임에 대해서 더 매력적인 선택의
폭을 누릴 수 있었다. (이 시기 바빙크는 깜픈에서 너무 많은 강의에 시달리고
있었고 1890년 9월까지 개선되지 않았다.) 깜픈을 떠난다는 것은 린더봄을 제
외하고는 바빙크가 폭넓게 사랑받았고 유명했던 장소로부터 멀리 떨어지는 것
을 의미했다. 1889년부터 1894년까지 바빙크 밑에서 공부했던 이트저르트 판
델른(Idzerd van Dellen, 1871-1965)은 특별히 그 시기에 바빙크가 얼마나 학생
들에게 헌신했으며 동시에 얼마나 학생들이 바빙크를 사랑했는지에 대해 묘사
하고 있다.

우리는 3년 동안 바빙크와 함께 교의학을 공부했다. 바빙크의 수업
들은 아침 수업이었다. 그분은 보통 아침 9시 수업을 시작하기 전 난
로 가까이 서 계셨고 우리는 그분 주위에 둘러서 질문들을 드리곤 했
다. 우리는 카이퍼 박사의 소논문, 현대 언어들, 사회주의, 심리학 영
역에서 최근 나오는 소설 등 다양한 종류의 주제로 질문했다. 그분께
서 답변을 주실 때는 박식함을 증명하셨으며, 하나님의 말씀의 위대
한 원리들의 빛 가운데서 주제들을 다루셨다. 우리는 즉석에서 짧게

---

148 Bavinck to Rutgers, April 5, 1889, Bremmer, *Herman Bavinck en zijn tijdgenoten*,
63에서 인용.

7. 자료 수집

357

반응했으며 많은 것을 배웠다. 그다음 자신의 시계를 슬쩍 보신 후 "신사 여러분, 시작할 시간입니다"라고 말씀하셨다. 그다음 기도 후에 교의학 강의를 시작하셨다. 그분은 우리가 원래 했어야만 하는 필기를 종종 잊어버리게끔 강의하셨고(아직 그분의 교의학이 출간되지 않았다), 우리는 단지 주제에 대한 그분의 열정 어린 강의를 들을 뿐이었다.[149]

암스테르담의 자유 대학교 학생들이 자유 대학교로 와달라고 바빙크에게 부탁하는 편지 - 첫 번째 페이지(1889)

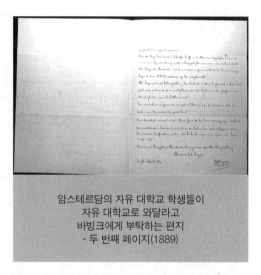

암스테르담의 자유 대학교 학생들이 자유 대학교로 와달라고 바빙크에게 부탁하는 편지 - 두 번째 페이지(1889)

폭넓은 지역을 소화할 뿐 아니라 진보 진영에서도(반카이퍼주의자들) 폭넓게 읽히는 일간지 「알허메인 한델스블라트」(Algemeen Handelsblad)에서 바빙크의 최근의 곤경을 다루었다.[150] 이 소식이 [깜픈] 신학교 학생들에게 알려졌을 때, 그들은 바빙크가 신학교에 남기를 설득하는 운동을 시작했다. 3월 29일, 바빙크는 89명의 신학생들이 서명한 품격 있게 작성된 편지를 받았는데, 그 편

---

149 Idzerd van Dellen, *In God's Crucible: An Autobiography* (Grand Rapids: Baker, 1950), 40.

150 "School en Kerk," *Algemeen Handelsblad*, April 1, 1889.

지의 내용은 [자유 대학교의] 지명을 축하하긴 하지만 [깜쁜] 신학교와 기독개혁교회의 유익을 위해 그 지명을 고사해 달라고 요청하는 내용이었다.[151] 3일 후, 바빙크는 이와 비슷한 편지를 자유 대학교 학생들로부터도 받았는데, 그 내용은 이 지명을 수락해달라는 학생들의 격려였다.[152]

자유 대학교로 보낸 바빙크의 편지는 놀라울 정도로 솔직했다. 이 편지에서 바빙크는 자유 대학교를 향한 존경 어린 감탄과 더불어 암스테르담의 우월한 학자들과 함께 일해야 하는 것에 대한 개인적인 의구심을 분명히 (정중하게) 표현했다. 그럼에도 불구하고 바빙크는 지금이 깜쁜을 떠나야 하는 결정적인 시간이라는 분명한 조짐을 보지 못했다. 강의가 잘 진행되고 있었으며, 학생들과 (대부분의) 동료들을 사랑했을 뿐 아니라, 만약 암스테르담으로 간다면 애통 측 사람들과의 미래적 연합 전망에도 타격이 있을 것이라고 생각했다. "귀하의 지명에 대한 거절이 저를 슬프게 만듭니다. 특히 반대자들이 이 거절의 동기가 제 것이 아니라고 생각할 것이기 때문입니다."[153]

바빙크가 깜쁜에 남는다는 결정이 전국 언론[154] 뿐만 아니라 지역 신문인 「깜뻐르 쿠란트」(Kamper Courant)에도 실렸는데, 이 소식에 도시의 학생들이 창문에 깃발을 걸어놓고 기뻐했다고 기록되어 있다.[155] 바빙크가 이렇게 결정한 이유도 언론에 회자되었다. 「드 바자원」(1889년 4월 19일)에 신학교의 이사진들이 기독개혁교회가 바빙크의 결정에 감사를 표하는 것과 더불어 바빙크도 자신에게 베풀어준 격려에 대한 감사와 자유 대학교 및 [깜쁜] 신학교에 대한

151 Van der Munnik to Bavinck, Kampen, March 29, 1889, HBA, folder 3.

152 Berends to Bavinck, Amsterdam, April 1, 1889, HBA, folder 3.

153 Bavinck to Hovy, Kampen, April 15, 1889, HBA, folder 3. "Deze afwijzing uwe benoeming doet mij smart, vooral omdat tegenstanders haar allicht zullen toeschrijven aan beweegredenen die de mijnen niet zijn." 삭제선은 원문.

154 "School en Kerk," Algemeen Handelsblad, April 17, 1889.

155 Kamper Courant, April 18, 1889.

자신의 관점을 기독개혁교회 대중들에게 설명하는 기사가 실렸다. "제가 이 지명에 대해 너무나도 오랫동안 진지하게 고민했던 것이 많은 분들에게 어쩌면 놀라움을 주었을지 모릅니다. 하지만 전 그렇게 하지 않을 수 없었습니다. 벌어진 상황을 알고 있는 저로서는 많은 다른 분들과는 다른 빛을 봤습니다. 게다가 아무리 그 이름과 목적이 완전히 성취되지 않았다 해도 자유 대학교는 위대한 사상의 대표이며 담지자입니다. 자유 대학교는 모든 개혁파 [그리스도인이] 반드시 거룩해야 하며 학문의 영역에서 하나님의 영광이 유지되어야 하는 목적을 가지고 있습니다."[156]

바빙크는 자유 대학교의 제안을 고사하면서 깜픈에서의 자신의 장래에 대해 불투명하다는 인상을 내비쳤다. 1884년 스눅 후르흐론여에게 신학교보다 대학교를 선호한다고 표현했던 바빙크의 속내가 이제 공개적으로 드러나게 되었다. "어두운 부분이 있음에도 항상 신학교보다 대학교를 더 선호했습니다. 왜냐하면 대학교에서는 인간 삶의 **모든** 영역을 주권적으로 통치하기 위해 그리스도 안에 드러난 하나님의 진리를 찾기 때문입니다."[157] 바빙크는 자유 대학교로의 이직을 숙고하는 가운데서도 네덜란드 개혁교회(the Nederduitse Gereformeerde Kerk)에 가입하려는 생각은 하지 않았다(이는 아마도 후더마

---

156 Herman Bavinck, "Dankbetuiging," *De Bazuin*, April 19, 1889. "Misschien verwondert het velen, dat ik de benoeming zoo lang en zoo ernstig in overweging nam. Maar het kwam mij voor, dat ik niet anders mocht doen. Bekend met de omstandigheden waaronder zij plaats had, zag ik haar in een ander licht, dan waarin zij zich aan velen voordeed. Bovendien, de Vrije Universiteit, hoe weinig zij ook nog aan haar naam en doel beantwoorde, is toch vertegenwoordigster en draagster van eene groote gedachte. Zij stelt zich een doel voor oogen, dat elk Gereformeerde heilig moet zijn, de handhaving n.l. van de eere Gods ook op het terrein der wetenschap."

157 Bavinck, "Dankbetuiging." "Eene Universiteit heeft ondanks haar schaduwzijde daarom altijd, naar mij voorkomt, boven eene Theol. School de voorkeur, omdat zij de waarheid Gods, in Christus geopenbaard, tot heerschappij zoekt te brengen op *ieder* terrein van het menschelijk leven"[역자 주: 에글린턴은 강조가 원문인지 이후 첨가인지 명시하지 않았다].

꺼[Hoedemaker]의 사직으로부터 자라난 풍설인 것처럼 보인다). 분리의 아들은 1834년 분리 교회에 남았다. 하지만 바빙크는 이제 분리 측 교회의 1888년 교회 회의의 결정에 공개적인 반대를 표하는 상태가 되었다. 바빙크는 자신이 내린 선택의 결정적 요인은 신학을 위한 환경으로서 [깜픈] 신학교가 가지는 유익보다는 오히려 기독개혁교회의 친구들과 학생들이 자신에게 보여준 순전한 사랑과 존경 때문이었다는 사실을 분명히 했다.[158]

이후, 자유 대학교의 이사회 의장이었던 빌름 호비(Willem Hovy, 1840-1915)는 바빙크의 결정이 실린 여러 신문 기사들 속에 나타난 자유 대학교를 향한 바빙크의 찬사를 반복적으로 상기시켰다. 비록 바빙크는 자유 대학교의 제안을 사양했지만, 호비는 "자유 대학교의 대학 특성은 아무리 공로가 있다 해도 신학교 사역보다 훨씬 더 확장성이 있다"[159]고 기록했다. 이 내용을 대중이 볼 수 있도록 남겨둠으로써, 자유 대학교는 바빙크에 대한 전략을 수정했다. 수정된 전략은 당분간 대기 전술(a waiting game)을 펼치는 것이었다.

바빙크는 암스테르담에 가고자 깜픈을 떠나지는 않았다. 하지만 같은 시기에 자신의 모교[레이든 대학교]가 바빙크를 임용하려 한다는 풍문이 돌았다. 바빙크의 레이든 시절 교리사 교수였으며 로더베이끄 라우언호프(Lodewijk Rauwenhoff)가 1889년 1월 26일에 유명을 달리했다. 그는 바빙크가 "거룩한 신학의 학문"에서 레이든 학파를 비평했을 때 처음 언급한 인물이었다. 라우언호프가 죽고 3일 후, 바빙크는 라우언호프의 후임으로 임용될 것인지 논의하는 편지를 스눅 후르흐론여에게 보냈다(이 편지는 현재 남아 있지 않는 편지에 대

---

158 「드 바자윈」에 실렸던 이 요인들은 1889년 4월 28일 「드 헤라우트」에도 실렸다.

159 Willem Hovy, "Advertentien: Vrije Universiteit," *De vriend van oud en jong*, April 28, 1889. "Immers, het universitair karakter der Vrije Universiteit brengt mede, dat haar werkkring zoveel omvangrijker is dan die van een theologische school, hoe verdienstelijk deze ook overigens is."

해 답변하고자 기록했다).

넌 또 다른 문제, 즉 네가 처음 말을 꺼냈고 이에 대한 내 의견을 선명히 말하라고 한 문제를 쓰고 있어. 솔직히 말하면, 난 라우언호프가 맡고 있던 직이 내게 매우 매력적이라는 사실을 인정해. 난 특별히 많은 사람들이 거대한 학문적 능력으로 견지하고 옹호하고 있는 다른 관점을 소유하고 있는 모든 사람들 속에서 **내** 방식으로 생각하고 행동하지 못하는 무거운 짐을 숨길 수 없어. 그럼에도 불구하고 내 확신을 학문적으로 확증하고 다른 사람들과 대화할 수 있게 만드는 자유와 풍성한 기회 때문에 이 직은 나에게 매력적으로 다가와. 만약 네가 이에 대한 내 생각을 **확실히 확인**하지 않는다면, 난 이 직을 취할 생각이 없어. 그 외에는, 이에 대해 계속 숙고하는 것과 말하는 것은 의미 없다고 믿어.[160]

이때 레이든에서 가르치고 있었던 스눅 후르흐론여는 자기 친구가 레이든에 합류하고 싶어 한다는 것을 눈치챘다. 바빙크가 선뜻 깜픈에서 레이든으로 갈지 고민한다는 것 자체가 개인적으로 가고 싶다는 걸 명백히 인정하는 셈이었다. 그 이유는 기독교 대학의 이상을 위한 명백히 공감하고 있었음에도 불구

---

160 Bavinck to Snouck Hurgronje, Kampen, January 29, 1889, in *ELV*. "Gij schrift nog over eene andere zaak, wier eerste bespreking uwerzijds mij ook vrijmoedigheid geeft, om er mijne meening van te zeggen. Eerlijk beken ik, dat een leerstoel als dien van Rauwenhoff innam, voor mij veel bekoorlijks heeft. Ik ontveins me de bezwaren niet, vooral niet het optreden met *mijne* denkwijze te midden van mannen, die allen een ander standpunt innemen, en velen ook met groote wetenschappelijke kracht handhaven en verdedigen. Desniettemin zou zulk eene plaats mij aantrekken door de vrijheid en de rijke gelegenheid, die zij biedt om eigen overtuigingen wetenschappelijk te bevestigen en aan andere mede te deelen. Toch zou ik aan het innemen van zulk een plaats niet hebben gedacht als gij er mijne gedachte niet op *gevestigd* had. Voor het overige geloof ik ook, dat verder nadenken en spreken erover rekenen zou zijn buiten den waard." 강조는 원문.

BAVINCK

하고 바빙크는 깜픈을 떠나 암스테르담으로 오라는 요청에 그동안 설득당하지 않았기 때문이다. 사회의 중심적 상위 계급을 향해 강렬하게 움직여가는 특성 중에서 바빙크의 특정한 분리 측 배경과 가정 환경에 대해 이미 이 책에서 설명했다. 이런 배경 아래서 깜픈 학생에서 레이든 학생이 된 바빙크는 이미 그런 야망을 가지고 있었다. 1880년 초만 하더라도 두드러지게 나타지는 않았지만, 이제는 그 야망이 깨어났다.

이후에 스눅 후르흐론여에게 보낸 편지에서(3월 15일), 바빙크가 권력의 길로 들어섰다는 사실이 분명히 드러난다. "네덜란드령 동인도 민족 연구를 위한 왕실 학회와 쾨허니우스 장관의 레이든 공석을 위해 나를 추천해준 것에 대해 진심으로 감사의 말을 해야만 하겠어."[161] 정부 장관이었던 레비누스 쾨허니우스(Levinus Keuchenius, 1822-93)는 네덜란드 식민지 장관이었으며, 스눅 후르흐론여와 그 다음 수상 바론 아이네아스 마카이(Baron Aeneas Mackay, 1838-1909)와 가까이 일했다. 쾨허니우스는 적어도 카이퍼의 평가로는 마카이 내각 내의 "충실하게 반혁명적"이었던 유일한 현역 장관이었다.[162] (카이퍼와 쾨허니우스는 오랜 기간 우정을 쌓아왔는데, 카이퍼의 가장 어린 아들 레비누스 빌름 크리스티안[1882-93]은 대부였던 쾨허니우스의 이름을 따서 지었다).[163] 레이든에서의 앞으로의 임용을 위해서 정치적 지원이 필요하다는 맥락에서 봤을 때, 바빙크는 높은 자리에 있는 친구들이 필요했다. 분명히 스눅 후르흐론여는 쾨허니우스를 협력자로 규정했다.

하지만 친구의 지지에도 불구하고 이 편지는 바빙크가 라우언호프의 후임

---

161 Bavinck to Snouck Hurgronje, Kampen, March 15, 1889, in *ELV*. "Maar toch moet mij een woord van dank nog van 't hart voor de aanbeveling van mijn persoon bij het Koninklijk Instituut en voor de Leidsche vacature bij minister Keuchenius."

162 Bratt, *Abraham Kuyper: Modern Calvinist, Christian Democrat*, 218.

163 Bratt, *Abraham Kuyper: Modern Calvinist, Christian Democrat*, 221.

자리에 대해 연락을 받지 않았다는 사실을 보여준다. "난 [이 임용에 대해] 나 자신을 조금이라도 밀어붙이려 했다는 모습을 보여주길 원치 않았고, 때로는 이에 대해 네게 많이 쓰지 않았다는 것이 후회되기도 했어. 교수진이 추천한 사람들이 누구인지와 나는 그렇게 생각하지 않는데 거기에 나도 포함되어 있다는 루머들을 제외하고는 이 모든 일에 대해 아무것도 들은 바가 없어. 하지만 한 가지 정말로 기쁜 것은 **네가** 이 공석을 내가 채우는 것이 가치 있다고 판단했던 거야."[164] 대학과 (국립 대학의 교수직 임명에 궁극적인 책임을 가지고 있었던) 정부의 이런 침묵은 바빙크에게 금방 불편한 상황을 만들었다. 이 편지를 주고받을 시점에 소문이 언론에 회자되기 시작했고, 소문의 내용은 바빙크의 이름도 4명의 레이든 교수직 후보 명단에 올랐다는 것이었다. 이는 반혁명파 출간물인 「오라녀판」(Oranjevaan)에서 처음 주장되기 시작했으며, 레이든의 짧은 목록에 대한 긴급 기사가 3월 15일부터 19일에 걸쳐 「즈볼스 쿠란트」(Zwolsche Courant), 「하흐스 쿠란트」(Haagsche Courant), 「레이우아르더르 쿠란트」(Leeuwarder Courant), 심지어 「알허메인 한덜스블라트」(Algemeen Handelsblad)에도 타전되었다.[165] 이 소문들은 그 다음달에도 신문에 회자되었다. 예를 들면 이 소문들은 4월 27일판 「드 바꺼르」(De Wakker) 교육 부분에

---

164 Bavinck to Snouck Hurgronje, Kampen, March 15, 1889, in *ELV*. "Ik wilde zelfs de schijn niet geven van mij eenigszins te willen opdringen, en soms had ik berouw over het weinige, dat ik er u over geschreven had. Van de heele zaak hoorde ik verder niets, dan alleen enkele onzekere geruchten over de personen, die door de faculteit waren voorgedragen en waaronder ook ik zou behooren, wat me wel onwaarschijnlijk voorkwam. Een ding heeft me echter wezenlijk verblijd, dat *gij* mij vervulling dier vacature niet onwaardig keurdet"[역자 주: 에글린턴은 강조가 원문인지 이후 첨가인지 명시하지 않았다].

165 *Leeuwarder Courant*, March 16, 1889; Haagsche Courant, March 18, 1889; *Provinciale Overijsselsche en Zwolsche Courant*, March 18, 1889; *Algemeen Handelsblad*, March 19, 1889. C. M. van Driel, *Schermen in de schemering: Vijf opstellen over modernisme en orthodoxie* (Hilversum: Verloren, 2007), 22.

도 언급되었다.[166] 중요하게도, 그리고 자유 대학교의 최근 접근에 대한 바빙크의 행동과는 완전히 다르게도, 바빙크는 레이든 교수직에 대해 그 어떤 공개서한도 공표하지 않았다. 대중 속에서 이 소문들은 소문으로만 남아 있게 되었다.

5월이 마무리되며, 바빙크는 남동생 중 한 명으로부터 받은 편지에서 간접적으로 오랜 세월 동안 경쟁자였으며 (친구였던) J. H. 횐닝 2세가 레이든에 임용되었다는 소식을 들었다. "5월 20일. 난 디누스의 편지로부터 횐닝 교수가 레이든에서 라우언호프의 자리에 임용되었다는 사실을 알게 됐어. 나도 그와 함께 추천되었다고 해."[167] 명백하게도, 바빙크는 여전히 이에 대해 어떤 공식적인 연락도 받지 않았다.[168] 실제로 이 임용에 대해 신학 분과 교수진들은 새로운 교수는 반드시 "중립적으로" 가르쳐야만 하며 "종교적 교의의 기초"에 근거해서 가르치면 안 된다는 것을 강조했다.[169] 스눅 후르흐론여가 자신의 동료들 가운데서 바빙크를 추천했을 때, 이 점이 [바빙크를] 심각하게 고려할 기회를 즉각 저지시켜 버린 이유일 것이다(바빙크는 종교에 대한 중립적인 학문의 방향성을 공개적으로 비판했기 때문이다).

유리 천장을 건들기

나는 이 책 앞부분에서 분리 측 사람들을 1834년 분리와 1848년 국가들의 봄 사

---

166 *De Wakker*, April 27, 1889.

167 "Van 1886-891." "20 mei. Uit brief van Dinus vernam ik dat Prof. Gunning benoemd is te Leiden. Men zei dat ik met hem op de nominatie stond."

168 George Harinck, "'Een uur lang is het hier brandend licht en warm geweest': Bavinck en Kampen," in George Harinck and Gerrit Neven, eds., *Ontmoetingen met Bavinck* (Barneveld: De Vuurbaak, 2006), 114.

169 Van Driel, *Schermen in de schemering*, 22.

이에서 힘든 경험을 초기에 감당했던 정통 개혁 그리스도인으로 묘사했다. 이 시기에 그들이 금지된 교회를 고수한다는 것은 사회적 기회들이 극도로 제한 되었음을 의미했다. 초기 분리 측 사람들에게는 유리 천장이 그들을 짓누를 만큼 위에 살짝 매달려 있지 않았다. 물론 1848년의 여파 속에서 세상은 달라졌 다. 후기 근대성의 시작은 분리 측의 다음 세대를 다원주의적 자유민주주의 속의 끝없는 실험 속으로 거칠게 밀어 넣었다. 새로운 사회적 조건들 아래서 분리 측 사람들은 놀라울 만큼의 숫적 성장을 이루어냈다. 1849년 분리 측 교회에 속한 영혼들이 4만 명이었는데 1889년에는 18만 9천 명으로 성장했고, 이제는 네덜란드 인구의 4.2퍼센트가 분리 측 교회 교인들이다.[170] 어린 시절부터 이런 확장되고 야심찬 세대의 구성원으로서 (그리고 앞에서 언급했던 사회적 실험의 참여자였던) 바빙크는 만약 유리 천장이 존재했다고 생각했다면 그것을 아주 멀리서 바라보았을 것이다. 바빙크는 젊은 분리 측 구성원으로서 즈볼러 김나지움에 다닐 수 있었고, 네덜란드에서 가장 저명한 대학교에서 학위를 취득할 수 있었으며, 초청을 통해 지배 계층의 학술적 협회에도 참가할 수 있었다. 이 모든 면에서 기존의 한계는 1848년의 사건들을 통해 완전히 산산조각이 났고, 이제 기억 속으로만 남겨진 것처럼 보였다. 이런 인상은 1889년의 어색한 전환기에 레이든의 교수직 임용을 원했던 바빙크의 조심스러운 노력들이 거부 당하면서 바뀌게 되었다. 35년 동안 자신의 고향인 자유민주주의의 영역 속에서 아무 제약을 받지 않고 탐험을 한 후, 바빙크는 유리 천장을 바라볼 수는 있지만 그 너머로 올라갈 수 없다는 것을 깨닫게 되었다. 이데올로기의 문제로 레이든 대학교에 임용되지 못하고 깜픈 신학교보다 급격히 성장한 그의 신학 프로젝트는 새로운 보금자리를 필요로 하게 되었다.

---

170 Harinck and Berkelaar, *Domineesfabriek*, 87.

8. 현대적 종교개혁 집필
1889-1902

BAVINCK

"이것이야말로 우리 시대가 필요로 하는 신학이다"

바빙크는 라우언호프의 레이든 교수직 후임에 임용되지 못한 경험을 통해 현대 칼빈주의 프로젝트를 국립 대학으로 가져가려는 자신의 의지와 관계없이, 자신만의 신념을 가진 신학자가 임용될 수 있는 그 어떤 보장도 없다는 사실을 깨달았다. 레이든은 학생 바빙크를 기쁨으로 받아들였지만, 교수진으로는 기꺼이 받아들일 마음이 없었다. 이와 더불어 바빙크는 아브라함 카이퍼가 삶의 모든 영역 및 다른 학문 분야와 관련된 자신의 신학관에 미치는 영향을 점점 더 깊이 인식하게 되었다. 이런 특별한 영향력은 깜픈에서의 바빙크의 삶을 다소 복잡하게 만들어갔다. 바빙크 혼자만 깜픈에서 카이퍼에게 공감을 표하는 신학자인 것은 아니었음에도 불구하고, 카이퍼의 방향성을 향한 바빙크의 긍정은 처음부터 루카스 린더봄 같은 사람들과 불화를 초래했다. 게다가 바빙크는 학문들의 대학(*universitas scientiarum*) 전체에 그리스도의 주권을 적용하고자 하는 그의 커져만 가는 열망의 실현 가능성이 신학교에서는 제한적이라는 사실을 매우 잘 알고 있었다.

　1880년대에 바빙크는 신학에 대한 자신의 견해를 현대적이면서도 섬김의 마음을 가진 "학문들의 여왕"[1]으로 조심스럽게 표현해 왔다. 레이든 교수직과 관련된 시간 속에서도, 바빙크는 학문들의 여왕(*regina scientiarum*)을 징계 당하는 이웃들이 깊은 곳에서부터 찬가를 부르는 갈망을 만족시키기 위해 필요한 탐구의 길로 보았다. 그러므로 바빙크는 다른 학문들을 현대의 통합 학문으로 섬기기 위해 신학을 준비했는데, 그렇지 않으면 자의적 공존이 성취되지 않는 불행한 미래를 맞이하게 될 것이라고 생각했기 때문이다. 비록 다른 시각이긴 하지만 신학이 다른 학문들을 갈망하는 것처럼, 학문들도 신학이 필요하다. 하지만 이런 주장을 통해 바빙크는 스스로를 어렵게 만들었다. 한편으로는 국립 대학들이 자신의 여왕에게 기꺼이 복종하지 않았으며, 또 다른 한편으로는 사립 신학교는 섬길 만한 다른 학문들을 여왕에게 제공하지 않았다. 신학교에서의 바빙크의 이런 위치는 1889년이 끝나갈 때 설교와 관련된 예술, 역사, 문학, 언어학, 철학 등에 대해 아름답고도 폭넓은 작품인『웅변』(*De Welsprekendheid*)[2]의 집필을 막지 못했으나, 바빙크는 기독교 대학이야말로 신학교가 제공하지 못한 것들을 제공할 수 있다고 믿게 되었다.

1　Wolter Huttinga, "'Marie Antoinette' or Mystical Depth? Herman Bavinck on Theology as Queen of the Sciences," in *Neo-Calvinism and the French Revolution*, ed. James Eglinton and George Harinck (London: Bloomsbury T&T Clark, 2014), 143-54.

2　Herman Bavinck, *De Welsprekendheid* (Kampen: G. Ph. Zalsman, 1889); ET: *Eloquence*, in *Herman Bavinck on Preaching and Preachers*, ed. and trans. James Eglinton (Peabody, MA: Hendrickson, 2017), 21-56[역자 주: 한글 번역은 헤르만 바빙크, "웅변술," in『헤르만 바빙크의 설교론: 설교는 어떻게 사람을 변화시키는가』, 제임스 에글린턴 편, 신호섭 옮김 (군포: 도서출판 다함, 2021), 59-136이다].

요한과 요한나와 어울리다

이 시기쯤 바빙크의 남동생들인 디누스(Dinus)와 요한(Johan)이 암스테르담에서 (한 집에 사는) 학생이 되었다. (그들의 다른 형제 베르나르트[Bernard]는 깜픈 신학교 학생이었다.) 바빙크는 "요한이 좋지 않았다"[3]라고 기록하며 늦은 10월 그들을 방문하러 암스테르담에 방문했다. 그다음 바빙크는 선교사 모임에서 유대주의에 대해 강의하러 우트레흐트에 방문했다. 그날 이후 바빙크는 요한나 스키퍼스(Johanna Schippers)의 고모였던 프레이란트(Vrijland) 부인과 함께 스키담(Schiedam)으로 여행했다. "**10월 25일. 프레이란트 부인을 방문함. 요한나 스키퍼스가 거기에 머물었고 강의에 참석했다. 즐거운 아침 음료와 식사 후, 오후 4시 30분에 깜픈으로 떠났다.**"[4] 아멜리아를 향한 바빙크의 초기 글들 속에서도 아멜리아를 향한 바빙크의 감정이 그녀의 반응을 이끌어냈는지 발견하기는 힘들다. 이와 대조적으로, 요한나에 대한 바빙크의 초기 일기들은 서로 관심이 있었다는 사실이 암시되어 있다. 하지만 1890년 초반기에는 바빙크의 관심이 요한의 건강에 온통 쏠려 있었다. 이런 이유 때문에 바빙크는 동생을 방문하러 주기적으로 암스테르담에 방문했다.

> **2월 4일. 아침에 암스테르담으로. 요한은 꽤 괜찮아졌고 같이 가길 원하지 않았다.**

> 2월 20일. 오후에 집으로[깜픈으로]. 요한은 좋지 않았고 나와 함께

---

3 "Van 1886-891," HBA, folder 16. "23 Oct ⋯ Johan was niet al te wel."

4 "Van 1886-891." "25 Oct. Visite gemaakt bij Mevr Vrijland Sr. Johanna Schippers was daar gelogeerd en had ook de lezing bijgewoond. 's Middags na aangenamen morgendrank en diner, om half vijf vertrokken naar Kampen."

왔다.[5]

같은 날(1890년 2월 20일), 바빙크는 자신을 반대하는 루카스 린더봄이 로테르담의 기독개혁교회의 청빙을 사양하고 신학교에 남기로 했다는 결정을 들었다. 바빙크는 평소와 달리 풍자적으로 "**학생들이 그에게 [남아 달라고] 탄원하지 않았다**"[6]라고 기록했다. (특별히 요한나와 자신의 아픈 동생 때문에) 바빙크의 감정은 점점 더 신학교를 떠나고 있었던 것과 같이, 린더봄도 자신의 입장을 요지부동 고수했다. 이전 해에 있었던 신학교에 대한 바빙크의 신나지 않았던 공개적 진술을 향해 린더봄은 더 분명하게 선언했다. 바빙크와 달리 린더봄은 그 어디로도 떠나지 않았다.

결혼식 계절

1890년 4월 20일, 바빙크 형제들이 「드 바자윈」의 한 지면을 차지했다.

우리의 사랑하는 부모님,
얀 바빙크와
헤지나 마흐달레나 홀란트의
4월 28일 **40주년 결혼기념일**을 기념하길 소망한다.
그분들의 감사한 자녀들,
H. 바빙크
C. B. 바빙크

---

5 "Van 1886-891." "4 febr. 's Morgens naar Amsterdam. Johan was vrij wel, wou niet mee. ⋯ 20 febr. 's Avonds terug naar huis. Johan was niet wel en ging mee."

6 "Van 1886-891." "20 febr ⋯ De studenten verzochten hem niet."

B. J. [F.] 바빙크

J. G. 바빙크

깜픈[7]

이 특별한 일 이후 바빙크 주변에 수많은 결혼이 꽃피우게 되었다. 헤르만은 요한나와, 바빙크의 동생 베르나르트는 흐리쪄 바우어스(Grietje Bouwes)와, 그리고 무엇보다 논쟁적 상황에서 바빙크의 친구 스눅 후르흐론여는 이슬람 청소년이었던 상카나(Sangkana)와 결혼했다.

이 시기 베르나르트는 기독개혁교회에서 막 안수받으려던 24세의 청년이었다. 얀과 헤지나의 루비[감수자 주: 40주년] 결혼기념일(4월 28일)에 대한 내용이 기록되어 있는 바빙크의 일기에는 베르나르트의 새로운 여자친구의 이름이 언급되지 않은 채 등장하긴 하지만 이 새로운 여자친구는 돌아오는 11월에 곧 흐리쪄 바빙크-바우어스가 된다.

스눅 후르흐론여의 (첫 번째) 결혼을 둘러싼 상황은 확실히 관습과는 달랐다. 1889년, 스눅 후르흐론여는 네덜란드령 동인도로 가서 "표면적 무슬림으로 행동하기"를 다시 시작했다. 그는 도착 직후 '압둘 알-가파르'('Abd al-Ghaffār)로서 이슬람 아내 중 첫째 아내와 결혼했고(17세의 상카나) 그녀와 함께 4명의 이슬람 자녀들을 갖게 되었다.[8] 스눅 후르흐론여의 결혼에 대한 소문들은 네덜

---

7 *De Bazuin*, April 25, 1890. "Onze geliefde Ouders, JAN BAVINCK EN GEZINA MAGDALENA BAVINCK, hopen den 28sten April a.s. hunne 40-jarige Echtvereeniging te herdenken. *Hunne dankbare zonen*, H. BAVINCK, C. B. BAVINCK, B. J. T. BAVINCK, J. G. BAVINCK, Kampen." 주의: 베런디누스 요한네스 페미아(Berendinus Johannes Femia)의 머리글자가 잘못 기재되어 있고 헤지나 이름의 철자도 잘못되어있다.

8 Pieter Sjoerd van Koningsveld, "Conversion of European Intellectuals to Islam: The Case of Christiaan Snouck Hurgronje alias 'Abd al-Ghaffār," in *Muslims in Interwar Europe: A Transcultural Historical Perspective*, ed. Bekim Agai, Umar Ryad, and Mehdi Sajid (Leiden: Brill, 2016), 101.

란드에서도 논쟁을 불러일으켰으며 그는 결국 결혼했다는 사실을 사적으로나 공적으로나 거부했다. 실제로 1890년 7월, 지금은 없어진 바빙크의 편지에 대한 답장에서 스눅 후르흐론여는 자신이 결혼했다는 사실을 분명히 부정했으며 호사가들이 만들어내는 소문으로 치부했다.[9]

사실 그의 답변은 진실과 거리가 멀었다. 그 당시 네덜란드령 동인도는 이슬람 법과 네덜란드 법으로 분리되어 이중의 법체계, 즉 토착민들과 식민자들의 법체계로 운영되고 있었다. 네덜란드 법조문에 의하면, 스눅 후르흐론여와 상카나의 결혼은 공식적으로 인정된 결혼이 아니었다. 하지만 스눅 후르흐론여를 진짜 이슬람교도로 여겼던 자바(Java)의 토착민 공동체는 이 결혼을 확실히 법적인 효력이 있는 결혼으로 대했다. 이후에 바빙크와 스눅 후르흐론여는 5년 동안이나 서로 편지 왕래가 없었다.

결혼을 향한 헤르만의 길은 이보다는 덜 복잡했다. 현존하는 자료가 말해주는 한, 바빙크는 지금까지 요한나와 기껏해야 두 번, 즉 1888년 가을에 스키담으로 설교하러 갔을 때와 1889년 끝 무렵에 우트레흐트에서 강의했을 때 만났을 뿐이었다. 1890년 6월 바빙크는 요한나의 고향에 다시 한 번 가게 된다.

> 6월 1일. 요한복음 8장 23, 24절과 요한복음 9장 4, 5절로 플라르딩언에서 설교함([설교 번호] 411 & 412번). 난 A. W. 스키퍼르스와 함께 머물렀다. … 월요일 난 3시까지 플라르딩언에 머물렀다. 너무 즐거움. 요한나.

> 1890년 6월 4일. 수요일. 딸 요한나의 마음과 손을 허락받기 위해 스키퍼르스 씨와 부인에게 편지를 씀.

---

9 Snouck Hurgronje to Bavinck, Weltevreden, July 16, 1890, in *ELV*. 주의: 벨트프레이든(Weltevreden)은 현재 자카르타(Jakarta)이다.

6월 8일. 난 허락을 받았고 바로 [요한나에게 편지를] 썼다.

6월 12일. 목요일 저녁, 난 요한나로부터 내 청혼을 수락하겠다는 소식을 받았다.[10]

그 당시의 관례에 따라 헤르만과 요한나도 편지로 약혼했다. 바빙크는 새로운 약혼녀를 만나기 위해 즉시 플라르딩언에 갔다(중간에 후스[Goes]에서 설교했다). 새로운 약혼녀와의 만남에 대한 내용은 평소답지 않게 지저분한 글씨체로 기록되어 있다. 바빙크가 이 만남에 대해 기록할 때 그의 손은 떨렸다.

6월 16일. 무어데이끄(Moerdijk)을 경유해 로테르담으로 가는 아침 8시 기차. 거기서부터 플라르딩언으로. 난 여기에 2시에 도착했고 모두에게 따뜻한 환대를 받았다. 요한나와 더 많이 친해졌음 ⋯ 우리의 약혼을 공개적으로 발표하는 방식에 대해 요한나와 결정함.[11]

---

10 "Van 1886-891." "1 juni. Gepreekt in Vlaardingen over Joh 8:23, 24 en Joh 9:4, 5 (411 & 412). Ik logeerde bij A.W. Schippers. ⋯ 's Maandags bleef ik te Vlaardingen tot drie uur. Veel genoten. Johanna. 4 juni 1890. Woensdag. Aan Mijnheer en Mevr. Schippers per brief verlof gevraagd, om aan hun dochter Johanna hart en hand te vragen. 8 juni. Ik ontving verlof, en schreef terstond. 12 Juni. Donderdag avond, ontving ik bericht van Johanna, dat zij mijn aanzoek aannam"[역자 주: 요 8:23-24 - 예수께서 이르시되 너희는 아래에서 났고 나는 위에서 났으며 너희는 이 세상에 속하였고 나는 이 세상에 속하지 아니하였느니라 그러므로 내가 너희에게 말하기를 너희가 너희 죄 가운데서 죽으리라 하였노라 너희가 만일 내가 그인 줄 믿지 아니하면 너희죄 가운데서 죽으리라, 요 9:4-5 - 때가 아직 낮이매 나를 보내신 이의 일을 우리가 하여야 하리라 밤이 오리니 그 때는 아무도 일할 수 없느니라 내가 세상에 있는 동안에는 세상의 빛이로라].

11 "Van 1886-891." "16 juni. 's Morgens op de trein om 8 uur over Moerdijk naar Rotterdam. Van daar naar Vlaardingen. Ik kwam hier om 2 uur en werd door allen hartelijk ontvangen. Nader kennis gemaakt met Johanna. ⋯ Met Johanna afspraak gemaakt over wijze v. publiceering onzer verloving."

(같은 날 「드 스탄다르트」는 바빙크의 가장 어린 동생 요한이 자유 대학교에서 예비 시험에 통과했고 이제 더 법학에 매진할 수 있게 되었다는 소식을 전했다).[12] 유행에 따라 접힌 약혼 카드가 암스테르담의 유명한 석판 인쇄 회사 파더혼(Faddegon)에서 곧 인쇄될 것이다.[13] 이어지는 주일(6월 20일), 바빙크와 요한나는 약혼 상태로 처음 교회에 함께 출석했다. 그 주일 오후, 계속에서 덕담을 해주는 사람들로 인해 그들은 저녁 예배 시간을 놓치게 되었다. 그렇게 된 후 바빙크는 "**요한나와 함께 나무 그늘집에서 게록[Gerok]을 읽다**"[14]라고 기록했다. 그들이 선택한 시인 칼 게록(Karl Gerok, 1815-90)은 독일의 종교적인 저자로, 1865년에 네덜란드판으로 출간된 『종려나무 잎사귀들』(*Palmbladen*)을 출간해 "기독교적 신앙과 기독교적 세계관"을 시적으로 홍보하며 명백히 유행을 따르는 작품을 출간했다.[15] 그들이 함께 게록의 시를 읽은 것으로 비추어 볼 때, 헤르만과 요한나는 미적 감각과 종교적 감각을 서로 공유했다는 사실이 분명히 드러난다. 그들의 만남은 조짐이 좋았다.

요한나 바빙크 - 스키퍼르스

이런 관점에서 봤을 때, 요한나 안에서 "헤르만은 신학을 논의할 수 있는 누

---

12 "Schoolnieuws," *De Standaard*, June 16, 1890.

13 HBA, folder 38. 편지 날짜 1890년 10월 21일은 아마도 헨리 도스꺼가 이 약혼 카드를 받은 날로 보인다.

14 "Van 1886-891." "20 juni ⋯ Daardoor niet ter kerk 's avonds. Met Joh. in 't prieel Gerok gelezen."

15 Karl Gerok, *Palmbladen; Heilige woorden: Ter bevordering van christelijke geloof en christelijke wereldbeschouwing*, trans. C. P. L. Rutgers (Groningen: Zweeden, 1865).

군가를 찾지 않았다"[16]라는 글리슨의 주장은 오해의 여지를 준다. 비록 요한나가 학문적 신학자는 아니었지만 특권적 교육을 즐겼으며 확실히 세련되고 지적인 여성이었다. 요한나는 어린 시절부터 영어와 프랑스어를 배웠으며 독서와 작문을 즐겼고 결혼 생활 전반에 걸쳐 영어를 사용하기도 했던 여성이었다. 바빙크와 요한나가 관계를 맺기 시작할 때, 요한나는 우트레흐트에서 바빙크의 강의를 들었고, 신학적으로 풍성한 시를 함께 읽음을 통해 서로의 관심사를 공유했다. 이후 장들에서 살펴보게 될 것이지만, 요한나는 헤르만이 관여한 신학 논쟁들에 대해 자신의 의견을 제시하기도 했다. 바빙크가 세상을 떠난 후, 요한나는 바빙크의 후기 작품들과 사상들과 교감하는 정기간행물 「기독교와 여성 운동」(*Christendom en Vrouwenbeweging*, 1923)을 창간해 공동 편집하기도 했다.[17] 바빙크 사후, 그녀는 바빙크의 생애와 사상에 대한 출판물들을 수집했다.[18] 이 시기 요한나는 바빙크의 [네덜란드판] 『개혁 교의학』(*Gereformeerde Dogmatiek*)을 [영어 번역판] 『개혁 교의학』(*Reformed Dogmatics*)과 [독일어 번역판] 『개혁 교의학』(*Reformierte Dogmatik*)으로 번역하는 초기 작업에도 깊숙이 관여했다.[19] 비록 요한나가 1927년에 독일 출판사 반덴 & 루프레히트 (Vandenhoeck & Ruprecht)와 진행했던 『개혁 교의학』 독일어판 출간에 대한 논의가 결실을 맺지는 못했지만,[20] 그녀와 윌리엄 B. 어드만스 출판사 사이의 논의는 얼마나 요한나가 영어 번역의 신학적 정확성에 대해 고민했는지가 잘

---

16 Ron Gleason, *Herman Bavinck: Pastor, Churchman, Statesman, Theologian* (Phillipsburg, NJ: P&R, 2010), 139.

17 Cornelia Frida Katz, "Inleiding," *Christendom enVrouwenbeweging*, introductory issue (1923): 1-7, 20.

18 HBA, folder 40.

19 HBA, folder 11.

20 H. W. van der Vaart Smit to J. A. Bavinck-Schippers, Zuid-Beijerland, October 17, 1927, HBA, folder 11.

드러난다.[21] 아마도 헤르만은 진정으로 신학에 대해 논의하고, 그의 사후에도 자신의 신학에 몰두할 사람을 요한나에게서 발견했던 것 같다.

요한나의 부모님에 의해 약혼 연회가 거행되었고 얀과 요한 바빙크도 그 연회에 참석했으며(7월 23일) 약혼반지도 구입했다(7월 29일). 그 후 헤르만과 요한나는 친구들을 만나고 시를 함께 읽으며 다음 몇 주간을 함께 지냈다(예를 들어, 8월 4일 그리스도를 자신의 구세주로 생각하는 유대인 시인이며 칼빈주의 부흥 운동을 활발하게 만들었던 이삭 다 코스타[Isaac da Costa]의 시를 함께 읽었다고 바빙크는 기록했다). 그들의 결혼식은 1891년 7월로 예정되었다. 결혼 전 1890년 11월, 얀 바빙크의 소개로 베르나르트와 흐리쩌가 결혼했다. 헤르만은 일기에서 이 결혼식을 "아주 유쾌하지는 않았다"[22]고 적었다.

새로운 성경, 새로운 업무량

바빙크가 스눅 후르흐론여에게 교의학과 윤리학 집필을 준비하기 시작했다고 처음 언급했던 때로부터 6년이나 흘렀다. 이 언질 외에 바빙크는 자신의 일기나 개인 서신 속에서도 집필 진행 상황에 대해 언급하지 않은 것처럼 보인다. 이 시기부터 바빙크 자신의 강의안 속에서 종국에 『개혁 교의학』으로 출간될 내용의 초기 형태가 보이기 시작했다. 1883년부터 1890년까지의 출간되지 않은 강의안은 "신학 방법," "독일의 신학적 방향성," "불가지적(반형이상학적) 신학

---

21 HBA, folder 11. 1930년대 영어 번역본 출간에 대한 시도로는 John Bolt, "Herman Bavinck Speaks English: A Bibliographic Essay," *Mid-America Journal of Theology* no. 19 (2008): 120-22를 참고하라.

22 "Van 1886-891." "20 November Bernard en Grietje getrouwd door Vader. Bruiloft niet erg gezellig."

방향성," "언약 교리," "신학적 백과사전," 그리고 "신학의 정수: 교의학"이라는 제목을 가지고 있었다.[23] 이와 더불어, 이 시기의 날짜가 기입된 미출간된 원고들도 교의학 체계의 초기 형태를 어렴풋이나마 가지고 있었다. 예를 들면, "인간, 하나님의 형상," "하나님의 가지성," 그리고 "현 시대의 학문으로서의 신학" 등이다.[24] 바빙크는 1883년부터 1887년까지 개혁파 윤리학 초고 집필에 꽤 많은 진보를 이루어냈다. 하지만 이 집필 작업은 결국 완성되지 못했다. 비록 『개혁 교의학』 집필 작업은 완성했지만, 이 시점의 바빙크는 여전히 목표로부터 다소 멀리 떨어져 있었다.[25]

만약 바빙크의 커다란 계획이 열매를 맺었다면, 무언가 바뀌었을 것이다. 교실 수업에 대한 바빙크의 책임감은 새로운 세대가 가지고 있는 교의학과 윤리학의 중대한 필요성을 만족시키려 했던 그의 계획을 뒤로 물리고 말았다. 이와 더불어 1890년대 중반(그렇지 않았더라면 약혼과 결혼 준비로 바빴을 시점에) 바빙크는 새로운 네덜란드 성경을 만들기 위해 카이퍼, F. L. 루트허르스(Rutgers), 얀 볼쩌(Jan Woltjer) 등과 더불어 힘을 모았다는 소식이 네덜란드 언론에 의해 널리 알려졌다.

1637년 국가번역본(Statenvertaling)은 19세기 전반에 걸쳐 다양한 네덜란드 개신교도들 속에서 지배적인 성경 번역본으로 남아 있었다. 하지만 이 번

---

23 Herman Bavinck, "De theologische richtingen in Duitschland" (1884), HBA, folder 41; Bavinck, "Methodologie der theologie" (1883-4), HBA, folder 43; Bavinck, "De leer der verbonden" (1884), HBA, folder 45; Bavinck, "Medulla Theologiae. Dogmaticae. 1884/85," HBA, folder 46.

24 Herman Bavinck, "De Mensch, Gods evenbeeld" (1884), HBA, folder 102; Bavinck, "De kenbaarheid Gods (1888), HBA, folder 106; Bavinck, "De theologie als wetenschap in dezen tijds. Kampen 1889," HBA, folder 107.

25 교의학에 대한 미출간된 원고들은 날짜가 명시된 원고와 그렇지 않은 원고들로 섞여 있다. 날짜는 기입되어 있지만 출간되지 않은 교의학 원고는 1890년대 동안 훨씬 더 많이 집필되었다. HBA, folder 155-88를 보라.

역본은 가독성이 아쉬웠다. 그 당시 보통의 네덜란드 사람들이 국가번역본을 이해하기란 매우 어려웠다. 카이퍼와 그의 동료들의 노력 전에 새로운 19세기 번역본을 만들려는 시도가 몇 차례 있었다. 팔름 성경(*Palmbijbel*, 1822-30)은 국가번역본의 고문체들을 온건하게 수정하기 시작했고, 헤르브란트 피스헤링(Gerbrand Visschering)은 네덜란드 메노파 교도들 사이에 통용된 새로운 신약성경(1854-59)을 제공했다. 포르후프 번역본(*Voorhoevevertaling*, 1877)은 1867년 신약성경 영어 번역본을 만든 플리머스 형제단(the Plymouth Brethren)의 창립자인 존 넬슨 다비(John Nelson Darby)의 작품을 따라갔다. 1899년, 바빙크의 사실상의 박사논문 지도 교수였던 아브라함 꾸우는이 포함된 일련의 레이든 교수들이 성경 비평과 자유주의 신학의 영향력 아래서 새로운 성경 번역을 시작했다(이 레이든 번역본은 1912년까지 완성되지 않았다).

하지만 카이퍼와 그의 동료들은 플리머스 형제단도 아니었고 메노파 교도들도 아니었다. 게다가, 팔름 성경(*Palmbijbel*)에 책임 있는 시인 요한네스 판 데어 팔름(Johannes van der Palm, 1763-1840)은 바빙크와 카이퍼에게 총애받았던 시인 빌름 빌더데이끄(Willem Bilderdijk, 1756-1831)의 가장 큰 공개적 경쟁자였다.[26] 그리고 레이든 번역본은 바빙크와 카이퍼의 구미에 전혀 맞지 않았다. 이런 명백한 이유로 인해 그들은 다양한 대안 성경들에 만족할 수 없었다.

그들의 새로운 성경 번역에 대한 초기 언론 광고들은(「드 스탄다르트」(*De Standaard*)[27], 「헷 니우스 판 드 다흐」(*Het Nieuws van de Dag*)[28], 지역 신문들, 그 외 언론들은) 이 새로운 성경 번역본이 17세기 국가번역본의 철자와 용어 등

---

26 이 경쟁 관계에 대한 일방적인 특정 관점에 대해서라면 Nicolaas Beets, *Life and Character of J. H. van der Palm*, trans. J. P. Westerveld (New York: Hurd & Houghton, 1895), 16-18을 참고하라.

27 *De Standaard*, July 16, 1890.

28 *Het Nieuws van de Dag*, July 17, 1890.

을 바꿀 것이라고 광고했다. 새로운 개혁파 대학교, 새로운 정치 정당, 새로운 개혁파 교의학과 윤리학과 더불어, 카이퍼의 운동은 성경 자체에 대한 새로운 번역도 필요로 했던 운동이었다. 이 광고들이 지적했다시피, 이 번역 계획은 3년이 걸리는 계획이었다. (실제로는 5년이 걸렸다.) 『개혁 교의학』과 『개혁 윤리학』 집필 진도도 매우 천천히 진행된 것처럼, 바빙크는 또 다른 주된 업무, 즉 수년이 걸릴 계획 성경 번역에 자신을 헌신했다.

이 시기까지 바빙크의 사역은 1883년에 [깜픈] 신학교에 임용된 후 그에게 부여된 강의에 대한 책임감 속에 형성되었다. 그 당시 그의 임용은 섬세한 세력 균형에 의존되어 있었다. 1882년 총회가 열리기까지 바빙크는 짧은 기간에 자신의 임용 경쟁에 많은 힘을 쏟아부었다. 여전히 더 중요한 사실은, 바빙크는 1880년대 초반 자신을 위해 전략적으로 중요했던 설교 강단과 출간을 위한 공간을 창출해 준 교단 내 영향력이 있는 인사들에게 의존했다는 점이다. 이런 이유로, 비록 새롭게 임용된 교원이었지만, 바빙크는 자신의 강의량을 협상할 위치에 있지 않았다. 신학교 이사진들이 모든 것을 장악했으며 바빙크의 강의량도 학교에서 결정했다. 1890년, 이런 세력 역학 구도가 많이 변화되었다. 바빙크는 (현재 교장으로 섬기고 있는) [깜픈] 신학교와 자유 대학교 둘 다로부터 공개적으로 구애를 받는 신학자가 되었다.

자유 대학교의 최근 접근을 사양할 때, 바빙크는 신학교가 가지고 있는 제한적인 범주와 자유 대학교를 향한 자신의 이상적인 공감을 공개적으로 표명했다. 바빙크는 자신의 불만을 꽤 공개적으로 밝혔다. 만약 바빙크가 깜픈에 보다 더 오래 머물렀다면, 깜픈 신학교는 바빙크가 지적한 내용에 좀 더 가깝게 가야만 했을 것이다. 이 시기 「알허메인 한덜스블라트」(*Algemeen Handelsblad*)에 실린 "깜픈 신학교는 곧 바빙크 박사를 '자유 대학교'에 넘겨야

할 것이다"[29]라는 내용에 비추어 볼 때 바빙크는 이제 더 강한 힘을 지니고 있었다. 바빙크를 교수진으로서 만족시키는 측면에서 볼 때, 공은 신학교에게 넘어가 있었다.

그러므로 1890년 가을에 생겼던 중대한 상황 변화에 대한 기록 속에서 바빙크를 찾는 것은 그렇게 놀라운 일은 아니다. "**9월 16일. 깝떼인(Kapteyn) 씨와 함께 교수 모임. 난 강의를 훨씬 덜 맡게 되었다.**"[30] 언급된 인물인 요한네스 깝떼인(Johannes Kapteyn, 1862-1906)은 (신학 전 단계) 문학 수업을 담당하기 위해 새롭게 임용되었고, 그로 인해 바빙크와 다른 교수들의 강의 부담이 줄어들었다.[31] (이트저르트 판 델른[Idzerd van Dellen]의 전기적 정보에 따르면 그가 1889년에 깜픈 신학교 학생이 되었을 때, 바빙크는 여전히 문학 수업들로 인해 무거운 강의량을 소화하고 있었다고 전한다).[32] 이후에 임용된 야코프 판 데어 팔크(Jacob van der Valk)와 헨드릭 레이닝끄(Hendrik Reinink)가 나머지 문학 주제들을 맡게 되었다.[33] 1890년과 1891년에 일어난 신학교 임용들은 바빙크에게 새로운 종류의 사역을 의미했다. 이를 통해 모든 것이 변했기 때문이다. 교탁과 책상 앞에서 바빙크는 곧 교의학 집필에 몰두하게 된다.

---

29 "Samensmelting van doleerenden en afgescheidenen," *Algemeen Handelsblad*, July 12, 1892. "De Theologische School te Kampen zal weldra dr. Bavinck moeten afstaan aan de 'Vrije Universiteit.'"

30 "Van 1886-891." "16 sept. Docentenvergadering met de Heer Kapteyn. Ik kreeg heel wat minder colleges."

31 Zuidema, "Kapteyn (Johannes)," in *Nieuw Nederlandsch Biografisch Woordenboek*, ed. P. C. Molhuysen and P. J. Blok (Leiden: A. W. Sijthoff's, 1912), 2:647-8.

32 Idzerd van Dellen, *In God's Crucible: An Autobiography* (Grand Rapids: Baker, 1950), 43.

33 George Harinck and Wim Berkelaar, *Domineesfabriek: Geschiedenis van de Theologische Universiteit Kampen* (Amsterdam: Prometheus, 2018), 95.

보통 수준의 집필이 끝나다

비록 1880년대 바빙크의 출간 목록은 큰 가능성을 보여주었고 독자들에게 이미 자신의 독특한 신학적 특색에 대한 분명한 인상을 심어주긴 했지만, 여전히 보통 수준에 지나지 않았다. 지금까지 바빙크는 자신의 대표 걸작을 내놓지 못했다. 『순수 신학 통론』(*Synopsis purioris theologiae*)에 대한 바빙크의 작업이 전략적으로 유용하긴 했지만 (지금은 서론에 자신의 신학적 목소리가 들어가야 하지만 바빙크는 서론에서) 기껏해야 스쳐 지나듯 자기 고유의 신학적 목소리를 내었을 뿐이었다. 출간된 박사논문 이후에 집필한 샹뜨삐 드 라 소세이(Chantepie de la Saussaye)에 대한 바빙크의 책은 주로 설명 위주로 구성되었고, 그 외의 짧은 책들은(『거룩한 신학의 학문』『기독교와 교회의 보편성』그리고 『웅변』 등은) 오랜 기간 집필되었다기보다는 자신의 강의에서 비롯된 것이다. 「신학 연구」(*Theologische Studieën*)에 실은 알프레히트 리츨(Albrecht Ritschl)에 대한 글 이후에[34] 바빙크의 소논문들은 오직 기독개혁교회 내부 저널이었던 「드 프레이 께르끄」(*De Vrije Kerk*)에만 실렸을 뿐이다.

만약 평생 동안 이런 수준의 글만 썼더라면 바빙크는 거의 확실히 19-20세기 신학에서 비주류 인물로 전락했을 것이며, 기껏해야 영향력 있는 카이퍼나 꾸우는의 작품 속에 각주 정도로 등장하는 신학자가 되었을 것이다. 하지만 그건 바빙크의 운명이 아니었다. 1890년의 개인적 상황과 직업적 환경의 변화는 바빙크를 이전과는 다른 길로 그를 안내했으며 자신의 삶 속에서 새로운 위상과 더불어 자리매김하게 되었다. 요한나와 더불어 생동감을 느끼는 동시에 폭넓은 강의에 대한 책임감으로부터 다소 해방됨을 통해 바빙크는 탁월한 지적

---

34 Herman Bavinck, "De Theologie van Albrecht Ritschl," *Theologische Studieën* 6 (1888): 369-403.

야망이 서려 있고 지속적으로 국제적인 영향력을 행사하는 작품을 곧 완성하게 된다. 1884년부터 시험적으로 써 내려가기 시작했던 총 4권짜리『개혁 교의학』이 드디어 1895년, 1897년, 1898년, 그리고 1901년에 걸쳐 출간되었고, 1901년에는 바빙크의『개혁 윤리학』도 꽤 진척을 보이는 원고로(하지만 완성되지는 못하고) 집필 중에 있었다.[35]

1890년대는 특출난 집필들이 쏟아져 나온 해였다. 바빙크 사후, 바빙크의 이전 학생이었던 이트저르트 판 델른(Idzerd van Dellen)의 부고는 그 시기의 전반부 동안 바빙크의 교실에서의 자료와 글이 같은 프로젝트에 의해 어떻게 사용되었는지에 대해 회상했다. '바빙크는 빠르게 말씀하셨다. 우리는 기껏해야 짧은 메모를 남길 뿐이었다. … 그 분의『교의학』이 출간되고 난 후에 [학생들이] 받아 적는 것이 얼마나 쉬워졌는지 모른다.'[36]

결혼

헤르만과 요한나는 1890년 마지막을 함께 보냈다. 그들은 성 니콜라우스 축일

---

35 Herman Bavinck, *Gereformeerde Ethiek*, ed. Dirk van Keulen (Utrecht: Uitgeverij Kok-Boekcentrum, 2019); ET: *Reformed Ethics*, vol. 1, *Created, Fallen, and Converted Humanity*, ed. and trans. John Bolt with Jessica Joustra, Nelson D. Kloosterman, Antoine Theron, and Dirk van Keulen (Grand Rapids: Baker Academic, 2019); ET: *Reformed Ethics*, vol. 2, *The Duties of the Christian Life*, ed. and trans. John Bolt with Jessica Joustra, Nelson D. Kloosterman, Antoine Theron, and Dirk van Keulen (Grand Rapids: Baker Academic, 2021). [역자 주: 헤르만 바빙크,『개혁과 윤리학1: 인간의 창조와 타락과 회심』, 존 볼트 엮음, 박문재 옮김 (서울: 부흥과개혁사, 2021)].

36 Idzerd van Dellen, "In Memoriam: Prof. Dr. H. Bavinck te Kampen," *Onze Toekomst*, August 26, 1921. "Bavinck dicteerde snel. We konden maar korte aanteekeningen maken. … Hoe veel gemakkelijker moet het later geweest zijn toen zijn Dogmatiek was gepubliceerd." 이 조각은 바빙크 사후 요한나 에 의해 보존되었다. HBA, folder 40를 보라.

(*Sinterklaas*) 선물을 사러 로테르담으로 당일치기 여행을 떠났다(12월 5일). 바빙크는 요한나의 가족과 함께 휴일을 보내기 위해 플라르딩언으로 가기 전(12월 26일) 하제르스바우드(Hazerswoude)에 소재한 베르나르트의 교회에서 크리스마스에 설교했다. 같은 주에 네덜란드 미국인 신문이었던 「드 흐론트벳」(*De Grondwet*)에 바빙크의 개인 관계에 대한 곤란한 기사가 실렸다. 이 기사는 다가오는 여름에 아메리카를 방문할 바빙크의 계획, **그리고** 바빙크가 약혼했다는 지역 언론들의(홀란드와 미시간) 기사를 정정했다. "이 소식은 믿을만한 소식통에 의한 것으로 깜픈 신학교의 바빙크 박사가 다가오는 여름에 이 나라[아메리카]를 방문할 것이며 아내와 함께할 것이다. [하지만] 알 만한 사람들에 의해 확인된 바는 바빙크 박사가 아내가 없다는 점이다."[37] 이 소식은 빠르게 확산되었다. 일주일 후, 「드 흐론트벳」은 정정 기사를 내보냈다. "우리는 소식통으로부터 바빙크 박사가 여름에 이 나라를 방문하기 전에 결혼할 것이라는 추가 정보를 받았다."[38] 비록 (네덜란드) 아메리카는 아직 요한나에 대해 듣지 못했지만, 요한나는 곧 있을 이 여행에 대해 이미 전해 들었던 상태였다. 3달 전 일기가(9월 15일) 이에 대해 다음과 같이 기록하고 있다. "**아침에 난 요한나와 아메리카에 대해 이야기를 나눴다.**"[39] 바빙크는 이민 간 친구들을 통해 수년간 아메리카에 대해 들어왔고, 이제는 자신을 위해 아메리카를 보기 위한 계획을 세웠다. 하지만 이 계획들은 바로 실행되지 못했다. 그 이유는 이보다 먼저 결혼을

---

37 *De Grondwet*, December 23, 1890. "De NEWS verneemt uit vertrouwbare bron dat Dr. Bavinck, van de Theol. School te Kampen, in den aanstaanden zomer een bezoek aan dit land zal brengen en alsdan vergezeld zal zijn door zijne echtgenoote. Personen, die het weten kunnen, verzekeren ons dat Dr. Bavinck geen echtgenoote heeft."

38 *De Grondwet*, December 30, 1890. "Van de *NEWS* krijgen wij de verdere inlichting, dat Dr. Bavinck voornemens is om te huwen, voor dat hij in den zomer dit land zal bezoeken."

39 "Van 1886-891." "15 Sept. 's Morgens had ik met Joh. gesprek over Amerika."

했으며, 결혼 직후 분리 측과 애통 측이 연합을 했기 때문이다.

1891년 바빙크의 대서양을 가로지르는 접촉, 특별히 아메리카로 떠나기 전 여름 동안의 접촉은 꽤 중요했다. 이 시기 바빙크는, 그랜드 래피즈의 신학교(현재는 칼빈 신학교)에서 가르치고 있었고 박사학위를 가진 첫 번째 교수였던 게할더스 보스에게 연락을 취했다. 바빙크는 깜픈 신학교에서의 잠재적 임용 건으로 보스에게 연락을 취했으며(이는 마르튼 노르트제이[Maarten Noordtzij]의 반혁명파 정치로의 임박한 이동과 관련된 건이었다), 바빙크가 결혼하기 이틀 전 보스는 이 제안에 사양을 표했다.[40] 보스도 바빙크처럼 계속해서 기관적 보금자리를 찾기 위해 고군분투하고 있었고 이에 대해 자기 친구와 다음과 같이 마음을 나누었다.

노르트제이의 공석에 대한 당신의 질문에 솔직히 대답할게요. 전 아메리카의 도시 생활과 사회생활에 매우 익숙해졌어요. 교회 생활과 종교 생활에 대해서는 그렇다고 말할 수는 없지요. 전 최근 현재의 제 위치에 오랫동안 머물 마음이 없다는 결론에 더 많이 도달하고 있어요. 그렇다면 질문이 생길 수밖에 없지요. 그다음엔 어떻게 되는 걸까? 전 장로교 신학교의 직을 수락한다면 어떤 기분일까에 대해 몇 차례 생각해 보고 있어요. 최근에는 예전보다 이에 대해 더 긍정적인 생각을 가지고 있어요. 하지만 장로 교회에는 제가 불편한 부분들이 많아요. **신학적** 관점에서 보았을 때 전 이렇게 말할 수 있어요. 전 여기 장로 교회보다 오히려 기독개혁교회에서 일하는 것이 맞아요. 하지만 두 개의 고려 사항들이 있어요. (1) 우리 부모님이 여기에 계시고, (2) 아메리카의 삶이 확실히 매력이 있어서 일단 아메리카의 삶의 영향 아래 놓이게 된 후에 그 영향으로부터 벗어나는 것은 어렵다는

---

40 Vos to Bavinck, Grand Rapids, June 30, 1891, in *LGV*; Harinck, "Inleiding," in *BHD*, 12.

것이에요. 만약 결정을 내려야만 한다면 어떤 결정을 내릴지에 대해 말하는 건 거의 불가능에 가까워요. 하지만 당신은 이에 대해 저에게 묻지 않았죠. 당신의 질문은 '만약 내가 가능할 수 있는 청빙에 선험적으로 거절한다면' 였죠. 이에 대해 전 이렇게 대답해야만 해요. 아니오.[41]

비록 보스는 깜픈에서 바빙크와 동역하기 위해 아메리카를 떠나야 한다는 것에 주저했지만, 그럼에도 불구하고 보스는 바빙크가 아메리카의 신학 영역에서도 일해야 한다는 사실을 고취시키는 데 열정을 보였다. 예를 들면, 보스의 제안으로 바빙크는 프린스턴 교수였던 B. B. 워필드(Warfield, 1851-1921)와 연락이 닿았고, 바빙크는「장로교파와 개혁파 리뷰」(*Presbyterian and Reformed Review*)에 "네덜란드의 최근 교의학적 사상"이라는 제목의 소논문을 기고했다.[42] 이 시기 바빙크의 아메리카에 대한 생각은 깜픈에서 느끼고 있었던 폐쇄공포증을 떨쳐 낼 수 있는 가치 있는 기회를 제공했다.[43]

헤르만과 요한나는 1891년 여름에 결혼했다. 6월 15일 결혼을 공식적으로 허가 받은 후, 결혼식 전 연회가 깜픈에서 열렸다. 6월 17일 저녁 메뉴가 바빙크 기록 보관소에 보관되어

헤르만-요한나 결혼식 청첩장 봉투(1891)

---

41 Vos to Bavinck, Grand Rapids, June 30, 1891, in *LGV*[역자 주: 강조가 원문에서의 강조인지 추가된 강조인지에 대한 명시가 없다].

42 Vos to B. B. Warfield, Grand Rapids, June 13, 1890, in *LGV*; Vos to B. B. Warfield, Grand Rapids, July 2, 1890, in *LGV*; Vos to B. B. Warfield, Grand Rapids, August 5, 1890, in *LGV*; Herman Bavinck, "Recent Dogmatic Thought in the Netherlands," *Presbyterian and Reformed Review* 3, no. 10 (April 1892): 209-28.

43 George Harinck, "'Land dat ons verwondert en ons betoovert': Bavinck en Amerika," in *Ontmoetingen met Bavinck*, ed. George Harinck and Gerrit Neven (Barneveld: De Vuurbaak, 2006), 37.

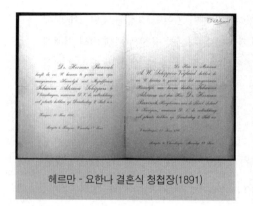

헤르만 - 요한나 결혼식 청첩장(1891)

Menu.
17 Juni 1891.

Vermicellisoep.
Pasteitjes.
Ossenhaas. Snijboontjes.
Kalfsfricandeau. Worteltjes.
Gebraden kip. Peren.
Zalm. Salade.
Compôte.
Pudding.
Taart.
Dessert.

헤르만 - 요한나 결혼식
연회 저녁 메뉴(1891)

있다. 버미첼리 수프, 전채, 소고기 안심, 양고기
와 야채 스튜, 송아지 조림, 당근, 통닭구이, 배,
연어, 샐러드, 과일 디저트, 푸딩, 케이크, 디저
트 등이었다.[44] (이런 화려한 만찬의 저녁 식사
는 금식(fasting)보다 축제(feasting)를 더 중요하게 여겼던 초기 신칼빈주의자
들의 전형적인 모습이었다.)[45] 결혼식은 7월 2일 플라르딩언에서 거행되었다.[46]
사라진 일기에 근거해 작성한 헤프의 전기에 보존된 일기에는 결혼식 날에 대
한 바빙크의 요약이 담겨 있다. 연인들은 교회에서의 결혼식 전에 (네덜란드 법
에 의해) 사회적 의식으로 법적으로 결혼하게 되었다.

> 7월 2일. 결혼식. 찬란한 날씨. 해가 비치나 선선. 부모님, 베르나르트
> 와 그의 아내 흐리쩌가 참석했다. 12시 난 시더르스(Sieders) 목사님부

---

44 "Menu, 17 Juni 1891," in HBA, folder 38. "Menu, 17 Juni 1891. Vermicellisoep.
Pasteitjes. Ossenhaas. Snijboontjes. Kalfsfricandeau. Worteltjes. Gebraden kip. Peren.
Zalm. Salade. Compote. Pudding. Taart. Dessert."

45 George Harinck and Marjoleine de Vos, *Wat eten we vanavond? Protestants!*
(Amsterdam: Donum Reeks, 2005).

46 「드 바자윈」에서는 결혼식 날짜가 6월 2일로 잘못 표기되었다. *De Bazuin*, July 10,
1891.

터 스키퍼르스 씨에게로 갔다. 12시 열네 개의 탈 것이 도착했다. 1시경 시청으로 갔다. 판 데어 브룩허(van der Brugge)를 통해 결혼. 그 후 1시부터 3시까지 시편 25편 6-7절 말씀으로 시더르스 목사님의 진행으로 교회에서 결혼함. 그 후 집으로 와서 6시에 탈 것과 함께 스키담의 "프린트스캅"[Vriendschap, 역자 주: 우정]으로. 오전 4시까지 호화로운 저녁.[47]

바빙크의 학생이었던 이트저르트 판 델른(Idzerd van Dellen)도 결혼식에 참석했고 이후 자신의 자서전에서 이 결혼식에 대해 다음과 같이 회상했다.

바빙크는 내가 학교에 다닐 때 결혼하셨고 그 당시 내가 학생회 집행부 구성원이었기 때문에 결혼식에 초대받을 수 있었다. 그때 마음이 편치 않았던 것을 기억한다. 네덜란드 출신인 우리 학생들은 상류 인사와 섞이는 데 익숙하지 않았다. 스키퍼르스 양은 플라르딩언 도시의 부잣집 딸이었다. 우리는 윤이 나는 가죽으로 만든 장갑(glace handschoenen)을 꼈으며, 우리에게 사탕이 제공될 때, 사탕이 떨리는 손가락으로부터 미끄러졌고 노르트제이 교수님께서 우리에게 소개해주신 신부에게로 사탕이 바로 굴러갔다. 다행스럽게도 난 마치 아무 일도 없었다는 듯이 침착하게 행동했다. 저녁 식사 때 나이 드신

---

47 Valentijn Hepp, *Dr. Herman Bavinck* (Amsterdam: Ten Have, 1921), 209. "2 Juli. Trouwdag. Heerlijk weer. Zonnig en toch Frisch. Mijn ouders, B. en G. (Ds. C.B. Bavinck en zijn vrouw) waren overgekomen. Om 12 uur reed ik van Ds. Sieders naar Mr. Schippers. Om 12. uur kwamen de 14 rijtuigen voor. Ruim te een uur op het stadhuis. Getrouwd door Van de Brugge. Daarna om 1. uur tot ± 3 uur getrouwd in de kerk door Ds. Sieders, met tekst Ps. 25:6, 7. Daarna naar huis en om 6 uur met rijtuigen naar de "Vriendschap" in Schiedam. Heerlijk diner tot 4 uur 's morgens"[역자 주: 네덜란드어 원문에는 7월 2일로 되어 있지만, 에글린턴의 영어 원서에는 6월 2일로 잘못 표기되어 있다. 시 25:6-7 - 여호와여 주의 긍휼하심과 인자하심이 영원부터 있었사오니 주여 이것들을 기억하옵소서 여호와여 내 젊은 시절의 죄와 허물을 기억하지 마시고 주의 인자하심을 따라 주께서 나를 기억하시되 주의 선하심으로 하옵소서].

8. 현대적 종교개혁 집필

387

목사님과 바빙크 부인, 신랑의 부모님이 우리가 아는 것보다 더 많이
식사 예절을 알고 계신다는 사실에 만족을 느꼈다.[48]

파리와 제네바에서의 신혼여행을 즐긴 후,[49] 신혼부부는 신혼집으로 이동했
다. 신혼집(32 De la Sablonièrekade)은 1880년에 지어진 에이설 강(IJssel
River) 주변의 우아한 깜픈 빌라였으며, 1972년 네덜란드로부터 국가 문화재
(rijksmonument)로 지정되었다.[50]

기독교인의 정치와 교회 정치

1880년대 바빙크는 삶의 각 영역 속에서 기독교적 설명을 확장적으로 발전시
키고 싶은 열망을 표현했다. 1884년 스눅 후르흐론여에게 보낸 바빙크의 편지
속에서,[51] 1888년 지속적인 개혁이 필요한 "사회적 삶"에 대한 공개적 발언 속에
서,[52] 그리고 1889년 자유 대학교의 소명, 즉 "인간 삶의 모든 영역을 주권적으
로 통치하기 위해 그리스도 안에 드러난 하나님의 진리를 찾는"[53] 소명에 대한
바빙크의 지원 속에서 이런 열망을 발견할 수 있다.

---

48 Van Dellen, *In God's Crucible*, 40-41.

49 Hepp, *Dr. Herman Bavinck*, 211; R. H. Bremmer, *Herman Bavinck en zijn
   tijdgenoten* (Kampen: Kok, 1966), 75.

50 드 라 사브로니에르까드 32번지 집(32 De la Sablonièrekade)은 국가 문화재
   23260번이다.

51 Bavinck to Snouck Hurgronje, Kampen, December 23, 1884, in *ELV*.

52 Herman Bavinck, *De katholiciteit van Christendom en kerk* (Kampen: G. Ph.
   Zalsman, 1888); ET: "*The Catholicity of Christianity and the Church*," trans. John
   Bolt, *Calvin Theological Journal* 27 (1992): 224.

53 Herman Bavinck, "Dankbetuiging," *De Bazuin*, April 19, 1889.

이 시기 카이퍼와 바빙크는 기독교 사회 행동주의를 향해 강한 자극을 느끼고 있었다. 물론 1880년대는 카이퍼의 가장 유명한 발언, 즉 "우리 인간 삶의 모든 영역에서 만유의 주재이신 그리스도께서 '나의 것이다!'라고 외치지 않는 영역은 한 치도 없다"[54]라는 발언과 함께 시작했다. 이때부터 이 주장은 바빙크의 시대에도 지속되었다. 이런 주장은 점점 더 두드러지는 개념, 즉 추상적인 관념에 머무르지 않은 채 다원주의적 자유민주주의가 전제되고 대중의 참여가 요청되는 "세계관"의 개념과 맥락 속에서 경험되었다. 이런 세계관은 카이퍼의 반혁명당 정치로의 이동, 즉 (흐룬 판 프린스터러[Groen van Prinsterer]의 시대에서의) 지배 계층의 본질적인 우려로부터 서민(*de kleine luyden*)에게 집중된 대중적 운동으로의 이동 속에서 대규모의 견인을 얻어냈다. 그 당시 바빙크의 세계 속에서 문화의 기독교화를 위한 이런 큼직한 압박은 결코 추상적이지 않았다. 1880년대 바빙크는 실제 세상 속 사회적 기관들의 변화를 목도했다. 이 시기가 시작되던 1891년 바빙크는 산업 노동자들의 생활환경과 근로 조건에 대한 언질을 통해 정치적 영역에서 이상을 실현하기 위한 자신의 공개적 발걸음을 내딛기 시작했다.

19세기는 두 개의 위대한 산업 혁명을 알고 있던 세기였다. 첫 번째 산업 혁명은 이전 세기의 마지막에 북유럽을 뒤흔들며 시작되었다. 이 혁명은 1840년대에 끝이 났고 그 당시 젊은 유럽인들에게 기계화된 새로운 직업(얀 바빙크도 바퀴 기능공 일을 잠시 했었다), 찰스 디킨스(Charles Dickens)의 『어려운 시절』(*Hard Times*, 1854), 엘리자베스 개스켈(Elizabeth Gaskell)의 『북과 남』(*North and South*, 1855) 등의 작품들을 남겼다. 두 번째 산업 혁명은 19세

---

54 Abraham Kuyper, "Sphere Sovereignty," in *Abraham Kuyper: A Centennial Reader*, ed. James Bratt (Grand Rapids: Eerdmans, 1998), 488[역자 주: 한글 번역은 아브라함 카이퍼, 『아브라함 카이퍼의 영역 주권: 인간의 모든 삶에 미치는 하나님의 주권』, 박태현 옮김 및 해설 (군포: 도서출판 다함, 2020), 71을 그대로 인용했다].

기 마지막 즈음에 일어났고 헤르만 바빙크와 같은 주체들에게 산업 노동자들의 삶에 대한 수많은 사회적, 실존적 질문들에 대한 고민들을 남겼다. "사회 문제"(*sociale kwestie*)라고 불리는 이 문제들은 기업가들이 어떻게 자신의 산업 노동자들을 대해야 하는지, 산업 노동자들의 삶은 어떠해야 하는지, 어린이 노동은 수용 가능한지 아닌지, 국가는 이 문제들에 개입해야만 하는지 아닌지와 관련된다.[55] (이 시기에 이 같은 질문들이 교황 레오 13세의 회칙인 레룸 노바룸 [새로운 사태, *Rerum Novarum*] 작성을 촉구했다).[56]

독일 개신교도들과 벨기에 가톨릭교도들에 의해 같은 문제들이 불거진 후에, 카이퍼는 네덜란드 노동조합 기금(Nederlandsch Werkliedenverbond Patrimonium)과 더불어 11월 9일부터 12일까지 암스테르담에서 기독교적 사회 회의를 처음으로 개최했으며 이를 통해 네덜란드 칼빈주의자들에게 "사회 문제"에 대해 반응하도록 힘을 쏟았다. 이 회의는 카이퍼의 "사회 문제와 기독교"라는 강의의 배경이 되었다.[57] 바빙크도 이 회의에 초청받았으며 "사회 문제"에 대한 일반적인 원리들을 성경과 더불어 특별히 십계명에 집중해 세워달라는 요청을 받았다.

바빙크의 강의는 하나님의 일반 은혜적 사역 개념과 하나님의 형상으로서의 인간 개념에 집중되었다(이 주제는 바빙크의 미출간된 교의학 집필 속에서

---

55 Jeffrey Stout, "Christianity and the Class Struggle," in *The Kuyper Center Review*, vol. 4, *Calvinism and Democracy*, ed. John Bowlin (Grand Rapids: Eerdmans, 2014), 40.

56 Pope Leo XIII, "Encyclical Letter *Rerum Novarum*," in *The Church Speaks to the Modern World: The Social Teachings of Leo XIII*, ed. Etienne Gilson (Garden City, NY: Image, 1954), 205-44.

57 Abraham Kuyper, "The Social Question and the Christian Religion," in *Makers of Modern Christian Social Thought*, ed. Jordan Ballor (Grand Rapids: Acton Institute, 2016), 45-118. [감수자 주: 한글 번역은 아브라함 카이퍼, 『기독교와 사회문제』, 조계광 옮김 (서울: 생명의말씀사, 2015)를 참고하라].

이미 다루어진 주제였다).[58] 바빙크는 [인간이 가진] 이런 독특한 상태를 설명하면서 모든 인간은(즉 공장 소유주와 노동자 모두는) 똑같은 존엄성을 가지고 있으며 "무거운 짐을 지지 않을 삶"을 가질 권리가 있다고 주장했다. 바빙크는 밤낮없이 생산 라인 앞에서 끝없이 노동하는 것은 하나님의 형상에 어울리지 않는 모습이라고 지적했다.[59] 바빙크는 주의 깊은 신학적 주장 이후에 분명한 실천적 주장들을 몇 개 던졌다. 바빙크는 빈곤과 자본 및 토지 재산의 축재를 반대했으며, 모든 사람을 위한 "최저 생활 임금"을 소개했다.

비록 이런 사회적 회의 덕분에 바빙크와 카이퍼는 처음으로 사회적으로 목소리를 낼 수 있었지만, 그들의 연설은 카이퍼와 바빙크 사이를 영원히 구별시키고 말았다. 카이퍼는 큰 그림을 그리는 데 강했다. 카이퍼는 마치 제우스같이 사람들의 세계와 그들의 생각들을 내려다보았으며 그들의 노력을 간섭하고 재조정하는 자신의 능력에 극도로 자신감을 보였다. 카이퍼의 강의는 프랑스 혁명, 사회주의와 액션 넘치는 교감을 펼쳤으며 수많은 세력 있는 청중들로부터 열광적인 박수를 받으며 기독교인 산업 노동자들의 편에 서서 어떤 형태의 구체적인 정치적 행동을 취할 것인가를 요청하며 끝을 맺었다.[60]

사회적 회의에서 펼쳐진 바빙크의 강의는 카이퍼보다는 온건했으며 보수적이었다. 제우스 같았던 카이퍼를 향한 오디세우스처럼, 바빙크는 **유리한** 지

---

58 Herman Bavinck, "De Mensch, Gods evenbeeld" (1884), HBA, folder 107.

59 Herman Bavinck, "Welke algemeene beginselen beheerschen, volgens de H. Schrift, de oplossing der sociale quaestie, en welke vingerwijzing voor die oplossing ligt in de concrete toepassing, welke deze beginselen voor Israel in Mozaisch recht gevonden hebben?," *Procesverbaal van het Sociaal Congres*, gehouden te Amsterdam den 9-12 November, 1891 (Amsterdam: Hovker & Zoon, 1892), 149-57; ET: "General Biblical Principles and the Relevance of Concrete Mosaic Law for the Social Question Today (1891)," trans. John Bolt, *Journal of Markets & Morality* 13, no. 2 (2010): 411-46.

60 James Bratt, *Abraham Kuyper: Modern Calvinist, Christian Democrat* (Grand Rapids: Eerdmans, 2013), 223.

점이 아닌 **시작** 지점을 택했다. 바빙크에게 시작 지점은, 항상 탐구되고 그 결과에 따라 작성된 원본 텍스트 혹은 기본 개념이었다. 말할 필요도 없이 이런 바빙크의 접근법은 자신의 강의에 주의 깊은 학문성을 부여하긴 했지만, 큰 그림을 그리기에는 덜 적합했다. 사람들의 이야기에 따르면, 바빙크는 사회적 회의에서 큰 인상을 남기지 못했으며, 직후에 「드 스탄다르트」로 보내진 편지에 따르면 그는 청중들에게 "바빙크 목사"로 인식하게 했으며 노동자 계층의 청중은 보다 더 권위 있게 발표하는 "교수 박사 바빙크"를 필요로 했다고 지적했다.[61] 바빙크의 이런 노력은 감동스럽지 않으며 아쉬움을 남겼다.

이런 차이점은 카이퍼와 바빙크 각각에 대해 오랜 기간의 (정확한) 묘사, 즉 카이퍼를 본질적으로 연역적인 사상가, 바빙크를 귀납적인 사상가라고 묘사하게 되었는데, 이는 깜픈 신학자 치어르트 훅스트라(Tjeerd Hoekstra)에 의해 1921년 처음으로 주장되었고 이후 란트베어(Landwehr)에 의해 금방 대중화되었다.

> 바빙크는 그의 기질과 어쩌면 그의 교의적 확신과의 관계를 살펴볼 때도 플라톤보다는 아리스토텔레스에 좀 더 기울고 있었다. 이는 부분적으로 카이퍼와의 차이점이기도 하다. 미래에 이 두 위대한 정신들은 계속해서 서로 비교될 것이며, 후세는 이 연구에 있어 생산력 있는 영역을 갖게 될 것이다. 나에게 이 두 사람 사이의 중요한 구별점은 바빙크는 아리스토텔레스주의자로 보이고 카이퍼는 플라톤주의자로 보인다는 점이다. 바빙크는 선명한 이해를 가졌고, 카이퍼는 반짝이는 개념을 가졌다. 바빙크는 역사적 사실로부터 세워나갔고, 카이퍼는 직관적으로 이해된 생각들로 사고했다. 바빙크는 주로 귀

---

61   *De Standaard*, December 2, 1891.

납적이고, 카이퍼는 주로 연역적이었다.[62]

그들 사이에서 처음으로 공유된 사회적 기여에서 명백하게 드러난 이런 특징적인 차이는 시간이 흘러도 없어지지 않았다. 실제로 이런 차이는 바빙크의 암스테르담 시절 속에서도 이 둘 사이의 많은 긴장의 원인이 되었다.

하지만 시간이 흘러가면서 비록 시민 사회나 정치 영역에서가 아니라 교회 영역에서였지만 그들이 함께 했던 사역들이 점점 더 열매를 맺게 되었다. 1892년, 그들이 오랫동안 고대했던 교회적 연합이 드디어 현실이 되었다. 그해, 네덜란드 개혁교회(Gereformeerde Kerken in Nederland)라는 새로운 교단이 탄생되었다. 이런 연합과 더불어 카이퍼와 바빙크는 700개의 교회, 425명의 목회자, 370,000명의 교인들에게 큰 영향력을 행사하는 위치에서 사역했다.[63] 또 다시 지각변동이 일어났다.

---

62 Tjeerd Hoekstra, "Prof. Dr. H. Bavinck," *Gereformeerd Theologisch Tijdschrift*, July- August 3/4 (1921), 101. "BAVINCK voelde—vereenkomstig zijn aanleg en misschien ook in verband met zijne dogmatische overtuiging meer voor Aristoteles dan voor Plato. Hierin ligt ten deele ook het verschil met Kuyper. In de toekomst zullen deze twee groote geesten herhaaldelijk met elkander vergeleken worden en het nageslacht heeft hier een vruchtbaar veld voor onderzoek. Het komt mij voor, dat een belangrijk punt van onderscheid tusschen deze mannen is, dat BAVINCK een Aristotelische, Kuyper een Platonische geest was. BAVINCK de man van het heldere begrip, Kuyper de man van de fonkelende idee, BAVINCK een bouwer op en uit het historisch gegevene, Kuyper speculeerend met intuitief gegrepen gedachten. BAVINCK in hoofdzaak inductief, Kuyper in hoofdzaak deductief." 혹스트라의 소논문은 J. H. Landwehr, *In Memoriam: Prof. Dr. H. Bavinck* (Kampen: Kok, 1921), 58에 인용되어있다. "연역적/귀납적" 구별의 반복은 R. H. Bremmer, *Bavinck als dogmaticus* (Kampen: Kok, 1966), 13-64; Jan Veenhof, *Revelatie en Inspiratie: De Openbarings- en Schriftbeschouwing van Herman Bavinck in vergelijking met die van de ethische theologie* (Amsterdam: Buijten & Schipperheijn, 1968), 130-33; J. Mark Beach, "Abraham Kuyper, Herman Bavinck, and 'The Conclusions of Utrecht 1905,'" *Mid-America Journal of Theology* 19 (2008): 11을 참고하라.

63 George Harinck and Lodewijk Winkler, "The Nineteenth Century," in *Handbook of Dutch Church History*, ed. Herman Selderhuis (Gottingen: Vandenhoeck & Ruprecht, 2015), 497.

깜픈과 암스테르담이 무슨 상관이 있는가?

비록 바빙크와 카이퍼는 교회적 연합을 이루었지만, 대부분의 실제적 연합은 여전히 풀어야 할 숙제로 남아 있었다. 많은 도시와 마을 속에는 비록 네덜란드 개혁교회라는 이름으로 연합된 교회가 새롭게 형성되었지만 여전히 연합 전에 가지고 있었던 전통들 사이의 옛 신학적, 문화적 차이들과 (긴장들을) 유지하고 있는 잘 조직된 분리 측 교회와 애통 측 교회를 가지고 있었다. 많은 지역의 이웃 개혁교회들은 계속해서 A교회(분리 측)와 B교회(애통 측)로 기능하고 있었고, 일부 지역의 경우에는 이런 상태가 1930년대까지 지속되었다.[64] 바빙크에게 더 큰 압박으로 다가왔던 것은 이 연합을 승계한 신학적 기관들의 미래에 대한 것이었다. 항상 교회에 엄정한 책임감을 가지고 있었던 깜픈 신학교가 이제껏 네덜란드 개혁교회의 인정을 좀처럼 바라지 않았던 자유 대학교와 같은 교단 안에서 어떤 기능을 할 수 있을 것인가?

1892년부터 바빙크의 이상향은 새로운 교단의 두 개의 신학 교육 중심지를 어떻게 한 기관으로 연합할 것인지와 관련되었다. 하지만 신학의 본질과 위치에 대한 지속적인 논쟁은 새롭게 연합한 교회가 같은 목소리를 내기는 힘들다는 사실을 분명히 했다. 연합 후 루카스 린더봄이 이끄는 옛 분리 측의 많은 사람들은 자유 대학교에서의 신학 훈련을 원칙적으로 거부했는데 그 이유는 신학은 교회와 독립적으로 실행될 수 있는 학문이라는 카이퍼의 신념 때문이었다.[65] 새로운 교단의 이런 지류는 세속화된 네덜란드 국립 대학교들을 업신여기며 바라보는 분리 측 사람들의 또 다른 생각을 이끌어 갔다. 새롭게 연합된

---

64 Harinck and Winkler, "The Nineteenth Century," 497.

65 예를 들면 Lucas Lindeboom, "Het doctoraat in de heilige godgeleerdheid aan de Theologische School der Christ. Geref. Kerk" (n.p., 1887)를 보라.

개혁 교회 속에서 자신들을 바라본 린더봄 같은 사람들은 [깜픈] 신학교를 강하게 보호했고, 자유 대학교에 대해 점점 더 비판적이 되어갔다.

1892년과 1902년 사이에 존재한 깜픈 신학교와 자유 대학교 사이의 관계에 대한 질문들은 끊임없이 바빙크의 삶과 노력들의 배경으로 작용했다. 이 시기 마지막 즈음에 이 두 학교 사이의 기관적 연합을 위한 노력들이 계속 실패로 돌아가며 피로감이 쌓일 때 바빙크는 깜픈을 떠났다. 하지만 깜픈을 떠나기 전 바빙크의 삶은 개인적으로나 직업적으로나 파란만장했다.

아메리카 소풍

1890년 일기장에 처음으로 언급된 바빙크의 아메리카 여행 계획이 1892년에 드디어 실현되었다. 여행 동반자에 대한 「드 흐론트벳」(De Grondwet)의 앞선 소문과 추측에도 불구하고, 바빙크는 요한나가 아닌 D. K. 비렝아(Wielenga)와 함께 여행을 떠났다. 최근 네덜란드의 교회적 연합의 빛 아래서 살펴볼 때, 바빙크의 아메리카 체류는 명백히 교회적 특성을 취하고 있었다.

이 시기 북아메리카 네덜란드 디아스포라는 두 개의 개혁파 교단으로 구성되어 있었다. 초기 네덜란드 이민자들이 1628년에 설립한 아메리카 개혁교회와, 보다 더 최근의 분리 측 이민의 물결 속에서 1857년에 형성된 기독개혁교회였다.[66] 네덜란드 본토에서의 새로운 교회 연합 분위기에 고무된 깜픈 동료들이 네덜란드 아메리카 교회의 연합을 위한 사절로 아메리카를 방문했다. 역사적으로 새로운 대서양 건너편 교회간의 신앙의 교제가 증기 기관 시대에 가능

---

66 George Harinck, "Inleiding," in *Mijne reis naar Amerika*, by Herman Bavinck, ed. George Harinck (Barneveld: Uitgeverij De Vuurbaak, 1998), 17.

하게 되었다.[67]

네덜란드 본토에서는 그들의 여행이 「드 바자윈」에 시간 순서로 실려 공개되었다. 기사에 대한 해설은 여행 저변에 깔린 또 다른 동기에 대해서도 지적했다. 나뉜 네덜란드 아메리카 개혁파 교단을 향한 자신의 임무와 더불어 바빙크는 그때 토론토(Toronto)에서 열렸던 (영어를 사용하는) 정통 개혁파 교단들의 초교파적 모임인 장로교 회의에 방문하려고 했다. 거기서 바빙크는 네덜란드에서 물결을 만들어갔던 (신)칼빈주의의 새로운 회생을 위한 대사로서 연설하려고 했다. 「드 바자윈」에 실린 표현을 빌린다면, 바빙크는 네덜란드 세계의 한계를 너머 "칼빈주의를 옹호하기 위해"(문자적으로 해석하자면 "칼빈주의를 향한 긴 창을 깨트리러") 아메리카로 갔다.[68] 이 시기 바빙크의 글들은 "개혁파"와 "칼빈주의자"라는 표현은 단순한 동의어가 아니라는 사실에 대한 열정적이고도 선명한 의식을 보여주었다. 바빙크의 아메리카 여행은 이 차이점을 강조하고 홍보하기 위해 계획되었다.

> 개혁파라는 표현은 단순히 종교적, 교회적 특성을 표현한다. [그러므로] 이 표현은 순수하게 신학적 개념이다. 칼빈주의란 용어는 넓은 적용을 포함하며 정치, 사회, 시민 영역 속에서 구체적인 유형을 의미한다. 이 용어는 프랑스 개혁자의 강력한 정신으로부터 탄생된 개념으로 전체적으로 삶과 세계에 대한 특징적인 관점으로 대변된다. 칼빈주의자는 단순히 교회와 신학뿐만 아니라 사회, 정치, 학문, 예술 속에서 구체적인 특성과 구별된 인상을 드러내는 개혁파 그리스도인의 이름이다.[69]

---

67 Hepp, *Dr. Herman Bavinck*, 211.

68 *De Bazuin*, December 2, 1892. "Dr. Bavinck, die in zijn stuk, 'een lans gebroken heeft voor het Calvinisme.'"

69 Herman Bavinck, "The Future of Calvinism," *Presbyterian and Reformed Review* 5,

바빙크가 장로교 회의에 갔던 것은 단순히 개혁파로 머물러 있던 사람들 속에 칼빈주의를 확산시키고자 함이었다. 장로교 회의의 청중들은 유명했던 선교사 뉴헤브리디스(the New Hebrides)의 존 G. 패톤(Paton, 1824-1907), 스코틀랜드 신학자 제임스 오르(James Orr, 1844-1913), 그리고 중국, 일본, 페르시아, 남 아프리카에서 온 선교 사절단들이 포함되어 있었다.

이런 두 개의 동기들은 서로 밀접하게 연결되어 있었다. 1892년 6월 (네덜란드) 기독개혁교회가 애통 측 교회와 연합하기 직전, 조지 D. 매튜스(Mathews)가 마지막 회의에서 연설했다. 정통 개혁파 교단들 사이에서 초교파적 논의를 이끌어 온 활동적인 지도자 매튜스는 곧 있을 네덜란드 교회 연합에 찬성하는 연설을 했다. (여담이지만 바빙크는 매튜스의 영어 연설을 총회 총대들(synod members)을 위해 [네덜란드어로] 번역했다).[70] 매튜스는 그해 토론토에서의 장로교 회의를 총괄하는 책임과 바빙크의 글이 포함된 회의록 출간을 편집하는 일도 맡았다.[71] 바빙크는 네덜란드에서의 자신의 교회적 노력들과 이후의 신학적 야망들을 영향력 있는 외국인 협력자 매튜스 속에서 발견했다.

대서양을 건넜던 여행에 대한 바빙크의 회상은 "나의 아메리카 여행"(Mijne reis naar Amerika)이라는 제목을 가진 확장적인 연재물에 기록되어 있다.[72] 바빙크가 살아있을 때는 미출간되었던 이 연재물은 확장된 전기적 여행 기록 같은 자료들 속에서도 독특한 위치를 차지하며, 네덜란드로 돌아온 후 자신의 여행에 대한 공개 강연을 기반으로 기록된 자료이다. 이 자료의 풍

---

no. 17 (1894): 3.

70　*De Bazuin*, June 17, 1892.

71　George D. Mathews, ed., *Alliance of the Reformed Churches Holding to the Presbyterian System: Proceedings of the Fifth General Council Toronto, 1892* (London: Publication Committee of the Presbyterian Church of England, 1892).

72　HBA, folders 66-67.

8. 현대적 종교개혁 집필

397

성함과 단정함 때문에 이 기록물은 중요하게 인식된다. 이 자료들은 1998년에 출판되었고 2010년에는 네덜란드 왕립 도서관의 탁월한 여행기 상(the Dutch Royal Library's Award for Outstanding Travel)을 수여 받았다. (이 기록의 완성된 영어 번역본은 이 전기의 부록 1에서 찾을 수 있다).[73] 여행을 "반드시 배워야 하는 예술"로 바라보았던 신념에 대한 표현과 외국에 대해 판단하길 주저하는 모습 속에서 바빙크의 여행기는 어떻게 르네상스의 "여행 조언 문헌"(*ars apodemica*)이 근대 후기 여행기 문학에 영향을 미쳤는가를 살펴볼 수 있는 굉장히 매력적인 모범으로 자리매김하고 있다.

바빙크와 비렝아는 7월 22일에 로테르담을 떠났고, 리버풀을 향해 항해하기 전 런던에서 며칠을 보냈다. "나의 아메리카 여행" 속에서의 바다에 대한 공개적 회상은 바다의 광대하고도 들썩이는 힘에 대해 집중한 반면, 헤프의 전기는 잃어버린 일기에 근거해 바다 횡단의 위험, 즉 빙산 충돌에 대한 바빙크의 개인적인 생각을 담고 있다. "**3시 30분 우리는 빙산을 보았다. 배는 속도를 반으로 줄였다. 저녁 식사에서의 좋았던 기분은 온데간데 없어졌다. 저녁 식사 직후 우리는 지금 남쪽 방향에 있는 또 다른 빙산을 보았다. 배는 가만히 있었고 완전히 멈췄다. 주께서 우리는 보호해주시길!**"[74] 12일 동안 바다에 있은 후 그들은 몬트리올(Montreal)로 이동하기 전 퀘벡 시(Quebec City)에 내렸고 그다음 미시간으로 이동했다. 바빙크는 그랜드래피즈에서 게르할더스 보스와 함께 머물렀고 (홀란드의 호프 칼리지에서 교수 생활을 하고 있던) 헨리 도스꺼와는 홀란드에서 머물렀다. 헤프의 전기 속에 등장하는 잃어버린 일기에는 교의학에 대해

---

73 이 기록들은 1998년 조지 하링크에 의해 전사(transcribe)되어 네덜란드어로 출간되었다. Herman Bavinck, *Mijne reis naar Amerika*, ed. George Harinck (Barneveld: De Vuurbaak, 1998); James Eglinton, "Herman Bavinck's 'My Journey to America,'" *Dutch Crossing* 41, no. 2 (2017): 180-93.

74 Hepp, *Dr. Herman Bavinck*, 213.

보스와 긴 대화를 나눴고 도스꺼의 아내로부터는 영어 발음 과외를 받기도 했다는 내용이 담겨 있다.[75] 이런 내용을 근거로 바빙크는 미시간 펠라, 아이오와, 오버리셀 지역의 분리 측 이민 공동체를 방문했다. 그들은 거기서부터 장로교 연합에서 연설하기 위해 캐나다로 돌아왔다(9월 22일). 강의 제목이었던 "공동체와 국가들의 도덕적, 종교적 상태에 대한 개신교 종교개혁의 영향"[76]은 스코틀랜드 자유교회 신학자였던 토머스 린제이(Thomas Lindsay)의 아침 강연인 "개신교 종교개혁: 개인적 삶 속에서의 영적인 특성과 열매"[77]를 염두에 둔 제목이었다.

바빙크가 옹호한 칼빈주의는 카이퍼의 특성이 선명히 묻어 나오는 것이었다. 그는 개신교주의의 대안적 반복들인 루터주의와 재세례주의는 공동체와 국가들에 도덕적, 종교적 부흥을 이끌어내는 데 실패했다고 주장했다. 바빙크는 루터주의의 경우 개별 신자의 종교적 변화를 우선시했기 때문에 신자의 문화적 위치의 개혁을 간과한 반면, 재세례주의는 문화를 통해 부패되지 않으려는 심산으로 문화와 어느 정도 거리를 두었다고 평가했다. 이와 대조적으로 칼빈주의는 개인과 공동체를 총체적으로 개혁하려 했다고 주장했다. (이런 측면에서, "가정, 학교, 교회, 교회 정치, 국가, 사회, 예술, 학문 등 모든 영역은 하나님의 영광을 위해 일하고 발전되어야만 한다"라는 바빙크의 언급은, 1888년 "기독교와 교회의 보편성"라는 제목으로 했던 교장 연설 속의 초기 카이퍼주의스

---

75 Hepp, *Dr. Herman Bavinck*, 214.

76 Herman Bavinck, "The Influence of the Protestant Reformation on the Moral and Religious Condition of Communities and Nations," *Mid-America Journal of Theology* 25 (2014): 75-81; 처음에는 Mathews, *Alliance of the Reformed Churches*, 48-55에 실렸다.

77 Thomas Lindsay, "The Protestant Reformation: Its Spiritual Character and Its Fruits in the Individual Life," in Mathews, *Alliance of the Reformed Churches*, 39-45.

러운 주장이 또다시 울려 퍼지는 순간이었다).[78]

바빙크는 칼빈주의가 "가톨릭 국가들 속에서는 일정 부분 찾을 수 없는" 문화들, 즉 "비범한 행위, 사고의 선명함, 종교적 마음, 자유에 대한 사랑, 국민의 도덕성의 보물에 의해 스스로를 구별시키는" 문화들을 만들어낸다고 제안했다.[79] 개인적, 사회적 개혁을 촉진할 수 있게 만드는 믿음에 대한 바빙크의 관점은 1898년 스톤 강좌(Stone Lectures)에서 카이퍼가 제기한 "삶의 체계"(life system)로서의 칼빈주의 관점과 개념적으로 가까웠다. 카이퍼와 바빙크 둘 다 헤겔의 통합적 민중 종교(*Volksreligion*)의 긴 그림자 속 어딘가에 서 있었다.

「드 흐론트벳」(*De Grondwet*)에 실린 이 강연에 대한 기사는 다음과 같은 내용이었다. "바빙크 박사는 이번이 처음 시도라면서 자신의 서투른 영어에 대해 사과했지만, 사과할 필요가 없었다. 그 이유는 그의 언어는 선명했고 정확했으며 강한 힘이 있었기 때문이다."[80] 잃어버린 일기장에서는 자신감이 결여된 바빙크의 모습이 역력히 드러난다. "**3시 30분 모임에서 내 논문을 읽었다. 처음엔 약간 긴장했지만 점점 더 나아졌다.**"[81] 흐지부지되었던 이전 해의 사회적 회의에서의 강연 이후로 바빙크는 열의를 갖게 만드는 큰 그림을 그려내는 강연에 대한 또 다른 노력을 기울였다. 비록 이 강연이 최종적으로 완성되지는 않았지만, 바빙크는 점점 더 발전해나가고 있는 것처럼 보인다.

바빙크의 "나의 아메리카 여행"은 주로 아메리카의 풍경, 문화, 종교적 삶에 대해 (국제적인 개인적 판단을 피하는) 인상들을 제공한 반면, 「드 바자원」에 실

---

78 Bavinck, "Influence of the Protestant Reformation," 79.

79 Bavinck, "Influence of the Protestant Reformation," 81.

80 *De Grondwet*, October 4, 1892. "Dr. Bavinck verontschuldigde zich over zijn gebrekkig Engelsch, zeggende dat het zijne eerste poging was, maar hij had geen verontschuldiging noodig, daar zijne taal zoowel duidelijk en keurig als krachtig was."

81 Hepp, *Dr. Herman Bavinck*, 215.

린 바빙크와 비렝아의 여행기는 이보다 더 비판적인 설명을 제공하고 있다. 토론토 회의에 대한 기사는 장로교 고위 관리들이 초교파적으로 모인 이 귀중한 모임을 주최한 도시가 가지고 있는 자부심에 대해 설명한 비렝아의 확장적 묘사를 포함하고 있다. 주최 측에서 식사, 숙박, 나이아가라 폭포 여행, 레스토랑 섭외, 시 운영위원들을 소개하는 모든 일을 맡았으며, 비렝아는 이 모든 것을 같은 시기에 암스테르담에서 열렸던 주요 교회 모임에 대한 대중의 무관심과 대조했다.[82] 그들의 관점에서는 기독교가 유럽보다는 북아메리카에서 더 잘 되고 있다고 보일 수 있었다.

토론토에 머문 후 바빙크와 비렝아는 뉴욕으로 떠났다. 잃어버린 일기장에서 바빙크는 뉴욕 여행을 다음과 같이 묘사하고 있다.

> 뉴브런즈윅(New Brunswick)에 가서 … 대학교를 보았다. 그다음 신학교에 가서 … 매우 좋은 도서관을 처음으로 봤다. 도서관 사서가 매우 친절했다. 우리는 많은 책을 보았다. … 예배당을 보았다. 랜싱 교수를 방문했다 … 1시에 기차를 타러 갔다. 그다음 프린스턴으로 갔다. B. 워필드(Warfield)에게. 그와 함께 건물들을 보았고 패튼(Patton)과 맥코시(McCosh) 교수를 방문했다. 신학교는 200명의 학생, 대학은 1,100명의 학생이 있었다. … 워필드 댁에서 식사했다. 7시에 필라델피아로 가는 기차를 탔고 우리는 8시 13분에 도착했다.[83]

---

82 *De Bazuin*, November 25, 1892.

83 Hepp, Dr. *Herman Bavinck*, 220. "… naar New-Brunswick … College gezien. Dan naar 't Seminarie. … Eerst de Library gezien, die zeer goed is. De bibliothekaris was zeer vriendelijk. We zagen vele boeken … Chapel gezien. Prof. Lansing bezocht … om 1 uur naar den trein. Toen naar Princeton. Naar Prof. B. Warfield. Met hem de gebouwen gezien en een bezoek gebracht bij Patton en McCoch. 't Seminarie heeft 200, 't college 1100 studenten. … Bij Warfield gesupperd. Om 7 uur weer op trein naar Philadelphia, waar we 8.13 aankwamen."

그다음 날, 그들은 유명했던 설교자 토머스 드 위트 탤마지(Thomas De Witt Talmage, 1832-1902)의 설교를 들었던 뉴욕으로 돌아가기 전 워싱턴 D.C.를 방문했다.[84] 드 위트 탤마지의 명성에도 불구하고(그는 8,000명의 교인을 거느린 교세 강한 교회에서 설교했으며 그의 설교문은 대략 2천 5백만 명이 읽었다), 바빙크는 큰 인상을 받지는 못했다. "기백이 넘쳤지만 얕았다."[85]

바빙크와 비렝아는 10월 5일에 뉴욕을 떠나 리버풀을 경유해 16일에 네덜란드 해안에 도착했다. 19세기의 마지막에 이르러 세계는 점점 더 작아지고 있었다. 젊은 신학자가 자신의 새로운 반쪽과 로테르담 항구에서 헤어진 후, 교회 일로 대서양을 건너 다시 집으로 돌아오기까지 몇 달 정도밖에 안 걸릴 만큼 세계는 작아지고 있었다. 「드 바자윈」에서 히스펀(Gispen)은 다음과 같이 결론 지었다. "아메리카로 가는 것은 요새 소풍과도 같다. 하지만 여전히 네 달 동안 많은 일이 벌어질 수 있다."[86]

바빙크과 비렝아의 임무의 성공에 대한 기사가 그다음 달 「드 바자윈」에 실렸다. 분명 칼빈주의에 대한 그들의 관점이 국제적인 지지자들을 얻어냈다는 소식은 신문 독자들에게도 중요한 일이었다. "바빙크 박사는 칼빈주의를 옹호했다. … 그들은 그가[바빙크가] 옹호했던 관점에 대한 확신 없이 바빙크 박사의 강연의 학문적 질만을 인식했을 뿐인가? 그의[바빙크의] 강연을 문예 작품으로 찬양하며 [바빙크의 강연이] 가지고 있는 칼빈주의적 특성을 참고 견뎠던 사람들이 있었을 가능성이 있다. 하지만 이는 모든 참석자의 생각이 될 수도 없고

---

84 Louis Albert Banks, ed., *T. De Witt Talmage: His Life and Work* (Philadelphia: John C. Winston Co., 1902).

85 Eglinton, "Herman Bavinck's 'My Journey to America,'" 190.

86 W. Gispen, "Aan een vriend te Jeruzalem," *De Bazuin*, October 28, 1892. "Naar Amerika te gaan is tegenwoordig maar een uitstapje. Doch er kan in een maand of vier heel wat gebeuren."

절대 그렇게 되어서도 안 된다."[87]

"유일한 진리가 아니다": 본토에서 칼빈주의가 도전받다

비록 바빙크는 표면상으로 영어권 청중들 앞에서 (신)칼빈주의를 홍보하고 옹호하기 위해 아메리카 여행을 떠났고 고결한 언어로 확실히 이 운동을 칭찬했지만, 네덜란드로 돌아온 후에 했던 ("아메리카에 대한 인상"이라는 제목의) 공개 강연들에서는 네덜란드 본토의 칼빈주의에 대해 놀라우리만치 직접적으로 비판하는 모습을 보였다. 이 강연들은 처음 깜픈 지역 사회를 향해 이루어졌고,[88] 스트라우끈 가옥(Maison Stroucken, 현재는 벨뷰 극장[Theater Bellevue])에서 유료 강연으로 열렸던 암스테르담에서도 이루어졌다. 아메리카에 대한 바빙크의 관점을 듣기 위해서는 입구에서 25센트를 지불해야 했으며, 혹 50센트를 미리 지불하면 자리를 예약할 수도 있었다.[89]

여행에 대한 바빙크의 철학으로부터 시작해서("여행은 누구나 반드시 배워야만 하는 예술이다"; "스스로를 쉽게 움직이고, 눈을 크게 열고, [판단을 위한]

---

87 *De Bazuin*, November 25, 1892. "Dr. Bavinck immers heeft in zijn stuk een lans gebroken voor het Calvinisme. ⋯ Of erkende men slechts de wetenschappelijkheid van Dr. Bavinck's arbeid zonder juist ingenomen te zijn met de positie, die hij verdedigde? Het is mogelijk, dat er sommigen waren, die het Calvinistisch karakter van zijn stuk verdroegen, terwijl zij het als letterkundig voortbrengsel prezen. Maar van allen kan en mag dit volstrekt niet gedacht worden"[역자 주: 에글린톤은 네덜란드어 인용문에는 생략된 문장을 영어로 번역했다. 두 번째 문장 It cheers the heart to hear that Calvinism had friends among the members of the council[칼빈주의가 그 회의의 구성들 사이에서 많은 친구들을 가지게 되었다는 것을 들으니 마음이 설렌다]가 바로 그것이다].

88 HBA, folder 67.

89 *Gereformeerd Jongelingsblad*, May 1, 1893; Amsterdamse Kerkbode, May 7, 1893.

관찰을 선호하기"; "관찰하기, 인지하기, 그리고 평가하기")[90] 아메리카에 대한 자신의 인상을 밝혔는데, 그 인상은 아메리카는 발명들로 가득 차 있는 바쁘고 젊은 나라라는 인상이었다. 바빙크의 관점을 통해 살펴볼 때, 아메리카는 국제적인 무대에서 조숙한 청소년 같았다. 모든 것이 진보적이고 야망이 서려 있으며 활기가 넘치지만, 여전히 성숙과는 다소 거리가 있는 모습이었다. "아메리카인의 정신은 모두 '진취적'이며, 모든 것이 '빨리빨리'이며, 모든 것이 가만히 있질 않고, 모든 것이 역동적이며 갈망적이다. 보스턴은 잠자고 있고, 뉴욕은 꿈꾸고 있으며, 시카고는 잠에서 깨어났다."[91]

아메리카에 대한 바빙크의 인상이 나쁘지 않았고 개방적이었음에도 불구하고, 바빙크는 그곳에서 칼빈주의의 미래 전망에 대한 희망을 많이 내비치지 않았다. 오히려 칼빈주의보다는 아르미니우스주의가 아메리카 땅에 더 쉽게 뿌리내리고 있다고 생각했다. "칼빈주의가 그곳에서 폭넓게 수용되지 않았기 때문에 (감리교를 통한) 아르미니우스주의가 아메리카의 정신을 지배하게 되었다. 아메리카인은 칼빈주의자가 되기에는 너무 스스로를 지나치게 의식하고, 자신의 능력에 대해 지나치게 많이 의식하며, 의지가 지나치게 강하다."[92] (바빙크가 1893년 개혁파 젊은이 연합 모임에서 했던 아메리카에 대한 강의에 관한 반응으로부터 아메리카의 종교적 토양을 "감리교 물결로 홍수가 난" 토양이라고 표현했던 그의 묘사가 아메리카

바빙크의 "아메리카에 대한 인상" 강의에 관한 공지문

90 Eglinton, "Herman Bavinck's 'My Journey to America,'" 180.

91 Eglinton, "Herman Bavinck's 'My Journey to America,'" 186.

92 Eglinton, "Herman Bavinck's 'My Journey to America,'" 189.

에서부터 이동한 젊은 분리 측 사람들의 의욕을 꺾는 원인으로 작용했다는 사실이 드러난다. 원래부터 이민을 반대했던 바빙크는 모임에 참석했던 젊은 청중들이 "아메리카인이 되지 말라"라는 메시지를 가지고 집으로 돌아가는 것을 원했던 것으로 보인다).[93]

유럽인과 아메리카인의 문화를 비교하면서 특별히 아메리카에서의 칼빈주의의 암울한 전망에 대해 설명할 때, 바빙크는 유럽에서 벌어졌으나 그의 네덜란드 청중들의 아메리카 사촌들은 벌이지 않았던 문화적 변이를 추적하기 시작했다. 대서양이 완충 지대로 작용하면서 유럽에서 매우 직접적으로 겪은 공포들, 예를 들면 피가 서린 혁명, 독재 군주제, 소란과 소동, 기아 등은 아메리카인의 정신을 거의 건드리지 못했다.

이런 차이 속의 또 다른 계층은 대중문화 속에서 하나님에 대해 널리 알려진 가정들과 관련 있다. 즉 이신론이 아메리카에서는 여전히 유행이지만, 유럽 문화에서는 범신론이 이신론의 자리를 차지했다는 식의 가정이다. 인간의 덕목을 통해 만족할 수 있는 멀리 있는 신에 관한 이런 가정 속에서 바빙크는 이신론은 낙관론(optimism)과 교훈주의(moralism)로 기우는 경향이 있다고 믿었고, 아직 상처가 나지 않은 아메리카인의 정신 속에서 이런 가치들을 풍성히 발견했다. 하지만 유럽인의 정신 속에서는 인간 본성과 유럽 문화에 대한 비관적인 감정이 점점 더 깊이 발전해나갔다. 앞서 언급했던 것처럼, 바빙크는 유럽의 감상적 염세 감정(*Weltschmerz*)과 권태적 세기병(*mal du siècle*) 속에서 살

---

93 *Jaarboekje van de Jongelingsvereenigingen in Nederland, voor 1894, uitgegeven van wege den Nederlandschen Bond van Jongelingsvereenigingen op Gereformeerden Grondslag* ('s Gravenhage: A. Berends, 1894), 52. "Het kan zijn, dat de beginselen van Scholte en van Raalte nog doorwerken in Amerika's kerkelijk leven, maar toch zeggen wij ook, dat de grond zoo door Methodistische wateren is overstroomd, dat men maar weinig meer van den grond zien kan en we blijven er bij: 'niet Amerikaansch worden.'"

고 있었다. 바빙크에게 이런 감정들은 잔혹하고도 소모적인 시대 배경에 대항하는 범신론의 불가피한 결과들이었다. 즉 만약 하나님이 (이신론의 한가한 하나님[deus otiosus]과 달리) 이 세계 그 자체라면, 그리고 이 세계가 타협 없는 고통과 실망의 장소라면, 이 세계 속에서 살아가는 사람들은 종교와 도덕성에 대해 소망을 품지 못할 것이며 무관심하게 될 것이다.

이런 이유로 깜픈과 암스테르담에서 바빙크 강의에 참석했던 청중들은 아메리카인과 유럽인들이 서로 다르다는 사실에 대해 전해 들었다. 칼빈주의는 유럽에서 독특한 약속을 가지고 있었다. 그것은 칼빈주의가 도덕적으로 무관심하며 문화적으로 절망에 빠진 유럽인들에게 개인을 개혁하고 사회를 변화시키기에 충분한 강력한 신적 은혜에 대한 완전한 의존으로 향해 가게끔 만든다는 약속이었다. 아메리카인들, 즉 이미 낙관적이며 자신들의 덕목이 가진 능력을 확신하고 완전히 미래를 지향하는 사람들에게 이런 해독제는 불필요해 보였다. 칼빈주의적 선교사였던 바빙크는 먼 해변에서 묵묵부답으로 일관하는 토착민들에 대한 실망스러운 소식을 가지고 집으로 돌아왔다. 아메리카는 도덕주의적 이신론의 땅이었고, 앞으로도 그렇게 남아 있을 땅이다.

바빙크는 [아메리카를] 비관적으로 바라보았고 심지어 이런 견해는 그의 『개혁 교의학』에서 기억에 남을 만한 문장으로 그려졌다. "미국 칼빈주의의 미래는 낙관적인 장밋빛이 아니었다."[94] 하지만 놀랍게도 바빙크는 칼빈주의에

---

94 RD 1:204[역자 주: 『개혁 교의학』, 1:290]. 『개혁 교의학』의 첫 번째 판(1895년)과 두 번째 판(1906년) 사이의 개정은 이 지점에서 중요하다. 첫 번째 네덜란드 판에서는 이 문장이 "Het heden schijnt voor den bloei van de Geref. theologie niet gunstig ze tijn"(현재는 개혁신학의 전성기에 호의적이지 않아 보인다)라고 기록되어 있다. 바빙크는 두 번째 개정판에서 이 문장을 "Voor het Calvinisme is er de toekomst niet rooskleurig"(거기서[아메리카에서] 칼빈주의는 장밋빛 미래가 아니다)라고 고쳐썼다. 첫 번째 판의 문장은 개혁신학의 고충들이 지역적이었다기보다는 일반적이었다는 인상을 준다. 바빙크는 개정판에서 "개혁신학"보다는 "칼빈주의"란 표현을 선호했으며, 이 문장이 구체적으로 아메리카를 염두에 두고 있다는 사실을 보다 더 명확히 했다. GD^1, 1:139; GD^2, 1:206; RD, 1:204.

대한 아메리카인의 무감각성이 여기서 기독교 신앙의 발전에 어떤 장애물도 되지 않는다고 주장하는 데 이 강의들을 사용했다. 하나님께서는 자신의 교회를 세워나가실 것이며, 공상적 박애주의 및 낙관주의의 문들은 교회에 대항해 승리하지 못할 것이다. 아메리카의 기독교는 칼빈주의 기독교가 아니었지만, 적어도 바빙크에게 이런 사실은 낙담의 원인이 되지 않았다. 오히려 이 각각의 공개 강의들은 놀랍게도 반대 논리로 끝이 난다. "수많은 좋은 것들을 바라보며 어떤 이는 비판을 주저한다. 아메리카 기독교가 기독교 법에 의해 발전하길 빈다. 하나님께서는 높고도 위대한 소명을 아메리카에게 맡기셨다. 아메리카가 자신의 방식 속에서 이 소명을 얻으려고 노력하길 빈다. 결국 칼빈주의가 유일한 진리는 아니다!"[95] 정죄보다는 관찰을 선호하는 모습으로 시작하는 강의는 같은 내용으로 마침표를 찍는다. 아메리카도 아메리카의 기독교도 칼빈주의를 향한 이런 무감각성 때문에 괄시를 받아서는 안 된다. 이런 메시지는 자신들의 필요를 만족시키는 가운데 (신)칼빈주의의 성공에 기분이 들떠있는 네덜란드 개혁파 대중들이 좀처럼 기대하지 못했던 메시지였다. 하링크는 이런 바빙크의 문장에 대해 설명하면서 '바빙크는 내부자로서 외부자의 관점을 선택함을 통해 주기적으로 자기 청중의 무지를 환기시켰다. 이는 짜증을 불러 일으켰다. 바빙크와 함께 있는 당신은 당신이 정확히 어디에 서 있는지를 절대 알지 못한다.'[96]라고 기록했다.

---

95 Eglinton, "Herman Bavinck's 'My Journey to America,'" 191-92.

96 Harinck, "Land dat ons verwondert," 39. "Telkens weer zet Bavinck zijn publiek op het verkeerde been, door als binnenstander het buitenperspectief te kiezen. Dat heeft geleid tot irritaties: je weet bij Bavinck nooit precies waar je aan toe bent."

구약 주해를 위해 교의학과 윤리학을 버렸는가

1892년 연합 이전, 기독개혁교회 속에서의 바빙크의 교회적 위치는 자유 대학교의 지속적인 발전을 낮추기 위한 일관적인 이유를 제공했던 위치였다. 이 시기에 그가 1882년에 펠릭스 목사에게 보냈던 기억에 남을만한 선언, "나는 내교회를 사랑합니다"라는 선언은 그 자체로 왜 자신이 암스테르담이 아닌 깜픈을 선택했는지에 대한 무난하고도 고귀한 이유였다. 하지만 10년이 지난 시점에는 그 선언은 더 이상 유효하지 않았다. 적어도 형식적으로는 분리 측과 애통 측 사람들은 현재 같은 교단의 구성원이었다. 그러므로 바빙크도 네덜란드 개혁교회를 향한 본질적인 충성도의 결여 없이 깜픈 신학교에서 암스테르담의 자유 대학교로 이동할 수 있었다.

이런 시각에서 살펴볼 때, 연합 이후 카이퍼가 바빙크를 암스테르담으로 끌어들이려는 노력에 많은 시간을 쏟지 않았다는 사실이 그리 놀랍지 않다. 1893년 10월 막바지에 바빙크는 또다시 자유 대학교 교수직을 제안받았다. 더 놀라운 사실은 바빙크가 제안받은 교수직은 교의학 교수직이 아니라 구약 주해 교수직이었고, 이 제안을 거의 수락할 뻔했다는 것과 [그 의미는] (오랫동안 진행 중인 교의학과 윤리학 집필 계획을 포기하는 것이었다는 사실이다). 이전에 게르할더스 보스가 거절했던 구약 주해 교수직이 불편하게도 그의 친구인 자신에게 넘어온 것이다.

1893년 막바지에 바빙크는 교의학과 윤리학을 집필하기 위해 거의 10년을 준비하고 있었다. 1890년에는 강의 부담이 줄어서 바빙크는 이 집필 작업에 더 많은 시간을 투자할 수 있었다. 가장 최근에 카이퍼의 제안을 받았을 때, 『개혁교의학』 1권이 거의 마무리 단계에 있었고, 이와 더불어 당시의 가장 큰 필요들을 만족시키고자 하는 바빙크의 탐구가 드디어 막 손에 잡히는 결과물로 선보이게 될 시점이었다. 그럼에도 불구하고 카이퍼의 제안에 대해 첫 답변에서 바빙크는 완전히 교의학을 그만둘 수도 있다는 의욕을 보였으며, 그 이유는 다음과 같은 내용의 답변에서 드러난다. "우리 편에서 구약 연구는 반드시 힘입게 설명되어야만 합니다. 그리고 이 일에 적합하고 현재 가능한 사람을 저는 알지 못합니다. 만약 이런 사람이 있다면 전 바로 [그 사람을 이 일에] 끌어들일 것입니다."[97]

바빙크는 새로운 전환을 갈망했다. 바빙크는 제안 받은 교수직을 수락할 의사는 있지만 바로 할 수는 없다고 카이퍼에게 알렸다. 바빙크는 깜픈 교수직의 고삐를 『개혁 교의학』 1권, 즉 신학 서론(Prolegomena)을 완성하려고 계획했던 다음 여름까지는 반드시 당겨야만 했다. 바빙크는 1권을 교의학 핸드북, 즉 총 4권에서 첫 번째 권이 아닌 한 권의 교의학 개론서의 용도로 맞게 고칠 결정을 했을 것이다.[98] 이것으로 교의학을 위한 바빙크의 기여는 마침표를 찍게 되었을 것이다. 바빙크 스스로도 표현했다시피 이런 변화는 "자기 부인" 행위였다.[99] 카이퍼에게 보낸 개인적인 서한에서 바빙크는 다음과 같이 썼다.

> 저는 자기부인보다 용기가 훨씬 더 많이 부족합니다. 제가 맡은 일의 무게로 제 가슴이 떨립니다. 우리 편에서 볼 때 이 과목은[구약 주해 과목은] 가능하면 빨리 처리되어야만 하고, 이 시점에서는 이를 위해 적합한 사람이 없으며, 어쩌면 이 영역에서 저를 통해 뭔가 좋은 일이 일어날 수도 있다는 확신이 이 사역에 제 능력을 투자하라는 필요

97　Bavinck to Kuyper, Kampen, October 30, 1893, Bremmer의 *Herman Bavinck en zijn tijdgenoten*, 80에서 인용. "De Oudtestamentische studien onzerzijds met kracht moeten worden aangevat, en weet ik niemand, die daarvoor thans de aangewezen en tegelijk disponibele persoon zou zijn. Indien er zoo iemand ware, zou ik me terstond terugtrekken."

98　만약 이런 결정대로 되었다면, 바빙크의 신학 서론은 루이스 벌코프(Louis Berkhof)의 *The History of Christian Doctrines* (Edinburgh: Banner of Truth, 1949)과 같이 집필되었을 것이다.

99　Bremmer, *Herman Bavinck en zijn tijdgenoten*, 80-81.

한 용기를 주고 있다고 생각합니다. 물론 제가 여기[깜픈 신학교에]
도착한 이후로 많이 공부하지 못했던 [구약 주해에 관한] 연구를 재
개하는 것 외에는 첫해에 많은 일을 할 수 없을 것입니다. 그러므로
저는 이 길에서 매우 작고 변변치 않은 것으로 시작해야만 할 것입니
다.[100]

이 시점에 바빙크의 나이는 38세였다. 비록 바빙크는 교의학과 윤리학 연구
에 많은 시간을 투자했지만, 교의학자로서의 그의 현 상황은 아직 완성된 대표
작에 뿌리내리지 못하고 있었다. 만약 바빙크가 교의학이 아닌 다른 과목에 자
신을 내던질 마음이라면, 이번이 어쩌면 그에게 마지막 기회일 수도 있었다. 교
의학에서 떠나 다른 과목으로 기꺼이 옮기려는 바빙크의 마음은 아마도 카이
퍼의 의도된 역작, 즉 자유 대학교에서의 14년간의 강의를 기반으로 1894년에
출간된 개혁신학의 본질, 역사, 방법, 미래에 대한 3권짜리의 엄청난 역작인『거
룩한 신학의 백과사전』(*Encyclopedie der heilige godgeleerdheid*)에 영향을 받은
것 같다.[101]

거의 완성된 바빙크의『개혁 교의학』1권과 카이퍼의『백과사전』의 상대적
유사성은 참으로 놀라울 정도다. 바빙크는 확실히 카이퍼의 1893년 작품의 내

100 Bavinck to Kuyper, January 18, 1894, quoted in Bremmer, *Herman Bavinck en
zijn tijdgenoten*, 80-81. "Meer echter dan aan zelfverloochening schort het me aan
moed. Ik huiver voor het gewicht der taak die ik op me neem. Alleen de overtuiging,
dat dit vak zoo spoedig mogelijk onzerzijds ter hand genomen moet worden, dat er
op dit oogenblik geen ander persoon voor disponibel is, en dat misschien door mij
op dit gebied nog iets goeds kan gedaan worden, geven me den noodigen moed om
voortaan mijne kracht aan deze arbeid te wijden. Natuurlijk zal ik het eerste jaar niet
veel meer kunnen doen, dan de studie weer ophalen, die ik sedert mijne komst alhier
liggen liet. Ik zal dus zeer bescheiden en klein langs den weg moeten beginnen."

101 Abraham Kuyper, *Encyclopedie der heilige godgeleerdheid*, 3 vols. (Amsterdam: J.
A. Wormser, 1894). 1권의 서론과 2권 전체를 번역한 영어 번역본은 4년 후에
출간되었다. *Encyclopedia of Sacred Theology: Its Principles* [vol. 2], trans. J. Hendrik
de Vries (New York: Scribner, 1898).

용에 익숙해졌다. 암스테르담으로의 이동에 대해 바빙크와 논의하는 편지에서(1894년 1월 24일) 카이퍼는 바빙크가 『백과사전』 1권을 읽었다는 것과 제안에 수락해준 것에 대한 감사를 언급했다.[102] (실제로 바빙크는 절대 공개적으로 『백과사전』을 비판하지 않았지만, 그다음 해 강의실에서는 이 책을 철저하게 다루었으며, 종종 카이퍼의 방법론, 사변적인 결론을 지향하는 경향성, 기독교 학계와 비기독교 학계 사이를 날카롭게 반립 구조로 설정하는 표현들에 대한 불만족을 표현했다).[103]

카이퍼와 주고받은 서신에서 구약 주해로 기꺼이 이동하려는 바빙크의 마음이 꽤 경건한 용어들로 표현된다. "우리 편에서의"(즉 신칼빈주의적 원리들에 근거한) 성경 연구는 교의학에서 떠나려는 바빙크의 마음에 충분히 중요한 보장이 되었고, 특별히 자유 대학교가 이 교수직에 적합한 후보가 없었기 때문도 이 보장의 형성에 한몫했다. 그러나 이러한 동기가 기본적인 시장 요인들에 의해 영향을 받았을 가능성도 있다. 적어도 처음에는 카이퍼가 교의 신학 영역에서 중요한 작품을 출판하는 차원의 조직적이지 않은 경주에서 바빙크를 이겼다.[104] 바빙크는 자신과 카이퍼 사이의 유사성에 대한 대중의 인지에 대해 거의 인식하지 못했었다. 예를 들면 이 시기 「드 헤라우트」에 실린 ("노동의 낭비"라는 제목의) 기사는 다음과 같다. "깜픈에서는 바빙크 박사가 『교의학』을, 암스

---

102 Kuyper to Bavinck, January 24, 1894, quoted in Bremmer, *Herman Bavinck en zijn tijdgenoten*, 79-80.

103 R. H. Bremmer, *Bavinck als dogmaticus* (Kampen: Kok, 1966), 37-45.

104 J. 스텔링베르프(Stellingwerff)는 카이퍼가 바빙크의 『개혁 교의학』을 읽기 전에 같은 책명으로 『백과사전』 후속작을 낼 계획을 가지고 있었다고 주장했다. 하지만 스텔링베르프는 자신의 주장을 증명할 어떤 자료도 제시하지 못했다. J. Stellingwerff, *Kuyper en de VU* (Kampen: Kok, 1987), 176; cf. Dirk van Keulen, "Herman Bavinck's *Reformed Ethics*: Some Remarks about Unpublished Manuscripts in the Libraries of Amsterdam and Kampen," *Bavinck Review* 1 (2010): 43n60.

테르담에서는 카이퍼 박사가 『백과사전』을 가르치고 [그들은] 같은 일에 자신의 시간과 힘 둘 다를 바쳐야만 한다."[105] 『백과사전』은 바빙크가 선택한 영역[교의학]의 공간을 가득 채우고 있었다. 이런 국면 때문에 구약 연구로의 이동이 실망스러울 수도 있겠지만, 한편으로는 충분히 젊은 사람이 새로운 과목을 새롭게 시작하는 데 성공 가능한 위안이었을 수도 있다.

비록 바빙크는 암스테르담으로 이동하는 결정을 내렸지만, 카이퍼와 바빙크 사이의 논의는 지금까지도 거의 완전히 사적인 것으로 남아 있다.[106] 바빙크는 자신의 결정을 게르할더스 보스와 나누었는데, 보스의 답신에서 심지어 카이퍼와 친밀함에도 불구하고 자신의 선택에 대해 확신하지 못하는 바빙크의 모습이 드러난다(1894년 3월 28일).

> 암스테르담으로 옮기려는 것에 대해 어떻게 생각하는지 저에게 물어봤었지요. 저는 네덜란드 상황을 제대로 평가할 수 없기 때문에 이에 대해 의견을 내는 것이 참 어려워요. 게다가 당신은 이미 결정을 내렸잖아요. 전 당신이 구약 영역에서도 탁월하게 잘하리라 의심치 않아요. 당신은 [구약 영역에] 철저히 익숙해지기에도 여전히 충분히 젊습니다. 하지만 깜픈에서의 당신의 교수직이 극단적인 분리 측 인사들 중 하나에게로 넘어간다면 애석하지 않을까요? 지난주 저는 당신의 동료인 린더봄의 연설을 읽었고, 저 자신에게도 말했다시피 그

---

105   "Krachtsverspilling," *De Heraut*, March 25, 1984. "Te Kampen Dr. Bavinck en te Amsterdam Dr. Kuyper *Dogmatiek* en *Encyclopedie* onderwijzen, en dus beiden hun tijd en kracht hebben te geven aan eenzelfde taak."

106   이에 대해 언급하고 있는 유일한 언론은 「드 허레포르미르더 께르끄」(*De Gereformeerde Kerk*) 1894년 3월 15일자이다. 이 신문은 1887년에 사직한 자유 대학교 교수였던 P. J. 후더마꺼(Hoedemaker)가 편집했던 신문이었다. 이 기사는 네덜란드 개혁교회의 분열과 학문적 교육의 부족함 때문에 비스떠르펠트(Biesterveld)의 깜픈 임용에 대해 비판적 논조를 가지고 있었다. 이 신문도 바빙크에게 또다시 접근한 자유 대학교에 대해서 대충 언급하고 지나갔다.

강연은 저를 매우 불쾌하게 만들었어요. 만약 깜픈에서의 훈련이 온전히 이런 마음으로 향해 간다면, 네덜란드 개혁교회의 학문적 전망은 슬픈 상황이에요. 저는 당신의 사역이야말로 이런 방향성에 대해 유일한 평형추의 역할을 할 수 있으리라 생각해요. 다른 한편으로는 자유 대학교도 당신이 급히 필요한 것은 사실이에요. 분명히 자유 대학교도 보다 더 튼튼한 기초가 필요하죠. 만약 우리로부터 카이퍼를 빼앗긴다면, 자유 대학교가 그 모습 그대로 유지될지는 의심스러워요.[107]

보스는 편지에서 암스테르담으로 떠나려는 바빙크의 생각이 [깜픈] 신학교에 가져올 명백한 결과들에 대해 지적했다. 교단은 이미 신학과 신학적 교육에 대한 카이퍼의 관점 문제로 강하게 나뉘었다. 만약 깜픈에 바빙크가 더 이상 없다면, 린더봄의 반(反)카이퍼주의 영향력은 점점 더 강하게 성장할 것이고, [깜픈] 신학교와 자유 대학교 사이의 연합에 대한 전망도 분명 서서히 희미해지게 될 것이다. 보스가 눈치챈 또 다른 요인, 즉 카이퍼에 대한 자유 대학교의 의존과 카이퍼가 사망했을 때의 학교의 지속 불가능성은 단순한 추측 정도가 아니었다. 1890년대 초 카이퍼는 힘겨운 정치판에서 적극적으로 싸웠던 전투원이었고, 자유 대학교의 모든 일의 중심에 서 있었으며, 지속적으로 언론에 결과물을 내놓는 작가였다. 그의 초기 삶은 그렇지 않았지만, 카이퍼는 몸이 스스로 망가질 때까지 일했다. 1893년 겨울 카이퍼는 끔찍한 독감에 걸리고 말았다. 그 다음 여름 벨기에에서 휴일을 보내면서 카이퍼는 점점 죽음에 가까워졌다. (이후에도 폐 회복을 위해 프랑스와 튀니지에서 강제 휴식을 보냈다).[108] 자유 대학교는 자기 자신을 하얗게 불태우는 전과를 가졌던 한 사람에 의존했던 학교

---

107 Vos to Bavinck, Princeton, March 28, 1894, in *LGV*.

108 Bratt, *Abraham Kuyper: Modern Calvinist, Christian Democrat*, 235.

였다.

바빙크의 행동의 궁극적인 방향은 실제로 죽음에 의해 좌우되었다(카이퍼의 죽음은 아니었다). 1894년 초, 지긋한 나이의 깜픈 교수 헬레니우스 드 콕(Helenius de Cock)이 유명을 달리했고, 페트루스 비스떠르펠트(Petrus Biesterveld, 1863-1908)가 그 자리를 채웠다. 비스떠르펠트는 카이퍼의 사상에 강한 영향을 받은 매우 존경받는 젊은 설교자였고, 앞으로 바빙크의 전도유망한 동역자가 될 것으로 기대받았다.[109] 실제로 노르트제이와 비렝아의 지원과 더불어 비스떠르펠트는 신학교 내부의 역동성을 큰 폭으로 변화시킬 잠재력을 가지고 있었다. 바빙크의 관점에서 봤을 때, 린더봄과의 오랜 기간 다툼은 현재 다른 양상을 띠게 되었다. 비스떠르펠트가 도착하기 전 깜픈에서 가르쳤던 실천 신학은 학자보다는 목회자로 학생들을 준비시키는 강조점을 통해 자유 대학교의 실천 신학과 구별되었다. 하지만 비스떠르펠트는 실천 신학을 카이퍼의 『백과사전』의 논조로 재창조하려고 했다.[110] 바빙크와 비스떠르펠트는 함께 신학교의 문화를 바꾸고 다른 종류의 졸업생을 길러낼 수 있었다.

이와 더불어 카이퍼는 바빙크의 이동에 대한 교회의 공식적인 승인을 원한다는 것을 표현했다. 하지만 교단 차원에서 폭넓게 논쟁될 수밖에 없는데 이 사안을 찔러 넣는 것은 이 교수직 제안을 재고했던 바빙크에게 특별히 매력적인 일은 아니었다. 바빙크는 처음에 자신의 임용 건에 대한 선택을 미루려고 했고, 이로 인해 카이퍼는 빨리 선택하라고 압박했다. 바빙크는 어색한 상황들 속에서 결국 임용 건을 철회하고 다음과 같이 썼다. "전 제가 현재 일을 중간에서 멈

---

109 W. Bakker and H. Mulder, "Petrus Biesterveld," in *Biografisch lexicon voor de geschiedenis van het Nederlands protestantisme*, ed. D. Nauta, A. de Groot, J. van den Berg, O. J. de Jong, F. R. J. Knetsch, and G. H. M. Posthumus Meyjes (Kampen: Kok, 1988), 3:41-42; Harinck and Berkelaar, *Domineesfabriek*, 109-10.

110 Harinck and Berkelaar, *Domineesfabriek*, 109.

추고 완전히 다른 종류의 주제로 옮기는 자기 부인으로 청빙 받았는지 모르겠습니다. … 여기에서의 저의 교수직이 다른 사람에 의해 쉽게 채워질지 모르겠습니다. … 실수를 저지르는 것보다 중간에서 멈추는 것이 낫습니다."[111] 또다시 우유부단한 모습을 보이며 바빙크는 다시 한번 깜픈을 선택했다. 여전히 더 중요한 사실은 바빙크가 구약 주해 영역에 자신의 이름을 올리지 않기로 선택했다는 사실이다. 오히려 교의학을 향한 자신의 헌신이 돌이킬 수 없는 지점을 지나게 되었다. 이제 바빙크의 펜으로부터 『교의학 핸드북』[정도의 작은 책]은 집필되지 않을 것이다.

아버지가 되다

그해 이후 11월 25일, 헤르만과 요한나는 처음으로 (그리고 마지막으로) 부모님이 되었다. 딸 요한나 헤지나(Johanna Geziena, 1894-1971)가 태어난 것이다. 딸의 이름은 헤르만의 어머니와 아버지의 이름을 따서 지었고, 부모에게는 하니(Hannie)로 불렸다(때로는 부모에 의해 Hanny라는 철자로도 기록되었다). 바빙크의 딸의 출생 소식은 요한나의 마을 지역 신문인 「니우브 플라르딩스 쿠란트」(Nieuwe Vlaardingsche Courant)[112]에 실렸고, 더 폭넓게 읽혔던 카이퍼

---

111 Bavinck to Hovy, May 21, 1895, quoted in Bremmer, *Herman Bavinck en zijn tijdgenoten*, 84. "Midden in dien arbeid af te breken en tot een geheel anderen kring van vakken over te gaan, eischt eene zelfverloochening waartoe ik niet kan zien, dat ik geroepen ben. … En de leerstoel, dien ik hier bezet, zou naar mijn inzicht lang niet zoo gemakkelijk door een ander vervuld kunnen worden. … Beter ten halve gekeerd dan ten heele gedwaald." 글리슨의 전기는 바빙크의 마지막 표현을 "완전히 잃어버리는 것보다는 중간에서 돌이키는 것이 낫다"라고 번역했다. 이런 문자적 번역은 부정확하며 일반적인 네덜란드 관용어에 특별한 종교적 인상을 부여하는 번역이다. Gleason, *Herman Bavinck*, 179.

112 *Nieuwe Vlaardingsche Courant*, November 28, 1894.

주의 신문 「드 스탄다르트」와 역사적 분리 측 언론 「드 바자윈」의 출생 광고란에
도 실렸다.[113] 심지어 자신의 딸의 출생에 대한 소식 속에서도 바빙크는 분열된
교회적 하위 문화의 복잡함을 건드렸다. 잃어버린 일기장은 태어난 후 첫 번째
주일에 거행된 하니의 세례에 대해 기록하고 있다. "오후에 난 우리의 요한나 헤
지나에게 세례를 베풀었다."[114]

칼빈주의와 미래

1894년 바빙크는 아메리카 신학 저널이었던 「장로교파와 개혁파 리뷰」
(*Presbyterian and Reformed Review*)에 토론토에서 1892년에 했던 연설, 즉 네
덜란드와 국제무대에서의 칼빈주의의 미래적 전망에 대해 구체적으로 집중했
던 연설에 대한 더 확장적인 생각들을 실었다.[115] 비록 카이퍼주의 운동이 1870
년대부터 네덜란드에서 꽤 괄목할 만한 성공을 경험했지만, 바빙크는 여전히
카이퍼주의 지지자들이 네덜란드 사회 속에서 비주류에 속해 있다는 사실을
인지했다. 게다가 바빙크는 옛 사회 질서(즉 1848년 이전의 사회 질서)가 이미
오래전에 사라졌다는 것도 인지했다. 실제로 바빙크는 다음과 같은 사실을 인
정했다.

---

113 *De Standaard*, November 27, 1894; *De Standaard*, December 11, 1894; *De Bazuin*,
 November 30, 1894; De *Bazuin*, December 11, 1894.

114 Hepp, *Dr. Herman Bavinck*, 209. "'S middags hield ik onze Johanna Geziena ten
 doop"[역자 주: 여기서 말하는 "나뉘어진 교회적 하위문화의 복잡함"이란 표현은
 그 당시 유아 세례를 놓고 네덜란드 개혁교회 내에서 신학적으로 엇갈렸던 배경을
 염두한 표현이다].

115 Bavinck, "The Future of Calvinism."

칼빈주의적 상태, 선호 받는 교회, 모든 나라에 미치는 개혁파 종교의 확장 등은 의논해 봐야 별 소용없는 일이 되어버렸다. 이런 것들이 가능했던 시절 이후로 상황이 완전히 뒤바뀌었다. 교회와 국가, 종교와 시민권 사이가 영원히 분리되어 버렸다. 불신앙이 모든 계층 속으로 스며들었고 대부분의 사람들을 기독교로부터 멀어지게 만들었다. 불신앙이 사방팔방으로 늘어가고 있는 걱정스러운 사실을 향해 개혁파들은 자신의 눈을 감지 않는다. 그들은 원래의 상태로 되돌리는 것을 원치 않으며 옛 상황으로 되돌아갈 욕구도 없다. 그들은 종교와 양심의 자유, 법 앞에서의 모두의 평등을 기꺼이 수용한다. 그들은 시대의 아들로서 그 당시 하나님께서 자신들에게 주셨던 좋은 것들을 거절하지 않는다. 그들은 뒤에 남겨진 것들을 잊어버리는 가운데 앞선 것들을 향해 뻗어나간다. 그들은 모든 순간의 최전선에 미리 서서 발전을 만들기 위해, 죽은 보수주의를 지독하게 품는 것으로부터 탈피하기 위해, 그리고 자신의 자리를 차지하기 위해 노력한다.[116]

1890년대 바빙크는 세속화되는 탈기독교 유럽의 출현이 기독교 신학을 위해서 좋은 것이었다고 믿었다. 이전의 기독교는 지금까지 한 번도 자신의 지속적인 존재에 대해 긍정적으로 설명하라는 도전을 받은 적이 없었고, 삶의 모든 영역에 대한 기독교의 기여를 정당화하라는 요구에 직면한 적도 없었다. 이런 도전은 기독교가 뭔가 새로운 것을 해야 할 필요성을 강조했으며, 결국 이런 도전은 역사 속에서 기독교가 발전해야만 할 위대한 기간을 위한 무대를 설정하는 역할을 감당했다. 만약 기독교에 미래가 있다면, 바빙크는 믿음이 모든 삶의 영역에서 하나님께 영광을 돌리는 것을 현실화시킬 수 있어야 한다고 믿었다. 기독교 전체의 다양한 전통들 가운데서도 자신의 개혁에 대해 총체적이고

---

116 Bavinck, "The Future of Calvinism," 13.

민주적이며 공개적으로 접근하는 칼빈주의 전통은 시대의 필요를 만족시킬 수 있는 최적의 전통이었다. 이런 이유로 바빙크는 비록 탈기독교인들, 정치적 진보주의자들, 로마 가톨릭주의자들, 개신교 사상의 경쟁 학파들과 관련되어서는 칼빈주의가 여전히 비주류 위치에 속해 있지만, 그럼에도 칼빈주의의 미래에 대한 소망을 많이 품고 있었다. 결국 그는 독자들에게 "다윗은 골리앗을 이길 수 있다."고 상기시켰다.[117]

하링크가 이미 시사했듯이, 1890년대 중반 바빙크는 이런 다원주의적 현대 문화와의 교감을 일시적인 필요성으로 보았다.[118] 바빙크는 상호 양립할 수 없는 세계관들로 가득 찬 공적 영역이 장기간 계속될 만큼 실존적 혹은 사상적으로 충분히 만족스러울 것이라고 상상하지 못했다. 네덜란드 국가는 사람들에게 선호하는 하나의 종교를 강요할 수 없었지만, 바빙크는 네덜란드 사람들이 곧 하나의 특정 종교를 선호할 것이라고 확신했다. 이런 이유로 바빙크가 태어났던 시대의 진보적 다원주의 사회 실험이 "바빙크에게 최고 지도자의 공백기(interregnum)처럼, 즉 두 통치 사이의 기간처럼 보였다."[119] 1890년대 중반, 바빙크는 이 틈에 필연적으로 불협화음이 조화로 대체되고 칼빈주의가 후기 근대 사회 실험의 잿더미들로부터 자연스레 일어나게 될 것이라고 기대했다. 같은 해, 『일반은총』(De algemene genade)이라는 책으로 출판된 [깜픈] 신학교 교장 이임 연설에서 바빙크는 현대 네덜란드 문화의 합리주의적이고 반(反)초자연주의적 조각이 무너지기 시작했다고 자신의 신념을 표현했다.[120] 네덜란드

---

117 Bavinck, "The Future of Calvinism," 20.

118 George Harinck, "The Religious Character of Modernism and the Modern Character of Religion: A Case Study of Herman Bavinck's Engagement with Modern Culture," *Scottish Bulletin of Evangelical Theology* 29, no. 1 (2011): 60-77.

119 Harinck, "Religious Character of Modernism," 71.

120 Herman Bavinck, *De algemene genade* (Kampen: G. Ph. Zalsman, 1894), 36. [역자주: 헤르만 바빙크, 『헤르만 바빙크의 일반은총: 차별없이 베푸시는 하나님의

는 딱딱한 경험론과 물질주의를 통해 도입된 의미 없고 차가운 기계적 세계관에 점점 더 불만족을 느꼈다. 칼빈주의의 가장 강력한 반대자는 네덜란드의 문화적 상상력을 휘어잡는 데 실패했고 현재는 축 늘어져 있는 상태였다. 그 당시 "칼빈주의는 네덜란드 국가의 종교이며, 우리로부터 우리의 칼빈주의를 빼앗는 자는 우리에게 기독교를 빼앗는 자이고 우리 안에서 불신앙과 혁명을 위한 길을 준비하는 자다"[121]라고 기록한 바빙크에게 이런 결과는 크게 놀라운 결과가 아니었다.

21세기 철학자 찰스 테일러(Charles Taylor)처럼 그 당시 바빙크도 다시 믿음으로 되돌아가는 역사적인 둥근 호를 그렸다.[122] 바빙크는 균열된 다원주의의 시대에서 칼빈주의야말로 이 세상 속의 삶을 더 행복하게 만들 수 있기 때문에 칼빈주의의 꾸준한 지속성이 다른 현대적 경쟁자들을 훨씬 더 능가할 것이라고 주장했다. 활용하는 것과 누리는 것 사이를 구별한 아우구스티누스의 구별을 선용하며(우리의 삶은 궁극적인 만족을 위해 피조된 것들을 기대하기보다는 삼위일체 창조주를 **누리기 위해** 피조된 것들을 활용하는 것이 최고의 삶이라는 가르침을 선용하며),[123] 바빙크는 칼빈주의가 그것 자체의 전체론(holism)에 의해 현대적 삶과 하나님 사이의 관계성을 재조정함으로써 현대적 삶의 무질서를 회복시키며, 이를 통해 신자들이 참된 행복을 위해 이 세상 너머의 것을 바라보게 한다고 주장했다. 바빙크는 칼빈주의야말로 미래에 살아남

선물』, 우병훈 감수 및 해설, 박하림 옮김 (군포: 도서출판 다함, 2021), 51-52]. Harinck, "Religious Character of Modernism," 71; James Bratt, "The Context of Herman Bavinck's Stone Lectures: Culture and Politics in 1908," *The Bavinck Review* 1 (2010): 13-14. 121.

121 Bavinck, "Future of Calvinism," 14.

122 Charles Taylor, *A Secular Age* (Cambridge, MA: Harvard University Press, 2007), 711-27.

123 Augustine, *On Christian Teaching*, trans. R. P. H. Green (Oxford: Oxford University Press, 1997), 8-10.

을 것이고, 그 이유는 칼빈주의가 현재보다는 미래에 관심을 기울이기 때문이라고 믿었다.

> 칼빈주의자는 매사에 하나님께로 되돌아가는 자이며, 궁극적이며 가장 깊은 원인 되시는 하나님의 주권적이고도 선하신 기쁨으로 모든 것이 되돌아가기 전에는 만족할 수 없는 자이다. 칼빈주의자는 사물들의 외관 속에서 자기 스스로를 절대로 잃어버리지 않고 오히려 사물들의 실재 속으로 꿰뚫고 들어간다. 칼빈주의자는 현상들 뒤에서 보이는 것들로부터 태어난 보이지 않는 본질을 찾는다. 칼빈주의자는 역사의 중간에서 입장을 취하지 않으며 오히려 시간으로부터 영원의 높이까지 올라간다. … 칼빈주의자는 자신의 마음, 생각, 삶을 되어가고 변하고 영원히 스쳐 지나가는 땅에 있는 이런 것들 속에서 찾을 수 없다. … 칼빈주의자는 성전 뜰에 머물지 않으며 오히려 지성소로 들어가길 원한다. 칼빈주의자는 영원한 관점 아래서(*sub specie aeternitatis*) 모든 것을 본다.[124]

(바빙크는 같은 글에서 칼빈주의의 "신비주의적 심정맥"을 삶 이후의 관점에서 이 땅의 삶을 재구성하는 데 실패한 자유주의적 개신교주의의 "세속적 기독교"와 대조시킨다. 이 지점에서 신칼빈주의 전통에 대한 희화와 마이클 앨런[Michael Allen]과 한스 부어스마[Hans Boersma]의 글 속에서 특별히 발견 가능한 바빙크에 대한 희화, 즉 신칼빈주의와 바빙크를 분명히 보다 더 신비주의적인 카이퍼와 대비시키며 "세속적"이며 영적이지 않고 "지복직관[至福直觀, beatific vision]이 결여된" 관점으로 희화시키는 것은 바빙크의 전기 혹은 그의 모든 작품의 모습과 그다지 어울리지 않는다).[125]

124　Bavinck, "Future of Calvinism," 4-5.

125　Bavinck, "Future of Calvinism," 20. Cf. Michael Allen, *Grounded in Heaven:*

칼빈주의의 대안은 네덜란드 문화를 위해 영구적으로 "잃어버린 것들" 즉 바빙크가 생각하기에 네덜란드가 확실하게 회피했었던 아주 불만족스러운 결과를 유지하는 것이었다. "네덜란드 사람들은 칼빈주의자가 될지 아니면 기독교 국가가 되는 것을 멈출지 둘 중 하나다. 그들은 너무나도 지나치게 절대적이며 단호하게 오랫동안 혼합주의적 혹은 중재적인 특성을 취하고 있다."[126] 바빙크는 인생의 후반기에 최고 지도자의 공백기가 실제로 존재한다는 사실을 깨달았다. 네덜란드 사람들은 바빙크가 처음 생각했던 것보다 훨씬 더 다원주의와 불협화음에 대해 기꺼이 용인할 자세를 가지고 있었다. 비록 더 이상 기독교 국가는 아니었지만(어쩌면 1890년대의 바빙크에게는 상상도 할 수 없는 일이었을 수도 있지만) 네덜란드 사람들은 한 국가로 남았다. 일단 바빙크가 이것을 깨달은 후에는 그의 공개적 노력들이 칼빈주의를 옹호하는 것보다는 오히려 보다 더 폭넓게 기독교를 옹호하는 방향성을 갖게 되었으며, 이전의 모습과는 확실히 다른 모습으로 바빙크의 암스테르담 시절의 (많은) 출판물들이 자리매김하게 되었다. 시간이 흘러가면서 칼빈주의는 지배력을 행사할 수 있는 위치에 이르렀고, 바빙크도 칼빈주의의 발전상과 완전한 관계를 맺게 되었다.

지속되는 강렬함

린더봄과 카이퍼는 신학의 본질에 대해서 오랫동안 서로 극단적인 관점을 견지하고 있었다. 린더봄에게 신학은 교회의 일이었으며 학문적인 대학교를 필요로

Recentering Christian Hope and Life on God (Grand Rapids: Eerdmans, 2018), 22-23; Hans Boersma, *Seeing God: The Beatific Vision in Christian Tradition* (Grand Rapids: Eerdmans, 2018), 315-53.

126 Bavinck, "Future of Calvinism," 14.

하지 않는 것이었다.[127] 이와는 많이 대조적으로 카이퍼는 학문적 신학을 오직 교회 생활과 간접적으로 관계있는 학문적 노력으로 이해했다. 1890년 중반 바빙크는 이 두 관점 사이에 위치하고자 노력했던 것으로 보인다. 바빙크는 신학이 다른 학문들과 관계있고 이 다른 학문들은 반드시 기독교화되어야만 한다는 주장에 찬성하면서 카이퍼 편에 섰다. 그럼에도 불구하고 바빙크는 카이퍼의 『백과사전』에서 찾아볼 수 있는 학문적 신학과 교회 사이의 먼 거리에 대해서는 불편함을 깊이 느꼈다.[128] 신학이야말로 본질적으로 학문 세계와 교회에 연결되어야만 한다고 믿으면서,[129] 바빙크는 [깜픈] 신학교가 자유 대학교의 신학 분과 교수진들과 연결되는 신학교가 되는 이상향을 목표로 설정했다.[130]

이전 장에서 언급했다시피, [깜픈] 신학교는 현대화의 과정 속에서 수십 년 동안 개선이 필요하다는 사실을 인식했다. 바빙크를 임용하려는 자유 대학교의 가장 최근의 시도 이후(1894년), 신학교 이사진은 바빙크와 린더봄에게 신학교 교육의 미래에 대한 제안서를 작성해달라고 요청했다. 바빙크의 시각은 신학교의 준비 과목들을 새로운 감나지움으로 옮기고 신학생들을 관리하는 책임을 신학교 이사진에서부터 교사들에게 옮기는 것이었다. 바빙크의 관점에 대해 린더봄은 반대의 의견을 냈다. 린더봄은 신학 교육 전체가 반드시 한 지붕 아래서 이루어져야만 하고 그 결과는 학자들이 아닌 목회자들에게 평가받아야 한다고 생각했다.

---

127   Lucas Lindeboom, *Bewaart het pand u toebetrouwd, of de geruststelling in "Opleiding en theologie" onderzocht en gewogen* (Kampen: Zalsman, 1896).

128   하링크와 베르껄라르는 이런 불일치가 바빙크를 구약 주해자가 아닌 교의학자로 발전시켰던 그의 1894년 결정에 영향을 미쳤다고 주장했다. *Domineesfabriek*, 113을 살펴보라.

129   Maarten Noordtzij, Douwe Klazes Wielenga, Herman Bavinck, and Petrus Biesterveld, *Opleiding en theologie* (Kampen: Kok, 1896).

130   Harinck and Berkelaar, *Domineesfabriek*, 111.

이런 제안들이 발전하게 되면서 카이퍼는 더 많은 신학 논쟁에 휩싸였다. 1894년 하이델베르크 요리문답 해설에서(*E Voto Dordraceno*) 카이퍼는 영원 칭의 교리를 옹호했다.[131] (이 교리에 따르면, 택자는 영원부터 하나님과 의로운 관계를 맺게 되고 이 땅에서의 삶 전반에 걸쳐 심지어 회개나 회심 전에 하나님에게 의롭다 여겨진다). 개혁신학 역사 속에서 별난 교리로 지금껏 널리 평가받아온 이 관점은 카이퍼 뒤를 따르는 자욱한 논쟁을 더 진하게 만들었다. 심지어 카이퍼의 공개적인 협력자인 바빙크도 이에 대해서는 카이퍼와 함께할 수 없었다.[132] 카이퍼가 특이한 교리적 입장을 취하거나 바빙크가 공개적으로 자신의 반대 입장을 표명한 것은 이후에도 계속 되었다.

출판: 『개혁 교의학』과 『성경』

바빙크가 카이퍼와 루트허르스와 손잡고 새로운 네덜란드 성경을 준비한다는 최초의 공표가 5년이 지난 1895년, 많은 사람의 도움을 받은 계획인 『성경』이 드디어 빛을 보게 되었다.[133] 분명히 카이퍼는 이 새로운 성경을 향해 높은 기대

---

131 Abraham Kuyper, *E Voto Dordraceno* (Kampen: Kok, 1894), 2:333. Cf. Gerrit Berkouwer, *Faith and Justification* (Grand Rapids: Eerdmans, 1954), 144[역자주: 하지만 카이퍼가 소위 영원 칭의론[the doctrine of eternal justification]을 배타적으로 주장했는지에 대해서는 좀 더 엄밀한 신학적 탐구가 필요하다. 영원 칭의론에 대해서는 박재은, 『칭의, 균형 있게 이해하기: 하나님의 주권 대 인간의 역할, 그 사이에서 바라본 칭의』 (서울: 부흥과개혁사, 2016), 41-46을 살펴보라. 카이퍼의 영원 칭의론에 대해서는 Jae-Eun Park, *Driven by God: Active Justification and Definitive Sanctification in the Soteriology of Bavinck, Comrie, Witsius, and Kuyper* (Göttingen: Vandenhoeck & Ruprecht, 2018), 199-203; 박재은, "아브라함 카이퍼와 영원으로부터의 칭의," 「갱신과부흥」 27 (2021): 189-218을 살펴보라].

132 Bavinck, *RD*, 4:216.

133 Herman Bavinck, Abraham Kuyper, and Frederik Rutgers, ed. and trans., *Biblia dat is de gansche Heilige Schrifture bevattende alle de kanonieke boeken des Ouden en des*

를 걸고 있었다. 카이퍼는 「드 헤라우트」에서 이 새로운 성경이 네덜란드 개혁교회에서 승인받게 될 것을 추천했다.[134] 하지만 이런 야망은 실현되지 못했다. 이『성경』의 초판은 간 본문 연구 설명과 본문의 다양성에 대한 바빙크, 카이퍼, 루트허르스의 설명이 포함되어 큰 크기로 출판되었다. 이와 더불어 초판은 얀 볼쪄(Jan Woltjer)가 그린 지도와 성경 유물들도 포함되어 있었다. 하지만 이런 그림들은 신학적으로 논쟁을 초래할 수 있는 그림들이었다. 그 당시 네덜란드 칼빈주의자들은 확실히 모든 상황 속에서 그림을 싫어하지는 않았지만, 성경 안에 그림을 삽입하는 선택은 다소 멀리 간 선택이었다. 카이퍼의 전략은 이 큰 크기의 성경을 집에 비치하나 설교단에 놓는 용도로 활용되길 의도했지만, 널리 사용되지는 못했다.[135] 새로운 성경보다는 좀 더 작고 그림이 삽입되어 있지 않은 (1896년에 출판된) 성경이 더 인기를 끌었다. 이 새로운 성경은 네덜란드 개혁파 대중들의 종교적 상상력 속에서 국가번역본 성경을 몰아내는 데 실패했다. (가장 최근으로 보면 1904년에도 카이퍼는 할부 및 구독 등의 방식으로 새로운 성경을 팔려고 노력했었지만 지속적인 성공을 거두지는 못했다).[136]

같은 해에 바빙크의 또 다른 오랜 기간의 집필 계획이 완성에 이르렀다. 드디어『개혁 교의학』의 첫 번째 권이 완성된 것이다(531페이지).[137]『성경』과 달

Nieuwen Testaments: Naar de uitgave der Staten-overzetting in 1657 bij de Weduwe Paulus Aertsz van Ravesteyn uitgekomen, in de thans gangbare taal overgebracht door Dr. A. Kuyper onder medewerking van Dr. H. Bavinck en Dr. F. L. Rutgers; Met volledige kantteekeningen, inhoudsopgaven, platen, kaarten, enz. (Middelharnis: Flakkeesche Boekdrukkerij, 1895).

134 *De Heraut,* September 8, 1895.

135 Tjitze Kuipers, *Abraham Kuyper: An Annotated Bibliography, 1857-2010* (Leiden: Brill, 2011), 253.

136 Kuipers, *Abraham Kuyper: An Annotated Bibliography,* 288.

137 Bavinck, *GD*[1], vol. 1 (Kampen: J. H. Bos, 1895).

리 이 작품은 엄청난 충격을 선사했다. 짧은 서문에서[138] 바빙크는 자신의 지적 헌신과 목표에 대해 드러냈다. 『순수 신학 통론』(Synopsis purioris theologiae)의 1881년 서문과 비슷하게 이 새로운 작품도 바빙크 자기 시대의 신학적 필요들을 만족시키려는 굵은 노력이었다. 바빙크는 다음과 기록했다. "오래된 것을 오래되었다는 이유로 단순히 찬양하는 것은 개혁파적이지 않으며 기독교적이지도 않다. 교의학은 무슨 가치가 있었는가를 묘사하지 않으며 오히려 [지금] 무슨 가치여야만 하는가를 묘사한다. 교의학은 과거에 뿌리를 내리고 있지만 미래를 위해서 일한다."[139] 뭔가 새로운 것을 위한 시간이 도래했다.

물론 맥락적으로 봤을 때 바빙크가 교의학 분야에서 새로운 작품을 집필한 유일한 19세기 후기 네덜란드 신학자는 아니었다. 카이퍼의 거대한 『백과사전』과 더불어 같은 해에 G. H. 라머르스(Lamers),[140] J. J. 판 오스떠르제이 (Oosterzee),[141] F. E. 다우반톤(Daubanton),[142] 그리고 어쩌면 가장 중요하게도 1895년에 『교의학 안내』[143]를 출판하고 (주류) 네덜란드 개혁파 교회 속에서 교의학의 실천을 강화시키려는 목표를 세웠던 P. J. 뮐러(Muller)의 새로운 교의학 작품들이 출간되었다. 뮐러의 작품은 자신의 교단 내에서 영향력을 떨

138 Herman Bavinck, "Foreword to the First Edition (Volume 1) of the *Gereformeerde Dogmatiek*," trans. John Bolt, *Calvin Theological Journal* 45, no. 1 (2010): 9-10.

139 Bavinck, *GD*[1], 1:iv. "Het oude te loven alleen omdat het oud is, is noch gereformeerd noch christelijk. En dogmatiek beschrift niet wat gegolden heeft, maar wat gelden moet. Zij wortelt in het verleden, maar arbeidt voor de toekomst."

140 G. H. Lamers, *Een woord over dogmatische theologie en dogmatiek* (Amsterdam: W. H. Kirberger, 1876); Lamers, *De leer van het geloofsleven* (Amsterdam: W. H. Kirberger, 1877); Lamers, *De toekomst van de dogmatiek* (Amsterdam: W. H. Kirberger, 1878).

141 J. J. van Oosterzee, *Christelijke dogmatiek: Een handbook voor academisch onderwijs en eigen oefening* (Utrecht: Kemink, 1876).

142 F. E. Daubanton, *Confessie en dogmatiek* (Amsterdam: F. W. Egeling, 1891).

143 P. J. Muller, *Handboek der dogmatiek*, 2nd ed. (Groningen: Wolters, 1908).

쳤고 1908년에 재판되기도 했지만, 이 작품의 포부와 궁극적인 영향력은 바빙크의 성취 앞에서 존재감이 작아지게 되었다. 뮐러의 한 권짜리 책과 비교해서 (296페이지의 책으로 신학, 기독론, 성령론 등을 다룬다), 바빙크의 4권짜리 작품은 거의 2,875페이지에 육박했다. (암스테르담 시절 때의 증보 개정판은 분량이 더 늘어났다). 바빙크는 카이퍼의 현대적 개혁에 온 힘을 다 쏟았다.

이런 특정한 출판 시장 속에서 『개혁 교의학』에 대한 바빙크의 야망과 포부는 분명했다. 보스와의 출판에 대한 거래에 동의하기 전, 바빙크는 본인 작품의 출판권 비용에 대해 여섯 개의 출판사와 논의했다. 이 출판사들 가운데 한 출판사의 조카가 깜픈 학생에게 쓴 편지에서 다음과 같은 불평이 등장한다. "우리의 제안은 실제로 아주 높았었어. 만약 내가 너에게 모든 상황을 말한다면 아마도 넌 총액에 대해 아주 놀랄거야. 이 작품은 [보스에게] 팔리지 않을거야. 사람들이 저자 사인본 800부 중 1부를 살 수 있을 기간인 5년 동안 빌리는 거야. 5년 뒤에는 저자가 새로운 계약 조건을 가질 권리가 있고 다시 새롭게 빌려주겠지. 자! 어쨌든 우리는 위대한 교수 없이도 잘 지내길 바랄 뿐이야."[144] 바빙크도 그 당시 『개혁 교의학』이 그 어느 책과 비교해도 손색없는 작품이라는 사실을 꽤 잘 인지하고 있었다. 바빙크는 성공을 완전히 기대했다.

---

144 George Harinck, "'Een uur lang is het hier brandend licht en warm geweest': Bavinck en Kampen," in *Ontmoetingen met Bavinck*, ed. George Harinck and Gerrit Neven (Barneveld: De Vuurbaak, 2006), 115에서 인용. "Ons bod was feitelijk te hoog; als ik je de conditties zeg, zul je verstomd staan over de hooge som. Het werk wordt niet verkocht [aan Bos], maar verhuurd voor het tijdvak van 5 jaar gedurende hetwelk men 800 exemplaren mag verkoopen die door den auteur worden geteekend. Na 5 jaar heeft de Schrijver het recht opnieuwe condities te stellen en opnieuw te verhuren. Voila! Enfin, we hopen ons zonder den grooten professor te redden."

카이퍼의 『백과사전』과 바빙크의 『개혁 교의학』 비교

『개혁 교의학』 1권의 모습은 확실히 카이퍼와의 관계를 더 어색하게 만들 수 있었다. 바빙크는 교의학에서 구약 주해로 이동하게 만들려는 카이퍼의 설득을 결국 받아들이지 않기로 결정함으로써, 『백과사전』이 이미 크게 자리잡고 있는 교의학 영역 속으로 뛰어들었다. 바빙크는 똑같은 신학적 영역 속에서 카이퍼의 대표작과 약간의 치열한 경쟁을 펼쳤다. 이와 관련하여 카이퍼를 폄하하는 일부 사람들은 『백과사전』을 반대하기 위해 바빙크의 작품을 소비하기 시작했다. 한 비평가는 1895년 6월 「드 바자윈」에 카이퍼의 사변스러워보이는 **철학적** 작품과 대조시키면서 바빙크의 『개혁 교의학』 1권이야말로 적절한 **신학적인** 작품이라고 칭찬했다. (카이퍼가 기독교 철학 홍보에 힘썼음에도 불구하고 그는 자신의 작품에 대한 이런 평가를 칭찬으로 느끼지는 못했을 것이다). 이 비평가는 카이퍼의 학생들이 기록한 강의 노트에 기반을 둔 『백과사전』의 부족한 집필 방식과 대조하면서, 바빙크가 직접 집필한 『개혁 교의학』의 작품성을 높이 샀다.[145]

[바빙크의] 이 작품은 카이퍼에게 패배하지 않았다. 바빙크의 책이 출간된 지 2주 안에 카이퍼의 언론이었던 「드 헤라우트」는 바빙크의 『개혁 교의학』과 [카이퍼의] 『백과사전』은 상호보완적 작품들이며 둘 다 개혁파 원리들을 향한 같은 헌신에 철저히 뿌리내리고 있다고 주장했다. (흥미롭게도 깜픈 강의실에서 자신의 학생들에게 했던 『백과사전』에 대한 바빙크의 초기 비평은 이 지점에 대한 카이퍼의 연구를 비판한 것이었다).[146] 바빙크의 노력이 카이퍼보다 "덜 투지 넘치지 않았다"라고 기록하며 이 두 작품을 읽는 그 누구라도 결국 "이 두

---

145 "Om reden," *De Bazuin*, October 6, 1895.

146 Bremmer, *Bavinck als dogmaticus*, 37-45.

사람은 서로 일치한다'라는 결론에 이를 것이라고 주장했다.[147] 이제 바빙크보다는 오히려 카이퍼가 자신이 선택한 [교의학] 영역이 잔뜩 붐비게 되었다는 것을 느꼈을 것이다. 이 기사는 다음과 같이 마친다. "『백과사전』처럼 이『교의학』도 틀리기 쉬운 인간의 작품이다. 인간의 부족함이 있을 수밖에 없다. 하지만 우리는 이런 결점 속으로 들어가지 않을 것이다."[148] 바빙크가 카이퍼로부터 어느 정도 지적인 독립성을 유지했던 것은 이 두 인물 모두에게 분명했던 사실이다. 카이퍼도 마찬가지로 분명한 사실은 그가 바빙크에게서 교회와 학문의 중요한 동역자를 찾았다는 것이다. 대중에게 그들의 구별점들이 강조되는 것은 카이퍼의 관심사가 아니었다.[149]

깜픈과 암스테르담에서의 갈등들

1895년 마지막, [깜픈] 신학교 개교기념일 행사에서의 린더봄의 공개 강연은 카이퍼와 그 지지자들에 대한 몹시 비판적인 일축이 포함되었다. 린더봄은 카이퍼와 바빙크가 예전에 레이든 신학자들에 굴복했던 전과의 죄책을 가지고 있다고 보았다. 린더봄은 그들이 신학을 독립적인 학문으로 설정해 세속화시켰고 결국 속이 텅텅 빈 껍데기로 만들었다고 생각했다. 린더봄의 이런 외침은 '깜

---

147 "Bavinck's Dogmatiek," *De Heraut*, June 16, 1895. "Deze twee mannen zijn het eens."

148 "Bavinck's Dogmatiek," *De Heraut*, June 16, 1895. "Evenals de *Encyclopaedie* is ook deze *Dogmatiek* het werk van een feilbaar mensch; menschelijk gebrek er aanklevend. Toch zullen we hier niet op ingaan."

149 특별히 카이퍼가 개인적으로 『백과사전』과 『개혁 교의학』 사이의 차이점들에 논구했던 시도들에 대한 더 깊은 논의는 Bremmer, *Bavinck als dogmaticus*, 25를 참고하라.

픈의 영광이 이제 곧 떠나는구나'라는 선제적인 슬픔의 외침이었다. 린더봄은 다음과 같이 주장했다. "어떻게 카이퍼 박사와 루트허르스 같은 사람들이 거룩한 신학이 '자기 집'을 떠나버렸다는 것을 깨닫지 못하는 것이 가능합니까? 이보다 더 최악인 점은 자유교회와 학교에서 태어난 분리 운동의 사람들도 이런 죄와 위험에 눈이 먼 것처럼 보인다는 점입니다. 이런 것이야말로 교회와 그 후손들에 존재하는 세속적이며 사악한 김나지움들과 대학들의 부분적인 영향입니까? 아니면 이런 대학의 사상이 **개혁파의 뿌리**에 심겨질 수 있겠습니까?"[150] 이런 논쟁은 1895년부터 1896년까지 「드 바자윈」 지면에 차고 넘쳤다. 린더봄의 논조는 점점 더 공격적으로 변해갔다. 1896년 봄에 실린 기사에서 린더봄은 바빙크의 제안서를 [깜픈] 신학교 사역의 개선(*verbetering*)이 아니라 "변질"(*verbastering*)이라고 공개적으로 매도했다.[151]

동시에 바빙크는 자유 대학교의 내부적 반목에 깊숙이 관여되었다. 그 당시 자유 대학교에서는 카이퍼와 그의 변호사였던 알렉산더 드 사보르닌 로만(Alexander de Savornin Lohman, 1837-1924) 사이에 오랫동안 들끓은 긴장이 존재했다. 로만은 반혁명당, 자유 대학교, 「드 스탄다르트」 초기 시절만 하더라도 카이퍼의 없어서는 안 될 조력자였지만, 1890년대에 이르러 그들의 우정은 금이 가게 되었다. 로만은 바빙크처럼 카이퍼를 향해 비평적 관점을 가졌던, 주의 깊게 귀납적으로 사고하는 사람이었다. 이 시기 카이퍼를 향한 바빙크의 공

---

150 Lucas Lindeboom, *Godgeleerden* (Heusden: A Gezelle Meerburg, 1894), 74. "Hoe is het mogelijk dat mannen als Dr. KUYPER en RUTGERS niet inzien, dat de S.S. Theologia Aldus 'hare eigene woonstede' verlaten heeft? Nog erger is het, dat mannen uit de Afscheiding, uit de Vrije Kerk en School afkomstig, ook al blind schijnen te zijn voor deze zonde en dit gevaar. Is het mede de invloed van de wereldsche, ongoddelijke, gymnasia en universiteiten op de Gemeente en haar zaad? Of is die universiteitsidee op *Geref. wortel* over te planten?" [역자 주: 강조가 네덜란드 원문 강조인지 불분명하다].

151 Lucas Lindeboom, "Ingezonden," *De Bazuin*, March 13, 1896.

개적 태도는 꽤 순응적이었다. 바빙크는 개인적으로만 카이퍼에 대해 비판했고 공개적인 비판은 꺼려했다.[152] 로만은 달랐다. 로만은 나이에서나 자신감에서나 카이퍼와 동급이었고, 그의 지적 독립성 때문에 충돌은 불가피했다. 로만의 비판은 공개적이었으며, 카이퍼에게는 이런 비판이 정치적으로나 신학적으로나 문제로 작용했다. 카이퍼의 원대한 계획은 자유 대학교의 학문 분과들에 (법학도 포함) "개혁파 원리들"을 적용함을 통해 학문 분과들을 기독교화하려는 것이었지만, 로만은 이런 원리들이 성경과 관련되어 선명하게 드러나는 원리들인지 혹은 이런 원리들이 자유 대학교의 법학 공부를 구별된 공부로 만들 수 있는지에 대한 의심과 회의를 표현했다.[153]

이런 신학적 분열 뒤에서 카이퍼와 로만은 정치에 관한 공개 논쟁을 벌였다. 그 당시 투표권은 오직 남성의 한 일부에게만 부여되었다(예를 들면 1890년 23세 이상 남성의 14퍼센트만 투표할 수 있었다). 카이퍼는 보다 더 넓은 인구에 투표권을 확장시키려 했던 자유 연합 정치인이었던 요한네스 탁 판 뽀르트플릿(Johannes Tak van Poortvliet)의 노력에 지지를 표했던 반면, 로만은 대중 자유민주주의와 현대적 정치 정당들에 대해 강한 열망을 가지고 있지 않았다. 오히려 로만의 이상향은 전문적인 자선 계층에 의한 정치 규칙에 집중했고, 이런 이상향은 카이퍼가 견지했던 민주주의적 가치와 화해될 수 없는 성질의 이상향이었다. 카이퍼는 "힘없는 일반 대중"에게 호소하는 가운데 "힘 있는 사람들과 함께 하는" 드 사보르닌 로만과 같은 사람에 대항했다.[154] 정치적 관점

---

152 예를 들면 Vos to Bavinck, Princeton, December 22, 1895, in *LGV*를 보라. 카이퍼의 『백과사전』 2권에 대한 바빙크의 비판은 직접적으로 이루어졌지만 이 또한 개인적인 편지에서 이루어진 비판이었다. Bavinck to Kuyper, October 29, 1894, Bremmer, *Bavinck als dogmaticus*, 24에서 인용.

153 Arie Theodorus van Deursen, *The Distinctive Character of the Free University in Amsterdam, 1880-2005* (Grand Rapids: Eerdmans, 2008), 51-58.

154 Bratt, *Abraham Kuyper: Modern Calvinist, Christian Democrat*, 233.

에 대한 이런 분열은 반혁명당 내에서의 카이퍼의 지도력에도 위협을 가했다. 카이퍼는 당의장이었고, 로만은 하원의 반혁명당 클럽 의장이었다. 이와 더불어 로만은 「드 스탄다르트」와 경쟁 관계에 있었던 기독교 신문 「드 네터르란더르」(De Nederlander)의 편집도 겸하고 있었다.[155]

이런 이유로 로만이 자유 대학교에서 계속 일하는 것은 카이퍼에게는 견딜 수 없는 문제가 되고 말았다. 실제로 이런 확신을 가진 교수가 자유 대학교에서 계속 가르칠 수 있는지에 대한 문제는 공개적으로 불거질 수밖에 없었다. 로만에 대한 이런 문제는 1895년의 개혁파 고등교육을 위한 연합 모임(Vereeniging voor Hooger Onderwijs op Gereformeerden Grondslag)에 참석한 2천 명의 인파들의 주목을 끌었다. 스헤브닝언(Scheveningen)의 세인포스트 식당(the Seinpost restaurant)에서 열린 모임에서 조사 위원회는 자유 대학교에 대한 로만의 비평을 조사해보자는 의견을 표명했다. 로만에 의해 승인된 조사 위원회 위원장은 공명정대함으로 유명했던 헤르만 바빙크였다.[156] 하지만 카이퍼의 바람은 이보다는 훨씬 덜 공개적인 대화를 원했다. 카이퍼는 이 조사 위원회가 로만의 의무들을 경감시켜주는 기회를 제공했다고 생각했다. 비록 로만은 위원회를 전문적으로 잘 이끌어 줄 바빙크를 신뢰했지만, 카이퍼는 미리 바빙크에게 접근했고 바빙크는 위원회의 내부적 결정들에 대해 카이퍼에게 계속해서 알려주었다.[157] 바빙크의 도움을 받은 카이퍼는 "명예 사직" 처분을 받은 로

---

155 Bremmer, *Herman Bavinck en zijn tijdgenoten*, 92; Bratt, *Abraham Kuyper: Modern Calvinist, Christian Democrat*, 234; van Deursen, *Distinctive Character of the Free University*, 50.

156 *De Standaard*, June 28, 1895.

157 "세인포스트 스캔들"에 대해서는 Bremmer, *Herman Bavinck en zijn tijdgenoten*, 91 108; van Deursen, *Distinctive Character of the Free University*, 52-53; Gleason, *Herman Bavinck*, 206-24; Hepp, *Dr. Herman Bavinck*, 239를 보라.

만을 전략적으로 이기게 되었다.[158] (놀랍게도, 바빙크와 로만은 이런 세인포스트 스캔들 이후로도 원만한 관계를 유지했다. 로만은 바빙크가 조사 위원회 위원장직의 중립성 유지에 실패한 것에 대해 전혀 알지 못했던 것으로 보인다).

로만의 사직으로 인한 후폭풍은 대단했다. 자유 대학교에서 법학을 가르치고 있었던 로만의 아들 비티우스 헨드릭(Witius Hendrik, 1864-1932)도 자기 자리를 잃었고, 큰 맥주 공장장이었으며 기독교 자선가였던 비티우스 헨드릭의 장인 빌름 호비(Willem Hovy)도 임원직을 사직했다.[159] 이후 세인포스트 스캔들은 종국에 네덜란드의 반혁명당 기독교 정당들을 분열시키는 계기로 작용했다. 로만은 반혁명당을 떠났고 이후 독립 정당인 기독교-역사적 연합(*Christelijk-Historische Unie*)의 형성을 이끌었다. 1980년이 되어서야 이 정당들은 기독교 민주주의 집합(*Christen-Democratisch Appèl*)의 창설로 재연합하게 되었다. 비록 아름다운 이유 때문은 아니었지만, 세인포스트 스캔들에서의 바빙크의 역할로 다음 세기 속에서 훌륭한 부분을 차지하게 될 네덜란드 국가 정치 형성이 도움을 받게 되었다.

이 저급한 행위의 주목할 만한 예를 곰곰이 생각해 보면서, 글리슨은 바빙크의 행동을 "이해할 수 없다"고 묘사했다.[160] 비록 바빙크의 배임에 대해서는 옹호할 수 없지만, 1890년대의 카이퍼의 영향력의 빛 속에서 살펴봤을 때 적어도 어느 정도는 설명 가능한 행동이었다고 볼 수 있다. 이 시기 카이퍼의 삶에 대한 해석은 크게 두 가지 추세를 따른다. 어떤 사람들은 이 시기의 카이퍼를 수상이 되기 위해 경쟁자들을 무자비하게 제거하는 기회주의자로 묘사하는

158   A. F. de Savornin Lohman, *De correspondentie over mijn ontslag als hoogleeraar aan de Vrije Universiteit* (Utrecht: Kemink, 1896).

159   "De Heer Hovy over Mr Lohman's afscheid van de Vrije Universiteit," *De Tijd*, October 22, 1895.

160   Gleason, *Herman Bavinck*, 223.

반면, 또 어떤 사람들은 긍정적인 측면에서 소시민들에게 칼빈주의적 권한을 이양하며 귀족적인 지배 계층을 즉각적으로 공격하는 인물로 묘사하기도 한다.[161] 이런 얽히고설킨 실들은 쉽사리 풀어지지 않을 것인데 그 이유는 각각의 해석이 어느 정도의 진실을 포함하고 있기 때문이다. 이 두 가지 해석의 실타래 속에서 로만은 정치적 영역 속에서 공개적 경쟁자로서 혹은 칼빈주의를 귀족 정치에 연결시키려는 기독교 지성인로서 카이퍼에게 골칫거리였다.

카이퍼가 우위를 차지했을 이 시기 동안 바빙크의 삶은 자신의 거대한 계획에 모든 것을 투자하고 있었다. 10년 이상 바빙크의 에너지와 은사들은 교회, 신학, 정치를 향한 카이퍼의 시각에 의해 생기가 북돋아지고 있었다. 바빙크의 달걀들은 단호한 카이퍼의 달걀 바구니 속에서 섬세하게 균형을 잡고 있었다. 그리고 이미 묘사했던 바대로 바빙크와 카이퍼는 기독교 국가로서의 네덜란드의 미래가 신칼빈주의의 발전에 근거한다고 믿었다. 표면적으로는 로만의 태도와 자세가 신칼빈주의(와 본질적으로는 현대 기독 대학에), 현대적 개혁을 불러일으키는 일에 의존하고 있는 반(反)지배 계층 민초들에게, 심지어 기독교 국가로서의 네덜란드의 미래에 정치 실존적 위협을 가하는 것처럼 보였다. 이런 이유로 바빙크는 로만을 사임시키려는 카이퍼의 계획에 스스로 가담했던 것이다. 좋든 나쁘든 바빙크는 카이퍼에게 크게 사로잡혀 있었다.

형제의 죽음

1890년 이후 일기들로부터 바빙크의 가장 어린 남동생 요한(Johan)이 건강 때문에 고생했다는 사실이 분명해진다. 요한은 1895년 ("국가에 대한 칼빈주의적

---

161 Bratt, *Abraham Kuyper: Modern Calvinist, Christian Democrat*, 233-34.

교리"에 관한) 박사논문을 작성하면서 폐결핵에 시달리게 되었다. 얀 바빙크의 전기에도 요한이 처음으로 피가 섞인 기침을 하면서 건강을 잃게 되었다고 기록되어 있다. "어느 저녁 집에서 그가[요한이] 약간의 피를 토해냈고 그때부터 병을 앓아 쇠약해지기 시작했다. 그의 회복을 위해 했던 모든 일은 아무 소용 없었다."[162] 1896년 크리스마스 기간에 기록된 잃어버린 일기장에서 헤르만은 동생의 죽음을 다음과 같이 기록했다. "**12월 26일, 크리스마스 기간 둘째 날 토요일. 9월 8일 주일 저녁 비스떠르펠트(Biesterveld)의 집에서 각혈했던 우리의 사랑하는 요한이 24년 3개월의 나이에 새벽 1시 30분 하늘나라로 떠났다(72년 9월 25일-96년 12월 26일).**"[163]

같은 날 바빙크 가족은 신문에 요한의 부고를 실으려 준비했다.

오늘 아침, 오랫동안 병으로 고통받던 법과 국가에 관한 학문의 박사 후보생인 우리의 사랑하는 가장 어린 아들과 형제인 **요한네스 헤리트 바빙크**가 24세의 나이로 영원한 소망 안으로 들어갔다.

J. 바빙크
G. M. 바빙크-홀란트
H. 바빙크
J. A. 바빙크-스키퍼르스
C. B. 바빙크

---

162 Jan Bavinck, "Een korte schets van mijn leven," 미출간된 자필 전기, n.d., HBA, folder 445, p. 71. "Op zekeren avond te huis komende, gaf hij een weinig bloed op, en van dien tijd afaan begon hij te sukkelen en te kwijnen. Wat wij ook deden tot zijn behoud en welke middelen wij ook aanwenden tot zijn herstel, niets mocht baten."

163   Hepp, *Dr. Herman Bavinck*, 238. "26 Dec., 2de Kerstdag, Zaterdag. Onze lieve Johan, die op Zondag 8 Sept. 1895 ten huize van Biesterveld 's avonds een bloedspuwing kreeg, is 's morgens half twee overleden, 24 jaar en 3 maanden oud (25 Sept. '72-6 Dec. '96)."

G. 바빙크-바우어스

B. J. F. 바빙크

깜픈, 12월 26일, 1896년.[164]

요한네스의 죽음은 바빙크 가정에 엄청난 충격이었다. 얀 바빙크는 다음과 같이 기록했다. "우리는 사랑스럽고 장래 유망한 아들과 깊이 사랑하는 형제를 잃었다. 우리 모두는 말할 수 없이 슬프다. 우리는 그를 지키길 간절히 원했었다."[165] 동생의 죽음 직후 헤르만은 동생의 소식을 카이퍼에게 전했다.

요한은 우리의 가장 어린 형제였습니다. 우리는 그를 매우 사랑했으며 교회와 국가를 위해 그에게 많은 기대를 걸었습니다. 그는 참으로 겸손하고 순전한 성격을 갖고 있었으며, 주께서 우리와 우리 부모님께 주셨던 영광스러운 은사를 그에게도 주셨다고 생각할 만큼 그는 이해력과 마음에 있어서 소중한 은사를 가지고 있었습니다. 하지만 베풀어주신 주께서 다시 데려가셨으며 베푸실 때나 데려가실 때나 모두 주의 이름이 찬양 받습니다. … 그는 완전히 스스로의 [회복을] 확신하지 않았으며, 많은 어려움 가운데 있었고, 때때로 그의 영혼은 어둠 가운데 있었습니다. 하지만 그의 영혼은 주를 향해 있었고 하나님의 자유로우신 은혜를 신뢰했습니다. 그는 못 박히신 예수 그리스도 외에는 알길 원치 않았으며, 우리보다 먼저 더 좋은 나라로 떠났

---

164 *De Standaard*, December 31, 1896. "Hedenmorgen overleed, na een langdurig en geduldig lijden, in de hope des eeuwigen leven, onze geliefde jongste Zoon en Broeder JOHANNES GERRIT BAVINCK, Docts. in de rechts- en staatswetenschap, in den ouderdom van ruim 24 jaren. J. BAVINCK. G.M. BAVINCK-HOLLAND. H. BAVINCK. J.A. BAVINCK-SCHIPPERS. C.B. BAVINCK. G. BAVINCK-BOUWES. B.J.F BAVINCK. *Kampen*, 26 Dec. 1896"[역자 주: 강조가 네덜란드 원문 강조인지 불분명하다].

165 Jan Bavinck, "Een korte schets van mijn leven," 72. "Wij verloren in hem een dierbaren en veelbelovenden zoon en een innig geliefden broeder. Wij waren dan ook allen bitterlijk bedroefd; wij hadden hem zoo gaarne behouden."

습니다.[166]

41세의 나이 때의 헤르만은 2명의 누이들 디나(1851-64)와 페미아(1858-66), 그리고 두 명의 형제들 까렐(1862-62)과 요한(1872-96)을 잃은 채 살아갔다. 현재 헤르만은 3명의 형제 중 가장 나이가 많았으며 그중의 한 명이었던 디누스는 요한의 죽음으로 이어지는 20년 동안 네덜란드의 폐결핵 사망률에 대한 박사논문을 쓸 것이다.[167] 이상하리만큼 뚜렷이 구별되는 방식들 속에서 신학, 법학, 의학 분야에서의 바빙크 형제들의 박사논문들은 서로 밀접한 관련을 맺고 있었다(2편의 논문은 마쳤지만, 1편의 논문은 영원히 마치지 못했다).

생산적인 시절: 교의학, 심리학, 그리고 윤리학

1897년부터 1901년까지는 바빙크의 이력에서 특출나게 다작한 시절이었다. 1897년『개혁 교의학』제2권이 출간되었으며(571페이지) 1898년에는 제3권(572

---

166 Bavinck to Kuyper, January 11, 1897, Bremmer, *Herman Bavinck en zijn tijdgenoten*, 109에서 인용. "Johan was onze jongste broeder; wij hadden hem allen zoo lief en wij hadden zoo goede verwachting van hem voor kerk en vaderland. Hij had zulk een bescheiden, eenvoudig karakter en toch ook zulke kostelijke gaven des verstands en des geestes, dat wij meenden, dat de Heere aan mijne ouders en aan ons in hem een heerlijke gave had geschonken. Maar de Heere heeft gegeven, Hij heeft ook genomen en in beide zij zijn Naam geloofd. ⋯ Hij was niet ten volle verzekerd voor zichzelf, hij stond aan veel bestrijding bloot, en soms was het donker in zijne ziel. Maar toch ging zijn hart naar den Heere uit, Hij verliet zich op Gods vrije genade; hij wilde van niets weten dan van Jezus Christus en Dien gekruisigd; en zoo is hij heengegaan, ons vooruit, naar een beter vaderland."

167 Berendinus Johannes Femia Bavinck, *De sterfte aan tuberculosis pulmonum in Nederland (1875-1895)* (Kampen: J. H. Bos, 1897). 난 디르끄 판 끄을런(Dirk van Keulen)에게 이 관찰을 빚졌다.

페이지), 1901년에는 제4권(590페이지)가 출간되었다.[168] 제2권이 출간되었을 때, 카이퍼는 바빙크의 작품을 칭찬하는 서평을 작성했으며, 동시에 같은 호흡으로 네덜란드 개혁교회의 최고의 노력인 P. J. 뮐러(Muller)의 『교의학 안내』에 대해서는 비판했다. "[바빙크의 작품이] 출간된 후 예전 교수였던 뮐러의 교의학 출간이 부끄러움에 자신을 즉시 숨기려 했다. [바빙크의] 이 작품이야말로 **본질적인** 교의학이며, 그 형태에 있어서 성숙하고 숙성됐으며 분명할 뿐 아니라 다른 관점을 향한 신랄함도 없는 작품이다."[169] 이 시기 다른 것들과 더불어 바빙크는 네덜란드뿐 아니라 국제적으로도 존경 받는 학술지에 기고했으며,[170] 매튜 헨리(Matthew Henry)의 『성경 주석』(Commentary on the Bible)의 네덜란드어 번역본 서문을 썼고,[171] 지역 신문과 국가 언론들에 수많은 글을 기고했다. 실제로 1890년대 후반 바빙크의 신문 기사의 생산량은 엄청났으며, 『개혁 교의학』의 완성 직전 1900년에는 「드 바자윈」의 편집자로 임명되기도 했다.

1897년, 『개혁 교의학』 제2권을 준비하는 가운데 바빙크는 중요한 책 『심리학의 원리들』(Beginselen der psychologie)(208페이지)를 출간했다.[172] 교의학과 윤리학 영역에서의 다양한 집필 계획 가운데서 심리학에 대한 책을 먼저 썼다는 것은 어쩌면 놀라운 일이다(심지어 이 책은 『개혁 교의학』 집필 중에 완성되었다). 신학적 집필들 속에서 분주했던 가운데 왜 바빙크는 교의학이 아닌 심리

---

168 Herman Bavinck, *GD*[1], vol. 2 (Kampen: J. H. Bos, 1897); *GD*[1], vol. 3 (Kampen: J. H. Bos, 1898); *GD*[1], vol. 4 (Kampen: J. H. Bos, 1901).

169 *De Heraut*, September 19, 1897. "Wat de gewezen hoogleeraar Muller als Dogmatiek uitgaf, kroop terstond na de verschijning uit schaamte onder den banken weg. Doch hier is nu een *wezenlijke* Dogmatiek, rijp en voldragen, klaar in den vorm, en aan alle bitterheid tegen afwijkende opinien gespeend"(강조는 원문).

170 Bavinck, "Future of Calvinism," 1-4; Bavinck, "Kleine bijdrage tot de geschiedenis der Statenvertaling," *Tijdschrift voor Gereformeerde Theologie* 4, no. 4 (1897): 233-40.

171 Matthew Henry, *Letterlijke en practicale Bijbelverklaring* (Utrecht: Kemink, 1896).

172 Herman Bavinck, *Beginselen der psychologie* (Kampen: J. H. Bos, 1897).

학 영역에서 다른 시도를 했던 것일까? 중요한 실마리는『개혁 교의학』에 일찍이 담겨 있다. 바빙크가 봤을 때 19세기 신학 전체는 신학을 인간의 자의식 속에 두려는 프리드리히 슐라이어마허의 노력의 빛 안에서 재구성되고 있었다. 슐라이어마허는 하나님에 대한 신학자의 지식은 범주적으로 하나님 스스로의 지식과는 다르다는 관점을 대중화시켰다. 신학자의 지식은 주관적이고 완전하지 않지만, 하나님 스스로의 지식은 객관적이며 완전하다. 전자는 인간의 마음 속에서 일어나지만, 후자는 하나님의 마음 속에서 일어난다. 슐라이어마허는 이런 구별을 설명하면서 비록 신학이 하나님께 집중하기는 하지만 신학은 동시에 인간의 마음에도 집중하려는 노력을 기울이는 학문이라는 사실을 더 공고하게 만들었다. 바빙크는 이런 발전이 19세기 신학자들 전반에 걸쳐 보편적으로 수용된 발전이라고 생각했다. 바빙크는 다음과 같이 기록했다. "슐라이어마허와 그 이후 신학 전체는 정통주의자들이든 현대주의자들이든 간에 의식의 신학으로 바뀌었다."[173]

이런 이유로 슐라이어마허 이후에는 단순히 옛 신학자들의 글들을 재발간할 수 없었다. 오히려 바빙크의 눈에는 슐라이어마허의 자극의 넓이와 깊이가 슐라이어마허적인 이동을 고려한 작품의 동반 없이 그 어떤 새로운 교의학도 그 당시의 필요를 만족시킬 수 없을 정도로 보였다.[174] 그러므로『순수 신학 통론』(Synopsis purioris theologiae)의 재발간도 바빙크 당시의 필요를 충족시키지 못했다. 이 작품의 초기 근대 저자들 역시 영혼의 내적 삶에 대해 다루었지

---

173 Bavinck, *GD*[1], 1:16. "Heel de theologie is door en na Schleiermacher, zoowel onder de modernen als onder de orthodoxen, bewustzijnstheologie." 바빙크는 제2판에서 이 문장을 다음과 같이 개정했다. "슐라이어마허와 그 이후 신학 전체는 정통주의자들이든 현대주의자들이든 간에 의식의 신학으로 바뀌었다." *RD*, 1:78[역자 주: 바빙크,『개혁 교의학』, 1:125].

174 "의식의 신학"에 대한 카이퍼의 1895년 관점의 예는 Abraham Kuyper, "Recensie," *De Heraut*, June 9, 1895이다.

만, 그들은 슐라이어마허의 구체적이고도 현대적인 우려들과 교감하지는 않았다. (바빙크는 자신의 이력 전반에 걸쳐 교의학과 심리학 사이의 균형을 추구했다. 후기 작품인『계시 철학』에서 바빙크는 다음과 같이 재진술했다. "교리들이 반드시 좀 더 심리적이어야 한다고 인식했고 이 교리를 통해 종교적 경험이 더 많이 상기되어야 한다고 생각했다." 이후 바빙크 사후 2년『심리학의 원리들』은 바빙크의 계속된 작업에 근거해 새로운 판으로 재출간되었다).[175]

『심리학의 원리들』은 19세기 후기 기독교 사상가들의 무리를 가로질러 존재하는 바빙크의 매력을 암시해준다. 슐라이어마허의 영향 아래서 그 시대의 고등교육의 변화하는 우선순위는 학문적 교육들의 좁은 범주 내에서 굳건히 지켜왔던 이전 시대의 학문적 전문가들과 함께 하는 박식가(polymath)로 대체되었다. 대체로 19세기 후기는 르네상스 인간보다는 한 영역 내에서의 전문가를 만들어냈던 시대였다. 정확히 그 당시는 카이퍼의 칼빈주의 전체론에 의해 자극받은 시대였고 "인간이라는 단어가 가지고 있는 완전한 자연적 의미 속에

---

175 Herman Bavinck, *Philosophy of Revelation: A New Annotated Edition*, ed. Cory Brock and Nathaniel Gray Sutanto (Peabody, MA: Hendrickson, 2018), 168[역자 주:『계시 철학』문장의 한글 번역은 헤르만 바빙크,『계시 철학: 개정·확장·해제본』, 코리 브록·나다니엘 수탄토 편, 박재은 옮김 및 해제 (군포: 도서출판 다함, 2019), 384를 인용했다]; Bavinck, *Beginselen der psychologie*, 2nd ed. (Kampen: Kok, 1923). 심리학에 대한 바빙크의 다른 출간물들은 다음을 참고하라. [Herman Bavinck,] "Ter toelichting en verdediging der Psychologie," *Christelijk Schoolblad* (2 Juni-21 Juli 1899); "Psychologie der religie," in *Verslagen en mededeelingen der Koninklijke akademie van wetenschappen* (Amsterdam: Joh. Muller, 1907), 147-76; repr. in *Verzamelde opstellen op het gebied van godsdienst en wetenschap* (Kampen: Kok, 1921), 55-77; ET: "Psychology of Religion," in *Essays on Religion, Science, and Society*, ed. John Bolt, trans. John Vriend and Gerrit Sheeres(Grand Rapids: Baker Academic, 2008), 61-80; "De psychologie van het kind," *Paedagogisch tijdschrift* 1 (1909): 105-17; "Richtingen in de psychologie," *Paedagogisch tijdschrift* 1 (1909): 4-15; ET: "Trends in Psychology," in *Essays on Religion, Science, and Society*, 165-74; *Bijbelsche en religieuze psychologie* (Kampen: Kok, 1920); ET: *Biblical and Religious Psychology*, trans. H. Hanko (Grand Rapids: Protestant Reformed Theological School, 1974).

서의 인간"과 "만사 속에서 하나님의 자녀"가 되는 열망을 오랫동안 가지고 있었던 시대였다.[176] 이런 시대에서 바빙크는 후기 근대 세계의 정확함과 뉘앙스, 중세와 초기 근대의 다원적 꿈을 통합했던 사상가로 떠오르기 시작했다. 바빙크의 출판 기록은 더 이상 보통 수준이 아니었다. 더 중요하게도 바빙크의 삶은 풍성한 다양성과 깊이를 지닌 삶으로 변모하고 있었다. 바빙크는 현재 남편이자 아버지였으며, 목사이자 교의학자, 학문의 사람, 현대적 칼빈주의자, 이후에는 언론 편집자이기도 했다.

카이퍼의 칼빈주의 강연

바빙크가 1892년에 했던 것처럼 1898년에는 카이퍼가 칼빈주의를 홍보하기 위해 대서양을 건넜다. 하지만 바빙크와 달리 카이퍼는 교계보다 주로 학계에 집중해서 여행했다. 1896년 프린스턴 대학교는 기독교 정치 성명서인 『우리의 계획』(Ons program) 집필을 인정하여 명예 법학박사학위를 카이퍼에게 수여했다.[177] 카이퍼는 게르할더스 보스가 가르치고 있었던 프린스턴 신학교의 스톤 강좌(the Stone Lectures) 강연자로도 초청받았다. 1898년 카이퍼는 프린스턴에 가서 명예박사학위를 받은 후 스톤 강좌에서 강의했다.

　카이퍼가 봤을 때 일련의 이 일들은 하나님께서 작정하셨고 미래를 향해 가

176　Bavinck to Snouck Hurgronje, Kampen, December 22, 1888, in *ELV*. "Ik weet wel, het ideaal waar ik naar streef is hier onbereikbaar, maar mensch te zijn in den vollen natuurlijken zin van dat woord en dan als mensch in alles een kind van God—dat lijkt me 't schoonst van alles. Daar streef ik naar."

177　Vos to Kuyper, April 30, 1896, in *LGV*. 다음 자료도 참고하라. George Harinck, *Varia Americana: In het spoor van Abraham Kuyper door de Verenigde Staten* (Amsterdam: Bert Bakker / Prometheus 2016), 13-15.

는 칼빈주의의 행진 속에서 중요한 순간으로 작용했던 일이었다. 비록 아메리카에 대한 카이퍼의 문화적 인상은 어느 정도 바빙크가 받은 인상과 유사했지만,[178] 아메리카에서의 칼빈주의의 전망에 대한 평가는 달랐다. 카이퍼에게 아메리카는 칼빈주의를 이상적으로 품는 데 적합한 곳이었다. 카이퍼가 이렇게 생각했던 이유는 아메리카의 새로움이 삶의 모든 영역을 향한 의도성을 요구하기 때문이라고 보았다. 카이퍼는 그 어떤 다른 기독교 전통보다 칼빈주의가 더욱 더 이런 의도성을 제공해줄 수 있으리라 믿었다. 게다가 아메리카 사회의 종교적 위치야말로 카이퍼가 추구했던 이상향과 아름답게 딱 맞아떨어졌다. 카이퍼는 교회와 국가 사이의 엄격한 분리를 유지하는 가운데 대중적 종교 표현을 격려하는 사회를 아메리카에서 발견할 수 있었다. 아메리카는 프랑스 공화주의자의 반종교적 핵심 집단과 (카이퍼가 봤을 때) 루터파와 로마 가톨릭 유럽 국가들 속에 남아 있는 자의적인 교단적 특권들을 거부했던 나라였다. 눈이 휘둥그레진 카이퍼의 눈에 비친 아메리카는 이미 위대한 나라였지만, 만약 칼빈주의를 받아들인다면 더 위대한 나라가 될 수 있으리라 카이퍼는 생각했다. 칼빈주의를 아메리카에 이식하는(혹은 아메리카를 칼빈주의에 이식하는) 일이 중요하다고 생각했기 때문에 카이퍼는 아메리카에 3개월을 머물기로 한 일정을 5개월로 연장하며 다음과 같이 아내에게 편지를 썼다. "내 여행은 마땅히 해야 할 여행이며 이 여행은 내 삶의 한 부분이고 내 사명의 한 부분이오."[179]

프린스턴에서의 카이퍼의 강의는 어쩌면 역사, 종교, 정치, 학문, 예술, 그리

---

178 Abraham Kuyper, *Varia Americana* (Amsterdam: Hoveker & Wormser, 1898). 아메리카에 대한 카이퍼와 바빙크의 관찰에 대한 비교는 James Eglinton, "*Varia Americana* and Race: Kuyper as Antagonist and Protagonist," *Journal of Reformed Theology* 11 (2017): 68을 참고하라.

179 Abraham Kuyper, *Mijn reis was geboden: Abraham Kuypers Amerikaanse tournee*, ed. George Harinck (Hilversum: Verloren, 2009), 60. "Mijn reis was geboden, was noodzakelijk, het hoorde bij mijn leven, het is een deel van mijn taak."

고 미래를 아우르는 "삶의 체계"(life-system)로서의 칼빈주의에 대해 가장 선명한 설명이었다고 볼 수 있다.[180] 비록 카이퍼는 『백과사전』을 자신의 대표작으로 만들 의도를 가지고 있었지만, 장기적 관점에서 봤을 때 『백과사전』보다는 프린스턴 강연이 더 많이 읽혔다. 하지만 카이퍼로부터 『칼빈주의 강연』 원고를 받았던 바빙크는 이 강연에 대해 다소 퉁명스럽게, 그리고 비판적으로 반응했다. "저는 이런 사상의 세계에 낯선 프린스턴의 청중들이 과연 박사님의 높고 폭넓은 비율을 즉시 이해할 수 있었는지 의문입니다. 박사님은 너무 많은 것을 압축해서 주기 때문에 [박사님의 사상을] 어느 정도 아는 사람들만이 그것이 담고 있는 것을 가치 있게 여길 수 있습니다."[181] 신칼빈주의 발전의 궁극적 중요성의 맥락에서 봤을 때 카이퍼의 『칼빈주의 강연』에 대한 바빙크의 비평 그 자체는 중대한 것이었다. 바빙크는 네덜란드에서도 칼빈주의의 필요성을 확신하고 있었다. 결국 칼빈주의는 네덜란드 문화적 토양에 깊이 뿌리 내리게 되었다. 실제로 바빙크는 그 뿌리가 너무 광범위해서 뿌리들 없이는 흙이 서로 붙지 않을 것이라 믿었다. 하지만 바빙크는 1890년대 전반에 걸쳐 다른 문화 속에서도 이런 일이 똑같이 일어날 것이라고 주장하길 꺼려했다. "칼빈주의는 발전이 중단되길 원치 않으며 다양성을 촉진하고 있다. 칼빈주의는 교회의 각 선물과 서

---

180 Abraham Kuyper, *Het Calvinisme: Zes Stone-lezingen in oct. 1891 te Princeton (N.-J.) gehouden* (Amsterdam: Hoveker & Wormser, 1899); ET: *Lectures on Calvinism. Six Lectures Delivered at Princeton University under Auspices of the L. P. Stone Foundation* (Grand Rapids: Eerdmans, 1994). [역자 주: 아브라함 카이퍼, 『칼빈주의강연』, 박태현 옮김 (군포: 도서출판 다함, 2020)].

181 Bavinck to Kuyper, Kampen, April 17, 1899, Harinck, "Herman Bavinck and the Neo-Calvinist Concept of the French Revolution," 24에서 인용. "Ik betwijfel wel, of de toehoorders in Princeton, wien deze gedachtenwereld gansch vreemd is, in eens U hebben kunnen volgen in Uwe hooge en breede vlucht. Gij geeft zooveel in een kort bestek, dat alleen wie eenigermate zelf op de hoogte is kan waardeeren wat erin zit"[역자 주: 원문에는 '박사님'이라는 호칭이 등장하지 않지만 맥락에 따라 '박사님'이란 호칭을 사용했다. 게다가 원문 인용문에는 voegen으로 되어 있지만 volgen이 맞으므로 수정했다].

로 다른 소명을 영광스럽게 생각한다. 칼빈주의는 네덜란드에서 발견할 수 있는 동일한 발전을 아메리카나 잉글랜드에서 발견하라고 스스로에게 요구하지 않는다. 반드시 주장되어야할 한 가지 지점은 각 나라와 각 개혁파 교회는 자신의 본성에 따라 칼빈주의를 발전시켜야만 하며, 외국의 사상들에 의해 대체되거나 왜곡되는 것을 허용해서는 안 된다는 점이다."[182] 이런 이유로 바빙크는 비록 칼빈주의가 "기독교의 구체적이고도 가장 풍성하며 가장 아름다운 형태"이긴 하지만 칼빈주의가 곧 "기독교와 동연(同延, 역자 주: 두 개의 개념이 내포는 다르나 외연은 동일한 것)은 아니다"라고 주장했다.[183] 비록 바빙크는 네덜란드의 미래를 위해서는 칼빈주의가 반드시 필요하다고 강하게 믿었지만, 칼빈주의 운동의 국제적 전망에 대한 관점은 카이퍼의 관점과는 단호하게 달랐다. 바빙크는 이에 대해 다음과 같이 기록했다. "그 누구도 네덜란드 칼빈주의가 여전히 다른 나라들 속의 칼빈주의 미래에 영향력을 행사할 운명인지에 대해 말할 수 없다."[184]

대안적 장소를 물색하기: 암스테르담, 아머르스포르트, 하를렘, 혹은 힐버숨?

1899년 바빙크는 중요한 학문적 성취를 거의 완성해나갔다. 『개혁 교의학』의 첫 1-3권이 이제 출간된 것이다. 비록 바빙크는 이전에 레이든 대학교 교수직에 고려되지 못했던 경험이 있었지만(그리고 자유 대학교 교수직을 네 번에 걸쳐 사양했지만), 그의 주가는 네덜란드 학계에서 지속적으로 상승하고 있었다[역

182　Bavinck, "Future of Calvinism," 23.

183　Bavinck, "Future of Calvinism," 24.

184　Bavinck, "Future of Calvinism," 24.

자 주: 에글린턴은 자유 대학교 교수직을 3번에 걸쳐 사양했다고 했지만 4번이 맞으므로 4번으로 수정해서 번역했다. 바빙크를 동조하지 않는 신문도 다음과 같이 기사를 실었다. "지금 신칼빈주의는 반드시 고려되어야 한다. … 바빙크 박사의『개혁 교의학』은 많은 젊은 신학자들 사이에서 매우 영향력이 있다."[185]

실제로 1899년에 바빙크의 영향력은 늘어만 갔는데 그 하나의 예가 암스테르담의 또 다른 임용에 대해 그가 고심했던 흔적이다. 이 임용은 암스테르담 대학교 교수직이었다. 그 당시 바빙크는 카이퍼의 자유 대학교보다는 사립 대학의 환심을 조심스럽게 사려고 했었다. 그 학교에서 1883년에 바빙크의 비평 대상이었던 다니엘(Daniël)의 아들 삐에르 다니엘 샹뜨삐 드 라 소세이(Pierre Daniel Chantepie de la Saussaye, 1848-1920)가 교의 역사 교수직을 맡고 있었는데 그가 레이든 대학교로 이동해서 그 직이 공석이 되었다. 바빙크의『개혁 교의학』을 고려하며 자유주의 항론파 교수였던 이자끄 드 뷔시(Izaak De Bussy, 1846-1920)가 자신의 관심에 대해 다음과 같이 문의하는 편지를 썼다.

친애하는 동료여!
드 라 소세이가 레이든으로 떠나고 우리 교수진 가운데 과목이 개편된 결과 우리는 교의 역사, 신론의 역사, 그리고 백과사전 분야의 교수를 임용해야만 합니다.
이 교수직을 고려해 볼 만한 분은 거의 없으며, 그 이름에 있어서는 귀하의 성함이 손색이 없다고 저는 생각합니다.
하지만 이 일은 저에게 참 어렵습니다. 귀하께서 이 가능한 임용을 수락하지 않으실 것과 아마도 이 임명을 달가워하지 않을 것이라고 저는 확신합니다. 그래서 전 제 학문적 양심과 실천적 요구 사이

---

185 *Provinciale Overijsselsche en Zwolsche Courant*, June 1, 1899. "Het Neo-Calvinisme moet in deze tijd mede gerekend worden … De gereformeerde dogmatiek van dr. Bavinck heeft veel invloed bij vele jonge theologen."

에서 저 스스로를 발견합니다! 교수진은 그분들께[임용 후보들에게] 직접 여쭤보지 않았지만 이 임용을 기꺼이 수락해 주실 분들을 임명해야만 합니다. … 제가 지금까지 교수진에게 이름을 언급했던 분들 중, 귀하의 성함만 유일하게 제가 감히 이름을 언급하지 않은 성함이며 이런 이유로 [이 편지를] 쓰고 있습니다. 저는 교수진에게 다음과 같은 사실을 말하고 싶은데 제가 귀하의 성함을 이 임명에서 보지 않길 원하고 **그 이유는 귀하께서 이 임명을 수락하지 않으실 것이며** 이에 대해 잘 알지 못해 말씀하시기 곤란하실 것을 **확신하기 때문이라는 사실입니다.** 하지만 저는 이에 대해 귀하께 말씀드리고 싶습니다.

이사회가 이 임명을 공론화할 때까지 이 편지의 내용을 비밀로 해주시길 당부드립니다. 이사회 임명 절차는 아마도 14일 정도 걸릴 것입니다. 교수진은 이 일에 아직 준비가 덜 되어서 우리가 이 길의 마지막에 다다르기 전 우리는 여전히 숨 고를 시간이 필요합니다.

이만 줄이겠습니다. 5월에 제가 요청드렸던 것을 기억해주시길 바랍니다. 정중하게 문안드립니다. 드 뷔시[186]

---

186 De Bussy to Bavinck, November 7, 1899. 이 편지는 Bremmer, *Bavinck als dogmaticus*, 137에 인용되어 있다. 브렘머는 이 편지를 "바빙크 가족 기록 보관소"(*Bavinck family archive*)에서 찾았다고 밝힌다. 하지만 이 편지는 현재 암스테르담의 바빙크 기록 보관소 목록에 없다. "Geachte Collega! Ten gevolge van het vertrek van de la Saussaye naar Leiden en verruiling van vakken onder de leden onzer faculteit, zal hier moeten benoemd worden een professor in de dogmengeschiedenis, in de geschiedenis van de leer aangaande God en in de Encyclopaedie. Weinigen zijn er die voor dat professoraat rechtens in aanmerking komen, en als 't er op aankomt ze te noemen dan mag naar mijn meening uw naam niet verzwegen worden. Maar daardoor ontstaat voor mij een groote moeilijkheid. Immers ik heb alle reden om te onderstellen dat U een eventueele benoeming niet zoudt aannemen, en misschien is het u wel niet eens aangenaam genoemd te worden. Zoo kom ik te staan tusschen mijn wetenschappelijk geweten en de eischen der praktijk! De faculteit moet een voordracht opmaken van personen, van wie wij, zonder het hun rechtstreeks te vragen, gissen kunnen dat zij bereid zouden zijn een benoeming aan te nemen. … Van de enkelen die ik in de faculteit voorlopig genoemd heb, is u de eenige dien ik om die reden niet durf te noemen, en dien ik dan ook over deze zaak schrijf. Ik wensch aan de faculteit te zeggen, dat ik uw naam op de

바빙크는 스스로를 준비하기 위해 분발했었으며, 이제 바빙크는 1889년에는 불가능하게 보였던 시립 대학교에 임용될 기회를 가지게 되었다[감수자 주: 암스테르담 대학교는 국립이 아니라 시립 대학교였다]. 예전에 바빙크는 (심지어 자유 대학교 임용을 사양한 직후에) 레이든으로 옮길 열망을 가지고 있었지만, 10년이 지난 지금의 바빙크는 암스테르담 대학교를 향해서 그런 열정을 갖고 있지 않았다. 바빙크가 암스테르담으로 옮길 것이라는 대중의 추측도 없었고, 바빙크 자신도 더 뷔시의 제안을 고무시킬 그 어떤 일도 한 것처럼 보이지 않는다. 더 뷔시의 직감은 정확했다. 바빙크의 인생에서 이 시점에서는 더 뷔시의 접근은 환영할 만한 것이 아니었다. 시립 대학으로 옮길 시간은 지났다.

암스테르담 대학교에 대한 이러한 명백한 관심 부족은 깜픈에서의 평화로운 상황 때문만은 아니었다. 바빙크는 깜픈에서 [깜픈] 신학교와 자유 대학교 사이의 관계성 설정 문제로 린더봄과 지속적인 갈등 가운데 놓여 있었다. 1899년 동안 바빙크는 흐로닝언(Groningen)에서 8월 15일부터 30일에 열렸던 총회에 제출할 제안서를 준비해 제출했다. 제안서의 내용은 신학교 위치를 깜픈에서 하를렘(Haarlem) 혹은 아머르스포르트(Amersfoort) 혹은 힐버숨(Hilversum)으로 이동하려는 내용이었는데, 이 작은 도시들은 암스테르담 지척에 있는 도시들이었지만 신학교의 위치 및 정체성을 유지하고 싶어했던 반대자들에게는 충분히 먼 도시들이었다.

---

voordracht niet begeer gesteld te zien *omdat ik mij verzekerd houd dat U daarmee niet gediend zoudt zijn*, en dat u er misschien wel de schoulders over zoudt ophalen. Maar dat wil ik u dan toch mededeelen ook. Ik verzoek de inhoud van dit briefje geheim te houden, tot nadat de voordracht van curatoren zal zijn publiek gemaakt, dat waarschijnlijk over 14 dagen zal zijn. Defaculteit is nog niet gereed, dus voordat wij aan 't einde van deze weg zijn, hebben wij nog tijd van ademhalen. Geloof mij, met herinnering aan het verzoek dat ik u in Mei deed, en met beleefden groet, uw dw. De Bussy"(강조는 원문, 역자 주: 에글린턴은 원문 강조된 부분을 본문에서는 강조하지 않았다. 그래서 한글번역에서는 강조를 추가했다).

바빙크가 흐로닝언에서 자신의 주장을 펼치는 중 카이퍼는 먼 곳에서 비극을 경험하고 있었다. 삶의 다양한 지점들 속에서 혹사당한 카이퍼가 약의 형식을 빌어 휴가를 보내고 있었다. 1899년 8월, 카이퍼는 셜록 홈즈(Sherlock Holmes)와 모리아티(Moriarty)의 최후의 결전 장소로 아서 코난 도일(Arthur Conan Doyle)에 의해 유명장소가 된 스위스 마을 마이링겐(Meiringen)으로 자신의 아내 요한나와 휴가차 떠났다. 8살 되었던 아들 빌리(Willy)의 죽음으로 육적으로 심적으로 회복을 못했던 요한나가 휴가 중간에 병에 걸렸고 결국 죽어 묻히게 되었다.[187] 카이퍼가 총회에 제출한 선교에 대한 제안서는 카이퍼가 공석일 때 논의되었지만 결국 보류되었다.[188] 바빙크는 신학교 이전에 대해 자신의 의견을 피력했지만, 결국 충분한 지원을 받지 못한 채 끝이 나게 되었다.[189] 이 주야말로 우울하고 어려운 주였다.

이런 맥락 속에서 린더봄과 대척점에 서서 깜픈에서의 학문적 신학의 미래에 대해 옹호했던 바빙크의 노력들이 그의 집필 계획을 압도하게 되었다. 『신학교와 자유 대학교: 연합을 위한 제안』(*Theologische School en Vrije Universiteit: Een voorstel tot vereeniging*)[190]에서 바빙크는 신학교의 구별된 정체성을 계속해서 유지하는 가운데 신학 교육을 위한 교단의 두 개의 중심들이 함께 연합할 수 있다는 자신의 주장을 발전시켰다. (바빙크는 신학교를 이동하려는 계획에 대한 해결책을 재진술했는데, 신학교를 암스테르담에 두는 대신 자신이 선호했던 도시 하를렘에 두려는 계획이었다). 바빙크는 소책자 『교회의 권리와

---

187 Bratt, Abraham Kuyper: *Modern Calvinist, Christian Democrat*, 281.

188 Kuipers, *Abraham Kuyper: An Annotated Bibliography*, 301.

189 *De Standaard*, March 25, 1899; *Rotterdamsch Nieuwsblad*, August 7, 1899.

190 Herman Bavinck, *Theologische School en Vrije Universiteit: Een voorstel tot vereeniging* (Kampen: J. H. Bos, 1899).

학문의 자유』(*Het recht der kerken en de vrijheid der wetenschap*)[191]에서 자신의 교회가 가지고 있는 반카이퍼주의에 대한 깊은 좌절감을 고통스러운 필치로 분명히 표현했다. (그해 여름, 자유 대학교에 대한 린더봄의 반대와 그의 협력자들은 카이퍼의 아들 헤르만 H. 카이퍼[Herman H. Kuyper, 1864-1945]의 암스테르담 교수직 임용으로 인해 거의 도움을 받지 못했다). 1899년 막바지에 이르러 바빙크는 신학교 교장직을 그의 조력자였던 페트루스 비스떼르펠트(Petrus Biesterveld)에 넘겨주었다. 바빙크의 교장 [이임] 연설은 확장된 형태로『박사의 직분』(*Het doctorenambt*)으로 출간되었다.[192] 이 연설에서 바빙크는 린더봄이 주장했던 교회적 신학과 학문적 신학 사이의 냉혹한 긴장은 기독교 신앙 역사와 어긋나 있는 긴장이라고 주장했다. 세기가 지날수록 바빙크는 기독교가 신학자의 소명을 구별되고 거룩한 소명으로 발전시켜갔다고 설명하며 이런 발전은 대학교 자체의 출현과 밀접히 연결된 채로 존재해왔다고 주장했다. 바빙크는 린더봄에 반대하며 기독교 역사는 교회를 섬길 뿐만 아니라 **동시에** 학문적 영역도 섬길 같은 인물을 수용해왔다고 생각했다. 이 두 영역은 충돌될 필요가 없었다.

결국 이 세 권의 책들은 많은 시간 투자를 필요로 했다.『개혁 교의학』마지막 권은 여전히 완성의 길 어딘가에 위치하고 있었고, 깜픈과 암스테르담을 연합할 바빙크의 노력들로 뒤로 물러져 있었다. (얼마 동안 손을 대지 못한『개혁 윤리학』원고도 지금으로서는 딱히 할 말이 없는 상태였다). 연합의 노력들이 점점 더 묵살되면서 바빙크는 지친 모습을 보이기 시작했다. 이 시기에 날짜가 명기되어 있지 않은 편지에서 바빙크는 카이퍼에게 다음과 같이 편지했다. "저는 여전히

---

191   Herman Bavinck, *Het recht der kerken en de vrijheid der wetenschap* (Kampen: G. Ph. Zalsman, 1899).

192   Herman Bavinck, *Het doctorenambt: Rede bij de overdracht van het rectoraat aan de Theologische School te Kampen op 6 Dec. 1899* (Kampen: G. Ph. Zalsman, 1899).

전심을 다해 이 두 학교가 연합하길 원합니다. 하지만 은혜로운 결과를 향한 제 소망이 올해는 그렇게 강해지지 못했습니다. 어쩌면 시간이 흘러가는 가운데 각 학교들이 옆에 나란히 서서 우정을 유지하는 것과 각각의 영역에서 교회의 성장과 신학적 학문의 발전을 위해 일하는 것이 최선일 수도 있습니다."[193]

「드 바자윈」 편집장

바빙크는 계속해서 『개혁 교의학』 집필 작업에 몰두했고 1901년에 마지막 권인 제4권이 출간되었다. 하지만 출간되기 전 1900년 1월에 바빙크는 「드 바자윈」의 편집장 직을 맡게 되었다. 바빙크는 이 편집장 역할을 통해 [깜픈] 신학교와 자유 대학교 사이의 관계성에 대한 영향력 있는 독특한 관점을 드러냈다. 1856년 이래로 「드 바자윈」의 공식 명칭은 「드 바자윈[역자 주: 트럼펫]: 깜픈 신학교의 유익을 위해」(*De Bazuin: Ten voordeel van de Theologische School te Kampen*) 였다. 1900년 「드 바자윈」의 독자층은 대부분 분리 측 교회에 뿌리 내려 있었고, 확실히 「드 스탄다르트」와 「드 헤라우트」 평균 독자들보다 자유 대학교를 향해 보다 더 회의적인 관점을 가지고 있었다. 자유 대학교에 공감을 표하는 새로운 편집장은 이런 편견을 어느 정도 바꿀 수 있었다.

직전 편집장들의 편집 정책에 대한 조사였던 바빙크의 첫 편집장 사설은 편

---

193 Bavinck to Kuyper, Bremmer, *Herman Bavinck en zijn tijdgenoten*, 137에서 인용(날짜 미명기). 비록 이 편지에는 날짜가 적혀 있지 않지만, 요한나 카이퍼의 죽음이 편지에 등장하는 것으로 봤을 때 이 편지는 1899년 8월 25일 어간에 기록된 편지이다. "Nog altijd wensch ik van gancher harte, dat het tot vereeniging van beide opleidingsscholen moge komen. Maar mijne hoop op een gunstige uitslag is dit jaar niet versterkt. Misschien is het beste, om voorloping in vriendschappelijke verhouding naast elkander te blijven staan en ieder in eigen kring te arbeiden aan den bloei der kerken en aan de bevordering der theologische wetenschap."

집장으로서 교단 전반이 현재 취하고 있는 다양한 관점들을 반영하는 언론으로 만들 것을 제시하며 직전 편집장들의 역사적 조각들을 인정했다. 바빙크는 독자들에게 "하나님께서는 통일성 안에서 다양성을 사랑하신다"라는 사실을 상기시켰다.[194] 「드 바자윈」은 새로운 편집장의 관점 하에서 더 이상 교단의 신학적 기관들 중 하나로만 유익을 구하지 않게 되었다.

다가오는 3년에 걸쳐 바빙크는 언론 사역에 매진했으며 일련의 주제들을 다루며 수많은 글들, 예를 들면 현대 예술,[195] 정치,[196] 전쟁,[197] 장 칼뱅,[198] 세례,[199] 페미니즘,[200] 여성 투표권,[201] 예전,[202] 여행 예술,[203] 깜픈과 암스테르담에 대한 갈등과 관련된 글들을 쏟아냈다. 『개혁 교의학』마지막 권에 대한 기사도 「드 바자윈」에 실렸다. 이 기사는 교회 정치에 대한 바빙크의 묵직한 교감을 [출간] 지연의 이유로 언급하지 않았다. 오히려 마지막 권은 출판사 내부의 (명시되지 않은) 어려움과 (현재 로테르담의 목사였던 바빙크의 남동생 베르나르트가 취합한) 최종 색인을 준비하는 시간 때문에 지연되었다는 것이 명백하다. 언론인으로서 이렇게 바빴던 시절 가운데서 "우리 시대가 필요로 하는 신학"이 종국에 완성되었다.[204]

---

194 Herman Bavinck, "Aan de Lezers van *De Bazuin*," *De Bazuin*, January 5, 1900. "God heeft in de eenheid de verscheidenheid lief."

195 Herman Bavinck, "Moderne kunst," *De Bazuin*, September 21, 1900.

196 Herman Bavinck, "De strijd voor het recht," *De Bazuin*, July 5, 1901.

197 Herman Bavinck, "De oorlog," *De Bazuin*, June 1, 1900.

198 Herman Bavinck, "Calvijn," *De Bazuin*, April 13, 1900.

199 Herman Bavinck, "De eerste doopvraag," *De Bazuin*, May 11, 1900.

200 Herman Bavinck, "Feminisme," *De Bazuin*, March 15, 1901.

201 Herman Bavinck, "Stemrecht der vrouw," *De Bazuin*, March 2, 1900.

202 Herman Bavinck, "De tekst onzer liturgie," *De Bazuin*, January 10, 1902.

203 Herman Bavinck, "Op reis," *De Bazuin*, August 31, 1900.

204 Herman Bavinck, "Dogmatiek," *De Bazuin*, April 26, 1901. "Dan is zij meteen de

1901년『개혁 교의학』의 마지막 권과 더불어 중요한 가치를 지니는 소책자들도 세상의 빛을 보게 되었다. 이 소책자들은 1890년대에 했던 강의들로부터 발전된 책들이었다. 이 시기 바빙크는 성찬 참여에 대한 확장된 목회적 묵상집(『찬송의 제사』),[205] 19세기 후반에 창궐했던 종교적 회의 감정에 대해 논구했던 책(『믿음의 확신』),[206] 유아 세례의 증인으로서의 부모의 역할에 대한 해설서(『부모 혹은 증인?』),[207] 그리고 진화(『창조 혹은 발전?』)에 대한 글을 출간했다.[208] 20년 동안의 작업이 이제야 출판물로 결실을 맺게 되었다.

유일하게 남아 있는 바빙크의 구체적인 설교의 예도 이 시기로부터 날짜가 기입되었다. 비록 바빙크는 학생 시절부터 주기적으로 설교했지만 원고 없이 (혹은 최소한의 원고로) 설교했으며 이 설교의 기록은 일기에 기록된 것이 전부였다. 유일하게 남아 있는 바빙크의 온전한 설교의 예는 깜픈의 부르흐발 교회(Burgwalkerk)에서 1901년 7월 30일에 했던 설교였다. 요한일서 5장 4절 하반절은 바빙크에게 익숙했던 설교 본문이었다. 이 본문은 바빙크가 학생 시절 때

---

theologie, die onze tijd behoeft."

205 Herman Bavinck, *De offerande des lofs: Overdenkingen voor en na de toelating tot het heilige avondmaal* ('s Gravenhage: Fred. H. Verschoor, 1901); ET: *The Sacrifice of Praise*, ed. and trans. Cameron Clausing and Gregory Parker (Peabody, MA: Hendrickson, 2019). 이 인기 있었던 책은 1948년에 이르기까지 17번에 걸쳐 재판되었다[역자 주: 한글 번역본은 헤르만 바빙크, 『찬송의 제사: 신앙고백과 성례에 대한 묵상』, 박재은 옮김 (군포: 도서출판 다함, 2020)이다].

206 Herman Bavinck, *De zekerheid des geloofs* (Kampen: Kok, 1901); ET: *The Certainty of Faith*, trans. Harry Der Nederlanden (St. Catharines, ON: Paideia Press, 1980); Henk van den Belt, "Herman Bavinck's Lectures on the Certainty of Faith (1891)," *Bavinck Review* 8 (2017): 35-63[역자 주: 한글 번역본은 네덜란드어를 원본으로 삼아 번역한 헤르만 바빙크, 『믿음의 확신』, 임경근 옮김 (파주: CH북스, 2020), 영어에서 중역한 헤르만 바빙크, 『믿음의 확실성』, 허동원 옮김 (고양: 우리시대, 2019) 두 종류가 있다].

207 Herman Bavinck, *Ouders of getuigen: toelichting van art. 56 en 57 der Dordsche Kerkorde* (Kampen: G. Ph. Zalsman, 1901). 이 책의 내용은 원래 「드 바자원」에 실린 글이었다.

208 Herman Bavinck, *Schepping of ontwikkeling?* (Kampen: Kok, 1901).

했던 설교의 처음 본문이었으며 수년에 걸쳐 바빙크는 이 본문으로 주기적으로 설교했다. (이런 사실을 고려할 때, 이 인쇄된 설교는 아마도 바빙크의 설교를 전반적으로 대표할 수 있는 설교일 것이다). 즉흥적으로 했던 이 특별한 설교를 듣기 위해 폭넓은 대중의 떠들썩함이 커져만 갔는데 그 이유는 남아프리카 공화국(트란스발[Transvaal])) 대통령 폴 크루거(Paul Kruger, 1825-1904)와 제2차 보어 전쟁(the Second Boer War, 1899-1902)에서 영국에 대항한 아프리카너 거주민들이 이 설교를 들었기 때문이었다. 바빙크의 설교는 명백하게 정치적이었으며, 영국 압제자들에 대항하는 보어 농부들의 기독교 신앙을 고무시켰고, 반혁명당이 진보정당 다음을 차지했던 최근의 네덜란드 의회 선거 속 믿음의 같은 분투에 대해 언급했다. 바빙크는 대중의 요구에 반응하는 가운데 소책자로 출간된 내용을 상기시키려는 노력을 기했다.[209]

바빙크는 수십 년 동안 거의 같은 설교, 즉 믿음은 세상을 이기기에 충분하다는 설교를 했고, 적어도 1901년 네덜란드에서는 세상이 거의 극복되고 있는 것처럼 보였다. 카이퍼는 총선의 여파 속에서 연립 정부 형성에 대한 요청을 받았다. 카이퍼는 8월에 수상이 되었다. 이전 수십 년에 걸쳐 바빙크가 가지고 있었던 칼빈주의적 미래의 꿈이 이루어진 것처럼 보였다. (다소 혼란스럽게도 글리슨의 전기는 신칼빈주의의 정치적 성공의 시기 가운데서 빌헬미나[Wilhelmina] 여왕이 바빙크를 "수많은 중대한 정치적 책임들"을 처리하는 특별한 임명직인 "각료 회의의 의장"으로 임명했다고 주장했다.[210] 하지만 이런 영광은 바빙크보다 훨씬 더 많은 정치적 무게를 지니고 있었던 아브라함 카이

---

209 Herman Bavinck, *De wereldverwinnende kracht des geloofs: Leerrede over 1 Joh. 5:4b, uitgesproken in de Burgwalkerk te Kampen den 30sten Juni 1901* (Kampen: G. Ph. Zalsman, 1901); ET: "The World-Conquering Power of Faith," in *Herman Bavinck on Preaching and Preachers*, ed. and trans. James Eglinton (Peabody, MA: Hendrickson, 2017), 67-84.

210 Gleason, *Herman Bavinck*, 374.

퍼에게 실제로 주어진 영광이었다).

숨겨진 일기 조각

비록 1891년부터의 바빙크의 일기 목록은 분실된 것처럼 보이며 유일하게 남아 있는 것도 헤프나 브렘머의 전기에서나 그 울림이 발견될 뿐이지만, 1900년 7월 13일부터 1901년 4월 8일까지의 몇몇 수첩 일기 페이지는 바빙크 기록 보관소의 "1886년부터 1891년까지"의 일기장 뒷면에 끼워 넣어진 채로 존재한다. 우리는 이 페이지들 속에서 이 시기 동안의 바빙크의 가족사를 어렴풋이나마 조망해 볼 수 있다. 1900년 6월, 헤르만과 요한나는 6살 되던 하니를 요한나의 부모님께 맡기고 독일과 오스트리아로 여행을 떠났다. 퀼른(Cologne)와 하이델베르크를 방문 후, 그들은 함께 인스브루크(Innsbruck)로 여행 가기 전 슈투트가르트(Stuttgart)에서 페트루스와 마르타 비스떠르펠트를 만났다. 이 두 커플은 비스떠르펠트 커플이 프랑크푸르트(Frankfurt)로 이동할 때까지 7월 31일까지 함께 여행했다. 함께 휴가를 보냈던 것에 대한 바빙크의 노트에서 어쩌면 가장 놀라운 내용은 그들의 평범함이었다. 그들은 관광 여행, 호텔에서의 고급 식사, 기차 여행, 복음적 교회에서 지역교회 예배 참석 등을 즐겼다. 평소 집에서 공세에 시달리는 그들의 처지도 이런 기분 좋은 휴가를 보내는 데 아무런 장애가 되지 않았다. 일반적으로 여행에 대한 바빙크의 관점은 신학적인 이유가 녹아 들어 있었다. 이 시기 「드 바자윈」 칼럼에서 바빙크는 다음과 같이 썼다. "마음의 수고를 규칙적으로 대체하는 휴식 시간은 빛들의 아버지로부터 내려오는 풍성한 복이며 소중한 선물이다. 일을 잠시 접어두고 하나님의 창조물이 우리에게 주는 영광을 마음껏 즐길 때, 마음이 열리고 가슴이 퍼지며 눈은 밝아지고 이마의 주름이 펴진다. … 여행은 기쁨이자 풍성한 즐거움이다.'[211] 알프스의 화려함 속에서 하나님의 일반 계시를 누리는 가운데 바빙크 부부는 프랑크푸르트, 마인츠(Mainz), 쾰른를 경유해 집으로 여행했으며 헤르만과 요한나는 아른헴에서 갈라졌다. 요한나는 하니를 데리러 남쪽으로 내려갔고 바빙크는 깜픈으로 갔다. 헤어진 지 한 달 후 가족은 다시 뭉치게 되었다. "8월 18일, 토요일. 요한나와 하니가 집으로 다시 왔다."[212] 바빙크의 가족사에서 또 다른 중대한 변화도 이 일기 조각에 기록되어 있다. 헤르만은 1900년 11월 16일 우트레흐트 강의 계획을 "어머니의 병환 때문에" 취소했다.[213] 헤르만, 베르나르트, 디누스는 집으로 갔고 어머니의 병세가 위독하다는 사실을 알게 되었다. 10일 후 어머니는 세상을 떠나게 되었다. "11월 26일, 월요일. 어머니께서 오후 3시 45분에 돌아가셨고 11월 30일 금요일에 묻히셨다."[214]

이전 장에서 언급했던 것처럼, 헤지나의 죽음 이후 노년에 홀아비가 된 얀 바빙크는 헤르만의 집으로 거처를 옮겼다. 이 상황에 대해 일기 조각 마지막 부분이 설명하고 있는 것 같다. "4월 8일. 깜픈으로 돌아옴. 새로운 집인 플루트데

---

211 Bavinck, "Op reis." "En evenzoo is de tijd van ontspanning, die telkens weer den arbeid des geestes vervangt, een rijke zegen en eene kostelijke gave, die afdaalt van den Vader der lichten. Het hart gaat open en de borst verruimt, het oog verheldert en het voorhoofd ontrimpelt zich, als men voor een tijd den arbeid ter zijde zetten en vrij, naar hartelust genieten mag van de heerlijkheid, welke Gods rijke schepping ons biedt. … Reizen blijft een lust en eene rijke genieting."

212 "Van 1886-891," 동봉된 조각. "Zaterdag 18 Aug. Johanna, Hannie, kwamen weer thuis."

213 "Van 1886-891," 동봉된 조각. "16 Nov. Ik moest lezen in Utrecht, maar telegrafeerde het af om de ziekte van Moeder."

214 "Van 1886-891," 동봉된 조각. "26 Nov. Maandag. Moeder 's nam. om 3¾ uur gestorven en Vrijdags 30 Nov. begraven. *De Bazuin*, November 30, 1900도 살펴보라. 헤지나 마흐달레나 바빙크(Geziena Magdalena Bavinck)는 1900년 11월 26일 향년 73세로 별세했다.

이크(Vloeddijk)로 이사."[215] 얀 바빙크는 자서전에서 아내가 죽은 후 아들들과 [자신의 거처에 대해] 상의하고 헤르만의 가족들도 (자신의 목회지였던) 깜픈에 살고 있기 때문에 헤르만의 가족과 함께 살아야 한다고 결론지었다고 회상한다. 아버지 얀과 함께 살기 위해 바빙크 가족은 좀 더 적합한 집으로 이사했다.

이 시점까지 얀의 출판물은 설교집이었다. 바빙크처럼 얀도 현재 새로운 내용에 대한 집필로 하얗게 불태우고 있었다. 아내를 잃은 외로움에 직면한 얀은 1903년과 1904년 사이에 두 권으로 출간된 하이델베르크 요리문답 강해서 (943페이지) 집필에 자신을 던졌다.[216] 플루트데이크에서 짧게 거주하면서 바빙크 가정의 집은 신학 산업의 벌집과도 같았다. 얀의 집필에 대한 「드 헤라우트」의 서평은 "노년에도 불구하고 여전히 정신이 젊고 신선한" 인물로 얀을 묘사했으며, "1권을 읽는 누구라도 바빙크 목사가 얼마나 탁월하게 우리 시대의 교의학 영역에서 잘 썼는지를 알게 될 것이다. 이 설교들은 교의학의 맛을 감정하는 사람에게 기쁨을 선사한다"라고 기록했다.[217] 바빙크 가족의 생활 현황을 고려했을 때, 얀이 최신 교의학에 철저히 몰두하지 않았을 것이라고는 상상하기 어렵다.

잃어버린 일기의 이런 조각들은 이 시기 동안의 헤르만의 설교에 대해서도 희귀한 안목을 제공해준다. 이 조각 속에서 마지막으로 기록된 설교는 695-697번 설교인데 이 세 편의 설교들은 1901년 4월 요한나의 고향 교회 부활절 예배

---

215 "Van 1886-891," 동봉된 조각. "8 April. Naar Kampen terug. Intrek in 't nieuwe huis, Vloeddijk."

216 Jan Bavinck, *De Heidelbergsche Catechismus in 60 leerredenen verklaard* (Kampen: Kok, 1903-4).

217 "Recensien," *De Heraut*, June 7, 1903. "Ds. Bavinck is, trots zijn hoogen leeftijd, naar den geest nog jong en frisch gebleven. Wie de eerste aflevering doorziet, merkt wel, hoe uitnemend goed Ds. Bavinck op de hoogte is met hetgeen in onzen tijd op dogmatisch gebied geschreven is. Voor den dogmatischen fijnproever bieden deze preeken een genot."

때 마태복음 28장 1-8절, 요한복음 20장 11-17절, 골로새서 3장 2-3절을 본문으로 했던 설교였다. 이전의 온전한 일기장에 마지막으로 기록된 설교는 1891년 5월에 했던 설교로, 설교 번호는 440번이었다. 10년 전부터 현재까지의 지속적인 설교로 총 257편의 설교가 추가되었다. 바빙크의 후기 번역자 중 한 명이 이 시기를 "대활약의 시기"(period of great activity)로 묘사한 것도 놀랄 일이 아니다.[218]

암스테르담으로 이사: "더 사무적일수록 더 좋습니다"

「드 바자윈」의 키를 쥐고 조정하던 바빙크는 독자들에게 긍정적인 모습을 보이기 위해 확실히 최선을 다했다. 교단은 "A교회"와 "B교회"의 분열로 사로잡혀 있었지만, 편집자의 모범으로 주도된 신문 내용의 균형만큼은 이런 지속되는 갈등에 의해 퇴색되지 않도록 노력했다. 그럼에도 불구하고 대부분 반(反)카이퍼주의자들을 향한 짜증이었지만, 때로는 자유 대학교 자체를 향한 바빙크의 짜증이 점점 더 명백히 늘어만 갔다.[219]

1902년에 이르러 바빙크는 수많은 논쟁들과 다리를 놓으려는 시도들에도 불구하고 이 사안에 대해서는 어떤 발전도 이끌어내지 못했다는 사실을 깨달았다. 자유 대학교는 바빙크를 향해 또 다른 (신중한) 접근을 했고, 이번에는 바빙크 뿐만 아니라 바빙크의 동료였던 비스떠르펠트에게도 접근했다. 이런 배경 속에서 바빙크는 그해 아른헴에서 열린 총회에 제안서를 제출했다. 바빙크

---

218 William Hendriksen, "Translator's Preface," in *The Doctrine of God*, by Herman Bavinck (Edinburgh: Banner of Truth Trust, 1951), 7.

219 Bremmer, *Herman Bavinck en zijn tijdgenoten*, 138.

가 제출한 제안서의 내용은 교회를 지향하는 [깜픈] 신학교와 자유 대학교 신학부 교수진이 교회와 **함께** 학문을 위한 신학자들을 훈련하는 하나의 기관으로 반드시 연합되어야 한다는 것이었다.

바빙크는 아른헴 총회 결과에 크게 좌절했다. 바빙크의 제안은 최종적으로 다수의 표를 받긴 했지만, 합병은 결국 교단 분열을 초래할 것이라는 반대파들의 예상에 부딪히고 말았다.[220] 교회적 분열의 전망에 직면했던 총회는 [바빙크의 제안에 대해] 철회를 감행했다. 바빙크는 교회가 소수의견의 폭압에 스스로를 내어줘 버린 것에 대해 비난하는 긴 편집자 사설로 [이 상황에 대한] 답변을 대신했다. 바빙크는 총회가 감행한 철회의 결과야말로 [깜픈] 신학교를 더 이상 네덜란드 개혁교회를 대표하는 교단으로 여길 수 없게 되는 것이며, 오히려 신학교는 기껏해야 교단 안의 소수단체들만 챙기는 틈새 기관이 되는 것이라고 주장했다.[221] 터무니없는 결정이었다.

짧은 시간 속에서 바빙크는『머무를 것인가 아니면 떠날 것인가? 질문과 답변』(Blijven of heengaan? Een vraag en een antwoord)이라는 제목의 소책자 출간을 통해 무력 외교를 포함한 답변을 이어나갔다.[222] 바빙크는 다음과 같이 시작했다. "약 15년의 노력 후에도 현재 우리는 시작할 때와 같은 위치에 여전히 머물러 있는 것 같다. 이 일 가운데서 마치 심판이 우리 교회에 임한 것처럼 보인다."[223] 바빙크의 결론은 냉혹했다. 만약 이런 교착 상태가 계속된다면, 바빙크는 자신과 비스떠르펠트가 자유 대학교로 옮길 수도 있다고 결론 지었다. (바

---

220 Harinck and Berkelaar, *Domineesfabriek*, 117.

221 Herman Bavinck, "Na de Synode," *De Bazuin*, September 19, 1902.

222 Herman Bavinck, *Blijven of heengaan? Een vraag en een antwoord* (Kampen: G. Ph. Zalsman, 1902).

223 Bavinck, *Blijven of heengaan?*, 6. "En thans staan wij na ongeveer vijftienjarigen arbeid, naar het schijnt, nog even ver als aan het begin. Het is, alsof er in deze zaak een oordeel op onze kerken rust."

빙크의 이상향은 깜픈을 뒤에 놔두고 떠나는 것보다는 오히려 [깜픈] 신학교가 결국 따라올 수 있는 길을 만드는 것이었다). 자연스럽게 린더봄은 분노했고, 바빙크의 오랜 협력자였던 마르튼 노르트제이(Maarten Noordtzij)까지도 분노했다. 린더봄과 노르트제이는 「드 바자윈」에 바빙크와 비스떠르펠트의 "공격적인 간섭"에 대해 비판하는 글을 실었다.[224] 『머무를 것인가 아니면 떠날 것인가?』를 출간하고 노르트제이와의 좋은 관계가 위험에 처하는 가운데 바빙크와 비스떠르펠트는 자신들이 궁지에 몰렸다는 사실을 금방 깨닫게 되었다. 그들은 [깜픈] 신학교를 떠날 수밖에 없게 되었다. 이 모든 일 가운데서 1902년 9월 5일 「드 바자윈」은 다음과 같은 기사를 내보냈다. "[깜픈] **신학교 교수** 헤르만 바빙크 박사가 우리의 존경하는 H. M. 왕비의 생신 때 네덜란드 사자 기사단(the Knights of the Order of the Lion of the Netherlands)에 들어가게 된다."[225] 주요한 시민의 명예인 기사 작위가 가장 스트레스가 많았던 시기에 바빙크에게 주어지게 되었다. 바빙크는 마르튼 노르트제이가 깜픈에 남도록 설득하는 움직임을 보였음에도 불구하고, 자유 대학교와의 치열한 비공개 협상에 많은 시간을 쏟고 있었기 때문에 기사 작위의 영예를 누릴 시간이 거의 없었다. 하지만 노르트제이의 노력은 헛된 노력이 되었다. 바빙크는 자유 대학교의 봉급과 연금에 동의를 표했고, 10월 초에 카이퍼에게 엄격히 비정치적인 용어로 자신과 비스떠르펠트의 이동에 대해 공표해달라고 요청하는 편지를 보냈다. "이번 주에 「드 헤라우트」와 「드 바자윈」이 임명과 수락의 사실에 대해 공표하는 것에 대해

---

224 Lucas Lindeboom and Maarten Noordtzij, "Een woord betreffende de zaak der Opleiding," *De Bazuin*, October 10, 1902.

225 *De Bazuin*, September 5, 1902. "Onder degenen die bij gelegenheid van den verjaardag van H. M. onze geeerbiedigde Koningin opgenomen zijn onder de Ridders in de Orde van den Nederlandschen Leeuw, behoort ook Dr. H. BAVINCK, *Hoogleeraar a. d. Theol. School*"[역자 주: 강조가 네덜란드 원문 강조인지 불분명하다].

저는 어떤 반대도 없습니다. 하지만 정중하게 부탁드리고 싶은 것은 사실을 말함에 있어 그 어떤 찬사나 감사의 표현도 넣지 말아 달라는 점입니다. 더 사무적일수록 더 좋습니다."[226] "휴전"이란 제목을 가진 깜픈과 암스테르담 사이의 오랜 기간 논쟁에 대한 바빙크의 마지막 편집장 논설은 암스테르담으로 떠나기 직전인 10월 31일에 『드 바자윈』에 실렸다.[227] 그 후 「드 바자윈」에 대한 바빙크의 기여는 최소화되었고, 편집장직은 그해 마지막 마르튼 노르트제이에게 넘어갔다.[228] 12월 15일, 바빙크와 비스떠르펠트는 깜픈 학생들에게 고별 연설을 했고, 그 주 마지막에 자유 대학교에서의 새로운 직이 공식적으로 수락되었다.[229]

암스테르담,
케이제르스흐라흐트에 위치한
자유 대학교(약 1900)

이 고별 연설에서 열정에 사로잡힌 바빙크는 앞에 놓인 상에 자신의 두 손을 올려놓고 서서 학생들에게 말했다. "신학교에서의 저의 시간이 이렇게 끝나리라고는 상상도 할 수 없었습니다." 바빙크는 자신이 떠나는 이유가 학생들 혹은 "신학교를 향한 사랑의 결여" 때문으로 해석되어서는 안 된다는 사실을 분명히 했다. 바빙크는 이 고별 연설을 통해 이전에도 깜픈을 떠날 기회가 몇 번 있었음에도 불구하고, 자신의 칼빈주의적 비전이 자

226 Bavinck to Kuyper, Kampen, October 8, 1902. "Toch heb ik geen bezwaar, dat Heraut en Bazuin deze week reeds melding doen van de feiten van benoeming en aanneming. Maar mag ik u vriendelijk verzoeken, het, althans ditmaal, bij de vermelding der feiten te laten, en er geen woorden van lof en dank aan te voegen. Hoe meer zakelijk, hoe beter."

227 Herman Bavinck, "Wapenstilstand," *De Bazuin*, October 31, 1902.

228 *Het Nieuws van de Dag*, December 30, 1902.

229 *De Bazuin*, December 12, 1902.

신이 사랑하는 신학교에서 이루어질 것이라고 믿었기 때문에 그렇게 하지 않았다고 밝혔다. 스눅 후르흐론여와 초기에 나누었던 여러 사적인 반대 논평과 「드 바자윈」에서 공개적으로 했던 언급들을 감안해 보면, 그는 이상하게도 다음과 같이 주장했다. "제 삶의 성향에 따라 저는 대학교라는 이름을 가진 기관이 아닌 신학교에서 일했고, 여전히 신학교에서 일하고 싶습니다."[230]

바빙크는 분리 측 교회에 뿌리를 두고 있는 많은 학생들 앞에서 스스로를 그들 중 하나로 색칠했다. 바빙크는 자신의 특정한 분리 측 뿌리 때문에(분리 측 뿌리임에도 불구하고가 아니라) 떠난다고 말했다. 바빙크가 다음과 같이 말했을 때 그는 우레와 같은 박수갈채를 받았다. "예전에도 말했고 지금도 반복적으로 말하지만 저는 분리 측 아들이며 계속 그렇게 남아 있을 것을 소망합니다."[231] 이 고별 연설에 대해 남아있는 기록은(바빙크 자신의 기록은 아니다) 바빙크의 부모 모두 다 분리 측 교회에서 자랐다고 기록하고 있다. (만약 바빙크가 실제로 이렇게 말했다면, 그것은 사실이 아니다. 그 이유는 바빙크의 어머니는 주류 네덜란드 개혁교회에서 자랐기 때문이다). 바빙크는 자신의 관점이 개방적인 분리 측 부모님의 영향과 레이든에서의 교육을 통해 깊이 형성되어 이를 통해 편협함과 분리주의에 대해 우려하게 되었다고 회상했다. 하지만 이런 상황 속에서 바빙크는 자신이 오직 하나의 분리 측 생각의 개별적 흐름의 영향 속에서만 성장하게 된 것을 깨닫게 되었다.

---

230 Cornelis Veenhof, "Uit het leven van de Theologische Hogeschool 6," *De Reformatie* 30, no. 16 (1955): 123. "Ik had zulk een einde van mijn werken aan de Theol. School me niet kunnen voorstellen. ⋯ Ik begreep dat ook een Theol. School even wetenschappelijk kan zijn als een Universiteit. ⋯ Naar de neiging van mijn leven, dan arbeidde ik vroeger en zou ik nog nu veel liever arbeiden aan een Theol. School dan aan eene stichting die den naam van eene Universiteit draagt."

231 Veenhof, "Uit het leven," 123. "Heb ik gezegd en thans herhaal ik het: Ik ben een kind der scheiding en dat hoop ik te blijven. (Daverend applaus)"[역자 주: 원문에는 느낌표가 없지만 영어 번역에는 느낌표가 첨가되었다].

바빙크는 이런 맥락 속에서 자신의 성장기를 구별하는 가운데 어린 시절 속에 존재했던 기독개혁교회의 두 개의 기둥을 특징화했다. 한 기둥은 내세적인 삶의 거룩을 우선시했던 기둥이며, 또 다른 한 기둥은 보편적인 기독교 신앙은 이 땅에서의 모든 삶의 영역에서 필연적으로 주장되어야 한다는 기둥이었다. 바빙크는 기둥을 이렇게 묘사하는 가운데 정통과 현대성 둘 다를 붙잡고 있는 자신의 신념에 대한 이유를 설명했다. 바빙크는 이런 신념이야말로 자신을 [깜픈] 신학교로부터 나올 수 있도록 종용했던 것이라고 믿었다. "그 당시 교회에서는 우리가 반드시 세상을 그 운명에 맡길 필요가 있다고 생각했지만, 전 정확히 제가 했던 영역에서 왔기 때문에 대학교에서 교육을 받아야만 한다는 의무감을 느꼈습니다. 그 이유는 교회가 삶의 거룩을 유지하기 위해 교회의 보편성에 대한 관점을 잃어버리는 큰 위험에 처했기 때문입니다. 그러고나서 제 마음속에서 '이 두 개를 조화시키는 것이 가능한가?'라는 생각이 떠올랐습니다. 제 목표는 이 둘을 함께 꽉 붙잡고 어느 쪽도 놓지 않는 것입니다."[232] 일부 학생들이 바빙크를 따라 암스테르담으로 갈 가능성에 대해 인식하고, 바빙크는 자신의 새로운 기관의 보금자리가 가지는 미래에 대한 불확실성을 솔직히 말했다. "만약 여러분들이 자유 대학교가 위대해질 것이냐고 물어보신다면, 저는 잘 모르겠다고 말씀드리겠습니다."[233] 바빙크는 공개적으로 학생들에게 자신과 함께 자유 대학교로 가자고 말하지 않았고, 그렇게 하려고 했던 학생들은 확실히

---

232 Veenhof, "Uit het leven," 124. "In der tijd leefde in die kerk de gedachte, we moeten de wereld maar overlaten aan haar eigen lot, en juist omdat ik gekomen ben uit den kring, waaruit ik gekomen ben, gevoelde ik mij genoopt om aan eene Universiteit mijne opleiding te zoeken. Want die kerk liep groot gevaar om terwille der heiligheid des levens de catholiciteit der kerk uit het oog te verliezen. En toen rees de gedachte bij mij, is het mogelijk, die beide te verzoenen?"[역자 주: 마지막 문장에 대한 네덜란드 원문이 빠져 있다].

233 Veenhof, "Uit het leven," 124. "Maar als men mij vraagt of de V.U. groot zal worden, dan zeg ik, ik weet het niet."

암스테르담 학생으로서 삶에 대한 장밋빛 관점을 받지 못했다. 잃어버린 일기장에서 바빙크는 다음과 같이 기록했다. "[화요일 12시] 비스떠르펠트와 난 학생들에게 작별 인사를 했다. 노르트제이 교장이 모임을 인도했고 린더봄도 거기 있었다. 노르트제이가 우리에게 연설했고 총회 이후의 상황에 대해 옆을 치며 공격했다."[234] 바빙크, 비스떠르펠트, 노르트제이, 그리고 많은 신학생들에게 총회의 결과는 유감스러웠다. 비록 이런 결과는 불가피한 결과였지만, 반드시 필요한 결과는 아니었다.

그날 연설을 들었던 학생들 중 절반 이상이 떠나는 교수들과 함께 암스테르담으로 적을 옮겼다.[235] 학생들의 이런 대량 이탈은 바빙크의 공석을 채우기 위해 카이퍼에게 (스코틀랜드 신학자 알렉산더 꼼리[Alexander Comrie]에 대한) 박사논문을 지도받았던 안토니 헤리트 호너흐(Anthonie Gerrit Honig, 1864-1940)라는 카이퍼주의자를 후임으로 임명하려 했던 학교로서는 재앙이었다.[236] 어쨌든 바빙크는 쉽사리 대체될 인물이 아니었다. 비록 호너흐도 이후에 자신의 중요한 책『개혁 교의학 핸드북』(Handboek van de Gereformeerde Dogmatiek)을 출간하긴 했지만,[237] 그는 바빙크의『개혁 교의학』을 "학문적 영역에서 나타난 최고의"[238] 작품이라고 묘사했다.

---

234 Hepp, *Dr. Herman Bavinck*, 283. "Dinsdag 12 uur namen Biesterveld en ik afscheid van de studenten: Rector Noordtzij leidde de samenkomst, Lindeboom zat erbij. Noordtzij sprak tot ons, deelde Seitenhiebe uit over het forceeren na de Synode."

235 Harinck and Berkelaar, *Domineesfabriek*, 117-18.

236 Kuipers, *Abraham Kuyper: An Annotated Bibliography*, 274.

237 *Anthonie Honig, Handboek van de Gereformeerde Dogmatiek* (Kampen: Kok, 1938). 호너흐는 자신의 867페이지짜리『교의학』을 찰스 하지, 아브라함 카이퍼, 헤르만 바빙크, 헨리쿠스 흐라버메이예르(Henricus Gravemeijer)에게 헌정했다.

238 Anthonie Honig, "Ter gedachtenis aan Prof. Bavinck," *Gereformeerd Theologisch Tijdschrift* 6 (October 1921): 186. "Bavinck's Dogmatiek zal steeds gerekend worden tot het allerbeste, wat op wetenschappelijk gebied verschenen is."

5부. 암스테르담에서의 교수직

9. 니체 시대의 기독교
1902-09

BAVINCK

"실재에서는 오직 두 세계관만 있다"

나는 4장과 5장에서 젊은 바빙크에 대한 예전의 해석, 즉 레이든에서 공부하기로 선택했던 것 때문에 그가 깜픈에서 환영받지 못했다는 식의 해석에 이의를 제기 했었다. 비록 바빙크는 삶의 여정 가운데서 일부 분리 측 사람들에게 어느 정도 의 의심을 받긴 했지만, 깜픈 신학교, 동료들, 학생들과 대부분 좋은 관계를 유지 했다. 바빙크가 레이든에 있었을 때도 깜픈의 문은 항상 그에게 열려 있었다. 사 실 40대 후반이었던 1902년에 바빙크와 깜픈 사이가 껄끄러웠던 적이 있었긴 했 다. 실제로 도시를 떠나는 계획이 질질 끌리면서 바빙크의 [깜픈] 신학교 사임이 더 곤란한 상황에 직면하게 되었다. 촉박함 때문에 암스테르담에 괜찮은 집을 찾을 수 없었던 바빙크는 암스테르담 임명 후에도 거의 2달 동안이나 계속해서 신학교 지척이었던 깜픈에 머물게 되었다.[1] 이 시기 동안에도 여전히 살아계셨던 바빙크의 아버지는 비록 설교 일정이 줄어들긴 했지만 여전히 신학교 교원들과 학생들에게 목회자로 남아 있었다.[2] 하지만 아들 가정이 깜픈으로 떠나기 직전 얀은 은퇴 목사(*pastor emeritus*)가 되었다. 마지막 작품이었던 하이델베르크 요리문답 해설서와 함께 얀의 사역도 마침표를 찍게 되었다.

얀은 벤트하임의 복음주의 옛 개혁교회에서 안수받은 이후 55년 동안 많은 일을 겪었다. 이 시기 동안 얀은 학문적 개혁신학의 특징적인 관점을 아들에게 전해주었고, 이와 같은 이상에 대한 바빙크의 헌신은 이제 얀이 노년기에 암스테르담 사람이 될 것을 의미하는 헌신이었다. 하지만 그 전에 이 부자는 자신들의 관점에 동의하지 않는 한 신학자의 손에 의해 빚어질 당황스러운 마지막 순간을 견뎌내야만 했다. 1903년 1월 26일 깜픈에서 열렸던 특별한 은퇴 예배 때 루카스 린더봄이 신학교를 대표해 얀에게 연설했다.[3] 그 후 바빙크의 가족이 깜픈을 떠났다. [깜픈] 신학교와 부르흐발(Burgwal) 교회에게 이런 떠남은 한 시대의 마지막과 같았다.

자유 대학교에서의 확신과 의심

바빙크는 깜픈 거주민으로서의 마지막 몇 달 동안, 이미 자유 대학교 취임 연설을 했다. 바빙크는 [깜픈] 신학교 학생들에게 했던 마지막 연설 이틀 후인 12월 17일에 자유 대학교 학생들에게(동시에 [깜픈] 신학교에서 같이 건너온

---

1 Valentijn Hepp, *Dr. Herman Bavinck* (Amsterdam: Ten Have, 1921), 283.

2 Jan Bavinck, "Een korte schets van mijn leven," 미출간된 자필 전기, n.d., HBA, folder 445, p. 74.

3 *Amsterdamsche Kerkbode*, February 1, 1902.

익숙한 얼굴들에게) 연설했고, 이 연설은 후에 『종교와 신학』(*Godsdienst en godgeleerdheid*)이라는 제목으로 출간되었다.[4] 자유 대학교에서 바빙크는 20년 전에 했던 깜픈 신학교 취임 연설의 빛 가운데서("거룩한 신학의 학문")[5] 새로운 사역지에서의 삶을 주조했다. 또다시 바빙크는 반드시 학문적이고도 거룩해야 만 하는 신학에 대한 자신의 생각을 펼치기 시작했다.

바빙크는 하나님을 아는 것과 관련된 학문인 신학은 기독교적 경건과 밀접 한 관련이 있긴 하지만 이 둘은 서로 다르다고 주장했다. "종교와 신학은 … 하 나님의 교회의 권속 안에서 각각 특별한 역할과 소명을 가진 두 자매입니다. 그 들은 나사로 가정의 마리아와 마르다 같습니다."[6] 바빙크는 신학은 마리아처럼 육신을 입으신 하나님의 신비를 생각하며 그리스도의 얼굴을 보길 간절히 고 대하지만, 종교는 마르다처럼 그리스도를 섬기느라 바쁘다고 설명했다. 이런 차이점에 대한 바빙크의 설명 속에서 그 어떤 자매도 다른 이를 멸시할 하등의 이유는 없었다. 결국 "마르다도 주를 섬겼고 예수님께서도 그 둘을 다 사랑하셨 습니다."[7] 암스테르담에서의 이 취임 연설은 선명하고도 확신에 찬 내용을 가 진 연설이었다. 즉 (적어도 당분간은) 마리아와 마르다가 깜픈에서 조화를 이 루었는지에 대해 증명하기는 불가능하지만, 암스테르담은 [이에 대해] 더 좋은

---

4 Herman Bavinck, *Godsdienst en godgeleerdheid* (Wageningen: Vada, 1902).

5 Herman Bavinck, *De wetenschap der H. Godgeleerdheid: Rede ter aanvaarding van het leeraarsambt aan de Theologische School te Kampen* (Kampen: G. Ph. Zalsman, 1883).

6 Bavinck, *Godsdienst en godgeleerdheid*, 56. "Godsdienst en godgeleerdheid staan dus niet tot elkander als moeder en dochter, veel minder nog als dochter en moeder. Veeleer zijn ze twee zusters, die elk in de huishouding van Gods kerk een bijzondere taak en roeping hebben te vervullen. Zij zijn aan Maria en Martha in het huisgezin van Lazarus gelijk."

7 Bavinck, *Godsdienst en godgeleerdheid*, 56. "Maria had het goede deel gekozen, dat van haar niet zou weggenomen worden; en Martha was zeer bezig met veel dienens. Maar ook Martha diende den Heere. En Jezus had ze beide lief"[역자 주: 에글린턴은 맨 마지막 문장만 본문에 실었다].

전망을 제공하고 있다는 내용이었다. 바빙크는 연설을 마무리하는 가운데 자유 대학교 이사회를 향해 직접적으로 연설하며, 왜 자신이 결국 [깜픈] 신학교를 떠나게 되었는지에 대해 공개적으로 설명했다.

제가 태어났던 교회와 그 교회에 의해 설립된 학교를 향해 제가 느꼈던 도덕적 의무감들 때문에 일찍이 저는 여러분께서 또 저를 불러주셨을 때 자유롭게 승낙하지 못했었습니다. 하지만 이제 저는 이 사안 가운데 제가 가지고 있었던 도덕적 의무감들을 완전히 해소했다고 말씀드릴 수 있습니다. 비록 다른 방식으로 제가 여러분의 학교와 함께 하지 못했던 것에 대해 깊은 유감을 가지고 있지만, 그럼에도 불구하고 저는 여러분의 임명을 완전한 담대함으로 수락했으며 저뿐만 아니라 제 동료 비스떠르펠트도 임용해주신 것에 대해 공개적으로 감사를 표하고 싶습니다.[8]

바빙크는 [깜픈] 신학교에서의 자신의 사역이 잘 마무리되었다고 말하며 암스테르담에서의 사역 방향성과 의도에 대해 설명하기 시작했다.

저는 높은 이상의 현실화에 기여하기 위해 이곳에 왔습니다. 만약 제가 제 능력이 닿는 대로 여러분의 신중하고도 힘이 넘치는 협조 하에

---

8 Bavinck, *Godsdienst en godgeleerdheid*, 63. "Mijne Heeren Directeuren. Vanwege de zedelijke gebondenheid, die ik gevoelde aan de Kerk, waarin ik geboren ben, en aan de School, die door haar werd gesticht, ontbrak mij in vroegere jaren de vrijheid, om eene benoeming, een en andermaal door U op mij uitgebracht, op te volgen. Thans echter meen ik te mogen zeggen, dat aan de zedelijke verplichtingen, die te dezer zake op mij rustten, geheel en meer dan genoeg is voldaan. Hoezeer ik er dan ook diep leed over draag, dat ik niet op eene andere wijze en in een anderen weg aan deze Uwe stichting verbonden ben geworden, heb ik Uwe benoeming nochtans met volle vrijmoedigheid aangenomen en betuig ik U openlijk mijn dank, dat Gij deze benoeming op mij, evenals ook op mijn ambtgenoot Biesterveld, hebt willen uitbrengen."

신앙고백과 학문 사이의 관계성을 이론적으로, 실천적으로 보다 선명히 드러나는 데 조금이나마 기여할 수 있다면, 만약 신학교 교수진과 이 나라의 개혁교회들 사이의 관계성이 완전하고도 충분하게 정리되고 다양한 학교들 속의 수많은 교원들이 급속도로 힘 있게 확장되어 학교가 설립될 때 받았던 아름다운 이름으로 이 학교가 더 많은 정당한 주장들을 지속적으로 제기하는 데 기여할 수 있다면, 저는 참으로 기쁠 것입니다.[9]

공개적인 칭찬과 개인적인 야망에 대한 바빙크의 이런 성명은 기관으로서 아직 그 이름대로 살지 못했던 자유 대학교를 향한 비판을 드러내지는 않았던 연설이었다. 자유 대학교는 작은 대학이었으며 진짜 대학교로서의 특성을 완전히 지니지 못했던 학교였다. 개인적으로 바빙크는 자유 대학교에서 무엇을 성취할 수 있을지에 대해 큰 확신을 가지지 못했다. 1903년 1월 초 바빙크는 스눅 후르흐론여에게 다음과 같이 편지를 썼다.

난 자유 대학교의 열렬한 지지자가 아니고 이 학교의 약점과 결점들을 보고 있어. 하지만 여기서 난 내가 원래 가지고 있지 않았던 확신을 받고 있어. 비록 기독교 국영 학교가 없는 가운데서는 교회가 신학부를 향해 강한 말을 할 수 있다는 생각에 강한 확신을 가지고 있

---

9 Bavinck, *Godsdienst en godgeleerdheid*, 63. "Hier kom ik medewerken aan de verwezenlijking van een hoog ideaal. Het zal mij tot innige vreugde strekken, als ik naar de mate mijner krachten er eenigszins toe medewerken mag, dat onder Uw beleidvol en energiek bestuur het verband van belijdenis en wetenschap steeds helderder, zoowel theoretisch als practisch, in het licht worde gesteld; dat de verhouding van de Theologische Faculteit tot de Gereformeerde Kerken in deze landen voldoende en afdoende geregeld worde; en dat deze School, door eene spoedige en krachtige uitbreiding van het aantal bezette katheders in de onderscheidene faculteiten, hoe langer hoe meer rechtmatige aanspraak mag doen gelden op den schoonen naam, dien zij bij hare stichting ontving."

긴 하지만 "[교회] 고유의 기관의 원리"를 교의로 받아들일 수는 없다
고 생각하고 이런 생각은 우리 기독개혁교회의 뿌리 속에 존재하는
분리주의의 미성숙하고도 쓴 열매라고 생각해. 내가 결심했던 것을
결정함에 있어 많은 분투가 따랐어. 많은 것들이 나를 옭아맸지. 하
지만 결국 난 이와는 다른 선택을 할 수도 없었고 해서도 안됐어. 난
우리 사람들이 자유 대학교를 좀 더 공감하고 이를 통해 학교의 힘이
더 세졌으면 좋겠어. 난 자유 대학교가 앞으로도 완전한 대학교가 될
수는 없으리라 생각해. 하지만 만약 학교가 시대의 선두에 서 있고
확신과 특징을 지닌 많은 목회자들, 문학가들, 법조인들을 길러낸다
면, 어느 정도는 복을 누릴 수 있을거야. 모든 부분들 속에서 이런 사
람들이 필요하고, 특히 우리 쪽에서는 더 필요하잖아.[10]

학교를 옮긴 바빙크의 선택은 부분적으로는 수상으로 임명된 카이퍼의 영
향이었고, 결과론적으로 그 의미는 자유 대학교를 향한 카이퍼의 깊숙한 관여
가 끝났다는 의미였다.[11] 하지만 바빙크의 이 선택은 강제적이기도 했는데, 그

---

10 Bavinck to Snouck Hurgronje, Kampen, January 3, 1903, in *ELV*. "Ik ben geen groot
    bewonderaar van de Vrije Universiteit en heb voor haar zwakheden en gebreken
    een open oog; maar hier nam ik, blijvende, den schijn op me van eene overtuiging
    te zijn [toe]gedaan, die ik niet heb. Hoewel ik er zeer op gesteld ben, dat, bij gemis
    van eene christelijke overheidsschool, de kerk een sterke zeggenschap hebbe over een
    theologische faculteit, ik kan het 'beginsel eener eigen inrichting' niet accepteren als
    een dogma, en vind daarin een onrijpe en wrange vrucht van het separatisme, dat
    ook in onze Christelijke Gereformeerde Kerk zijn wortelen heeft geslagen. Het heeft
    mij veel strijd gekost, om te beslissen zooals ik beslist heb. Vele banden hielden me
    vast. Maar ten slotte kon en mocht ik niet anders. Ik hoop, dat de Vrije Universiteit
    er eenigszins door in sympathie bij ons volk en daardoor ook in kracht zal toenemen.
    Een eenigszins volledige universiteit zal ze wel nooit worden. Maar als ze een getal
    predikanten, litteratoren en juristen mocht afleveren, die op de hoogte van hun
    tijd staan en tevens mannen van overtuiging en karakter zijn, dan zou ze toch nog
    in bescheiden mate ten zegen kunnen zijn. En zulke mannen hebben alle partijen,
    hebben wij vooral noodig."
11 George Harinck, "Abraham Kuyper: De Vrije Universiteit op weg naar de
    samenleving," in *Verder kijken: Honderdvijfendertig jaar Vrije Universiteit Amsterdam*

이유는 마침내 카이퍼의 제안을 받아들일 최적의 순간이 왔다는 확신 때문이 었다기보다는 오히려 거북한 손놀림 때문이었다. 자신의 새로운 기관적 집에 대한 바빙크의 공개적인 성명과 개인적인 성명 사이의 차이점은 크게 대비되었다. 이는 (거의) 우연에 근거한 이동이었지만, 바빙크에게는 좋은 일이 생기길 소망했던 이동이었다.

삶 속에서 가장 슬픈 경험

그 당시 정치적 맥락에서 살펴봤을 때, 바빙크가 네덜란드 사회에 대한 자유 대학교의 최종적인 기여에 대해 개인적인 확신이 없었던 것도 중요한 지점이었다. 떠오르는 신칼빈주의 태양이 절정에 이른 것처럼 바빙크는 깜픈에서 암스테르담으로 이동했다. 결국 교의학자로서의 바빙크의 사명이 암스테르담에 필요할 수밖에 없었는데, 그 이유는 카이퍼가 수상으로서 사역을 시작했기 때문이다. 반혁명당 구성원들은 신칼빈주의 지도자 아래에서 이제 국가 전역에 걸쳐 영향력 있는 정치적 위치를 주도하고 있었다. 그럼에도 불구하고 바빙크는 자유 대학교를 통해 종국에야 성취될 수 있는 것들 속에서, 이보다 더 고통스럽게도 사람에 대한 경험들 속에서 싫증이 나기 시작했다. [깜픈] 신학교 복도에서, 「드 바자윈」의 기사들 속에서, 총회 회의의 장에서, 출판된 책의 갈피갈피 속에서의 전쟁의 시간들이 값없이 무상으로 오지는 않았다. 이 시기 즈음에 스눅 후르흐론여에게 보낸 편지 속에서 바빙크는 다음과 같이 기록했다. "삶 속에서

in de samenleving. Zesentwintig portretten, ed. Ab Flipse (Amsterdam: VU Uitgeverij, 2016), 19-26.

겪는 가장 슬픈 경험은 실로 사람들을 통해 얻는 실망이야."[12] 20년간의 깜픈 생활이 마지막을 향해 가면서 바빙크는 지칠 대로 지쳤다. 바빙크에게 당분간은 갈등을 향한 더 이상의 욕구는 없었다. 깜픈을 영원히 떠날 시간이었다.

『개혁 윤리학』

바빙크는 [깜픈] 신학교에서의 생활 전반에 걸쳐 폭넓은 주제를 가르쳤다. 비록 1890년대에 이르러서는 그 폭이 다소 좁아지긴 했지만, 바빙크는 깜픈 신학교에서 지속적으로 윤리학을 가르쳤다. 하지만 암스테르담으로 이동했던 시절에도 개혁 윤리학의 긴 원고가 여전히 마무리되진 못했다. 바빙크의 깜픈에서의 시간이 갑작스럽게 끝난 것처럼, 엘러 미힐스 드 용(Jelle Michiels de Jong, 1874-1927)에 의해 깜픈 시절 바빙크의 윤리학 수업의 노트 중 하나가 살아남게 되었다. 드 용의 수업 노트는 바빙크의 윤리학 수업 중간 정도인 1902년 11월에 끝이 났다. 주목할 만한 사실은 그때 강의에서 발견되는 기독교 윤리학을 다루는 바빙크의 솜씨는 바빙크가 깜픈에서 학생이었을 때 남겨둔 수업 노트와 『개혁 윤리학』 원고 그 자체와도 달랐다는 점이다.[13] 분명히 1902년 바빙크는 윤리학에 대한 자신의 생각을 최종적으로 선명히 결정하지는 않았다.

드 용은 한 달 안에 자신의 교수를 따라 평화주의자였던 빌름 헤이싱크

12　Bavinck to Snouck Hurgronje, Kampen, January 3, 1903, in *ELV*. "De droevigste ervaring in het leven is wel de teleurstelling, die men met menschen opdoet."

13　Dirk van Keulen, "Herman Bavinck's *Reformed Ethics*: Some Remarks about Unpublished Manuscripts in the Libraries of Amsterdam and Kampen," *Bavinck Review* 1 (2010): 44-45, 51-53; Dirk van Keulen, "Ten geleide," in *Gereformeerde ethiek*, by Herman Bavinck, ed. Dirk van Keulen (Utrecht: Uitgeverij KokBoekcentrum, 2019), 9-34.

(Willem Geesink)가 1890년 이후로 윤리학을 가르쳐왔던 자유 대학교로 적을 옮겼다. 바빙크처럼 헤이싱크도 "특별히 이 시대의 개혁파 윤리 연구의 부족"[14]과 개혁파 윤리학 분야에서의 대표 작품 준비에 대한 고통에 우려를 표했다. 헤이싱크가 동료가 되면서 아마도 바빙크는 윤리학에 대한 집필 작업으로부터 서서히 물러나기 시작했던 것 같다. 비록 바빙크는 카이퍼의『백과사전』과 상관없이『개혁 교의학』을 기꺼이 출판하기로 마음 먹었지만,『개혁 윤리학』에 대해서는 그렇게 하지 않았다. (그럼에도 불구하고 헤이싱크의『개혁 윤리학』도 바빙크와 헤이싱크가 살아 있을 때 완성되지 않았다. 그들의 윤리학 원고는 둘 다 사후에 출간되었다).[15]

암스테르담에서 교수 시절의
헤르만 바빙크

바빙크는 암스테르담에서도 교의학을 가르쳤다. 깜픈과 암스테르담 시절에서의 그의 가르치는 것과 집필하는 것 사이의 균형은 이상하게도 반대의 형국을 취하게 되었다. [깜픈] 신학교에서 바빙크는 폭넓게 가르쳤지만 교의학과 윤리학에 교육과 집필을 집중하길 원했던 마음이 있었다. 바빙크는 자유 대학교에서 자유롭게 교의학 교육에 집중했지만, 훨씬 더 폭넓게 글을 쓰기 시작했다.

14 Willem Geesink, *De ethiek in de gereformeerde theologie. Rede bij de overdracht van het rectoraat der Vrije Universiteit te Amsterdam op 20 october 1897* (Amsterdam: Kirchner, 1897), 6. "Deze armoede van onzen tijd aan specifiek Gereformeerde ethische studie."

15 Willem Geesink, *Gereformeerde ethiek*, ed. Valentijn Hepp (Kampen: Kok, 1931).

바터르흐라프스미어, 런던, 그리고 암스테르담

1903년 2월, 바빙크 가족은 드디어 새로운 집으로 이사했다. 새로운 집은 암스테르담 동쪽 마을이었던 바터르흐라프스미어(Watergraafsmeer)에 새롭게 지어진 집이었다(주소는 Linnaeusparkweg 37). (스눅 후르흐론여에게 보낸 편지에서 바빙크는 "암스테르담에서 적절한 집을 아주 빨리 찾을 수는 없었어"라고 기록했다).[16] 암스테르담에서의 삶에 대한 바빙크의 첫인상은 좋았다. 그해 여름에 바빙크는 다음과 같이 편지를 썼다. "우리는 여기 암스테르담이 참으로 좋아. 생활이 깜픈처럼 조용하지는 않지만, 다양성이 풍성하고 지적인 영역이 더 높은 곳이야."[17]

바터르흐라프스미어에 도착한 직후 헤르만과 요한나는 런던을 함께 여행했다. 그해 전 바빙크의 옛 친구이자 동료였고 (함께 북아메리카에 가기도 했던) 다우어 끌라저스 비렝아(Douwe Klazes Wielenga)가 유명을 달리했다. 비렝아의 아들 다우어 끌라스 비렝아(Douwe Klaas Wielenga, 1880-1942)가 네덜란드령 동인도 선교 사역을 준비하면서 공부하기 위해 런던에 있는 리빙스턴 대학(Livingstone College)으로 최근 이사했다.[18] 바빙크 가족은 런던에서 비렝아 2세의 존재를 최대한 활용하길 열망했고 비렝아는 도시의 볼거리와 들

---

16 Bavinck to Snouck Hurgronje, Kampen, January 3, 1903, in *ELV*. "Watergraafsmeer ··· bij Amsterdam—in Amsterdam zelf kon ik zoo plotseling geen geschikt huis vinden."

17 Bavinck to Snouck Hurgronje, Amsterdam, November 20, 1903, in *ELV*. "Het bevalt ons hier in Amsterdam zeer goed. Het leven is niet zoo rustig als in Kampen, maar het is rijker aan afwisseling, en de intellectueele kring staat hooger."

18 Joel C. Kuipers, *Language, Identity, and Marginality in Indonesia: The Changing Nature of Ritual Speech on the Island of Sumba* (Cambridge: Cambridge University Press, 1998), 32.

을거리 여행을 이끌어주었다.[19] 이 여행이 이전 해의 충격적인 사건들의 전환 이후에 꼭 필요했던 휴식으로써 계획되었지만, 바빙크는 그곳에서도 금방 예배를 인도하고 있는 자신을 발견하게 되었다. 바빙크는 런던에서 설교했고, 선원의 집에서 성만찬을 집례했으며(잃어버린 일기장에서는 선원의 집에서 성례를 했던 것에 대한 바빙크의 신학적 거리낌이 기록되어 있다), 어스틴 프라이어스 네덜란드 교회(Austin Friars Dutch Church)에서 설교했고, 기독교 청년회(Young Men's Christian Association) 건물에서 다수의 네덜란드 청중들에게 "종교와 학문"에 대해 강의했다.[20] 휴가가 시작되었지만, 결국 이름뿐인 휴가가 되어버렸다.

바터르흐라프스미어에서 수많은 새로운 동료들이 이웃이 되었다. 빌름 헤이싱크, 헤르만 카이퍼(Herman Kuyper), 원래 암스테르담 사람이었던 페트루스 비스떠르펠트(Petrus Biesterveld) 모두 지척에 살았다.[21] 초기에는 바터르흐라프스미어에서의 생활에 대해 긍정적인 시각을 가지고 있었으나, 바빙크는 순식간에 거기서 불안감을 느끼게 되었다. [깜픈] 신학교에서는 20년 동안이나 몇 분 정도밖에 안 걸리는 곳에서 살다가 그해 총장이 되었던 암스테르담 중심부 [자유 대학교까지 45분이나 걸리는 출근 시간의 결과를 곧 깨닫게 되었다. 매일 90분이나 걸리는 왕복 시간은 바빙크가 지난 20년 동안 유지했던 생산성의 정도와는 도무지 걸맞지 않는 시간이었다.[22] 계속해서 집필하기 위해서

---

19 Hepp, *Dr. Herman Bavinck*, 290.

20 Hepp, *Dr. Herman Bavinck*, 290.

21 Hepp, *Dr. Herman Bavinck*, 289.

22 바빙크의 바터르흐라프스미어 시절에 출간된 거의 대부분의 작품들은 이전 작품들의 개정판이었다. *De offerande des lofs: Overdenkingen voor en na de toelating tot het heilige avondmaal*, 3rd ed. ('s Gravenhage: Fred. H. Verschoor, 1903); *De theologie van prof. dr. Daniel Chantepie de la Saussaye: Bijdrage tot de kennis der ethische theologie*, 2nd ed. (Leiden: D. Donner, 1903); *De zekerheid des geloofs*, 2nd ed. (Kampen: Kok, 1903). 바빙크의 책 『소명과 중생』 (*Roeping*

바빙크는 연구실과 좀 더 가까운 곳으로 이사 갈 필요가 있었다. 1904년 바빙크 가족은 자유 대학교 인근에 집을 사서 도시 중심부로 이사했다. 바빙크는 여생 동안 명망있는 흐라흐튼흐르덜(Grachtengordel)의 싱얼(Singel) 62번가에 살았다. 1638년에 지어졌지만 1890년대 중반 신르네상스 양식으로 재건축되었던 이 집은 바빙크의 취향에 훨씬 더 맞았다. 거기서 바빙크는 프라너꺼르, 깜픈, 바터르흐라프스미어에서 가끔 느꼈던 뿌리 없는 불안의 고뇌가 빠르게 사라졌다. 주변부로부터 중심을 향해 가는 안과 헤르만의 삶의 궤적은 마침내 거의 안정적으로 자리를 잡게 되었다. 분리 측 사람과 분리 운동의 아들이 "분리로부터 통합"으로의 지난한 길을 지나오게 된 것이다. 그들이 무엇을 했든지 그들은 분명히 부랑자는 아니었다. 결국 헤르만은 자신이 [안정된 위치에] 속했다는 사실을 느끼게 되었다. 1905년 바빙크는 스눅 후르흐론여에게 다음과 같은 편지를 보냈다.

내가 여기 암스테르담의 새로운 집에 대해 너에게 편지를 썼는지 정말로 기억이 나질 않아. 깜픈을 떠나왔을 때 우린 임시로 바터르흐라프스미어로 갔어. 그 이유는 금방 적당한 집을 찾지 못했거든. 하지만 우린 거기를 좋아하지 않았어. 거기서 자유 대학교까지는 45분 이상이 걸렸고, 그곳의 이웃도 조용하고 유쾌하지 않았어. 부단히 찾아보다가 암스테르담에 있는 집을 찾았고 그 집을 사서 지난해 9월에 그곳으로 이사했어. 이 집은 멋진 정원이 딸린 작고 멋진 집이고, 중

---

en wedergeboorte, [Kampen: G. Ph. Zalsman, 1903])은 「드 바자윈」에서 일찍이 실린 글들의 모음집이었다(ET: *Saved by Grace: The Holy Spirit's Work in Calling and Regeneration*, ed. J. Mark Beach, trans. Nelson Kloosterman [Grand Rapids: Reformation Heritage Books, 2008]). 이외에 바빙크는 기독교 정기간행물에 대한 짧은 글을 썼으며("Wat is wijsbegeerte?" [철학이란 무엇인가?], *De School met den Bijbel* 1, no. 38 [1903]: 40, 42, 44-46) 예전 강의들의 각색물과 "오늘날의 도덕"("Hedendaagsche moraal," *Tijdschrift voor Gereformeerde Theologie* 10 [1903]: 1-67)에 대한 글도 썼다.

앙역과 자유 대학교 건물과도 가까워서 지금까지는 정말 좋아. 하지만 여기는 돈이 많이 들고 집값은 매우 비싸며 세금도 아주 높아. 암스테르담에서 살려면 돈이 많이 들어. 그럼에도 불구하고 난 강의할 때 많은 시간을 낭비하지 않고 고립되거나 외로운 방식으로 살지는 않아. 전반적으로 봤을 때 더 이상 깜픈에 있지 않는 것이 기뻐. 깜픈도 좋은 곳이지만 너무 벽지의 작은 마을이었어.[23]

새로운 장기(Long-Term) 이웃: 초인(*Übermensch*)

1890년대 바빙크는 그 당시의 세속 사회의 조건이 네덜란드 역사의 새로운 국면, 즉 칼빈주의적 관점을 통해 굴절된 기독교의 빛이 그 어느 때보다 훨씬 더 아름답게 빛나는 현대에 곧 자리를 내줄 것이라고 믿었었다. 이런 이유로 이 시대의 바빙크의 작업들은 칼빈주의를 위한 대중적 변증가로서 그를 자리매김해 주었다. 바빙크에게는 이런 상황이 그 당시 꼭 필요했던 것으로 보인다. 네덜란드의 미래는 과거에도 그랬던 것처럼 칼빈주의적이었기 때문이었다.

---

23 Bavinck to Snouck Hurgronje, Amsterdam, June 1, 1905, in *ELV*. "Ik herinner me werkelijk niet, of ik u al eens geschreven heb uit mijne nieuwe woning hier in Amsterdam. Bij ons vertrek uit Kampen waren we tijdelijk, omdat we toen niet ineens een geschikt huis konden vinden, naar Watergraafsmeer gegaan. Maar daar beviel het ons niet best; het was ruim drie kwartier van het gebouw der Vrije Universiteit verwijderd en was bovendien ook een stille, ongezellige buurt. Na veel zoeken vonden en kochten we een perceel in Amsterdam en hebben daar September van 't vorig jaar onzen intrek genomen. Het is een lief klein huis, met een aardig tuintje, dicht bij het Centraal Station en bij het gebouw der Vrije Universiteit, en het bevalt ons tos dusver uitnemend. Maar het is hier een duur wonen; de huizen zijn zeer prijzig en de belastigen zijn hoog. Men moet er heel wat over hebben, om in Amsterdam te wonen. Doch er staat tegenover, dat ik met college geven niet zoo veel tijd verlies en niet zoo afgezonderd en eenzaam leef. Over het algemeen ben ik blij dat ik niet meer in Kampen ben; het was er wel aardig maar ook zeer afgelegen en kleinsteedsch."

깜픈에서의 삶을 마무리하던 어느 시점 혹은 암스테르담에서의 삶을 시작했던 즈음에, 바빙크는 이런 신념을 바꾸었다. 이런 바뀐 신념을 통해 대부분의 경우 네덜란드 사람들이 서로 충돌하는 진리의 주장들의 불협화음으로 가득 채워진 세속화된 공공의 영역도 꽤 용인할 수 있다는 것이 더 분명해졌다. 이 시기에 출간한 『기독교 학문』(Christelijke wetenschap, 1904)에서 바빙크는 "가장 훌륭한 수많은 자연 연구가들이 무신론에서 유신론으로 돌아가는"[24] 문화적 이동에도 불구하고 만족스러워하지 않았던 자연 연구가들이 정통 기독교를 향해 대거 떼지어 이동하지는 않았다고 기록했다. 오히려 철학적 이상주의, 신비주의, 신지학, 범신론, 목적론 신봉주의 등이 품고 있는 다양한 범주의 폭넓은 유신론적 관점들이 부조화에 단순히 추가될 뿐이었다.

이와 더불어 1890년대 초반에 유행했던 학문적인 관점에 집중했던(바빙크를 이를 "르낭의 시대"[age of Renan]라고 불렀다) 무신론의 특정 종류들이 그 영향력을 상당히 잃은 가운데,[25] 새로운 형태의 무신론이 유행하기 시작했다. 최근 유명을 달리한 독일 철학자 프리드리히 니체(Friedrich Nietzsche, 1844-1900)가 바로 그런 형태의 무신론자였다.

니체의 무신론은 자신이 거부했던 유신론으로부터의 대대적이고도 급진적인 일탈을 의도한 채 만들어진 무신론이기 때문에 이전의 무신론과는 달랐다. 니체는 만약 하나님이 죽었다면 모든 도덕적 가치들은 반드시 재평가되어야만

---

24 Herman Bavinck, *Christelijke wetenschap* (Kampen: Kok, 1904). "Thans zijn wij er getuigen van, hoe velen van de uitnemendste natuurvorschers ⋯ van het atheisme tot het theisme terugkeeren."

25 Herman Bavinck, *Christelijke wereldbeschouwing: Rede bij de overdracht van the rectoraat aan de Vrije Universiteit te Amsterdam op 20 october 1904* (Kampen: J. H. Bos, 1904), 6; ET: *Christian Worldview*, ed. and trans. Nathaniel Gray Sutanto, James Eglinton, and Cory Brock (Wheaton: Crossway, 2019). [역자 주: 헤르만 바빙크, 『기독교 세계관: 혼돈의 시대를 살아가는 그리스도인을 위한 치유』, 김경필 옮김, 강영안 감수 및 해설 (군포: 도서출판 다함, 2020)].

한다고 주장했다. 이런 이유로 무신론자들은 유신론의 도덕적 덫들을 수행해야 할 그 어떤 의무도 없다고 주장했다. 그러므로 니체의 무신론은 기독교의 오래된 역사의 이전 단계를 대체하기 위해 의도된 사상이 아니었다. 오히려 니체의 무신론은 기독교를 완전히 버리고 그 자리에 완전히 새로운 무엇인가를 창조하는 사상이었다. 결정적인 매력은 니체식의 사상이 초인(Übermensch), 즉 몰상식한 행복 추구보다는 지배의 구체성을 선호하는 전능하고도 세속적인 인간상에 집중함을 통해 무신론과 허무주의를 분리시켰다는 점이다. 니체의 생각은 뺄셈과 **더불어** 덧셈도 수반하는 목적의식이 있는 무신론이었다.

프레데릭 판 에이든(Frederik van Eeden, 1860-1932)과 같은 니체의 네덜란드 동조자들 사이에서, 이런 재평가는 다윈(Darwiin)의 생물학적 "적자생존"(適者生存, survival of the fittest, 단순 생존보다 지배를 선호함) 개념에 대한 대체적인 무관심과 예수 그리스도의 섬김의 은혜의 모델에 대한 특히 저등한 관점을 만들어냈다.[26] (그 당시 유명했던 네덜란드 문단의 거물 판 에이든은 자신이 만든 허구적 인물 비코 무랄토[Vico Muralto] 속에서 초인 개념을 대중화시켰다).[27]

이런 새로운 종류의 무신론은 바빙크와 **함께** 그의 신학적 적들을 경멸에 찬채 바라보았으며, 네덜란드의 기독교 역사에 대해 어떤 관심도 기울이지 않았고, 기독교라는 줄에 더 이상 얽매이지 않은 상상 불가한 미래를 지향했다. 바

---

26 Frederik van Eeden, *De kleine Johannes*, 3 vols. (Amsterdam: Elsevier, 1979); George Harinck, "The Religious Character of Modernism and the Modern Character of Religion: A Case Study of Herman Bavinck's Engagement with Modern Culture," *Scottish Bulletin of Evangelical Theology* 29, no. 1 (2011): 74. 네덜란드에서의 니체 수용에 관해서라면 다음을 참고하라. Jos Gielen, "Nietzsche in Nederland," *De Nieuwe Taalgids* 37 (1943): 19-26; Jaap Kamphuis, *Nietzsche in Nederland* (Ermelo: Woord en Wereld, 1987).

27 Frederik van Eeden, *De nachtbruid: de gedenkschriften van Vico Muralto* (Amsterdam: Versluys, 1909).

빙크도 무신론의 도덕적 결과에 대한 니체의 평가에 동의를 표하긴 했지만,[28] 바빙크의 자국민들 일부가 니체의 탈기독교화된 미지의 바다에 뛰어드는 일을 기꺼이 감행했던 사실은 네덜란드의 문화적 감수성에 관한 바빙크의 처음 기대들을 혼란스럽게 만들었다. 이런 사람들은 바빙크가 생각했던 것보다 훨씬 더 칼빈주의에 뿌리를 내리고 있지 않았던 사람들이었다. 바빙크는『현대의 도덕』(Hedendaagsche moral, 1902)에서 "자신의 도덕 철학에서 니체는 많은 사람들의 마음속에서 무의식적으로 살았던 것에 목소리를 냈을 뿐이다"[29]라고 기록했다.

결과론적으로 바빙크는 "서로 겹치지 않았던 다른 원리들의 다소 영구적인 공존"[30]을 수용하면서, 신중한 계획의 결과가 아닌 긴급 상황에서 불가피하게 형성된 협회인 이 노트게마인샤프트(Notgemeinschaft, 역자 주: 긴급 대책 협의회) 건너편에서 자신과 신학적 혹은 철학적 공통점을 공유하지 않는 동료 시민들을 응시하고 있는 자신을 발견했다. 바빙크의 현대 스파링 파트너는 오랫동안 주변에 존재했고 이해할 수 없는 외국인 신참도 합류했다. 이를 깨달은 바빙크는 자신의 이웃들을 새롭게 바라보게 되었다. 만약 이런 복잡한 동거가 예측할 수 있는 미래를 위해 남아 있다면 이 이웃들은 어떤 위협을 신칼빈주의에 주게 될까?

문화는 변해왔다. "르낭의 시대"도 "니체의 시대"에 자리를 내주었고, 이와 더불어 그 시대의 신학도 새로운 질문, 도전, 필요에 직면하게 되었다. 이런 질문, 도전, 필요와 니체식의 무신론 사이의 일반적인 관계 속에서 각각의 네덜란

---

28 Herman Bavinck, *Philosophy of Revelation: A New Annotated Edition*, ed. Cory Brock and Nathaniel Gray Sutanto (Peabody, MA: Hendrickson, 2018), 231.

29 Herman Bavinck, *Hedendaagsche moral* (Kampen: Kok, 1902), 51. "Inderdaad heeft een man als NIETZSCHE in zijne zedelijke wijsbegeerte slechts uiting gegeven aan wat onbewust leefde in veler hart."

30 Harinck, "Religious Character of Modernism," 74.

드 기독교 전통들은 새로운 공통점을 가지고 있었다. 죽음이 서려 있는 니체의 그림자가 모든 그리스도인에게 드리워졌고, 이런 그림자는 개신교도와 가톨릭 교도, 정통주의자와 자유주의자, 카이퍼주의자와 윤리 신학자, 혹은 현대주의 자와 경건주의자를 가리지 않았다. 이런 이유로 바빙크는 가장 기초적인 단계 에서 "실재에서는 오직 두 세계관, 즉 유신론적 세계관과 무신론적 세계관만 있 다"[31]라고 즉각적으로 주장했다. 새로운 시대의 욕구를 충족하기 위해 바빙크 의 대중적 변증 방식도 바꾸어야만 했다. 바빙크는 칼빈주의와 보다 더 포괄적 인 기독교 사이 속에 그 어떤 긴장도 조성하지 않았으며 오히려 이 둘 사이의 상호 의존성을 인식했다. 그럼에도 불구하고 20세기 초반은 기독교 자체의 독 특한 전통을 위해 사도들이 했던 것보다 훨씬 더 긴급하게 기독교 옹호자들을 필요로 하는 시기라는 사실이 바빙크에게 보다 더 분명해졌다.

이전 시대에서 바빙크는 세계관 개념에 대해 많은 양의 글을 쓰지는 않았었 다. 이 주제에 대한 바빙크의 기여는 1883년 "현대 세계관"에 대한 짧은 비평글 [32]과 『드 프레이 께르끄』에 1884년에 실린 제임스 오르(James Orr)의 『하나님과 세계에 대한 기독교적 관점』(The Christian View of God and the World)에 대한 서평 정도로 많지 않다.[33] 만약 바빙크가 그 시대의 (새로운) 필요들을 만족시 키려 했다면, 암스테르담 시절에 기독교 세계관에 대한 훨씬 더 많은 글을 집필 해야만 했을 것이다.

---

31   Bavinck, *Christelijke wereldbeschouwing*, 51; cf. ET in Bavinck, *Christian Worldview*, 73.

32   Herman Bavinck, "De hedendaagsche wereldbeschouwing," *De Vrije Kerk* 9, no. 10 (October 1883): 435-61.

33   Herman Bavinck, "Eene belangrijke apologie van de Christelijke Wereldbeschouwing," review of *The Christian View of God and the World, as Centring in the Incarnation*, by J. Orr, *Theologische Studien* 12 (1894): 142-52.

유신론 연합체 모임

하링크는 이런 새로운 형태의 무신론의 출현으로 바빙크의 시각에 두 가지 변화가 일어났다고 주장했다. 한 변화는 이 무신론이 기독교의 뿌리와 열매 둘 다를 의도적으로 거부했기 때문에 "바빙크가 더 이상 도달할 수 없는 현대 문화의 한 부분"이 되었다는 점이다.[34] 1870년대와 1890년대 사이에서 현대 신학자들과 윤리 신학자들과 나눈 바빙크의 대화는 높은 수준의 상호 이해도를 바탕으로 촉진된 대화였다. 바빙크는 이런 대화들 속에서 공통의 역사, 공통의 본문, 공통의 개념, 공통의 도덕적 가치들을 촉구했고 (특별히 성육신의 중요성에 대한) 기독교적 본능이 가진 본연의 상태를 이끌어 냈다. 이런 모든 상황 가운데서 바빙크는 자신의 신학적 논적들 속에서 자신만의 무언가를 인식할 수 있게 되었다. 아브라함 꾸우는과 휜닝 2세는 서로 맞지 않음에도 불구하고 여전히 비평적 친구로서 충분히 가까웠다.

또 다른 변화는 바빙크가 이 새로운 무신론자들과 공통분모를 찾는 가운데 어려운 투쟁에 직면했기 때문에 "그는 현대 문화의 한 부분은 그 자체로 내버려 두었어야만 했으며 대신 그리스도인들을 연합시키는 데 집중"[35]했다는 점이다. 이 시기 바빙크는 자신의 신학적 논적들이 가지고 있는 칼빈주의적 정통을 향한 그들의 역사적 반대가 빠르게 근시안적이 되고 있다는 사실을 강조하는 데 상당한 노력을 기울였다. 바빙크의 논적들은 엘라 골짜기의 같은 편에 진을 쳤고, 같은 골리앗에 직면했다. 그들은 적어도 이 순간만큼은 함께 서거나 함께 무너질 것이다.

---

34 Harinck, "Religious Character of Modernism," 74.

35 Harinck, "Religious Character of Modernism," 74.

기독교 교육을 향한 투쟁

이런 상황 속에서 바빙크는 1904년에 세 권의 중요한 책을 빠르게 출간했다. 원래 자유 대학교 총장 연설이었던『기독교 세계관』에서 그는 현대는 통합된 세계관과 인생관이 결여된 시대라고 주장했다. [바빙크는] 현대야말로 극단으로 치닫고 있으며, 마음, 지성, 의지, 감정, 앎, 행위, 육체적인 것, 초자연적인 것과 같은 실재 가운데 다른 하나를 희생시킨 채 한 측면에만 특혜를 주고 있다고 생각했다. 결과적으로 칸트부터 시작해 니체와 마르크스에 이르기까지 현대는 거주민들에게 (궁극적으로) 하나의 선택권만을 제시했으며, 이런 이유로 바빙크는 현대가 지적으로나 실존적으로 만족스럽지 못하다고 주장했다. 바빙크는 기독교 세계관과 기독교 인생관을 [현대의 해악을 이겨낼] 해독제로 제시하면서, 기독교의 설명 능력이 환원주의적이라기보다는 폭넓은 수용력을 지니며 인간 존재의 핵심이 되는 서로 연결된 철학적 질문들에 대해 조화로운 답변들을 제공한다고 주장했다. 존재하는 것은 왜 존재하는가? 존재하는 것은 어떻게 불변하며, 어떻게 끊임없이 생성될 수 있는가? 이런 배경에서 우리는 어떻게 잘 행동하는지 알 수 있는가? (이런 철학적 변증론은 이후에 그의 프린스턴 스톤 강좌[Stone Lectures]의 초기 시험 운행으로 사용되었다).

같은 해 바빙크는 특정한 정치적 주제들을 다룬 책『기독교 학문』(*Christelijke wetenschap*)을 출간했다. 19세기 후반 이래로 네덜란드 정치는 스콜스트레이트(*schoolstrijd*, 역자 주: 공립학교와 사립학교 국가 재정지원 동등화 투쟁), 즉 구별된 종교적 세계관을 기반으로 하는 학교와 명백히 "중립적" 세계관을 지닌 학교에 국가가 동등한 수준의 재정적 지원을 해야 하는가에 대한 투쟁에 사로잡혀 있었다.[36]

---

36 Marinus de Jong, "The Heart of the Academy: Herman Bavinck in Debate with

바빙크는 수년 동안 기독교 교육에 관한 논쟁들에 관여하고 있었다. 바빙크는 프라너꺼르에서 목회할 때부터 이 주제에 대해 강의해왔으며,[37] 깜픈 시절에도 개혁파 고등교육 연합에서 적극적으로 이 주제를 다루어왔고, 「드 바자윈」 편집장 시절 때는 새로운 기독교 학교의 설립에 대해 열정적인 지원을 아끼지 않았었다.[38] 바빙크가 암스테르담에 도착했을 때 그는 기독교 교육을 촉진시키는 데 헌신했던 국가 기관 개혁파 학교 연합(Gereformeerd Schoolverband)의 부위원장이었다.[39] 비록 바빙크는 스콜스트레이트(공립학교와 사립학교 국가 재정지원 동등화 투쟁) 내에서 이미 노련했던 운동가였지만, 암스테르담에서의 취임 연설 "종교와 신학"은 이 사안에 대한 국가적 논의에서 바빙크에게 보다 더 중요한 자리를 차지하게 만들어 주었다. 마리아와 마르다 사이를 조화시키려 했던 이 강의는 개인적인 기독교 신앙과 학교에서의 신학의 실천 사이에 그 어떤 본질적인 불화도 없다고 주장했다. 이런 주장은 자유 대학교의 학문적 적법성에 대한 논쟁 한복판으로 바빙크를 밀어 넣었던 진보적 항론파 신학자 헤르만 흐루너베헌(Herman Groenewegen, 1862-1930)의 반응을 촉발시켰다.

1903년 흐루너베헌은 만약 신학을 실천하는 사람들이 자신들의 신학 전통 내에서 내부자로서 말한다면 이런 상황 속에서는 더 이상 신학이 학문이 될 수 없다고 주장하며 바빙크의 "종교와 신학" 연설에 대한 답변을 담은 글을 발표했다.[40] 흐루너베헌은 종교는 반드시 신앙 고백적으로 중립적이고도 경험론적인

Modernity on the Academy, Theology, and the Church," in *The Kuyper Center Review*, vol. 5, *Church and Academy*, ed. Gordon Graham (Grand Rapids: Eerdmans, 2015), 64.

37 Herman Bavinck, "Rede over het christelijk onderwijs" (1881), HBA, folder 331.

38 Herman Bavinck, "Middelbaar onderwijs," *De Bazuin*, August 16, 1901.

39 Adriaan Cornelis Rosendaal, *Naar een school voor de gereformeerde gezindte: Het christelijke onderwijsconcept van het Gereformeerd Schoolverband (1868-1971)* (Hilversum: Verloren, 2006), 102.

40 Herman Groenewegen, "Wetenschap of dogmatisme," *Theologisch Tijdschrift* 37

관찰에 근거해야만 한다고 주장했다. 그는 전제가 없는 이런 접근법이야말로 우월한 종교인 기독교를 현대의 진보적 기독교의 절정과 더불어 객관적으로 묘사하는 방식이라고 믿었다. 흐루너베헌은 자신의 비평 가운데 왜 신칼빈주의자들은 국립 대학들에서 직을 추구하는 대신 자유 대학교에서 자신의 마차를 빙빙 돌리는 것이 필요하다고 느끼는지에 대해 반문했다.[41] 들을 귀가 있는 자들에게 그의 질문이 암시하는 주장은 분명했다. 즉 자유 대학교는 학문의 가짜 반향실(反響室, echo-chamber, 역자 주: 방송에서 연출상 필요한 에코 효과를 만들어 내는 방)이며, 신칼빈주의 교수들은 지나치게 분파주의적이어서 실제 학문의 영역 속에서 진지하게 받아들여지지 않는다는 주장이었다. 만약 그것이 사실이라면, 스콜스트레이트의 결과에 대해서는 의문의 여지가 없었다. 국가는 이런 가짜 학문에 대해 지원할 수 없었다.

바빙크는 『기독교 학문』에서 흐루너베헌의 비평이 가지고 있는 인식론적 핵심 주장에 대해 반응하며, 모든 인간의 지식은 주관적이며 선험적 가정에 근거하고 있으므로 (기독교 신자에 의해 실천되는) 신학은 그 어떤 것보다도 학문 속에 가치 있는 자리를 차지하고 있다고 주장했다.[42] 이런 주장이야말로 바빙크가 수년 동안 준비했던 주장으로, 기본적으로 20년 전 깜픈에서 취임 연설을 한 후 스눅 후르흐론여에게 반대하여 전개했으며, 『개혁 교의학』의 **서론**에서도 발전시켜 길게 논증했던 중립성의 신화에 대항하는 동일한 주장이었다.

더 기발했던 측면은 자유 대학교를 하나의 기관으로 비난했던 그의 비판에 대한 바빙크의 답변이었을 것이다. 자유 대학교를 향한 카이퍼의 핵심 관점은 신앙과 불신앙 사이의 반립이 "두 종류의 사람"(중생자와 비중생자)을 이끌어

(1903): 385-424.

41 Groenewegen, "Wetenschap of dogmatisme," 413.

42 Bavinck, *Christelijke wetenschap*, 77.

낼 뿐만 아니라 "두 종류의 학문"도 이끌어 낸다는 관점이었다.[43] 확실하게 카이퍼도 하나님께서 학문의 영역 속에 있는 불신자에게도 선한 선물들을 주신다는 믿음인 일반은혜 개념을 확증했으며 이에 대해 포괄적으로 글을 쓰기도 했다.[44] 그러나 자유 대학교의 가장 초기의 공적 존재 이유 속에서 일반은혜는 반립의 결과로 존재했었다. 기독교 대학교는 필요했고 그 필요에 대한 논증도 펼쳐졌다. 그 이유는 거듭나지 않은 학문은 거듭난 학문과 절대적으로 동일하지 않았기 때문이다.

바빙크는 이런 배경 속에서 『기독교 학문』을 집필했다. 바빙크는 (반립이 아닌) 일반은혜 개념 속에서 흐루너베헌을 향한 자신의 반응을 중요시하면서, 불신자들도 그리스도인들의 학문에 세심한 주의를 기울여야만 하며 그리스도인들도 항상 불신자들의 지적 덕목들을 인식해야 한다고 주장하기 시작했다. "그리스도인들은 불신자들이 수행하는 모든 학문적 연구들을 잘못된 것으로 치부하여 거부하는 속 좁은 일을 절대 해서는 안 되었다 … 그 이유는 그리스도인들은 자신들이 그리스도 안에서 아버지라고 고백하는 바로 그 같은 하나님께서 악한 사람과 선한 사람에 햇빛을 비춰주시며 의인과 악인에게 비를 내려주시는 분이라고 믿기 때문이다."[45] 같은 해 바빙크는 자신의 예전 강의에 근거했을 뿐 아니라 『기독교 세계관』과 동반되는 책으로 홍보했던 『교육학의 원리』

43 Abraham Kuyper, *Principles of Sacred Theology*, trans. J. Hendrik De Vries (Grand Rapids: Eerdmans, 1954), 155-82.

44 Abraham Kuyper, *De gemeene gratie*, 3 vols. (Leiden: D. Donner, 1902-4); ET: *Common Grace: God's Gift for a Fallen World*, 3 vols., ed. Jordan Ballor and Stephen J. Grabill, trans. Nelson Kloosterman and Ed van der Maas (Bellingham, WA: Lexham Press, 2015-20).

45 Bavinck, *Christelijke wetenschap*, 31. "Omgekeerd zijn Christenen nooit zoo enghartig geweest, dat zij al de wetenschappelijke onderzoekingen, door niet-geloovigen ingesteld, als leugenachtig verwierpen … want zij gelooven, dat God, dezelfde God, dien zij in Christus als hun Vader belijden, zijne zon laat opgaan over boozen en goeden en regent over rechtvaardige en onrechtvaardigen."

(*Paedagogische beginselen*)를 출간했다.[46] 이 특별한 책에서 바빙크는 기독교 교육을 향한 헌신에 대한 골자를 새롭게 하는 노력을 취하는 가운데 기독교가 인간 본성에 대한 고유의 설명을 가지고 있으며 인간 본성에 대한 독특한 관점이야말로 풍성한 교육학적 결론들을 이끌어 낸다고 주장했다. 바빙크는 당시의 교육학적 유행을 조사하며 루소(Rousseau)에게서 발견 가능한 아이들의 본성에 대한 낙관주의적 관점과 톨스토이(Tolstoy)가 퍼트린 아이들의 본성에 대한 비관적인 관점들은 동등하게 균형을 잃은 관점이라고 주장했다. 이와 대조적으로, 바빙크는 아이의 본성에 대한 기독교적 설명, 즉 신적 형상으로 창조되었지만 죄로 인해 타락하였고 일반은혜를 통해 지성의 능력이 보존되어 특별은혜를 통해 구원받을 때 위대한 덕을 세울 수 있게 된다는 기독교적 설명은 선한 아이들과 악한 아이들에 대한 더 나은 설명을 제공해주며 그들의 성장을 가능하게 만드는 설명이라고 주장했다.

결국 바빙크는 긍정적인 느낌을 갖게 하는 기독교 학교 교육과정을 통해 아이들을 종교적 지식, 언어 사용의 기술, 자연과학으로 교육해야만 하며, 이런 교육과정은 반드시 지·정·의와 교감하는 가운데 이루어져야 한다고 주장했다. 이 모든 것을 통해 바빙크는 (주로 독일) 심리학과 교육학에서의 연령이 점점 더 낮아지는 발전상을 네덜란드 청중들에게 소개하며 타결을 이루어냈다.[47] 바빙크의 관점은 기독교 교육에 대한 전체론적이며 유기론적인 관점이었으며, 이런 관점은 그 당시 많은 사람들에게 반향을 일으켰다. 20세기를 주도했던 네덜란드 가톨릭 교육학자 Fr. 시흐베르투스 롬바우츠(Siegbertus Rombouts, 1883-1962)도 [자신의 교육학에] 교육에 대한 바빙크의 관점을 깊이 반영시켰으며, 이

---

46 Herman Bavinck, *Paedagogische beginselen* (Kampen: Kok, 1904), 8.

47 Nelle Bakker, *Kind en karakter: Nederlandse pedagogen over opvoeding in het gezin, 1845-1925* (Amsterdam: Het Spinhuis, 1995), 178.

에 대해 포괄적으로 글을 썼을 뿐만 아니라, 자신의 학생들에게 "단조로운" 중
립적 대안들을 읽기보다는 바빙크를 읽으라고 강권하기도 했다.[48] 진보적 항론
파 롬메르트 카시미르(Rommert Casimir, 1877-1957)와 바빙크의 신학적 논적
의 조카였던 반(反)카이퍼주의 교육학자 요한네스 헤르마누스 휜닝 빌럼스존
(Johannes Hermanus Gunning Willemszoon, 1859-1951)조차도 바빙크의
『교육학 원리』에 대해 공개적인 칭찬을 아끼지 않았다.[49] 바빙크를 지지하는 신
칼빈주의 지지층 내에서도 바빙크의 교육학에 대한 수많은 설명서들이 쏟아져
나왔으며,[50] 국가 전역에 걸쳐 바빙크의 이름을 딴 초등학교들이 생겼다.[51]

이 시기 동안 세계관과 더불어 교육학 이론에 대한 바빙크의 독특하고도 선
명한 설명들은 1917년 스콜스트레이트 투쟁에서 카이퍼주의자들이 최종적인
승리를 거머쥐는 데 중요한 역할을 감당했다. 이 결과로 인해 다양한 종류의 세
계관에 근거하는 가운데 네덜란드 국가는 지금까지 유치원부터 대학교까지 각
학교에 동등하게 재정지원을 하게 되었다. 21세기 청중들에게 바빙크는 신학
자로 가장 잘 알려졌을지 모르지만, 20세기의 대부분 동안 그의 국제적 명성은
주로 선도적인 교육학자였고, 이 중요한 의미는 현재 네덜란드 밖에서는 대부

---

48 Fr. Siegbertus Rombouts, *Prof. dr. H. Bavinck: Gids bij de studie van zijn
     paedagogische werken* ('s Hertogenbosch: Malmberg, 1922); Bakker, *Kind en karakter:
     Nederlandse pedagogen over opvoeding in het gezin 1845-1925*, 310n21.

49 Rommert Casimir, "Bavincks paedagogische beginselen," *School en leven* 8
     (1906/1907): 38-42, 87-90, 118-23, 177-83, 193-200, 321-27, 465-67; J. H.
     Gunning Wzn. [Willemszoon], "Prof. dr. H. Bavinck," *Het Kind* 22 (1921): 321-25.

50 Jakob Brederveld, *Hoofdlijnen der paedagogiek van dr. Herman Bavinck*
     (Amsterdam: De Standaard, 1927); L. van der Zweep, *De paedagogiek van Bavinck,
     met een inleiding tot zijn werken* (Kampen: Kok, 1935); L. van Klinken, *Bavinck's
     paedagogische beginselen* (Meppel: Stenvert, 1936).

51 [바빙크의 이름을 딴 학교들은 다음과 같다]. Dr. H. Bavinckschool, Vlaardingen;
     Protestants-Christelijke Bavinck Basisschool, The Hague; Protestants-Christelijke
     Basisschool Dr. H. Bavinckschool, Haarlem; Dr. H. Bavinckschool, Dordrecht; Dr. H.
     Bavinckschool, Hilversum; Bavinckschool, Bunschoten-Spakenburg.

분 잊혀졌다.[52]

『불신앙과 혁명』으로부터의 이동

1904년 바빙크는 귀욤 흐룬 판 프린스터러(Guillaume Groen van Prinsterer) 의 『불신앙과 혁명』(Ongeloof en revolutie)의 새로운 판의 서문을 썼다.[53] 1847 년에 초판이 출간된 이 책은 프랑스 혁명을 인간 존재의 모든 영역으로부터 그 리스도의 주되심을 조직적으로 제거했던 삶의 체계로 묘사했다. 흐룬 판 프린 스터러는 이런 작업을 통해 반혁명당 네덜란드 정당정치 전통에 통찰을 주었 다. 이 전통은 아브라함 카이퍼가 수용하여 반혁명당으로 발전되었으며, 체계 적인 적을 향한 체계적인 반응으로 19세기 후반 신칼빈주의의 겉모습으로 묘 사되었다. 프랑스 혁명의 끈질긴 탈기독교화 논리가 사회 속에서 예상대로 흘 러간 것처럼, 반혁명당 논리도 칼빈주의적 삶의 체계를 주창하며 삶의 모든 영 역 속에서 싸움을 이어나갔다.

비록 1870년부터 1890년까지 바빙크는 이런 사상에 대해 수용적이었지만, 1904년에 이르러 바빙크는 이 사상이 가지고 있는 결점들에 대해 더 많이 분명 하게 인지하게 되었다. 바빙크는 계속해서 흐룬 판 프린스터러에게 감사를 표 했지만, 이제 바빙크는 『불신앙과 혁명』이 취하고 있는 예측 가능성에 대해 비

---

52 Jakob Brederveld, *Christian Education: A Summary and Discussion of Bavinck's Pedagogical Principles* (Grand Rapids: Smitter, 1928); Cornelius Richard Jaarsma, *The Educational Philosophy of Herman Bavinck: A Textbook in Education* (Grand Rapids: Eerdmans, 1935).

53 Guillaume Groen van Prinsterer, *Ongeloof en revolutie: Eene reeks van historische voorlezingen* (Leiden: S. & J. Luchtmans, 1847); Harry Van Dyke, *Groen van Prinsterer's Lectures on Unbelief and Revolution* (Jordan Station, Ontario: Wedge Publishing Foundation, 1989).

평적 입장을 견지하기 시작했다. 물론 사람들은 항상 그들의 (옳고 그른) 전제들을 기반으로 일관적으로 살고 행동할 것이지만 말이다. 바빙크는 흐룬 판 프린스터러가 "자연법칙을 믿을 뿐만 아니라 결정론이 없는 도덕 세계법칙도 믿는다"[54]라고 기록했다. 그러나 이 시기 바빙크는 이렇게 생각하지 않았고, 오히려 타락한 피조 세계 속에서의 삶이 훨씬 더 엉망진창이며 이상하다고 믿었다. 비록 바빙크도 자연과 역사 속에서 특정한 논리적 힘이 존재한다는 사실을 인정했지만, 동시에 그는 이런 힘은 항상 "사람의 능력과 필요" 그리고 "하나님의 법령"이며 좌절을 경험하게 한다고 주장했다.[55] 바빙크는 암스테르담 초기 시절에 죄는 체계적이기보다는 전인에 영향을 미치며 조직적으로 드러나기보다는 오히려 광기 어린 미친 행동으로 드러난다는 사실을 인지했다. 이와 대조적으로, 하나님의 은혜의 특별한 작동은 거의 예측하기 힘들다고 생각했다. 카이퍼와 바빙크 사이의 차이점은 점점 더 명백해졌다. 한 사람은 이상주의자로 남았지만, 다른 한 사람은 점점 더 실재론자가 되어가고 있었다.[56]

1905년 선거: 신칼빈주의적 태양이 지고 있는가?

카이퍼가 1905년 총선을 준비하기 시작했을 때 이런 차이점들이 보다 더 분명

54　Herman Bavinck, "Voorrede," in Groen van Prinsterer, *Ongeloof en revolutie*, viii. "Hij geloofde niet alleen in wetten in de natuur, maar zonder fatalisme ook aan wetten in de zedelijke wereld."

55　Bavinck, "Voorrede," in Groen van Prinsterer, Ongeloof en revolutie, vii. "Zij ontmoet altijd bezwaren, die, opgerezen uit den aanleg en de behoefte van den mensch, verbonden aan de natuur en aan de ordeningen Gods."

56　Harinck, "Herman Bavinck and the Neo-Calvinist Concept of the French Revolution," in *Neo-Calvinism and the French Revolution*, ed. James Eglinton and George Harinck (London: Bloomsbury T&T Clark, 2014), 27.

하게 천명되었다. 카이퍼의 첫 임기는 쉽지 않았고 처음부터 수많은 도전들에 직면했었다. 1898년 카이퍼의 아메리카 체류가 연장되면서 현직 의원이었던 카이퍼는 고국에서 빌헬미나 여왕의 대관식 참석보다는 외국에서 칼빈주의를 홍보하도록 선택받았다. 브랫(Bratt)은 여왕이 이에 대해 잊지 않았고, 이를 통해 카이퍼가 공화당에 대해 동조하고 있다는 의심을 품게 되었다고 주장했다.[57] 여왕이 그의 편에 서지 않고, 상대적으로 경험이 부족한 내각과 함께 일하면서, 카이퍼 수상직은 자유당 전임자들에 의해 시작된 복잡한 의료 제공 시스템의 실행 사안에 휘말렸고, 기독교 정치 정당이 교회와 국가의 분리에 대해 인정한 나라를 통치할 수 있는지에 대한 지속적이고 철저한 조사(scrutiny)에 직면했다. 이 와중에 1903년에 일어난 철도 노동자 파업에 대한 강경한 카이퍼의 태도는 그의 대중적 이미지 형성에 큰 도움을 주지 못했다. 그럼에도 불구하고 카이퍼는 1905년에 수상직 재임을 기대하고 있었다. 하지만 선거가 진행되면서 카이퍼가 선호했던 정치적 전략은 그의 문화적 본능이 자신의 젊은 동료들의 생각들과 잘 맞지 않음을 더 분명히 드러내었다.

1901년 선거 운동 기간 중 카이퍼는 그 당시의 분위기를 잘 감지했고 자신의 정치적 조력자를 칼빈주의가 아닌 기독교로 설정하려는 노력을 기울였다. 이런 명백한 이유로 인해 "신학적 차이들 **아래에** 있는 기독교"라는 정치적 견해는 바빙크에게도 매력으로 다가왔다. 그러나 1904년에 정치적 지형이 크게 바뀌었다. 이 선거는 네덜란드 역사상 처음으로 정당이나 정치에 집중하기보다는 정치적 개성과 정치적 구호에 집중했던 선거가 되었다. 이런 점에 대해 카이퍼와 그의 상대자 피떠 옐러스 뜨룰스트라(Pieter Jelles Troelstra, 1860-1930)는 서로 엇비슷하게 능숙했다. 의미 있는 미묘한 차이가 불가능하게 되었고, 초

---

57 James Bratt, *Abraham Kuyper: Modern Calvinist, Christian Democrat* (Grand Rapids: Eerdmans, 2013), 302.

래된 변화는 사실상 반립의 정치로 회귀 되어버리고 말았다.[58] 모든 것이 카이
퍼를 위한 것 혹은 카이퍼와 반대되는 것이었다. 정치적 참여는 카이퍼의 모습
에 얽혀있는 기독교와 카이퍼에게 표를 주지 않으려고 했던 사람들을 위한 실
용주의 사이에서 [둘 중에 하나를] 일괄적으로 선택해야만 하는 상황으로 치닫
게 되었다.

카이퍼가 수상직에 당선된 이후 반혁명당은 카이퍼에게 당 의장 자리를 내
려놓으라고 종용해 왔다. 카이퍼는 1904년 재임 선거가 한창이던 때에서야 바
빙크가 자신이 선호하는 후임자임을 분명히 하면서 당 의장 자리를 내려놓겠
다는 의사를 밝혔다. 바빙크는 처음에는 망설였지만, 12월 말에 이 후임자리 인
선에 동의했다. 카이퍼는 그다음 4월에 우트레흐트에서 열렸던 전당대회에서
일제히 바빙크에게 표를 던졌던 당 구성원들 가운데서 바빙크의 지위를 높이
기 시작했다.[59] 전당대회에서 했던 바빙크의 연설은 세속국가를 다스리고 있
는 기독교 정당의 비평들에 대해 건설적인 답변을 시도했던 연설이었다. 바빙
크는 종교와 정치 사이에 존재하는 상호 관계성에 대한 긍정이 곧 이 둘 사이를
섞어 탁하게 만드는 혼합으로 변질되어서는 절대 안 된다고 주장했다. 이런 이
유로 바빙크는 종교와 정치를 섞는 것은 그 둘 사이를 억지로 분리시키는 것보
다 훨씬 더 반혁명당에게 무례한 일이라고 주장했다.[60] 이런 생각 가운데 바빙

---

58 George Harinck, "'Als een schelm weggejaagd'? De ARP en de verkiezingen van
    1905," in *Het kabinet-Kuyper (1901-1905)*, ed. D. Th. Kuiper and G. J. Schutte
    (Zoetermeer: Meinema, 2001), 270-301.

59 George Harinck, "De Antirevolutionaire Partij, 1905-1918," in *De Antirevolutionarie
    Partij, 1829-1980*, ed. George Harinck, Roel Kuiper, and Peter Bak (Hilversum:
    Verloren, 2001), 123.

60 Herman Bavinck, *Christelijke en Neutrale Staatkunde* (Hilversum: Witzel &
    Klemkerk, 1905), 39. "Want godsdienst en politiek zijn twee en mogen niet worden
    vermengd. Vermenging van beide is echter iets anders dan handhaving van hun
    onderling verband; zoozeer vermenging te mijden is, is ook scheiding verwerpelijk."

9. 니체 시대의 기독교   491

크는 네덜란드 대중이 기독교적 정당에게 두려움을 느낄 이유가 전혀 없으며, 오히려 새로운 대안들에 더 우려를 표해야 한다고 주장했다. "불신앙이 밖에서부터 수입되었으며 중립은 [네덜란드 문화의 정원 속의] 외래종이다."[61]

바빙크는 이런 방식의 수사적, 이론적 토대 위에서 자신감과 명료성을 가지고 외쳤다. 그러나 당의 역사와 미래에 대해 논의할 때, 그는 자신이 곧 맡게 될 역할에 대한 자신감이 분명히 부족했다. "그럼에도 불구하고 우리는 우리의 당 의장인 카이퍼의 사임과 수상으로서의 그의 사역이 우리 당에 불러올 변화들을 반드시 완전히 인식해야만 한다는 사실은 변하지 않는다. 우리가 흐룬과 카이퍼의 능력과 에너지를 가진 또 다른 지도자를 갖게 될 것인지에 대해서는 약속할 수 없다. 우리 당은 한 사람 때문에 서거나 넘어지지 않는데, 그 이유는 우리 당은 세월의 시험을 견뎌낸 원리들에 의해 존재하기 때문이다."[62] 하지만 위험 요소들이 크다는 사실은 바빙크에게도 분명해진 사실이었다. 반혁명당의 승리는 20세기 네덜란드 정치 역사 속에서 분수령이 될 승리였다. 바빙크는 만약 당이 승리하지 못한다면 당의 정치적 운동은 "아마도 영구적으로 작은 그룹들로 산산조각나게 될 것"이라고 주장했다.[63]

카이퍼의 정치 경력 가운데 중대한 지점에서 바빙크의 선거 운동이 나쁜 형국을 보이기 시작했다. 한 정당으로 대거 움직이기에는 네덜란드 그리스도인

---

61 Bavinck, *Christelijke en Neutrale Staatkunde*, 46. "Het ongeloof is van buiten af geimporteerd en de neutraliteit is een uitheemsch gewas."

62 Bavinck, *Christelijke en Neutrale Staatkunde*, 5. "Toch neemt dit niet weg, dat wij ons van de veranderingen, door zijn aftreden als onze Voorzitter en door zijn optreden als Minister in onze partij aangebracht, klaar bewust moeten zijn. Wij hebben geen belofte, dat na Groen en Kuyper weer een leider van hun talent en energie ons beschoren zal zijn. Met een persoon staat en valt onze partij niet, omdat zij uit beginselen leeft, die den toets der eeuwen hebben doorstaan."

63 Bavinck, *Christelijke en Neutrale Staatkunde*, 5. "Indien het daarentegen verliest, valt het waarschijnlijk voorgoed in verschillende groepen uiteen."

들이 (신학적인 면으로나, 카이퍼의 모습에 대한 각종 견해 면에서도) 너무나도 다양했기 때문에 "유신론적 연합체" 속으로 하나로 뭉치려는 시도가 저항에 부딪히고 말았다. 반혁명당 내부적으로도 바빙크가 정당의 서로 다투는 파벌들을 충분히 하나로 뭉치게 하는 데 힘이 부족하다는 사실이 곧 명백해졌다. 반혁명당 정치 연합의 임박한 쪼개짐을 향한 바빙크의 두려움은 금방 현실화 되었고, 그는 이 두려움을 막을 준비가 되어있지 않았다. 카이퍼는 26년 동안 당 의장직을 맡았지만, 바빙크의 임기는 2년 안에 마침표를 찍게 될 판이었다.

1905년 선거는 카이퍼와 반혁명당에게 좋은 결과를 가져다주지 못했다. 반혁명당은 결국 9석을 잃고, 그 과정에서 의회의 과반수를 빼앗겼다. 카이퍼에게는 짜증스럽게도, 그의 자리 역시 진보적 자유주의 후보자에게 빼앗겼다. [카이퍼의 정치적 논적이었던] 뜨룰스트라(Troelstra)의 구호 "카이퍼를 없애자!"(*Weg met Kuyper!*)는 효과가 있었다. 이 패배 후 카이퍼는 물러났고, 지중해와 아랍 지역으로 긴 여행을 떠났다. 이 시기 카이퍼는 주목할 만한 경건 서적인 『하나님께 가까이』(*Nabij God te zijn*)를 집필했고[64] (1,075페이지에 달하는) 거대한 여행기와 이슬람교에 대한 해설서 『구세계 바다 주변』(*Om de oude wereldzee*)를 구상했다.[65]

64　Abraham Kuyper, *Nabij God te zijn: Meditatien* (Amsterdam: J. R. Vrolijk, 1908); ET: *To Be near unto God*, trans. John Hendrik De Vries (Grand Rapids: Eerdmans, 1918). [역자 주: 아브라함 카이퍼, 『하나님께 가까이』, 정성구 옮김 (고양: CH북스, 2015)].

65　Abraham Kuyper, *Om de oude wereldzee*, 2 vols. (Amsterdam: Van Holkema & Warendorf, 1907); ET: *On Islam*, ed. James Bratt, trans. Jan van Vliet (Bellingham, WA: Lexham Press, 2018).

카이퍼 부재 시 사역

그해 5월 바빙크는 깜픈 학생이었던 데르끄 룸프(Derk Rumpff, 1878-1944)로 부터 "교수님께서 깜픈 학생들 내의 한 운동에 대해 인식하시고 이에 대해 공감하신다는 확고한 확신"[66]에 근거한 만남을 요청하는 편지를 받았다. 비록 바빙크가 비스떠르펠트와 많은 수의 깜픈 학생들과 함께 [깜픈] 신학교를 떠나온 지 벌써 3년이란 시간이 흘렀지만, 여전히 깜픈에는 자유 대학교로 옮길 마음을 가지고 있는 학생들이 있었다. 몇 달간 바빙크와 편지를 주고받았던 룸프도 암스테르담으로 적을 옮긴 깜픈 학생들 중 한 명이 되었다.

한편, 카이퍼가 여행을 멀리 떠나면서 바빙크는 반혁명당에서 자신과 어울리지 않는 지도권 행사와 더불어 씨름하고 있었다. 북유럽 대부분이 그랬던 것처럼, 보통 선거권에 대한 공개 논쟁은 특별히 여성 참정권 부여 사안과 결부되어 1900년대 초반 네덜란드에서 점점 더 중요한 사안이 되어가고 있었다. 산업화의 시작으로 젊은 여성 노동자 계층이 핵심 노동 인구로 편입되었고 그 결과 결혼과 출산이 늦춰졌다. 결과론적으로 모든 여성에게 해당된 것은 결코 아니었지만, 일부 여성들 가운데 아내나 딸로 참여하기보다는 독립적 시민으로서 네덜란드 사회 속에서 적극적인 역할을 감당하는 일들이 늘어갔다. 이런 맥락에서 비록 대부분의 네덜란드 여성은 개인적인 투표권에 대해 여전히 반대했지만, 자유 여성 협회(Vrije Vrouwen Vereeniging)와 여성 참정권 찬성 협회

---

66 Rumpff to Bavinck, Kampen, May 15, 1905, in HBA, folder 8. "De vaste overtuiging dat een zekere beweging onder de Kamper studenten aan U bekend is en Uwe sympathie heeft, geeft mij moed U te verzoeken ons—een vriend en ondergeteekende—gelegenheid te geven, met U een onderhoud te hebben over bovengenoemde beweging."

(Vereeniging voor Vrouwenkiesrecht)는 모든 개별적인 성인에게 대중적인 참정권을 부여하자는 운동을 적극적으로 촉진해갔다.

대중 민주주의 안에서의 이런 발전이 반혁명당에게 문제가 되지는 않았다. 10년 전 카이퍼와 로만 사이에 발생한 갈등의 맥락 속에서 카이퍼는 개인들보다는 가정을 중심으로 한 대중 민주주의 형식에 지원을 아끼지 않았다. 하위스만끼스레흐트(*huismanskiesrecht*, 가사를 돌보는 사람의 선거권)의 구조 가운데서 세계관과 인생관을 공유하는 구성단위인 각 가정이 민주적으로 한 가정의 (남자) 가장에게 부여된 선거 권한을 갖게 되었다. 1895년 카이퍼는 가정 구성단위의 유기적 연합을 약화시키지 않은 채 보통 사람들에게 권한을 주는 한, 이런 형식의 대중 민주주의를 칼빈주의와 현대 문화 사이의 행복한 연합으로 바라보았다. 이와 대조적으로 카이퍼는 공공의 목적을 위해 함께 기능할 것이라는 기대 없이 가정이 자의적으로 연결된 개인의 연합으로 축소되는 형태 정도로 개인의 참정권 부여를 바라보았다. 카이퍼는 개인 유권자에게 선거권을 부여하는 사회야말로 배의 수면 아래 부분에 구멍이 난 것 같은 가정을 가진 사회라고 믿었다. (카이퍼의 제안이 네덜란드 사회 전역에 걸쳐 중대한 지지를 받았다는 사실을 지적하는 것은 가치 있는 일이다).

1906년, 카이퍼가 부재하는 시기에 개인의 참정권에 대한 다양한 의견들이 정당 내부에서 불거져 나왔다. 일부는 카이퍼의 하위스만끼스레흐트(가사를 돌보는 사람의 선거권)이 흐룬 판 프린스터러의 글들과 갈등을 일으킨다고 보았고, 또 다른 사람들은 왜 개인들에게 선거권을 확장시키는 것이 반혁명당 원리들과 필연적으로 갈등을 일으키는지에 대해 심사숙고했다.[67] 이에 대한 바빙크의 관점은 1895년 카이퍼의 입장이 개혁파 세계관과 일치했었고 그 당시에는 "교육학적 가치"가 있었지만, 지금은 더 이상 이를 쉽게 적용할 수 없다는 관

---

67 Harinck, "De Antirevolutionarie Partij, 1905-918," 130.

점이었다.[68] 하지만 카이퍼가 부재중이어서 카이퍼 가 자신의 옛 관점을 계속해서 견지하고 있는지 아 니면 새로운 관점을 가지고 있는지에 대한 대답을 들을 수 없었다.

아브라함 카이퍼(1906)

이런 논의 가운데서 당 의장이었던 바빙크는 많 은 사람들 중 한 목소리로 의견을 냈다. 바빙크의 타고난 성향은 지도자로서 대화를 압도하기보다 는 오히려 대화를 이어나가는 데 뉘앙스를 제공하 는 것이었다. 그리고 이런 성향은 그를 정치적 지도 자상에 적합하지 않게 만들었다. 아버지 출생 후 100년이 지난 1954년, (60세가 된) 하니(Hannie)는 라디오 인터뷰를 통해 아버지의 가장 유명했던 동료인 카 이퍼와 아버지 바빙크 사이의 관계에 대한 질문을 받았다. 그녀는 "카이퍼는 통 치를 원했고, 아버지는 섬기길 원했습니다"[69]라고 대답했다. 바빙크에게는 카 이퍼의 대담함이 전혀 없었고 이런 종류의 정치적 역할에서 허둥댔다.

카이퍼가 1906년 여름에 돌아왔을 때 그는 자신의 예전 관점을 철저히 고수 하는 가운데 즉각적으로 스스로를 이 논쟁의 중심에 위치시켰고, 1907년에는 바빙크로부터 당 의장 직을 다시 가져왔다. 새롭게 갱신된 카이퍼의 지도권 아 래서, 당은 비록 (전임 당 의장[바빙크]이 포함된) 많은 사람들이 회의적이었음 에도 불구하고 보통 선거권에 대해 지속적으로 반대를 표했다. 짧게나마 정당 정치 지도자가 되었던 바빙크는 어려움을 경험했고 성공적으로 직을 수행하지

---

68 Harinck, "De Antirevolutionarie Partij, 1905-918," 131에서 인용. Bavinck, "Het huismanskiesrecht een paedagogische waarde heeft gehad; het hield ons volk terug van revolutionaire paden. Doch nu is 't in gerichten zin niet meer toe te passen; dat zou teruggang wezen en tot ontstemming van velen leiden."

69 *Nederlands Dagblad*, March 20, 1971에서 인용. "Kuyper wilde heersen, mijn vader wilde dienen."

못했다. 이후에 바빙크는 이에 대해 꽤 부정적인 논조로 스눅 후르흐론여에게 편지를 썼다. "[정치로부터] 악영향이 [나에게] 종종 많이 미쳤어. … 내가 관여했던 건 어디까지나 책임감 때문이었지, 성향이나 욕망 때문이 아니야."[70]

1905년 우트레흐트 총회의 결론들

암스테르담 초기 시절 바빙크와 카이퍼는 모든 영역 속에서 격렬함에 직면했고, 특히 1905년에는 이 격렬함의 강도가 더 강해졌다. 바빙크는 이에 대해 스눅 후르흐론여에게 부드럽게 털어놓았다. "시간이 쏜살같이 지나고 여기 삶은 깜픈에서보다 더 바빠."[71] 그해 재앙에 가까웠던 정치적 결과물과 함께 바빙크는 우트레흐트에서 열렸던 회의에서 전면에 드러난 분리 측과 애통 측 사이의 오래된 차이로부터 불거진 일련의 신학 논쟁에 깊숙이 관여하게 되었다.

1892년 연합 때 설립된 교단은 신학적으로 같은 목소리를 내지 않았다. 하나님의 작정의 논리적 순서(타락전 선택설과 타락후 선택설), 택자가 영원에서부터 칭의되는지에 대한 질문, 하나님의 중생 사역의 본질이 즉각적인지 아니면 간접적인 수단에 의한 것인지, 유아 세례와 아이의 가정된 중생 사이의 관계성과 같은 사안들 속에서 일련의 신학적 차이가 오랫동안 불거졌다.[72] 이런 논

---

70 Bavinck to Snouck Hurgronje, Amsterdam, January 16, 1906, in *ELV*. "Er gaat daarvan dikwerf en op velen een demoraliserende invloed uit. … Zoover ik er aan deed, het alleen behartigde uit plichtbesef, niet uit neiging en lust."

71 Bavinck to Snouck Hurgronje, Amsterdam, January 16, 1906, in *ELV*. "De tijd vliegt voorbij en het leven is hier drukker dan in Kampen."

72 이 논쟁에 대한 철저한 연구로는 J. Mark Beach, "Abraham Kuyper, Herman Bavinck, and the 'Conclusions of Utrecht 1905,'" *Mid-America Journal of Theology* 19 (2008): 11-68을 참고하라.

쟁들의 범주 속에서 루카스 린더봄은 카이퍼가 교단의 신앙 고백적 기준과 모순되는 신학적 관점들을 발전시키고 있다고 한결같이 주장했다. 바빙크는 이미 1901년과 1902년 사이에 「드 바자윈」에서 일련의 관련 소논문들을 게재했고 이 글들은 책 형태로 묶여 『소명과 중생』(Roeping en wedergeboorte)이라는 제목으로 1903년에 출간되었다.[73] 이 책에서 바빙크는 카이퍼와 카이퍼의 비판자들 사이를 중재하려는 노력을 기울였고, 심지어 바빙크도 스스로를 주의 깊게 위치시킨 그룹, 즉 카이퍼의 관점을 거부했던 그룹들도 카이퍼의 관점이 교단 내에서 수용될 수 있다고 주장했다. 바빙크의 주장이 영향력 있다는 사실이 증명되었다. 우트레흐트 총회는 카이퍼의 신학적 유별남에 대한 바빙크식 이해를 긍정하는 일련의 교리적 결론들을 출간했다.[74] 그 당시 영어권 국가에서 대중화되었던 바빙크의 이미지, 즉 "카이퍼 박사의 충성스럽고 박식한 심복"이라는 이미지와 대조적으로, 실제로는 다소 다른 이미지가 연출되었다. 바빙크와 카이퍼의 성숙한 신학적 상태 속에서 바빙크 고유의 생각이 카이퍼의 생각에 대해 신중(하지만 동시에 중요한) 교정의 기능을 감당하게 되었다.[75] 분명히 바빙크도 카이퍼의 신학을 기꺼이 비평하길 원했고, 이는 동시에 바빙크에게도 귀중한 일이었다. 신학자로서의 소명의 일부는 더 신중하게 형성된 최종 결과에 대한 카이퍼의 통찰력을 연구하기 위해 스스로 그것을 떠맡은 사람으로서의 역할을 하는 것으로도 볼 수 있다. (이런 시각에서 봤을 때, 연역적인 카이퍼

---

73 Bavinck, *Roeping en wedergeboorte*; ET: *Saved by Grace*. Aart Goedvree, *Een ondoordringbaar mysterie: Wedergeboorte volgens Herman Bavinck* (Apeldoorn: Labarum Academic, 2018), 120-43. [역자 주: 헤르만 바빙크, 『바빙크의 중생론』, 이스데반 옮김 (서울: CLC, 2022)].

74 J. L. Schaver, *The Polity of the Churches* (Chicago: Church Polity Press, 1947), 2:34-37.

75 James Hutton Mackay, *Religious Thought in Holland during the Nineteenth Century* (London: Hodder & Stoughton, 1911), xi.

와 귀납적인 바빙크는 점점 더 카이퍼의『백과사전』에 기억에 남을 만하게 묘사된 신학적 금광 광부와 금 세공업자의 짝과 같이 보이기 시작했다).[76]

물론 이런 공개적인 신학 논쟁의 배경 속에서도 바빙크의 자유 대학교에서의 강의량은 보통 수준을 유지했다. 바빙크는 [깜픈] 신학교 나머지 교수진과 학생들이 암스테르담으로 왔으면 좋겠다고 계속 소망했으며, 이런 소망의 의미가 무엇인지에 대해 다음과 같이 스눅 후르흐론여에게 편지를 썼다. "우리 개혁교회 속의 사소한 다툼들과 분열들이 끝나게 될거야."[77] 하지만 바빙크에게 실망스럽게도 이런 반향은 일어나지 않았다.

자유 대학교의 여성들

1905년 학기 시작에 바빙크가 했던 강의는(이후에『학식과 학문』[Geleerdheid en wetenschap]이라는 제목으로 출간되었음) 청중들에게 "니체의 시대"가 도래했다는 사실에 대한 확신을 남겼다.

> 만약 하나님께서 무너지신다면, 모든 것 즉 진리, 학문과 예술, 자연과 역사, 국가, 사회와 가정도 무너진다. 만약 하나님이 안 계신다면, 모든 것들이 의지하고 그것에 의해 인식되는 개념과 생각도 없다. … 과거에서부터 우리에게로 오는 모든 것들, 즉 종교와 기독교뿐만 아

---

76 Kuyper, *Encyclopedie der heilige godgeleerdheid*, 3 vols. (Amsterdam: J. A. Wormser, 1894); ET: *Encyclopedia of Sacred Theology: Its Principles* [서론에서부터 1권과 2권 전부가 번역 됨], trans. J. Hendrik de Vries (New York: Scribner, 1898), 3:389-90.

77 Bavinck to Snouck Hurgronje, Amsterdam, June 1, 1905, in *ELV.* "Alleen hoop ik, dat de achtergebleven Theologische School spoedig naar hier kome en met de Vrije Universiteit vereenigd worde; dan zou aan kleine twisten en verdeeldheden in onze Gereformeerde Kerken een einde komen."

니라 도덕과 예술, 모든 지혜와 과거 문명도 오래되었고 낡았다. 모든 것, 즉 학교와 학문, 결혼과 가정, 국가와 사회, 종교와 도덕은 현대 문화의 기초 위에 반드시 다시 세워져야 한다. 그러므로 개혁자들이 부족하지 않다.[78]

그 당시의 도전들은 상당했다. 바빙크는 이 새로운 시대에 자유 대학교의 구별된 소명은 기독교적 과거를 통해 현대 문화 저변에 남겨진 모든 선한 것의 온실(*conservatorium*), 진리의 주장들, 선함, 아름다움을 실험하는 실험실(*laboratorium*), 그리고 과거와 현재에 대해 공부하고 미래를 바라보는 전망대(*observatorium*)가 되는 것이라고 주장했다. 바빙크의 기대 속에서 자유 대학교는 여전히 이런 도전을 뛰어넘는 가운데 있었다. "난 대학교가 점점 더 진짜 학문적인 삶, 일, 연구, 생각의 중심이 되었으면 좋겠다. 대학은 원리의 견고함, 통찰의 폭, 미래 속에서의 신념으로 구별되고 한 정신에 의해 영감된 남자들과 어쩌면 향후에는 여자들의 연합체가 되어야만 한다."[79] 문화는 다양한 방식으로 변하고 있었다. 이 특별한 강연은 여성 그리스도인들을 포함한 모든 사람이 전부 다 손을 모아 니체의 무서운 미지의 나라에 대항하는 대학 내 투쟁을 도와

---

78 Herman Bavinck, *Geleerdheid en wetenschap* (Amsterdam: Hoveker & Wormser, 1905), 19. "Als God valt, valt alles, waarheid, wetenschap en kunst, natuur en geschiedenis, staat, maatschappij en huisgezin. Want als er geen God is, is er ook geen idee, geen gedachte meer, waarin de dingen rusten en waardoor ze kenbaar zijn. ⋯ Alwat uit het verleden ons toekomt, is oud en verouderd, niet alleen de godsdienst en het Christendom, maar ook de moraal en de kunst, heel de wijsheid en beschaving der oudheid. Alles moet nieuw opgetrokken worden, op de basis der moderne cultuur: school en wetenschap, huwelijk en gezin, staat en maatschappij, godsdienst en moraal. Aan hervormers is dan ook geen gebrek."

79 Bavinck, *Geleerdheid en wetenschap*, 28. "Ik zou wenschen dat ze meer en meer een centrum worden mocht van echt wetenschappelijk leven en werken, onderzoeken en nadenken. Ze moet eene vereeniging zijn van mannen, straks ook van vrouwen wellicht, die, door eenen geest bezield, zich kenmerken door vastheid van beginsel, ruimte van blik en geloof in de toekomst."

야 한다고 요청했다.

자유 대학교 학생이 될 여성들에 대한 바빙크의 공개적인 개방성은 주목할
만한 것이었다. 자유 대학교는 개교 이래로 개혁파 여성들의 강의 참석은 허용
했지만, 여성들을 등록 학생으로 허용하지는 않았다. 이런 방침은 반혁명당의
관점, 즉 사회의 가장 기본적인 구성 요소는 개인이라기보다는 (남성이 주도하
는) 가정이라는 관점의 확장이었다. 1905년 바빙크는 여학생들이 자유 대학교
에 등록하는 것에 대해 강한 반대를 표하지 않았다. 오히려 바빙크는 "개인들
의 사회"로의 전환을 이미 돌이킬 수 없는 지점을 지난 것으로 보고 이 사안에
대해 꽤 양면적인 태도를 유지했던 것 같다. 비록 바빙크는 이런 변화가 프랑스
혁명을 통해 일어났다고 믿었지만, 이것이 비판 없는 축하를 받을 만한 명백한
선한 가치이거나 그렇다고 원칙적으로 반대되는 악도 아니라고 생각했다. 그
냥 그렇게 되었을 뿐, 그 이상도 그 이하도 아니라고 생각했다.

같은 해 1905년 총장이었던 비스떠르펠트는 법학 공부에 등록한 자유 대
학교의 첫 번째 여학생 세흐리나 엇 호프트(Segrina 't Hooft)의 입학을 허락
했다. 그녀를 받아들이기로 한 결정은 대학 평의회에 회부되었고, 회원들은 7
대 2로 투표해 비스떠르펠트의 결정에 지지를 표했다.[80] 케이저르스흐라흐트
(Keizersgracht)에 변화가 일어나고 있었다[감수자 주: 당시 자유대학교는 암
스테르담 시내 주심부에 흐르는 케이저르스흐라흐트에 소재하고 있었다].

이 특별한 사안에 대해, 비록 새롭게 합류한 바빙크와 비스떠르펠트는 확
실히 극단적인 평등주의자 혹은 자칭 페미니스트들은 아니었지만, 그들의 양

---

80 Jan de Bruijn, "'Het krankheidsverschijnsel der zich intellectueel man voelende
vrouw': De eerste vrouwelijke studenten aan de Vrije Universiteit," in *Ridders van het
Recht: De juridische faculteit van de Vrije Universiteit, 1880-2010*, ed. J. de Bruijn, S.
Faber, and A. Soeteman (Amsterdam: Prometheus, 2015), 83-92; H. E. S. Woldring,
*Een handvol filosofen: Geschiedenis van de filosofiebeoefening aan de Vrije Universiteit
in Amsterdam van 1880 tot 2012* (Hilversum: Verloren, 2013), 55-56.

면성은 자신들을 아브라함 카이퍼와 빌름 헤이싱크와의 긴장 구도 속으로 이끌고 갔다. 사실 헤이싱크는 1898년 개혁파 고등교육 연합에서 "자유 대학교가 항상 여성의 **남성화**(*ontvrouwelijking*)로부터 보호되고 남자의 지성을 가졌다고 스스로 생각하는 아픈 여성의 증상을 절대 가져서는 안 된다는 진심 어린 소망"[81]에 대해 연설했었다. 1905년, 바빙크와 비스떠르펠트의 집단행동은 이런 헤이싱크의 관점을 향한 도전이었고, 그다음 해 이런 도전은 헤르만 카이퍼의 답변을 촉구했다. 바빙크가 의장을 맡았던 회의에서 헤르만 카이퍼는 창조론이 여성에게 일반적인 목적을 부여했지만(즉 아내와 어머니가 되는 목적), 그럼에도 불구하고 이 역할을 하는 여성들 중 일부 특출난 은사를 가진 여성들에게는 이 목적이 적합하지 않다고 주장하며 자기 아버지의 관점과 미묘한 차이를 두는 시도를 했다.[82] 이런 시도가 자유 대학교에서의 엇 호프트의 존재에 대한 열렬한 지지가 되지는 못했는데, 1917년까지 그 어떤 여성도 등록하지 않았기 때문이다. 1917년 이후부터는 여학생의 수가 점차 늘었다. (놀랍게도, 자유 대학교의 두 번째 여성 박사 졸업생은 1937년에 학위를 받은 루카스 린더봄의 손녀딸 페나 린더봄[Fenna Lindeboom]이었다).[83]

비록 사회 속에서의 여성의 역할 변화에 대한 바빙크의 관점은 암스테르담 초기 시절에서는 다소 우유부단했지만, 이 사안은 향후 몇 년 동안, 특히 제1차 세계대전의 사회적 결과에 대해 조사하던 생의 마지막 때에 그의 집필 계획을

81　*De Heraut*, July 31, 1898. "Het is daarom mijn hartgrondige wensch, dat de Vrije Universiteit voor het meedoen aan een dergelijke *ontvrouwelijking* der vrouw, ten alle tijde bewaard moge blijven; aan het krankheidsverschijnsel der zich intellectueel man voelende vrouw nimmer schuld moge dragen"[역자 주: 강조가 네덜란드 원문 강조인지 불분명하다].

82　*Amsterdamsche Kerkbode*, June 24, 1906.

83　Fenna Tjeerdina Lindeboom, *De ontwikkeling van het strafstelsel in Sovjet-Rusland, 1917-1937* (Rotterdam: Libertas Drukkerijen, 1937).

지배하게 되었다. 그전 1905년에 바빙크는 "가정 사회"에 대한 카이퍼의 주장과 프랑스 혁명의 개인주의적 대안 **둘 다**를 향해 비판하는 관점을 취하기 시작했다. 바빙크는 혁명의 딸들에 의해 급속히 퍼지게 된 카이퍼주의적 보루에 확실히 공감했지만, 그는 그 보루를 죽을 언덕으로 보지 않았다. 오히려 바빙크는 역사가 진행됨에 따라 자기 자신을 힘없는 구경꾼으로 여겼다.

성경을 믿고 의심하기

비록 바빙크가 신학자로서 대중이 보는 가운데 니체의 도전에 당당하게 맞섰지만, 이 시기 즈음에 그가 개인적인 의심을 가진 것도 눈에 띈다. 바빙크와 스눅 후르흐론여 사이의 편지 속에서 1883년 깜픈 취임 연설에 대해 논의했을 때 나뉘었던 입장 차이와 같은 상황을 또 맞닥뜨렸던 것이 드러난다. 논쟁의 요점은 성경의 권위에 관한 것이었다.

　스눅 후르흐론여는 여전히 바빙크의 생각 속에서 성경이 자의적이고도 부적절한 힘을 다 받아준다고 생각했고, 이 지점에 대해서 그는 바빙크와 지속적으로 논쟁했다. 20년 전 바빙크는, 기독교 신학자가 하나님께서 성경에서 말씀하셨다는 믿음으로부터 선험적으로 발전시키는 것처럼 자연 과학자도 자연이 존재한다는 것을 선험적으로 믿는다는 것을 지적하며 이 사안에 대해 답변했다. 1883년, 바빙크는 자신의 친구가 잘못된 견해를 깊이 가지고 있다고 생각했다. 바빙크는 자기보다는 스눅 후르흐론여가 스스로를 정말로 백지상태에 있는 사람이라고 순진하게 주장한다고 생각했다. 현재 1905년, 바빙크는 자신의 생각을 모두 유지하면서도 자신의 관점이 가진 어려움들에 대해 인정했다.

　내 인생관의 근거, 즉 성경 진리에 대한 전제가 어려운 문제를 포함하고 있다는 것에 동의해. 난 진짜 이렇게밖에 말할 수 없어. 내가 더 많이 살고 더 깊이 살면 살수록 성경의 권위로부터 분리될 수 없다는 사실과 같은 방식으로 사고의 법칙과 도덕법칙의 권위로부터도 빠져 나올 수 없다는 것을 더 많이 발견해. 난 때때로 이런 생각을 깨려는 성향을 가지고 있지만, 만약 내 자신을 제대로 볼 경우 [이런 성향은] 내 인간 본성 속의 악과 함께 존재하며 그 안에 선한 것이 없으며 하나님 앞에 존재할 수 없다는 것을 깨닫지. 반대로 더 경건한 정신을 갖고 매 순간 잘 살아갈수록 난 성경을 수용하고 성경에 순종하는 성향을 가진 잘 준비된 나를 느끼며 내 마음에 평화가 찾아오지. 이것은 꽤 신비롭지만, 모든 세계관과 인생관은 의식적인 생각과 행위에 앞서는 이런 영혼의 경험과 함께 분투하고 있는 것처럼 보여.[84]

[1905년은] 참으로 바빙크와 카이퍼가 진을 뺐던 해였다. 1905년의 마지막이 다가오면서 카이퍼가 어디서든지 충분한 휴식을 취해야 한다는 의사의 지시를 받았다는 사실은 전혀 놀라운 일이 아니다. (그해, 카이퍼의 아들이었던 신지론자 얀 프레더릭[Jan Frederik, 1866-1933]은 자신의 아버지가 네덜란드 정치의 절정에 다다랐다는 사실을 관찰했고 아버지에게 다음과 같이 촉구했

---

84 Bavinck to Snouck Hurgronje, Amsterdam, June 1, 1905, in *ELV*. "Mijnerzijds stem ik toe, dat de onderstelling, waarop mijne levensbeschouwing rust, namelijk de waarheid der Heilige Schrift, een moeilijk probleem insluit. Ik kan er eigenlijk dit alleen van zeggen: naarmate ik langer en dieper leef, bemerk ik, dat ik van het gezag der Schrift niet los kan komen, op dezelfde wijze ongeveer, als ik mij niet aan de autoriteit der denk- en der zedewet ontworstelen kan. Soms heb ik er wel eens de neiging toe, om er mede te breken, maar als ik mij zelf dan goed onderzoek, dan hangt dat saam met het booze in mijne menschelijke natuur, dan zit er altijd iets in wat niet goed is en voor God niet kan bestaan. En omgekeerd, naarmate ik, laat ik het zoo maar zeggen, vromer gestemd ben en beter oogenblikken doorleef, voel ik mij tot aannemen van en onderwerping aan de Schrift volkomen bereid en geneigd, en heb vrede voor mijn hart. Dat is vrij mystiek, maar alle wereld- en levensbeschouwing worstelt naar mij toeschijnt in zulk eene zielservaring, die aan bewust denken en handelen voorafgaat."

BAVINCK

다. "사랑하는 아버지, 내려놓으세요").[85] 바빙크에게는 이렇게 한숨 돌릴 수 있
는 긴 시간이 주어지지 않았다. 바빙크는 자신의 가정과 아버지와 함께 수스트
데이끄(Soestdijk) 근교로 짧은 휴가를 보낸 것 외에는 자유 대학교에서 교수
사역, 집필, 그리고 1907년에 카이퍼가 당 지도권을 다시 행사하기 전까지 그렇
게 즐겁지 않았던 정치적인 역할을 감당했다.[86]

여전히 작용하고 있는 르네상스 인간

어린 시절부터 바빙크는 시에 대한 사랑을 소중히 여겼다. 우리는 청소년 바빙
크가 아멜리아에게 썼던 거창한 사랑의 시에 대한 노력과 게록(Gerok)과 다 코
스타(Isaac da Costa)를 요한나와 함께 읽었던 때를 기억한다. 1906년 바빙크
는 시를 쓰기보다는 시에 관해 집필하기 시작했다. 그해 바빙크는 19세기 초기
칼빈주의 시인 빌름 빌더데이끄(Willem Bilderdijk)에 대한 꽤 두꺼운 책(221
페이지) 『사상가와 시인으로서의 빌더데이끄』(*Bilderdijk als denker en dichter*)
를 그의 탄생 150주년을 기념해 출간했다.[87]

바빙크와 카이퍼에게 빌더데이끄는 신칼빈주의 운동을 통해 소중하게 여
겨진 총체적인 세계관과 인생관의 유기적 연합을 잘 보여줄 수 있는 예였기 때
문에 그들은 이 시인을 총애했다. 바빙크의 관점에서 빌더데이끄는 렘브란트
(Rembrandt)의 시적인 상대로 전혀 부족하지 않았다. "결국 삶의 어려움으로
부터 빛과 조화를 향한 향수가 이 둘 안에서[렘브란트와 빌더데이끄에서] 태어

---

85 Bratt, *Abraham Kuyper: Modern Calvinist, Christian Democrat*, 358.

86 Valentijn Hepp, *Dr. Herman Bavinck* (Amsterdam: Ten Have, 1921), 290.

87 Herman Bavinck, *Bilderdijk als denker en dichter* (Kampen: Kok, 1906).

났다. 이들은 이 땅의 존재들의 우울한 깊음을 향해 금빛을 쏘는 빛을 올려다보았다. 이들은 말씀 속 하나님의 계시 안에서 처음으로 이 빛을 받았다. 각각 자신만의 방식으로 렘브란트와 빌더데이끄 둘 다 성경의 학생들이며 성경의 개념과 생각의 해석자들이었다.'[88] 교의학, 심리학, 교육학 분야에서 중대한 호평을 받았던 바빙크는 이제 전기와 문학적 분석으로 방향을 돌렸다. 르네상스 인간으로서의 바빙크의 평판이 또다시 확장되었다. 최근 임명된 「알허메인 한델스블라트」(Algemeen Handelsblad)의 최고위 문학 비평가였던 유대인 소설가 이스라엘 크베리도(Israël Querido, 1872-1932)[89]는 『사상가와 시인으로서의 빌더데이끄』를 서평했는데, 이 서평에서 크베리도는 바빙크의 "중요한 책"과 빌더데이끄에 대한 또 다른 일련의 책들에 관한 반감을 비교했다.

바빙크 박사는 인간이자 시인이요 사상가인 빌더데이끄의 일방적인 전기 혹은 건조한 전기를 내놓지 않았다. 이 지점이야말로 이 책을 높이 평가해 추천하는 이유다. 바빙크 박사는 우리에게 빌더데이끄의 가정, 국가, 사회, 역사에 대한 관점, 그의 성격, 자연에 대한 관점, 종교, 도덕, 법에 대한 그의 생각 등을 제시해준다. 비록 사람들은 바빙크가 제시한 빌더데이끄의 지적인 삶에 대해 다양한 관점과 생각들을 가지고 있지만, 바빙크는 이 거인에 대해 다양한 측면에서 중요

---

88 Bavinck, *Bilderdijk als denker en dichter*, 7-8. "Maar bovenal, uit de smarten des levens werd bij beiden het heimwee naar licht en harmonie geboren. Ze zagen opwaarts naar het licht, dat met gouden glans inviel in de sombere diepten van het aardsche bestaan. Ze vingen het in de eerste plaats op uit de openbaring Gods in Zijn Woord; Rembrandt en Bilderdijk waren beiden, elk op zijn wijze, leerlingen des Bijbels en vertolkers van voorstellingen en gedachten der Schrift."

89 1905년, 소설가로서의 그의 성공에 근거해 「알허메인 한델스블라트」는 이스라엘 크베리도를 다양한 주제들을 자유롭게 비평하는 문학 비평가로 임명했다. Alex Rutten, *De Publieke Man: Dr. P. H. Ritter Jnr. als cultuurbemiddelaar in het interbellum* (Hilversum: Literatoren, 2018), 47.

하고도 잘 읽히는 책을 집필했다.[90]

네덜란드 국가에서 가장 칭찬받았던 비그리스도인 문학 비평가로부터 이런 찬사를 받은 것은 상당한 공적이었다. 바빙크의 별은 계속해서 높아지고 있었다. (같은 해, 곤란하게 카이퍼도 언론 지상과 「알허메인 한덜스블라트」 속에서 옥신각신했던 빌더데이끄에 관한 책을 출간했는데, 그 이유는 불신자들도 그 이름에 걸맞은 시를 지을 수 있는지에 대한 질문 때문이었다.[91] 비록 카이퍼는 일반은혜 차원에서 불신자들도 그럴 수 있다고 믿었지만, 이는 분명히 반립에 대한 그의 예전의 선호가 그에게 다시 나타나 그를 괴롭혔던 경우였다).[92]

자유 대학교를 넘어서는 영향력

바빙크는 암스테르담으로 옮길 의향이 있었던 깜픈 학생 데르끄 룸프(Derk Rumpff) 같은 학생들과 연락을 했던 것과 더불어 깜픈을 떠날 계획이 없던 학생들과도 계속 연락을 주고받았다. 예를 들면, 1906년 바빙크는 아버지와 아내

---

90 Israel Querido, "Letterkundige kroniek," *Algemeen Handelsblad*, October 3, 1906. "Men ziet uit dergelijke beschouwingen, dat dr. Bavinck meer gaf dan een eenzijdige of dorre biografie van Bilderdijk, den mensch, dichter en denker. Daarom kunnen wij dit werk zeer aanbevelen. Hij stelt ons Bilderdijk nog voor in huisgezin, staat en maatschappij, in zijn geschiedbeschouwing, zijn persoonlijkheid, zijn natuurbeschouwing, zijn denkwijzen over godsdienst, zedelijkheid en recht. En al verschilt men ook nog zoozeer in meeningen, beschouwingen en vooral verklaringen van het geestesleven Bilderdijk's van Bavinck, hij heeft in vele opzichten een belangrijk en goed leesbaar boek over dien reus geschreven."

91 Abraham Kuyper, *Bilderdijk en zijn nationale beteekenis* (Amsterdam: Hoveker & Wormser, 1906).

92 "Een vergissing van dr. Kuyper," *Algemeen Handelsblad*, October 10, 1906.

를 대신해 치어르트 혹스트라(Tjeerd Hoekstra)와 옛 동료의 딸 페나 루카시나 린더봄(Fenna Lucasina Lindeboom)의 결혼 전에 편지를 보냈다. 향후 깜픈 신학교 교사가 될 혹스트라는 신학과 철학 둘 다에 학문적 관심을 갖고 있었다. 바빙크는 축하를 하며 혹스트라의 학문적 관심이 발전되는 모습을 목도하는 기쁨에 대해 기록했고 "학문 영역에서 주 하나님의 이름을 위대하게 만들라"는 격려를 아끼지 않았다.[93] (바빙크는 이후에도 계속해서 혹스트라와 편지를 주고받았으며 1918년이 그들이 주고받은 편지의 마지막이었다).

"니체의 시대"가 계속해서 펼쳐지면서 네덜란드 사상계에 미치는 바빙크의 영향력의 정도가 점차로 분명해졌다. 1906년 12월, 깜픈 신학교 예전 학생 중 한 명이었던 떼잇쩌 드 부어(Tijtze de Boer, 1866-1942)가 암스테르담 대학교 철학 교수로 임용되었다. 드 부어의 깜픈에서의 공부가 마무리되던 시점에 바빙크는 그에게 본 대학교(the University of Bonn)에서 셈어로 박사 공부를 하길 추천했다. 하지만 드 부어는 슈트라스부르크로 가서 이슬람 철학으로 박사를 마쳤다.[94] 비록 드 부어의 화려한 경력을 통해 볼 때 그의 지적 공헌이 이슬람 철학과 유럽 철학 사이에 상당히 균등하게 집중되었지만,[95] 1906년 그의 시선은 프리드리히 니체에게 확고히 집중되어 있었다. 이후에 『니체와 학문』(*Nietzsche en de wetenschap*)이라는 제목으로 출간된 그의 취임 연설에서[96] 드

---

93 Bavinck to Hoekstra, Amsterdam, May 1, 1906, in HBA, folder 8. "··· en ook op het veld van wetenschap den naam des Heeren groot te maken."

94 H. J. Pos, "Levensbericht Tj. de Boer," *Jaarboek der Koninklijke Nederlandse Akademie van Wetenschappen* (Amsterdam: Koninklijke Nederlandse Akademie van Wetenschappen, 1945-46), 215.

95 예를 들면 다음을 보라. Tijtze de Boer, "Plato en Aristoteles bij de moslims," *Tweemaandelijksch Tijdschrift* 6 (1900): 306-31; *Geschichte der Philosophie im Islam* (Stuttgart: Fr. Frommanns Verlag, 1901); "De Filosofie van Henri Bergson," *De Beweging* 5 (1909): 225-44. [감수자 주: 에글린턴은 Tijtze를 Tjitze로 오기했다].

96 Tijtze de Boer, *Nietzsche en de wetenschap* (Amsterdam: Scheltema & Holkema's Boekhandel, 1906).

부어는 자신의 예전 선생님처럼 니체와 교감했다. 드 부어는 니체의 작품과 전기에 대해 미묘한 차이점을 가지는 설명을 제시하면서 어떻게 니체를 유익하게 읽을 것인지에 대한 질문과 함께 니체를 향한 비판을 조절했다. 결국 드 부어의 결론은 [니체를 향한] 공감적이면서도 날카로웠다. 더 부르는 니체의 신세를 니체가 올라갔던 무신론 태양이 자기 실패의 원인이 될 때까지 위로 솟아오른 이카루스(Icarus)의 신세라고 주장했다.[97]

자신의 강의를 마치면서 이 새로운 교수는 청중 가운데서도 특별한 한 청중에게 감사를 표했다. "무엇보다도 예전 깜픈 교수셨고 현재는 이 도시에서 저에게 철학적 감각을 일깨워주신 바빙크 교수님께 [감사를 표합니다]."[98] 자유 대학교와 암스테르담 대학교 둘 다에서 니체의 사상에 대한 초기적 수용이 헤르만 바빙크와 불가분하게 연결되어 있었다.

바빙크는 풍성한 문화적 이동이 자신의 주변에서 펼쳐지고 있는 것을 인식하는 가운데, 『개혁 교의학』 개정 작업으로 암스테르담 초기 시기 많은 시간을 보냈다. 더욱 더 확장되고 보다 더 정확하게 개정된 1권이 1906년 말에 출간되었다(이 개정은 처음 출간된 이래로 근 10년간 윤리 신학자들과 유럽의 지적 생태의 발전에 대한 바빙크의 반응들이 포함된 개정이었다).[99]

4권 모두의 개정이 1911년까지 이루어졌으며, 이 개정은 유신론적 연합체

---

97 De Boer, *Nietzsche en de wetenschap*, 47. [역자 주: 이카루스는 그리스 신화에 나오는 인물로 밀랍으로 붙인 날개로 날다가 아버지의 경고를 무시하고 태양에 너무 가까이 접근해 밀랍 날개가 녹아버려 바다에 떨어진 인물이다].

98 De Boer, *Nietzsche en de wetenschap*, 50. "Allereerst U, Prof. BAVINCK, toen te Kampen, nu te dezer stede, die filosofischen zin in mij wekte."

99 *GD²*, vol. 1. 1895년판 계약 조건 하에서 바빙크는 향후 개정판을 다른 출판사와 계약할 수 있는 권리를 보유했었다. 이런 상황 가운데 바빙크는 보스(Bos)에서 콕(Kok)으로 옮겼다. 초판에 대한 윤리 신학자들의 반응에 대한 개관은 R. H. Bremmer, *Herman Bavinck als dogmaticus* (Kampen: Kok, 1966), 100-105를 살펴보라.

를 모으려는 바빙크의 지속적인 노력의 배경을 형성했다. 실제로 바빙크의 마음속에 이 두 작업은 밀접하게 서로 연결되어 있었다. 1906년 자유 대학교 학생 연감에 실린 "기독교의 본질"(*Het wezen des christendoms*)이라는 제목의 글속에서,[100] 바빙크는 기독교의 본질에 대한 질문이 그 당시의 도전들 가운데 가장 중요한 자리에 서 있고 믿음의 참된 본질에 대한 추구 그 자체는 "완성된 교의학의 지점이며 기독교의 전체 역사이고, 결국 교의는 일부"라고 주장했다.[101] 비록 이 글은 신칼빈주의 청중들을 위해 쓰인 글이었지만, 용감하고도 새로운 노력을 향해 한 발자국 내딛는 중요한 글이었다. 바빙크는 이제 비로소 개정된 『개혁 교의학』과 공공의 영역 속의 일반화된 기독교 개념 사이에서 점점 더 구체적인 신칼빈주의의 균형을 맞춰가고 있었다. (브루스 파스[Bruce Pass]가 지적한 것처럼, 이런 특별한 균형잡기는 같은 세기 C. S. 루이스(Lewis)의 "순전한 기독교"[*Mere Christianity*]에 대한 구체적인 설명과 매우 유사했다).[102]

이 지점에서 바빙크의 힘은 최고조에 달하고 있었다. 1906년이 시작되면서 바빙크는 1908년 프린스턴 신학교의 스톤 강좌 초청 요청을 수락했다.[103] 같은 해 말 바빙크는 왕립학술원(Koninklijke Akademie van Wetenschappen)의

---

100 Herman Bavinck, "Het Wezen des Christendoms," *Almanak van het studentencorps der Vrije Universiteit voor het jaar 1906* (Amsterdam: Herdes, 1906), 251-77. 이 글은 네덜란드어와 영어로 바빙크 사후에 재출간되었다. "Het wezen des christendoms," in *Verzamelde opstellen op het gebied van godsdienst en wetenschap*, ed. C. B. Bavinck (Kampen: Kok, 1921), 17-34; ET: "The Essence of Christianity," in *Essays on Religion, Science, and Society*, ed. John Bolt, trans. John Vriend and Gerrit Sheeres (Grand Rapids: Baker Academic, 2008), 33-48.

101 Bavinck, "Essence of Christianity," 48.

102 Bruce Pass, "'The Heart of Dogmatics': The Place and Purpose of Christology in the Theological Method of Herman Bavinck" (PhD diss., University of Edinburgh, 2018), 80; C. S. Lewis, *Mere Christianity* (London: Fontana, 1952). [역자 주: 한글 번역본은 C. S. 루이스, 『순전한 기독교』, 장경철·이종태 공역 (서울: 홍성사, 2005)이다].

103 Vos to Bavinck, Princeton, February 21, 1906, in *LGV*.

문학 분야 회원으로도 임명되었다. "4월 9일 … 난 이날 왕립학술원 회원으로 선출되었고, 부어(Boer), 식스(Six), 그리고 나버(Naber)도 선출되었다."[104] 바빙크는 자신의 옛 학생이었고 지금은 암스테르담에 있는 떼잇쪄 드 부어(Tjitze de Boer)와 함께 선출되었다. 예술사학자였던 얀 식스(Jan Six, 1857-1926)는 렘브란트의 유명한 17세기 초상화 속의 불멸의 인물을 선조로 둔 인물이었고, 법학자 쟝 샤를 바러(Jean Charles Naber, 1858-1950)는 대부분 라틴어로 가르치고 출판했던 마지막 네덜란드 학자들 중 하나였다. 확실히 바빙크는 자신이 저명한 동료들과 함께 한다는 사실을 잊지 않았다. (한 익숙한 얼굴인 스눅 후르흐론여도 이미 이 문학 분야의 회원이었다).[105]

물론 이런 공개적인 칭찬의 순간이 점차 많아지는 가운데서도 바빙크를 비판하는 무리는 존재했다. 새로운 서론이 출간되기 직전, 바빙크의 『개혁 교의학』이 1905년 현대 신학자들의 모임(Vergadering van Moderne Theologen)에서 레이든 교수였던 베르나르두스 에이르트만스(Bernardus Eerdmans, 1868-1948)가 했던 "현대 정통의 이교적 특성"이라는 강의의 주제였다.[106] 이 강의에서 에이르트만스는 정통적이며 **동시에** 현대적인 교의학을 집필한다는 바빙크의 주장에 공격을 가했다. 에이르트만스는 『개혁 교의학』에 머물러 있는 정통은 피상적인 정통이라고 주장했다. 오히려 에이르트만스는 바빙크의 책은 그 본질상 심리학, 반초자연주의, 고등비평의 세속화된 혼합물이라고 주장했다. 에이르트만스는 "신비는 실제로 신비가 아니다"라는 신학을 생산해낸 바빙크는 정통성과 현대성 두 마리 토끼를 다 잡는 것은 불가능하다는 사실을 반드시

---

104 Hepp, *Dr. Herman Bavinck*, 296. "9 April … Op dezen dag werd ik in de Kon. Akademie van Wet. tot lid verkozen. Ook werden gekozen Boer, Six en Naber."

105 *Nederlandsch Staatscourant*, December 15, 1906.

106 에이르트만스의 강의 요약은 다음을 참고하라. "Vergadering van Moderne Theologen," *Algemeen Handelsblad*, May 3, 1905.

자백해야 한다고 제언했다. 그는 주장하길 지금이야말로 바빙크가 패배를 인정해야 할 시간이라고 주장했다. 에이르트만스는 신칼빈주의가 스홀튼과 꾸우는의 전통을 찬탈하는 데 실패했다고 주장했다.

다소 예상 가능하게도, 에이르트만스의 강의는 그를 한때 위대했던 전통의 가련한 주창자로 묘사했던 「드 헤라우트」로부터 맹렬한 반응을 얻어냈다. "에이르트만스 교수는 예전 판 『개혁 교의학』과 새로운 판 『개혁 교의학』에 대해 확실히 아무것도 모른다. 그는 마치 색에 대해 안목이 없는 시각 장애인처럼 이야기한다. 꾸우는과 스홀튼도 이렇게 방자하게 하지는 않았었다. 하지만 모방자들의 세대는 논쟁에 대해 다른 접근법을 가진 것 같다. 이런 타락을 목도하는 것은 슬픈 일이다."[107] 바빙크의 사려 깊은 반응은 몇 년 동안 나오지 않았고, 비로소 그의 반응은 1911년 『개혁 교의학』의 마지막 권이 완전히 개정된 이후에 출간된 『현대주의와 정통』(*Modernisme en orthodoxie*)에 등장했다.[108] 그 전에 바빙크는 미래를 향한 자신의 두 갈래의 포부, 즉 한편으로는 신칼빈주의 신학을 좀 더 정교하게 다듬는 일과 또 다른 한편으로는 폭넓은 기독교 연합체를 강화하는 일에 완전히 몰두했다. 시간이 흐르는 가운데 에이르트만스는 기다렸다. 바빙크는 곧 있을 북아메리카 일정에 훨씬 더 많은 공을 들이고 있었으며, 분실된 일기에서 말하고 있는 것처럼 요한나와 하니가 1907년 크리스마스 동안에 플라르딩언으로 돌아왔지만 바빙크는 "**아메리카 강의 준비로 집에 머물러**

---

107 *De Heraut*, November 10, 1907. "Prof. Eerdmans weet van de vroegere en de nieuwe Gereformeerde Dogmatiek blikbaar niets af. Hij spreekt hier als een blinde over de kleuren. Kuenen en Scholten zouden zich nooit zoo onvoorzichtig hebben uitgelaten. Maar het geslachtder epigonen heeft van de polemiek blikbaar een andere opvatting. Het is droef, deze decadentie te aanschouwen."

108 Herman Bavinck, *Modernisme en orthodoxie* (Kampen: Kok, 1911); ET: "Herman Bavinck's *Modernisme en Orthodoxie*: A Translation," trans. Bruce Pass, *Bavinck Review* 7 (2016): 63-114.

512

BAVINCK

있었다."[109] (이 강의들을 준비하기 위해 바빙크는 암스테르담에 위치한 교단 교회로부터 1년간의 설교 안식을 받았는데, 그렇지 않았더라면 자유 대학교 신학 분과 교수로서 한 달에 한 번은 설교해야 했다).[110]

"우리도 … 방향 상 국제적이다"

1908년 네덜란드 개혁교회 총회는 영국 개혁파 교단의 두 대표자들, 즉 스코틀랜드 원독립교회 로버트 모튼(Robert Morton, 1847-1932)과 초튼-컴-하디(Chorton-cum-Hardy)의 영국 장로교회를 목회하는 네덜란드인 목사 박사 아브라함 드 플리허(Abraham de Vlieger, 1868-1909)의 연설을 듣게 되었다. 북해 지역에서의 개혁파 신앙 상황을 묘사하는 가운데, 둘 다 네덜란드에서의 신칼빈주의 발전에 관해 열정을 가진 것처럼 보였다. 모튼은 이미 일부분이 영어로 번역된 카이퍼의『백과사전』에 대해 익숙함을 보였다. 네덜란드인이었던 드 플리허도 바빙크의『개혁 교의학』을 탐독했고, 이 작품의 영어 번역을 총회에 호소했다. 그는 "바빙크 박사의『교의학』같은 작품은 더 많이 알려져야 한다"[111]고 주장했다. 영어로 응답하라는 요청을 받은 바빙크는 자신의 교단이 수적으로 작다는 것을 인정하며 계속해서 다음과 같이 말했다.

> 우리는 여전히 매우 작다고 느낍니다. 하지만 우리도 방향 상 국제적

---

109 Hepp, *Dr. Herman Bavinck*, 301. "Ik bleef thuis om mijn lezingen voor Amerika te maken."

110 *De Grondwet*, August 11, 1908.

111 "Generale Synode," *De Bazuin*, August 28, 1909. "Werken ook als de Dogmatiek van Dr. Bavinck moeten meer bekend worden."

이며 우리의 [해외] 형제들과의 관계를 **매우 가치 있게** 여깁니다. 우리가 겪고 있는 위기는 아래 방향을 향하고 있습니다. 진리의 기초들을 많은 사람들이 포기하고 있습니다. 그러므로 부단히 경계하고, 굳건히 서십시오. 게다가 여러분의 방문을 기뻐해야 할 좋은 이유들이 있습니다. 유물론이 실망을 안겨주었다는 확신이 널리 퍼지고 있습니다. 종교를 향한 수요가 있습니다. 그러므로 부흥들은 확실히 가치가 있으며, 이로 인해 우리는 여러분과 더불어 기뻐해야만 합니다. 우리가 최선을 다해 참여해야 할 사회생활의 부흥이 있습니다. 마지막으로, 해외 선교 실천의 강력한 회복이 있습니다. 이와 더불어 우리는 반드시 기독교의 진리를 더욱 더 많이 보여주어야 합니다. 이를 통해 여러분이 우리에게 배우는 것보다 더 많은 것을 우리가 여러분께 배울 수 있게 될 것입니다.[112]

아메리카 재방문

이일이 있은 지 몇 달 후 자기 확신이 있는 국제적 칼빈주의자였던 바빙크는 아메리카 재방문의 기회를 얻게 되었다. 바빙크가 처음으로 대서양을 건넌 이래

---

112 "Generale Synode," *De Bazuin*, August 28, 1909. "Wij voelen ons nog altijd zoo klein; toch zijn wij ook cosmopolitisch van richting *en waardeeren zeer* den band met onze broederen. Er is een neerwaartsche richting in de crisis, die doorgemaakt wordt. De grondslagen der waarheid worden door velen losgelaten. Daarom waakt, staat vast. Bovendien zijn er ook goede redenen ons te verblijden over uwe komst. De overtuiging wordt algemeen, dat 't materialisme heeft teleurgesteld; er is behoefte aan religie. De opwekkingen hebben dus zekere waarde, waarover wij ons met u hebben te verblijden. Dan is er opwaking voor het sociale leven, waaraan wij krachtig moeten mede doen. Eindelijk er is krachtige opleving ter beoefening van de Buitenlandsche Zending. Wij moeten ook langs deze lijn de waarheid des Christendoms meer en meer doen blijken. Hierin kunnen wij meer van u dan gij van ons leeren"[역자 주: 강조가 네덜란드 원문 강조인지 불분명하다. 에글린턴은 이 인용문의 맨 처음 문장을 번역하지 않았다. 본문에는 추가로 번역해서 첨가했다].

로 많은 것들이 변화되었다. 바빙크는 깜픈 신학교에서 자유 대학교로 적을 옮겼으며 이제는 아버지가 되었다. 바빙크가 이룬 다른 성취들과 칭찬들 외에도 『개혁 교의학』을 출간하고(개정도 시작했으며), (비록 짧은 기간이긴 했지만) 언론과 정당정치에서도 주도적인 역할을 감당했다. 바빙크 주변의 세계도 변했다. "르낭의 시대"가 끝나고 "니체의 시대"가 도래했다. 이 의미는 바빙크가 현대적 칼빈주의자로 자신의 일을 해나갔다는 의미이다. 이미 언급했던 것처럼 칼빈주의를 위한 특사로서 1892년 토론토에서 열렸던 장로교 회의에 참여했던 것과 1908년에 곧 재방문할 계획 사이에는 칼빈주의를 대중적으로 홍보하기 위한 카이퍼의 아메리카 모험도 물론 있었다. 바빙크가 북아메리카에 재방문했던 시기 「드 헤라우트」에 실린 기사는 확실히 바빙크의 스톤 강좌가 아메리카에서의 신칼빈주의 전망을 발전시킬 것이라는 기대감을 한껏 드러냈다. "프린스턴 대학교의 초청으로 이루어진 바빙크 교수의 아메리카 방문은 아메리카와 우리 학교[자유 대학교] 사이의 유대관계를 이루어 낼 것이며 아메리카에서 개혁과 원리들의 결과가 매우 강력하고도 영향력 있게 펼쳐지게 될 선한 유익을 확실히 만들어낼 것이다."[113] 바빙크의 재방문은 첫 번째 방문의 전철을 따르지 않았다. 바빙크는 이미 아메리카 땅에서 칼빈주의의 "창"이 부러졌던 기억이 있으며, 그 결과 아메리카는 신칼빈주의 부흥이 일어날 땅이 아닌 것 같다는 결론을 짓기도 했었다. 바빙크는 이번에는 기독교를 향해 긍정적인 의견을 피력할 계획을 가지고 있었다. 바빙크는 단순히 개혁파들에게만이 아닌 불신자들에게도 강연하길 원했다.

---

113 *De Heraut*, October 18, 1908. "De reis van Prof. Bavinck naar Amerika op uitnodiging der Princeton universiteit, haalde de banden tusschen Amerika en onze Hogeschool weer nauwer aan en zal voor de doorwerking der Gereformeerde beginselen in het zoo machtige en invloedrijke Amerika zeker goede winste afwerpen."

헤르만과 요한나는 1908년 8월 28일 로테르담에서 출발했고, 14세 되던 하니는 부모님께 맡겨두었다. 그들의 출발 그 자체는 「드 텔레흐라프」(De Telegraaf)가 기사화할 정도로 충분히 좋아할 만한 일이었는데, 새벽 2시 30분 배가 출항하기 전 가족과 친구들이 배 앞에 밤 10시까지 모여 환송할 정도였다. 이 기사는 "그의 나이에도 불구하고(82세), 얀 바빙크 목사도 이 환송에 참석했다"[114]라고 기록했다. 요한나의 아버지와 형제들은 불로뉴-쉬르-메르(Boulogne-sur-Mer)에 이르기까지 자신의 배로 로테르담 앞까지 따라갔다. 이야말로 대환송이었다.

그들의 항해는 거의 2주가 걸렸다. 바다에서의 마지막 날에 헤르만은 다음과 같이 기록했다. "우리는 이 항해에서 비, 바람, 폭풍, 아름다운 날씨, 안개, 구름, 번개, 돌고래, 북극광 등 모든 것을 경험했다."[115] 9월 7일, 그들은 뉴욕시에 도착했으며, "피곤했고 기운이 없었다." 캐나다 풍경의 웅장함에 압도당했던 1892년 북아메리카 첫 방문과 비교할 때, 극심한 긴장이 있는 도시를 바라보는 첫인상은 마음에 큰 편안함을 주지는

아메리카 여행 중 적은 글
- 첫 번째 페이지(1908)

않았다. "엄청나게 부산함(바쁨) … 쉴 시간이 없음. 아픈 사람이나 노약자를 위한 자리가 없음. 도시는 강한 긴장 가운데 있다. 정도가 지나치게 시끄러운 광고들. 소음이 … 피곤하게 만들고 신경을 예민하게 만

---

114 "Vertrek van prof. H. Bavinck," De Telegraaf, August 30, 1908. "Ook was ds. J. Bavinck, niettegenstaande zijn hoogen leeftijd (82 jaar), nog bij dit afscheid tegenwoordig."

115 Hepp, Dr. Herman Bavinck, 301. "We hebben op deze zeereis van alles bijgewoond, regen, wind, storm, prachtig weer, nevel, wolkensomberheid, onweer, bruinvisschen, noorderlicht."

아메리카 여행 중 적은 글
- 두 번째 페이지(1908)

등."[116] 바빙크는 뉴욕에서 스톤 강좌의 영어판을 출간해줄 출판사를 찾아야만 했다. 헤프의 전기는 요한나가 부모님께 보낸 편지에 대해 다음과 같이 회상한다. "여기가 얼마나 재미있냐면 계약서에 동의한다는 언급이 없어요. 헤르만은 신뢰 가운데 모든 [원고를] 넘겨야만 하며, 모든 것이 원고에 있는지 확인해야만 해요. 그다음 친구들이 원고를 고치기 위해 자신의 길을 떠나야만 해요."[117] 이 과정 가운데 바빙크는 롱맨스, 그린 그리고 컴퍼니(Longmans, Green and Company)라는 출판사에서 자신의 강연을 출판하는 것에 동의했다. 하지만 최종 영어판은 1909년까지 출간되지 못했다. 비록 이 강연 원고는 바빙크의 원고였지만, 편집과 번역 작업은 게르할더스 보스, B. B. 워필드, 니콜라스 스테픈스, 헨리 도스꺼 등이 담당했기 때문이다.[118] 바빙크는 다른 사람들이 맡은 자신의 원고를 활용할 수 없었다.

---

116 Hepp, *Dr. Herman Bavinck*, 301. "Enorme drukte (hurry) ⋯ geen rust om tot zichzelf te komen. Voor zieken, gebrekkigen geen plaats. Stad is berekend op sterke zenuwen. Overdreven, schreeuwende reclame. 't Geraas ⋯ is vermoeiend, zenuwverzwakkend."

117 Hepp, *Dr. Herman Bavinck*, 301. "Dat gaat hier grappig, want van een contract maken is er geen sprake. Herman moet het geheel in vertrouwen overgeven of er iets zal overblijven en daar moeten de vrienden zich nog voor uitsloven om te corrigeren."

118 Vos to Bavinck, Princeton, January 7, 1909, in *LGV*. 보스, 워필드, 스테픈스, 도스꺼의 편집과 번역에 대한 해설은 Cory Brock and Gray Sutanto, "Introduction to the Annotated Edition," in *Philosophy of Revelation: A New Annotated Edition*, by Herman Bavinck, ed. Cory Brock and Gray Sutanto (Peabody, MA: Hendrickson, 2018), xxxi을 참고하라 [역자 주: 한글 번역본: 헤르만 바빙크, 『계시철학: 개정·확장·해제본』, 코리 브록·나다니엘 수탄토 편, 박재은 옮김 및 해제 (군포: 도서출판 다함, 2019), 46].

헤르만과 요한나는 뉴욕에서부터 북쪽으로 이동해 나이아가라 폭포, 디트로이트, 그랜드래피즈, 홀란드를 방문했다. 하지만 이때 게르할더스 보스와 헨리 도스꺼는 미시간을 떠난 때였다. 그때 보스는 프린스턴에 있었고 도스꺼는 루이빌에 있었다. 바빙크 부부는 미시간에서 일리노이로 이동해 요한나가 결국 헨리 도스꺼와 직접 만났던 켄터키주 루이빌로 가기 전 시카고를 방문했다. 하니에게 보낸 편지에서 요한나는 다음과 같이 썼다. "[도스꺼] 씨는 재밌고 유머가 절대 끊이지 않을 것처럼 보이는 유쾌한 분이셔." 도스꺼와 자신의 남편이 도스꺼가 상상했던 도플갱어가 전혀 아니었다는 것은 요한나에게 꽤 분명한 사실이었다. 요한나는 하니에게 다음과 같이 썼다. 도스꺼는 "아버지와 매우 다른 종류의 교수셔."[119]

그들은 루이빌에서 워싱턴 D.C.로 이동했고, 거기에서 시어도어 루스벨트(Theodore Roosevelt) 대통령을 짧게 만났다(루스벨트의 일기장에도 이 만남은 기록되어 있다).[120] 이 만남은 확실히 바빙크의 국제적 명성을 시사하는 만남이었지만, 그들의 대화가 다사다난했던 것처럼 보이지는 않는다. 루스벨트는 바빙크를 특별히 세련된 혹은 뛰어난 인물로 여기지 않았다.[121]

그들은 워싱턴 D.C.에서 다시 프린스턴으로 갔고 그곳에서 드디어 게르할더스 보스를 만나게 되었다. 1년 넘게 준비하느라 바빴던 스톤 강좌를 해야 할 시간이 도래했다. 이 시기 바빙크는 이중의 목적을 달성하고자 노력했으며 자

119 Hepp, *Dr. Herman Bavinck*, 303. "Mijnheer is een grappige gezellige man, die nooit uitgeput is in geestigheden. Een heel ander type van professor als vader."

120 Theodore Roosevelt, Theodore Roosevelt Papers, series 9: Desk Diaries, 1901-1909, 1907, *Jan. 1-1908, Dec. 31; 1909, Jan. 7-Feb. 18*, Library of Congress, Washington, DC. "15.00. Prof & Mrs Bavinck reg. The Netherlands Minister."

121 1909년 루스벨트의 대통령 임기가 끝난 후 바빙크는 루스벨트의 공직에 대해 짧게 요약하는 글을 남겼다. Herman Bavinck, "Roosevelt's Presidentschap," manuscript, 1909, HBA, folder 67.

기 전통을 계속 발전시켜 나가는 가운데 유신론적 연합체를 설명하려는 균형을 이루기 위해 집필했다. 신칼빈주의에 대해 다루는 모든 책을 위해 『순전한 기독교』(*Mere Christianity*)는 이슈가 될 필요가 있는 책으로 보였다. 스톤 강좌에서 바빙크가 취한 구별된 집중점은 [앞의 이중 목적 중에서] 후자였다. 『기독교 세계관』(1904)과 같은 책 속에서 이미 논증했던 주장들이 신적 계시 속에서의 합리적 신앙에 대한 일련의 강의인 『계시 철학』에서 보다 더 발전되었다. 바빙크는 계시에 대한 믿음 없이 철학, 자연, 역사, 문화, 혹은 미래에 대한 개념을 가지는 것은 불가능하며, 이런 이유로 그 어떤 무신론자도 자신의 신앙고백에 따라 진정으로 살지 못한다고 주장했다. 오히려 자연, 역사, 혹은 문화 같은 개념들을 유지시키는 무신론자는 지속적으로 유신론에 의존하고 있다고 보았다.[122]

바빙크는 철저한 무신론의 실천적 불가능성을 비판하며 니체식의 무신론을 이카루스(Icarus)의 용어 안에서 묘사했던 자신의 예전 학생 떼잇쩌 드 부어(Tijtze de Boer)를 따라갔다. 무신론의 날개는 그 날개 착용자를 크레타 섬에 데려다줄 수는 있겠지만, 기껏해야 신이 없는 밀랍이 녹고 자유로운 영혼이 에게해 어딘가에 부딪힐 때까지만 데려다줄 수 있을 것이다. 바빙크는 프린스턴에서 이런 새로운 무신론의 아류에게 도전장을 내밀었다. 실제로 고든 그래함(Gordon Graham)은 비록 『계시 철학』에서 "기껏해야 니체에 대해 네다섯 군데 정도 언급"하고 있지만 "그의 정신은 본문 전체에 걸쳐 떠다니고 있다"라고 기억에 남을 만한 표현을 남겼다.[123]

바빙크가 카이퍼의 1898년 스톤 강좌 원고를 읽었을 때, 그는 카이퍼의 강연이 아메리카 청중이 도달할 수 없을 만큼 수준이 높았다고 비판했다. 10년이

---

122 Bavinck, *Philosophy of Revelation: A New Annotated Edition*, 17.

123 Gordon Graham, "Bavinck, Nietzsche, and Secularization," in *The Kuyper Center Review*, vol. 2, *Revelation and Common Grace*, ed. John Bowlin (Grand Rapids: Eerdmans, 2011), 18.

지난 후, 같은 강연을 했던 바빙크도 프린스턴 청중의 주목을 사로잡는 데 고군분투했던 것으로 보인다. 요한나는 가족에게 아메리카 사람들은 "설교를 들을 때는 지치지 않지만, 학문적인 강연에서는 청중을 찾기 어려워요. 최선을 다해 간단하고 선명히 강연해도, 그들은 배움과 무언가를 생각하려는 노력을 두려워해요."라고 적으며 헤르만의 좌절에 대해 회상했다.[124]

이 시점에서 바빙크는 1892년 여행에서 주창했던 "판단을 위한 관찰을 선호하며, 누구나 반드시 배워야 하는 예술로서의 여행"이라는 높은 이상향을 오래 전에 잃어버렸다. 54세 바빙크는 38세때보다 훨씬 더 사회적으로 보수적이 되었다. 아메리카의 다른 점들은 이제 바빙크 자신에게 도전이 되었고 이국적인 경험이 가져다주는 기쁨보다는 골칫거리로 다가왔다. 인종 혐오의 문제들이 바빙크를 압도했고 거의 해결이 불가능한 문제로 바빙크에게 압박을 가했다. 바빙크는 교회와 국가 사이의 엄격한 분리 때문에 아메리카의 공립학교 체계를 불신앙의 훈련 장소로 판단했다. 바빙크는 노동자들의 권리가 너무 적은 것과 연금 없이 은퇴한 노년의 많은 아메리카 은퇴자들을 바라보며 충격을 받았다. 비록 아메리카인에 대한 그의 짧은 자서전적 스케치는 자신과 요한나가 "아메리카, 그 땅, 그리고 그곳의 사람들에 특별히 매혹되었다"라고 공개적으로 말했지만, 바빙크의 개인적인 평가는 이와는 꽤 달랐다. 바빙크는 대부분의 아메리카인들이 피상적이고 무식하며 물질주의적이고 이기적이라고 생각했다. 그 어떤 것보다도 아메리카 청소년들의 행동은 바빙크를 언짢게 만들었다. "아이들이 거칠고 예의가 없었는데, 예를 들면 젊은 남자들은 소개와 인사도 없이 문밖을 나간다. 소녀들도 인사도 없이 서로를 비웃으며 일할 때도 다리를 꼬고 앞으

---

124 Hepp, *Dr. Herman Bavinck*, 303. "… onvermoeid om preeken te horen, doch voor wetenschappelijke lezingen is geen publiek te vinden. Al doet men nog zoo zijn best om eenvoudig en helder te zijn, van geleerdheid of om wat moeite te doen iets in te denken zijn ze bang."

로 기우는 등등 매우 자유롭고 독립적이나 거칠고 문화적이지 않으며 사려 깊지 않다."[125] 물론 이때는 바빙크가『기독교 가정』(Het christelijk huisgezin)을 출간했던 때였다.[126] 비록 이 작품은 기독교 세계관의 한 부분으로 가정의 개념에 대해 고민한 책이며 예의범절을 다루는 책은 아니었지만, 헤르만은 분명히 집 안에서의 예의에 대해 신경을 많이 썼다. 이제 바빙크도 중년이 되었고, 젊은 여성이 된 한 아이의 아버지였을 뿐 아니라, 변화하는 도시에서 살았던 한 거주민이었다.

슬픈 귀환: 페트루스 비스떠르펠트의 죽음

헤르만과 요한나는 1908년 12월 11일에 로테르담에 다시 도착했다. 뉴욕에서 출발하기 직전 그들은 페트루스 비스떠르펠트(Petrus Biesterveld)가 위중하다는 소식을 전해 들었다. 바빙크는 스눅 후르흐론여에게 다음과 같이 편지를 썼다. "12월 12일 토요일, 난 그를 짧게 방문했고 끝이라고 생각하지 말라는 몇 마디 말을 건넸어. 하지만 12월 14일 월요일, 그는 54세의 나이에 이미 유명을 달리했어."[127]

---

125 Hepp, *Dr. Herman Bavinck*, 306. "De kinderen zijn ruw, ongemanierd, b.v. jonge man wordt niet voorgesteld, loopt zonder groeten de deur uit. Meisje groet niet, lacht ander uit, werpt in gezelschap 't eene been over 't andere, hangt voorover enz., zeer vrij, onafhankelijk, maar ruw onbeschaafd, onverschillig."

126 Herman Bavinck, *Het christelijk huisgezin* (Kampen: Kok, 1908); ET: *The Christian Family*, trans. Nelson Kloosterman (Grand Rapids: Christian's Library Press, 2012).

127 Bavinck to Snouck Hurgronje, Amsterdam, January 3, 1909, in *ELV*. "Zaterdag 12 December bezocht ik hem nog even en sprak enkele woorden met hem, niet denkende dat het zoo spoedig gedaan zou zijn. Maar 's maandags 14 december overleed hij reeds, in den ouderdom van ruim vijfenveertig jaren."

바빙크는 비스떠르펠트의 죽음으로 친구와 지지자를 잃게 되었다. 비스떠르펠트가 [깜픈] 신학교에 온 것 때문에 (당분간이라도) 바빙크가 거기에 머물기로 결정하는데 중요한 역할을 감당했던 해 1894년 이후로 그들은 매우 가깝게 지냈다. 최근에 자유 대학교로 함께 옮기면서 그들의 운명도 얽히게 되었다. 물론 이 모든 시간 속에서 바빙크 가정과 비스떠르펠트 가정은 기쁨과 슬픔을 함께 공유했던 사이가 되었다. 요한은 비스떠르펠트의 집에서 처음으로 피를 토한 기침을 했었다. 헤르만과 요한나는 [깜픈] 신학교에서 긴장의 날을 보낼 때 페트루스와 마르타와 함께 휴일을 보냈었다. 그의 죽음은 그야말로 큰 손실이었다.

인종차별주의 참사 이야기들: 앞으로 이민자가 될 사람들을 향한 경고

아메리카 여행을 마치고 집으로 돌아온 바빙크는 여행에 대한 인상을 나누는 공개 강연을 했다.[128] 로테르담의 젊은 기독교인 기관에서 했던 "아메리카에 대한 인상"이란 제목의 강의 기사가 「로테르담스 니우스블라트」(*Rotterdamsch Nieuwsblad*)에 실렸다. 강연자 주변에까지 청중들로 꽉 찬 강연장에서 바빙크는 평상시의 몸짓을 보이며 마치 세상에 종말이 온 듯한 논조로 아메리카의 인종차별 혐오 재앙에 대해 드러내기 전 바다와 나이아가라 폭포의 장엄함, 아메리카 사회에 미친 네덜란드의 역사적 영향 등에 대해 논했다. 사라진 일기장에서 바빙크는 "남부지방 사람"에게서 들은 이야기, 즉 "흑인들은 사람이 아니다.

---

128 바빙크는 스헤브닝언(Scheveningen)과(*Haagsche Courant*, May 19, 1909), 아핑어담(Appingedam, *Nieuwsblad van het Noorden*, March 4, 1909), 그리고 아선(Assen)에서 아메리카에 대한 강의를 했다(*Provinciale Drentsche en Asser Courant*, March 23, 1909).

가나안이 롯으로 가서 거기서 아내를 취했다. 그 아내는 원숭이였다"[129]라는 이
야기를 기록해두었다. (바빙크는 이에 대해 완전히 반대했다).[130] 이 일련의 강
의들에 대한 자필 노트에서 바빙크는 다음과 같이 관찰했다. "백인들은 온갖 종
류의 나쁜 특질로 흑인들에게 죄를 뒤집어씌운다. (닭 절도 … 관능성, 폭력성,
알코올 중독, 게으름). 난 과연 백인들이 매춘, 알코올, 물질만능주의에 있어 더
나은지 모르겠다."[131] 「로테르담스 니우스블라트」은 다음과 같이 기사를 썼다.
"강연자가 말하길, 맞다, 아메리카 미래에 진짜 위험이 있다. 미래에 백인과 흑
인 사이에 반드시 분투가 있을 것이며, 상호 간의 강한 반목을 통해 촉발된 격
렬한 다툼이 있을 것이다."[132]

이 여행에 대한 바빙크의 연구 노트에 의하면, 바빙크는 아메리카의 인종
관계들을 이해하기 위해 큰 노력을 기울였던 것이 확실하다. 이 노트들은 세
계 사업계에서 아프리카계 아메리카인의 진보, 아프리카계 아메리카인들의
식자율 증가, 그리고 예상 인구 통계 추세에 대한 북커 T. 워싱톤(Booker T.
Washington, 1856-1915)의 강의를 다루었다. 이 특별한 문서는 현재 상태가

129 Hepp, *Dr. Herman Bavinck*, 309. "Een zuidelijke zei: negers zijn geen mensen.
Kanaan ging naar Lod en nam zich daar een vrouw. Die vrouw was een aap."

130 예를 들면 다음을 참고하라. George Harinck, "'Wipe Out Lines of Division (Not
Distinctions)': Bennie Keet, Neo-Calvinism and the Struggle against Apartheid,"
Journal of Reformed Theology 11, no. 1-2 (2017): 83-85; Jessica Joustra, "An
Embodied Imago Dei: How Herman Bavinck's Understanding of the Image of God
Can Help Inform Conversations on Race," *Journal of Reformed Theology* 11, no. 1-2
(2017): 9-23.

131 Herman Bavinck, "Indrukken van Amerika" (ca. 1909), HBA, folder 66. "Blanken
beschuldigen negers van allerlei slechte eigensch. (diefstal v. kippen … zinnelijkheid,
lynchen; drankzucht, luiheid.) Ik weet niet of blanken met hun prostitutie en alcohol
en mammonisme beter zijn."

132 *Rotterdamsch Nieuwsblad*, March 13, 1909. "Ja, in dien toekomst schuilt voor
Amerika werkelijk een gevaar—zei spr.—en in de toekomst zal er ongetwijfeld een
strijd tusschen zwart en wit gestreden worden, een heete strijd, aangewakkerd door
sterke antipathie wederzijds."

좋지 않으며 일부분은 읽기 어렵지만, 한 저자의 이름이 분명히 보이게끔 기록되어 있다. 바빙크가 언급했던 글은 시민권 운동가였던 W. E. B. 뒤 부아(Du Bois, 1868-1963)의 글이었다.[133]

바빙크는 "아메리카에 대한 인상" 강의와 지금은 사라진 일기 속에서 백인 아메리카인들이 자신에게 표현한 인종 문제의 한 "해결책" 즉 [흑인들을] 아프리카로 보내자는 해결책은 불가능한 것으로 생각했다. 잃어버린 일기장에서 바빙크는 장래에 있을 복잡한 문제를 고려한 헤리엇 비처 스토(Harriet Beecher Stowe)의『톰 아저씨의 오두막집』(*Uncle Tom's Cabin*)에서 제안된 좋은 결과로 향하는 방향을 기록했다.[134] 아선(Assen)에서 열렸던 또 다른 "아메리카에 대한 인상" 강연에 대한 언론 기사에서, 바빙크가 이런 분열은 오직 "종교의 방식"으로만 극복 가능하다고 말했다는 사실이 실렸다.[135] 심지어 바빙크는 아메리카 교회에도 존재하는 인종차별의 현실에 충격을 받았다. 획기적인 변화가 없는 한, 아메리카 교회는 인종 문제에 대한 해결책을 제시할 수 없었다.

바빙크는 아메리카에 대해 대체로 절망했다. 바빙크는 아메리카의 실험이 실패할 가능성을 생각하며 네덜란드로 돌아왔다. 이런 이유로 바빙크는 "현재 아메리카로의 이민은 큰 위험이 있습니다"[136]라며 젊은 네덜란드 그리스도인 청중들에게 경고했다. 1892년 아메리카 여행 이후에 네덜란드의 젊은이들에게 했던 강연에서도 감리교도가 될 가능성 때문에 "아메리카인이 되지 마십시오"라고 경고했던 것을 우리는 기억한다. 이제 이민의 위험성들이 더욱 더 무거워졌

133　바빙크의 노트들은 W. E. B. Du Bois's "Die Negerfrage in den Vereinigten Staaten," *Archiv fur Sozialwissenschaft und Sozialpolitik* 22 (1906): 3179를 참고했다. Herman Bavinck, "Negers" (manuscript, ca. 1909), HBA, folder 67을 보라.

134　Hepp, *Dr. Herman Bavinck*, 309. "Beecher Stowe's Negerhut zeer eenzijdig."

135　*Provinciale Drentsche en Asser Courant*, March 23, 1909.

136　*Rotterdamsch Nieuwsblad*, March 13, 1909. "Er schuilt een groot gevaar in de emigratie van heden voor Amerika."

다. 바빙크는 평생에 걸쳐 이민을 반대했지만, 이번에는 새로운 이유였다. 아메리카의 "칼빈주의의 미래가 낙관적인 장밋빛이 아닌 것"만이 아니었다. 1909년, 바빙크는 아메리카 자체에 장밋빛 미래가 있을 것인지에 대해서도 의심했다.

아메리카와 복음 전도의 과제

물론 아메리카에 대한 바빙크의 인상이 완전히 부정적이었던 것만은 아니었다. 아메리카와 아메리카 사람들은 종종 인간의 마음속에 존재하는 악한 경향성을 좌절시키는 사역을 하시는 주권자 하나님의 손바닥 안에 머물러 있었다. 비록 바빙크는 비관적인 마음을 갖고 아메리카를 떠났지만, 이 새로운 세계의 실험이 확실한 실패로 돌아갔다고 예측하기에는 여전히 너무 일렀다. 시간이 흐르면서 바빙크는 계속해서 아메리카를 인정할 이유를 찾을 수 있었다. "아메리카는 나라와 국민의 모범인가? 우리는 알 수 없다. 그 어떤 상황도 거기에 자리 잡지 않았다. 어떻게 될지 혹은 어떻게 발전할지 알 수 없다. 모든 것이 진행 중이다. 미완성의 영광이 있고 불가능의 매력이 있다."[137]

어쩌면 아메리카 여행의 결과로서 바빙크의 생각을 가장 많이 바꿔놓은 것은 복음 전도를 향한 아메리카의 태도와 관련이 있을 것이다. 아메리카의 문화적 용광로는 20세기 초반 기독교의 세계적 확산에 상당히 명백한 결과를 가져왔다. 바빙크는 이 사실을 잘 인식하고 있었으며, 자신들의 신생 국가를 선교의 대상이자 선교사들을 위대하게 길러내는 국가로 바라봤던 아메리카 기독교인

---

137 Bavinck, "Indrukken van Amerika." "Is Amerika een model land en volk? Wij weten 't niet. Geen enkel toestand is daar settled. Men weet niet, wat ervan worden zal, hoe het zich ontwikkelen zal. Het is alles in the making. Er is the glory of the imperfect, the charm of the impossible."

들과 조우했다. 바빙크는 다음과 같이 기록했다. "영국인들처럼 아메리카인들도 자신들을 세계인으로 느낀다. '아메리카를 구하면 세계를 구할 수 있다'[Save America and you save the world]. 이민은 아메리카 합중국을 완전히 독특한 방식으로 '가장 외국적인 나라와 세계에서 가장 큰 선교지'[the most foreign country and the greatest mission field on the globe]로 만들었다. 모든 나라들은 아메리카에 동포를 가지고 있으며, 그들로부터 세계의 모든 부분으로 선교가 계속된다. '이 세대 속에서, 이 세기 속에서 세계 복음화'(Evangelisation of the world in this generation, in this century)."[138] 바빙크는 1890년대부터 영어권 개신교 세계를 휩쓸었던 세계 복음화의 열정에 노출되었다. 실제로 바빙크가 영어로 기록했던 "이 세대 속에서 세계 복음화"(the evangelization of the world in this generation)라는 구호는 세계 선교 운동을 위한 유명 문구로 전반적인 사용되기 시작했다. 브라이언 스탠리(Brian Stanley)는 이 문구 사용에 대해 다음과 같이 묘사했다. 얼마나 "아메리카인들이 그것을 사랑했는지 …; 독일인들은 혐오했는지 …; 영국인들은 항상 그랬듯이 그 중간 어딘가에 위치했다."[139] 이 지점에서 네덜란드인에 대한 바빙크의 판단은 남아 있지 않다. 이 특별한 노트들은 아메리카에서 보고 들은 것에 대한 관찰이었기 때문이다. 하지만 바빙크가 아메리카를 떠나고 니체의 그림자 속으로 한걸음 물러났을 때 복

---

138 Bavinck, "Indrukken van Amerika." "Evenals de Engelschen voelen zich de Am. een wereldvolk. Save America and you save the world. Door de immigratie zijn de V. St. geworden in geheel eenigen zin the most foreign country and the greatest mission field on the globe. Alle volken hebben hun verwanten in Amerika, en van hen uit gaat de zending voort naar alle deelen der aarde. Evangelisation of the world in this generation, in this century"[역자 주: 바빙크는 영어와 네덜란드어를 혼용해서 기록했다].

139 Brian Stanley, "Africa through European Christian Eyes: The World Missionary Conference, Edinburgh, 1910," in *African Identities and World Christianity in the Twentieth Century*, ed. Klaus Koschorke and Jens Holger Schjorring (Wiesbaden: Harassowitz Verlag, 2005), 165-66.

음 전도라는 단어가 바빙크의 사전에 보다 더 눈에 띄는 단어로 등장하게 된 점은 부인할 수 없다. 추후 몇 년 안에 네덜란드에서의 복음 전도의 중요성을 깨달은 바빙크는 심지어 루카스 린더봄과 함께 공개적 플랫폼을 공유하기도 했다.

『계시 철학』에 대한 회의적 반응

아메리카를 재방문하는 동안 바빙크가 경험했던 큰 좌절들 중 하나는 프린스턴 공동체 내에서 자신의 스톤 강좌에 대한 반응을 촉진시키기 위한 그의 분투에 관한 것이었다. 일찍이 (네덜란드어로 된) 강연문을 받아 읽었던 스눅 후르흐론여로부터는 어떤 어려움도 없었다. 항상 그랬듯이, 스눅 후르흐론여는 비평적 반응을 즐겁게 내놓았다.

> 나에게 세계관과 인생관의 다른 체계들에 대한 너의 비판은 특별히 날카롭고 강력해 보여. … 난 회의주의 혹은 불가지론으로 체계를 만들기 원치 않을 뿐 아니라 회의적이야. 성경에 대한 너의 관점은 항상 약해 보이는데, 그 부분적 이유는 가장 보수적이고 주의 깊은 역사비평이 제기하는 거대한 반대들이 대략적으로 무시되고 사라지기 때문이지. 그리고 또 다른 부분적인 이유는 인간의 입을 통해 말해진, 인간의 손을 통해 기록된, 인간의 선언에 의해 정경화된 계시의 객관적 특성이 결국 또다시 주관적이 되기 때문이야. … 의도된 바에 대한 고백, 즉 너의 일을 다른 사람과 달리 가치 있게 여기는 사람과 근본적인 차이점에 대해 열린 마음으로 단언한 것을 받아줘.[140]

---

140 Snouck Hurgronje to Bavinck, Leiden, December 30, 1908, in *ELV*. "Uwe critiek van verschillende stelsels, wereld- en levensbeschouwingen schijnt mij bijzonder scherp en krachtig. … Ik ben sceptisch, zonder van scepsis of agnosticisme een systeem te

기독교 신앙을 대중에게 세심하게 변증하기 위한 바빙크의 모든 노력에도, 그의 친구는 설득당하지 않았다. 성경이 계속해서 그 둘 사이를 갈라놓았다. 흥미롭게도 바빙크의 답변은 이에 대한 그의 인식을 암시하고 있으며 성경의 권위에 직접적으로 호소하지 않은 채 스눅 후르흐론여의 회의를 극복하려는 시도를 드러내고 있다.

난 너의 회의감에 대해 이해해. 하지만 내 강연이 나와 마음이 맞지 않은 사람들도 대상으로 하기 때문에 난 그 어떤 곳에서도 그렇게 성경의 권위에 호소하지 않았어. 난 이렇게 말했을 뿐이야. a) 이것이야말로 인간과 세계가 보이는 방식이다. 높고 전능하며 은혜로운 힘 없이는 [아무것도] 존재할 수 없다. b) 이제 선지자, 그리스도, 사도들의 입으로부터 본질이 나온다. 이런 전능하고도 은혜로운 의지가 존재한다. … 이것을 진리로 수용하고 인식하는 것은 분명히 믿음의 행위지만 전 세계와 특별히 우리의 마음이 우리를 밀어 움직이는 것이다.[141]

willen maken. Zwak schijnt mij altijd uw standpunt ten aanzien der Schrift, eensdeels omdat daarbij de reusachtige bezwaren, die de meest behoudende en voorzichtige historische critiek oplevert, min of meer genegeerd of weggedoezeld worden; anderdeels omdat het objectief karakter van openbaringen, die door menschenmond gesproken, door menschenhand geschreven, door menschenuitspraak gecanoniseerd, dan toch ten slotte weer subjectief wordt. … Neem deze ontboezeming voor hetgeen zij zijn wil: eene openhartige verklaring betreffende een capitaal verschil van iemand, die in waardeering van uw werk voor geen ander onderdoet."

141 Bavinck to Snouck Hurgronje, Amsterdam, January 3, 1909, in *ELV.* "Uwe scepsis begrijp ik. Maar wijl mijne lezingen ook voor anderen dan geestverwanten bestemd zijn, heb ik mij nergens op het gezag der Heilige Schrift als zoodanig beroepen, maar heb ik alleen gezegd: a) zoo en zoo ziet de mensch en de wereld er uit. Zonder eene hoogere en genadige kracht gaat zij te gronde, en b) nu komt daar uit de mond van profeten, Christus en de apostelen, waarvan de kern is: zulk een almachtige en genadige wil *is* er. … Dat aan te nemen en als waarheid te erkennen, is zeker eene geloofsdaad, maar waartoe heel de wereld en vooral ons eigen hart ons dringt."

변화하는 사회 속에서 칼뱅과 칼빈주의 옹호하기

1909년 내내 유럽과 북아메리카의 개혁파 그리스도인들은 장 칼뱅 탄생 400주년을 기념했다. 이 기념 행사는 여름에 제네바에서 종교개혁 기념벽(the Reformation Wall)의 개시로 절정에 이르렀다.[142] 하지만 개신교 세계의 그리스도인들이 사회 속에 미친 칼뱅과 칼빈주의의 영향(정확히 말하면 예전에, 특별히 1892년 토론토 연설 때 바빙크가 찬사한 영향)에 대해 매우 후한 표현으로 종종 되돌아보긴 했지만, 네덜란드 개혁파는 이상하리만큼 조용함을 느꼈다. 대부분의 경우, 네덜란드 개신교도들은 그 당시 네덜란드에서 좋은 이미지를 가지지 못한 개혁자들에게 찬사를 보내는 것을 꽤나 꺼렸기 때문이다.

바빙크의 논문지도 교수였던 요한네스 스홀튼으로 인해 1세대 현대 신학자들은 예정론과 신적 주권을 강조했던 칼뱅을 긍정적으로 평가했다. 그들에게 칼뱅은 현대 학문적 결정론의 신학적 선구자였다. 하지만 그들의 20세기 초기 계승자들은 칼뱅을 좋아하지 않았다. 알라르트 피어손(Allard Pierson), 빌름 끌링끈베르흐(Willem Klinkenberg, 1838-1921), 그리고 이삭 호흐(Isaäc Hoog, 1858-1928) 같은 사람들에게 생기와 사랑이 없어 보이고 비극적으로 느껴지는 칼뱅의 성격은 그의 사상보다 더 큰 문제로 다가왔다.[143] 그 당시 일부 네덜란드에서는 16세기 제네바에서 화형에 처해진 반(反)삼위일체론자 미카엘 세르베투스(Michael Servetus, 1511-53)가 사상적 자유를 향한 수호성인이 되

---

142 Marcus A. Brownson, "The Calvin Celebration in Geneva, and Calvin's City as It Is Today: Personal Impressions," *Journal of the Presbyterian Historical Society (1901-1930)* 5, no. 4 (December 1909): 164-74.

143 Johan de Niet and Herman Paul, "Collective Memories of John Calvin in Dutch Neo-Calvinism," in *Sober, Strict, and Scriptural: Collective Memories of John Calvin, 1800-2000*, ed. Johan de Niet, Herman Paul, and Bart Wallet (Leiden: Brill, 2009), 83.

었다.[144]

세르베투스가 영웅이 되고 장 칼뱅이 이단자가 되는 상황에서 칼뱅의 대
중적 이미지를 옹호하는 일은 바빙크에게 중요했다. (보스[Vos]가 영어로 번역
한) "칼뱅과 일반은총"이라는 제목의 소논문과 더불어,[145] 그해 칼뱅과 관련된
것들을 향한 바빙크의 기여는 런던에서 했던 칼뱅에 대한 공개 강연들("칼뱅의
『기독교강요』의 주요 내용들"),[146] 네덜란드 도처에서 했던 강연들, 그리고 루터
처럼 따뜻하고 다정하진 않았지만 신실하고 사려 깊으며 경건했던 칼뱅의 성
격을 강조했던 짧은 전기였다.[147] 이 특별한 출간물은 온건한 논조를 유지했다.
아마 이런 논조는 의도적인 것으로 보인다. 「드 바자윈」은 칼뱅의 삶에 대해 "바
빙크 박사는 새로운 내용을 주지 않았다"라는 서평을 남겼지만,[148] 화려함이 결
여된 바빙크의 책은 그해 제네바에서의 칼뱅 기념물보다 "덜 선풍적"이기 때문
에 찬사를 아끼지 않았던 스눅 후르흐론여에게 진가를 인정 받았다.[149]

요한나와 함께 했던 런던에서의 칼뱅 강의 여행 전후의 바빙크의 편지들

---

144 Antonius van der Linde, *Michael Servet: een brandoffer der gereformeerde inquisitie*
(Groningen: P. Noordhoff, 1891).

145 Herman Bavinck, "Calvin and Common Grace," in *Calvin and the Reformation.*
Four Studies, ed. E. Doumergue, A. Lang, H. Bavinck and B. B. Warfield (New
York: Revell, 1909), 99-130; "Calvin and Common Grace," trans. Geerhardus Vos,
Princeton Theological Review 7 (1909): 437-65. [역자 주: 한글 번역본: 헤르만
바빙크, 『헤르만 바빙크의 일반은총: 차별없이 베푸시는 하나님의 선물』, 박하림
옮김, 우병훈 감수 (군포: 도서출판 다함, 2021), 76-123].

146 런던에서 했던 바빙크의 강연 문서들은 HBA, folder 8을 보라. 네덜란드에서 했던
칼뱅에 대한 바빙크 강의 설명은 *Nieuwsblad van het Noorden*, April 9, 1909;
Gereformeerd Jongelingsblad, May 21, 1909를 참고하라.

147 Herman Bavinck, *Johannes Calvijn* (Kampen: Kok, 1909); ET: "John Calvin: A
Lecture on the Occasion of his 400th Birthday, July 10, 1509-1909," trans. John
Bolt, *Bavinck Review* 1 (2010): 57-85.

148 "Johannes Calvijn," *De Bazuin*, July 16, 1909. "Iets nieuws heeft Dr. Bavinck
uiteraard niet gegeven."

149 Snouck Hurgronje to Bavinck, Leiden, July 8, 1909, in *ELV*. "Het is eene huldiging
van Calvijns werk, minder geruchtmakend dan de Geneefsche."

은 런던에 대한 바빙크의 커져가는 사랑을 드러내 준다. 그들은 이미 1903년에 함께 런던을 방문했던 전력이 있으며 이번에 또다시 런던을 같이 방문했다. 그들은 런던과 버밍엄(Birmingham)에 친구들을 두고 있었는데 1906년 버밍엄의 젊은 여성 에이다 코라(Ada Corah)는 암스테르담에서 바빙크 부부와 함께 3개월을 같이 살았으며,[150] 이 시점에 칼뱅 기념 축하 자리들에 초청받을 정도로 영국 장로교에서 바빙크는 잘 알려져 있었다. 실제로 이 시기 바빙크의 국제적 친분관계는 놀랄 만큼 성장하고 있었다. 바빙크는 글래스고의 제임스 오르(James Orr)와 서신을 주고받았으며, 남아프리카공화국 포체프스트룸 대학교(Potchefstroom University)의 신학 교수를 충원하는 일에도 관여했으며 (바빙크는 린더봄의 사위 치어르트 혹스트라[Tjeerd Hoekstra]를 추천했다), 『헬라어 성경의 문법 개요』(*A Short Grammar of the Greek New Testament*)를 네덜란드어로 번역하려고 준비 중이던 캔터키주 루이빌의 남침례신학교(the Southern Baptist Theological Seminary) A. T. 로버트슨(Robertson)과도 틈틈이 연락을 주고받았다.[151] 바빙크의 칼빈주의는 철저히 국제적인 특성을 지니기 시작했다.

안방에서 벌어진 칼뱅의 성격에 대한 바빙크의 설명은 네덜란드 정신에 끼친 칼빈주의의 역사적 (그리고 유익한) 영향에 대해 강조했다. 절묘하게도, 이런 바빙크의 설명은 예전에 토론토에서 했던 주장으로의 복귀였다. 설사 일부 네덜란드 사람들이 과거의 기독교를 버리고 니체를 기꺼이 따라가고 있는 모습을 스스로 드러내 보인다 하더라도, 바빙크는 네덜란드의 특성이 비록 외국 수입품인 무신론과 불신앙이 존재하긴 하지만 누가 뭐래도 영원히 칼빈주의적

---

150 Hepp, *Dr. Herman Bavinck*, 301.

151 이 시기의 서신들은 HBA, folder 10을 참고하라. Archibald Thomas Robertson, *A Short Grammar of the Greek New Testament: For Students Familiar with the Elements of Greek* (New York: Hodder and Stoughton, 1909).

인 특성을 가진다고 지속적으로 주장했다. (특별히 카이퍼는 칼뱅을 옹호하는 바빙크에 대해 감사와 인정을 표했다).[152]

바빙크는 칼뱅과 칼빈주의를 향한 투자를 계속 유지했으며 그 둘을 (적절한 방식으로) 옹호하길 열망했다. 이런 맥락에서『개혁 교의학』개정 작업도 빠르게 진행되었다. 새로운 2권인『하나님과 창조』는 이미 1908년에 출간되었고, 3권과 4권도 1910년과 1911년에 각각 세상의 빛을 보았다.[153] 중요하게도, 바빙크는『개혁 교의학』초판을 확장하는 데 많은 노력을 기울였지만, 동시에 짧은 신학책을 집필하는 데도 상당한 시간을 투자했다. 비록 바빙크는『개혁 교의학』확장본이 그 당시의 지적 필요를 잘 채워줄 수 있으리라 믿었지만, 기독교 신앙은 그보다 더 실용적인 도전에 직면하게 되었다. 사회의 전문화는 두껍지만 가치 있는 내용을 담고 있는 이전 시대 신학자들의 책을 읽는 데 많은 시간과 힘을 들이지 않게끔 젊은 전문가들을 이끌었다. 바빙크는 이에 대해 다음과 같이 눈에 띈 생각을 남겼다.

> 참으로 옛날 책이 더 이상 우리 시대를 위한 것은 아니다. 그들의 다양한 언어나, 스타일, 사고 전개 과정, 표현방식의 차이가 그것을 우리에게 낯설게 하고 있다. 전에는 중요하게 생각했던 논점들이 전체적으로 혹은 부분적으로 우리에게 그 의의를 잃었고, 그들이 취하지 않았던 관심들이 오늘에는 중요시되고 있다. … 전 시대에서 프랑스의 케른(Kern), 말크(Mark)의 피치, 브라켈(Brakel)의 합리적 종교(Redelijke Godsdienst)가 아무리 훌륭하다 할지라도 오늘날 그들이

---

152 Kuyper to Bavinck, Amsterdam, November 9, 1909, HBA, folder 9. "Zeer mijn dank er voor. Het was mij zoo goed, dat gij ook zijn sociale beteekenis voor het volksleven accentueert."

153 GD^2, vol. 2 (Kampen: Kok, 1908); GD^2 vol. 3 (Kampen: Kok, 1910); GD^2, vol. 4 (Kampen: Kok, 1911).

새 생명을 일으키지 못하고 젊은 세대를 설득하지 못하며 무의식적
으로 기독교는 오늘의 세기에 더 이상 적합지 않다는 생각을 일깨우
고 있다. 따라서 이런 조상들의 업적을 대신할 수 있고, 오늘날 시대
의 요구에 응하는 형식으로 옛 진리를 제시하는 저서가 급히 필요하
게 된 것이다.[154]

이런 시각에서 1909년, 바빙크는 훨씬 더 간결한(658페이지 밖에 안된다!)
『하나님의 큰일』(*Magnalia Dei*)을 출간했고, 이 책을 통해 심지어 최고의 옛 신
학으로부터도 점차 멀어져가는 "모든 젊은 남녀들"이 자신의 신학적 설명에 가
까워졌으면 하는 소망을 품었다.[155] 동시에 바빙크는 **보다 더** 그리고 **보다 덜** 확
장적인 구별된 신학 작품을 집필하려는 노력을 기울였다. 르네상스 인간답게,
『하나님의 큰일』은 교육학 학술지에 실린 바빙크의 소논문 "어린아이의 심리
학"(*De psychologie van het kind*)[156]과 같은 시기에 출간되었다. 기독교가 모든

---

154 Herman Bavinck, *Magnalia Dei* (Kampen: Kok, 1909), 2; ET: *Our Reasonable
     Faith*, trans. Henry Zylstra (Grand Rapids: Eerdmans, 1956). "Trouwens, die
     oude werken zijn ook niet meer van onzen tijd. Het verschil van taal en stijl, van
     gedachtengang en zeggingswijze maakt ze vreemd voor ons. De vraagstukken, die
     men vroeger als de gewichtigste beschouwde, hebben voor ons geheel of grootendeels
     hunne beteekenis verloren. Andere belangen, door hen niet genoemd, dringen zich
     thans op den voorgrond. Wij zijn kinderen van een nieuwen tijd en leven in een
     andere eeuw. ··· Hoeveel goeds Frankens *Kern*, Marcks *Merg* en Brakels *Redelijke
     Godsdienst* in vroeger dagen hebben uitegewerkt, ze zijn thans niet meer tot nieuw
     leven te brengen, spreken het jonger geslacht niet meer toe en wekken onwillekeurig
     de gedachte, dat het Christendom bij deze eeuw niet meer past. Daarom is er
     dringend behoefte aan een werk, dat in de plaats van dezen arbeid der vaderen treden
     kan en de oude waarheid voordraagt in een vorm, die beantwoordt aan de eischen
     van dezen tijd"[역자 주: 한글 번역은 헤르만 바빙크, 『하나님의 큰 일』, 김영규 옮김
     [서울: 기독교문서선교회, 1984], 4[머리말]을 그대로 인용했다].

155 Bavinck, *Magnalia Dei*, 3. "En onder hen heb ik weer bij voorkeur gedacht aan al die
     jonge mannen en vrouwen."

156 Herman Bavinck, "De psychologie van het kind," *Paedagogisch tijdschrift* 1 (1909):
     105-17.

삶에 대해 생각하게끔 만들려는 원대한 노력은 수그러들 기미가 좀처럼 보이지 않았다.

린더봄과의 새로운 연락

1909년 마지막 즈음 루카스 린더봄은 1884년에 창설된 네덜란드 정신질환자를 위한 기독교적 돌봄 협회(Vereniging voor de Christelijke Verzorging van Krankzin) 협회장으로서 창설 25주년을 기념했다. 린더봄 스스로가 자유 대학교의 골칫거리가 되었음에도 불구하고, 정신질환자를 위한 구별된 개혁파적 돌봄의 중요성에 대한 그의 주장은 1907년 자유 대학교에 정신 의학과를 만드는데 핵심적인 역할을 감당했다.[157] 그로부터 2년 동안 전국에 걸쳐 새롭게 개업된 기독교 정신질환 병원을 쉼 없이 지원하는 가운데, 린더봄은 바빙크에게 보낸 후 금방 답변을 받았던 기념 강연을 했었다.[158]

> 존경하는 협회장님께,
> 협회 창설 25주년 기념식 때 이사회를 대표해 전하셨던 기념 강연을 보내주신 것에 대해 아주 친절하게 감사의 말씀을 드리고 싶습니다. 이 강연은 협회 역사에 대한 귀중한 개요를 제공하며, [지금까지 협회가 주었던] 많은 복을 전하고 있습니다. 협회의 목적달성을 위해

---

157 G. J. van Klinken, "Lucas Lindeboom: Voorman van de christelijke zorg," in *Bevlogen theologen: Geengageerde predikanten in de negentiende en twintigste eeuw*, ed. Paul E. Werkman and Roelof Enno van der Woude (Hilversum: Verloren, 2012), 123-46.

158 Anthonie Honig, "Algemeene vergadering der Vereeniging tot Christelijke Verzorging van Krankzinnigen in Nederland," *De Bazuin*, October 22, 1907; Lucas Lindeboom, *Gereformeerde stichtingen van barmhartigheid in Nederland* (Kampen: Kok, 1927), 12.

이 강연이 사용되기를 바라고, 이미 지난 25년 동안 그랬던 것처럼
주님의 은총으로 우리 사람들에게 더 많은 복이 되길 바랍니다. 안부
를 전합니다.

헤르만 바빙크.[159]

물론 이 전년도에 이 두 사람은 그들의 공유된 역사를 새롭게 상기했었다.
1908년은 그들이 [깜픈] 신학교 임명된 지 25주년이 되던 해였다. 기독교 언론
은 이 이정표에 대해 폭넓게 기사화했는데, (적어도 「허레포르미어르트 용엘링
스블라트」[Gereformeerd Jongelingsblad]에 따르면) "같은 신앙과 같은 원리들
에 근거해 사역"했던 "웅변을 유창하게 잘하는" 바빙크과 "실천적인" 린더봄 둘
다를 위해 감사를 표해야 한다는 요청이 일반적인 기사 논조였다.[160]

얀과 헤르만의 작별

바빙크가 암스테르담으로 옮긴 이래 자신의 옛 적대자에게 1909년에 새롭게
연락했음에도 불구하고, 깜픈 신학교 지도자들은 바빙크의 이동 상황과 그 사
실에 대한 지속적인 비판에 직면했다. 1904년 「드 바자윈」에 실린 한 기사는 바

---

159 Bavinck to Lindeboom, Amsterdam, November 28, 1909, HBA, folder 9.
    "Hooggeachte Voorzitter, zeer vriendelijk zeg ik u dank voor de toezending namens
    het Bestuur van de gedachtenisrede, door u bij gelegenheid van 't 25 j. bestaan dier
    V. uitgesproken. Zij geeft een kostelijk overzicht van hare geschiedenis, en kan van
    vele zegeningen melding maken. Moge ze dienstbaar zijn aan de bevordering van de
    belangen der Vereeniging, en deze, onder 's Heeren gunst, hoe langer zoo meer tot
    een zegen worden voor ons volk, gelijk zij het nu reeds 25 jaren in hooge mate was.
    Hoogachtend Uwdw. H. Bavinck."

160 Gereformeerd Jongelingsblad, January 24, 1908. "Bavinck en Lindeboom verschillen.
    Maar beide arbeiden ze uit eenzelfde geloof en uit dezelfde beginselen." De Heraut,
    January 12, 1908; Amsterdamsche Kerkbode, January 18, 1908도 참고하라.

빙크가 자유 대학교로 옮긴 것은 아른헴(Arnhem) 총회에서 비주류에게 양보했던 사람들이 가진 "일방성과 근시안성에 대한 당연한 형벌"이라는 주장에 대한 반응이었다. 이런 비판은 "바빙크 박사는 풍성하고도 찬란한 학문의 중심인 자유 [대학교]에서 꽃을 피우기 위해, 그리고 꽉 들어찬 강의실에서 아름다운 강의를 하기 위해 [깜픈 신학교를] 떠났지만, 비주류 형제들은 현재 꽤 텅 비어 버린 학교를 가지고 있다. 우리는 이것을 알고 있으며, 우리의 영혼은 이 때문에 슬프다. 우리는 이를 다르게 보길 원했을 것이다"[161]라는 사실에 동의했던 비판이었다.

암스테르담으로 옮긴 이후 달성했던 바빙크의 성취의 정도를 통해 볼 때, [깜픈] 신학교 사람들 중 일부는 바빙크의 이동을 놓쳐버린 기회로 후회했던 것 같다. 예를 들면 1908년 「드 바자원」에 실린 신학교 역사에 대한 기사는 다음과 같이 기록되어 있다. "바빙크는 많은 출간물을 통해 복 받으며 일하지 않았는가? 우리는 그 모든 출간물에 이름을 쓸 공간이 없다. 그의 『개혁 교의학』에 대해 이미 충분히 많이 말한다. … 하나님께서 교회와 학문의 풍성한 복을 위해 오랜 시간 동안 그를 아끼신다!"[162] 하지만 이 시절 동안 바빙크는 자신이 [깜픈] 신학교에 놔두고 온 것들이 어떻게 되었는지에 대해 궁금해하지 않았다. 깜픈

---

161 *De Bazuin*, January 8, 1904. "Daarin wordt het overgaan van Dr. Bavinck van Kampen naar Amsterdam aangemerkt als een rechtmatige staf op de eenzijdigheid en kortzichtigheid van hen, die zich scharen om de minderheid der Arnhemsche Synode. ⋯ Ten slotte: Dr. W. eindigt met de opmerking, dat Dr. Bavinck heenging om aan de Vrije in een rijk en heerlijk wetenschappelijk centrum te bloeien en voor stampvolle zalen zijn prachtige colleges te geven, terwijl de broeders der minderheid thans een vrij verlaten School hebben. We weten dit, en onze ziel is er over bedroefd. We hadden het zoo gaarne anders gezien."

162 "Een Gedenkdag," *De Bazuin*, January 17, 1908. "En hoe gezegend werkte hij niet door zijne vele geschriften? Onze ruimte laat niet toe ze alle te noemen. Reeds zijne *Geref. Dogmatiek* zegt veel en genoeg. ⋯ God spare hem nog lang ten rijken zegen voor Kerk en wetenschap!"

은 바빙크의 과거의 한 부분이었지 자신의 미래는 아니었다. 바빙크는 유일하게 깜픈 도시와는 지속적으로 관계를 맺었는데 그 이유는 콕(Kok), 보스(Bos), 잘스만(Zalsman) 등 그가 선호했던 출판사들이 모두 깜픈에 위치하고 있었기 때문이다.

하지만 1909년 11월 후반, 헤르만은 자신의 형제들, 일가친척들과 함께 깜픈으로 되돌아가야 할 이유가 생겼다. 그달 주일 아침 싱얼(Singel) 집에서 83세 되었던 얀 바빙크가 세상을 떠났다. 그전에 헤르만과 얀은 이미 얀의 죽음이 임박했다는 사실을 알고 있었던 것 같다. 얀이 죽기 몇 달 전, 얀과 헤르만은 벤트하임에서의 바빙크 가족의 종교적 역사의 발자취를 되짚는 시간을 함께 보냈었고, 더 뒤로 거슬러 올라가면 이런 추억이 메노파 신문이었던 「드 존다흐스보더」(De Zondagsbode)에 실렸다는 사실을 우리는 기억한다.[163] 이제 얀의 시간이 도래했다. 얀 역시 바빙크 가족 역사의 한 부분이 되었다.

얀의 죽음은(11월 28일) 「드 바자윈」에서부터 「알허메인 한덜스블라트」까지 네덜란드 전역과 더불어 네덜란드 아메리카에까지 걸쳐 기사화되었다.[164] 그 다음 화요일, 얀의 시신은 기차를 통해 헤지나와 요한이 이미 묻혀 있던 깜픈으로 옮겨졌다. 얀의 관은 하룻밤 동안 부르흐발 교회(Burgwalkerk)의 관대 위에 안치되었다가 지금은 그의 이전 설교단 아래에 검은 애도 천으로 둘러져 있었다.[165] 얀의 살아있는 유족인 헤르만, 디누스, 베르나르트와 그 가족들은 헤르만과 베르나르트가 연설했던 장례식 이후로 깜픈에 다시 모였다. 헤르만은 사라진 일기장에 다음과 같이 기록했다. "슬프고도 반가운 날. [받은] 관심이 감동적

---

163 "Oude Doopsgezinde Geslachten. III. Bavink," *De Zondagsbode*, September 5, 1909.

164 *Algemeen Handelsblad*, November 30, 1909; "Uitvaart van ds. J. Bavinck," *Provinciale Overijsselsche en Zwolsche Courant*, December 2, 1909; Harm Bouwman, "Ds. J. Bavinck," De Bazuin, December 3, 1909; De Grondwet, December 21, 1909; "Uit Holland," De Volksvriend, December 23, 1909.

165 *De Bazuin*, December 10, 1909.

이었다."[166]

55세가 된 바빙크는 든든한 후원자였던 아버지의 존재가 없어졌다는 사실을 깨달았다.

---

166 Hepp, *Dr. Herman Bavinck*, 311. "'t Was droevige en aangename dag. Belangstelling was treffend."

10. 자신의 색깔을 보여주기
1910-20

BAVINCK

"의장님! 우리의 현대 문화와 기독교는 떼어놓을 수 없습니다."

바빙크는 아버지가 사망하기 전 로마 가톨릭으로부터 시작해 (메노파의 분파
와 함께) 루터파가 되었고 종국에는 개혁파가 되었던 독일과 네덜란드 교회 역
사 속에서 구불구불했던 여정을 걸어갔던 선조들에 대해 살펴보았다. 네덜란
드 개혁교회 이야기는 바빙크의 혈통에 아로새겨져 있었다.

　바빙크는 1910년 「프린스턴 신학 리뷰」(*Princeton Theological Review*)에서
수 세기에 걸친 바우잉가 집안(Bauingas), 바빙가 집안(Bavingas), 바빙크 집
안(Bavinks)의 다양한 체류를 면밀히 반영하면서 16세기 종교개혁부터 20세
기 신칼빈주의까지로 이어지는 국가적 종교 역사에 대해 다시 언급했다.[1] 이런

1　Herman Bavinck, "The Reformed Churches in the Netherlands," *Princeton Theological Review* 8 (1910): 433-60.

역사적 설명은 20세기 초반 신칼빈주의자의 시점에서 바라보는 네덜란드의 현재적 종교 상태로 마무리되었다. 분리 측과 애통 측 둘 다의 성공과 1892년 연합에도 불구하고, 바빙크의 지지층은 여전히 그 당시 종교인구 통계 속에서 비주류를 차지하고 있었다. 그들은 주류였던 네덜란드 국가 개혁교회와 로마 가톨릭 교회로 인해 왜소해졌으며 현재는 급속도로 비기독교화되는 문화 속에서 스스를 발견하고 있었다. 바빙크는 "일반적으로 현재 시대는 그리스도와 그의 십자가로부터 멀어지고 있는 시대"[2]라고 기록했다. 2년 전 아메리카에서 감명받았던 선교적 관점, 즉 자기 나라를 선교지로 보는 것뿐 아니라 선교사들을 배출하는 공급원으로도 바라보았던 관점이 네덜란드에도 필요하다는 사실이 더 급속도로 선명해졌다.

비록 이런 자각은 1908년 선교의 열렬한 지지자들 속에서 느꼈던 유일한 경험을 통해 어느 정도의 힘으로 바빙크를 강타하긴 했지만, 해외 선교에 대한 관심은 세기가 바뀌면서 네덜란드 내에서 두드러지게 증가되었다. 1900년, 바빙크의 [깜픈] 신학교 후임 안토니 호너흐(Anthonie Honig)는 1870년대부터 일어난 네덜란드령 동인도의 선교 사역에 대한 논쟁과 카이퍼의 기여를 다룬 『선교와 교육』(De Zending en de scholen)이라는 제목의 책을 출간했다.[3] 아른헴에서 열렸던 1902년 총회에서 네덜란드 개혁교회는 해외 선교에 대한 개정된 정책을 공식화했는데, 이 정책은 교단을 넘어 동인도에서 복음을 확장시켜야 하는 책임감을 촉구하는 것이었다.[4]

비록 특정 교단들은 해외 선교를 더 적극적으로 장려했지만, 복음주

---

2 Bavinck, "Reformed Churches in the Netherlands," 459-60.

3 Anthonie Honig, *De Zending en de scholen* (Zeist: n.p., 1900).

4 *Concept-Zendingsorde voor de Gereformeerde Kerken in Nederland* (n.p., ca. 1902);
   L. Adriaanse, *De nieuwe koers in onze zending, of Toelichting op de zendingsorde* (Amsterdam: Kirchner, 1903).

의 운동의 초교파적 정신도 네덜란드에 영향을 미쳤다. 교회가 아닌 선교 협회들(De Nederlandsche Zendelinggenootschap과 De Utrechtsche Zendingvereeniging)은 1905년 로테르담에서 네덜란드 최초의 선교학교였던 네덜란드 선교학교(Nederlandsche Zendingsschool)를 설립했다. 이 학교에서 미래의 선교사들은 의학, 동양 언어, 비(非)이스라엘 역사, 비(非)기독 종교, 인도 제도의 종교, 시민, 경제 역사에 관한 개론 수업을 듣기 전 현대 언어, 선교학, 신학들을 개괄적으로 공부했다. 이런 포괄적인 내부 교육의 목적은 [사람들을] "한 자바인을 자바 민족으로, 한 파푸아인을 파푸아 민족으로, 한 알푸르인을 알푸르 민족으로 만들 수 있고 만들기를 원하는"[5] 그리스도인들로 만들기 위함이었다.

1910년 이후부터 바빙크도 국내외적으로 복음 전도를 촉진시키는 사역에 헌신하기 시작했다. ("문명화된 세계의 이런 배교에 대항하는 작은 위로는 이 이교 세계 속에서 선교 사역을 증진시키는 것이다"라고 결론 짓는) 「프린스턴 신학 리뷰」 글과 더불어[6] 바빙크는 그해 남아프리카 신학 저널에도 해외 선교에 관한 글을 게재했다.[7]

동시에 네덜란드 개혁교회 속에서 해외 선교를 위한 훈련 준비에 대해 주목할 만한 논쟁이 벌어졌다. 이 교단은 네 번째 선교사 아르트 메르껄레인(Aart Merkelijn, 1878-1943) 목사를 곧 동인도에 보낼 참이었다.[8] 자신의 새로운 사

---

5 J. P. P. Valeton Jr., *De Nederlandsche zendingsschool* (Utrecht: n.p., 1905), 2, 5. "En wij, wij moeten haar de mannen kunnen aanbieden, die voor die toestanden berekend zijn, Christenen, die den Javaan een Javaan, den Papoea een Papoea, den Alfoer een Alfoer kunnen en willen worden."

6 Bavinck, "Reformed Churches in the Netherlands," 460.

7 Herman Bavinck, "Dr. Bavinck over de zending," *Het Kerkblad der Gereformeerde Kerk in Zuid-Afrika* 12, no. 237 (October 1, 1910): 5-6.

8 그 당시 기록된 네덜란드 개혁교회의 선교 사역 역사에 대한 개괄적인 이해로는 J. H. Landwehr, *Kort overzich van de geschiedenis der Gereformeerde Kerken in Nederland,*

역을 준비하기 위해 메르껄레인은 네덜란드 선교학교에 학생으로 등록했다. 그의 등록은 암스테르담 지역 목회자였던 요한네스 꼬르넬리스 시껄(Johannes Cornelis Sikkel, 1855-1920)로부터 비판을 받았는데, 비판의 이유는 교단이 구별된 신학적 정체성을 가지고 있는 한 선교 훈련을 초교파 기관에 맡겨서는 안된다는 이유였다. 시껄은 다음과 같이 주장했다. "특별히 인도 제도에서의 이슬람교와 이교주의 연구에 관해서 개혁파 원리들은 매우 중요하다."[9] 바빙크는 이에 대해 동의를 표했다. 그해 여름 자유 대학교의 연례 "대학교의 날" 행사에서 바빙크는 대학교가 선교와 복음 전도 분야에서 새로운 교수 자리를 만들어야 한다고 주장하는 강연을 했다.[10] (최근 죽기 전까지 페트루스 비스떠르펠트는 신약학과 실천 신학을 가르쳤는데, 실천 신학에는 선교학도 포함되어 있었다. 바빙크의 제안으로 선교학 분야에 새로운 교수 자리가 만들어졌으며 이로 인해 신약학과 실천 신학은 서로 분리되었다).

한 목회자가 「드 바자윈」에 비록 바빙크가 "선교적 정신, 선교적 사랑, 선교적 열망이 우리 진영에서 환기되었던" 것에 대해 강조하긴 했지만, 교단은 여전히 "선교에 전적으로 헌신하고 선교에 모든 힘을 쏟으며 미래 목회자들에게 조언을 하고 그들에게 선교적 사랑을 일깨우는 사람이 부족"하다는 논지의 글을 실었다.[11] 또 다른 선교 정기간행물 「드 마케도니르」(De Macedoniër)는 바빙크

1795 tot heden (Zwolle: Tulp, 1908), 85-93을 참고하라.

9 C. Lindeboom, "Speciale opleiding voor de zending?," *De Bazuin*, November 4, 1910로부터 인용. "Speciaal wat de bestudeering van den Islam en van het Heidendom in Indie aangaat. Het Gereformeerde beginsel is hier van zoo groote beteekenis."

10 Lindeboom, "Speciale opleiding voor de zending?" "Nu heeft Prof. Bavinck in zijne rede op den Universiteitsdag van dit jaar bepleit, dat aan de Vrije Universiteit een nieuwe leerstoel zou worden gevestigd, bepaaldelijk met het oog op de Zending en den Evangelisatie-arbeid."

11 Harm Bouwman, "Een leerstoel voor de zending," *De Bazuin*, September 9, 1910. "Prof. Bavinck heeft op den laatst-gehouden Universiteitsdag gepleit voor het instellen van een leerstoel voor de Zending aan de Vrije Universiteit. Terecht heeft

의 상상이 곧 현실이 될 것이라는 확신을 드러냈다. "바빙크 교수가 큰 영향력
이 있다는 사실은 의심할 필요가 없다. … 난 수년 내로 우리가 한 [선교학 교수]
자리, 어쩌면 두 자리도 가지게 될 것으로 확신한다. 그 이유는 교회가 깜픈을
잊지 않을 것이기 때문이다."[12]

바빙크의 호소는 금방 동력을 얻었다. 이와 비슷한 이유로 [깜픈] 신학교를
위한 진정이 총회에 상정된 직후 자유 대학교가 동인도 선교를 위해 교수 자리
를 만들 것이라는 사실이 (메르껠레인 목사가 자신의 교단에서 나머지 훈련을
받았다는 사실과 더불어)[13] 공개적으로 공표되었다.[14] 하지만 이런 처음 열정에
도 불구하고 바빙크의 계획은 그가 소망했던 것만큼 뿌리를 내리지 못했다.

1912년, 비스떠르펠트의 예전 교수 자리가 두 자리로 나뉘어졌고, 한 자리
는 신약학 프레더릭 흐로스헤이더(Frederik Grosheide, 1881-1972)가, 또 다
른 한 자리는 실천 신학 페트루스 실레비스 스미트(Petrus Sillevis Smitt, 1867-
1918)가 채웠다. 실레비스 스미트는 예전에 가르쳤던 경험이 있던 선교 이론과
복음 전도 이론 수업을 감당했으며, 이와 더불어 설교학, 예전학, 교리 교수법
도 가르쳤다.[15] 비록 선교학은 자유 대학교에서 계속 가르쳐왔지만, 바빙크의

---

hij aangetoond, dat ja de Zendingsgeest, de Zendingsliefde en de Zendingsijver ook
in onze kringen ontwaakt is, maar dat wij nog maar aan het begin staan van onzen
arbeid, dat ons ontbreekt een man, die geheel voor de Zending left, aan haar al zijne
krachten wijdt en de aanstaande predikanten voorlicht en met liefde voor de Zending
bezielt."

12 H. Dijkstra, *De Macedonier*, September 1910, quoted in Bouwman, "Een leerstoel
    voor de zending." "Dat Prof. Bavinck over grooten invloed beschikt lijdt geen twijfel.
    … Twijfel ik niet of wij hebben binnen enkele Jaren eenen leerstoel; misschien wel
    twee, want de Kerken zullen dan te Kampen wel niet achterblijven."

13 "Schoolnieuws," *Het nieuws van de dag: kleine courant*, November 9, 1910.

14 *Provinciale Drentsche en Asser Courant*, February 24, 1911.

15 Willem Geesink, "In Memoriam: Petrus Abraham Elisa Sillevis Smitt," *Almanak van
    het Studentencorps a/d Vrije-Universiteit, 1919* (Amsterdam: Herdes, 1919), 68.

이상향이 성취되지는 못했었다. 실레비스 스미트는 바빙크의 1910년 호소, 즉 "전적으로 선교에 헌신하는 사람"으로 표현되는 호소 때문에 소환된 인물은 아니었다. 오히려 실레비스 스미트는 이론적인 선교학을 가르쳐왔던 실천 신학자였다. 비스떠르펠트의 강의량이 나눠어지긴 했지만 바빙크가 소망했던 만큼 많이 나눠어지지는 못했다. 어쨌든 실레비스 스미트는 건강 문제로 시달리다가 1918년 이른 죽음을 맞게 되었다. 1910년에 바빙크가 계획한 이상향은 당분간 성취되지 못한 채로 남아있게 되었다.

해외 선교와 식민지 확장을 분리시키기

바빙크는 1911년 초 암스테르담에서 "남성들만큼 여성들을 위해"라고 광고된 식민지 확장과 해외 선교를 분리시키려는 "현재 선교의 의미"에 대한 공개 강연을 했다.[16] 바빙크는 그 당시의 지정학적 상황에 대해 설명하면서 비서방 세계 속에 미치는 유럽 문화의 영향력의 증대가 불가피하다는 의견을 제시했다. 바빙크는 대부분의 영역 속에서 이런 영향이 비서구 세계와는 다소 맞지 않는 합리주의적, 반초자연주의적, 소비지상주의적 세계관을 촉진시킨다고 믿었다. 바빙크는 식민주의 복음이야말로 십자가와 빈 무덤의 복음이라기보다는 자본주의와 계몽주의의 복음이며, 그 동기는 순전히 경제적 지배를 위한 복음이라고 생각했다. 이 때문에 바빙크는 이런 영향이 이 세상과 다음 세상을 향한 토

---

16 *Amsterdamsche Kerkbode*, April 30, 1911. "De zendingsdag van de classe Amsterdam zal D.V. gehouden worden op Woensdag 17 Mei e.k. Des namiddags 2 uur zal er in het gebouw van de Maatschappij voor den Werkenden Stand eene bijeenkomst plaats hebben toegankelijk voor alle belangstellenden, zoowel vrouwen als mannen, waarin Prof. Dr. H. Bavinck zal spreken over de beteekenis der Zending voor onzen tijd."

종 비서구 신념들의 풍성하고도 옛스러운 실로 짠 직물들을 풀어 해쳤을 뿐만 아니라 세속적 소비지상주의의 직물의 올이 이미 다 드러나 버린 것 이외에는 아무것도 줄 수 없다고 주장했다. 이런 이유로 "유럽 문화는 세상 사람들에게 복이 될 수 있지만, 동시에 저주도 될 수 있다. 만약 유럽 문화가 이교도 고유의 종교를 약화시키고 그들의 위치에서 더 좋은 신앙을 진짜로 주지 못한다면, 그들을 풍성하게 만드는 것이 아니라 오히려 그들을 내적으로 더 악화시킬 것이다"라고 주장했다.[17]

바빙크는 만약 서구 문화가 기독교의 감화시키는 영향력을 상실한다면 기껏해야 세상에 착취, 지배, 전쟁의 모델을 가르칠 뿐이라고 주장했다. 물타튤리(Multatuli)의 『막스 하벌라르』(*Max Havelaar*) 덕분에 식민주의가 식민지의 귀중한 자연 자원들을 약탈했다는 사실이 네덜란드 내에서 오랫동안 주장되었다. 하지만 바빙크는 종교적 신념의 풍성한 힘을 식민지화된 사람들로부터 빼앗고 서구 소비지상주의의 빈약한 제물들만 대체품으로 남기는 결과, 비서방인들을 더욱 심화된 반서구주의 형태 속에서 자기 조상 종교들 주변으로 재집결하도록 이끌 가능성이 높은 술책에 대해 덧붙였다. 이런 관점 속에서 바빙크는 서구권과 비서구권 세계의 교감 가운데 강한 선교적 자극의 존재 혹은 부재는 먼 미래에 주된 영향을 끼친다는 사실을 청중에게 전했다. "만약 이 강력한 사람들이[동인도, 중국, 일본 사람들에] [문명의] 열매인 기독교 없이 우리의 문명을 받아들인다면, 그들은 미래에 우리와 싸울 무기들을 우리로부터 빌리는 것이다. 이는 훨씬 더 큰 위험인데 그 이유는 최근 불교와 마호메트교가 새 생

---

17 *Amsterdamsche Kerkbode*, May 21, 1911. "Want de Europeesche cultuur kan voor de volken der aarde een zegen zijn, maar zij kan nu ook worden tot een vloek. Als zij, gelijk zij feitelijk doet, den eigen godsdienst der heidenen ondermijnt en hun geen ander en beter geloof in de plaats geeft, verarmt zij hen innerlijk meer dan dat zij hen verrijkt."

명으로 깨어났고 기독교 신앙과 싸우려고 비밀리에 자신들을 준비하고 있기 때문이다."[18]

만약 "어떤 전통인지 막론하고" 1911년의 그리스도인들이 해외 선교를 진지하게 받아들이는 일에 실패했다면, 그들의 자녀들은 "부처, 마호메트, 그리스도 사이에서 국제적인 투쟁"에 직면했을 것이다.[19] 바빙크에게 복음 확장의 실패는 이 세상 **뿐만 아니라** 다가올 세상 속에서도 냉혹한 결과였다. 바빙크는 전세계적 규모의 종교적 폭력을 두려워했다.

『개혁 교의학』 완성

1884년부터 잠정적으로 집필 작업을 시작했던 『개혁 교의학』 4권 개정판이 1911년에 출간되었다. 바빙크가 1901년에 초판을 최종적으로 완성했을 때 총 분량이 2,265페이지였다. 10년 동안의 작업이 끝난 후 개정판은 거의 3,000페이지에 육박했으며 각 권이 동등한 수준으로 늘어났다.

이제 완성된 형태를 지니게 된 『개혁 교의학』은 "경건 서적이 아니며 오히려 오직 학문적으로 교육 받은 사람들을 위해서 기록된 연구서"이고 "이런 작업의 가격도 일반 사람의 예산의 범주 안에 분명 있지 않다"라고 기록한 「드 헤라우

---

18 *Amsterdamsche Kerkbode*, May 21, 1911. "Als deze machtige volken onze beschaving overnemen zonder het Christendom, waarvan zij de vrucht is, ontleenen zij aan onszelven de wapenen, waarmede zij in de toekomst ons bestrijden. En te ernstiger dreigt dit gevaar, wijl Boeddhisme en Mohammedanisme in den jongsten tijd tot een nieuw leven ontwaken en als in het geheim zich toerusten tot een strijd tegen het Christelijke geloof."

19 *Amsterdamsche Kerkbode*, May 21, 1911. "Het schijnt, alsof het eigenlijke Heidendom in de twintigste eeuw allengs geheel verdwijnen zal en dat dan de wereldworsteling zal aanvangen tusschen Boeddha, Mohammed en Christus. Daarom is de zending voor alle Christenen, van wat belijdenis zij ook zijn, in deze eeuw een dure plicht."

트」의 기사는 어쩌면 왜 바빙크가 책 내용을 보다 더 간결하게 재진술하지 않고 오히려 확장하느라 시간이 오래 걸렸는지에 대해 설명해 줄 수 있다.[20] 바빙크는 이미 『하나님의 큰일』(*Magnalia Dei*, 1909)을 통해 바쁘고 젊은 전문직 종사자들을 위해 기독교 교리에 대해 좀 더 짧게 조망하려고 노력했지만(그럼에도 여전히 분량이 길었다), 자신의 대작을 완성한 후에 곧바로 고등학생들과 대학교 저학년 학생들을 대상으로 보다 더 간결한(251페이지) 작품인 『기독교 신앙 교육 안내서』(*Handleiding bij het onderwijs in den christelijken godsdienst*, 1913)의 집필 작업에 착수했다. 이 책은 "너무 길거나 비싸지 않은 책으로 우리의 기독교 개혁파 신앙 고백의 핵심 내용에 익숙해지기 원하는 모든 사람을 위한"[21] 책이었다.

현대주의와 정통

바빙크의 『개혁 교의학』 1권 개정판이 출간되기 직전이었던 1905년 현대 신학자 베르나르두스 에이르트만스(Bernardus Eerdmans)는 바빙크의 신칼빈주의 계획을 경건한 언어 속에 은밀히 감춰진 자유주의 신학이라고 비판했다. 에이르트만스는 정통적이면서 현대적이라는 것은 불가능하다고 주장하면서, 이는 정통을 향한 주장을 폐기함으로써 자신의 본색을 드러내는 것이므로 차라

---

20 *De Heraut*, December 17, 1911. "Rekent men toch met het feit, dat dit boek geen stichtelijk boek is, maar een studieboek, dat alleen voor wetenschappelijk gevormden is geschreven; dat de prijs van zulk een werk maakt, dat het zeker niet binnen het bereik van ieders beurs valt."

21 Herman Bavinck, *Handleiding bij het onderwijs in den christelijken godsdienst* (Kampen: Kok, 1913). "··· allen, die door middel van een niet te uitgebreid en niet te kostbaar leesboek kennis willen maken met den hoofdinhoud van onze Christelijke, Gereformeerde geloofsbelijdenis."

리 레이든 교수들의 현대주의적 대의를 따르라고 바빙크를 몰아세웠다.

『개혁 교의학』이 개정 작업 중에 있었을 때도 에이르트만스는 "정통"과 "현대"를 상호 양립 불가능한 의미로 계속해서 정의내리며, 정통은 학문 발생 이전 시대의 미신에 사로 잡혀있는 것이고 현대가 이를 대체했고 주장했다. 이런 이유로 에이르트만스는 여전히 전근대적 기독교의 맥박이 고동치는 심장을 지니고 있다고 주장하면서도 한편으로는 인식적으로나 문화적으로나 현대인이라고 스스로를 주장하는 바빙크와 카이퍼를 사기꾼으로 여겼다. 에이르트만스는 칼뱅은 "정통"으로 여겼지만, 카이퍼와 바빙크에 대해서는 그렇게 생각하지 않았다. 에이르트만스는 많은 사람들에게 기름과 물이 실제로 섞일 수 있다고 믿게끔 만드는 사람들처럼, 신칼빈주의자들도 사람들의 지적, 문화적, 교회적 환경을 사정없이 황폐케 하는 사람들이라 생각했다.[22]

1911년 총 4권의 『개혁 교의학』 개정 작업이 완성되고나서 바빙크는 자유 대학교에서 에이르트만스의 비판을 정면으로 반박하는 중요한 강의를 했고, 이 강의내용은은 후에 『현대주의와 정통』(Modernisme en orthodoxie)이라는 책으로 출간되었다.[23] 이 강의에서 바빙크는 현대성이 정통성을 대체했다는 에이르트만스의 주장을 뒤집으며, 오히려 역사 속에서는 "현대성"과 "정통성" 둘 다의 발전이 에이르트만스가 주장한 것보다 훨씬 더 복잡하게 나타났다고 주장했다. 전통적 전철과는 결정적으로 다르다는 주장에 대해 바빙크는 다음과 같이 생각했다. "현대 신학은 일반적으로 추정하는 것보다 훨씬 더 많이 기독교 전통을 생각하고 기독교 전통에 기원한다."[24] 니체주의자들과 달리 현대주의자

---

22 Bernardus Eerdmans, "Orthodox" verweer (Leiden: S.C. van Doesburgh, 1911).

23 Herman Bavinck, Modernisme en orthodoxie (Kampen: Kok, 1911); ET: "Herman Bavinck's Modernisme en Orthodoxie: A Translation," trans. Bruce Pass, Bavinck Review 7 (2016): 63-114.

24 Bavinck, "Herman Bavinck's Modernisme en Orthodoxie," 79.

들은 계몽주의 전의 기독교 전통을 완전히 거부하지 않았다. 현대주의자들은 (비록 개정된 의미로 사용하긴 했지만) 여전히 기독교 신학 언어를 사용했고 기독교적 사회 가치를 폭넓은 범주 내에서 유지하고 있었다. 이 모든 것을 고려하며 바빙크는 현대주의자들이 깊숙이 뿌리내린 기독교적 나무로부터 확장되었고 그 나무에 의존하고 있는 새로운 가지를 유지했던 사람들이라고 주장했다.

현대주의자들의 허세와 허풍스러운 자기표현을 비판한 후, 바빙크는 정통의 개념에 대해 설명하기 시작했다. 정통은 "스스로를 완전히 자신의 환경으로부터 거세하지 않는 한, 이 시대의 사상적 흐름의 영향 아래 어느 정도 서 있을 수밖에 없다"[25]라고 설명했다. 바빙크는 기독교 역사 속에서 "정통"이 자신이 촉발된 숙주 문화로부터 밀폐된 채 봉해진 정적인 개념으로 기능한 적이 결코 없다고 주장했다. 오히려 정통은 현재 20세기 네덜란드 문화가 그런 것처럼 다양한 역사적 위치들 속에 뿌리내린 채 존재한다고 주장했다. 바빙크는 "현대성"과 "정통성"이 기름과 물과 같은 존재가 아닌(바빙크는 이런 묘사를 "옹졸하고 편협한" 시각으로 여겼다) 서로가 서로를 배제할 수 없는 존재라고 생각했다. 실제로 이 두 개념은 역사의 흐름 속에서 그 의미가 진화되었고, 진화는 20세기 초에도 계속되었다.

바빙크는 진보의 이야기로서의 역사는 스홀튼, 꾸우는, 라우언호프의 작품들로부터 일어났다고 알려진 사상적 혁명보다 신중한 개혁을 통해 훨씬 더 잘 진행될 수 있다고 믿었다. 에이르트만스는 신칼빈주의에 대한 자신의 비판 속에서 이 운동을 "현대적 정통" 아니면 "정통적 현대주의"로 정의 내리는 것이 최선인지에 대한 질문에 서투르게 손을 댔으며, 이런 의미론이 어떤 차이를 만들어내는지에 대해서도 의문을 표했다고 바빙크는 기록했다. 이에 대한 반응으로, 바빙크는 이에 대한 자신의 생각을 확고히 밝히는 것을 거부했다. 오히려

---

25 Bavinck, "Herman Bavinck's *Modernisme en Orthodoxie*," 79-80.

"개혁파"라는 표현이 바빙크가 가진 목적성과 훨씬 더 효과적으로 부합되었다. "[개혁파라는] 이름은 정통[이라는 이름]보다 훨씬 더 선호되기에 마땅하며, 칼빈주의적 혹은 신칼빈주의적이라는 표현도 마찬가지이다."[26]

바빙크는 "정통" 혹은 "현대"보다는 "개혁파"라는 표현에 더 평안함을 느꼈는데, 이 표현은 어떻게 그리스도인들이 역사의 전진에 참여해야만 하는지에 대한 특정한 관점을 표현해주었기 때문이다. 바빙크는 현대주의자들이 칸트 이전 세계에 대한 비관적 견해 속에서 역사를 과소평가했다고 주장했다. 반대로 과거에 대한 무력한 과대평가도 물론 상당히 가능했다. 실제로, 이런 반대는 종교개혁을 거부했던 것 때문에 로마 가톨릭 교회를 비판했던 바빙크의 비판의 중심에 서 있었다.[27] 바빙크는 더 좋은 모델이야말로 앞뒤를 동시에 보는 가운데 두 방향 모두의 발전과 역사 속에서의 뿌리 의식을 인지할 수 있게끔 만드는 모델이라고 믿었다. 비록 바빙크는 자기 고유의 생각과 암스테르담 초기 시절 흐룬 판 프린스터러(Groen van Prinsterer)의 생각 사이의 어느 정도의 비평적 거리를 가지고 있었지만, 이 시점에서는 반혁명당 아버지의 목소리가 다시 살아나고 있었다. 『현대주의와 정통』에서 바빙크는 혁명보다는 개혁을 열정 가운데 주장했다. 바빙크의 삶의 계획은 다름 아닌 이 주장에 근거하고 있었다.

교의학을 뒤에 놔둔 채 잊었는가?

바빙크는 『개혁 교의학』 개정 작업 중 현대 비평가들과 대화를 해나가면서[28] 하

---

26 Bavinck, "Herman Bavinck's *Modernisme en Orthodoxie*," 82.

27 *RD*, 1:116-20. Kuyper, *Encyclopedie der heilige godgeleerdheid* (Amsterdam: J. A. Wormser, 1894), 2:276-77도 참고하라.

28 R. H. Bremmer, *Herman Bavinck als dogmaticus* (Kampen: Kok, 1966), 115-47.

나의 최종적이고도 분발을 일깨우는 교감 가운데 개정 작업을 완료했다. 이런 이유로 브렘머는 『현대주의와 정통』을 바빙크의 "마지막 교의-신학적 작품"이라고 묘사했다.[29] 이로부터 바빙크의 삶은 새로운 단계로 접어들었는데, 이런 이동은 "신학으로부터의 일탈"이라는 제목하에 묘사되었다.[30] 헤프의 전기도 이 특별한 출판물이 교의 신학을 형성하려는 바빙크의 노력의 마지막을 장식했다는 식의 같은 주장을 했다.

이 지점에서 헤프의 설명에 포함된 구체적인 사항, 즉 "그가[바빙크가] 죽기 몇 년 전, [바빙크는] 특별히 옛 개혁파 신학을 포함한 가장 중요한 교의학 작업들을 팔아버렸는데, '왜냐하면 난 더 이상 그걸 하지 않습니다'라고 그가 내게 말했다"[31]라는 사항은 『개혁 교의학』 완성 이후 바빙크의 마지막 생애는 심지어 그가 집필했던 교의학 작업에까지 확장되었던 절망에 의한 그림자가 드리워졌다는 식의 대중적인 인상을 낳고 말았다.[32] (헤프는 실망과 절망의 이 시기 동안 바빙크의 신학적 정체성이 바뀌었는데 예전보다 개혁신학에 대한 확신을 덜 갖게 되었고 카이퍼와 모순되는 스스로를 더 많이 발견했다고 잘못 주장했다).[33] 헤프는 이 시점에서의 바빙크의 생애를 다소 에둘러 설명하면서 바빙크의 공개 담화 속에서 기독교의 중요성이 증가하고 있다고 말한 점을 들어 바빙

---

29 R. H. Bremmer, *Herman Bavinck en zijn tijdgenoten* (Kampen: Kok, 1966), 248.

30 Bremmer, *Herman Bavinck en zijn tijdgenoten*, 248.

31 Valentijn Hepp, *Dr. Herman Bavinck* (Amsterdam: Ten Have, 1921), 317-18. "Zelfs deed hij eenige jaren voor zijn dood de belangrijkste dogmatische werken, waaronder vooral oude Gereformeerde theologie, van de hand, 'want,' zei hij mij, 'ik doe daaraan toch niet meer.'" 주의: 문제의 네덜란드어 관용구 "van de hand doen"는 "저버리다"("to give away") 혹은 "팔다"("to sell")를 의미한다.

32 이에 대해 다룬 자료로는 John Bolt, "Grand Rapids between Kampen and Amsterdam: Herman Bavinck's Reception and Influence in North America," *Calvin Theological Journal* 38, no. 2 (2003): 266을 참고하라.

33 Hepp, *Dr. Herman Bavinck*, 321-22.

크가 "특별히 개혁파를 일반적인 그리스도인과 대거 바꿨을 것이다"[34]라는 대중의 의심에 대해서도 언급했다.

개정된 『개혁 교의학』의 완성은 바빙크 생애의 한 시기가 마무리된 것이며 동시에 또 다른 시기의 시작인 것만큼은 분명했다. 그러나 바빙크가 어떻게 이런 변화를 다룰 것인지, 그리고 이런 변화가 그에게 어떤 영향이 미칠 것인지는 어쩌면 바빙크 주변 사람들이 잘 이해하지 못했던 부분이었다. 이 시기 동안의 바빙크가 자신의 개혁파 유산에 대한 확신이 흔들렸기 때문에 기독교의 중요성에 대해 강조하기 시작했다는 식의 설명은 확실히 사실과 부합되지 않는다. 오히려 이미 살펴본 것처럼 바빙크는 니체의 그림자 아래 있었던 유신론적 연합체를 모으는 노력을 다하면서 점점 더 공공연히 기독교를 옹호했다. 암스테르담에서의 시간이 흘러가면서, 기독교에 대한 집필들도 국내외의 복음 전도 사역을 지원하는 일과 깊숙하게 연관되었다. 그 이유는 기독교를 향한 공적인 변증이 자신의 개혁신학을 공개적으로 지키는데 필요한 첫 발걸음이었기 때문이다.

게다가 적어도 암스테르담 시절 바빙크의 집필 방식은 개혁파 전통에 대한 작품과 보다 더 일반적으로 이해되는 기독교에 대한 작품들 사이에서 꽤 균형을 잡았던 집필 방식이었다. 실제로, 이 두 사역들이 얼마나 긴밀하게 연결되어 있었는지에 대한 가장 직설적인 진술이 바빙크 자신의 신학 전통의 신비를 헤아리는 1906년 주장 속에서 드러난다. [바빙크는] 교의학자라면 자신의 일이 항상 보편적 기독 신앙의 참된 본질을 찾는 것이라는 사실을 반드시 인식해야 한다고 생각했다.[35] 바빙크는 자신의 개혁파 전통과 보편적 기독 신앙 사이에 존

34 Hepp, *Dr. Herman Bavinck*, 319. "Er werd gefluisterd, dat hij het specifiek-Gereformeerd goeddeels zou hebben ingeruild tegen het algemeen christelijke."

35 Herman Bavinck, "Het Wezen des Christendoms," in *Almanak van het studentencorps der Vrije Universiteit voor het jaar 1906* (Amsterdam: Herdes, 1906), 251-77;

재하는 핵심적 연결지점을 드러내는 방식을 자신의 집필 방식으로 설정했다.

암스테르담 초기 10년 동안의 바빙크가, 젊은 칼 바르트(Karl Barth)가 『로마서 강해』(Römerbrief)를 준비하는 과정 가운데서 겪었던 180도 방향 전환처럼 극적인 내적 변화를 겪었다고 생각하기에는 힘들어 보인다. 오히려 이 시기의 바빙크는 점점 발전하는 중에 있었고, 항상 혁명보다는 개혁을 고수했으며, 심지어 개인의 지적 혁명보다도 개혁을 추구했다. 이런 발전은 일반 대중들이 잘 이해하지 못했는데 어쩌면 그 이유는 바빙크가 대부분의 사람들보다 "니체의 시대"의 결과들을 이해했으며 자신의 경로를 미묘하게 변경했지만 이에 대한 반응은 두드러질 정도로 했기 때문이다.

1911년 『개혁 교의학』 개정 작업을 완성한 이후의 삶 10년 동안 더 이상의 개정본이 출간되지 않았던 것은 사실이다. 그렇다면 우리는 『현대주의와 정통』이 에이르트만스를 대항하며 펼쳤던 작업에 대한 공개 변호로서 그가 현대 신학과 벌였던 오랜 경쟁을 마무리 짓기 위한 공개적 결말의 역할을 감당했다고 말할 수 있을 것이다. 하지만 그 직후 바빙크가 기독교 교리 구성에 흥미를 잃었다거나 혹은 심지어 교의학 구성에 투자했던 세월들에 대해 체념했다는 식의 주장은 결코 사실이 아니다. 바빙크 본인이 사용했던 『개혁 교의학』 개정 제2판에는 자필 노트가 포함되어 있으며, 질문들, 철자 오류 교정, 인용된 성경 본문 변화, 인용 자료 추가 등의 수정이 도처에 포함되어 있었다. 이 개인본에는 추가 확장을 위한 23페이지 분량의 노트가 포함되어 있었는데, 이 노트에는 다른 주제들과 더불어 목적론, 삼위일체, 로고스 교리, 창세기 1-3장 해석, 지질 시

Verzamelde opstellen op het gebied van godsdienst en wetenschap, ed. C. B. Bavinck (Kampen: Kok, 1921), 17-34으로 재판; ET: "The Essence of Christianity," in Essays on Religion, Science, and Society, ed. John Bolt, trans. John Vriend and Gerrit Sheeres (Grand Rapids: Baker Academic, 2008), 33 48.

10. 자신의 색깔을 보여주기

대 등이 포함되어 있다.[36] 특별히 지질학의 발전이 이후 『개혁 교의학』 개정 작업을 이끌었다는 사실은 놀랍지 않다. 제2판에서 바빙크는 이 새로운 학문에 대해 극찬하는 논조로 다음과 같이 기록했다. "지질학적 연구가 밝힌 … 사실들은 성경의 내용처럼 하나님의 말씀이며, 따라서 모든 사람이 믿음으로 받아들여야 한다."[37] 하지만 제2판에서 바빙크는 이런 신흥 학문이 급격한 발전을 한다는 것을 인지했고, 그 결과 바빙크는 이에 대해 반응해야 하는 추가적 개정을 위한 문을 열어 놓았다. 자신의 『개혁 교의학』에 바빙크가 적어 놓은 많은 노트들은 날짜가 구체적으로 명시되어 있지 않지만, 아마도 1911년과 1918년 사이에 기록되었을 것이다. 이 개정들이 출간되지는 않았지만, 1911년 이후에 교의학 작업을 포기했다든지 아니면 교의학 작업에 흥미를 잃었다는 식의 생각은 확실히 사실이 아니다.

이와 더불어 바빙크는 자신의 교의학이 평생의 노력이 되리라는 기대를 절대 표현하지 않았다. 예를 들면 이후 바르트 같은 경우 600만 단어로 완성되지 않은 『교회 교의학』을 만들어냈다. 오히려 바빙크는 그 당시 필요를 향한 반응 차원에서 집필 작업에 착수했다(그리고 당시의 상황이 바뀌었기 때문에 개정판도 필요하다고 생각하고 개정했다). 그러나 바빙크가 이미 공개적으로 천명했던 것처럼, 심지어 "완성된 교의학"조차도 훨씬 더 큰 무엇, 즉 기독교의 "일부분"이었다.[38]

---

36 George Harinck, "'Een uur lang is het hier brandend licht en warm geweest': Bavinck en Kampen," in *Ontmoetingen met Bavinck*, ed. George Harinck and Gerrit Neven (Barneveld: De Vuurbaak, 2006), 110.

37 Bavinck, *RD*, 2:501[역자 주: 바빙크, 『개혁 교의학』, 2:627]; D. A. Young, "The Reception of Geology in the Dutch Reformed Tradition: The Case of Herman Bavinck (1854-1921)," in *Geology and Religion: A History of Harmony and Hostility*, ed. M. Kolbl-Ebert, Geological Society Special Publication no. 310 (London: Geological Society, 2009), 289-300도 참고하라.

38 Bavinck, "Essence of Christianity," 48.

비록 바빙크는 지속적으로 개정된『개혁 교의학』을 출간하지는 않았지만, 교의학과 같은 구조를 지닌 신학 요약본『기독교 신앙 교육 안내서』(1913) 집필 준비로 그다음 2년을 사용했다. 이 책을 집필한 이유는 아직 신학 교육을 받지 못한 사람들 혹은 재정적인 제약으로『개혁 교의학』에 접근할 수 없었던 사람들에게 교의학을 제공하고 싶었기 때문이다.[39]

비록 바빙크의 생애 속에서 드러나진 않았지만, 생애 마지막 10년 동안 바빙크는『하나님의 큰일』개정 작업도 준비했다(하지만 출간되지는 않았다). 바빙크 사후, 이 특별한 개정판은 그의 동생 베르나르트에 의해 발견되었는데, 그는 "『하나님의 큰일』의 새로운 개정판을 위한 것'이라는 서명이 기록된 봉투"에서 이를 발견했다.[40] 베르나르트는 은혜의 방편, 말씀과 성례, 교회 직분 등의 내용을 1931년 새로운 판에 추가했고, 이 판은 이후『우리의 합당한 믿음』(Our Reasonable Faith)이라는 영역본으로 출간되었다.[41] 비록 대폭적인 개정 작업은 아니었지만, 분명히 바빙크는 자신의 건설적인 출판물들의 개정에 어느 정도의 관심을 유지했다.『개혁 교의학』제3판은 바빙크가 살아있던 1918년에 출간되었지만 이는 1911년 최종판과 내용이 동일했다. 어쨌든 바빙크가 개정 작업을 완료했을 때 바빙크의 예전 학생이었던 아브라함 카이퍼 2세(1872-1941)

---

39 총 4권짜리『개혁 교의학』처럼 이 작품도 다음과 같은 구조를 가지고 있다. (1) 서론(신지식, 일반 계시와 특별 계시), (2) 하나님과 창조(하나님의 본질과 삼위일체성, 창조와 섭리, 인간론), (3) 죄와 구원(죄와 죽음, 은혜 언약, 그리스도의 인격과 사역), (4) 성령, 교회, 새 창조(성령론, 효과적 부르심, 교회와 은혜의 방편, 세상의 완성).

40 C. B. Bavinck, "Voorrede bij den tweeden druk," in *Magnalia Dei*, by Herman Bavinck, 2nd ed. (Kampen: Kok, 1931), 1. "… die gevonden is in een envelope, met het bijschrift: 'bestemd voor een eventueelen herdruk van Magnalia.'"

41 Herman Bavinck, *Our Reasonable Faith*, trans. Henry Zylstra (Grand Rapids: Eerdmans, 1956). [역자 주: 한글 번역본은 헤르만 바빙크,『개혁교의학 개요』, 원광연 옮김 (서울: CH북스, 2017)이다. 본문에서는『하나님의 큰일』의 새로운 1931년 판이 영어로 번역되었다고 나오지만 영역본『우리의 합당한 믿음』(Our Reasonable Faith)은 새로운 판이 아닌 초판을 원본으로 삼아 번역한 번역본이다].

는 이미 자신의 첫 번째 책『하나님의 지식에 관하여』를 출간했는데,[42] 이 책은 그 자체로 완성된 교의 신학이었다. 바빙크는 이 책의 적어도 일부 영역에서는 잠정적으로나마 새로운 바빙크로 자리매김했다.[43] 이 새로운 시대의 토착민이 었던 더 젊은 학자들의 목소리가 생겨났고 이들을 통해 교의학은 앞으로 더 나아가고 있었다.

바빙크 사후, 동료 빌름 얀 알더르스(Willem Jan Aalders, 1870-1945)는 더 이상의 전면적인 개정이나 확장에 대한 욕구가 부족하다고 설명했다. 그는 "나는 인간이고, 그래서 그 어떤 인간적인 것도 내게 이질적이지 않다고 생각한다 (*homo sum et nihil humanum a me alienum puto*)"라는 구절이 존재하지 않았더라면 이미 만들어졌을 수도 있는 속죄, 화합, 통합에 대한 지울 수 없는 필요성"[44]이라는 바빙크의 표현에 대해 논평했다. 바빙크는 이 무질서한 존재의 모든 영역에 조화를 불러일으키는 보편적 신앙으로 기독교를 보는 (칼빈주의적) 관점에 따라 그리스도인을 참되고 회복된 인류의 섬광을 볼 수 있는 존재로 여겼다. 자신의 생애 가운데 바빙크는 **하나님 앞에서** 인생 전체를 재발견하려는 열망 혹은 1888년부터 그가 사용해왔던 "그 말씀의 완전히 자연스러운 의미 속에서 인간이 되고, 그 다음에는 인간으로서 모든 것 안에서 하나님의 자녀가 되는 것"이라는 말을 반복하려는 열망을 오랫동안 구체화했다.[45] 깜픈 초기 시절,

42   Abraham Kuyper Jr., *Van de Kennisse Gods* (Amsterdam: W. Kirchner, 1907).

43   *De Heraut*, July 7, 1907; *Gereformeerd Jongelingsblad*, August 2, 1907.

44   Willem Jan Aalders, "In Memoriam: Dr. H. Bavinck," *Stemmen des tijds* (1921): 135. "… zijn onuitroeibare behoefte aan verzoening, aan harmonie, aan synthese, waarvoor het woord zou kunnen gevormd worden, als het niet reeds bestond: homo sum et nil humanum a me alienum puto."

45   Bavinck to Snouck Hurgronje, Kampen, December 22, 1888, in *ELV*. "Ik weet wel, het ideaal waar ik naar streef is hier onbereikbaar, maar mensch te zijn in den vollen natuurlijken zin van dat woord en dan als mensch in alles een kind van God—dat lijkt me 't schoonst van alles. Daar streef ik naar."

바빙크는 "모든 것 중에서 가장 아름다운" 이런 열망을 소중하게 생각했다.

암스테르담 시절에 바빙크는 확실히 의기소침해졌고 지쳤으며 깊은 실망을 자주 경험하게 되었다. 예를 들면 1911년 바빙크가 [깜픈] 신학교와 자유 대학교 연합에 대해 포기했다는 사실이 분명해졌다. 비록 바빙크는 1910년 장래 연합을 위한 새로운 계획서를 제출해달라고 요청받았지만, 그는 연합 가능성이 논의되었던 1911년 총회에 참석하지 않았다.[46] 이런 요인들에도 불구하고, 바빙크는 여전히 [예전과] 똑같은 "도달할 수 없는 이상향"을 향해 움직였다. 구별된 기독교적 이유들 때문에 바빙크는 여전히 박식한 사람이 되길 갈망했다.

이런 이유로 수십 년간 교의 신학 대표작을 집필하고 (확장하는 가운데, 또한 아마도 이에 대해 근본적으로 만족한 것처럼 보이는 가운데),[47] 바빙크는 새로운 인생의 단계로 접어 들었다. 젊은 신학자로서 깜픈에서 휴일을 즐길 날을 막았던 고된 업무량의 결과가 이제야 완성된 것이다. 오랫동안 지속되던 이런 노력이 마무리되면서, 바빙크는 비로소 여력이 생겼고 보다 더 긴 여행을 즐길 시간을 갖게 되었다. 이런 열망은 바빙크 이력의 초기 단계에서는 불가능했던 열망이었다. 이 시기 바빙크는 라인강에서 항해를 즐겼고(1909년), 베니스(1910년)를 거쳐 런던으로 되돌아오는 여행을 즐겼다(1912년). 그후 바빙크는 장거리 여행을 했는데, 산레모, 몬테카를로, 니스, 그리고 파리를 거쳐 집으로

---

46 Hepp, *Dr. Herman Bavinck*, 321.

47 이 지점에서 브렘머는 W. J. 알더르스(Aalders)의 다음과 같은 진술을 인용했다. "난 바빙크 박사가 말기 시절 때 자신의 교의학 초판 내용 모두를 여전히 받아들였는가에 대해 강하게 의심한다"(*Herman Bavinck als dogmaticus*, 377). 이는 바빙크가 결국 자신의 초기 교의학 작품으로부터 스스로를 멀리했다는 식의 알더르스의 의심을 알려주기 위함이었다. 알더르스의 글은 교의학 뿐만 아니라 교육학, 시, 심리학에 대한 개혁파적 설명 속에 고안된 개혁파 원리들을 향한 바빙크의 초기 헌신의 실현이 반영된 암스테르담 시절 바빙크 작품의 최종 모양을 인식했던 글이었다. 바빙크에 대한 알더르스의 글을 다루는 헤프는 브렘머보다 더 확장적이며 미묘한 차이를 가지고 있다(Hepp, *Dr. Herman Bavinck*, 324).

돌아오기 전(1913년) 로마를 방문했다.[48]

교의학 집필 기간은 이제 지나갔다. 60세(sixth decade)가 다가오면서 바빙크가 해야 할 긴박한 작업은 자신의 기독교적 세계관을 구체적인 인간 용어로 계속해서 현실화시키는 것이었다. 지적 헌신이 아니라 사회적 역할로 헌신해야 할 변화가 다가오면서 우리는 바빙크 인생의 마지막 10년이 사회적 역할과 무관할 것이라고 예상하기는 거의 힘들다.

정치로 재진입: 국회의원

바빙크 생애 중 몇 년은 1911년만큼 중요했던 해였다. 이미 언급했다시피 1911년은 자신의 대표작을 완성했고 특별하고 중요한 대중 강연을 했던 해였다. 이와 더불어 이 해는 바빙크가 기대하지 못했던 발전을 불러온 해이기도 했다. 그해 8월, 바빙크는 반혁명당을 대표해 상원의원으로 선출되었다. 바빙크는 스눅 후르흐론여에게 이 선거에 대해 다음과 같이 설명했다. 이 선거 결과는 "내게 완전히 놀라웠는데 그 이유는 난 몇 년 동안 정계를 완전히 떠나있었기 때문이야."[49]

1905년부터 1907년까지 반혁명당 의장으로서 중요한 정치적 역할을 맡았던 바빙크의 예전 정치 경험은 완전히 성공적이지는 않았다. 바빙크의 유화적인 본성과 미묘한 차이에 대한 지속적인 염려로 그에게 정치 지도자는 그다지 어울리지 않았던 옷이었다. 그 이후로 반혁명당은 어려운 시기를 겪게 되었다. 카이퍼는 새로운 열정을 품고 지중해 여행으로부터 돌아와 또다시 반혁명당의

---

48 Hepp, *Dr. Herman Bavinck*, 336.

49 Bavinck to Snouck Hurgronje, Amsterdam, September 1, 1911, in *ELV*. "⋯ de benoeming was voor mij een totale verrassing, omdat ik al sedert een paar jaren van politiek terrein me geheel teruggetrokken had."

삶과 영혼에 스스로를 갈아 넣었다. 바빙크가 당 중앙위원회 회원으로 섬겼던 시기에도 카이퍼를 오랫동안 대신할 적절한 후계자를 찾는 데 거의 진전이 없었다. 내부적으로 당의 규율이 결여되어 있었고 점차 분열되었으며 집중을 유지하는 데 곤욕을 겪고 있었다. 카이퍼의 초기 전기 작가였던 페트루스 까스떼일(Petrus Kasteel)은 이 시기를 다음과 같이 묘사했다. "사자는 늙었고 사자 새끼들은 자기의 길을 택했다."[50]

이 시점에서 바빙크와 카이퍼 사이는 1880년대와 1890년대 속에서 서로 공유했던 힘과 기대감이 많이 사라졌다. 카이퍼의 초상화 포스터가 레이든 하를레머르스트라트(Haarlemmerstraat) 바빙크 방 벽에 걸려있었던 때 이후로 많은 것들이 변했다.

그 이후로 바빙크와 카이퍼는 철저히 얽히고설키면서 희노애락을 함께했다. 1907년, 당 의장직을 마무리할 시간이 다가오면서 바빙크는 카이퍼의 70번째 생일 축하연에서 중요한 역할을 감당했는데, 옛날 네덜란드식의 상자와 더불어 책과 함께 영예 가운데 카이퍼를 소개했으며 많은 연설 가운데 한 연설을 감당했고 축하 저녁 식사 때 주빈 테이블에 앉았다.[51] 그날 카이퍼에게 했던 생일 축하 연설은 거의 목회적 느낌이었으며 눈부신 성공, 참담한 낙심, 적지 않은 심적 고통의 삶을 산 것으로 알려진 한 노인에게 직접적으로 하는 것 같았다. 이 모든 내용 가운데서 바빙크는 자신의 동료를 강력한 원리의 사람, 활동적으로 일하는 신앙의 강력한 모범을 보였던 인물로 묘사했고, 그 결과 카이퍼의 칼빈주의적 부흥이 국가를 바꾸어 놓았다고 표현했다. "비록 당신은 종교개혁 시대로 돌아가셨지만, 그것은 절대로 과거의 상태로 되돌리는 것은 아니었

---

50 Petrus Kasteel, *Abraham Kuyper* (Kampen: Kok, 1938), 318. "De leeuw was ouder geworden en de welpen kozen eigen wegen."

51 *Kuyper-Gedenkboek 1907* ('s Gravenhage: n.p., 1908).

습니다. 당신은 당신 자신 안에 과거를 흡수하셨지만, 그것은 과거를 현재와 미래의 부분으로 만들기 위함이었습니다."[52] 카이퍼의 삶은 힘을 다해 노력을 기울였으나 완벽하지는 않았다. 하지만 카이퍼는 '다른 사람들과 우리나라[네덜란드] 전체를 위해'[53] 살았다.

바빙크 연설의 전반적 논지는 이 행사 때 카이퍼에게 주어진 기념 책자(Gedenkboek)에 대한 또 다른 기어로 요약되어 있다. "바빙크 박사는 **아무것도 안 한** 사람만이 어떤 실수도 하지 않는다고 옳게 지적했다."[54] 이 연설은 평생동안 이룬 성취에 대한 칭찬 어린 반응이었다. 비록 이 연설은 하나님께서 카이퍼에게 "더 많은 날"을 주셔서 그의 다양한 공적 역할을 감당하게 해달라는 간구로 마무리되었지만, 바빙크의 연설은 미래보다는 과거와 현재를 더 많이 반영했던 연설이었다. (그리고 분명하게도, 이 연설은 이 행사를 위해 적절히 조절된 연설이었다. 바빙크는 카이퍼가 "내심 기뻐했던 … 울려 퍼지는 박수갈채"로 청중들을 이끌며 연설을 마무리지었다).[55]

이런 관점에서 볼 때 브렘머가 관찰했던 것처럼, 바빙크의 이 연설은 「드 스탄다르트」 창간 25주년을 기념하며 1897년에 했던 이전 연설과 확실히 달랐

---

52 *Kuyper-Gedenkboek 1907*, 25. "Want al gingt Gij naar het tijdperk der Reformatie, het was U toch nooit om repristinatie van het verleden te doen. Gij naamt het verleden wel in U op, maar om het tot een bestanddeel van het heden en van de toekomst te maken."

53 *Kuyper-Gedenkboek 1907*, 22. "… want Gij hebt niet alleen persoonlijk voor u zelven eene rijke geschiedenis achter u, maar Gij hebt de geschiedenis van uw leven door uw woord en uw daad ook rijk voor anderen, voor heel ons volk gemaakt."

54 *Kuyper-Gedenkboek 1907*, 98. "Terecht heeft Dr. Bavinck opgemerkt, dat alleen wie *niets* doet, geen fouten maakt"[역자 주: 강조가 네덜란드 원문 강조인지 불분명하다].

55 *Kuyper-Gedenkboek 1907*, 25, 39. *Provinciale Geldersche en Nijmeegsche Court* (October 30, 1907)는 바빙크가 "축하받는 사람에게 영예와 감사를 돌리는 위대한 연설"을 했다는 기사를 실었다.

다.[56] 의기양양했던 그 연설의 원고에는 청중들로부터 웃음을 자아내게 만드는 지점들이 있었으며, 힘이 넘쳤던 젊은 바빙크가 카이퍼를 앞으로의 미래로 확실히 봤던 지점이 존재했다. "카이퍼 박사께서 「드 스탄다르트」의 편집장으로 계시고 하나님께서 이를 오랫동안 허락하시는 한, 반혁명당의 근본적인 관심은 「드 스탄다르트」의 수중에서 안전합니다."[67] 이 평온했던 시절, 바빙크는 42세였고 카이퍼는 59세였다. 1907년, 기껏해야 10년 동안 바빙크와 카이퍼는 눈에 띄게 나이를 먹어가고 있었다. 바빙크는 70세의 카이퍼를 바라보며 이제 미래보다는 과거를 응시하고 있었다.

하지만 카이퍼의 건강이 점점 안 좋아졌음에도 불구하고 그는 현재 그의 위치를 위해 이를 악무는 필사적인 싸움을 멈추지 않았다. 이런 현실은 특별히 정치 영역 속에서 바빙크와 카이퍼 사이의 관계를 다소 식게 만들 수 있는 현실이었다. 예를 들면 1908년 정치적 정적들을 측면에서 우회 공격하기 위해 (바빙크가 봤을 때는) 의아했던 정치적 동맹의 파업을 기꺼이 지지하고 적절한 과정에 대해 보이지 않는 척했던 카이퍼를 향한 불신을 표현하기 위해 바빙크는 카이퍼에게 편지를 썼다. "전 당신이 이런 노력들을 부추기고 지원하고 계신 것을 믿을 수 없습니다. … 어쩌면 그들은[새로운 정치적 동맹들의] 임시로나마 정당 권력을 위해 일을 할 수도 있을 것입니다. 하지만 그들은 정당의 도덕적 가치에 헤아릴 수 없이 막대한 타격을 끼치게 될 것입니다."[68]

---

56 "Feestrede van Prof. Dr. H. Bavinck," in *Gedenkboek: Opgedragen door het feestcomite aan Prof. Dr. A. Kuyper bij zijn vijf en twintigjarig jubileum als hoofdredacteur van "De Standaard": 1872 1 April 1897* (Amsterdam: G. J. C. Herdes, 1897), 38-52.

57 "Feestrede van Prof. Dr. H. Bavinck," 51. "Zoolang Dr. Kuyper Redacteur van *De Standaard* is—en God geve, het zij lange nog!—zoolang is het principieel belang van de Antirevolutionaire partij in de handen van *De Standaard* veilig."

58 Bavinck to Kuyper, Amsterdam, April 15, 1908, Bremmer, *Herman Bavinck en zijn tijdgenoten*, 231에서 인용. "Ik kan niet gelooven, dat Gij die pogingen uitlokt en steunt. … Misschien dienen zij voor een tijd de macht der partij; maar aan haar

1908년 바빙크의 당내 위치는 취약했다. 이때는 가을이었는데, 미래를 향한 끔찍한 관점을 품고 집으로 돌아오기 전 뉴욕에서 긴장과 지침 가운데 있던 바빙크가 로테르담에 돛을 내렸던 때였다. 1909년, 바빙크는 중앙위원회에 작별을 고했고 이제 거의 정치로부터 물러났다. 이런 이유로 바빙크는 1911년 상원 의원으로 선출된 것을 놀랍게 생각했다. 카이퍼로부터 축하 메시지를 받은 바빙크는 자신의 새로운 직을 향한 망설임을 표현하는 답변을 보냈다. "저는 [임명을] 받아들였고, 제 생명의 하나님을 믿으며, 상원에서 하나님의 이름을 영화롭게 하고 우리 국민들에게 복이 되는 작은 일 어떤 것이라도 제가 할 수 있도록 하나님께 기도드리고 있습니다. 만약 그렇게 되지 않고 제 어깨에 짊어진 일이 너무 무겁다면, 제 것이 아닌 자리를 떠날 용기를 얻기를 소망합니다."[59]

이 시점에서 (상근) 하원의원이었던 카이퍼는 (다수의 의학적 통증들 가운데서도) 청력 상실로 인해 고통받고 있었기 때문에 의회에서 벌어졌던 논쟁들을 따라갈 수 없었다. 바빙크가 의원직을 시작한 직후, 카이퍼는 자신의 하원직을 사임했으며 바빙크가 상원 의회에 합류하게 되었다.[60] (네덜란드 의회는 두 개의 원으로 구분된다. 상원 의회[the Senate]라고도 알려진 상원[the First Chamber]은 일주일에 한 번 모이며 비상근 의원들이 출석한다. 하원[the Second Chamber]은 상근 의원들이 출석한다).

바빙크는 상원 의원으로서 비상근으로 의원직을 수행했다. 바빙크는 그 외

---

zedelijk gehalte brengen zij eene onberekenbare schade toe."

59 Bavinck to Kuyper, Amsterdam, September 17, 1911, Bremmer, *Herman Bavinck en zijn tijdgenoten*, 233에서 인용. "Ik heb ze daarom, in het vertrouwen op den God mijns levens, aangenomen, en bid Hem, dat ik in dat hooge staatscollege nog iets, al is het weinig, tot eer van Zijn naam en tot zegen van ons volk kan doen. Mocht dat niet het geval zijn en de taak te zwaar op mijn schouders wezen, dan hoop ik den moed te ontvangen, om eene plaats te verlaten waar ik niet behoor."

60 James Bratt, *Abraham Kuyper: Modern Calvinist, Christian Democrat* (Grand Rapids: Eerdmans, 2013), 351.

시간에는 자신의 공동체 사안에 적극적으로 참여했다. 바빙크는 자유 대학교에서의 일상의 일과 함께 정치인 신학자로서 공개 강연을 발산 수단으로 삼았지만 정당 지도자권에 대한 책임감은 없었다. 이런 역할이야말로 바빙크가 가치를 깊이 매겼던 역할이었으며 그의 생애 마지막 10년 동안 그 위치를 유지할수 있게끔 만들었던 역할이었다. 의회 회의실이 어느 정도까지는 바빙크의 설교단이 되었으며, 이 설교단에서 울려 퍼진 그의 목소리가 「알허메인 한덜스블라트」(*Algemeen Handelsblad*)과 「드 텔레흐라프」(*De Telegraaf*)의 기사를 통해일반 대중에게까지 전해졌다.

기독교와 문화

동인도에서의 네덜란드 교육 유예에 대한 논쟁 맥락 속에서 국회의원 신분을가진 바빙크의 첫 연설은 예전에 했던 "현재 선교의 의미"라는 강의의 반복적성격을 지닌 연설이었다. 바빙크는 네덜란드 "현대 문화와 기독교는 분리될 수없다"[61]라는 주장을 시작으로, 네덜란드는 반드시 서방 사고의 모든 영역에서자바인을 교육해야만 한다고 생각하는 사람들이 기독교를 반대하는 것은 서양문화 그 자체가 기독교의 열매라는 사실을 이해하지 못하는 것과 같다고 주장했다. 바빙크는 만약 식민지 개척자들이 동물을 숭배하는 지역민들에게 현대서양 생물학 교육만 제공하고 서양 학문이 기독교의 산물이라는 사실을 동시에 가르치지 않는다면, 식민지 개척자들은 필연적으로 현대 생물학이 정령 신앙을 무효로 만든다는 근거 위에서 조상 종교를 가진 지역 주민들을 미망에서

---

61 *Handelingen van de Eerste Kamer der Staten-Generaal*, December 29, 1911, 127.
"Mijnheer de Voorzitter! ⋯ Onze modern cultuur ⋯ van het Christendom ⋯ niet los
te maken is."

깨어나게 만들 것이라고 주장했다. 하지만 [바빙크는] 식민지 개척자들은 그 어떤 것으로도 이 빈 곳을 채우지 않았을 것[으로 생각했다]. 바빙크가 생각하기에 이보다 더 좋은 것은 네덜란드 문화와 기독교를 함께 전하는 것이었다.

물론 바빙크는 근본적으로 서양 문화의 확장을 거부하지 않았다. 그에게 네덜란드 동인도는 "우리 인도 제도"였다. 바빙크도 그 시대의 유럽인으로서 인종에 근거한 우월성은 아니었지만 서양 문화 자체의 우월성은 믿고 있었다. 오히려 바빙크는 기독교야말로 서양 문화 고도화에 책임을 지니고 있으며, 특별히 네덜란드 문화의 경우 기독교와 기독교화된 문화 사이의 조합은 서로 공유되는 것이 가치 있는 일이라 확신했다. 심지어 암스테르담 시절이 마무리로 향해 가면서, 바빙크는 네덜란드 문화가 칼빈주의에 의해 풍성한 복을 받았다고 믿게 되었다. 칼빈주의가 열심히 일하고 정직하며 가식 없는 국가적 특성을 창조해냈다고 믿었고 자유와 민주주의로 특징화된 사회를 만들어냈다고 믿었다. 바빙크는 이런 문화야말로 함께 나누어야 할 가치가 있는 문화라 믿었고, 동인도의 비기독교 문화를 확실히 발전시킬 수 있는 문화라고도 생각했다. 예를 들면 이 특정한 연설의 결론은 기독교와 문화 사이의 이런 조합을 수용했고 현재는 그리스도와 **함께** 존경하는 네덜란드 여왕을 섬겼던 자바인의 온정주의적인 이야기를 들려주었다.

하지만 이미 살펴봤던 것처럼, 그 당시 네덜란드 정치에서 바빙크는 어쩌면 세속화된 식민지 확장 정책에 대한 맹렬한 비판자였다. 바빙크의 첫 의회 연설에서 이런 전망은 종말론적 두려움과 더불어 바빙크 속을 가득 채웠다는 것이 분명히 드러났다. 실제로 바빙크는 이 연설을 기독교 없는 네덜란드 문화의 확장은 자바인들을 이슬람교로부터 떠나게 이끌 것이라는 스눅 후르흐론여의 기대에 공개적인 반론을 제기하기 위해 사용했다. 대신에 바빙크는 "앞으로 나아갈수록 난 그가 이 기대에 실망하게 될 것으로 믿는다"[62]라고 말했다. 바빙크와 스눅 후르흐론여는 여전히 종교의 능력에 대한 생각에서 서로 다른 의견을 취하고 있었다. 바빙크는 자기 친구와 달리 여원 무종교적 세속주의는 이슬람 세계관과 인생관의 매력을 도무지 당해 낼 재간이 없다고 생각했다.

자신의 증언에 따르면, 바빙크는 그날 연설할 생각이 없었지만 지근거리에 있던 논쟁을 위해 연설을 해야만 한다는 생각을 느꼈다. 이런 증언은 새로운 상황 속에서 긴장한 가운데 있었던 바빙크를 생각할 때 타당한 증언인데 그 이유는 이 연설의 내용은 최근에 한 강의 내용이었기 때문에 그의 머릿속 언저리 어딘가에 존재했던 내용이며『기독교적 학문』,『기독교 세계관』,『계시 철학』등에서 일찍이 전개했던 주장이었기 때문이다. 바빙크가 이 연설을 기술적으로 할수 있었던 것에 대해「드 텔레흐라프」는 다음과 같이 기록했다. "바빙크 교수가 매우 편안한 연설로 우리를 놀라게 만들었다. 이런 관점에서 봤을 때 바빙크는 항상 우울하고 침울하며 처량한 논조로 연설하며 종종 매우 불분명한 그의 동료 볼쩌(Woltjer) 박사보다 훨씬 더 공감이 간다."[63] 어쩌면 이 특정한 사안에서 훨씬 더 중요하게도 바빙크의 연설은 네덜란드령 동인도 언론에서도 폭넓은 주목을 받았다.[64] 분명하게도, 전 세계가 헤이그에서 전해진 목소리를 듣게 되었다. 그 이후로 바빙크는 1920년까지 매년 연설하며 상원에서 자신의 위치를 최대한 활용했다.

---

62 *Handelingen van de Eerste Kamer der Staten-Generaal*, December 29, 1911, 127. "Ik geloof, dat hij in die verwachting zich zal teleurgesteld zien, hoe verder wij de toekomst ingaan."

63 *De Telegraaf*, December 30, 1911. "En, tenslotte, prof. Bavinck verraste ons door een zeer bijzondere gemakkelijkheid van spreken, zoodat hij in dit opzicht heel wat sympathieker is dan z'n ambtgenoot dr. Woltjer, die altijd in een droeven, somberen klaag-toon, en vaak heel onduidelijk, te oreeren staat." 이 연설은 1911년 12월 31일판 「알허메인 한델스블라트」에도 기사화되었다.

64 *De Preanger-Bode*, December 31, 1911; *De Sumatra post*, January 2, 1912.

공인의 삶 가운데 개인적 순간들

바빙크는 이 시기 네덜란드의 공적 영역에서 유명했다. 개인과 공공의 범주들 사이에 어떤 의미 있는 구별이 없다고 인식했으며 자신의 존재는 항상 공공의 영역에서 소비되길 의도했던 카이퍼와는 달리, 바빙크의 공적인 삶은 현재 면밀히 지켜지고 있었다. 이 시기 바빙크의 많은 편지들은 사무적인 편지들이었으며 자기 집안일에 대해서는 많은 이야기를 하지 않았던 편지들이었다. 하지만 1912년 후반 헤르만은 프랑스어로, 요한나는 영어로 (이름이 불분명한) 스위스 친구에게 보낸 편지는 그 당시 바빙크 가정사에 대한 중요한 일별을 제공해준다. 헤르만이 쓴 부분은 꽤 평범한 내용을 가지고 있으며 자신이 최근에 읽은 프랑스어로 된 글에 대한 내용이 포함되어 있었지만, 요한나가 쓴 부분은 요한나와 하니 둘 다 영국 예찬론자였다는 사실을 보여준다. "우리가 프랑스어로 말할 기회가 없었기 때문에 전 요즘 영어책을 읽고 있어요. 프랑스어를 거의 잊어버렸을까봐 걱정돼요. 이후에 다시 새롭게 시작하는 것은 꼭 필요하죠. 하니는 버밍엄 (Birmingham)에서 매우 즐겁게 보내고 있어요. 전 주일마다 하니에게 한 주 동안 있었던 일들에 대해 길게 편지를 써요. 목요일마다 우리는 기쁨과 행복으로 가득 찬 답 편지를 받죠. 우리는 우리 주 하나님께 감사할 이유가 참으로 많아요."[65] 이제 18세가 된 하니는 6년 전 암스테르담에서 바빙크 부부와 함께 살았던 친구 에이다 코라(Ada Corah)의 고향인 잉글랜드 버밍엄에 있었다.

---

65 Herman Bavinck and Johanna Bavinck-Schippers, 수신인 미상, Amsterdam, November 10, 1912, HBA, folder 9.

포도나무, 가지들, 그리고 도끼

상원 위원으로 임명된 후 암스테르담 시절 바빙크의 전반적인 집필 방식은 빠른 방식을 꾸준히 취했다. 바빙크는『기독교』(*Het Christendom*, 1912)에서 "기독교의 본질"에 대한 질문의 답을 제공하길 노력했다. 기독교의 본질에 대한 질문은 19세기 시작부터 유럽인들의 생각에 어렴풋이나마 크게 자리 잡고 있었던 질문이었다.[66] 이 사안은 구별된 학문인 현대 비평 역사의 발전과 함께 생기게 되었다.[67] 19세기의 "역사적 전환"은 과거 오랜 기간 기독교가 지속적인 변화 아래 위치했었다는 인식을 고조시켰다. 이 인식은 지속적으로 유지되어왔던 기독교에 대한 설명을 누군가는 반드시 해야만 한다는 우려를 증폭시켰다.

이 논쟁에 대한 바빙크의 기여는 기독교의 **본질**이 기독교의 **현상들** 속에서 반영된다는 주장이었다. 비록 기독교가 역사 속에서 다양한 많은 그룹들을 탄생시켰지만, 바빙크는 그 어떤 한 그룹도 초기 그리스도인들과 똑같은 그룹이라고(이에 근거해 그 어떤 그룹도 역사적 거리와 상관없이 초기 그리스도인들과 거의 동일하다고) 주장할 수 없다고 생각했다. 이런 이유로 이런 다양한 그리스도인 그룹들은 각각 자기들만의 방식으로 신약 성경으로 향해 가는, 혹은 여전히 보다 더 풍성하게 예수께로 향해 가는 신앙으로 기울었다고 생각했다. 바빙크는 이런 **현상들**로부터 기독교의 참된 **본질**이 선명하게 된다고 주장했다. [이런 측면에서 기독교의 본질은] 예수 그리스도였다. 따라서 기독교는 "당신은 그리스도를 누구라고 말하는가?"라는 질문을 기독교 본질의 중심에 위치

---

66 Herman Bavinck, *Het Christendom* (Baarn: Hollandia, 1912); ET: "Christ nd Christianity," trans. A. A. Pfanstiehl, *Biblical Review* 1 (1916): 214-36(이 번역은 정확하지 않다). "기독교의 본질"에 대한 탐구 역사는 Hans Wagenhammer, *Das Wesen des Christentums* (Mainz: Matthias Grunewald, 1973)를 살펴보라.

67 Ernst Troeltsch, *Gesammelte schriften* (Aalen: Scientia Verlag, 1962), 2:391.

시킨다.[68]

그 당시 주류의 역사적 질문 중 한 질문에 대한 바빙크의 기여와 시도는 유신론적 연합체를 꾸리려는 그의 노력과 딱 들어맞았다. 바빙크는 "실제로 셀 수 없을 만큼 기독교 본질의 많은 공식들이 존재한다"라는 주장을 하며 개인 사상가들의 놀랄 만큼 다양한 범주를 강조하기 전 주류 교회 전통의 분열들에 대해 먼저 기록했다. 바빙크의 목록은 동방 정교회, 로마 가톨릭, 루터파, 개혁교회와 더불어 칸트, 헤겔, 슐라이어마허, 리츨, 그리고 폰 하르낙에게까지 공간을 부여했다.

바빙크는 서로 경쟁하는 전통들과 (이교적) 개인 사상가들에 대한 이런 배열을 검토하는 가운데 "여전히 서로 다른 지점에서 감사를 표할 동의점이 존재한다"[69]라고 기록했다. 각 전통과 개인들은 설사 그리스도에 대해 서로 많이 다른 답변을 가지고 있다 해도 예수를 이해하기 위해 노력했다고 보았다. 바빙크의 목적에 중요하게도, 그들의 공통의 기독론적 우려는(비록 서로 다르게 설명되고 서로 다르게 결론지어지긴 했지만) 그들 모두 니체가 주는 같은 위협에 직면하고 있다는 사실을 의미한다. 바빙크는 이 책에서 기독교의 **현상들**을 거부하는 사람들은 반드시 궁극적으로 기독교의 **본질**도 거부해야만 한다고 주장했다. 기독교를 거부한다는 것은 예수에 대한 묵살이 수반되기 때문이다.[70] 암시적으로 이런 생각은 니체의 신약 성경의 영웅은 나사렛 예수가 아닌 본디오 빌

---

68 Bavinck, *Het Christendom*, 11.

69 Bavinck, *Het Christendom*, 5. "Daar bestaan inderdaad talloos vele formuleeringen van het wezen des Christendoms, de Grieksche, de Roomsche, de Luthersche, de Gereformeerde enz., en men kan daaraan nog toevoegen die van Kant en Hegel, van Schleiermacher en Ritschl, van Harnack en Eucken, van Green en Caird en van vele anderen. Doch er bestaat op verschillende punten toch nog eene dankbaar te erkennen overeenstemming."

70 Bavinck, *Het Christendom*, 10-11.

라도였다는 사실을 바빙크 자신의 신학적 경쟁자들에게 상기시키는 생각이었다. 만약 그리스도께서 포도나무시고 기독교의 다양한 전통들이 그 가지들이라면, 바빙크는 초인 개념이야말로 가지치기 가위가 아니라 도끼를 불러들인 것이라고 경고했다. 니체의 새로운 인간은 칸트의 도덕적 교사, 슐라이어마허의 최고의 신-의식 인간, 바빙크의 성육신하신 하나님 사이를 차별할 이유가 없는 인간이었다. 이들은 함께 서거나 함께 무너질 수밖에 없다. 중요하게도, 카이퍼는 바빙크의 주장에 강한 동의를 표했다. 이 책이 출간된 직후, 카이퍼는 바빙크에게 이 책을 "대작"이라고 칭찬하는 편지를 썼다.[71]

빠른 흐름 속에 있는 한 사람

그해, 바빙크는 계속해서 의회 일에 기여했으며, 가난한 사람에 대한 구제 책임이 있는 국가를 각성시키는 연설을 했다(이런 연설은 국가는 정의로운 행위에 책임을 지니고 있지만, 교회는 사랑의 행위에 책임을 지니고 있다는 식의 생각을 가진 국가를 향한 연설이었다).[72] 바빙크는 국가가 재정을 감당하고 세계관을 지향하는 학교에 대한 카이퍼의 관점을 지지하는 강의를 했으며,[73] 매튜 헨리(Matthew Henry)의 성경 주석들을 네덜란드어로 번역하는 일에 공개적 지지를 표했고,[74] 일본에서 사역하는 아메리카인 칼빈주의 선교사 앨버투스 피터

---

71 Kuyper to Bavinck, Amsterdam, November 12, 1912, HBA, folder 9. "M.i. is het een meesterstuk."

72 *Handelingen van de Eerste Kamer der Staten-Generaal,* April 25, 1912, 495-97.

73 Herman Bavinck, *De taak van het Gereformeerd Schoolverband: Voor onderwijs en opvoeding* (Hilversum: Klemkerk, 1912), 13-14, 20.

74 Herman Bavinck, preface to *Letterlijke en practicale verklaring van het Oude Testament.* vol. 1, *Genesis-Deuteronomium,* by Matthew Henry (Kampen: Kok, 1912),

스(Albertus Pieters, 1869-1955)와 서신 왕래를 하기도 했다. 실제로 피터스의 일본 사역에 대한 인지를 촉진시키기 위해서 바빙크는 피터스와 주고 받은 편지들을 출간했다.[75]

1913년 바빙크의 사역도 같은 맥락 속에 있었다. 『기독교 신앙 교육 안내서』가 완성되었기 때문에 바빙크의 교의학이 비로소 새로운 독자들에게도 접근 가능하게 되었다. 개정된 『기독교 세계관』이 출간되었고,[76] 기독교와 자연과학[77] 뿐만 아니라 사회적 불평등[78]에 관한 글도 출간되었다. 바빙크는 전국 기독교 학교 대회에서 교육학에 대해 연설했으며[79] 현대주의자들과 『현대주의와 정통』에 대해 교감했던 현대 신학자 모임에서도 강연했다.[80] 그해 3월, 바빙크는 레이든에서 신학을 공부했던 시절 경험했던 1876년 고등교육법의 결과에 대해 의회에서 탁월한 연설을 했다. (이 특정 법안은 대학이 "신학"이라는 이름 하에 종교적 연구를 가르쳐야만 한다는 법이었다). 바빙크는 네덜란드 대학들 속에

v-xi.

75 Herman Bavinck, "Een brief van zendeling Pieters uit Japan," *De Macedonier*, September 1912.

76 Herman Bavinck, *Christelijke wereldbeschouwing*, 2nd ed. (Kampen: Kok, 1913).

77 Herman Bavinck, "Christendom en natuurwetenschap," *Stemmen des Tijds* 2 (1913): 343-77; ET: "Christianity and Natural Science," in *Essays on Religion, Science, and Society*, 81-104.

78 Herman Bavinck, "Over de ongelijkheid," *Stemmen des Tijds* 2 (1913): 17-43; ET: "On Inequality," in Essays on Religion, Science, and Society, 145-64.

79 Herman Bavinck, "Richtingen in de paedagogiek," *Handelingen van het nationaal christelijk schoolcongres, gehouden op 9, 10, 11 October 1913 te Utrecht* (Kampen: Kok, 1913), 61-69; ET: "Trends in Pedagogy," in *Essays on Religion, Science, and Society*, 205-8.

80 A. Binnerts Sz., *Nieuw-Gereformeerde en Moderne Theologie: Beschouwingen naar aanleiding van de rectorale oratie van Prof. Bavinck, ter moderne theologenvergadering voorgedragen en aangevuld met een Naschrift* (Baarn: Hollandia-Drukkerij, 1912); Herman Bavinck, "Verslag van toespraak gehouden op de vergadering van moderne theologen, op 17 April 1912 te Amsterdam," *Gereformeerd Theologisch Tijdschrift* 13 (1913): 92-93.

서의 신학의 위치가 더 잘 보호받아야 할 필요가 있다고 주장했다. (이 연설은 바빙크가 경험했던 다음과 같은 사실, 즉 "젊었을 때 나는 네덜란드의 젊은이 절반이 물타툴리의 발 앞에 무릎을 꿇고 존경과 함께 그를 올려다보는 것을 목격했다"라는 사실을 묘사했던 연설이었다).[81]

4월 암스테르담에서 바빙크는 자기 연설을 소개했던 루카스 린더봄이 협회장으로 있었던 개혁파 복음 전도 협회에서 개회 연설을 했다.[82] "복음 전도의 개념과 필요성"이라는 제목의 8가지 과제에 대한 일련의 내용에서(이 전기의 부록에 수록되어 있다),[83] 바빙크는 복음을 재발견한 종교개혁의 중요성에 대한 강조하면서, 기독교가 문화를 탄생시켰지만 점점 더 기독교로부터 멀어져 가고 있는 유럽인들을 재복음화해야 하는 교회의 소명을 언급하기 전 신약성경에 드러난 기독교적 복음에 대한 윤곽을 보여주었다. 「드 바자윈」에 실린 이 강연의 완성된 원고는 바빙크의 깜픈 시절에는 상상할 수 없었던 20세기 초반 네덜란드 모습에 대한 개략을 그리고 있었다. 네덜란드는 "전문적인 무신론자들이 하나님을 인류의 마지막이고도 가장 엄청난 적으로 부르며" 어떤 사람들은 예전 같았으면 바빙크가 찬물을 끼얹을 불가지적이고 미신적이며 무관심한 "잡종"의 삶을 정확히 살고 있던 나라가 되었다.[84] 신학적으로, 이런 맥락은 오직 복음 전도를 통해서만 적절히 반응할 수 있는 맥락이었다.

---

81 *Verslag der Handelingen van de Eerste Kamer*, March 12, 1913, 433. "Ik ben in mijn jeugd getuige geweest, dat het halve jonge Nederland geknield lag aan de voeten van Multatuli en met bewondering tot hem opzag."

82 *Congres voor Gereformeerde Evangelisatie op dinsdag 8 en woensdag 9 april 1913 te Amsterdam* (n.p., 1913), 5

83 Herman Bavinck, "Stellingen: het begrip en de noodzakelijkheid der evangelisatie," *Congres voor Gereformeerde Evangelisatie op dinsdag 8 en woensdag 9 april 1913 te Amsterdam* (n.p., 1913), 8-9.

84 Anthonie Honig, "Evangelisatie," *De Bazuin*, May 16, 1913. "De atheisten van professie, die God den laatsten en grootsten vijand noemen van het menschelijk geslacht." Cf. Bavinck, "The Future of Calvinism," 14.

중요하게도, 복음의 재발견으로서의 종교개혁에 대한 바빙크의 묘사는 종교개혁이야말로 복음의 능력이 삶의 모든 영역에까지 미친다는 새로운 인식도 포함되어 있었다. 이런 관점에서 바빙크는 종교개혁은 반드시 개혁파 방식으로 구별되게 복음 전도를 해야 한다고 주장했다. 복음은 단순히 한 사람의 영혼을 위한 좋은 소식이 아니었으며, 순간적으로 지나가는 경험, 혹은 꽤 종교적인 실천들에만 영향을 미치는 정도의 개인적 결정도 아니었다. 바빙크와 카이퍼가 수십 년에 걸쳐 주장했던 것처럼, 복음은 육체와 **더불어** 영혼, 그리고 예술, 학문, 사회를 위한 좋은 소식이었다.

이런 측면에서, 이 모임은 아메리카 부흥사들이었던 아이라 생키(Ira Sankey)와 D. L. 무디(Moody)가 네덜란드에 끼친 바 늘어만 가는 영향력에 대한 바빙크의 반응을 이끌어냈다. 바빙크는 이런 종류의 아메리카 복음주의를 경험했었고, 이제는 네덜란드 국민들에게 아메리카 복음주의에 대해 경고했다.[85] 바빙크는 개혁파라면 감리교 부흥사들처럼 복음 전도함을 통한 복음의 완성과 타협해서는 안 된다고 주장했다.

린더봄과 바빙크가 함께 [깜픈] 신학교에 임용된 지 이제 30년의 세월이 흘렀다. 신학교가 그 둘을 기념해 감사의 날로 지켰을 때 그들은 새롭게 예전 경험들에 대해 떠올렸다.[86] 몇 개월 후, 네덜란드 기독교의 지독한 쇠락에 직면하며 바빙크와 린더봄은 강단 교류를 해야 할 필요성을 느꼈다. 물론 린더봄은 복음에 대한 바빙크의 관점 속에 깊이 흐르고 있는 카이퍼주의적 핏줄에 여전히 반대를 표하고 있었다. 린더봄은 강의를 하면서 복음주의의 정의에 "자선 행위"

---

85 D. E. Boeke, *Gereformeerde Evangelisatie: Indrukken op het Congres voor Gereformeerde Evangelisatie te Amsterdam, 8/9 April 1913* (Amsterdam: Kirberger & Kesper, 1913), 15.

86 Harm Bouwman, "Gedenkdag," *De Bazuin*, January 10, 1913.

를 포함시키는 바빙크의 선택을 향해 반론을 폈다.[87] 바빙크와 린더봄은 복음의 필요성에 대해서는 서로 동의했지만, 복음의 의미에 대한 그들의 관점은 여전히 서로 달랐다. 결국 이 모임의 조사 결과들은 린더봄의 편을 들었다. 조사결과는 다음과 같이 결론지었다. "복음 전도는 믿음으로부터 멀어진 사람들을 그리스도 안의 믿음으로 되돌리려는 의도를 가지고 하는 교회의 사역이다. 이런 사역은 필수적 사역이다."[88] 함축적으로 바빙크의 신칼빈주의적 확장은 그렇지 않았다.

전쟁으로 인한 방해

1914년이 시작되면서 삶의 모든 영역을 그리스도의 주재권 아래로 불러들이려는 거의 60세가 된 바빙크의 노력들이 무르익게 되었다. 바빙크는 3월 마지막 즈음에 동인도 지역의 교육에 대해 의회에서 세 번에 걸쳐 연설했다. 바빙크는 이 연설 속에서 비기독교화된 서양 문화의 확장은 동서양을 막론하고 똑같이 재앙이라는 자신의 초창기 주장들을 계속했다.[89] 같은 시기, 바빙크는 당시 고인이 된 아드리안 스테꺼떼이(Adriaan Steketee)와 (깜픈에서의 학생 시절 경험에 대해) 반추하는 책을 출간했으며,[90] 심리학에 대한 새로운 내용을 집필했

---

87 Boeke, *Gereformeerde Evangelisatie: Indrukken op het Congres*, 20.

88 *Provinciale Overijsselsche en Zwolsche courant*, April 9, 1913. "Evangelisatie is de arbeid van wege de kerk, die zich wendt tot degenen, die vervreemd zijn van het geloof, met de bedoeling hen terug te brengen tot het geloof in Christus. Deze arbeid wordt noodzakelijk geacht."

89 *Handelingen Eerste Kamer der Staten-Generaal*, January 7, 1914, 119-22, 148-51; *Handelingen Eerste Kamer der Staten-Generaal*, March 20, 1914, 484-85; *Handelingen Eerste Kamer der Staten-Generaal*, March 21, 1914, 499.

90 Bavinck, "Inleidend woord van Prof. Dr. H. Bavinck." 주의: 스테꺼떼이는 직전 해

고,[91] 신약 성경 속에서의 선교에 대해,[92] 그리고 미학에 대한 글도 집필했다.[93] 바빙크의 엄청난 가속도와 동시에 매우 다양한 방향성을 지닌 집필을 통해 볼 때 바빙크의 활동이 둔화될 조짐은 보이지 않았다.

하지만 그해 7월, 모든 것이 변하게 되었다. 6월 28일 사라예보(Sarajevo) 에서 있었던 프란츠 페르디난트 대공(Archduke Franz Ferdinand)의 암살은 몇 달 후 세르비아 왕국을 향한 전쟁 선포를 본격화했으며 이후 유럽뿐만 아니라 전 세계에 전쟁의 소용돌이가 몰아치게 되었다. 6월 30일, 네덜란드는 전쟁 중립을 선언했으며, 이 선언은 4년 후 적대행위가 마칠 때까지 유지되었다. 일 촉즉발 유럽의 심지를 당겼던 총성과 (중도 진보적) 네덜란드 정부의 중립 선호는 바빙크와 낯선 중립 무인 지대를 향한 그의 거대한 지적 계획을 압박하게 되었다. 이 시기, 비록 주변 국가들은 전쟁을 벌이고 있었지만, 바빙크는 자신의 일상을 대부분 영위할 수 있었으며, 만약 그가 원하기만 했다면

흐로닝언에서 했던 바빙크의 연설
(연설대 좌측에 앉아있다)

1월 18일에 세상을 떠났다.

91 Herman Bavinck, "Bijbelsche Psychologie," *Orgaan van het Gereformeerd Schoolverband* (4 January 1912-5 March 1914). 이 글은 이후 *Bijbelsche en religieuze psychologie* (Kampen: Kok, 1920) 전반부 속에서 재출간되었다. ET: *Biblical and Religious Psychology*, trans. H. Hanko (Grand Rapids: Protestant Reformed Theological School, 1974).

92 Herman Bavinck, "De Zending in de Heilige Schrift," in *Triumfen van het Kruis: Schetsen der Christelijke Zending van alle eeuwen en allerlei landen voor ons Hollandsch volk geteekend*, by Henry Beets (Kampen: Kok, 1914), 7-30.

93 Herman Bavinck, "Van schoonheid en schoonheidsleer," in *Almanak van het Studentencorps aan de Vrije Universiteit voor het jaar 1914* (Amsterdam: Herdes, 1914), 121-43; ET: "Of Beauty and Aesthetics," in *Essays on Religion, Science, and Society*, 245-60.

이제껏 암스테르담에서 자신을 자극했던 다양한 주제들에 대해 집필할 수도 있었을 것이다.

사실 바빙크는 어느 정도까지는 그렇게 했다. 비록 바빙크는 자신의 『개혁 교의학』 개정 작업을 계속해서 심사숙고했지만, 그는 또 다른 주요 작품을 출간 하지는 않았다(그리고 자신의 『개혁 윤리학』 집필 작업을 절대 다시 시작하지 않았다). 이미 말했다시피, 이 시기는 어떤 열매도 없었던 시기가 아니었다. 바 빙크는 전쟁 중에도 계속해서 공개 강연을 했다. 1915년, 헤이그에서 대중들은 "개성과 개인주의"라는 제목의 공개 강연을 들었다. 바빙크는 이 강연에서 칼 뱅은 현대 개인주의자들보다 훨씬 더 개성을 보존했던 사상가라는 사실을 제 시했다.[94] 뷔숨(Bussum)의 청중들과(1916년) 암스테르담의 청중들은(1917년) "20세기 기독교"라는 강연을 들었다.[95]

바빙크의 반혁명당 사역도 계속 진행되었다. 1915년, 바빙크는 『반혁명당 속의 지도자와 지도력』(Leider en leiding in de Anti-Revolutionaire Partij)[96]이 라는 제목의 짧은 책을 공동 집필했는데, 이 책은 카이퍼의 지도자권에 대해 감 사를 표했지만 동시에 비판적 시각도 견지했으며 현재 78세가 된 지도자를 향 한 당의 의존성을 깬 후 당의 구조를 새롭게 해야 한다고 요청하는 내용도 포함 되어 있었다. (비록 바빙크는 공식적으로 몇몇 저자 중 하나의 저자로 기록되어 있지만, 공동 저자였던 피떠 디쁜호르스트[Pieter Diepenhorst]는 이후에 이 책은 바빙크의 작품이라고 주장했다). 같은 해, 바빙크는 『국제 표준 성경 백과

---

94 *Haagsche Courant*, May 28, 1915.

95 *De Telegraaf*, October 25, 1916; *Algemeen Handelsblad*, January 11, 1917.

96 Anne Anema, Herman Bavinck, Pieter Arie Diepenhorst, Theodorus Heemskerk, and Simon de Vries, *Leider en leiding in de Anti-Revolutionaire Partij* (Amsterdam: Ten Have, 1915).

사전』(*International Standard Bible Encyclopedia*)에 기고자로 기여했으며,[97]
세속 서양 문화가 제시될 때 이슬람교를 가졌던 자바인이 쉽게 자신의 이슬람
교를 포기했다는 식의 스눅 후르흐론여의 신념에 대해 직접적으로 교감했다.
(이에 대한 바빙크의 응수는 "종교는 오직 종교에 의해서만 정복되고 대체될 수
있어."였다).[98]

　1916년, 그리고 어쩌면 바빙크 가정의 필요가 반영되었던 시기에(전쟁이
발발했을 때 하니의 나이는 19세였다) 심리학에 대한 바빙크의 관심은 "개인주
의와 아이의 개성"(*Individualisme en Individualiteit van het kind*)이라는 제
목의 글 집필로 그를 이끌었고,[99] 이 작업은 놀랄 만큼 포괄적인 원작 『자라나
는 청소년 양육』(*De opvoeding der rijpere jeugd*)과 더불어 출간되었다.[100] "무
의식"에 대한 새로운 작품이 1917년에 출간되었는데[101] 이는 네덜란드적 특징

97　Herman Bavinck, "Death: Theological View," *International Standard Bible
　　Encyclopaedia* (Chicago: Howard-Severance Company, 1915), 2:811-13; Bavinck,
　　"Fall," in *International Standard Bible Encyclopaedia* 2:1092-94.

98　Bavinck to Snouck Hurgronje, Amsterdam, May 16, 1915, in *ELV*. "Godsdienst
　　kan, geloof ik, alleen door godsdienst overwonnen en vervangen worden." 이
　　시기는 스눅 후르흐론여가 공개적으로 자신의 "외적인 이슬람 행동"의 이유들에
　　대해 말했던 시기였다. 스눅 후르흐론여는 종교적 행위를 본질적인 자동 행위로
　　이해했다. 종교적 행위는 실재적이고도 직접적인 대상, 즉 신성을 필요로 하지
　　않는다고 생각했던 것이다. 오히려 그는 종교적 행위를 신앙보다는 자기 관심에
　　의해 동기 부여된 행동으로 여겼다. 이런 시각에서, 그는 압둘 알-가파르('Abd al-
　　Ghaffār)로서의 자신의 행위를 높은 사회적 지위를 얻기 위해 자기 자녀들의 세례를
　　요구하는 믿지 않는 네덜란드 부모들의 행위와 다를 바 없는 행위로 보았다. Pieter
　　Sjoerd van Koningsveld, "Conversion of European Intellectuals to Islam: The Case of
　　Christiaan Snouck Hurgronje alias 'Abd al-Ghaffār," in *Muslims in Interwar Europe:
　　A Transcultural Historical Perspective*, ed. Bekim Agai, Umar Ryad, and Mehdi Sajid
　　(Leiden: Brill, 2016), 92를 참고하라.

99　Herman Bavinck, "Individualisme en Individualiteit van het kind,"
　　*Correspondentieblad van de Vereeniging van Christelijke Onderwijzers en
　　Onderwijzeressen in Nederland en de Overzeesche bezittingen* (1916), 64-72.

100　Herman Bavinck, *De opvoeding der rijpere jeugd* (Kampen: Kok, 1916).

101　Herman Bavinck, *Over het onbewuste: Wetenschappelijke samenkomst op 7 juli 1915*

에 대한 종교개혁의 역사적 영향력을 재확증한 집
필이었으며,[102] 현대 교육학에 미친 다윈과 니체의
초인 개념에 대한 짧은 책『새로운 교육』(*De nieuwe
opvoeding*)도 출간되었다.[103] (이 특별한 책에서 바
빙크는 아이들은 기껏해야 그들의 몸일 뿐이며 약한
몸보다는 강한 몸이 더 낫다고 가르쳤던 다윈주의와
니체식의 사고의 위험성을 비판했다. 바빙크는 "덜
가치" 있는 몸을 가졌다고 여겨지는 발작 환자들과
그 외 사람들은 반드시 불임이 되게 만들어야 한다
는 식의 그 당시 커져만 갔던 대중적 관점에 대해 격
정했다).[104] 수정되지 않은『개혁 교의학』제3판이 전
쟁이 마무리되던 때에 출간되었다.

Prof. dr. H. Bavinck,
faculteit |der Godgeleerdheid
(Vrije Universiteit).

헤르만 바빙크(1916)

　　바빙크는 지적인 활동성을 유지했으며 계속해서 폭넓은 집필 의제를 가
지고 글을 썼다. 하지만 네덜란드의 중립적 지위로 인한 낯선 완충 장치에도
불구하고 바빙크는 전쟁을 아예 모른 채 할 수 없었다. 중립성은 네덜란드 전
역에 걸쳐 일상을 바꾸어 놓았다. 1914년, 어림잡아 백만 명의 벨기에인들이
북유럽 이웃 국가들 속에서 피난처를 찾기 위해 대거 국경을 넘었다. 네덜란
드 증권 거래소는 전쟁이 시작된 이후 문을 닫았다. 식민지들과의 연락이 점
점 더 어려워졌고, 음식 가격도 점점 더 폭등했다. 바빙크가 흐라흐턴호르덜

　　　(Amsterdam: Kirchner, 1915); ET: "The Unconscious," in *Essays on Religion,
　　　Science, and Society*, 175-98.

102　Herman Bavinck, "De hervorming en ons nationale leven," in *Ter herdenking der
　　　hervorming, 1517-1917*, by Herman Bavinck and H. H. Kuyper (Kampen: Kok,
　　　1917), 5-36.

103　Herman Bavinck, *De nieuwe opvoeding* (Kampen: Kok, 1917).

104　Bavinck, *De nieuwe opvoeding*, 29-30, 92.

(Grachtengordel)의 자기 집에서 『자라나는 청소년 양육』집필로 바빴을 때, 솜므(Somme) 전투에서 57,470명이 하루 만에 전사했다. 1917년, 바빙크가 "무의식"을 출간했을 때 기본 식량을 구하기 힘들어져 배급제도가 시작되었다. 그해, 바빙크의 집 가까운 곳에서는 감자 때문에 폭동이 나서 9명이 죽었다.

바빙크는 확실히 자신의 계속되는 신학적 계획에 대해 믿었지만, 이런 괴상하고도 점점 더 어려워지는 중립적 환경 속에서의 삶은 확실히 비현실적이었다. 전쟁은 수백만 명의 목숨을 앗아갔다. 끊임없이 계속되는 개혁의 부드러운 여정 가운데 자신의 사상을 발전시켰고 (지적이든 정치적이든) 혁명의 갑작스러운 혼돈을 피했던 바빙크 같은 신학자에게 전쟁의 여파는 큰 충격이었으며 쉽게 간과할 수 없는 여파였다. 위에서 언급했던 수많은 작은 작품들이 현대적 개혁에 대한 바빙크의 폭넓은 계획을 계속 유지해주었지만, 이 전쟁은 특별히 두 가지의 서로 연결된 사안들, 즉 바빙크의 여생을 지배했던 두 사안들에 대해 바빙크의 주목을 이끌게끔 만들었다. 이 두 사안은 전쟁 문제와 사회 속에서의 여성의 역할 문제였다.

전쟁 문제

전쟁이 발발한 지 3개월 후 바빙크는 『전쟁 문제』(*Het probleem van den oorlog*) 라는 제목의 소책자로 재빠르게 재발행된 소논문을 출간했다.[105] 이 책에서 바빙크는 평화의 왕의 종교인 기독교는 자연스럽게 폭력보다는 자비를 향해 기

---

105 Herman Bavinck, "Het probleem van den oorlog," *Stemmen des tijds* 4 (1914): 1-31; *Het probleem van den oorlog* (Kampen: Kok, 1914)로 재발행[역자 주: 바빙크의 전쟁관에 대해서는 박재은, "'창조계로의 참여' 모티브에 근거한 헤르만 바빙크의 전쟁관," 「개혁논총」 29 (2014): 93-125를 참고하라].

우는 종교라고 주장했다. 이런 이유로 [바빙크는] 전쟁 선언이야말로 교회 소관의 한 부분을 형성하지 않는다고 생각했다. 이 세상 속에서는 전쟁 선언이 국가의 소명이다. 하지만 바빙크는 의로움을 촉진시키고 압제당하는 사람들을 옹호하는 소명을 받은 종교로서 "실제로 기독교 윤리학은 선하고 정당한 전쟁이 **가능하다는 것** 외에 다른 결론을 허용하지 않는다"라고 주장했다.[106] 하지만 이런 용납 가운데서도 바빙크는 역사 속 전쟁 중에서 진정으로 정당한 전쟁이 있었는지에 대해 공개적인 의심을 표했다. 결국 예전에 벌어졌던 모든 전쟁은 "기독교와 인류" 모두에게 개탄스러운 요소들이 포함되어 있었다고 생각했다. 바빙크의 시각에서는, "가장 강한 자의 권리, 애국심, 용맹, 용기, 인내, 견고함, 다수의 의견 일치, 희생 등의 덕목이 전쟁을 정당화할 수 없었다. 그리고 재정적 이익, 영토 확장, 문화 확장, 혹은 심지어 전쟁에 수반될 수 있는 기독교의 [확장]"[107]에 대해서는 더욱 그러했다. 하지만 "정당한 전쟁" 이론에 지지를 표했던 바빙크는 얼마나 유럽 국가들 사이에서의 갈등이 명백하게 정당할 수 있는지에 대해 상상하길 힘들어했다. 결국 지금 유럽 대륙 상황은 기독교의 영향이 경제적 지배와 국가적 지배의 추구로 대체된 상황에 놓여 있었다. 바빙크는 신을 믿지 않는 세계 속에서 모든 전쟁이 부당한 전쟁이 될 것에 대해 두려워했다. 이 책의 후기에서 살펴보겠지만, 바빙크의 후예들은 확실히 제2차 세계대전 동안 벌어졌던 반(反)나치 저항 운동을 높은 값을 치룬 훌륭한 대의로 보았다. 시간이 흐르면서, 헤르만은 제1차 세계대전을 이해하기 위해 씨름했다. "이 전쟁

---

106 Bavinck, *Het probleem van den oorlog*, 16. "De Christelijke ethiek laat dus inderdaad geene andere conclusie toe dan deze, dat er goede en rechtvaardige oorlogen *kunnen* zijn." 강조는 원문.

107 Bavinck, *Het probleem van den oorlog*, 16. "Zijn recht rust dus niet op het recht van den sterkste, op de deugden van patriotisme, heldenmoed, geduld, standvastigheid, eendracht, offervaardigheid enz., die hij kweeken kan; nog minder op de zegenrijke gevolgen, verruiming van den gezichtskring, verbreiding der cultuur, of zelfs van het Christendom."

의 이유가 무엇인지, 왜 이 전쟁이 발발했는지, 전쟁의 목적이 무엇인지에 대해 그 누가 우리에게 말할 수 있는가? 어떤 시각에서 보든 간에, 전쟁을 비추는 빛 은 없다. 전쟁은 어둠으로 둘러싸여 있다."[108] 바빙크의 이런 평가 속에서, "우리 시대에 더 이상 적용할 수 없다"라고 여겨졌던 평화의 왕자의 방식에 대한 늘어 만 가는 거부는 유럽을 폭력 속으로 빠지게 만들었다. 바빙크는 이런 사태 전환 이야말로 그 당시 새로운 무신론과 불가분하게 연결되어 있다고 믿었다. 바빙 크는 이런 허무주의적 전쟁 책임을 니체에게 지웠다.[109]

전쟁 속에서 개혁파 젊은이를 섬기기

제1차 세계대전 발발 전, 네덜란드 군대의 군종 장교 공급은 꽤 체계적이지 않 았으며, 군대 내의 영적인 관리는 지역 목회자에게 크게 의존했던 상태였다.[110] 비록 네덜란드는 이 전쟁에서 중립적 관점을 취하고 있었지만, 전쟁 선언 직후 에는 네덜란드 군대가 동원되었다. 네덜란드의 중립성을 보호하기 위해, 약 20 만 병력이 국가 전역의 거점 지역들에 주둔하게 되었다. 이런 배치는 북쪽의 많 은 개신교 군인들이 대거 남쪽 로마 가톨릭 지역에 주둔하게 되었다는 의미이 며, 동시에 그 반대의 경우도 의미한다. 큰 도시 거주민들과 분리된 그들의 배

---

108 Bavinck, *Het probleem van den oorlog*, 1. "Wie kan ook aangeven, wat de oorzaak van dezen oorlog is, waarom hij ondernomen werd en waartoe hij dienen moet? Van welke zijde men hem beziet, nergens valt een lichtpunt op te merken, rondom is hij in duisternis gehuld."

109 Bavinck, *Het probleem van den oorlog*, 7-8.

110 George Harinck, "Via veldprediker naar legerpredikant: De protestantse kerken en de wederzijdse doordringing van kerk en leger," in *De kogel door de kerk? Het Nederlandse Christendom en de Eerste Wereldoorlog*, ed. Enne Koops and Henk van der Linden, eds. (Soesterberg: Aspekt B.V., 2014), 107-31.

치 전에는 서로 직접적으로 노출되지 않았던 젊은 네덜란드 가톨릭교도들, 개신교도들, 그리고 사회주의자들이 이제는 전우로서 함께 시간을 보내게 되었지만, 종종 딱히 할 일은 많이 없었다. 남쪽에는 개신교 교회들이 희박했기 때문에 네덜란드 개신교도들은 주로 가톨릭 지역에 주둔하고 있던 자신의 젊은 이들이 힘을 불어 넣어주는 개신교 기반시설의 부족으로 인해 영향을 받을까봐 점점 더 노심초사했다.[111] (바빙크는 이런 우려에 대해 공유하며, 젊은 개혁파 세대는 영적, 도덕적 악화의 위험에 놓여 있다고 믿었다). 이런 이유로, 네덜란드 개신교도들은 자기 군인들의 숙박 시설을 설립하기 시작했고, 국가로부터 돈을 지원받지는 않았다.

1915년, 바빙크는 상원에서 이 군인들의 영적인 돌봄은 반드시 자기 자신의 교회들로부터 제공 받아야만 하지만 재정적 부담은 반드시 국가가 져야 한다고 주장하는 운동을 이끌었다.[112] 이런 노력들 가운데서도 바빙크는 이 전쟁이 정당한 전쟁인지 아닌지에 대해서 혹은 중립 정책이 바른 정책인지 아닌지에 대해 계속 불확실함을 가지고 있었다. 의회에서의 바빙크의 주장은 미래 세대, 즉 자신들이 어른으로 성장함에 있어 매우 중요한 단계에서 삶이 정체되어 있는 세대에게 미칠 전쟁의 영향을 완화시키는데 집중했다. 정부는 동의했다. 바빙크의 판단 속에서 개신교 목회자들을 최전선에 주둔한 군대로 보내고 젊은 군인들이 교리와 삶 속에서 온전히 살아 있는 개신교 신앙을 향한 헌신과 함께 집으로 돌아오게 만드는 한 그가 펼친 운동은 성공적인 운동이었다.

---

111 Maartje M. Abbenhuis, *The Art of Staying Neutral: The Netherlands in the First World War, 1914-1918* (Amsterdam: Amsterdam University Press, 2006), 196. T. J. Hagen, "De geestelijke verzorging van onze weermacht," in *Onze Weermacht—van 1914 tot 1918—Extra Nummer van De Amsterdammer Weekblad voor Nederland*, ed. J. A. van Hame et al. (Amsterdam: n.p., 1918), 7-10.

112 *Handelingen Eerste Kamer der Staten-Generaal*, June 10, 1915, 312-13; see also *Handelingen Eerste Kamer der Staten-Generaal*, April 25, 1917, 496-98.

젊은 개신교 군인들이 어떻게 전쟁을 벌이고 있는지에 대한 이런 관심은 전쟁이 젊은 네덜란드 사람들에게 미치는 영향과, 만약 평화가 도래한다면 그들이 사회 속에서 어떤 역할을 감당할 것인지에 대한 광범위한 관심의 한 부분을 형성했다. 1917년, 바빙크는 네덜란드 개혁파 젊은이 협회(Nederlandschen Bond van Jongelingsvereenigingen op Gereformeerden Grondslag) 연례 모임에서 특정한 청중들을 대상으로 강연했다. 바빙크는 17-18세의 젊은이들에게 강연하는 가운데 가벼운 마음으로 자기 비하로 시작해서 진지한 내용으로 강의 내용을 옮겨갔다. "우리가 사는 시대는 예사롭지 않습니다."[113] 전쟁 발발 3개월 후 바빙크가 『전쟁 문제』를 집필했을 때, 전쟁이 빠르게 지나갈 것인지 혹은 상대적으로 적은 피해를 남길 것인지에 대해 궁금해했다. 3년이 지난 후 이 전쟁은 전 세계 속에 갈등을 선사했으며, 수백만의 목숨을 앗아간 전쟁이 되었다. 어떻게 이 젊은이들은 이렇게 지속되는 끔찍한 현실에 직면해야 하며 이와 관련된 자신들의 미래적 역할에 대해 이해해야 할까?

먼저 바빙크는 "성경의 위대한 내용"을 활용하며 사회 질서의 근본적인 유형에 대해 윤곽을 그렸다. 하나님께서 신적인 형상으로 남자와 여자를 창조하셨다. 그들은 최초의 사회 속에서 결혼으로 하나가 되었다. 이 최초의 사회로부터 이후의 모든 인간 문화가 형성되었다. 바빙크는 문화 속에서의 모든 관계가 네 부류의 범주, 즉 남자와 여자, 부모와 자녀, 주인과 종, 지배층과 피지배층 속에 있다고 주장했다. "모든 사회 문제들은 복잡하지만 궁극적으로 이 네 부류로 수렴된다."[114] 죄의 확장 아래 이 네 가지 관계 유형은 주변에 보이는 그대로 질

---

113 Herman Bavinck, "De Jongelingenvereeniging in hare beteekenis voor het sociale leven: Rede gehouden op de 29e bondsdag van de Nederlandschen Bond van Jongelingsvereenigingen op Geref. Grondslag" (n.p., 1917), 2. "Want de tijden, waarin wij leven, zij ernstig."

114 Bavinck, "De Jongelingenvereeniging," 6. "Alle sociale vraagstukken, hoe ingewikkeld ze zijn mogen, zijn ten slotte tot deze vier te herleiden."

서를 잃게 되었다. 하지만 바빙크는 이 네 가지 관계 유형의 본래적 조화를 회복시키는 필수적인 재료를 기독교가 제공한다고 계속해서 주장했다. 이런 이유로 바빙크는 이 젊은이들에게 이 엄청나게 파괴된 사회를 재건하는 데 자기 전통의 재료들을 제공해야 하는 사람들로 스스로를 바라보라고 격려했다. 결론부에서 바빙크는 미래는 분명 다를 것이라고 예상했다.

전 감히 예언하지는 않을 것입니다. 그 이유는 그 누구도 전쟁 후의 상황에 대해 알지 못하기 때문입니다. 하지만 저는 감히 확신하건대, 만약 뭔가가 필요하다면 바로 이것일 것입니다. 고통받은 피해를 회복하기 위해서라면, 잘못된 것들을 바로 잡으려면, 재정적으로 경제적으로 회복하려면, 더 이상 전쟁터에서의 싸움이 아니라 경제와 정치의 영역에서 반드시 싸워야 할 남자들과 여자들의 힘을 준비하려면 사람들은 그 어느 때보다 더 열심히 일해야 할 것입니다. … 미래가 여러분을 부를 수 있도록 이 일을 위해 자기 자신을 준비하십시오. 특별히 개혁파로서 여러분에게 주어진 이 소명을 이해하십시오.[115]

---

115 Bavinck, "De Jongelingenvereeniging," 8. "Ik zal mij niet aan profetieen wagen, want niemand weet, welke toestanden straks na den oorlog intreden. Maar dit durf ik toch wel verzekeren, dat, indien een ding noodig zal zijn, het dit zal wezen, dat er harder dan ooit te voren gewerkt zal moeten worden, om de geleden schade te herstellen, om weer goed te maken wat misdreven werd, om er financieel en economisch weer boven op te komen, en om alle krachten van mannen en vrouwen gereed te maken voor de worsteling, die wij dan niet meer op de slag velden, maar zonder twijfel op het gebied van economie en politiek zuilen hebben te strijden. … Maakt u gereed voor den arbeid, waartoe de toekomst U roepen zal. En verstaat inzonderheid als gereformeerde mannen de roeping, die in dezen op U rust."

같은 해, 국가가 기독교 학교들에 동등한 재정적 책임을 져야만 하는가와 관련
된 오래된 투쟁(스콜스트레이트[Schoolstrijd])이 불러온 헌법 개정이 비로소
결론에 이르게 되었다. 1917년 이후 국가는 중립적 학교와 기독교적 학교 둘 다
에 동등하게 재정지원을 했으며 이런 결론은 오늘날까지도 네덜란드에 유지되
고 있다. 프라너꺼르, 깜픈, 암스테르담에서의 수십 년의 세월 동안 바빙크는
기독교 학교에 지원을 아끼지 않았다.[116] 하지만 특히 이 결과에 대한 바빙크의
반응은 경고 중 하나였다. "스콜스트레이트[공립학교와 사립학교 국가 재정지
원 동등화 투쟁]은 끝나지 않았다. 오히려 이동되었다. 우리 사람들의 미래를
위해 스콜스트레이트는 반드시 정치적 영역에서 교육적 영역으로 이동되어야
만 한다." 이 경고는 개혁파 공동체는 새롭게 형성된 재정 안정성 때문에 자신
의 명예에 안주해서는 안 된다는 경고였다. 오히려 지속되는 도전은 기독교 교
육학의 발전 속에서 "활동적이고 영구적이며 내적인 개혁" 과정을 계속 유지해
야 한다고 주장했다. 만약 이를 실패할 경우, "올해 스콜스트레이트는 **재정적으**
로 이겼을지 몰라도 영적으로는 패배하게 될 것"[117]이라고 주장했다. 국가의 곳
간에 접근할 때는 위험을 무릅써야 한다는 경고는 앞으로의 네덜란드 기독교

---

116 J. C. Wirtz Czn., *Bijdrage tot de geschiedenis van de schoolstrijd* (Amsterdam: H. J.
     Spruyt's Uitgevers-Maatschappij, 1926), 24, 35, 109.

117 Bavinck, quoted in *Gereformeerd Jongelingsblad*, May 23, 1919. "De Schoolstrijd is
     daarom niet uit; maar hij wordt verlegd en moet, terwille van de toekomst van ons
     volk, verlegd worden van 't politieke naar ⋯ 't paedagogisch terrein. Meer dan tot
     dusver zal het aankomen op een leven voor en in de school, op rusteloos voortgezette
     innerlijke reformatie. ⋯ Als wij deze roeping niet verstaan en ter harte nemen, dan
     zou het kunnen gebeuren, dat wij den schoolstrijd in dit jaar *financieel* hadden
     gewonnen, en *geestelijk* hadden verloren." 강조는 원문.

교육의 복도에서 계속 울려 퍼질 경고였다.[118]

이 헌법 개정은 23세 이상의 모든 남자에게 투표권을 주자는 내용도 포함되어 있던 개정이었다. (이전에는 사회-경제적 지위가 있는 남자에게만 투표권이 부여되었다). 이 개정안에는 여성 투표권이 포함되지 않았기 때문에 많은 사람들에게 보통 선거권(*algemeen kiesrecht*)의 이상향과는 다소 먼 성의 없는 투표권 확장이라고 비판받았다. 5월 중순, 바빙크는 여성에게도 동등한 투표권이 가능하다는 주장은 **반드시** 고려해볼 필요가 있다고 주장하며 보통 선거권과 여성주의 운동에 대한 자신의 비판을 담은 길고도 미묘한 차이를 가지는 의회 연설을 했다.[119]

바빙크는 그 당시 정치권 내에서 "보통 선거권" 개념은 마치 역사가 없고 자명한 사회적 선인 것처럼 말뿐인 언쟁이라고 믿었다. 하지만 바빙크는 이 용어가 역사적으로 유망한 내력을 가지고 있지 않다고 추정했다. 오히려 바빙크는 이 용어가 일가친척들과 신비적으로 연합되어 있는 이상적이며 추상적인 인간을 선호함을 통해 역사적 사실들을 거부했던 혁명적 개인주의에 근거하고 있다고 보았다. (2년 전, 바빙크는 칼빈주의를 "-주의"[ism]로 승격시키는 것을 거부함을 통해 개성을 보존해왔던 칼빈주의를 설명하는 강의를 했었다). 게다가 바빙크는 보통 선거권 개념은 나이와 사회적 위치에 관한 자의적인 한계 설정으로 가득 찬 개념이라고 주장했다. 바빙크는 왜 투표권이 23세보다 어리고 감옥에 있는 사람들에게 확장되지 않았는가라고 반문했다. "이야말로 순전히 자의적입니다. … 보통 선거권은 보통적이지 않지만, 지지자들은 이 구호를 받아들입니다. 그 이유는 듣기 좋고 사람들에게 매력적으로 보이기 때문입니다. 하

---

118 예를 들면 *Friesch Dagblad*, February 6, 1933; *Friesch Dagblad*, December 2, 1937을 보라.

119 *Handelingen Eerste Kamer der Staten-Generaal*, May 15, 1917, 618-24.

지만 보통 선거권은 보통스럽지 않습니다."[120]

분명히 바빙크는 설사 같은 결론에 이른다 하더라도 다른 사람들에 대한 조잡한 생각들로 스스로를 묶어둘 마음이 없었다. 여성주의 운동에 대한 바빙크의 관점도 같았다. 바빙크는 여성 참정권 부여의 근거는 다원주의와 마르크스주의 사상에 있다고 믿었다. "남성은 항상 중산 계급이고, 여성은 항상 무산 계급입니다."[121] 바빙크는 죄가 남녀 관계를 왜곡시켰다고 확실히 믿었으며 다윈도 마르크스도 남녀 사이에 존재하는 이런 분열을 회복할 수 없다고 확신했다. 바빙크의 주장은 남자와 여자를 영원토록 계급 투쟁하는 대적 관계로 고정하기 보다는 남자와 여자 모두 다 함께 하나님의 형상이라는 사실을 일깨우자는 주장이었다.

이 논쟁에서 바빙크는 대학교에 처음으로 출석했고 최초의 여성 박사, 여성 참정권 운동가였던 네덜란드 여성 알레타 야콥스(Aletta Jacobs, 1854-1929)에게 공감을 표했다. 중요하게도 바빙크의 지원을 얻은 야콥스는 "정확히 남성과 여성 사이의 **불평등**과 **차이**를 근거로 보통 선거권을 요구했다."[122] 평생에 걸쳐 실재론자였던 바빙크는 남자와 여자 사이의 차이점들이 거부되기보다는 확증되어야만 한다는 야콥스의 주장을 인정했다. 이와 더불어 그녀는 공평함에 대해서도 요구했다. 남자와 여자 사이의 차이에도 불구하고 있는 그대로의 모습

---

120 *Handelingen Eerste Kamer der Staten-Generaal*, May 15, 1917, 619. "Het is pure willekeur. ⋯ Het algemeen kiesrecht is niet algemeen, maar de voorstanders hebben die leuze aanvaard, want ze klinkt goed en maakt het aantrekkelijk voor het volk. Het is echter niet algemeen."

121 *Handelingen Eerste Kamer der Staten-Generaal*, May 15, 1917, 621. "De man is nog altijd een bourgeois, de vrouw nog altijd een proletarier."

122 *Handelingen Eerste Kamer der Staten-Generaal*, May 15, 1917, 621. "Wordt algemeen stemrecht geeischt juist op grond van de *ongelijkheid* en het *verschil* tusschen mannen en vrouwen"[역자 주: 강조가 네덜란드 원문 강조인지 불분명하다].

586   BAVINCK

을 수용하자고 주장하며 야콥스는 오직 남자들에게만 투표권이 부여되는 것이 과연 공평한 것인가에 대해 질문했다. 바빙크는 공평하지 않다고 대답했다.

바빙크의 답변이 지니고 있는 신학적 내용은 꽤 밝은 빛을 가진 내용이었다. "하나님의 아들이 자기 어머니가 된 처녀의 진가를 인정했을 때, 여인의 가슴에 안겨 여인의 젖을 먹을 때 기독교에서는 더 이상 여인을 경멸할 그 어떤 공간도 없습니다."[123] 이 외에도, 여성 참정권을 향한 바빙크의 지원은 자기 주변 세계 속에서 벌어졌던 돌이킬 수 없는 엄청난 변화에 대한 관찰로부터 시작되었다. 대중 산업은 사회 속에서 여성의 역할의 본질을 바꾸어 놓았다. 결혼과 출산율의 감소는 결혼과 어머니상에 대한 기대와 함께 성장했던 많은 젊은 여성들이 자신들의 목표를 잃어버렸다는 의미였다. "이 젊은 여성들의 마음속에 무슨 일이 벌어지고 있는지를 알기 위해 바로 여러분이 이 시대의 젊은 여성들과 얘기를 나눠야만 하며 혹은 함께 이야기를 나누는 가운데 그들의 소리를 들어야만 합니다. [그들의 목소리는] 이렇게 요약됩니다. 실제로 우리는 아무 관계가 없으며, 결혼의 기회가 믿기 힘들 정도로 줄어들었기 때문에 우리는 결국 절대 오지 않는 남편을 기다리기 위해 앉아 있어야만 하는 비참한 위치에 있습니다. 전 이런 위치는 끔찍하다고 생각합니다."[124] 새롭게 산업화된 노동 인구

---

123 *Handelingen Eerste Kamer der Staten-Generaal*, May 15, 1917, 621. "Wanneer de Zone Gods een maagd heeft verwaardigd om zijn Moeder te zijn, en wanneer Hij onder het hart van een vrouw is gedragen en aan de borst van een vrouw is gezoogd, dan is er geen sprake meer van dat in het Christendom plaats kan zijn voor vrouwenverachting."

124 *Handelingen Eerste Kamer der Staten-Generaal*, May 15, 1917, 622. "Men moet maar met jonge meisjes van den tegenwoordigen tijd hebben gesproken of haar onder elkaar hebben hooren spreken, om te weten wat er omgaat in de harten van deze jongedochters. Dat komt hierop neer: wij hebben eigenlijk niets te doen, en wij verkeeren in de ongelukkige positie, dat wij moeten zitten wachten op een man die misschien nooit komt, want de huwelijkskansen zijn verbazend achteruitgegaan. Dat vind ik een verschrikkelijke positie."

10. 자신의 색깔을 보여주기

로 대거 진입되면서, 그리고 남성이 받는 교육 수준과 동등한 수준으로 점점 더 교육을 받게 되면서, 여성들은 동등한 정치적 참여 욕망을 불가피하게 가지게 되었다고 바빙크는 주장했다. 물론 이런 상황은 아주 놀랄만한 상황은 아니었다. 12년 전 첫 여학생이 자유 대학교에 등록했을 때, 바빙크는 이미 이런 특별한 사회적 발전상이 끊임없이 진행될 것으로 생각했다. 이제 상원 위원이 된 바빙크는 동료 의원들에게 다음과 같이 질문했다. "미래에는 단순히 여성이 **여성**이기 때문에 투표권으로부터 제외당할까요? 이 질문이야말로 우리가 직면하고 있는 질문입니다. 전 감히 성경에 손을 얹고 이에 대해 긍정적인 대답을 드립니다. 이런 가능성은 여성에게도 열려야만 합니다."[125] 심지어 헤르만 카이퍼를 위시한 일부 반혁명당 사람들도 이런 바빙크의 연설에 찬사를 표했지만, 정작 카이퍼는 기뻐하지 않았다. 「드 스탄다르트」에 실린 일련의 세 편의 글에서 카이퍼는 바빙크의 관점을 자기 진영을 향한 "원칙에 입각한 공격"이라고 부르며 비판했으며, 여성 투표권은 개혁파 원리와 양립할 수 없다고 계속해서 주장했다.[126] 바빙크는 암스테르담 시절 내내 신칼빈주의적 명분을 계속해서 진전시키고 있었지만, 바빙크의 실재론과 카이퍼의 이상주의 사이의 차이는 예전보다 더 명확해졌다. 바빙크는 "성경에 손을 얹고" 시대에 발맞추려는 결정을 했지만, 적어도 카이퍼의 관점에서는 이런 바빙크의 결정이 내심 반혁명당 원리에 발맞추는 결정은 아니라고 생각했다.

이 연설은 바빙크를 곤란한 순간으로 밀어 넣었다. 이제 바빙크는 여성의

---

125 *Handelingen Eerste Kamer der Staten-Generaal*, May 15, 1917, 622. "Zal in de toekomst de vrouw van het stemrecht zijn uitgesloten enkel en alleen omdat zij *vrouw* is? Dat is de vraag waarvoor wij staan. En daarop durf ik, ook met de Schrift in de hand, niet anders dan een bevestigend antwoord geven: die mogelijkheid is inderdaad voor de vrouw open te stellen"[역자 주: 강조가 네덜란드 원문 강조인지 불분명하다].

126 *De Standaard*, June 19, 21, and 23, 1917.

투표권을 향한 자신의 지원이 어떻게 실제로 자기 정당이 가지고 있는 유산과 양립 가능한가를 설명해야만 했다. 바빙크는 반혁명당 전통과 같은 선상에서 자신의 관점에 대한 중요한 옹호를 (186페이지의) 『현대 사회 속의 여성』(*De vrouw in de hedendaagsche maatschappij*)이라는 책에서 공론화 시켰다.[127] 카이퍼는 개인적으로 바빙크와 화해하려고 했으며, 이 사안이 공개적인 싸움으로 번지길 원치 않는다고 바빙크에게 언질했다.[128] 자신을 향한 카이퍼의 공개적인 비판에 직면했던 바빙크는 카이퍼 자신의 독단적인 개인적 용서 부탁을 인정하지 않았다. 체면을 지키려는 카이퍼의 노력에 좌절감을 느끼고 공개 석상에서 카이퍼를 기꺼이 인정하고 싶지 않았던 바빙크는 곧바로 정당 모임에서 자신의 의회 연설의 근거는 사실 오래전 "우리 당의 '영예로운' 지도자가" 세운 것이라고 주장했다.[129] 결국 대중 민주주의를 지원하는 반혁명당의 길을 처음으로 눈부시게 비춘 사람은 카이퍼가 아닌가? 판 드릴(van Driel)이 관찰한 것처럼, "여기서 바빙크가 사용했던 따옴표는 그 당시 카이퍼를 향한 바빙크의 태도의 많은 부분을 드러내준다."[130]

---

127 Herman Bavinck, *De vrouw in de hedendaagsche maatschappij* (Kampen: Kok, 1918).

128 Kuyper to Bavinck, Amsterdam, March 17, 1918, HBA, folder 11.

129 Herman Bavinck, "Politieke rede 1918," 11, quoted in Niels (C. M.) van Driel, "The Status of Women in Contemporary Society: Principles and Practice in Herman Bavinck's Socio- Political Thought," in *Five Studies in the Thought of Herman Bavinck, a Creator of Modern Dutch Theology*, ed. John Bolt (Lewiston, NY: Mellen, 2011), 181.

130 Van Driel, "Status of Women in Contemporary Society," 181.

1918년이 흘러가고 제1차 세계대전이 막바지에 이를 즈음, 하니는 암스테르담 케이저스흐라흐츠 교회(Keizersgrachtskerk)에서 아버지의 주재 하에 변호사였던 헤리트 라위스(Gerrit Ruys, 1888-1945)[131]와 결혼했다.[132] 바빙크의 새로운 사위는 자유 대학교에서 공부했고 결혼 직전에 박사논문 옹호식을 했다.

이와 더불어, 바빙크는 자신의 일상의 사역을 계속하려는 노력을 기울였다. 그해, 바빙크는 레이든에서 "믿음의 철학"이라는 제목의 글을 발제했으며(또다시 칼뱅으로 돌아가 현대 문제들에 대해 답변하는 발제였다),[133] 짧은 책인『그리스도를 닮아감과 현대적 삶』(De navolging van Christus en het moderne leven)을 집필했고,[134] 기독교 교육에 대한 글도 계속해서 집필했다.[135] 11월 중반 전쟁은 끝났고, 바빙크는 기독교로부터 철저히 소외된 채 성장한 기독교 국가들의 상태에 대해 깊은 우려를 가졌다. 왜 오랜 기독교 역사를 가진 유럽이 (여전히 바빙크가 믿고 있었던 것처럼) 불필요하고 무의미한 전쟁으로 치달아가는 것으로부터 기독교 국가들을 막지 못했는가?(또한 왜 나머지 세상도 기독교 국가들과 더불어 이끌렸는가?) "기독교, 전쟁, 그리고 국제연맹"(Christendom, oorlog, volkenbond)[136]에서 주장한 [이 질문에 대한] 바빙크의 답변은 19세기의 마지막

---

131 주의: 그의 성은 자료마다 다른데 어떤 자료는 Ruys로, 또 어떤 자료에는 Ruijs로 표기되어 있다.

132 Bremmer, *Herman Bavinck en zijn tijdgenoten*, 264.

133 Herman Bavinck, "Philosophie des geloofs," in *Overdr. uit het Annuarium der Societas Studiosorum Reformatorum, 1918* (Leiden: Donner, 1918), 62-72.

134 Herman Bavinck, *De navolging van Christus en het moderne leven* (Kampen: Kok, 1918).

135 Herman Bavinck, "Klassieke opleiding," *Stemmen des Tijds* 7 (1918): 46-65, 113-47; ET: "Classical Education," in *Essays on Religion, Science, and Society*, 209-44.

136 Herman Bavinck, "Christendom, oorlog, volkenbond," *Stemmen des Tijds* 9 (1919):

을 향해 가면서 다윈의 "적자생존" 개념
과 니체의 반기독교적 "지배의 철학"이
생물학과 철학의 영역에서부터 국수주
의적 정치 세계로 이동했기 때문이라는
답변이었다. [바빙크는 주장하길] 그 결
과 국제정치가 어떤 희생을 치루더라도
지배권을 다투는 상황으로 변질되었고,

"주일에는 배달하지 마시오"라는
스티커가 붙은 바빙크에게 보낸 편지(1918)

이 상황 속에서 기독교가 억제 요인으로 고려되지 않았다고 보았다. 이런 발전
은 그 당시를 지배했던 자유주의 신학이 진화적 우월감에 도취된 초인를 당해낼
수 없다는 것을 깨달았을 때 일어난 발전이었다.[137]

전쟁 한복판에서 바빙크는 일군의 청소년들에게 언젠가 평화 중재자로서
조국 재건을 위해 소명을 받게 될 것이라고 말했다. 평화가 되돌아오는 것을 보
기 위해 스스로를 아꼈던 바빙크는 이윽고 자기 자신이 [청소년들에게] 했던 조
언을 따르기 시작했다. 전쟁이 끝난 후 바빙크는 민족주의든 국제주의든 본질
적으로 악은 아니라고 결론지었다. 하지만 바빙크는 민족주의와 국제주의 둘
다 높은 수준의 보편적 공동체의 부재 안에서 빠르게 전이된다는 사실에 확신
을 표했다. 세계대전의 여파 속에서 바빙크는 그 어느 때보다 더 기독교 신앙이
필요하다는 사실을 깨달았다. "기독교는 보편적이다. 기독교는 모든 인류가 하
나의 피로 구성되며 복음은 모든 사람들을 위한 것이라고 가르친다."[138]

1-26, 105-33.

137 Bavinck, "Christendom, oorlog, volkenbond," 13.

138 Bavinck, "Christendom, oorlog, volkenbond," 131-2. "Het Christendom is
universeel; het leert, dat heel het menschelijk geslacht van eenen bloede is en dat het
Evangelie voor alle volken is bestemd." Dirk van Keulen, "Herman Bavinck and the
War Question," in *Christian Faith and Violence*, vol. 1, ed. D. van Keulen and M.E.
Brinkman (Zoetermeer: Meinema, 2005), 122-40도 참고하라.

10. 자신의 색깔을 보여주기

11. 바빙크의 마지막 몇 해들
1920-21

"신문에 싣지는 말아 주십시오. 저와 맞지 않습니다!"

평화가 도래했던 시기, 수년 동안 위태로웠던 카이퍼의 건강이 훨씬 더 안 좋아
졌다. 비록 카이퍼는 1917년 본격적인 흉부 전염 기간 동안 폐 수술을 피하기
위해 세심히 관리했지만, 그다음 해 만성 기관지염 때문에 긴 시간 요양해야 했
다. 카이퍼의 사회 참여는 점점 더 줄어들었고, 사람을 만나기보다는 주로 글을
쓰며 시간을 보냈다. 1920년 가을, 카이퍼는 일전에 심하게 넘어진 이후로 발병
한 현기증을 다시 한 번 한바탕 앓았고 이를 통해 그는 더 이상 일할 수 없게 되
었다.[1] 9월에 카이퍼는 더 이상 글을 쓸 수 없게 되었고 자신의 정치적 사임 편

---

1 James Bratt, *Abraham Kuyper: Modern Calvinist, Christian Democrat* (Grand Rapids:
   Eerdmans, 2013), 373.

지를 딸 중 한 명에게 받아적게 해야만 했다.[2] 카이퍼는 이제 82세였고, 더 이상 손 쓸 수 없는 쇠퇴기에 접어들었다. 그는 자신의 83번째 생일 직후 유명을 달리하게 되었다.

이와 대조적으로 바빙크는 전쟁이 끝났을 때 63세였고 산산조각난 유럽 기독교 국가를 다시 세우는 일에 여전히 힘을 쏟을 수 있게 보였던 나이였다. 예를 들면 1919년 3월 의회 연설에서 바빙크는 (카이퍼의 지원에 힘입어) 심지어 기독교 신앙을 개인적으로 고백하지 않는 정치인들도 현재 네덜란드 사회가 수세기 동안 기독교와 더불어 발전해왔으며 여전히 "기독교적 원리"로 구성되기 때문에 심지어 불신 정치인들도 기독교를 향한 긍정적이고도 지원을 아끼지 않는 자세를 반드시 품어야 한다는 사실을 인식해야만 한다고 주장했다.[3] 이런 주장은 정치 영역에서 혁명보다는 개혁을 위한 공개적 호소였으며, 몇 달 전 카이퍼의 오랜 적수 피떠 옐러스 뜨룰스트라(Pieter Jelles Troelstra)에 의해 네덜란드 사회주의 혁명을 공개적으로 요구하는 상황을 예의주시하는 가운데 주장되었다.[4]

이후에 바빙크는 『성경적이고 종교적인 심리학』(*Bijbelsche en religieuze psychologie*)이라는 제목의 글 모음집을 출간했는데, 이 책에서 (어쩌면 선견지명을 가지고 20세기 중반 역사에 대해) 다음과 같이 주장했다. "대중들을 깊이 업신여기면서 인류로부터 나온 몇몇 위대한 사람들만을 찬미하고 최강자들이 가진 권리를 옹호했던 … 프리드리히 니체의 출현"[6]을 통해 끔찍한 변화가 서양

2 *Verslag van de Handelingen der Staten-Generaal: Zitting van 21 September 1920-17 September 1921; Verslag van de handelingen van de Eerste Kamer der Staten-Generaal gedurende het zittingjaar 1920-1921* ('s Gravenhage: Algemeene Landsdrukkerij, 1921), 4.

3 *Handelingen Eerste Kamer der Staten-Generaal*, March 13, 1919, 243.

4 Johan S. Wijne, *De "vergissing" van Troelstra* (Hilversum: Verloren, 1999).

5 Herman Bavinck, *Bijbelsche en religieuze psychologie* (Kampen: Kok, 1920), 75. "…

대중 심리학 속으로 들어오게 되었다. 이후 수십 년 동안에도 확실히 발달하게 될 초인 개념에 대한 반응으로, 바빙크는 그리스도가 던지신 다음과 같은 질문을 던졌다. "사람이 만일 온 천하를 얻고도 자기 목숨을 잃으면 무엇이 유익하리요"(막 8:36).

바빙크는 복음주의[6]와 교육[7]에 대한 글을 계속 집필했고 나라 전역에서 열렸던 기독교 여성 협회 모임에서 정기적으로 연설했다.[8] 사회 속에서 여성의 역할에 대한 공개적 논쟁에 기여한 바빙크의 노력은 중요하게 남아 있다. 1919년, 바빙크는 로테르담에서 열렸던 제2차 기독교 사회 회의에서 "기혼 여성의 전문직"이란 제목의 개회 연설을 했다.[9] 이 노력의 결과로 바빙크는 여성 교육 분야에서 세간의 이목을 끄는 대변자가 되었다. 바빙크의 동료 J. C. 룰만 (Rullmann, 1876-1936)은 그해 오후에 있었던 일, 즉 바빙크 교수가 룰만의 집에서 커피 시간을 가졌고 룰만의 어린 딸들에게 이 사안에 대해 길게 이야기했던 일을 회상했다. "오후에 (그 누구도 이것을 들은 사람은 평생 잊지 못할 것이다!) 얼마나 따뜻하고 간결하게, 얼마나 알아듣기 쉽고 이해하기 쉽게 유명

---

en met name is toen Friedrich Nietzsche opgetreden, om, met diepe verachting voor de massa, de enkele groote mannen te verheerlijken, die uit de menschheid voortkomen, en voor hen het recht van den sterkste te vindiceeren."

6 Herman Bavinck, Harm Bouwman, and Herman Kuyper, "Rapport voor evangelisatie" (n.p., 1920).

7 Herman Bavinck, "Individueele en Sociale Opvoeding," *Orgaan van het Gereformeerd Schoolverband* (20 May-18 November 1920); Herman Bavinck and H. Tilanus, "Rapport van den Onderwijsraad in zake het ontwerp Lager-Onderwijswet" (n.p., 1920).

8 예를 들면 다음을 보라. *Middelburgsche courant*, January 28, 1919; *Algemeen Handelsblad*, September 13, 1919; *Het Centrum*, September 27, 1919; *De Telegraaf*, December 12, 1919.

9 Herman Bavinck, "De beroepsarbeid der gehuwde vrouw," in *Tweede christelijk-sociaal congres 10-13 maart 1919 te Amsterdam: Referaten* (Rotterdam: Libertas, 1919), 5-25.

한 교수께서 우리 딸들에게 여성 교육에 대해 이야기하셨는지 모른다."[10] 물론
바빙크는 칼빈주의를 위한 공개적 옹호자로 남아 있었고, B. B. 워필드의『신
학자로서의 칼뱅과 오늘의 칼빈주의』(*Calvin as a Theologian and Calvinism
Today*, 1919)의 네덜란드 번역본 서문도 썼는데 이 서문은 다음과 같이 마친다.
"칼빈주의는 세상의 소망 그 이상도 그 이하도 아니다."[11]

　　많은 세월 동안 그랬던 것처럼, [바빙크의] 인생은 여전히 한창 진행 중이었
다. 1920년 5월, 헤르만과 요한나는 하니와 헤리트의 세 아들 중 첫째인 테오도
루스 라위스(Theodorus Ruys, 1920-86)의 탄생을 보았고 이윽고 할머니, 할아
버지가 되었다. 하지만 이 수그러들지
않는 사역 가운데서 헤르만도 나이가 들
기 시작했다. 바빙크가 새로운 손자에게
세례를 준 후 그려진 마지막 초상화라고
알려진 초상화에서 바빙크는 확실히 자
신의 66년 동안의 모든 세월을 보았다.
첫 학생 시절 때의 흩어진 머리를 가진
초상화는 서서히 희미해졌고 깊은 홈이
그의 양 뺨에 짙게 드리워지게 되었다.
그의 어깨는 축 처졌다. 이 초상화는 피
곤해 보이는 한 사람의 초상화였다. 오

HET LAATSTE PORTRET VAN Dr H. BAVINCK.

genomen bij gelegenheid van den doop van zijn kleinkind te Bussum.

뷔숨에서 손자 테오도루스 라위스에게
세례를 베푼 후 마지막으로 찍힌 사진으로
알려진 사진(좌에서 우로 하니, 요한나,
테오도루스, 헤르만 그리고 헤리트)(1920)

10　J. C. Rullmann, *Onze voortrekkers* (Delft: Naamlooze Vennootschap W. D. Meinema,
　　1923), 238. "En 's middags—iemand die 't gehoord heeft zal het ooit vergeten!—oe
　　hartelijk en eenvoudig, hoe begrijpend en begrijpelijk, heeft hij, de beroemde
　　hoogleraar, toen tot onze meisjes gesproken over de opvoeding der vrouw."

11　Herman Bavinck, "Woord vooraf," in *Calvijn als theoloog en de stand van het
　　calvinisme in onzen tijd*, by B. B. Warfield, trans. C. M. E. Kuyper (Kampen: Kok,
　　1919), 38. "Zoo staat het Calvinisme voor ons als niets meer of minder dan de hope
　　der wereld."

랜 세월 동안 끊임없이 변화하는 지형에 발을 디딘 것으로 인해 바빙크는 많은 손상을 입었다. 실제로 이 시기 바빙크도 카이퍼처럼 인쇄된 그림과 다른 인상의 사람이 되었다. 바빙크 사후, 그의 친구 W. J. 알더르스(Aalders)는 1919년에 기독 학생 수련회 연사로 나섰던 바빙크의 모습을 다음과 같이 회상했다.

바빙크 박사는 웃어른 중 한 명이었고 대화와 결정의 순간에 큰 영향력을 끼쳤다. 난 마지막 주일 저녁 객실에서의 일을 기억한다. 믿음에 대해, 즉 얼마만큼 믿음에 속했는지, 얼마만큼의 확신의 정도가 반드시 필요한지에 대해 친밀하게 이야기를 나누었다. 바빙크 박사는 처음에는 많은 이야기를 하지 않았다. 그의 단호한 모습으로 인해 쉽게 친밀해지지는 못했다. 그의 모습은 응축된 힘과 유보적 특성을 지녔다. 하지만 그가 마침내 입을 열었을 때, 믿음이 너무 실용적이라든지 완벽하다는 상상을 해서는 안 된다고 말했다. 적어도 나이가 들면 들수록 점점 더 믿음이 많이 남아 있지 않게 느껴진다고도 말했다. [바빙크는 스스로를] 점점 더 하나님의 은혜를 더 깊이 갈구하며 믿어야 하는 죄 많은 인간으로 [보았다]. 바빙크는 아이처럼 감격에 찬 채 심금을 울리며 이야기했다.[12]

---

12 Willem Jan Aalders, "In Memoriam: Dr. H. Bavinck," *Stemmen des tijds* (1921): 140. "Dr Bavinck was een der ouderen en had grooten invloed op den loop der gesprekken en besluiten. Ik zie ons nog den laatsten Zondagavond in de voorkamer bijeen. Er werd vertrouwelijk gesproken over het geloof; hoe veel er toe behoorde; hoe groot de mate van zekerheid moest zijn. Dr Bavinck sprak eerst niet veel. Zijn forsche figuur neigde niet zoo licht tot vertrouwelijkheid. Zij droeg zoo geheel het kenmerk van gecondenseerde kracht en reserve. Maar toen hij eindelijk het woord nam, was dit om te zeggen, dat men zich toch niet moest verbeelden, dat het geloof iets zoo zakelijks en acheveerds was. Althans hij, naar mate hij ouder werd, voelde hoe langer hoe meer, dat er ten slotte maar heel weinig overblijft: een zondig menschenkind, dat zich telkens weer en met dieper behoefte aan Gods genade toevertrouwt. Hij sprak als een groot kind; ontroerd, ontroerend."

레이우바르던(Leeuwarden) 총회

1920년 8월, 바빙크는 당해 총회에 참가하기 위해 북쪽 지역 레이우바르던으로 이동했다. 다수의 잠재적 논쟁들이 논의될 예정이었다. 교단 예배 의식과 신앙 고백적 문서 영역에서 제기된 변화 목록과 함께 바빙크의 [깜픈] 신학교 후임 안토니 호너흐(Anthonie Honig)는 극장, 춤, 카드 게임을 향한 교회의 반대를 공식화하도록 교회를 압박하고 있었다. (이런 문제들은 더 넓은 세계 속에서 기독교가 직면한 도전들의 규모와 비교할 때 바빙크에게 그다지 중요하지 않았다).[13] 바빙크에게는 바빙크의 예전 학생 중 하나였던 J. B. 네떨른보스(Netelenbos, 1879-1934) 목사가 성경의 권위에 대한 관점 때문에 총회에서 갈등을 일으킨 일이 더 긴급했다.

자유 대학교 학생 중 높이 인정받았던 네떨른보스는 여전히 네덜란드 개혁교회 예배에 자주 출석하긴 했지만 대학 교수진들의 [성경에 대한] 철저한 비평적 검토에도 매력을 느꼈던 학생이었다.[14] 1917년, 미덜뷔르흐(Middelburg)의 네덜란드 개혁교회 목회자였던 네떨른보스가 헤이그의 네덜란드 개혁교회에서 설교할 때 논쟁이 촉발되었으며, 비록 네떨른보스는 자신의 관점이 교회의 교의적 기준의 미묘한 차이를 가지는 독법 내에 위치한다고 보았지만 그럼에도 성경 권위에 대해 꽤 자유주의적인 관점을 가지고 있다고 널리 의심받았다. (네떨른보스는 네덜란드 개혁교회 내의 새로운 발전이었던 "젊은 세대 운동"[beweging der jongeren]과 관련이 있었다).

바빙크에게는 중요하게도, 네떨른보스는 자신의 관점을 자기의 옛 교수들

---

13 R. H. Bremmer, *Herman Bavinck en zijn tijdgenoten* (Kampen: Kok, 1966), 265.

14 Arie Theodorus van Deursen, *The Distinctive Character of the Free University in Amsterdam, 1880-2005* (Grand Rapids: Eerdmans, 2008), 30.

의 관점과 연결시키며 자기 의견을 옹호했다. 예수를 신성과 인성의 완벽한 연합으로 이해했던 개념과 유사한 구조 가운데서 바빙크는 진정한 인성과 **더불어** 진정한 신성이 연합되어 보존되는 방식으로 성경도 유기적으로 영감되었다는 사실을 네떨른보스에게 가르쳤었다. 이런 이유로 네떨른보스는 이제 완전하게 인간 텍스트로서 성경의 형식과 내용은 오류가 있다고 주장하기 시작했다. 총회의 논쟁은 에덴 [동산]의 교활하고도 자신의 생각을 분명히 표현하는 뱀의 역사성에 집중하게 되었다. 네떨른보스는 뱀 이야기는 신화라고 생각했으며 이 때문에 그는 면직당했다.

네떨른보스의 면직은 바빙크에게 깊은 고통을 안겼는데, 자신의 예전 학생의 관점과 그와 나누었던 개인적인 서신을 기록한 바빙크의 노트는 그가 네떨른보스의 주장을 심각하게 여겼다는 사실을 드러내준다. 실제로 바빙크는 네떨른보스가 홀로 서 있지 않았음을 인지했다. 오히려 네떨른보스의 관점은 교회 내에서 벌어지고 있던 세대 변화를 대변했던 관점이었다. 이 노트들 속에서 바빙크는 성경의 인간적 형태를 "약하고 … 처음부터 끝까지 완전히 인간적 형태"라고 묘사했다.[15] 하지만 이와 더불어 바빙크는 여전히 성경이 하나부터 열까지 속속들이 신적 형태를 지닌다고도 주장했다. 완전한 하나님이시고 동시에 완전한 인간이신 그리스도와 같이(그러므로 하나님으로 남아 있을 수 있지만 동시에 육체적으로는 약하고 취약했던 그리스도와 같이) 성경에 대한 바빙크의 관점은 인간의 형태를 지닌 하나님의 말씀이었다. 이를 통해 네떨른보스는 성경의 취약한 종의 형태에 대한 바빙크의 관점으로부터 가능한 결과들을

---

15 George Harinck, Cornelis van der Kooi, and Jasper Vree, eds., *"Als Bavinck nu maar eens kleur bekende": Aantekeningen van H. Bavinck over de zaak-Netelenbos, het Schriftgezag en de Situatie van de Gereformeerde Kerken (November 1919)* (Amsterdam: VU Uitgeverij, 1994), 58. "De vorm is totaal menschelijk, van begin tot einde."

이끌어냈다. 즉 결국 인간적 형태의 성경은 오류가 있다는 결과였다. 바빙크는 성경의 신적 권위를 위태롭게 하는 이런 결과에 대해 우려했기 때문에 그는 네 떨른보스의 일보 전진을 따라가길 원치 않았다. 오히려 바빙크는 자신의 입장을 고수해야만 했으며, 아니면 자신이 왔던 길을 더 멀리 되짚어가야만 했다.

신기하게도 네떨른보스의 전략은 1919년 여성 투표권에 대한 바빙크의 의회 연설 후에 카이퍼를 반대했던 바빙크의 움직임을 연상시켰던 전략이었다. 비록 카이퍼는 바빙크의 관점을 완전히 지지하길 꺼려했지만, 바빙크는 아주 오래전 카이퍼가 대중 민주주의의 초기 형태를 지지했고 그런 지지가 없었더라면 자신의 입장은 불가능했을 것이라는 사실을 공개적으로 연상시킴을 통해 카이퍼에게 아픔을 주었다. 이제 바빙크가 카이퍼의 위치에 있었고 젊은 신흥 목사가 자신의 통제를 넘어서는 진보된 생각을 가지고 있는 모습을 바라보고 있었다. 최악의 상황이 닥쳤을 때, 바빙크는 카이퍼가 개혁파 원리들을 고수하는 관점을 가졌던 것처럼 같은 이유로, 즉 이 지점을 양보하면 모든 것을 잃게 될 것이라는 이유로 성경의 신적 권위를 굳건히 고수했다. 네떨른보스가 바빙크의 입장을 유지하기 훨씬 더 어렵게 만들었음에도 불구하고, 그들의 개인 서신들 가운데 드러난 바빙크가 생각한 진짜 문제는 뱀이나 당나귀가 말할 수 있느냐 없느냐가 아니었다. 오히려 진짜 문제는 "하나님께서 말씀하셨는가"였다. 진짜 문제는 하나님께서 말씀하셨다(Deus dixit)였다.[16] 바빙크는 하나님께서 하나님으로서 말씀하시는 능력을 위태롭게 만드는 교의적 변화를 가지길 절대

---

16   Harinck, van der Kooi, and Vree, *"Als Bavinck nu maar eens kleur bekende,"* 16. "Ik voor mij vind het beter, om te zeggen, dat de Schrift, het Woord Gods, het *Deus dixit,* de *grond* is van ons geloof, maar het getuigenis des H.G., of misschien nog juister, het door den HG. verlichte oog (hart, oor) is het middel/orgaan, waardoor ik die Schrift als Gods Woord erken en aanneem." 이 특정 주장에 대한 네틸런보스의 공개 답변은 *Acta der generale synode van de Gereformeerde Kerken in Nederland, gehouden te Leeuwarden van 24 augustus-9 september 1920* (Kampen: Kok, 1920), 120-21을 보라.

로 원치 않았다. 네떨른보스 문제도 예외는 없었다. 바빙크는 성경을 단순한 인간적 형태가 아닌 오류가 있는 형태로 받아들임을 통해 해결될 모든 문제는 결국 훨씬 더 근본적인 신학적 문제들을 즉시 만들어낼 것이라고 생각했다.

이런 관점에서 성경의 권위는 바빙크에게 항상 문제가 되었다. 스눅 후르흐론여와 오랜 세월에 걸친 대화 속에서도 바빙크의 회의적인 친구는 지속적으로 이 문제로 바빙크를 압박하며 바빙크가 근거 없고 자의적인 권위를 가진 성경에 탐닉한다고 주장했다. 비록 바빙크는 자신의 관점을 자의적인 관점이 아니라 선험적 관점이라고 주장하길 선호했지만, 이를 실천함에 있어 그 둘 사이에는 작은 실제적 차이가 있을 뿐이라는 사실을 바빙크는 오래전부터 인식했다. 하지만 그것은 포장이 되긴 했지만 모든 사람은 어딘가 출발점이 필요하다는 바빙크의 주장은 여전했다. 바빙크는 몇 번이고 자기 자신을 놓기를 꺼려하는 모습을 보였다. 아무리 심한 내적 갈등이 있더라도 바빙크는 바로 여기, '하나님께서 말씀하셨다'에 서 있었고 그 외의 다른 일은 할 수 없었다.[17]

네떨른보스를 향한 바빙크의 개인적 공감과 그가 인식했던 문제들이 성경 영감에 대한 자신의 관점을 드러내주었다는 사실을 차치하고서라도, 교단의 신앙 고백적 기준이 개정되어야만 하는지 혹은 최소화되어야만 하는지에 대한 바빙크의 공개적 답변은 분명했다(이 답변은 바빙크의 지도 아래 의원회를 통해 답변되었다). 바빙크는 신앙 고백적 기준점들은 현재의 내용을 그대로 유지해야만 하고, **이에 더해** 특별히 "성경의 신적 영감과 권위, 참된 교회와 거짓 교회에 대한 교리, 그리고 교회와 국가 조직의 직분에 대한 교리"에 관해서는 확장되어야만 한다고 믿었다.[18]

---

17 Dirk van Keulen, *Bijbel en dogmatiek: Schriftbeschouwing en schriftgebruik in het dogmatisch werk van A. Kuyper, H. Bavinck en G.C. Berkouwer* (Kampen: Kok, 2003), 175-225, 233-84도 참고하라.

18 Herman Bavinck, "RAPPORT in zake de voorstellen der Particuliere Synodes rakende

네떨른보스 문제는 약한 인간적 형태를 지닌 성경에 대한 바빙크의 믿음의 근거에서부터 바빙크를 한 발자국 더 앞으로 나아가도록 촉진시켰다. 하지만 이제 바빙크는 뒤로 한 발자국 물러나는 선택을 했으며, 성경의 신적 권위의 대지 위에 바빙크가 설 때까지 자신의 발걸음을 되짚었다. 항상 그렇듯이 바빙크는 자신의 발을 현대 세계 속에서 찾으려고 노력했던 정통 칼빈주의자였다. 1883년에 바빙크가 스눅 후르흐론여에게 했던 시인, 즉 "성경에 대한 내 관점이 결코 완성되지 않았어"라는 시인이 여전히 1920년에도 적용되었던 시인이었다.[19] 일주일 동안 회의에 참석하는 가운데 바빙크는 암스테르담을 떠났으며 8월 20일 토요일 분실된 일기장에 중앙역과 자기 집 사이의 짧은 거리를 걷는데도 "**아주 지쳤다.**"라고 기록했다.[20] 그다음 날 바빙크는 심장 마비로 고생했다. 비록 바빙크는 그날 살아남았지만, 이날이야말로 마지막이 시작되었던 날이었다.

이 마지막 시절 어느 즈음에(브렘머는 이를 심장 마비 이후로 생각했다) 바빙크는 "미래 세대를 향한 지속적인 관심"의 결과 "그 당시의 질서를 유지하는 중요한 주제들을 다루었던"[21] (1892년부터 쓴) 자신의 짧은 글 목록을 선택했다. 이 목록이 심장 마비 이전인지 이후인지 상관없이 바빙크는 이제 의식적으로 자신의 유산을 정리하기 시작했다. 비록 『종교와 학문 영역 선집』 (*Verzamelde opstellen op het gebied van godsdienst en wetenschap*)[22]이라는 특정한 책이 꽤 빨리 출간되었지만, 이 선집의 저자는 출간되기 전 세상을 떠났

---

de Belijdenis," *Acta der generale synode van de Gereformeerde Kerken*, 152-54.

19 Bavinck to Snouck Hurgronje, Kampen, February 8, 1883, in *ELV*. "Er moet nog iets bij: met mijne Schriftbeschouwing ben ik dus volstrekt nog niet klaar."

20 Valentijn Hepp, *Dr. H. Bavinck* (Amsterdam: Ten Have, 1921), 338. "Erg moe."

21 Coenraad Bernardus Bavinck, "Appendix A: Foreword," in *Essays on Religion, Science, and Society*, by Herman Bavinck, ed. John Bolt, trans. Harry Boonstra and Gerrit Sheeres (Grand Rapids: Baker Academic, 2008), 279.

22 Herman Bavinck, *Verzamelde opstellen op het gebied van godsdienst en wetenschap*, ed. C. B. Bavinck (Kampen: Kok, 1921); ET: *Essays on Religion, Science, and Society*.

다. 바빙크의 동생 베르나르트가 편집한 이 책은 헤르만의 첫 번째 유작 출간물이었다.

공적인 죽음, 개인적인 죽음: 아브라함 카이퍼(1837-1920)와 헤르만 바빙크(1854-1921)

바빙크는 심장 마비 이후 지금은 사라진 일기장에 다음과 같이 기록했다. "**의사들께서 주중에 방문해 휴식이 필요하다고 모두 말씀하셨다.**"[23] 총회는 여전히 진행 중이었지만, 바빙크는 회의 장소로 복귀하지 않았다. 한편, 카이퍼의 "네덜란드 사람들을 위한" 수그러들지 않는 공적인 "삶"이 같은 이유로 죽음에 이르게 되었다. 카이퍼는 의도적으로 세간의 주목을 받으며 죽어갔다.

카이퍼의 임종의 자리를 방문했던 반혁명당 정치인 알렉산드르 이든뷔르흐(Alexander Idenburg, 1861-1935)는 그들 사이의 대화를 사람들에게 공유하는 허락을 카이퍼에게 구했다. 카이퍼는 기쁨으로 응낙했다. 카이퍼의 딸 헨리에트(Henriëtte, 1870-1933)와 요한나(Johanna, 1875-1948)는 죽음을 기다리고 준비했던 아버지의 경험을 생생하고도 구체적으로 기록해놓은 책 『아브라함 카이퍼 박사의 노년』(De levensavond van Dr. A. Kuyper)을 출간했다.[24] 카이퍼가 세상을 떠나기 전, 그는 심지어 죽은 얼굴을 석고로 본뜬 상 제작을 준비했었는데, 이는 네덜란드 마지막 세대 속에서 자신의 이미지에 대한 기억을 보존

---

23 Hepp, *Dr. Herman Bavinck*, 338. "De doctoren schrijven allen, als zij mij in de loop der week bezoeken, rust voor."

24 Henriette Kuyper and Johanna Kuyper, *De levensavond van Dr. A. Kuyper* (Kampen: Kok, 1921).

602   BAVINCK

| 아브라함 카이퍼를 조롱하는 풍자만화(1913) | 아브라함 카이퍼 사후 석고를 발라 형을 떠낸 마스크 |

하기 위한 방식이었다.[25] 수십 년 동안, 네덜란드 신문의 풍자만화 작가들은 카이퍼의 얼굴을 풍자해 그렸다. 하지만 석고 얼굴 상을 준비함을 통해 카이퍼는 실제로 자신이 어떻게 생겼는지를 세상에 상기시키는 마지막 말을 스스로 남겼다. 카이퍼가 세상을 떠난 직후, 카이퍼의 집 그림들이 삽화로 그려진 『카이퍼의 집』(Het Kuyperhuis)이 출간되었다.[26] 태어날 때처럼 죽을 때도 카이퍼는 그 어느 것도 비밀로 하지 않았다.

카이퍼가 사망한 1920년 11월 8일이 바빙크의 일기장에 기록되어 있다. 1872년부터 자신의 경험을 기록해놓은 일련의 일기장에서 카이퍼의 죽음은 바빙크가 기록한 마지막 사건이었다.[27] 이야말로 맨 마지막까지 그들의 삶이 서로 얽히게 된 가운데 거의 평생에 걸친 일기 작성 습관이 마무리되는 눈에 띄는 방식이었다.

25 Johan Snel, "Kuypers dodenmasker," in *Tussen Kampen en Amsterdam: George Harinck en het Historisch Documentatiecentrum van de Vrije Universiteit 1985-2017*, ed. Wim Berkelaar, Hans Seijlhouwer, and Bart Wallet (Amsterdam: Donum Reeks, 2018), 114-18.

26 R. A. den Ouden and R. C. Verweyck, *Het Kuyperhuis* (Baarn: E. J. Bosch, 1921).

27 Hepp, *Dr. Herman Bavinck*, 338.

카이퍼가 세상을 등지기 전, 바빙크의 건강이 어느 정도 괜찮아졌다. 9월에 출간된 신문 기사들은 바빙크의 예후에 대해 다음과 같이 꽤 긍정적으로 묘사했다.

바빙크 박사 교수는 심각한 시기를 지나고 있다. 하지만 걱정을 불러 일으키는 정도의 상황은 아니다.[28]

바빙크 교수의 상태에 진전이 있었다. 생명이 위독한 상태는 거의 끝 난 듯 보인다.[29]

바빙크 박사 교수의 건강 상태는 점차 나아지고 있다. 완전한 회복의 소망이 있다.[30]

10월 중순, 바빙크는 아래층으로 내려갈 수도 먹을 수도 있게 되었고, 또다시 신문도 읽을 수 있게 되었다. 하지만 바빙크의 쇠락 상태는 돌이킬 수 없는 상황이었다. 요독증 징후도 보이기 시작했다. 바빙크의 육체는 더 이상 기능할 수 없게 되었다. 알렉산더 이든뷔르흐가 죽어가는 카이퍼를 방문했을 때, 그는 시편 46편 [1절 말씀]을 인용하며 주 하나님은 "우리의 피난처시요 힘이시니 환난 중에 만날 큰 도움"이신가를 카이퍼에게 물어봤고 카이퍼는 이에 대한 자신의 긍정적인 답변이 널리 퍼져나가길 원했다. 이제 이든뷔르흐가 병든 바빙크

28　*Algemeen Handelsblad*, September 3, 1920. "Is prof. dr. H. Bavinck ernstig ongesteld. De toestand is echter niet zorgwekkend."

29　*Algemeen Handelsblad*, September 8, 1920. "Is in de toestand van prof. Bavinck eenige verbetering gekomen; direct gevaar voor 't leven schijnt thans vrijwel geweken."

30　*Provinciale Geldersche en Nijmeegsche courant*, September 13, 1920. "De gezondheidtoestand van prof. dr. H. Bavinck is langzaam vooruitgaande. Er staat hoop op geheel herstel."

를 방문했고 똑같은 이중적인 질문을 던졌다. 주 하나님께서 **당신의** 피난처와 힘이시기도 하십니까? 이에 대한 답변을 세계에 알려도 될까요? 바빙크는 다음과 같이 대답했다. "네, 그렇습니다만 신문에 싣지는 말아 주십시오. 저와 맞지 않습니다!"[31]

바빙크는 카이퍼가 가졌던 믿음을 공유했지만, 자신의 죽음이 공개적으로 퍼져나가는 것을 전혀 원치 않았다. 비록 자기 죽음이 기사화되는 것을 원치 않았던 바빙크의 소망은 존중되었지만, 그의 건강 악화는 계속해서 언론에 실렸다. 결국 바빙크는 전국적으로 중요한 인물이었다. 11월 신문은 "최근 헤르만 바빙크 박사 교수 상태에 눈에 띈 호전이 없었다"라는 기사를 실었다.[32] 12월, 기사의 논조는 변화하기 시작했다. 분명히 그의 심장은 심각한 손상을 받은 상태였다.

"헤르만 바빙크 박사 교수의 상태는 걱정스러운 상태이다."[33]

"최근 상원 의원 바빙크 교수의 상태가 약간 호전되었다. 숨 막힘은 사라졌다. 환자는 매우 연약해졌지만, 심장은 약간 괜찮아졌다."[34]

몇 주간 「드 텔레흐라프」(De Telegraaf)는 바빙크의 상태가 "매우 걱정"스럽고 그의 "숨 막힘"이 나타났다 사라졌다를 반복하고 있다고 전했다.[35] 1921년 2

---

31 Harinck, "Being Public: On Abraham Kuyper and His Publications," in *Abraham Kuyper: An Annotated Bibliography, 1857-2010*, by Tjitze Kuipers (Leiden: Brill, 2011), ix에서 인용. *Het gereformeerde geheugen: Protestantse herinneringscultuur in Nederland, 1850-2000*, ed. George Harinck, Herman Paul, and Bart Wallet (Amsterdam: Bert Bakker, 2009), 435도 참고하라.

32 *De Telegraaf*, November 29, 1920. "'De Standaard' verneemt, dat de toestand van prof. dr. H. Bavinck de laatste dagen niet merkbaar vooruitgegaan was."

33 *De Tijd*, December 24, 1920. "De toestand van prof. dr. H. Bavinck is zorgelijk."

34 De Telegraaf, December 28, 1920. "In de toestand van het Eerste Kamerlid prof. Bavinck in de laatste dagen eenige verbetering ingetreden. De benauwdheden zijn weggebleven. Wel is de patient erg zwak, maar het hart is iets beter."

35 *De Telegraaf*, January 6, 1921. "De toestand van prof. Bavinck blijft zeer zorgelijk; de

월 초, 더 나쁜 소식이 전해졌다. "헤르만 바빙크 박사 교수의 상태가 최근 급속도로 악화되었다. 회복의 소망을 더 이상 품을 수 없게 되었다."[36] 그때 다른 신문들은 바빙크가 "끔찍한 고통"을 받고 있고 더 이상 먹을 수 없는 상태에 이르렀다고 썼다.[37] 일주일 후, 심장병 전문의는 바빙크가 회복할 수 없는 지경에 이르렀다고 확진했다. 이제 말기 환자를 위한 고통 완화 처치가 시작되었다.[38] 3월, 심지어 멀리 떨어진 지역의 신문이었던 「드 수마트라 포스트」(*De Sumatra post*) 같은 신문을 포함한 전역의 신문들은 바빙크가 거의 죽음에 가까웠다는 사실을 알렸다.[39]

회복의 기대에도 불구하고 죽음은 바빙크를 점점 더 옥죄어오고 있었다. 바빙크는 5월에도 살아있었다. 실제로 바빙크는 전보 작성을 위해 충분히 말을 할 수 있는 상태였고(아마도 전보는 요한나가 보냈을 것이다), 헤이그의 새롭게 이름 붙여진 바빙크 학교 승인을 위한 전보를 보냈다.[40] 6월, 바빙크는 심지어 하니, 헤리트, 테오와 함께 뷔숨(Bussum)에서 여름을 보낼 계획까지도 세웠다. 하지만 이 계획은 실행에 옮겨지지 못했다. 또다시 바빙크의 건강 상태가 급속도로 악화되었고 「로테르담스 니우스블라트」(*Rotterdamsch Nieuwsblad*)는 "뷔숨에 가려는 논의가 더 이상 진전되지 않다"라는 기사를 실었다.[41]

바빙크에게는 암스테르담을 떠나는 것이 불가능했지만, 잠을 제대로 잘 수

---

benauwdheden herhalen zich nu en dan."

36 *Provinciale Overijsselsche en Zwolsche courant*, February 1, 1921. "De toestand van prof. dr. H. Bavinck in de laatste dagen sterk achteruitgaande. Hoop op een herstel wordt niet meer gekoesterd."

37 *De Maasbode*, February 2, 1921. "De patient lijdt vreeselijke pijn." *De Telegraaf,* February 6, 1921.

38 *Nieuwe Apeldoornsche courant*, February 9, 1921.

39 *De Sumatra post*, March 19, 1921.

40 *Haagsche courant*, May 11, 1921.

41 *Rotterdamsch Nieuwsblad*, June 6, 1921.

있을 만큼 병세가 호전되는 상황이 있었고 바빙크는 오후에 짧은 병문안도 받기 시작했다.[42] (제정신과 잠결 사이에서 받은) 이 병문안에 대한 바빙크의 생각은 헤프와 란트베어의 초기 전기들 속에 기록되어 있다. 란트베어는 이런 방문 중 바빙크가 천국에 들어가는 소망과 "하나님의 모든 사람의 영광과 심지어 세상을 향한 증인이 되기 위해"[43] 잠시 이 땅으로 다시 돌아오게 될 것을 표현했다고 회상했다. 헤프는 이 시기의 가장 마지막 즈음에 바빙크를 방문했던 일을 회상했다. 바빙크는 마지막 시점에 말하는 것을 힘겨워했고 말 사이에 숨을 내쉬어야만 했으며 젊은 병문안 손님에게 다음과 같이 말했다. "삶은 … 이상해요, … 죽는다는 것은 … 여전히 … 더 이상해요."[44] 수십 년 전, 죽어가던 친구 얀 헨드릭 우닝끄(Jan Hendrik Unink)의 침대 머리맡에서 바빙크는 죽음이라는 존재를 향해 당혹감을 느꼈었다. 이제 똑같은 일이 벌어진 듯 했다.

그달이 마무리 되던 때(6월 28일), 스눅 후르흐론여는 요한나에게 아픈 친구를 방문할 계획에 대해 편지를 썼다. "전 아직도 제 마지막 방문 시 받았던 깊은 인상 가운데 있습니다. 침울했지만, 동시에 경건한 뭔가를 배웠습니다. 전 1874년부터 1921년까지 경건했던 제 친구 말고는 선한 친구를 알지 못합니다."[45] 스눅 후르흐론여도 곧 수술을 앞둔 상태였기 때문에 자신이 움직일 수 있을 때까지 친구가 살아있을지에 대해 요한나의 생각을 물어보았다. 요한나는 다음과 같이 답했다. "상황은 저번에 방문하셨을 때와 완전 똑같아요. 힘이 점

42 *De Volksvriend*, June 2, 1921.

43 J. H. Landwehr, *In Memoriam: Prof. Dr. H. Bavinck* (Kampen: Kok, 1921), 78.

44 Hepp, *Dr. Herman Bavinck*, 339. "Het ⋯ leven ⋯ is ⋯ vreemd. ⋯, het ⋯ sterven ⋯ nog ⋯ vreemder."

45 Snouck Hurgronje to Johanna Bavinck-Schippers, Leiden, June 28, 1921, in *ELV.* "Ik ben nog geheel onder den indruk van mijn laatste bezoek: weemoedig, maar stichtelijk tevens. Anders dan vroom heb ik mijn goeden vriend trouwens niet gekend: 1874-1921."

점 빠지고 있어요. 현재 상황이 오랫동안 똑같은 수준으로 유지되고 있지만, 전 마지막이 금방 오지 않았으면 좋겠어요."[46] 이 시점 바빙크는 또렷하게 말을 구사하지 못했기 때문에 요한나는 병문안 시 항상 바빙크 옆에 있었고 그의 말을 방문객들에게 해석해 알려줘야 했다.[47]

물론 이 시기에 바빙크는 자신의 쇠락이 공론화되길 원치 않는다는 것을 표현했다. 어떤 의미에서는 바빙크가 항상 보였던 자기 동료와 다르게 죽길 노력했다는 의미이다. 이런 소망은 바빙크의 건강 상태에 대한 소식을 다루었지만 죽음에 대한 바빙크 자신의 생각에 대해서는 비밀을 유지했던 언론으로부터 존중받았다. 바빙크는 더 엄밀히 공론화를 원했다. 하지만 7월이 마무리되던 때 「드 텔레흐라프」의 한 기사가 결국 이런 언론의 침묵을 깨버리고 말았다. "소식통에 의하면 바빙크 교수가 매우 약해졌다고 한다. 비록 그는 매우 참고 있지만, 주께서 자신에게 자비를 베풀어주셔서 빨리 주께로 갈 수 있기를 계속 원하고 있다고 한다."[48] 바빙크는 이제 죽음을 준비하고 있었다.

[바빙크가 생을 마감했던 집]
암스테르담, 싱얼 62(좌측 첫 번째 집)

46　Johanna Bavinck-Schippers to Snouck Hurgronje, draft letter, June 28, 1921, in *ELV*, 186n1. "De toestand is precies dezelfde als toen u hem het laatst bezocht. De krachten nemen zeer langzaam af. Nu de toestand eenmaal zoolang op dezelfde hoogte blijft, heb ik hoop dat het einde niet spoedig daar zal zijn."

47　"Mev. Wed. J. A. Bavinck-Schippers," *De Standaard*, June 2, 1942.

48　*De Telegraaf*, July 28, 1921. "Naar wij vernemen, wordt professor Bavinck uiterst zwak. Hoewel zeer geduldig, spreekt hij telkens het verlangen uit, dat de Heere zich spoedig over hem ontferme en hem tot Zich neme."

바빙크는 아주 오래 기다리지 않았다. 다음 날 이른 새벽 4시 30분, 바빙크는 집에서 평온하게 세상을 등졌다. 1921년 7월 29일이었다.

마지막 휴식처

바빙크 가족은 8월 2일 오후 1시 45분 암스테르담의 새로운 동쪽 매장지
(Nieuwe Oosterbegraafplaats)
에서 열린 장례식에 꽃을 가져오
지 말라는 요청을 했다.[49] 장례식
장에서, 바빙크와 오랜 기간 서신
을 주고 받았으며 (지금은 [깜펀]
신학교 학장인) 루카스 린더봄의
사위 치어르트 훅스트라(Tjeerd
Hoekstra)는 일평생 동안 분리 측

싱얼 62로부터 운구되는 바빙크의 관(1921)

뿌리의 길을 따라갔던 사람으로 바빙크를 묘사했다. 참석자들은 다음과 같은
훅스트라의 연설을 들었다. "일부 [분리 측 사람들은] 심지어 반문화적 색깔을
가진 삶을 살았지만 바빙크는 그렇지 않았습니다."[50] 바빙크의 삶이 마무리되
면서, 현대적 세상에서 정통 그리스도인이 되려 했던 그의 노력 속에서 바빙크
는 시종일관 분리 운동의 아들이었다는 사실이 분명해졌다. 바빙크 앞에 있던

---

49 Algemeen Handelsblad, July 30, 1921.

50 Tjeerd Hoekstra, "Begravenis Prof. Dr. Bavinck," *De Bazuin*, August 6, 1921. "Hij
was een zoon der Scheiding. En een van de wezenskenmerken der Afgescheidenen
is geweest, dat ze sterken nadruk gelegd hebben op de vroomheid des wandels, op
de heiligheid des levens. Bij enkelen—bij Bavinck niet—kreeg het leven soms een
anticultureele tint."

바빙크의 무덤 옆에서 연설하는 얀 볼쩌(1921)

자기 아버지처럼, 바빙크도 "분리로부터 통합으로" 이끌었던 길을 따라갔다.

바빙크가 오랫동안 몸담았던 자유 대학교, [깜픈] 신학교, 프라너꺼르 교회 회중, 상원 의회, 다양한 개혁파 신학생 협회들의 대표자들에 둘러싸인 바빙크의 시신이 땅에 묻히게 되었고 무리는 자연스럽게 그리스도를 향한 환희에 찬 시편을 부르기 시작했다.

모든 왕이 그의 앞에 부복하며 모든 민족이 다 그를 섬기리로다 (시 72:11)[51]

비록 바빙크는 암스테르담에 묻혔지만, 이곳이 그의 최후의 안식처는 아니었다. 헤프는 이 사실을 지나가는 말로 언급했지만 브렘머와 글리슨은 이에 대해 언급하지 않았다.[52] 거기서 장례를 치룬 직후, 바빙크의 관은 플라르딩언

---

51 그들은 1773년판 시편("berijmde psalmen")을 노래했다. 난 가장 가까운 영어 번역인 1650년 스코틀랜드 시편을 인용했다[역자 주: 에글린턴이 인용한 성경은 다음과 같다. "Yea, all the mighty kings on earth before him down shall fall; and all the nations of the world do service to him shall." 본문에는 개역개정역을 실었다]. 다음을 보라. *Het boek der Psalmen, nevens de gezangen bij de hervormde kerk van Nederland in gebruik; door last van de hoog mogende heeren Staaten Generaal der Vereenigde Nederlanden, uit drie berijmingen, in den jaare 1773, gekooren, met de noodige daar in gemaakte veranderingen* (Amsterdam: J. Ratelbrand and J. Brouwer, 1786).

52 Hepp, *Dr. Herman Bavinck*, 341; Bremmer, *Herman Bavinck en zijn tijdgenoten*, 270; Ron Gleason, *Herman Bavinck: Pastor, Churchman, Statesman, and Theologian* (Phillipsburg, NJ: P&R, 2010), 428-29.

(Vlaardingen)의 에마위스(Emaus) 묘지로 옮겨졌다. 거기서 바빙크는 요한나의 가족과 함께 묻혔고, 요한나도 1942년에 바빙크와 함께 묻히게 되었다. 바빙크의 묘비는 컸지만, 가장 최소화된 문구를 가지고 있었다. **헤르만 바빙크 박사, 1854. 12. 13 - 1921. 7. 29.**

바빙크가 죽은 직후 그의 예전 친구들과 동료들이 바빙크의 유산을 정리하고 홍보하기 위한 단체를 조직했다(the Bavinck-Comité). 그들을 대신해 아브라함 카이퍼 2세는 재빨리 그의 묘비를 기념하기 위한 모금 활동을 시작했다.[53] 하지만 아무 계획도 실행된 것이 없었다. 오히려 원래의 묘비가 여전히 서 있을 뿐이다. 많은 것들이 추가될 수 있었다. 여기에 교의학자, 윤리학자, 교육 개혁자, 기독교 심리학의 선구자, 정치가, 전기 작가, 언론인, 성경 번역가, 여성 교육 지지자, 그리고 마지막으로 아버지, 장인, 반나치 저항 운동의 영웅과 순교자의 할아버지가 묻혀 있다.

그 무거운 돌판 아래에 정통 칼빈주의자, 현대 유럽인, 그리고 학문의 사람이었던 헤르만 바빙크의 이 땅에서의 유해가 묻혀 있다.

---

53 Abraham Kuyper Jr., "Bavinck-Comite," *De Heraut*, October 2, 1921.

후기

남편의 죽음 후 몇 달 동안 요한나는 남편의 생애와 사역에 대한 신문 기사들을
모으느라 바쁘게 지냈다.[1] 그해 8월, 요한나는 헨리 도스꺼로부터 다음과 같은
내용의 애도 편지를 받았다. "전 그를 깊이 사랑했습니다. 우리는 같이 학교를
다녔고, 즈볼러 김나지움에서는 같은 상을 놓고 싸우기도 했으며, 어릴 땐 같은
소녀를 사랑하기도 했습니다." 그다음 도스꺼는 "헤르만이 무엇으로 어떻게 죽
었는지"에 대해 구체적으로 바로 편지를 써달라고 요청했다.[2] 물론 가까운 곳
에는 끊임없이 덕담해주는 사람들의 물결이 있었다. 10월 즈음에 헤르만의 생

---

1 "Prof Dr H Bavinck" (n.d.), HBA, folder 40. 비록 이 수첩은 저자가 누구인지에 대해
   알려주고 있지 않지만, 필체는 확실히 요한나의 필체다.

2 Dosker to Johanna Bavinck-Schippers, Holland, MI, August 29, 1921, in *BHD*. "O
   Johanna, ik had hem zoo innig lief. Wij gingen samen [naar] school, wij vochten samen
   om dezelfde prijzen in het gymnasium te Zwolle, wij waren samen als jongens verliefd
   op hetzelfde meisje. ⋯ Schrijf mij zoo mogelijk eens een regel of wat, hoe, waaraan enz.
   Herman stierf."

애와 사역에 대한 반추들이 출간되면서 방문들도 차츰 사라지게 되었다. 가을이 겨울로 바뀌는 즈음, 요한나는 "잊지 못할" 남편의 병세와 죽음 동안 지원을 아끼지 않았던 친구들과 「드 바자윈」 같은 남에게도 감사의 편지를 보냈다.[3]

바빙크가 세상을 등졌던 그해 동안, 바빙크에게 박사논문 지도를 받았던 팔렌떼인 헤프(Valentijn Hepp)는 바빙크의 생애에 관한 극적이고도 완성된 설명을 집필했으며, 이는 도스꺼로 하여금 요한나에게 불평 편지를 쓰게 만들었는데 그 이유는 헤프가 헤르만이 누렸던 1908년 아메리카 여행에 대해 충분히 기록하지 않았다고 생각했기 때문이다.[4] 이 편지는 어쩌면 요한나에게 곤란함을 주었던 편지일 수 있는데 그 이유는 헤프의 글 속에서는 아메리카에 대한 자신의 비판적인 견해(와 도스꺼 자신에 대한 묘사도) 포함되어 있었기 때문이다.

요한나와 기독교 여성 운동

이 시기 요한나는 50대 중반으로 향해 가고 있었고 [여전히] 상당한 힘과 지성을 소유하고 있었다. 8장에서 언급했던 것처럼, 요한나는 2가지 방향성, 즉 여성 운동과 『개혁 교의학』의 국제적 확산에 대한 방향성을 가진 채 헤르만의 사역을 계속 유지하기 위해 힘과 지성을 쏟았다.

헤르만이 세상을 등지기 전, 요한나는 이미 네덜란드 기독 여성 모임의 회장으로 적극적으로 활동했으며 젊은 여성의 직업 선택 사역에 특별한 책임을 가지고 있었다.[5] 1919년, 요한나는 도덕적 진보를 위한 네덜란드 여성 모임의

---

3 *De Bazuin*, October 15, 1921.

4 Dosker to Johanna Bavinck-Schippers, Louisville, March 20, 1923, in *BHD*.

5 A. C. Diepenhorst-De Gaay Fortman, *Wat wil de Nederlandsche Christen-Vrouwenbond?* (Rotterdam: Drukkerij Libertas, 1920), 12.

회원이 되었으며,[6] 헤르만이 H. M. 크롬멀린(Crommelin) 양과 함께 "여성의 전문적인 삶"이라는 제목의 회기에서 연설했던 기독교적 사회 회의의 여성 위원회 위원으로도 섬겼다.[7]

헤르만 사후, 요한나는 하니, 헤리트, 그리고 그들의 자녀들이 사는 뷔숨(Bussum)으로 이사했다. 2명의 손자 헤르만(1923-43)과 후호 플로리스(Hugo Floris, 1924-45)가 이 짧은 시기에 태어났다. 동시에 요한나는 새로운 정기간행물 「기독교와 여성 운동」(*Christendom en Vrouwenbeweging*)의 편집자 중 하나가 되었는데, 이 간행물은 가족, 교육, 사회, 법, 예술, 학문, 사회사업, 교회와 여성 운동 사이의 관계성에 대해 다루는 간행물이었다. 이는 신칼빈주의적 노력의 전형적인 일환으로 기독교는 본질적으로 반드시 그 당시의 필요를 만족시켜야 한다는 신념으로 만들어졌다. 그 당시 유명했던 네덜란드 개신교 운동가 꼬르넬리아 프리다 카츠(Cornelia Frida Katz, 1885-1963)가 집필한 첫 번째 사안은 그 자체로 헤르만의 집필과 중요한 교감을 이루었다.[8] 정기간행물이 준비되었을 때, 요한나는 이 간행물이 "[사회 복지] 중간시설"과 관련된 사안에 기여하는 것에 동의했다. 비록 그녀가 의도했던 간행물로 출간된 것 같아 보이지는 않지만, 그것들은 헤르만의 유산과 씨

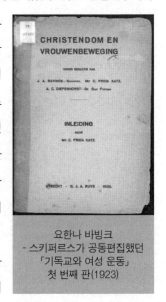

요한나 바빙크
- 스키퍼르스가 공동편집했던
「기독교와 여성 운동」
첫 번째 판(1923)

---

6 *De Nederlandsche Vrouwenbond tot Verhooging van het Zedelijk Bewustzijn: Ontstaan, Organisatie, en Werkwijze* (n.p., n.d.), 13.

7 *Christelijke Sociaal Congres* (Rotterdam: Drukkerij Libertas, 1919), 4, 8.

8 Cornelia Frida Katz, "Inleiding," *Christendom en Vrouwenbeweging*, introductory issue (1923).

름하는 카츠의 모범을 따라갔다.[9] 동시에 요한나는 자바 소녀들 속에서 의료 선교를 지원하는 사역에 동참했다.[10] 바빴던 나날들이었다.

이 모든 활동들 가운데서 중요한 논쟁이 헤르만의 옛 학생 중 한 명이었던 요한네스 헤일께르껀(Johannes Geelkerken, 1879-1960) 주변에서 벌어졌다. "뱀이 말했었는가?"라는 질문을 던졌고 1920년 네떨른보스(Netelenbos)의 경우와 같이 1926년에도 면직이 뒤따르게 되었다. 만약 바빙크가 여전히 살아있다면 그는 자신들을 지지했을 것이라고 주장했던 헤일께르껀과 그의 지지자들은 또다시 바빙크의 이름이 들먹였다. 헤일께르껀의 사직 전, 헤르만의 평화적인 형제 베르나르트는 『우리 모두의 어머니』(Ons aller Moeder)[11]라는 짧은 책을 공저했으며, 이 책에서 그는 헤일께르껀과 그 지지자들의 관점, 그리고 (그들의 헤르만 작품 독법) 둘 다에 대해 더 큰 미묘한 차이를 설정하길 압박했다. 이에 대한 반응으로 헤르만 카이퍼는 1920년 네떨른보스의 면직 이후 바빙크와 구체적으로 나누었던 개인적인 대화를 출간했고, 그는 이 책에서 "바빙크 교수는 레이우바르던(Leeuwarden) 총회가 다르게 행동할 수 없었을 것으로 선언하는 데 주저함이 없었다. 네털른보스 목사에게 개인적으로는 많은 공감을 가졌지만 바빙크 교수는 '네떨른보스 목사는 옹호될 수 없다'라고 말했다"라고 기록했다.[12] 헤르만 카이퍼의 주장은 네떨른보스가 자신의 생각을 『개혁 교의

---

9 예를 들면 M. W. Barger, "De vrouw en de studie," *Christendom en Vrouwenbeweging*, series 4, no. 1 (1923); J. R. Slotemaker de Bruine, "De vrouw en de kerk," *Christendom en Vrouwenbeweging* series 6, no. 1 (1923)을 보라.

10 *Bouwen en Bewaren*, December 15, 1923.

11 C. B. Bavinck, N. Buffinga, J. Douma, J. H. Sillevis Smitt, and B. Wielenga, *"Ons aller Moeder": Een woord van voorlichting en getuigenis inzake de kwestie-Geelkerken* (Kampen: Kok, 1925).

12 *Algemeen Handelsblad*, April 8, 1926. "Prof. Bavinck nu aarzelde geen oogenblik met te verklaren, dat de synode van Leeuwarden niet naders had kunnen handelen. Hoeveel persoonlijke sympathie hij ook voor ds. Netelenbos had, ds. Netelenbos was niet te handhaven, zeide hij." 헤르만 카이퍼의 글은 원래 "Misleidende leuzen," *De*

학』과 연결시키려는 시도를 했었을 때 바빙크가 이를 거부했던 것처럼 헤일께 르건의 경우도 이와 마찬가지였을 것이라는 주장이었다.

어떤 경우에도 헤일께르건은 자신이 곧 면직될 것을 알았다. 면직 이후에 네덜란드 국가 개혁교회에 가입했던 네떨른보스와는 달리, 헤일께르건은 새롭 게 만들어진 교단인 회복연맹 개혁교회(Gereformeerde Kerken in Hersteld Verband)의 한가운데로 헤치고 들어갔다. 비록 이 새로운 교단은 상대적으 로 작은 교단이었지만(1928년 기준으로 23개 교회, 약 5,800명 회원), 곧 세 명 의 특별히 주목할 만한 회원, 즉 헤리트 라위스(Gerrit Ruys), 하니 라위스-바 빙크(Hannie Ruys-Bavinck), 요한나 바빙크-스키퍼스(Johanna Bavinck-Schippers)를 가지게 되었다.

교단이 생긴지 2년이 지났던 1928년 헤일께르건의 교회로 들어가려는 요한 나의 선택은 「알허메인 한덜스블라트」가 충분히 주목할 만큼 뉴스거리가 되는 선택이었다.[13] 이런 관점에서, 이 세 명은 1920년 네떨른보스의 편에 서지 않았 던 헤르만과 (헤일께르건의 교회에 가입하지 않았던 헤르만의 형제 베르나르 트와) 눈에 띄는 대조를 형성했다. 명백하게도, 요한나와 하니는 헤르만과 베르 나르트의 마음을 알고 있었다. 비록 요한나는 이 (논쟁이 되는) 선택의 이유에 대해 단 한 번도 공개적으로 언급한 적이 없었지만, 그녀의 새로운 교단이 교회 사역 속에서의 여성 참여에 더 많이 열려 있었다는 사실이 중요한 이유였던 것 처럼 보인다. 1923년, 요한나는 교회 내에서 반드시 여성 투표권이 남성 투표권 처럼 동등하게 주어져야 하며(이런 관점은 요한나의 남편도 이후에는 분명히 지지했던 관점이었다)[14] 여성도 집사 직분으로 섬길 수 있어야 한다는 주장[15]이

Bazuin, April 9, 1926으로 출간되었다.

13 Algemeen Handelsblad, January 31, 1928.

14 De Heraut, September 30, 1928.

15 Slotemaker de Bruine, "De vrouw en de kerk."

담긴 「기독교와 여성 운동」 간행물을 공동 편집했다. 1927년, 요한나가 네덜란드 개혁교회 교단을 떠난 직후, 교단 회의는 교회 내에서 여성의 투표권을 **반대하는** 조언이 담긴 보고서를 출간했다. 이 보고서는 성경은 교회 권위를 오직 남성에게만 허락했고 "지금 현재로서는" 교회 투표권을 여성에게 확장하는 것은 "하나님의 법령에 대항하는 비기독교적 해방 운동의 관점에서 봤을 때 위험이 없다고 할 수 없다"라고 주장했다.[16] 창세기의 앞부분에 대한 요한나의 (알려지지 않은) 관점이 무엇이든지 간에, 요한나가 1927년 이후 네덜란드 개혁교회 교단 내에서 안정감을 느꼈다는 것은 상상하기 힘들다. 그러므로 그녀가 (1936년에 이르러) 여성들에게 집사직과 교회 선거 투표권을 허락하는 새로운 교회 질서를 만들어간 교단으로 재빨리 이동했던 일은 어쩌면 그리 놀랍지 않은 선택이었다고도 볼 수 있다.[17] 이런 와중에도 요한나는 적어도 한 영역에서만큼은 헤르만의 관점을 고수하고 있었다.

출판사들과의 협상

1920년대 후반부터 요한나는 네덜란드판 『개혁 교의학』을 독일어와 영어로 번역할 수 있는 가능한 통로들을 살펴보기 시작했다. 1927년 J. H. 콕(Kok) 출판사와 주고받은 편지에서 드러난 것처럼, 독일어 번역본 계획은 요한나가 주도권을 쥐었다는 사실이 명백하다. 요한나는 독일어판 출판을 위해 (독일 학술

---

16 *Rapport inzake het vrouwenkiesrecht aan de generale synode van de Gereformeerde Kerken* (Kampen: Kok, 1927), 8. "De invoering van dit vrouwenstemrecht onder de tegenwoordige tijdsomstandigheden niet zonder gevaar zou wezen met het oog op de onchristelijke emancipatiebeweging, die zich tegen de ordinantie Gods keert."

17 J. Diepersloot and E. L. Smelik, *Een kleine kerk in een groten tijd (De Gereformeerde Kerken in Hersteld Verband)* (n.p., 1937), 44.

출판사였던) 반덴 & 루프레히트(Vandenhoeck & Ruprecht)과도 논의를 시작했지만, 계획이 현실화되지는 못했다. 1930년, 요한나는 『개혁 교의학』 판권을 샀던 스미터 출판사(Smitter Book Company)와 영어 번역본에 대해 논의하기 시작했다. 그럼에도 불구하고, 『개혁 교의학』 영어 번역본 출간 계획은 금방 어려움에 봉착하게 되었다. 판권을 처음으로 샀던 출판사가 폐업을 하게 된 것이다. 또 다른 출판사 어드만스(Eerdmans)는 오랜 기간 카이퍼 혹은 바빙크의 주요 작품을 출간할 관심을 보여왔지만, 요한나와 어드만스 양쪽 모두는 바빙크 작품의 전체 모두를 정확하게 번역할 것인지, 아니면 『개혁 교의학』을 느슨하고도 미완성 형식으로 번역할 것인지에 대해 혼란스러워했다.

윌리엄 B. 어드만스 출판사가 요한나 바빙크 - 스키퍼르스에게 보낸 편지(1930)

요한나는 완전하고도 주의 깊은 번역 작업을 주장했는데, 그 이유는 아마도 1916년 영어로 출간된 "그리스도와 기독교"라는 제목의 『기독교』(*Het Christendom*) 번역본이 군데군데 왜곡된 채 번역되었고 바빙크의 원문 내용이 완전히 실리지 못했던 것 때문일 것이다.[18] 원래 『개혁 교의학』을 번역하려고 했던 번역자 윌리엄 헨드릭슨(William Hendriksen, 1900-1982)은 오히려 제1권이 포함되어 있지 않은 축약본을 내려는 계획을 가지고 있었다.[19] 하지만 요한나가 원했던 수준의 완전한 번역본을 내기 위한 비용과 시간은 엄청났다. 결

---

18 Herman Bavinck, *Het Christendom* (Baarn: Hollandia, 1912); ET: "Christ and Christianity," trans. A. A. Pfanstiehl, *Biblical Review* 1 (1916): 214-36.

19 John Bolt, "Herman Bavinck Speaks English: A Bibliographic Essay," *Mid-America Journal of Theology* (2008): 121.

국 요한나의 계획대로 상황이 돌아가지 않았다. 대공황 상태도 이와 같은 대규모 주요 계획에 그렇게 호의적이지 않았다.

대신에 1951년 제2권이『신론』(*The Doctrine of God*)이라는 제목으로 결국 번역되어 출간되었으며,[20] 5년 후에는『하나님의 큰 일』(*Magnalia Dei*)이『우리의 합당한 믿음』(*Our Reasonable Faith*)이라는 제목으로 번역 출간되었다.『개혁 교의학』전체 영어 번역은 2008년까지 완성되지 않았고 그 후 한국어, 포르투갈어, (현재까지는 축약본과 2권 신론으로) 중국어로도 번역되었다. 요한나는 살아생전 이 번역본들을 보지는 못했지만, 그녀는 칼빈주의에 대한 학문적 발전에 관여되어 있었고 20세기 중반 네덜란드 신학계 속에서 여성으로서 눈에 띄는 역할을 감당했다. 예를 들면 1934년 요한나는 암스테르담에서 열렸던 제2차 칼빈주의자 국제 모임 위원회 속 유일한 여성이었다.[21]

하지만 남편의 후반기 삶처럼, 요한나의 활동력 가득한 사역도 전쟁 발발로 인해 막히게 되었다. 1939년, 제2차 세계대전 때 그녀의 나이는 71세였다. 1940년 이후로 네덜란드가 중립국 지위였음에도 불구하고 나치가 점령한 전쟁 기간에 그 어떤 요한나의 사역도 알려진 바 없다. 요한나의 가정은 나치에 대항하는 지하투쟁에 즉각적으로 자기 삶들을 헌신했다. 이때는 공개적으로 일할 수 있었던 때가 아니었다. (이와는 현저한 대조 가운데, 노년의 헤

요한나 헤지나(하니) 라위스 - 바빙크(1937)

---

20 Herman Bavinck, *The Doctrine of God*, trans. William Hendriksen (Grand Rapids: Eerdmans, 1951).

21 *Tweede Internationaal Congres van Gereformeerden (Calvinisten), Amsterdam 23-26 October 1934, Verslagen* ('s Gravenhage: Martinus Nijhoff, 1935), 187.

르만 카이퍼는 「드 헤라우트」에 이 같은 점령군들을 "이 여름철 게으르지 않지만 유럽의 격변을 통해 우리 국민들에게 필요한 방법을 보여주는 … 하나님께서 우리에게 허락하신 지도자들"이라고 묘사했다).[22]

요한나의 마지막 날들 가운데 인도네시아 선교사로 섬겼으며 특출난 지성인이었던 그녀의 조카 요한 헤르만 바빙크(Johan Herman Bavinck, 1895-1964)가 가문에서 공개적으로 가장 뛰어난 인물로 부상했다. 1939년, 요한 헤르만은 [깜픈] 신학교와 자유 대학교 둘 다에서 선교학 교수로 임명되었고, 이는 삼촌의[헤르만 바빙크의] 후반기 삶 동안에 "오로지 선교를 위해 산"[23] 인물을 [선교학 교수로] 임명해야 한다는 요청이 종국에야 성취된 것이다. 이 일이 있은 지 3년 후, 1942년 5월 31일 요한나 바빙크-스키퍼르스가 74세의 나이로 세상을 떠났다. 전 세계가 전쟁의 극심한 고통 가운데 있었을 때, 흥미롭게도 반혁명당 언론인 「드 스탄다르트」가 아닌 「드 텔레흐라프」에 하니와 헤리트가 실은 요한나의 부고는 그녀가 "예수 안에서 잠들다"[24]라고 공표했다. 이어지는 날들 가운데 요한나는 그녀의 고향 플라르딩언에서 헤르만과 함께 영원한 안식 속으로 들어갔다.

[나치에 대한] 저항의 영웅과 순교자

그들의 할머니가 돌아가셨을 때 테오, 헤르만, 그리고 후호 라위스는 각각 22세,

---

22 *De Heraut*, September 8, 1940, G. van Roon, *Protestants Nederland en Duitsland 1933-41* (Utrecht: Spectrum, 1973), 307에서 인용.

•23 John Bolt, James Bratt, and Paul Visser, eds., *The J. H. Bavinck Reader* (Grand Rapids: Eerdmans, 2013).

24 *De Telegraaf,* June 1, 1942.

19세, 18세였다. 테오는 자기 아버지가 학교 이사장으로 있었던 뷔숨의 기독교 학원에서 공부를 마쳤다.[25] 테오의 어린 동생들은 여전히 학생 신분이었다. 부모님들처럼 그들도 반나치 저항 운동의 지지자들이었다. 변호사였으며 암스테르담 생명보험회사의 대표였던 헤리트는 유대인 재산이 나치의 손아귀로 들어가는 것을 막는 일을 은밀하게 하고 있었다. 후호와 헤르만은 어둠을 틈타 신문을 돌렸던 불법적인 반나치 신문 「헷 빠롤」(Het Parool)에 처음 가담한 인물들

헤리트 라위스

이었으며 유대인들을 적극적으로 숨겨주었던 인물들이었다. 하나나 테오의 반나치 운동에 대해서는 구체적으로 알려진 바가 없지만, 그들도 나치를 "테러분자 가정"이라고 여겼던 사실이 금방 선명하게 드러나게 되었다.

1943년 전반에 걸쳐 헤르만은 반나치 저항 운동 그룹의 구성원으로 활동했으며 나치의 방어 시설, 군대 이동, 부대 위치 등에 대해 은밀히 사진을 찍는 역할을 감당했다. 그해 8월, 헤르만은 지역 경찰 지휘관이었고 네덜란드 국가 사회주의 운동의 회원이었던 E. J. 부르츠(Woerts)의 암살 시도에도 관여했다. 이 일이 있었던 직후 9월 9일, 헤르만은 부모님 댁과 멀리 떨어져 있지 않았던 젊은이를 위한 복음주의 행사를 열기 위해 지어진 교회 장소 여흐트카펄(Jeugdkapel)에서 불법적인 모임을 가지다가 배신을 당해 체포되었다. 헤르만은 거기서부터 암스테르담으로 이송되었고, 안네 프랑크(Anne Frank)와 그녀의 가족이 그다음 해 갇혔던 감옥이었던 베테링스칸스(Weteringschans) 감옥에 갇혔다. 그다음 날들이 마무리되던 10월 22일, 그는 사형 선고를 받았으며

---

25 *Het Volk*, July 3, 1941.

그다음 날 총살형 집행대의 이슬로 사라졌다.

헤르만이 여흐트까펄에서 체포되던 날 밤, 후호는 체포되었던 자기 형제[헤르만]에 대한 정보를 수집하기 위해 가까운 목사관으로 갔다. 같은 날 밤, 형제 둘 다 암스테르담으로 이송되었다. 하지만 후호는 3주 만에 풀려났다. 후호는 다시는 자기 형제를 보지 못했다.

전쟁은 카이퍼 가정의 다음 세대들을 나눠놓았다. 헤르만 카이퍼의 아들 엘리사 빌름(Elisa Willem, 1896-1944)은 기독교를 버렸고 동부 전선의 히틀러 친위대에 열정을 가지고 들어가기 전 연하의 정부(情婦)를 위해 아내를 버렸으며 나치 언론 전시 기자로 활동하다가 죽었다.[26] 엘리사의 사촌 요한나(요쪄[Johtje]) 포스(Vos), 결혼 전 성은 카이퍼, (1909-2007))는 반대의 길을 선택했다. 방 세 개짜리 집에서 요쪄와 그녀의 남편 아르트(Aart, 1905-90)는 전쟁 기간 36명의 유대인들을 보살펴주었으며, 그들 중 8명은 수년간 그 집에서 살았다. 유대인을 동정했던 지역 경찰이 나치가 인근에 왔을 때 그 집에 전화를 걸었는데 끊기 전 두 번의 전화벨을 울렸고 그 후 유대인들은 은폐된 통로를 통해 석탄 창고로부터 집 뒤에 있던 숲으로 바로 빠져나갈 수 있게 만들어 주었다.[27] (1982년, 요쪄와 아르트는 이스라엘로부터 정의로운 국민상을 수여받았다. 그녀의 이야기는 그녀의 사촌의 이야기와 거리가 멀다).

1944년 전반기, 요쪄와 아르트가 자신들의 휴대용 식량을 몰래 숨어 있는 손님들과 나누었을 때, 엘리사가 크림 반도에서 아내를 잃었을 때, 후호 플로리스 라위스(Hugo Floris Ruys)는 지역판 「헷 빠롤」을 만드는 데 관여했으며 해질녘 후 불빛 없는 자전거로 신문을 배달하는 일까지 도맡았다. 1945년 1

---

26 James Bratt, *Abraham Kuyper: Modern Calvinist, Christian Democrat* (Grand Rapids: Eerdmans, 2013), 381.

27 Dennis Hevesi, "Johtje Vos, Who Saved Wartime Jews, Dies at 97," *New York Times*, November 4, 2007.

| 테오도루스 라위스 | 후호 플로리스 라위스 | 헤르만 라위스 |

월 12일 밤 배달 중, 그는 독일군에 의해 붙잡혔고 베테링스칸스 감옥에 갇히게 되었다. 라위스 가정은 바로 수색 당했다. 다락에 숨었던 테오는 잡히지 않았다. 하지만 헤리트와 하니는 체포를 피할 수 없었다. 결국 둘 다 체포당했다. 비록 헤리트는 처음에는 사형 선고를 받았지만, 오히려 그는 노이엔감머(Neuengamme) 강제 수용소로 보내졌고 그 후 독일 북쪽 지방의 전쟁 포로 수용소(Stalag X-B)로 보내은 명단에 올랐다. 1945년 4월 5일, 강제 수용소에서 전쟁 포로 수용소로 옮겨지다가 그는 이질에 걸려 죽게 되었다.

한 달 전, 반나치 저항 운동 회원들이 네덜란드 나치 친위대의 가장 높은 인물이었던 한스 알빈 라우터(Hanns Albin Rauter)를 암살하려고 시도했으나 실패했다. 3월 7일, 이에 대한 보복으로 투옥되어 있던 수백 명의 네덜란드 저항 운동 회원들이 총살당했다. 그 가운데 후호 플로리스 라위스도 포함되어 있었고 현재 그 이름은 암스테르담 명예 거리 이름이 되었다.[28] 한편, 테오는 몸을 잘 숨겨 살아남았고 또 다른 저항 운동 가정에 의해 보호받았다. 하니는 4월 22일에 풀려났다. 많은 저항 운동 가정들 경우처럼, 그들 역시 상상할 수 없는

---

28 *Hier is Londen*, March 26, 1945. 후호 플로리스 라위스 도로(Hugo Floris Ruysstraat)는 그를 기리며 이름 지어졌다.

상실감, 트라우마, 신앙의 이야기를 가지고 있었다.[29] 헤르만과 후호의 시신들은 종국에야 블루먼달(Bloemendaal) 명예 묘지에 이관되어 안장되었다.[30] 시편 18편 2절 [상반절] 말씀이 그곳의 헤르만의 묘비에 새겨져 있다. "오 하나님, 나의 주이신 당신은 나의 반석이시요 나의 요새이십니다!"(You, O God, my Lord, are my shield and protector!)[31] 후호의 묘비에는 갇히고 고통받는 자들을 위한 그리스도의 명령이 인용되어 있다. "네가 죽도록 충성하라 그리하면 내가 생명의 관을 네게 주리라"(요한계시록 2장 10절 [하반절]).

---

29 제2차 세계대전 시 라위스 가정의 이야기들에 대해서는 Historische Kring Bussum, archive no. PRS6015을 참고하라.

30 Peter Heere, Arnold Vernooij, and Jan van den Bos, *De Erebegraafplaats Bloemendaal* (The Hague: SDU Uitgevers, 2005), 319, 821.

31 이는 묘비에 적힌 네덜란드어에 대한 내 [영어] 번역이다.

부록1

BAVINCK

"나의 아메리카 여행"

Mijne reis naar Amerika, ed. George Harinck (Barneveld: De Vuurbaak, 1998). 초기 번역은 James Eglinton, "Herman Bavinck's 'My Journey to America,'" *Dutch Crossing: Journal of Low Countries Studies* 41, no. 2 (2017): 180-93으로 출간되었다. 영어 번역본 출간을 허락해준 Uitgeverij de Vuurbaak[등대 출판사]에게 감사를 표한다.

(1. 여행은 누구나 반드시 배워야만 하는 예술이다.

2. 스스로를 쉽게 움직이고, 눈을 크게 열고, [판단을 위한] 관찰을 선호하기.

3. 관찰하기, 인지하기, 그리고 평가하기.)

언제든 여행을 멀리 떠나면 말할 이야깃거리가 생긴다. 특히 멀고 엄청나며 강력한 아메리카를 여행할 때는 더 그렇다. [거기서 받은] 인상은 연구가 필요할 정도로 매우 압도적으로 많고 풍부하기 때문에 이를 반드시 정리해서 질서 가운데 내놓아야 한다. 나는 그렇게 하려고 노력했고, 우리[1] 여행에 대한 초기 개관 후에 다음과 같은 순서를 따를 것이다. (1) 땅과 자연, (2) 하위 문화, (3) 마을과 도시, (4) 집과 가정생활, (5) 주민 특징, (6) 사회적 삶, (7) 도덕적 삶, 그리고 (8) 종교적 삶.

여행. 3개월이 걸린 여행이 오랜 기간처럼 보이지만, 그리고 실제로도 그렇지만, 잉글랜드에서 아메리카로 여행을 간다면 3개월이 긴 시간은 아니다. 7월 22일, 우리는 하리치(Harwich)를 경유해 로테르담에서 런던으로 갔으며 거기서 7월 27일까지 머물렀다. 그 후 우리는 리버풀로 갔고 도미니언 노선(Dominion Line)을 따르는 새롭고 아름다운 증기선을 타고 래브라도(*Labrador*)에서 캐나다 퀘벡과 몬트리올로 항해했다. 우리의 두 가지 여정에 관한 한 바다를 건너는 여행은 많은 점에서 기분 좋은 일이었다. 우리는 격노한 바다를 만나지 않았으며 바다가 품은 분노도 보지 못했다. (뱃멀미는 [사람을] 약하게, 게으르게, 무기력하게, 느글느글하게, 암울하게, 지루하게, 비참하게, 짜증나게 [만든다]). 우리는 바람이 바다를 못살게 굴어 파도를 토해낼 때 바다의 분노가 어떻게 자라나는지 딱 한 번 느꼈다. 바다에 대한 우리의 인상은 이중적이다. 바다의 끝없는 광대함과 깊이, 그리고 바다의 끊임없는 선회(旋回)가 바로 그것이다. 리버풀에서 퀘벡까지의 여행은 2,600[마일]이며, [리버풀에서] 뉴욕까지는 2,812마일, 대략 130시간 정도 걸리는 거리이다. 이렇게 금방 말할 수 있지만 사실 이 거리는 대단히 길게 느껴지고 [뱃삯] 가격이 [아깝다고] 느껴지는데 그 이유는 밤낮을 막론하고 어디에나 존재하는 무한대의 물 외에는

---

1 바빙크는 그의 깜픈 동료였던 D. K. 비렝아(Wielenga, 1842-1902)와 함께 여행했다.

BAVINCK

아무것도 볼 수 없었기 때문이다. 안정감 없이 항상 활기차게 움직이는 요란함이 있으며, 절대로 가만히 서 있지 않고 평화로움을 추구하긴 하지만 그 어떤 곳에서도 평화로움을 찾을 수 없다. 이는 마치 인간 마음의 불안감의 그림과도 같다. 항해가 너무 길어서 마지막 날에는 지루하게 느껴질 정도이며 육지를 보면 숨이 막힐 정도이다. [다른] 배, 새, 고래, 빙산이 목격되는 날은 곧 그날의 행사일(*ein Ereignis des Tages*)이 되었다. 바다 항해 이후 육지가 드디어 눈에 들어올 때 [배에 탄] 모든 사람은 기쁨으로 가득 찼다. 어쨌든 모든 것은 다소 지루하다(*Overigens ist die ganze Sache etwas langweilig*, 괴벨[Goebel] 박사).[2] 배로부터 어떤 안락도 누릴 수 없으며, 음식이나 음료로부터도 즐거움을 느낄 수 없고, 선원으로부터 다정함도 느끼지 못했으며, 탑승객들과 따뜻한 대화도 없었다. 이런 것들이 단조로움과 짜증을 지속시켰다. 발아래 바다가 확고한 토대 위에 있지 않으므로 항상 앞뒤로 흔들렸던 상황이 너무나도 어쩔 줄 모르게 만들었다. 우리는 해양 동물이 아니다. 꽤 간단하게 말하자면, 우리는 육상 동물로 창조된 존재들이다. 우리는 서 있을 수 있는 굳건한 바닥이 필요하며 공중에서는 살아갈 수 없다. 그러므로 바다에서는 언약의 아름다움에 대해 배울 필요가 있다. "산들이 떠나며 언덕들은 옮겨질지라도 나의 자비는 네게서 떠나지 아니하며 나의 화평의 언약은 흔들리지 아니하리라."[3]

[1.] 육지에 다시 발을 디딘 것은 우리에게 기쁨이었다. 그리고 우리가 처음 본 것은 경이로움이었다. 우리는 래브라도와 뉴펀들랜드(Newfoundland) 사이에서 벨 아일 해협(the Straits of Belle Isle)을 통해 세인트 로랑스 만(the Gulf of St. Lawrence)으로 여행했다. 그곳은 만으로 불렸지만, 바다 이상으로 매우 넓었다. 이 만은 점점 작아졌고 이윽고 우리를 세인트 로랑스 강으로 데려

---

2   이 인용문의 출처는 알려져 있지 않다.

3   이사야서 54장 10절. (기억에 의존했던 바빙크의 인용에 대한 내 번역이다).

갔다. 높은 둑과 언덕이 넓고 크며 장대하고 굉장히 아름다운 강 양옆으로 둘러 싸여 있었고 그 주변 여기저기에 매우 친근한 마을들이 있었다. (마을의 이름들은 프랑스어에서 기원했고 교회 이름을 따서 만들어졌다). 아메리카의 강들은 유난히 아름다웠다. 모든 것들이 거대했고 광대했으며 우아하고 주목할 만 했다. 모든 것이 엄청났다. 그리고 묘사할 수 없을 만큼 아름다운 광경이었다. 8월 5일 금요일 저녁의 석양은 믿기 어려울 만큼 아름다웠다. 그다음 날 8월 6일 토요일, 우리는 한낮에 퀘벡에 도착했다. 퀘벡 역시 이례적으로 놀라웠다. 도시는 강 중앙에 있는 날카롭게 돌출된 바위 위에 세워졌다. 배가 거기에 몇 시간 머물렀다. 우리는 주변을 돌았고 전에는 한 번도 보지 못했던 아름다움을 보게 되었다. 우리는 세인트 로랑스 강 왼쪽 측면으로 갔고 그쪽에서 높은 퀘벡을 바라보았다. 그 뒤로 서쪽 다른 편에서는 천천히 해가 지고 있었다. 처음에는 짙은 구름의 장막이 얇아지며 해 앞에 매달려 있었다. 이 구름 장막을 통해 햇살이 아름다운 전기 신호처럼 퀘벡을 비추었고 수천의 색깔과 형태가 드리워졌다. 말로 형언할 수 없을 정도로, 펜으로 쓸 수 없을 정도로 아름다웠다. 이는 시로 바뀔 정도의 아름다움이었다. 이는 무언의 기이함과 침묵의 경배로 즐길 만한 장관이었다. 우리도[네덜란드도] 아름다운 하늘을 가졌지만, 캐나다의 하늘은 훨씬 더 아름다운 하늘이었다.

우리는 몬트리올에서부터 아메리칸 철로(the American Great Trunk Railway)를 타고 30분 이상 바다 밑으로 가는 포트휴런(Port Huron) 터널을 통해(아메리카의 철도 여행) 네덜란드 이민자 지역인 미시간(Michigan)으로 갔다. 우리가 봤던 미시간의 한 부분은 훌륭하고 아름다운 지역이었지만, 덕으로 봤을 때 스홀터(Scholte)의 이민자 지역인 펠라(Pella)와 비교해 창백한 곳이었다.[4] 게다가 그곳은 볼크스(Bolks) 목사[5]와 호스퍼르스(Hospers) 씨[6]의 이민자 지역이었던 오렌지 시티(Orange City)보다 부족한 곳이었다. 미시간은 모두 다 숲이었다. 오렌지 시티는 모두 끊임없는 풀밭으로 이루어진 대초원이었지만, 소출이 나고 풍성하며 아름다운 나무들도 있었다. 어마어마한 기복이 있는 곳이긴 하지만 여전히 아름다운 지역이었다.

우리는 대략 아메리카 합중국의 중앙에 위치하고 있는 오렌지 시티보다 더 멀리 가지는 않았다. 그곳이 서쪽으로는 가장 멀리 간 곳이었다. 거기서부터 우리는 다시 밀워키와 미시간 호수 쪽으로 방향을 돌려 천천히 동쪽으로 이동했다. 우리 여행은 회의가 열렸던 토론토로 다시 우리를 이끌었다.[7] 9월 24일, 우리는 대표단들과 함께 토론토에서 약 3시간 걸리는 거리인 나이아가라 폭포를 방문했다. 이 폭포에 대한 심상은 표현할 수 없을 정도이다. 처음에는 어느 정도 표현을 노력하지만 폭포를 더 오래 바라보고 있다 보면 폭포의 위대함과 장엄함이 점점 더 커진다. 아메리카의 네 개의 거대한 강들(슈피리어, 미시간, 허드슨, 그리고 이리)의 물이 나이아가라 폭포로 모이며 그 물이 온타리오 강으로 흐른다. 이 강은 폭포 전에는 엄청나게 넓고 얕으며 (폭포 반 마일 앞에서 멈춘다). 바닥은 암석으로 되어 있다. 마치 물 자체가 긴장해 바위를 뚫고 지나가게 강요하는 것 같다. 물이 흘러 수천 개의 바위와 많은 (바위) 섬들(특히 [세] 자매들 [섬]) 위에 굴러 떨어지고(즐겁게 뛰놀며) 튀어 오르며 삐죽 환영하며 반짝인

---

4 H. P. 스홀터(Scholte, 1805-68)는 (1847년) 아이오와(Iowa) 펠라(Pella)로 700명의 이민자를 이끌었던 분리 측 설교자였다.

5 S. 볼크스(Bolks, 1814-94)는 (1848년) 미시간 오버리셀(Overisel)에 정착하기 위해 이민자들을 이끌었던 분리 측 설교자였으며, 1872년에 아이오와 오렌지 시티에서 설교자가 되었던 인물이다.

6 H. 호스퍼르스(Hospers, 1820-1901)는 1871년에 임명된 오렌지 시티 지역의 지도자였다.

7 제5차 장로교 연맹 총회가 토론토에서 1892년 9월 21일부터 30일까지 열렸다.

다. 이 섬들에 가거나 혹은 여행하는 사람은 거기서 처음부터 폭포를 볼 수 있다.[8] 그 너머에서 바닥이 즉각적으로 갈라지고 …[9] 피트의 깊음을 볼 수 있다. 바위와 섬들이 격분한 것처럼 보이는 물이 떨어지는 것이 아니라, 오히려 격렬함, 맹렬함, 끓어오름, 빠른 하락과 더불어 깊은 곳으로 추락해 물 아래에서 사라지므로 물 아래 표면 매우 깊은 곳은 고요함이 유지되어 배가 폭포 근처로 갈 수 있게 된다. 아래로 이끌려진 물은 (소용돌이로 인해 형성된 강의 강한 곡선으로 인해) 반 시간 후 표면으로 다시 올라오기 때문에 이런 힘은 도무지 배가 다닐 수 없게끔 만든다. 폭포 그 자체로 상승되는 아름다움은 두 개의 위대한 구역, 즉 …[10] 피트의 폭을 가진 아메리카 구역과 말굽의 편자 같은 생긴 …[11] 피트의 길이를 가진 캐나다 구역으로 나뉜다. 우리는 위쪽에서도 폭포를 봤고, 종국에는 다른 쪽에서도 폭포를 봤다. 라인 폭포(The Rhine Falls)도 아름답지만, 나이아가라 폭포는 묘사할 수 없을 정도로 장엄하다.[12] 우리가 거기서 더 많은 시간을 보내지 못했던 것은 불행한 일이었다.

우리는 5시에 기차로 앨바니(Albany)로 갔고 주일을 보낸 후 9월 25일 월요일 증기선을 타고 뉴욕과 허드슨으로 떠났다. 허드슨은 아메리카식 라인 [폭포]였지만 더 넓었다. 허드슨은 언덕이 많은 둑과(캣스킬 산[Catskill Mountains]) 더불어 흘렀으며 양옆으로는 마을과 도시가 있었고 구불구불한 곡선으로 인해 추진을 받아 바위들을 통해 물을 밀어냈다. 하지만 여기는 로맨

---

8 바빙크는 이 문장을 괄호 안에 표기했다.
9 바빙크는 원문에서 채워 넣지 않은 공란을 남겼다.
10 바빙크는 원문에서 채워 넣지 않은 공란을 남겼다.
11 바빙크는 원문에서 채워 넣지 않은 공란을 남겼다.
12 바빙크는 1887년에 스위스의 샤프하우젠(Schaffhausen)에 있는 라인 폭포에 방문했었다. Valentijn Hepp, *Dr. Herman Bavinck* (Amsterdam: W. Ten Have, 1921), 136.

스가 없어서 라인 폭포와 같지는 않았다.[13] 아메리카는 매우 젊은 나라이다. 우리는 6시에 뉴욕에 도착했는데 뉴욕도 아름다운 곳에 위치했다. 동쪽으로는 이스트 강(the East River)에 의해 브루클린으로부터 나뉘고, 허드슨 강에 의해 저지(Jersey)로부터 서쪽이 나뉜다. 브루클린과 저지 도시 모두 우리 앞에 거대한 곡선과 더불어 불쑥 나타나 실제 뉴욕 주변으로 경계선을 형성해 뉴욕 만을 만든다. 뉴욕 만 속의 다른 섬들은(북쪽을 향하는 롱 아일랜드, 서쪽을 향하는 스태튼 아일랜드, 그 사이에 엘리스와 가버너스 아일랜드) 뉴욕 주변의 충실한 보초들처럼 늘 그랬듯이 뿌리를 내리고 있다. 10월 5일 저지로부터 아메리카 해안을 떠나 뉴욕 만을 통해 바다로 나가기 위해 출발했을 때의 풍경이 특별히 더 아름다웠다. 유럽도 그렇지만, 아메리카도 아름답고 마음을 뒤흔드는 경치가 일품이다. 아메리카 속의 하나님은 위대하신 분이다.

2. 폭넓게 어지러운 이 나라의 문화는 4세기가 뒤 쳐졌다. 정확히 400년 전 콜럼버스(Columbus)가 7월 12일 스페인 안식처를 떠나 10월 14일에 콜럼비아에 도착했다. 콜럼비아 기념행사가 아메리카 전역에서 열리며 우리가 머문 마지막 날들 속에서도 준비는 한창이었다. 그때 이후로 아메리카는 유럽에서부터 온 수천 명의 망명자들과 순례자들의 장소가 되었다. 남아메리카는 스페인과 포르투갈의 인구들로 채워졌지만, 북아메리카는 주로 독일 민족과 앵글로-색슨족으로 채워졌다. 또다시 북아메리카 합중국은 청교도, 민주주의자, 서민, 그리고 특별히 남쪽에는 영국 성공회 교도, 귀족, 군주제 지지자들로 채워졌다. 아메리카 합중국의 힘은 뉴 잉글랜드(양키[메인, 버몬트, 뉴 햄프셔, 메사츄세츠, 로드 아일랜드, 코네티컷])에 놓여 있다: 권력과 힘의 왕좌이다. 개혁파 청교도들은 아메리카에 자신들의 흔적을 남겼다. 우리[나라] 사람들과 국가도 아메리카에 한 부분을 남겼다. 아메리카 최초 정착민들인 홀란더르스(Hollanders)

---

13 1887년 바빙크는 라인 폭포에 방문했다. 각주 12번을 보라.

가 뉴욕을 발견했다. 수많은 이름이 본래 네덜란드어로부터 유래되었으며 여전히 [사람들은 이에 대한] 기억을 떠올리며 [네덜란드어로] 부른다(뉴욕의 하를렘[Harlem], 코헌 스튀아르트[Cohen Stuart]를 보라).[14] 많은 가정들이 이런 옛 네덜란드 사람들의 후손들을 명예의 훈장처럼 대우했다. 많은 가정이 최근까지도 여전히 네덜란드어로 말했고, 읽고 기도할 때 네덜란드어가 사용되었다. 많은 사람이 "할아버지와 할머니께서 여전히 네덜란드어를 아세요"라고 말했다. 난 아이오와에서 1627년에 새로운 암스테르담을 위해 네덜란드를 떠난 조상을 둔 A. 판 스타우트(Stout) 씨와 함께 여행했다. 많은 가정이 네덜란드어 성경과 네덜란드어로 된 책들을 여전히 가보로서 보관하고 있었다. 이 옛 정착민들의 후손들은 아메리카의 현재의 귀족들이 되어가고 있었다.

하지만 [아메리카 최초 정착민들인] 홀란더르스의 영향은 여전히 크다. 최근 연구를 통해 이런 사실이 전면에 등장하게 되었다. 특히 그리핀스(Griffis)[15]와 더글라스 캠벨(Douglas Campbell)[16]은 홀란더르스의 강점에 대한 연구에 투자했다. 이런 연구들은 레이든에서의 로빈슨(Robinson)[17] 기념비 건립의 영향으로 수행되었다. 예전 역사가들은 아메리카의 정치, (사회, 종교) 형성을 잉글랜드에서 찾았었다. 하지만 [현실은] 완전히 다른 것처럼 보인다. 잉글랜드는

---

14 Martinus Cohen Stuart, *Zes maanden in Amerika* (Haarlem: Kruseman and Tjeenk Willem, 1875), 1:29-44.

15 William Elliot Griffis, *The Influence of the Netherlands in the Making of the English Commonwealth and the American Republic* (Boston: De Wolfe, Fiske & Co., 1891).

16 Douglas Campbell, *The Puritan in Holland, England and America: An Introduction to American history*, 2 vols. (New York: Harper and Brothers, 1892-93).

17 존 로빈슨(John Robinson, 1585-1625)은 암스테르담과 레이든의 영국 회중파 교회주의자(English Congregationalists) 무리의 영국 신학자이자 설교자였다. 로빈슨은 자기 교회 교인들에게 아메리카로의 이민을 장려했다. 이들 중 주류였던 [아메리카로 건너간 잉글랜드 청교도] 필그림 파더즈(the Pilgrim Fathers)는 1620년에 이주했다. 로빈슨도 이주하려고 했으나 레이든에서 죽음을 맞이하게 되었다. 1891년, 아메리카인 주도로 레이든에 로빈슨 기념비를 세웠다.

절대로 아메리카의 모범이 아니었다. 첫째, 오히려 많은 홀란더르스가 박해 기간에 잉글랜드의 동쪽 지역으로, 정확히 말하면 스튜어트(Stuarts) 치하에서 아메리카로 떠났던 대부분의 이민자들이 살았던 지역으로 추방당했다. 둘째, [아메리카로 건너간 잉글랜드 청교도] 필그림 파더즈(the Pilgrim Fathers)가 네덜란드에 15년 동안 머물렀고, 델프스하번(Delfshaven)에서부터 아메리카로 1620년에 건너갔다. 뉴 잉글랜드의 가장 오래된 거주민들은 필그림 파더즈의 산업, 정치, 종교의 자유, 사회적 시설, 그리고 네덜란드식의 근면 성실을 배운 것처럼 보인다.

마지막으로, 아메리카는 이 시대 동안 수많은 홀란더르스의 피난처였다. 1847년 판 랄터(Van Raalte)는 미시간을 구입했다.[18] 10만 명의 홀란더르스가 여전히 아메리카에 살고 있다. 2만 명이 22개의 교회와 더불어 그랜드래피즈에 살고 있고, 펠라와 오렌지 시티 반경 20마일 내에 농부들이, 그리고 [뉴저지의] 페터슨(Paterson)과 로즈랜드(Roseland), [미시간의] 홀란드, 주변 지역들에도 살고 있다(네덜란드 합중국이다). 이렇게 많은 이민자들이 있었음에도 불구하고 최초의 역사는 고통으로 점철된 역사였다. 난 그중에서 판 랄터의 무리를 기억한다. 그들은 겨울에 도착했다. 모든 것이 숲이었고 시간이 오래 걸렸고 거리도 멀었다. 모두 다 일을 해야만 했다. 나무는 가치가 없었다. 오히려 나무는 적이었다. 숲 지역이 개간되었을 때, [가림막이 없어] 햇빛이 뜨거운 오븐처럼 되었다. 엄청난 초목들이 자라났다. 많은 사람이 병에 걸렸고 죽었지만, 판 랄터는 용맹함을 고무시켰다. 그는 주일에 설교했으며 설교 후 모든 사람은 새롭게 된 용기를 가지고 일터로 돌아갔다. 그래도 그들은 매년 고난을 당했으며 싸움은 멈추지 않았다. 이윽고 식민 지역은 풍성한 땅이 되었다. 많은 마을이 생겨

---

18 알베르투스 크리스티안 판 랄터(Albertus van Raalte, 1811-76)는 1874년에 현재는 미시간 홀란드의 중앙에 식민지를 건설했던 분리 측 이민자들의 분리 측 설교자이자 지도자였다.

났다. 주변 지역, 즉 뉴 질랜드[질랜드, 미시간], 오버리셀[오버리셀 타운쉽, 미시간], 드렌테[드렌테, 미시간], 그로닝언(홀란드 챠터 타운쉽, 미시간)에서 네덜란드어로 대화했다(네덜란드 합중국[이었다]). 아메리카는 이처럼 홀란더르스, 잉글랜드인, 독일인을 통해 유럽 국가 방식으로 발전되었다. 사막, 숲, 초원들이 활짝 꽃이 피고 열매 맺는 땅으로 변화되었고, 그 땅 위에 도시와 마을들이 세워졌다. 많은 지역이 거룩한 땅이 되었다. 선조들의 피와 땀, 고통과 기도가 그 땅을 거룩하게 만들었다. 문화는 여전히 발전 중에 있었다. 이민도 계속되었다. 아메리카는 경이로울 정도로 매우 큰 나라였다. 나라 끝까지 가려면 며칠 밤낮을 여행해야 한다. 우리는 이 나라의 크기에 대해 이해할 수 없다. 이 나라의 폭은 …[19] 마일이며 길이는 …[20] 마일이다. (대략 유럽보다는 크며 잉글랜드와 웨일즈보다는 6배가 더 크다). 한 주(州, province)가 네덜란드보다 훨씬 더 크다. 그리고 이 땅은 소출이 풍성한 땅이다. 이 땅은 모든 것을 가지고 있으며 자급자족이 가능하고 독립적으로 살아갈 수 있다. 이 땅은 곡식, 고기, 빵, 금, 은, 동, 주석, 석탄, 가스, 석유 등 인간 존재에 필요한 모든 것을 가지고 있다. 기꺼이 일하려고 하는 자는 풍성한 양식을 얻을 수 있다. 물론 가난이 존재하지만 거기에 가난이 있을 필요는 없다. 거기 사람들도 모두 감사를 표한다. 그들은 밀고 나아간다. 그들은 밝은 미래를 바라본다. 그들은 새로운 믿음과 소망, 삶을 직면하는 용기, 그리고 삶을 살아가는 힘을 가지고 있다. 거기의 모든 사람이 다 부자가 되는 것은 아니다. 소수의 사람만 부자가 된다. 일상의 일보다 땅값 상승이 더 빠르다. 하지만 거기 사람들은 모두 양식을 가지고 있다. 많은 사람이 양식을 가지고 있으며 많은 사람이 그리스도 안에서의 믿음도 발견했다.

3. 이런 발전은 여전히 진행 중이다. 거기서는 모든 것이 세련되지 않으며,

---

19 바빙크는 원문에서 채워 넣지 않은 공란을 남겼다.
20 바빙크는 원문에서 채워 넣지 않은 공란을 남겼다.

일은 계속 진행 중이다. 그 어떤 것도 깔끔히 정돈되거나 완성되었거나 준비되지 않았다. 모든 것이 일에 대한 자극이다. 목초지, 집, 도시, 마을 등 모든 것은 새로울 뿐만 아니라 지금도 만들어지는 중이다. 이런 측면에서 뉴욕같이 오래되고 유럽스러운 도시는 다소 예외적이다. 서쪽으로 가면 갈수록 더 많은 새로움과 불완전함을 만나게 된다. 놀고 있는 손을 찾기는 불가능에 가깝다. 그 어떤 것도 완성된 것이 없다. 목초지들이 종종 잡초로 뒤덮인다. 잡초 뽑을 시간이 없으며 끝없는 들판을 다 처리하기에는 일손이 딸린다. 들판은 거친 나무 그루터기들과 뒤집힌 나무뿌리들, 그리고 서로를 향해 치우친 나무 조각들로 인해 나뉘며, 최근에는 철조망으로 인해 나뉜다. 최초 정착민들은 통나무로 집을 지었고 지금도 여전히 나무로 집을 짓는다. 심지어 큰 도시 집들도 마찬가지이다. 보도는 거친 나무로 만든다. 심지어 도시 중앙 도로도 여전히 거칠고 모래가 많으며, 혹은 찰흙으로 만들어 비가 통하지 않는다. 하지만 거리 거주민들이 부자일 경우(그들은 세금 형태로 도로 사용료를 내야만 한다) 삼나무로 아름다운 도로를 꾸미며 혹은 자갈과 돌, 특별히는 아스팔트로 도로를 깔기도 한다. 더 최근에 형성된 도시나 마을들은 모두 같은 모양으로 계획된다. 거리는 직선으로 만들어지며 십자형의 도로도 동등하게 직선으로 만들어진다. 도로 이름은 1번가, 2번가, 3번가로 불린다. 옛 도시들이나 뉴욕의 가장 오래된 지역 같은 경우엔 이렇게 이름 붙이지 않지만 새롭게 만들어진 도시 같은 경우 (거의) 모두 이런 식으로 계획된다. 거기에 가면 어렵지 않게 마치 집처럼 느껴진다. 거리는 넓고 공간이 충분하지만 단조롭다. 도시들은 모두 체계적이며 발전된 방식으로 건축된다. 그 어떤 것도 자라난 것은 없다. 오히려 모든 것은 만들어졌다. 모든 도시가 같은 모습과 모양을 지니고 있다. 시카고, 뉴욕, 필라델피아, 워싱턴 등 모두 다 똑같다. 이 도시들은 역사도 우아함도 없다. 게다가 이 모든 도시들은 공통적으로 상업 지역과 상업 종사자들이 사는 지역이 서로 분리되어 있다. 종사자들이 자신들의 가게나 상점 안 혹은 위에 살지 않는 것은 완전히 규범이다. 상업 지구의 건물들은 오직 상업을 위한 건물로 상점, 가게, 사무실로 의도된 건물들이다. 하지만 사람들은 이 상업 지구 밖 개인 집에서 산다. 그리고 [도시의 가로수가 늘어선] 도로들은 아름답게 꾸며져 있다. 매일 아침 6시에서 8시 사이에 신사들은 일터로 나간다. 그들은 저녁 6시에 집으로 돌아오고 대부분의 상점은 문을 닫으며 더 이상 할 일이 없다. 거주하는 집들은 아름답게 지어졌다. 상업 지구의 건물들은 서로 다닥다닥 붙어 있지만, 도시 가로수길의 각 집은 서로 분리되어 있다. 각 집은 앞이나 뒤 혹은 앞뒤 모두에 고유의 마당을 가지고 있고 집 주변은 잘 관리된 깨끗하고 싱그러운 잔디로 둘러싸여 있으며(잔디밭) 때로는 화단으로 꾸며져 있다(묘지들). 우리[나라] 집과는 내부 디자인과 건설적인 측면에서 매우 다르다. 첫째, 아메리카 집들은 모두 비슷한 빌라이며 모든 집은 크고 작은 베란다를 가지고 있다. 그러므로 우리[나라] 집과 비교해서 더 밝고 행복하고 활기가 넘친다. 방 구조도 우리[나라] 집과 완전히 다르다. 집 전체를 가로지르는 복도들은 미지의 세계이다. 어떤 집은 때로는 계단과 함께 있는 (현관) 복도를 가지고 있으며 그 옆에는 응접실이 있다. 현관과 응접실을 지나면 항상 방 2개가 있는데 거실과 침실이다. 그다음에는 또 다른 2개의 방이 있는데 식당과 침실이다. 그다음에는 주방과 도우미 방 등이 있다. 집들은 매우 안락하며 실용적으로 지어졌다. 밖에서부터 거실로 들어올 수 있기 때문에 바로 집 안으로 들어올 수도 있다. 안팎이 이어져 있다. 가구들은 대개 우리 가구들보다는 훨씬 더 밝은 색이며 카펫, 의자, 상, 천장, 벽도 모두 옅은 노랑색이다. 우리[나라]와 비교해 눈에 띄며 스타일에 있어 덜 어둠침침하며 멋지고 단순하다. 특별히 의자들은 안락함을 제공해준다. 각 방마다 여성도 자유롭고 평안하게 누릴 수 있는 흔들의자가 있다. 때때로 함께하는 일동이 끊임없이 앞뒤로 움직이는 흔들의자에 앉는데 이야말로 가만히 못 있고 불안한 아메리카인의 본성을 상징한다. 확실히 편안하지만 품위있거나 매력적이지는 않다. 침실들은 매우 훌륭한데 크고 넓은 침대가 멋들어지게 정리되어 있다. 베개만 실망스러웠다.

4. 서쪽에 사는 사람들은 실제로 놀라웠다. 항상 사람이 가장 중요한 법이다. "인류에 대한 공부는 인간이다."[21] 사람 가운데서도 아메리카 사람들은 점점 더 큰 자리를 차지하고 있다. 그들은 그들의 배경 때문에 이미 주목할 만하다. 앵글로-색슨, 즉 독일계 요소들이 그들의 기초를 형성했고 주성분이 되었다. 하지만 얼마나 많은 다른 사람들이 영향을 끼쳤는지! 얼마나 수많은 다른 요소들이 들어왔는지! 1865년 이래로 해방된 흑인들은 말할 필요도 없고, 아메리카에서 부자가 되고 있는 중국인들의 수와 힘은 늘어만 가고 있다. 아메리카인들은 섞여 있다. 영국, 스코틀랜드, 아일랜드, 네덜란드, 프랑스, 독일, 이탈리아, 스웨덴, 노르웨이 등 모든 유럽 사람들이 아메리카인의 특징에 한 몫 보태고 있다. 첫눈에 보이는 이 특징은 확실히 활동적이며 힘이 넘치고 젊은 새로운 특징인데 이는 옛날의 더 차분한 유럽과 극적인 대조를 이루어낸다. 아메리카 사람들은 아직 과거를 가지고 있지 않다. 아메리카가 발견된 지 4세기밖에 안 지났으며 독립한 지는 고작해야 1세기밖에 안 지났다. 하지만 모든 것이 이에 대한 증거로 작동한다. 바로 미래다. 이런 관점에서 아메리카는 과거에 기대어 살아가고 미래에 대해서 절망하고 있는 유럽과 정반대다. 아메리카는 젊고 맹렬하며 용감하고 활기가 넘치며 열정과 생기가 가득 차 있고 낙관론과 대규모 사업이 도처에 깔려 있다. 아메리카는 걱정 혹은 제한을 알지 못한다. 아메리카는 모든 것을 정복한다. 한 예가 수많은 주장보다 더 많은 것을 말하기도 한다. 1871년 시카고 대화재 며칠 후, 한때는 자신의 건물이었던 돌무더기 위에 누군가가 이런 공지를 놓았다. "아내와 에너지는 안전하고 사무실은 지속된다." 아메리카 정신은 모두 "진취적"이며, 모든 것은 "빠르고" 가만히 있지 않으며 움직

---

21 바빙크는 1734년에 알렉산더 포프(Alexander Pope)가 쓴 시 "인간에 대한 글" 두 번째 서한의 시작을 암시하고 있다. "너 자신을 알고 하나님께서 훑어보지 않으실 것으로 간주하라; 인류에 대한 적절한 공부는 인간이다."

이며 추진한다. 보스턴은 잠자고 있고, 뉴욕은 꿈을 꾸며, 시카고는 깨어났다. 시카고는 2백만 명이 사는 놀라운 도시다. 50년 동안 황무지였고 1871년에는 불타버렸지만, 즉시 다시 세워졌다. 기후와 일의 영향 아래, 그곳의 남자들은 넓거나 건조한 피부, 금방 머리가 세고 각진 얼굴에 근육질이 아니라 모두 어느 정도 수척하고 날씬하며 키가 크다. 그들 중 일부는 잘생겼지만, 여성들은 점점 더 아름다워지고 있다. 아메리카는 여성의 땅이다. 여기서 [여성] 해방의 대의 가 처음으로 발전되었다. 여성들은 모든 가능한 자유와 구별을 즐기고 있을 뿐 아니라 모든 곳에서 1순위를 즐기며 여행할 때도 길거리나 집에서도 항상 우선 순위를 가진다. 아메리카에서 존중받기 위해서는 간단히 여성이 되는 것만으 로도 충분하다. 여성의 말은 법정에서도 인정받는다. 여성들은 유혹하는 사람 들을 고발할 수 있으며 결혼이나 손해 배상을 요구할 수 있다. 남편이 죽은 이 후에도 법은 여성을 챙긴다. 여성들은 학교 일에 대한 투표권을 가지고 있고 때 로는 시장과 시의회에 관련된 투표권도 행사한다. 이런 과정은 곧 시작된 듯 보 인다. 어쩌면 이후에는 국회의원과 대통령 선거권까지도 가지게 될 것이다. 여 성들은 사회 속에서 막강한 영향력을 행사한다. 여성들은 흡연과 음주 반대 운 동을 대대적으로 지지한다. 수많은 직업들, 예를 들면 전신, 우편, 교육 등은 여 성들에 의해 채워지고 있다. 여성들은 여기서는[네덜란드에서는] 알려지지 않 은 자유를 누리고 있다. 그들은 여행하고 자전거를 타며 체육관에서 운동하고 모임을 잡으며 공적인 연설을 하고 회의를 주재하며 높은 수준으로 운영하며 다스린다. 여성들은 아름다움에서 남성들과 구별된다. 날씬하고 훤칠하며 모 양이 좋으며(우아하고) 하얀 피부에 짙은 갈색 머리, 어두운 눈과 눈썹을 가진 여성들은 남성들과 비교해 매우 인상적인 외모를 가지고 있다. 그들은 이 모든 것을 과하게 하지 않는다. 여성들은 종종 집안일에 대해 이해하지 못한다. 자녀

양육은 여성들의 일이 아니다. 『우리나라』(*Our Country*) 제2판의 작가[22]는 …[23] 쪽에서(Boissevain I, 113)[24] 다음과 같이 말했다. "자녀들이 부모들에게 행사하는 것을 제외하고, 아메리카의 많은 가정 속에는 존경심이 많지 않아 권위도 많지 않다."[25] 아메리카 아이들은 종종 무례함과 크게 다르지 않는 자유를 통해 스스로를 구별시킨다. 그러므로 여성들은 자신들의 몸 혹은 영혼, 사회와 그들이 기꺼이 구성원이 되려고 하는 연맹을 위해 살아간다. 그들은 이것들 모두를 더 많이 사랑한다. 그 이유는 아메리카 종업원들은 오명을 가지고 있기 때문이다. 그녀들은 숙녀처럼 옷을 입지 않지만 숙녀처럼 대우받길 원한다. 높은 월급과 좋은 음식, 규칙적으로 외출하고 거의 일을 하지 않는 것이 그들이 원하는 요구이다. 많은 가정이 식당에서 먹으며 혹은 대접받길 원한다.

5. 아메리카인들은 대단히 부지런하지만 음식과 음료에 무관심하지는 않다. 아메리카인은 하루에 3번 매우 잘 먹는다. 심지어 가장 중위층도 거기서는

---

22 조사이어 스트롱(Josiah Strong, 1847-1926)은 사회복음 운동의 회중파 교회주의 설교자 및 지도자였다. Josiah Strong, *Our Country: Its Possible Future and Its Present Crisis* (n.p.: Baker and Taylor for the American Home Missionary Society, 1885)을 보라. 바빙크는 이 책의 이후 판을 인용했다(1891년 판).

23 바빙크는 원문에서 채워 넣지 않은 공란을 남겼다.

24 Charles Boissevain, *Van 't Noorden naar 't Zuiden: Schetsen en indrukken van de Vereenigde Staten van Noord-Amerika* (Haarlem: H. D. Tjeenk Willink, 1881), 1:113: "Gisteren had ik na den eten een gesprek met een vader van vele zonen. De jongens gingen op ongedwongene, eenigszins ongegeneerde wijze met hem om. Ze waren niet brutaal, volstrekt niet; maar jongens van 12 tot 14 jaar behandelen hun vader als waren ze academie-vrienden die met hem gestudeerd hadden. De vader was wellicht een weinig beleefder jegens de jongens, dan zij jegens hem, 'doch komt van mijn meerdere beschaving en ervaring,' zeide hij lachend." 영어 번역은 다음과 같다. "어제 저녁 식사 후 난 많은 아들을 두고 있는 한 아버지와 대화했다. 남자애들은 자유롭게, 어느 정도 거리낌 없이 아버지를 대했다. 그들은 전혀 무례하지 않았지만 12살에서 14살 사이 소년들은 아버지를 마치 학교에서 같이 공부했던 친구들처럼 대했다. 어쩌면 그 아버지는 그들이 자기에게 하는 것보다 더 정중하게 아들들을 대했다. 그는 웃으며 '내 우월한 교양과 경험을 신경 쓰지 마세요'라고 말했다."

25 Josiah Strong, *Our Country: Its Possible Future and Its Present Crisis*, ed. Jurgen Herbst (Cambridge, MA: Harvard University Press, 1963), 103.

잘 산다. 생필품의 질이 좋고 싸다. 다양한 형태의 고기, 우유, 달걀, 케이크는 모든 사람의 손이 닿는 곳에 있다. 빈곤으로 고통받는 이민자 모두도 여기서 열심히 일해 풍성하게 살아간다. 포도주 (맥주)와 강한 술을 천한 것으로 바라보는 서쪽의 신사스러운 지역에서는 그것들을 아예 마시지 않는다. 하지만 사탕 소비는 늘어가고 있다. 따뜻한 식사를 하루에 3번 한다. 각 식사는 고기, 야채, 감자, 다양한 종류의 과일, 때로는 여섯 혹은 일곱 종류의 타르트(케이크, 파이), 다양한 후식, 커피, 차, 초콜릿, 많은 종류의 차가운 음료들이 포함되어 있다. 아메리카의 가장 훌륭한 상점들은 약국인데 의약품뿐만 아니라 담배, 단 것, 사탕, 파이, 탄산수, 아이스크림, 바닐라 아이스 등도 판다. 약국에 가는 것은 신사적인 행동이지만 술집에 가는 것은 지탄받는 행동이다. 술집들은 외면당한다. 술집들은 머물고 쉴 수 있는 여관이 아니다. [오히려] 술집들은 오직 서서 마시고 다시 떠나는 판매대들이다. 사교적으로(*gezellige*)[26] 함께 앉고 방문하는 개념은 여기에서 찾아볼 수 없다. 그냥 판매대 자기 (사무실) 의자에 앉은 후 이동한다!

6. 사회적 삶도 우리가 여기서 가지고 있는 사교적인 아늑함(*gezelligheid*)[27]이 결여되어 있다. 여기에 오는 많은 사람이 이런 중대한 상실에 대해 애석해한다. (하지만 여성들은 남성들보다 더 집같이 느낀다. 남성들은 …[28]에 관해 불평한다. 여성들은 한가한 시간을 보내기 위한 돈이 더 많고 그것을 함께 모여 살기를 즐기는 것[*gezellig*]으로 여긴다). 일, 식사, 수면이 아메리카 삶의 본질이다. 사교적인 교제(*gezellige omgang*)와 대화를 위해 남겨진 시간이 없다. 물론

26 여기서 바빙크는 헤절러흐(*gezellig*)라는 [네덜란드] 단어를 사용하고 있는데 이 단어의 뜻과 직접적으로 같은 영어 단어는 존재하지 않는다. 이 단어는 다른 사람들과의 교제 가운데 개인적인 따뜻함을 느끼는 것을 지칭한다.

27 헤절러흐(*gezellig*)에 대해서는 각주 26번을 보라.

28 이 단어는 판독이 불가능하다.

부자들은 엄청나게 호화로운 파티를 즐긴다. 아메리카 사람들은 특히 극장을 사랑하며 많은 사람들이 극장을 방문한다. 춤과 연주도 매우 즐기는데 기독교 장로교 내에서, 심지어 목회자들 사이에서도 춤과 연주를 즐긴다. 하지만 중산층들은 사교적인(*gezellige*) 즐거움이 덜하다. 그러나 아메리카인들은 가장 넓은 의미의 환대를 언제나 베푼다. 낯선 사람도 어디서나 환영받는다. 가장 훌륭한 것이 낯선 사람 앞에 항상 놓여 있다. 몇 주 내내 낯선 사람을 위한 침실이 제공된다. 가장 영예로운 오락과 여행이 낯선 이를 위해 준비된다. 마치 모든 사람이 낯선 이에게 [아메리카의] 사람, 땅, 자연과 문화에 대한 호의적인 인상을 주려고 최선의 노력을 기울이는 것처럼 보인다. 아메리카 사람들은 비록 조악하고 정제되지 않은 것들이 많긴 하지만 그래도 지금까지 그래왔던 것처럼 이것들을 벗어 던진 후 정복하려는 노력을 다하고 있다고 느낀다. 그러므로 교양 없는 문화에서 높은 수준의 문화로 발전되는 상황은 실로 놀라울 정도이다. 아메리카 사람들은 확실히 이런 발전을 할 수 있는 사람들인데 그 이유는 그들에게는 정복해야 할 전통도 편견도 초기 조건도 보수주의도 없기 때문이다. 여기서는 이례적인 전깃불과 전차들은 이미 일상이 되었고, 주목할 부분은 동쪽 지역보다 서쪽 지역에 이런 것들이 더 발달되어 있다. 뉴욕과 시카고는 여전히 말을 사용하지만 그랜드래피즈는 전기 자동차를 가지고 있다. 심지어 펠라나 오렌지 시티에서도 전깃불을 사용한다. 어디에나 있는 자연은 가장 높은 문화에 갑작스럽게 자기 자리를 내어주는 중이다. 그러므로 자연과 높은 문화의 한계들이 종종 만난다. 가장 제대로 된 지역 속에 있는 비포장도로와 펠라의 단순한 집들 속에 있는 전깃불 등이 [바로 그 예다]. 이런 상황은 교육에서도 드러난다. [교육은] 매우 존중받는다. 아메리카 사람들은 [교육에 있어서] 유럽에 뒤처졌다고 느낀다. 하지만 지금은 그들이 (무리하게) 유럽과 동등한 수준으로 스스로를 위치시키길 원한다. 학교 건물들은 아름답게 보인다. 비용을 아끼지 않는다. 부자들은 비용을 대학 설립의 영예로 여긴다. 교육 체계는 중등학교, 고등학교(일부 라틴어와 함께 하는 *Hoogere Burgerschool*), 단과대학(대학을 종합대학을 위한 예비 학습), 4개의 학부와 신학교를 포함한 종합대학으로 구성된다. 일반적으로 교육은 우리나라보다 훨씬 더 [폭넓게] 진행된다. 자연과학은 더 큰 역할을 감당한다. 공부 기간이 짧지는 않지만 [공부의] 폭이 [공부의] 깊이와 철저함에 비해 더 넓고, 온갖 것(*multa*)이 자주 많은 것(*multum*)에 미치지 못하는 인상을 받는다. 아메리카의 지식 축적은 깊음보다는 빨리 서두르는 측면이 더 강하다. 높기보다는 넓다. 소위 배움이라는 종류에 대한 강요와 과장이 있다. 아이오와 여행 동반자는 교육에 대한 국가의 중요한 역할을 깨닫게 만들어 주며 다음과 같이 말했다. "그러므로 우리 아메리카 사람들은 모든 것에 대해 말할 수 있으며 당신이 신학자로서 당신의 영역에서 사안들을 논의할 때 당신을 이해할 수 있어요." 교육에 대한 관심은 자유와 독립의 열망을 통해 더 강해지고 있다. 모든 아메리카 사람들은 스스로를 위해 자유롭고 독립적이며 관찰하고 보길 원한다. 신문 읽기는 경이로운 일이다(Boissevain, 183).[29] 여기서는[네덜란드에서는], 대부분의 사람들이 신문을 읽지 않거나 혹은 (예를 들면)「히더온」(*Gideon*)[30] 정도만을 읽거나 아니면 일부 사람들은 5명이 한 신문을 읽거나 하지만 아메리카에서는 모두 다 자기 고유의 신문을 읽으며 두꺼운 신문들은 새로운 모든 소식을 실으며(세상을 떠들썩하게 만든 이야기, 인터뷰, 모든 공적인 내용 등) 가장 일상적인 소식부터 가장 중요한 소식까지 모두 다 공유한다. 신문들은 사람들에게 계속해서 정보를 제공한다. 공립, 사립 도서관들도 사람들의 발전에 기여한다. 모든 중요한 지역에는 고유의 도서관이 있으며 때때

---

29 Boissevain, *Van 't Noorden naar 't Zuiden*, 1:183. 부아스벵(Boissevain)은 아메리카의 언론에 대해 한 챕터를 할애했으며 뉴욕에서 구할 수 있는 신문과 잡지 목록을 수집했다.

30 「히더온」(*Gideon*)은 1875년 3월 이래로 J. 비레마 드 브릴러(Wierema te Brielle)가 출간한 주간 기독교 신문이었다.

로 특별한 선물 혹은 시의회를 통해 도서관이 세워지고 유지된다. 도서관은 모두에게 (구별 없이) 열려 있으며 무료로 사용 가능하다. 학문과 지식은 가능한 모든 방식으로 대중화되어 있다. 풍성한 조숙함이 이에 대한 결과이다. 엄격한 학문적 연구에 대한 명예는 이를 통해 진전되지 않는다. 심지어 천재들의 지식 계급과 [위대한 인간] 정신을 비난하는 민주주의가 존재한다. 가장 높은 [기준과] 예외적인 주도권과 힘을 향한 강한 분투를 위해 스스로 일하는 의지력의 증거를 가지고 있다.

7. 이런 분투는 강력한 도덕적 감정을 통해 뒷받침된다. 명백하게도, 아메리카에서는 반짝이는 모든 것이 다 금이 아니다. (악당, 사기꾼, 범죄자의 도시인) 뉴욕과 시카고의 빈민가는 부정직함의 오물통이며 이런 점에서는 런던, 파리, 비엔나, 베를린보다 결코 뒤처지지 않는다. 하지만 그럼에도 강력한 도덕적 감정과 높은 윤리의식이 아메리카 사람들 속에 존재한다. 첫 정착민들이었던 청교도 정신이 계속해서 영향을 미치고 있다. 거기서는 칼빈주의가 폭넓게 수용되지 않고 있지만, (감리교를 통한) 아르미니우스주의가 아메리카 정신에 지배권을 행사하고 있다. 아메리카인은 칼빈주의자가 되기 위해 지나칠 정도로 스스로를 인식하며, 자신의 능력을 지나치게 의식할 뿐 아니라, 자기 의지가 지나칠 정도로 강하기까지 하다. 게다가 아메리카인은 지나친 성공을 이루었다. 하는 족족 성공했다. 아메리카인은 자기 힘의 한계를 보지 않는다. 칼빈주의는 스스로에게 절망감을 느껴 오직 하나님의 은혜와 작정과 행위에 의해 구원받은 사람들 사이에서 수용된다. 하지만 아메리카 사람들은 고통을 알지 못한다. 잉글랜드로부터의 독립 투쟁, 남북 전쟁은 용기, 승리, 그리고 권력의 드러남의 시간에 있었던 일들이었다. 아메리카 사람들은 범신론적이지 않다. 그들은 훨씬 더 이신론적, 이지적, 도덕주의적이며 이 모든 것은 [지식의 자료인] 경험을 통한다. 도덕의식은 영향력이 있으며 본질적으로 강하다. 아메리카에서는 [개인적] 인간, 인간성, 세상, 운명의 향상에 대한 강한 갈망이 있다. 그들은 과거

에 대해 많이 생각하지 않으며 오히려 미래에 대해 훨씬 더 많이 생각한다. 믿음, 소망, 놀라운 낙관론, 강한 이타심이 존재한다. 아메리카 사람들은 모든 것이 잘 될 것으로, 달라질 것으로 믿으며 지구의 모든 사람이 마땅히 선한 삶을 살 수 있다고도 믿는다. 아메리카는 유럽이 현재 직면하고 있는 문제들을 알지 못한다. 인구도 많지 않으며 충분한 공간이 있고 땅은 소출을 내며 풍성한 열매를 맺는다. 가난은 필요치 않으며 일하길 원하는 사람은 삶을 영위할 수 있다. 높은 세금도 없으며 부를 탐내는 군대도 없다. 보조금으로 설립되어 살아가는 교회도 없으며 특정 사회 계급을 위한 독점권 혹은 특권도 없다. 그곳에는 가장 위대하고도 가능한 자유와 평등이 존재한다. 시민과 인간다운 모든 존재를 위해 문이 열려 있다. 하지만 많은 것들이 자멸하기도 한다. 악한 상상들과 욕망들이 길을 막는다. 지금 유럽보다 훨씬 더 강하게 이 죄악들과 모든 특정한 죄악들과의 전쟁이 선포되었다. 특별한 죄와 비참함과 싸우는 노력을 다하는 연맹들이 부족하지 않다. 흡연과 음주는 특별한 힘과 싸우고 있다. 많은 영역 속에서 흡연과 음주는 가장 강한 용어로 금지되고 있다. 흡연과 음주는 불신자들과 다름없는 삶을 살게 한다. 과도하지만 그것을 멈추게 할 수는 없다. 여타 다른 죄들도 반대한다. 모든 힘이 적에 대적해 요구되고 움직여지며 무기를 채비한다. 모든 사람은 연맹의 구성원이며 때로는 서로 다른 연맹에 동시에 가입하기도 한다. 모든 연맹은 고유의 질서, 띠, 구별, 호칭이 있다. 얼마나 민주적인지 모른다. 아메리카인들은 연맹에 깊숙하게 관여되어 있다. 일리노이에서는 자신들 스스로를 일리노이 대학이라고 부르며 돈 몇 푼으로 특정 학문 학위를 수여하려고 하는 남성 무리가 있다.

특별히 비밀스러운 단체들이 큰 역할을 감당한다. 공개적인 홍보의 시간이 곧 비밀의 시간이다. 수많은 단체들이 있다. 프리메이슨(Freemasons)이 하나의 예다. 이뿐만 아니라 오드 펠로우스(the Odd Fellows), 노동 기사단(the Knights of Labor) 등등도 있다. 이런 단체들은 엄청난 힘을 휘두른다. 많은 노동조합이 이런 단체들과 연계되어 있으며, 예를 들면 특정 회사로부터 상품이나 담배(등등)을 사지 않고 8시 넘어서 일하지 않으며 이런 상황을 거부하는 고용주를 위해서는 일하지 않는다. 이 모든 [단체들의] 사회의 개선을 위해 의도된 단체들이다. 죄와 고통이 매우 열심히 분투한다. 자선 사업도 많다. 모든 주는 가난한 사람, 불쌍한 사람, 정신적으로 아픈 사람을 위해 뛰어난 복지를 행사한다. 정신의학 기관들은 참으로 훌륭해 보인다. 아메리카의 가난한 사람들은 여기보다 [네덜란드보다] 더 좋은 삶을 영위한다. 그들은 다른 시민들이 받는 그대로의 빵과 고기, 케이크를 받는다.

8. 종교적 삶에 관해서라면 의심의 여지 없이 너무 피상적이다. 죄와 은혜 사이의 대비가 약하다. 중생과 성령 하나님의 사역이 뒤로 밀리고 있다. 설교는 대부분 도덕을 건드릴 뿐이다. 선택과 칭의와 같은 모든 종교적 요소들은 부족하거나 아니면 완전히 사라졌다. 설교는 하나님의 말씀의 드러냄과 보살핌과는 아무 상관이 없다. 오히려 설교는 연설이 되어버렸고 설교 본문은 흥미를 끄는 사건이나 문장으로 미끼를 던질 뿐이다. 종교적 삶은 총체적으로 우리의 종교적 삶과 다른 특징을 가지고 있다. 종교가 사람을 지배하지 않는다. [오히려] 사람들이 예술과 학문을 지배하는 것처럼 종교를 지배한다. 종교는 오락과 휴식을 즐기는 일이다. 교회 건물이 이를 분명하게 드러낸다. 교회들은 우리 [네덜란드] 교회들보다 훨씬 더 좋다. 설교단 없이 아늑하고(*gezellig*) 다정하게 환영하며 겨울엔 따뜻하다. 조금의 변경도 없이 극장으로도 쓸 수 있을 정도이다. 색이 밝으며 붉은색 카펫에 편한 마음으로 즐길 수 있고 활동적이며 깨끗하고 산뜻하다. 이는 유럽 교회들의 근엄하고 품위 있으며 어둠침침한 진지한 특징과 정확히 정반대이다. 교회가 그렇듯이 종교도 마찬가지이다. 거기 종교는 오락이다. 설교자는 어떻게 하면 가장 극적인 방식으로(짧고 다채로우며 활동

적이며 연극조로 과장스럽게: 파커[Parker] 목사,[31] 팬크허스트(Pankhurst) 목사,[32] 탈마지[Talmage][33]) 말 할 수 있는지를 아는 가장 많은 사람들이 찾는 [사람이다]. 영적이지만 얕고 재미있으며 유머로 양념을 친다. 이런 설교는 노래, 합창, 독창, 성악, 기악으로 버무려진다. 이런 설교를 통해 교회의 개념이 거의 완전히 사라져버린다. 교회는 종교 단체다. 출생과 사망에 의한 [교회] 회원권은 계수되지 않는다. 성만찬에 참여하는 수는 계수된다. 너무 많은 분파들과 교회 연맹들이 존재해 교회의 개념이 완전히 사라졌다. 거기에는 **보편** 교회[The church]가 존재하지 않는다. 조직교회도 없다. 모든 [교회들이] 동등하다. 그러므로 개인주의가 교회 토양을 지배하고 있다.

하지만 이에 반해 어떤 사람은 이렇게 말할 수 있다. 아메리카의 종교적 삶이 깊지는 않지만 폭은 넓다. 여기서 우리가 가지고 있는 신앙과 불신앙 사이의 구별이 거기서는 감추어져 있다. (우리는 너무 깜짝 놀라서 우리가 실행하는 것을 잊어버린 원리에 [집중한다]). 실제로 불신자들이 있긴 하지만 조직적인 모습을 가지고 있지는 않다. 그들은 자신의 정당에서 스스로를 드러내지 않는다. 민주당과 공화당은 완전히 신앙과 불신앙 밖에서 사안들을 다룬다. 이 싸움에서 근본적으로 악의적인 [요소들이] 결여되어 있다. 그들은 구원 혹은 천국에 대해 서로 거부하지 않는다. 반혁명당에 반대하기 위해(카이퍼 박사에 반대하기 위해), 흐룬 [판 프린스터러](Groen van Prinsterer)에 반대하기 위해, 자유 기독교 학교에 반대하기 위해, 여기서는[네덜란드에서는] 즉각적으로 하나님, 그리스도, 성경에 반대한다. 아메리카에서는 이렇게 하지 않는다. 거기서는

---

31 조엘 파커(Joel Parker, 1799-1873)는 뉴욕의 장로교 목사이자 유명했던 부흥사였다.

32 찰스 헨리 팬크허스트(Charles Henry Pankhurst, 1842-1933)는 장로교 목사이자 사회 개혁가였다. 그는 1892년 뉴욕의 부패 경찰에 반대하는 설교를 한 후 뉴욕에서 유명해졌다.

33 토머스 드 위트 탈마지(Thomas De Witt Talmage, 1832-1902)는 뉴욕의 유명했던 장로교 목사였다.

기독교인 공화당원과 기독교인 민주당원이 존재한다. 공립학교를 지지하는 사람들과 반대하는 사람들이 존재한다. 자유 무역을 반대하는 사람과 찬성하는 사람이 있다. 이 모든 사람은 "기독교인" 영역 밖에 있다. "기독교적" [접근]은 어느 정도까지는 이분법적인 방식으로(대학에서는 신학을 가르치지 않는다. 학문은 신앙과 분리되어 있다) 이 세상의 다른 모든 지형의 바로 옆에 존재한다. 모든 것은 어느 정도 기독교적 신앙의 영향 아래, 기독교적 신앙에 의해 형성된다. 국가는 여전히 모호한 방식으로 기독교적이다. 기도는 초등학교에서 관례적으로 행하며 성경도 여전히 봉독된다. 안식일과 휴일들은 국가적으로 기념되며 바쁜 도시들 가운데서도 인정된다. 기도의 날과 감사의 날이 정부에 의해 지켜진다. 10월 9일부터 12일까지 열리는 콜럼비아 기념행사는 감사를 표하는 가운데 교회들 속에서 열린다. [프랑스] 혁명의 원리를 체계적으로 따르며 신앙과 겨루는 진보정당이 없다. 여기서[네덜란드에서] 정통 [그리스도인]은 사회에서 따돌림받거나, 외부인 혹은 미개한 사람으로 치부되지만, 아메리카에서는 그렇지 않다. 거리에서 하는 복음 설교도 매우 조용한 상태로 듣는다. 거기서는 여기의 일반적인 하층민들이 그렇듯이 조롱과 조소의 생각을 가지지 않는다. 토론토 장로교 연합 모임의 대표들은 특별히 대우받았을 뿐만 아니라 시장이나 지사에게도 접대를 받았다. 교회와 종교적 사안에 대한 관심은 이례적일 정도로 특출나다. 여기와는 달리, [아메리카의] 주일학교, 국내외 선교, 그리고 하나님 나라의 모든 종류의 사역들은 관심을 즐긴다. 이것들은 마음과 입술에서 살아 움직이는 사안들이다. 수많은 사람이 8일 동안 연합 모임들에 참석한다. 선교에 대해 다루어졌을 때, 연사들은 두 교회 속에서 연설해야만 했다. 여성 선교 연합은 1,200명의 여성 무리가 참석했다. 만약 아들이 선교사가 되면 가장 부유한 가정들에 의해 영예를 받는다. 매우 중요한 한 여성은 자기 외아들이 선교에 스스로를 헌신하길 간절히 원했었다. 젊은 남성들과 여성들은 [선교에] 관심이 많다. 작게 시작하긴 했지만 지금은 영어권 국가들 전체로 확장되었고 이 회원은 언제 어디서나 기독교인이어야만 하며 기도회에 참석해야 하는 면려회(Christian Endeavor Society)가 현재 존재한다. 영어권 세계는 비종교인을 위해 살며 비종교인 선교에 공감한다. 영어권 세계는 모든 비종교적 세계를 자신의 마음에 품는다. 아르미니우스주의와 감리교주의도 역시 이에 대해 헌신하고 있다. 이런 와중에 말도 안 되는 소리가 참으로 많다. 하지만 우리는 그런 가운데서도 좋은 토대를 더 잘 닦았으며 단순히 모든 것을 향해 정죄하기보다는 좋은 토대를 닦아가려고 노력했다. 특별히 [아메리카] 학생들의 도덕성은 유럽 대학생들의 도덕성보다 훨씬 더 높다. 이런 상황은 모든 형성 원리와 일관성을 지닌다. 대학들은 큰 도시에 있지 않다. 오히려 대학들은 작고 외진 지역에 있다. 대학들은 학문적 군락을 형성한다. 학생들은 한 건물 혹은 여러 척의 훌륭한 건물들 속에서 살며 지휘 감독을 받는다. 모든 학교에서 예배를 드린다. 매일 모임, 기도 모임, 성경 읽기, 찬송, 기도, 짧은 강연 등이 있다. 학생들은 귀족이 아니라 학생들로 여겨지며 특별히 실천적 형성 과정을 누린다. 종교적 감수성과 도덕적 감수성이 일구어진다. 술 취함과 욕정은 찾아보기 어렵다. 삶의 방식이 진지하며 건강하다.

수많은 좋은 것들을 보다 보면 비판으로부터 뒷걸음칠 수 있다. 아메리카 기독교가 고유의 법에 따라 발전하게 되기를 빈다. 하나님께서 아메리카에게 높고도 위대한 소명을 맡기셨다. 이런 소명을 위해 [아메리카가] 자신의 방식으로 분투하길 빈다. 결국 칼빈주의가 유일한 진리는 아니다!

부록2

"헤르만 바빙크 박사의 자서전적 스케치"

"Autobiographische schets van Dr. H. Bavinck," in *De Grondwet*, no. 9, October 6, 1908, 3.

「드 흐론트벳」(*De Grondwet*) 편집자가 바빙크 박사에게 몇 가지 지점으로 삶을 반추해서 우리의 환영하는 영예로운 손님의 삶에 대한 스케치를 제공해 달라고 요청했다.[1] [바빙크] 박사는 스스로의 손으로 그린 자기 삶의 초상화를 통해 자기 마음에 생동감을 불어 넣었다. 그의 마음에만 생동감이 불어 넣어졌는가? 맞다, 하지만 여러분의 마음도 마찬가지이다. 여러분의 마음도 홀란드, 질

---

1 처음 시작하는 두 단락은 편집자였던 J. B. 뮐더(Mulder)에 의해 제공된 단락이다.

랜드, 무스케곤, 그랜드래피즈에서 고동치며 시카고에서 그와 조우할 것이다.

편집자가 신속하고 관대하게 제공해주신 **존경하는 박사**께 공개적으로 감사를 표할 때, [편집자는]「드 흐론트벳」의 모든 독자 이름으로 이렇게 함을 통해 [바빙크 박사의 생애에 대해] 추정하는 잘못을 하지 않는다는 것을 알게 된다.

[J. B. 묄데]

아버지 얀 바빙크 목사께서 목회자로 계셨던 호허페인(Hoogeveen)에서 1854년 12월 13일에 태어났습니다. 이후 아버지께서 분스호튼(Bunschoten)으로 이사하셨고, 그 후엔 또다시 북쪽 브라반트(Brabant)의 알름께르끄(Almkerk)로 이사하셨습니다. 거기서 전 하설만(Hasselman) 학교에서 교육을 받았습니다. 그 후 전 즈볼러(Zwolle)에서 김나지움(고등학교)에 다녔습니다. 거기서 전 도스꺼(Dosker) 가정과 친해졌으며 그 가정의 아들 중 한 명이었던 헨리 도스꺼(Henry Dosker)와 지금까지도 우정을 유지하고 있습니다.

김나지움을 마친 후 저는 아버지께서 현재 목회자로 계시는 깜픈의 신학교에서 1년을 보냈습니다. 하지만 거기 교육은 저를 만족시키지 못했습니다. 그래서 저는 1874년에 유명했던 교수들인 스홀튼(Scholten)과 꾸우는(Kuenen) 밑에서 신학을 공부하기 위해 레이든으로 갔습니다. 전 5년 만에 공부를 마쳤고 "츠빙글리의 윤리학"이라는 제목으로 박사논문을 작성해 1880년에 신학박사학위를 받았습니다.

프라너꺼르(Franeker)에서 1년간 목회 사역을 한 후, 저는 1882년 깜픈 신학교 교수로 임명되었습니다. 거기서 전 주로 교의학 과목을 맡았으며, 1902년 자유 대학교로 옮긴 후에도 교의학을 주로 가르쳤습니다. 이와 더불어 전 1895년부터 1901년까지 4권 짜리의 광범위한 책을 출간했으며, 현재 확장 개정판인 제2판이 출간된 상태입니다. 이 외에도 많은 다른 작품을 출간했는데 『오늘의 도덕』(*De Hedendaagsche Moraal*), 『창조와 발전』(*Schepping en Ontwikkeling*), 『믿음의 확신』(*De Zekerheid des Geloofs*), 『심리학의 원리』(*Beginselen der psychologie*), 『교육학 원리』(*Paedagogische beginselen*), 『사상가와 시인으로서의 빌데르데이끄』(*Bilderdijk als denker en dichter*) 등등 정도만 언급하려고 합니다.

몇 년 전에 저는 여왕에 의해 네덜란드 사자 기사단(the Knights of the Order of the Lion of the Netherlands)에 임명되었습니다. 많은 협회들에 더해(예를 들면, 레이든 네덜란드 문학 협회[the Society of Dutch Literature in Leiden]), 저는 암스테르담 왕립 학술원(the Royal Academy of Science in Amsterdam)의 회원이기도 합니다. 전 프린스턴에서 강의하러 아메리카에 왔지만 이 기회를 제 옛 친구들을 만나는 기회로도 사용하고 있으며 16년 전보다 아메리카에 더 친숙해지고 있습니다. 바빙크 여사와 저는 여기서 매우 즐겁게 지내고 있으며 특별히 아메리카 땅과 사람들에게 마음이 사로잡혀 있습니다.

부록3

"과제들: 복음 전도의 개념과 필요성"

Herman Bavinck, "Stellingen: het begrip en de noodzakelijkheid der evangelisatie," *Congres voor Gereformeerde Evangelisatie op dinsdag 8 en woensdag 9 april 1913 te Amsterdam* (n.p., 1913), 8-9.

I.

복음은 신약 성경 전에도 "좋은 소식"이라는 의미를 이미 가지고 있었던 그리스어 단어이다.

II.

성경에서 이 단어는 그리스도 안에서의 구원의 좋은 소식을 의미하는 고정된 용어가 되었다.

III.

신약 성경에서 **복음을 전하다**라는 동사는 유대인들과 이방인들에게 복음을 선포하는 것을 나타낸다.

IV.

교회는 이런 선교 사역과 교훈과 완성을 향한 지속적인 사역 둘 다를 위해 부름받았다.

V.

기독교 교회의 역사 가운데서 교회의 탈선과 쇠퇴 때문에 이런 활동들 사이에 또 다른 사역, 즉 원래 복음으로 되돌아감을 통한 회복과 때로는 **복음 전도**라는 이름의 사역이 발흥하게 되었다.

VI.

교회의 쇠퇴와 관련해 신자들에게 주어진 첫째 의무는 하나님의 말씀으로 교회를 개혁하는 것이다.

VII.

결과로서의 이런 개혁은 교회, 학교, 학문, 예술 등을 통해 가능한 한 사람의 모든 삶 속에 편만해지는 것이다.

VIII.

우리 시대에서 이런 사역은 신앙과 사이가 멀어진 기독교를 또다시 설득하는 일과 동반되어야만 하며, (자선 사업과 더불어) 국내 선교 사역의 부분으로서 더욱 더 구체적으로 **복음 전도**라는 이름이 포함되어야만 한다.

약어

BHD Harinck, George, and Wouter Kroese, eds. *"Men wil toch niet gaarne een masker dragen": Brieven van Henry Dosker aan Herman Bavinck, 1873-1921.* Amsterdam: Historisch Documentatiecentrum voor het Nederlands Protestantisme (1800-heden), 2018.

ELV Harinck, George, and Jan de Bruijn, eds. *Een Leidse vriendschap.* Baarn: Ten Have, 1999.

ET English translation

GD[1] Bavinck, Herman. *Gereformeerde dogmatiek.* 4 vols. 1st ed. Kampen: Bos, 1895-1901[역자 주: 본문에 *GD[1]*가 인용되었을 때 한글 번역은 헤르만 바빙크, 『개혁 교의학』 박태현 옮김 [서울: 부흥과개혁사, 2011]을 사용했다].

GD[2] Bavinck, Herman. *Gereformeerde dogmatiek.* 4 vols. 2nd ed. Kampen:

Kok, 1906-11[역자 주: 본문에 *GD²*가 인용되었을 때 한글 번역은 헤르만 바빙크,『개혁 교의학』 박태현 옮김 [서울: 부흥과개혁사, 2011]을 사용했다.

HBA Herman Bavinck Archive at the Historisch Documentatiecentrum voor het Nederlands Protestantisme (1800-heden), Vrije Universiteit Amsterdam

LGV Dennison, James T., Jr., ed. *The Letters of Geerhardus Vos*. Phillipsburg, NJ: P&R, 2005.

RD Bavinck, Herman. *Reformed Dogmatics*. Edited by John Bolt. Translated by John Vriend. 4 vols. Grand Rapids: Baker Academic, 2003-8[역자 주: 본문에 *RD*가 인용되었을 때 한글 번역은 헤르만 바빙크,『개혁 교의학』 박태현 역 [서울: 부흥과개혁사, 2011]을 사용했다.

중심인물, 교회, 교육 기관, 그리고 언론

BAVINCK

중심인물

Berendinus Johannes Femia "Dinus" Bavinck (베런디누스 요한네스 페미아 "디누스" 바빙크, 1870-1954). 헤르만 바빙크의 남동생, 의사.

Coenraad Bernardus "Bernard" Bavinck (쿤라트 베르나르두스 "베르나르트" 바빙크, 1866-1941). 헤르만 바빙크의 남동생, 베르나르트는 [깜픈] 신학교에서 공부했고 목회자로 섬겼다.

Jan Bavinck (얀 바빙크, 1826-1909). 헤르만 바빙크의 아버지. 네덜란드로 이주했던 하노버 사람(Hanoverian), 그는 니더 작센(Lower Saxony)의 복음주의 옛 개혁파 교회(the Evangelical Old Reformed Church)와 기독개혁교회(the

Christian Reformed Church) 두 곳에서 목회자로 섬겼다.

Johan Herman Bavinck (요한 헤르만 바빙크, 1895-1964). 헤르만 바빙크의 조카, 베르나르트 바빙크의 아들. 요한 헤르만은 유명한 선교학자였으며 인도네시아에서 선교사로 섬겼다.

Johannes Gerrit "Johan" Bavinck (요한네스 헤리트 "요한" 바빙크, 1872-96). 헤르만 바빙크의 남동생. 그는 법학으로 박사 공부를 하고 있을 때 폐결핵으로 죽었다.

Geziena Bavinck-Holland (헤지나 바빙크-홀란트, 1827-1900). 헤르만 바빙크의 어머니, 네덜란드 토박이 여인, 그녀는 네덜란드 국가 개혁교회(the Dutch Reformed Church)에서 성장했지만 분리 측에 입회하는 선택을 했다.

Johanna Adriana Bavinck-Schippers (요한나 아드리아나 바빙크-스키퍼르스, 1868-1942). 헤르만 바빙크의 아내, 기독교 여성 운동의 저명인사.

Amelia den Dekker (아멜리아 덴 데꺼, 1849-1933). 젊었던 바빙크가 애정을 표현했던 대상.

Johannes Hendrikus Donner (요한네스 헨드리꾸스 도너, 1824-1903). 레이든의 분리 측 목회자. 그의 설교는 헤르만 바빙크의 초기 형성에 큰 영향을 끼쳤다. 그는 1880년에 하원의원으로 섬기기 시작했다.

Henry Elias Dosker (헨리 엘리아스 도스꺼, 1855-1926). 목사 아버지와 함께

청소년 시기 미국으로 이주했던 신학자. 도스꺼와 바빙크는 즈볼러 김나지움 (the Zwolle Gymnasium)에서 함께 공부했으며 (비록 매우 자주는 아니었지만) 평생 서신을 주고 받았다.

Guillaume Groen van Prinsterer (귀욤 흐룬 판 프린스터러, 1801-76). 빌름 2세(Willem II)를 섬겼던 칼빈주의 정치인. 그의 책 『불신앙과 혁명』(*Unbelief and Revolution*, 1847)은 네덜란드 반혁명당 정치 운동 초기에 영감을 불어넣었다.

J. H. Gunning Jr. (휜닝 2세, 1829-1905). 암스테르담 대학교의 교회학 교수. 대표적으로 휜닝 2세는 자기 세대 윤리 신학 운동을 주도했다. 그는 바빙크와 오랫동안 비평적 관계를 유지했다.

Abraham Kuenen (아브라함 꾸우는, 1828-91). 다른 과목들과 함께 윤리학을 가르쳤던 레이든 대학교 구약학 교수. 꾸우는은 바빙크의 사실상의 박사논문 지도교수였다.

Abraham Kuyper (아브라함 카이퍼, 1837-1920). 자신의 첫 목회 동안 경건주의적 회심을 경험했던 자유민주주의적 개혁파 목사. 카이퍼는 돌레안치 (Doleantie, 1886) 때 결국 분리된 네덜란드 개혁교회(the Dutch Reformed Church) 내 갱신 운동의 선봉장이었다. 그는 반혁명당과(1879년) 암스테르담 자유 대학교를 설립했고(1880년) 1901년부터 1905년까지 네덜란드의 수상으로 섬겼다.

Abraham Kuyper Jr. (아브라함 카이퍼 2세, 1872-1941). 아브라함 카이퍼의 아

들 중 한 명, 헤르만 바빙크의 옛 학생으로 교의학자로서의 모습을 일찍이 보여주었다.

Herman Kuyper (헤르만 카이퍼, 1864-1945). 아브라함 카이퍼의 장남, 암스테르담 자유 대학교 교수, 헤르만 바빙크의 오랜 동료.

Lucas Lindeboom (루카스 린더봄, 1845-1933). 기독개혁교회 목사이자 신학자. 아브라함 카이퍼, 헤르만 바빙크, 암스테르담의 자유 대학교를 신학적으로 오랫동안 반대했던 유명한 적수. 린더봄은 헤르만 바빙크와 함께 깜픈 신학교에 임용되었다.

Friedrich Nietzsche (프리드리히 니체, 1844-1900). 19세기 독일 철학자. 니체는 유신론의 도덕적 덫으로부터 스스로가 해방된 무신론의 새로운 다양성을 주장했으며 "하나님의 죽음"이라는 근거 위에서 "모든 가치들의 재평가"를 추구했다.

Gerrit Ruys (헤리트 라위스, 1888-1945). 헤르만 바빙크의 사위이며 하니 (Hannie)의 남편. 그는 암스테르담의 변호사로서 반나치 저항 운동에 가담했으며 전쟁포로 수용소로 옮겨질 때 죽었다.

Herman Ruys (헤르만 라위스, 1923-43). 헤르만 바빙크의 손자. 반나치 저항 운동에 적극적으로 가담했던 그는 베테링스칸스(Weteringschans) 감옥에 갇혔고 나중에 오버페인(Overveen)에서 총살형에 처해 졌다.

Hugo Floris Ruys (후호 플로리스 라위스, 1924-45). 헤르만 바빙크의 손자. 반나치 저항 운동에 적극적으로 가담했던 그는 하를렘(Haarlem)에서 총살형에 처해졌다.

Johanna Geziena Ruys-Bavinck (요한나 헤지나 라위스-바빙크, 1894-1971). 헤르만과 요한나의 딸. 그녀와 그녀의 가족은 제2차 세계대전 당시 적극적으로 반나치 저항 운동에 가담했다. 그녀는 부모에게 하니(Hannie)로 불려졌다.

Alexander de Savornin Lohman (알렉산더 드 사보르닌 로만, 1837-1924). 암스테르담의 자유 대학교 법학자. 그는 아브라함 카이퍼와의 갈등 전에 반혁명당을 섬겼다.

Andries Willem Schippers (안드리스 빌름 스키퍼르스, 1843-1924). 헤르만 바빙크의 장인, 부유했던 선주, 카이퍼주의자.

Friedrich Schleiermacher (프리드리히 슐라이어마허, 1786-1834). 19세기 독일 신학자로 종교를 하나님을 향한 "절대 의존 감정"(feeling of absolute dependence)으로 다시 정의 내렸으며 이런 사상은 바빙크의 생애 전반에 걸쳐 큰 영향력을 과시했다.

Johannes Henricus Scholten (요한네스 헨리쿠스 스홀튼, 1811-85). 프라너꺼르와 레이든 둘 다에서 가르쳤던 신학자. 1843년부터 1881년까지 레이든에서 가르쳤으며 그의 과목은 신약학, 사언신학, 교의학, 종교철학 등을 망라했다. 아브라함 꾸우는과 더불어 스홀튼은 현대 신학 운동의 최일선에 서 있었다. 그는 바빙크의 박사논문 지도 교수였다.

Christiaan Snouck Hurgronje (크리스티안 스눅 후르흐론여, 1857-1936). 그 당시 가장 저명했던 네덜란드 동양학자. 스눅 후르흐론여와 헤르만 바빙크는 레이든 학생 시절 때 친구가 되었다.

Adriaan Steketee (아드리안 스테꺼떼이, 1846-1913). 바빙크가 [깜픈] 신학교 등록 학생이었을 때 교원이었던 스테꺼떼이는 바빙크가 깜픈 [신학교에] 임명된 상황과 밀접한 관련 속에서 해직당했다.

Geerhardus Vos (게르할더스 보스, 1862-1949). 어렸을 때 네덜란드에서 미국으로 건너갔던 옛 프린스턴 신학자. 보스와 바빙크는 비슷한 마음을 가지고 있었으며 수년간 서신을 주고받았다.

Douwe Klazes Wielenga (다우어 끌라저스 비렝아, 1841-1902). 기독개혁교회의 목사이자 신학자였으며 헤르만 바빙크의 오랜 친구. 비렝아는 헤르만 바빙크와 같은 시기에 [깜픈] 신학교에 임용되었다.

교회

Christian Reformed Church (Christelijke Gereformeerde Kerk, 기독개혁교회). 1834년 분리(Afscheiding) 때 네덜란드 개혁교회(the Dutch Reformed Church)로부터 분리되어 나온 교단. 얀, 헤르만, 베르나르트 바빙크는 이 교단 목회자들이었다. 본래 분리 측 회원들(Afgescheidenen)로 알려진 이 교단의 회원들은 1869년부터 기독개혁교회로서 자신들의 교회를 꾸려갔다. 이 교단은 (애통 측[Dolerende]) 네덜란드 개혁교회(the Dutch Reformed

Church)와 합쳐 1892년 네덜란드 개혁교회(the Reformed Churches in the Netherlands)가 형성되었다.

Dutch Reformed Church (Nederlands Hervormde Kerk, 네덜란드 국가 개혁교회). 기독개혁교회(the Christian Reformed Church)와 이후 네덜란드 개혁교회(애통)(the Dutch Reformed Church[Dolerende])이 분리된 주류 교단.

Dutch Reformed Church (Dolerende) (Nederduitse Gereformeerde Kerk[Dolerende], 네덜란드 개혁교회[애통]). 1886년에 아브라함 카이퍼가 이끌어 네덜란드 개혁교회(the Dutch Reformed Church)로부터 분리되어 나온 교단. 이 교단은 기독개혁교회(the Christian Reformed Church)와 합쳐 1892년 네덜란드 개혁교회(the Reformed Churches in the Netherlands)가 형성되었다.

Evangelical Old Reformed Church in Lower Saxony (Evangelisch-altreformierte Kirche in Niedersachsen, 니더 작센의 복음주의 옛 개혁파 교회). 벤트하임(Bentheim)의 개혁파 교회로부터의 분리 후 1838년에 (독일) 니더 작센 벤트하임에 형성된 교단. 얀 바빙크가 청소년 시기 이 교회에 가입했었고 이 교단에서 목회자로 섬겼다.

Reformed Churches in Restored Association (Gereformeerde Kerken in Hersteld Verband, 회복연맹 개혁교회). 바빙크의 옛 학생 중 한 명이었던 요한네스 헤일께르껀(Johannes Geelkerken)과 둘러싼 논쟁 이후 1926년에 형성된 교단. 요한나 바빙크-스키퍼르스, 하니 라위스-바빙크, 헤리트 라위스가 이 교단에 가입했다.

Reformed Churches in the Netherlands (Gereformeerde Kerken in Nederland, 네덜란드 개혁교회). 기독개혁교회(the Christian Reformed Church)와 네덜란드 개혁교회(애통)(the Dutch Reformed Church[Dolerende])이 합쳐져 1892년에 형성된 교단.

교육 기관

Free University of Amsterdam (Vrije Universiteit Amsterdam, 암스테르담 자유 대학교). 개혁파 원리들로 운영하기 위해 1880년 아브라함 카이퍼가 설립한 사립 대학. 어떤 특정 교회로부터도 승인받지 못했음. 현재 이 대학교는 the VU University Amsterdam로 알려져 있다.

Kampen Theological School (Theologische School Kampen, 깜픈 신학교). 본래 기독개혁교회의 신학교. 1854년에 설립되었다. 현재 이 학교는 the Theologische Universiteit Kampen로 알려져 있다[감수자 주: 현재 남아 있는 학교는 1944년 해방 이후 세워진 신학대학교이다].

Princeton Theological Seminary (프린스턴 신학교). 뉴저지의 프린스턴에 위치한 역사적인 장로교 신학교. 바빙크와 카이퍼 둘 다 프린스턴 교수였던 게르할더스 보스와 B. B. 워필드(Warfield)와 가깝게 지냈으며 매년 여는 강연인 스톤 강좌(Stone Lectures)에서 강의했다.

언론

Algemeen Handelsblad (『알허메인 한델스블라트』). 1828년에 처음 출간되었다. 그 당시 가장 중요했던 자유주의적(그리고 반(反)카이퍼주의적) 네덜란드 신문이었다. 1970년, 이 신문은 『니우어 로테르담스혜 쿠란트』(*Nieuwe Rotterdamsche Courant*)와 합쳤고 현재 가장 중요한 네덜란드 좌파 일간지인 『NRC 한델스블라트』(the *NRC Handelsblad*)가 되었다.

De Bazuin (『드 바자윈』). 1853년부터 분리 측 교회(이후에는 기독개혁교회에 의해) 발행된 언론이다.

De Heraut (『드 헤라우트』). 1850년 암스테르담의 스코틀랜드 교회에 의해 처음 출간되었다. 원래는 유대인들 가운데서 선교 사역을 촉진시키려는 의도를 가지고 만들어졌으며 1870년 아브라함 카이퍼가 이어받아 카이퍼 자신의 신학적, 정치적 계획들을 홍보하기 위한 중요한 통로로 사용되었다.

De Standaard (『드 스탄다르트』). 1872년에 처음 출간되었다. 이 언론은 아브라함 카이퍼가 세웠던 기독교 자유민주주의 정당인 반혁명당의 공식 신문이었다.

참고문헌

BAVINCK

참고문헌 중 헤르만 바빙크 작품은 시간 순서로 정렬되어 있다. [참고문헌의] 두 번째 부분은 다른 1차 자료들, 특별히 얀 바빙크와 아브라함 카이퍼의 작품들과 서신들, 기록 보관소 자료들이 포함되어 있다. 이 부분도 시간 순서로 정렬했다. 마지막 부분은 2차 자료이다.

네덜란드어 작품이 영어로 번역되었을 경우 네덜란드 원문 다음에 번역 정보를 실었다[역자 주: 한글로 번역된 작품은 추가로 한글 번역본 서지 정보를 실었다]. 알파벳 순서는 네덜란드 관습을 따라 (*van, van der, de, te, in 't* 등과 같은) 뛰슨북슬(*tussenvoegsel*, 삽입어)로 접두된 성들은 뛰슨북슬의 첫 글자가 아니라 성의 첫 글자에 따라 알파벳 순서로 정렬했다(예를 들면 더 용[de Jong]은 *d*가 아닌 *j*로 열거했다).

종종 저자 이름, 제목, 페이지 번호가 포함되어 있지 않은(그 당시 언론의 관습이었다) 각주에 실려있는 신문의 순전한 분량 때문에, 저자 이름이 포함되어 있는 신문 기사만 제목에 따라 소개했고 참고문헌 목록에 포함시켰다. 하지만 각주에 인용된 모든 신문은 왕립 도서관(Koninklijke Bibliotheek) 온라인 기록 보관소를 통해 접근할 수 있다. https://www.delpher.nl.

헤르만 바빙크 작품

출간된 자료

De ethiek van Ulrich Zwingli. Kampen: G. Ph. Zalsman, 1880.

Synopsis purioris theologiae. Leiden: D. Donner, 1881. Partial ET: *Synopsis purioris theologiae / Synopsis of a Purer Theology: Latin Text and English Translation.* Vol. 1, *Disputations 1-23.* Translated by Riemer A. Faber. Leiden: Brill, 2014. Vol. 2, Disputations 24-42. Translated by Riemer A. Faber. Leiden: Brill, 2016.

"Eene Rectorale Oratie." *De Vrije Kerk 7,* no. 3 (March 1881): 120-30.

"Het rijk Gods, het hoogste goed." *De Vrije Kerk 7,* no. 3 (April-August 1881): 4:185-92; 5:224-34; 6:271-77; 7:305-14; 8:353-60. ET: "The Kingdom of God, the Highest Good." Translated by Nelson Kloosterman. *Bavinck Review 2* (2011): 133-70.

Review of *Egyptologie en assyriologie in betrekking tot de geloofwaardigheid des Ouden Testaments: Rede bij het overdragen van het rectoraat,* by Maarten Noordtzij. *De Vrije Kerk 8,* no. 3 (March 1882): 138-43.

De wetenschap der H. Godgeleerdheid: Rede ter aanvaarding van het leeraarsambt aan de Theologische School te Kampen. Kampen: G. Ph.

Zalsman, 1883.

"De hedendaagsche wereldbeschouwing." *De Vrije Kerk 9*, no. 10 (October 1883): 435-61.

De theologie van prof. dr. Daniel Chantepie de la Saussaye: Bijdrage tot de kennis der ethische theologie. Leiden: D. Donner, 1884. 2nd ed., Leiden: D. Donner, 1903. "Antwoord aan Prof. Dr. J. H. Gunning Jr." *De Vrije Kerk 10*, nos. 5-6 (May-June 1884): 5:221-27; 6:287-92.

De katholiciteit van Christendom en kerk. Kampen: G. Ph. Zalsman, 1888. ET: "*The Catholicity of Christianity and the Church.*" Translated by John Bolt. Calvin Theological Journal 27, no. 2 (1992): 220-51. [한글 번역본: 헤르만 바빙크, "기독교와 교회의 보편성", in 『헤르만 바빙크의 교회를 위한 신학: 거룩한 신학과 보편적 교회』, 박태현 편역 및 해설 (군포: 도서출판 다함, 2021), 100-179].

"De Theologie van Albrecht Ritschl." *Theologische Studieen 6* (1888): 369-403.

"Dankbetuiging." *De Bazuin*, April 19, 1889.

De Welsprekendheid. Kampen: G. Ph. Zalsman, 1889. Reprint, Kampen: Kok, 1901. ET: *Eloquence.* In *Herman Bavinck on Preaching and Preachers*, edited and translated by James Eglinton, 21-56. Peabody, MA: Hendrickson, 2017. [한글 번역본: 헤르만 바빙크, "웅변술," in 『헤르만 바빙크의 설교론: 설교는 어떻게 사람을 변화시키는가』, 제임스 에글린턴 편, 신호섭 옮김 (군포: 도서출판 다함, 2021), 59-136].

"Recent Dogmatic Thought in the Netherlands." *Presbyterian and Reformed Review 3*, no. 10 (April 1892): 209-28.

"Welke algemeene beginselen beheerschen, volgens de H. Schrift, de

oplossing der sociale quaestie, en welke vingerwijzing voor die
oplossing ligt in de concrete toepassing, welke deze beginselen
voor Israel in Mozaisch recht gevonden hebben?" In *Proces-verbaal
van het Sociaal Congres, gehouden te Amsterdam den 9-12 November,
1891*, edited by Johan Adam Wormser, 149-57. Amsterdam: Hovker
& Zoon, 1892. ET: "General Biblical Principles and the Relevance
of Concrete Mosaic Law for the Social Question Today (1891)."
Translated by John Bolt. *Journal of Markets & Morality 13*, no. 2
(2010): 411-46.

"The Future of Calvinism." *Presbyterian and Reformed Review 5*, no. 17
(1894): 1-24.

De algemene genade. Kampen: G. Ph. Zalsman, 1894.

"Eene belangrijke apologie van de Christelijke Wereldbeschouwing."
Review of *The Christian View of God and the World, as Centring in
the Incarnation*, by James Orr. *Theologische Studien 12* (1894): 142-52.

Edited and translated with Abraham Kuyper and Frederik Rutgers. *Biblia
dat is de gansche Heilige Schrifture bevattende alle de kanonieke
boeken des Ouden en des Nieuwen Testaments: Naar de uitgave der
Staten-overzetting in 1657 bij de Weduwe Paulus Aertsz van Ravesteyn
uitgekomen, in de thans gangbare taal overgebracht door Dr. A.
Kuyper onder medewerking van Dr. H. Bavinck en Dr. F. L. Rutgers;
Met volledige kantteekeningen, inhoudsopgaven, platen, kaarten, enz*.
Middelharnis: Flakkeesche Boekdrukkerij, 1895.

Gereformeerde dogmatiek. 4 vols. Kampen: Bos, 1895-1901. 2nd ed. Kampen:
Kok, 1906-11. ET: *Reformed Dogmatics*. 4 vols. Edited by John Bolt.

Translated by John Vriend. Grand Rapids: Baker Academic, 2003-8. [한글 번역본: 헤르만 바빙크, 『개혁 교의학』, 박태현 옮김, 총4권 (서울: 부흥과개혁사, 2011)].

With Maarten Noordtzij, Douwe Klazes Wielenga, and Petrus Biesterveld. *Opleiding en theologie.* Kampen: Kok, 1896.

"Kleine bijdrage tot de geschiedenis der Statenvertaling." *Tijdschrift voor Gereformeerde Theologie 4,* no. 4 (1897): 233-40.

Beginselen der psychologie. Kampen: J. H. Bos, 1897. 2nd ed., Kampen: Kok, 1923.

Het Vierde eener Eeuw: Rede bij gelegenheid van het vijf en twintig-jarig bestaan van de "Standaard." Kampen: J. H. Bos, 1897.

"Ter toelichting en verdediging der Psychologie." *Christelijk Schoolblad* (June 2-July 21, 1899).

Theologische School en Vrije Universiteit: Een voorstel tot vereeniging. Kampen: J. H. Bos, 1899.

Het recht der kerken en de vrijheid der wetenschap. Kampen: G. Ph. Zalsman, 1899.

Het doctorenambt: Rede bij de overdracht van het rectoraat aan de Theologische School te Kampen op 6 Dec. 1899. Kampen: G. Ph. Zalsman, 1899.

"Aan de Lezers van *De Bazuin." De Bazuin,* January 5, 1900.

"Stemrecht der vrouw." *De Bazuin,* March 2, 1900.

"Calvijn." *De Bazuin,* April 13, 1900.

"De eerste doopvraag." *De Bazuin,* May 11, 1900.

"De oorlog." *De Bazuin,* June 1, 1900.

"Op reis." *De Bazuin,* August 31, 1900.

"Moderne kunst." *De Bazuin*, September 21, 1900.

Ouders of getuigen: Toelichting van art. 56 en 57 der Dordsche Kerkorde. Kampen: G. Ph. Zalsman, 1901.

Schepping of ontwikkeling? Kampen: Kok, 1901.

De wereldverwinnende kracht des geloofs: Leerrede over 1 John 5:4b, uitgesproken in de Burgwalkerk te Kampen den 30sten Juni 1901. Kampen: G. Ph. Zalsman, 1901. ET: "The World-Conquering Power of Faith." In *Herman Bavinck on Preaching and Preachers*, edited and translated by James Eglinton, 67-84. Peabody, MA: Hendrickson, 2017. [한글 번역본: 헤르만 바빙크, "세상을 정복하는 믿음의 능력," in 『헤르만 바빙크의 설교론: 설교는 어떻게 사람을 변화시키는가』, 제임스 에글린턴 편, 신호섭 옮김 (군포: 도서출판 다함, 2021), 155-189].

"Feminisme." *De Bazuin*, March 15, 1901.

"Dogmatiek." *De Bazuin*, April 26, 1901.

"De strijd voor het recht." *De Bazuin*, July 5, 1901.

"Middelbaar onderwijs." *De Bazuin*, August 16, 1901.

De offerande des lofs: Overdenkingen voor en na de toelating tot het heilige avondmaal. 's Gravenhage: Fred. H. Verschoor, 1901. 3rd ed., 1903. ET: *The Sacrifice of Praise.* Edited and translated by Cameron Clausing and Gregory Parker. Peabody, MA: Hendrickson, 2019. [한글 번역본: 헤르만 바빙크, 『헤르만 바빙크의 찬송의 제사: 신앙고백과 성례에 대한 묵상』, 박재은 옮김 (군포: 도서출판 다함, 2020)].

De zekerheid des geloofs. Kampen: Kok, 1901. ET: *The Certainty of Faith.* Translated by Harry Der Nederlanden. St. Catharines, ON: Paideia Press, 1980. [한글 번역본: 헤르만 바빙크, 『믿음의 확신』, 임경근 옮김

(파주: CH북스, 2020); 『믿음의 확실성』 허동원 옮김 (고양: 우리시대, 2019).

Godsdienst en godgeleerdheid. Wageningen: Vada, 1902.

Hedendaagsche moraal. Kampen: Kok, 1902.

"De tekst onzer liturgie." *De Bazuin,* January 10, 1902.

"Na de Synode." *De Bazuin,* September 19, 1902.

Blijven of heengaan? Een vraag en een antwoord. Kampen: G. Ph. Zalsman, 1902.

"Wapenstilstand." *De Bazuin,* October 31, 1902.

Roeping en wedergeboorte. Kampen: G. Ph. Zalsman, 1903. ET: *Saved by Grace: The Holy Spirit's Work in Calling and Regeneration.* Edited by J. Mark Beach. Translated by Nelson Kloosterman. Grand Rapids: Reformation Heritage Books, 2008.

"Wat is wijsbegeerte?" *De School met den Bijbel 1,* no. 38 (1903): 40, 42, 44-46.

"Hedendaagsche moraal." *Tijdschrift voor Gereformeerde Theologie 10* (1903): 1-67.

Christelijke wetenschap. Kampen: Kok, 1904.

Christelijke wereldbeschouwing: Rede bij de overdracht van het rectoraat aan de Vrije Universiteit te Amsterdam op 20 october 1904. Kampen: J. H. Bos, 1904. 2nd ed. Kampen: Kok, 1913. ET: *Christian Worldview.* Edited and translated by Nathaniel Gray Sutanto, James Eglinton, and Cory Brock. Wheaton: Crossway, 2019. [한글 번역본: 헤르만 바빙크, 『헤르만 바빙크의 기독교 세계관: 혼돈의 시대를 살아가는 그리스도인을 위한 치유』 강영안 해설 및 감수, 김경필 옮김 (군포: 도서출판 다함, 2020)].

Paedagogische beginselen. Kampen: Kok, 1904.

"Voorrede." In *Ongeloof en revolutie: Eene reeks van historische voorlezingen,* by Guillaume Groen van Prinsterer, v-xii. Kampen: J. H. Bos, 1904.

Christelijke en Neutrale Staatkunde. Hilversum: Witzel & Klemkerk, 1905.

Geleerdheid en wetenschap. Amsterdam: Hoveker & Wormser, 1905.

"Voorrede." In *Het Gebed,* by Frans Kramer, 1-3. Kampen: Kok, 1905.

Bilderdijk als denker en dichter. Kampen: Kok, 1906.

"Het Wezen des Christendoms." In *Almanak van het studentencorps der Vrije Universiteit voor het jaar 1906,* edited by H. C. Rutgers, 251-77. Amsterdam: Herdes, 1906. Reprinted in *Verzamelde opstellen op het gebied van godsdienst en wetenschap,* ed. C. B. Bavinck, 17-34. Kampen: Kok, 1921. ET: "The Essence of Christianity." In *Essays on Religion, Science, and Society,* edited by John Bolt, translated by John Vriend and Gerrit Sheeres, 33-48. Grand Rapids: Baker Academic, 2008.

"Psychologie der religie." In *Verslagen en mededeelingen der Koninklijke akademie van wetenschappen,* 147-76. Amsterdam: Joh. Muller, 1907. Reprinted in *Verzamelde opstellen op het gebied van godsdienst en wetenschap,* 55-77. Kampen: Kok, 1921. ET: "Psychology of Religion." In *Essays on Religion, Science, and Society,* edited by John Bolt, translated by John Vriend and Gerrit Sheeres, 61-80. Grand Rapids: Baker Academic, 2008.

"Autobiographische schets van Dr. H. Bavinck." *De Grondwet,* October 6, 1908.

Het christelijk huisgezin. Kampen: Kok, 1908. ET: *The Christian Family.*

Translated by Nelson Kloosterman. Grand Rapids: Christian's Library Press, 2012.

Philosophy of Revelation. London: Longmans, Green, 1909. Reprinted as *Philosophy of Revelation: A New Annotated Edition.* Edited by Cory Brock and Nathaniel Gray Sutanto. Peabody, MA: Hendrickson, 2018. [한글 번역본: 헤르만 바빙크, 『계시철학: 개정·확장·해제본』 코리 브록·나다니엘 수탄토 편, 박재은 옮김 및 해제 (군포: 도서출판 다함, 2019). 네덜란드어 원문: Herman Bavinck, *Wijsbegeerte der openbaring: Stone-lezingen voor het Jaar 1908, Gehouden te Princeton N.J.* (Kampen: J. H. Kok, 1908)].

"De psychologie van het kind." *Paedagogisch tijdschrift 1* (1909): 105-17.

"Calvin and Common Grace." Translated by Geerhardus Vos. In *Calvin and the Reformation: Four Studies*, edited by E. Doumergue, A. Lang, H. Bavinck, and B. B. Warfield, 99-130. New York: Revell, 1909. "Calvin and Common Grace." Translated by Geerhardus Vos. *Princeton Theological Review 7* (1909): 437-65으로도 출간되었음. [한글 번역본: 헤르만 바빙크, 『헤르만 바빙크의 일반은총: 차별없이 베푸시는 하나님의 선물』 우병훈 해설 및 감수, 박하림 옮김 (군포: 도서출판 다함, 2021): 74-123].

Johannes Calvijn. Kampen: Kok, 1909. ET: "John Calvin: A Lecture on the Occasion of his 400th Birthday, July 10, 1509-1909." Translated by John Bolt. *Bavinck Review 1* (2010): 57-85.

Magnalia Dei. Kampen: Kok 1909. ET: *Our Reasonable Faith.* Translated by Henry Zylstra. Grand Rapids: Eerdmans, 1956. [한글 번역본: 헤르만 바빙크, 『하나님의 큰 일』 김영규 옮김 (서울: 기독교문서선교회,

1984); 『개혁교의학 개요』, 원광연 옮김 (서울: CH북스, 2017)].

"De psychologie van het kind." *Paedagogisch tijdschrift 1* (1909): 105-17.

"Richtingen in de psychologie." *Paedagogisch tijdschrift 1* (1909): 4-15. ET: "Trends in Psychology." In *Essays on Religion, Science, and Society*, edited by John Bolt, translated by John Vriend and Gerrit Sheeres, 165-74. Grand Rapids: Baker Academic, 2008.

"The Reformed Churches in the Netherlands." *Princeton Theological Review 8* (1910): 433-60.

"Dr. Bavinck over de zending." *Het Kerkblad der Gereformeerde Kerk in Zuid-Afrika 12*, no. 237 (October 1, 1910): 5-6.

Modernisme en orthodoxie. Kampen: Kok, 1911. ET: "Herman Bavinck's *Modernisme en Orthodoxie*: A Translation." Translated by Bruce Pass. *Bavinck Review 7* (2016): 63-114.

Het Christendom. Baarn: Hollandia, 1912. ET: "Christ and Christianity." Translated by A. A. Pfanstiehl. *Biblical Review 1* (1916): 214-36. [이 번역본은 정확하지 않은(혹은 특별히 능숙하지 않은) 번역본이다].

"Bijbelsche Psychologie." *Orgaan van het Gereformeerd Schoolverband* (4 January 1912-5 March 1914).

Foreword to *Letterlijke en practicale verklaring van het Oude Testament*, vol. 1, *Genesis-Deuteronomium*, by Matthew Henry, v-xi. Translated from English. Kampen: Kok, 1912.

"Een brief van zendeling Pieters uit Japan." *De Macedonier*, September 1912.

De taak van het Gereformeerd Schoolverband: Voor onderwijs en opvoeding. Hilversum: Klemkerk, 1912.

"Verslag van toespraak gehouden op de vergadering van moderne theologen, op 17 April 1912 te Amsterdam." *Gereformeerd Theologisch Tijdschrift 13* (1913): 92-93.

Handleiding bij het onderwijs in den christelijken godsdienst. Kampen: Kok, 1913.

"Christendom en natuurwetenschap." *Stemmen des Tijds 2* (1913): 343-77. ET: "Christianity and Natural Science." In *Essays on Religion, Science, and Society*, edited by John Bolt, translated by Harry Boonstra and Gerrit Sheeres, 81-104. Grand Rapids: Baker Academic, 2008.

"Over de ongelijkheid." *Stemmen des Tijds 2* (1913): 17-43. ET: "On Inequality." In *Essays on Religion, Science, and Society*, edited by John Bolt, translated by Harry Boonstra and Gerrit Sheeres, 145-64. Grand Rapids: Baker Academic, 2008.

"Richtingen in de paedagogiek." In *Handelingen van het nationaal christelijk schoolcongres, gehouden op 9, 10, 11 October 1913 te Utrecht,* 61-69. Kampen: Kok, 1913. ET: "Trends in Pedagogy." In *Essays on Religion, Science, and Society*, edited by John Bolt, translated by Harry Boonstra and Gerrit Sheeres, 205-8. Grand Rapids: Baker Academic, 2008.

"Inleidend woord van Prof. Dr. H. Bavinck." In *Adriaan Steketee* (1846-1913): *Beschouwingen van een Christen-denker,* by A. Goslinga, v-ix. Kampen: Kok, 1914.

"De Zending in de Heilige Schrift." In *Triumfen van het Kruis: Schetsen der Christelijke Zending van alle eeuwen en allerlei landen voor ons*

Hollandsch volk geteekend, by Henry Beets, 7-30. Kampen: Kok, 1914.

"Van schoonheid en schoonheidsleer." In *Almanak van het Studentencorps aan de Vrije Universiteit voor het jaar 1914*, 121-43. Amsterdam: Herdes, 1914. ET: "Of Beauty and Aesthetics." In *Essays on Religion, Science, and Society*, edited by John Bolt, translated by Harry Boonstra and Gerrit Sheeres, 245-60. Grand Rapids: Baker Academic, 2008.

"Het probleem van den oorlog." *Stemmen des tijds 4* (1914): 1-31. Repr. as *Het probleem van den oorlog*. Kampen: Kok, 1914.

With Anne Anema, Pieter Arie Diepenhorst, Theodorus Heemskerk, and Simon de Vries. *Leider en leiding in de Anti-Revolutionaire Partij*. Amsterdam: Ten Have, 1915.

"Death: Theological View." In *International Standard Bible Encyclopaedia*, edited by James Orr, 2:811-13. Chicago: Howard-Severance Company, 1915.

"Fall." In *International Standard Bible Encyclopaedia*, edited by James Orr, 2:1092-94. Chicago: Howard-Severance Company, 1915.

Over het onbewuste: Wetenschappelijke samenkomst op 7 juli 1915. Amsterdam: Kirchner, 1915. ET: "The Unconscious." In *Essays on Religion, Science, and Society*, edited by John Bolt, translated by Harry Boonstra and Gerrit Sheeres, 175-98. Grand Rapids: Baker Academic, 2008.

Mental, Religious and Social Forces in the Netherlands. The Hague: P. P. I. E., 1915.

"Individualisme en Individualiteit van het kind." *Correspondentieblad van de Vereeniging van Christelijke Onderwijzers en Onderwijzeressen in Nederland en de Overzeesche bezittingen* (1916): 64-72.

De opvoeding der rijpere jeugd. Kampen: Kok, 1916.

"De hervorming en ons nationale leven." In *Ter herdenking der hervorming, 1517-1917*, by Herman Bavinck and H. H. Kuyper, 5-36. Kampen: Kok, 1917.

"De Jongelingenvereeniging in hare beteekenis voor het sociale leven: Rede gehouden op de 29e bondsdag van de Nederlandschen Bond van Jongelingsvereenigingen op Geref. Grondslag." N.p., 1917.

De nieuwe opvoeding. Kampen: Kok, 1917.

De vrouw in de hedendaagsche maatschappij. Kampen: Kok, 1918.

"Philosophie des geloofs." In *Overdr. uit het Annuarium der Societas Studiosorum Reformatorum, 1918*, 62-72. Leiden: Donner, 1918.

De navolging van Christus en het moderne leven. Kampen: Kok, 1918.

"Klassieke opleiding." *Stemmen des Tijds* 7 (1918): 46-65, 113-47. ET: "Classical Education." In *Essays on Religion, Science, and Society*, edited by John Bolt, translated by Harry Boonstra and Gerrit Sheeres, 209-44. Grand Rapids: Baker Academic, 2008.

"Christendom, oorlog, volkenbond." *Stemmen des Tijds* 9 (1919): 1-26, 105-33.

"De beroepsarbeid der gehuwde vrouw." In *Tweede christelijk-sociaal congres 10-13 maart 1919 te Amsterdam: Referaten*, 5-25. Rotterdam: Libertas, 1919.

"Woord vooraf." In *Calvijn als theoloog en de stand van het calvinisme in onzen tijd*, by B. B. Warfield, translated by C. M. E. Kuyper, 5-6. Kampen: Kok, 1919.

Bijbelsche en religieuze psychologie. Kampen: Kok, 1920. ET: *Biblical and Religious Psychology*. Translated by H. Hanko. Grand Rapids: Protestant Reformed Theological School, 1974.

Bijbelsche en religieuze psychologie. Kampen: Kok, 1920.

With Harm Bouwman and Herman Kuyper. "Rapport voor evangelisatie." N.p., 1920.

"Individueele en Sociale Opvoeding." *Orgaan van het Gereformeerd Schoolverband* (20 May-18 November, 1920).

With H. Tilanus. "Rapport van den Onderwijsraad in zake het ontwerp Lager-Onderwijswet." N.p., 1920.

Verzamelde opstellen op het gebied van godsdienst en wetenschap. Edited by C. B. Bavinck. Kampen: Kok, 1921. ET: *Essays on Religion, Science, and Society*. Edited by John Bolt. Translated by Harry Boonstra and Gerrit Sheeres. Grand Rapids: Baker Academic, 2008.

Kennis en leven. Edited by C. B. Bavinck. Kampen: Kok, 1922.

The Doctrine of God. Translated by William Hendriksen. Grand Rapids: Eerdmans, 1951. [한글 번역본: 헤르만 바빙크, 『개혁주의 신론』, 이승구 옮김 (서울: 기독교문서선교회, 2001)].

Mijne reis naar Amerika. Edited by George Harinck. Barneveld: De Vuurbaak, 1998. ET: "Herman Bavinck's 'My Journey to America.'" Translated by James Eglinton. *Dutch Crossing 41*, no. 2 (2017): 180-93.

"Evolution." In *Essays on Religion, Science, and Society*, edited by John Bolt, translated by Harry Boonstra and Gerrit Sheeres, 105-18. Grand Rapids: Baker Academic, 2008.

"Theology and Religious Studies." In *Essays on Religion, Science, and Society*, edited by John Bolt, translated by Harry Boonstra and Gerrit Sheeres, 49-60. Grand Rapids: Baker Academic, 2008.

"Foreword to the First Edition (Volume 1) of the *Gereformeerde Dogmatiek*." Translated by John Bolt. *Calvin Theological Journal 45*, no. 1 (2010): 9-10.

"The Kingdom of God, the Highest Good." Translated by Nelson Kloosterman. *Bavinck Review 2* (2011): 133-70.

"Letters to a Dying Student: Bavinck's Letters to Johan van Haselen." Translated and introduced by James Eglinton. *Bavinck Review 4* (2013): 94-102.

"The Influence of the Protestant Reformation on the Moral and Religious Condition of Communities and Nations." *Mid-America Journal of Theology 25* (2014): 75-81.

Gereformeerde Ethiek. Edited by Dirk van Keulen. Utrecht: Uitgeverij KokBoekcentrum, 2019. ET: *Reformed Ethics*. Vol. 1, *Created, Fallen, and Converted Humanity*. Edited and translated by John Bolt, with Jessica Joustra, Nelson D. Kloosterman, Antoine Theron, and Dirk van Keulen. Grand Rapids: Baker Academic, 2019. 2권과 3권도 앞으로 출간될 것이다.

[역자 주: 바빙크의 주요한 1차 자료들은 https://bavinckinstitute.org에서 원문 다운로드 가능하다].

미출간된 자료 및 원고

따로 표기하지 않는 한 미출간된 자료 및 원고들은 암스테르담 자유 대학교의 네덜란드 개신교를 위한 역사적 자료실(1800년부터 현재까지)(the Historisch Documentatiecentrum voor het Nederlands Protestantisme[1800-heden]) 에 보관되어 있는 자료들이다.

"H. Bavinck, 1872, Zwolle." Folder 16. [1872년부터 1874년까지 목록이 포함되어 있다].

"Oratio de Historia Atticae Comoediae Antiquae. Elocutus est H. Bavinck Jz. Die III in. Sept. a. MDCCCLXXIII." 1873. Folder 17.

"Philosophie." Folder 18.

"Ex animo et corpore. H. Bavinck, Theol Stud." Folder 16. [1874년부터 1879년까지 목록이 포함되어 있다].

"Kasboek, H. Bavinck." Folder 19.

"Oorsprong en Waarde der Mythologie." Item no. 12824. Archief van het College van Curatoren, Stadsarchief Kampen.

"Van 1878 tot 1886." Folder 16.

"Rede over het christelijk onderwijs." 1881. Folder 331.

"Methodologie der theologie." 1883-4. Folder 43.

"De theologische richtingen in Duitschland." 1884. Folder 41.

"De leer der verbonden." 1884. Folder 45.

"Medulla Theologiae. Dogmaticae. 1884/85." Folder 46.

"De Mensch, Gods evenbeeld." 1884. Folder 102.

"Van 1886 tot 1891." Folder 16.

"De kenbaarheid Gods." 1888. Folder 106.

"De theologie als wetenschap in dezen tijds. Kampen 1889." Folder 107.

"Menu, 17 Juni 1891." Folder 38.

"Inrichting der gymnasia." 1896. Folder 122.

"Gymnasiaal onderwijs." 1901. Folder 122.

"Bezwaren tegen gymnasiaal onderwijs en hedendaagsche gymnasia." 1903.
    Folder 122.

"Hoogere burgerscholen." 1904. Folder 122.

"Indrukken van Amerika." Manuscript, ca. 1909. Folder 66.

"Negers." Manuscript, ca. 1909. Folder 67.

"Roosevelt's Presidentschap." 1909. Folder 67.

"Lijst mijner geschriften." N.d. Folder 99.

의회 연설

"29 Dec. 1911 n. a. v. de wetsontwerpen tot vaststelling van de begroting
    van Nederlands-Indie voor het dienstjaar 1912 (4)." *Handelingen van
    de Eerste Kamer der Staten-Generaal*, 126-28.

"25 April 1912 n. a. v. het wetsontwerp tot regeling van het armbestuur."
    Handelingen van de Eerste Kamer der Staten-Generaal, 495-97.

"12 Maart 1913 n. a. v. het wetsontwerp tot vaststelling van hoofdstuk V
    (Departement van Binnenlandse Zaken) der staatsbegroting voor
    het dienstjaar 1913 (2)." *Handelingen van de Eerste Kamer der Staten-
    Generaal*, 432-34.

"7 Jan. 1914 n. a. v. de wetsontwerpen tot vaststelling der begroting van Nederlands-Indie voor het dienstjaar 1914 (4)." *Handelingen van de Eerste Kamer der Staten-Generaal*, 119-22, 148-51.

"20 Maart 1914 n. a. v. het wetsontwerp tot de definitieve vaststelling van de koloniale huishoudelijke begroting van Suriname voor het dienstjaar 1914 (1)." *Handelingen van de Eerste Kamer der Staten-Generaal*, 484-85.

"21 Maart 1914 n. a. v. het wetsontwerp tot vaststelling van hoofdstuk XI (Departement van Kolonien) der staatsbegroting voor het dienstjaar 1914 (2)." *Handelingen van de Eerste Kamer der Staten-Generaal*, 499.

"29 Dec. 1914 n. a. v. het wetsontwerp tot wettelijke voorziening naar aanleiding van het koninklijk besluit van 2 nov. 1914 (staatsblad no. 514)." *Handelingen van de Eerste Kamer der Staten-Generaal*, 105.

"29 Jan. 1915 n. a. v. het wetsontwerp tot tijdelijke afwijking van de kieswet." *Handelingen van de Eerste Kamer der Staten-Generaal*, 147.

"10 Juni 1915 n. a. v. het wetsontwerp tot aanvulling en verhoging van het VIIIste hoofdstuk der staatsbegroting voor het dienstjaar 1915 (Buitengewoon krediet)." *Handelingen van de Eerste Kamer der Staten-Generaal*, 312-13.

"10 Juni 1915 n. a. v. het wetsontwerp tot vaststelling van nadere strafrechtelijke voorzieningen betreffende veroordelingen, waarbij de straf, tenzij de rechter later anders beveelt, niet wordt ondergaan, de betaling van geldboeten en de voorwaardelijke." *Handelingen van de Eerste Kamer der Staten-Generaal*, 324-28.

"11 Juni 1915 n. a. v. het wetsontwerp tot vaststelling van nadere strafrechtelijke voorzieningen etc." *Handelingen van de Eerste Kamer der Staten-Generaal*, 338-39.

"27 April 1916 n. a. v. het wetsontwerp houdende voorzieningen ten behoeve der statistiek van de in-, uit- en doorvoer." *Handelingen van de Eerste Kamer der Staten-Generaal*, 416.

"26 Mei 1916 n. a. v. verschillende wetsontwerpen ter tegemoetkoming wegens duurte van levensmiddelen." *Handelingen van de Eerste Kamer der Staten-Generaal*, 434.

"15 Mei 1917 n. a. v. het in overweging nemen van veranderingen in het IIde, IIIde IVde hoofdstuk en in de additionele artikelen der Grondwet, alsmede van art. 192 der Grondwet (Kiesrecht)." *Handelingen van de Eerste Kamer der Staten-Generaal*, 618-24.

"25 April 1917 n. a. v. de wetsontwerpen tot vaststelling van de begroting van het Fonds ter verbetering van de kustverdediging en van de begroting voltooiing vestingstelsel, alsmede van de vaststelling van hoofdstuk VIII (Departement van Oorlog) van dest." *Handelingen van de Eerste Kamer der Staten-Generaal*, 496-98.

"11 April 1918 n. a. v. de wetsontwerpen tot vaststelling van de staatsbegroting voor het dienstjaar 1918." *Handelingen van de Eerste Kamer der Staten-Generaal*, 311-13.

"5 April 1918 n. a. v. het wetsontwerp tot vaststelling van de staatsbegroting voor het dienstjaar 1918, hoofdstuk V (Departement van Binnenlandse Zaken)." *Handelingen van de Eerste Kamer der Staten-Generaal*, 363-64.

BAVINCK

"19 Juli 1918 n. a. v. het voorstel van wet Duys c. s. tot verlening van ouderdomsrechten." *Handelingen van de Eerste Kamer der Staten-Generaal*, 755-57, 765-66.

"13 Maart 1919 n. a. v. de wetsontwerpen tot vaststelling van de staatsbegroting voor het dienstjaar 1919." *Handelingen van de Eerste Kamer der Staten-Generaal*, 243-46.

"5 Maart 1920 n. a. v. het wetsontwerp tot voorbehoud der bevoegdheid tot toetreding tot het volkenbondsverdrag." *Handelingen van de Eerste Kamer der Staten-Generaal*, 571-74.

다른 1차 자료

얀 바빙크

1854년 7월 18일과 25일, 8월 9일과 22일에 얀 바빙크가 P. 데이끄스떼르하위스 (Dijksterhuis)에게 보낸 편지들이다. 목록 번호 1-9, 12772. 신학교 이사 기록 보관소, 깜픈시 문서 보관소.

Stemmen des heils. Gorinchem: Van Nas, 1863.

De vriendschap der geloovigen met God: Leerrede over Jac. 2:23b. Amsterdam: Van den Bor, 1866.

Het toebrengen van andere schapen tot de kudde van Jezus: Leerrede over Johannes X:16. Amsterdam: Van den Bor, 1867.

Klachte van eene geloovige ziel over de verberging van Gods aanschijn: Leerrede over Psalm 88:15. Kampen: G. Ph. Zalsman, 1868.

Wilt gijlieden ook niet weggaan? Leerrede over Joh. 6:66-69. Amsterdam: Krober, Heijbrock & Hotte, 1868.

With Helenius de Cock. "Inleiding." *De Getuigenis: Maandschrift in het belang van Waarheid en Godzaligheid,* January 1869, 3-4.

"Houd wat gij hebt": Afscheidswoord aan de Gemeente van Almkerk en Emmikhoven, uitgesproken den 27 Juli 1873. Kampen: G. Ph. Zalsman, 1873.

De bediening des Evangelies een schat, gelegd in aarden vaten: Intreerede, uitgesproken te Kampen, den 3 Aug. 1873. Kampen: G. Ph. Zalsman, 1873.

With Willem Hendrik Gispen. *De Christ. Geref. Kerk en de Theologische School: Twee toespraken, gehouden den 9 Jan. 1883 bij de installatie van de drie leeraren aan de Theol. School.* Kampen: G. Ph. Zalsman, 1883.

De zaligheid alleen in den naam van Jezus. Kampen: J. H. Bos, 1888.

Davids bede in den ouderdom: Eene overdenking bij gelegenheid van zijne vijftigjarige bediening van het Woord Gods. Kampen: Ph. Zalsman, 1898.

Feeststoffen (voor het Kerstfeest en voor het Oud- en Nieuwjaar). Kampen: Ph. Zalsman, 1900.

Feeststoffen (voor het Paaschfeest). Kampen: Ph. Zalsman, 1901.

De Heidelbergsche Catechismus in 60 leerredenen verklaard. 2 vols. Kampen: Kok, 1903-4.

De algeheele heiliging van de geloovigen, de wensch van de dienaar des Evangelies: Afscheidswoord uitgesproken den 25 Januari 1903.

Kampen: Kok, 1903.

Een korte schets van mijn leven. Unpublished, handwritten autobiography, n.d. Folder 445. Bavinck Archive, Historische Documentatiecentrum.

아브라함 카이퍼

Het Calvinisme, oorsprong en waarborg onzer constitutioneele vrijheden. Amsterdam: B. van der Land, 1874. ET: "Calvinism: Source and Stronghold of Our Constitutional Liberties." In *Abraham Kuyper: A Centennial Reader*, edited by James Bratt, 279-322. Grand Rapids: Eerdmans, 1998.

Welke zijn de vooruitzichten voor de studenten der Vrije Universiteit? Amsterdam: Kruyt, 1882.

Het Calvinisme en de kunst. Amsterdam: Wormser, 1888.

"The Blurring of the Boundaries." In *Abraham Kuyper: A Centennial Reader*, edited by James Bratt, 363-402. Grand Rapids: Eerdmans, 1998. First published 1892 by J. A. Wormser (Amsterdam).

Encyclopedie der heilige godgeleerdheid. 3 vols. Amsterdam: J. A. Wormser, 1894. ET: *Encyclopedia of Sacred Theology: Its Principles.* Introduction to vol. 1 and all of vol. 2 translated by J. Hendrik de Vries. New York: Scribner, 1898.

E Voto Dordraceno. Vol. 2. Kampen: Kok, 1894.

"Recensie." *De Heraut*, Sunday, June 9, 1895.

Varia Americana. Amsterdam: Hoveker & Wormser, 1898.

Het Calvinisme: Zes Stone-lezingen in oct. 1891 te Princeton (N.-J.) gehouden. Amsterdam: Hoveker & Wormser, 1899. ET: *Lectures on Calvinism. Six Lectures Delivered at Princeton University under Auspices of the L. P. Stone Foundation.* Grand Rapids: Eerdmans, 1994. [한글 번역본: 아브라함 카이퍼, 『칼빈주의 강연: 문화 변혁의 기독교 세계관 선언서』, 박태현 옮김 (군포: 도서출판 다함, 2021)].

De gemeene gratie. 3 vols. Leiden: D. Donner, 1902-4. ET: *Common Grace: God's Gift for a Fallen World.* 2 vols. Edited by Jordan Ballor and Stephen J. Grabill. Translated by Nelson D. Kloosterman and Ed M. van der Maas. Bellingham, WA: Lexham Press, 2015-17. [한글 번역본: 아브라함 카이퍼, 『일반 은혜』, vol. 1, 임원주 옮김 (서울: 부흥과개혁사, 2017)].

Bilderdijk en zijn nationale beteekenis. Amsterdam: Hoveker & Wormer, 1906.

Om de oude wereldzee. 2 vols. Amsterdam: Van Holkema & Warendorf, 1907. ET: On Islam. Edited by James Bratt. Translated by Jan van Vliet. Bellingham, WA: Lexham Press, 2018.

Nabij God te zijn: Meditatien. Amsterdam: J. R. Vrolijk, 1908. ET: *To Be near unto God.* Translated by John Hendrik De Vries. Grand Rapids: Eerdmans, 1918. [한글 번역본: 아브라함 카이퍼, 『하나님께 가까이』, 정성구 옮김 (파주: CH북스, 2015)].

Principles of Sacred Theology. Translated by J. Hendrik De Vries. Grand Rapids: Eerdmans, 1954.

"Sphere Sovereignty." In *Abraham Kuyper: A Centennial Reader,* edited by

James Bratt, 461-90. Grand Rapids: Eerdmans, 1998. [한글 번역본: 아
브라함 카이퍼, 『아브라함 카이퍼의 영역주권: 인간의 모든 삶에 미치는
하나님의 주권』 박태현 옮김 및 해설 (군포: 도서출판 다함, 2020)].

Mijn reis was geboden: Abraham Kuypers Amerikaanse tournee. Edited by
George Harinck. Hilversum: Verloren, 2009.

"The Social Question and the Christian Religion." In *Makers of Modern
Christian Social Thought*, edited by Jordan Ballor, 45-118. Grand
Rapids: Acton Institute, 2016.

출간된 서신

Dennison, James T., Jr., ed. *The Letters of Geerhardus Vos.* Phillipsburg, NJ:
P&R, 2005.

Harinck, George, and Jan de Bruijn, eds. *Een Leidse vriendschap.* Baarn:
Ten Have, 1999.

Harinck, George, and Wouter Kroese, eds. *"Men wil toch niet gaarne een
masker dragen": Brieven van Henry Dosker aan Herman Bavinck,
1873-921.* Amsterdam: Historisch Documentatiecentrum voor het
Nederlands Protestantisme (1800-heden), 2018.

기타 자료

Doop-, trouw-, en begraafboeken (retroacta burgerlijke stand). Inventory no.

참고문헌

308, 44. Stadsarchief Kampen, Kampen.

Hof- und Staats-Handbuch für das Koningreich Hannover auf das Jahr 1844.
Hannover: E. Berenberg, n.d.

Vaderlandsche Letteroefeningen, of Tijdschrift van Kunsten en Wetenschappen.
Amsterdam: P. Ellerman, 1855.

"Zwolle, Geboorteakte, Aaltje Klinkert, 18-11-1857, Zwolle." Inventory no.
14445, article no. 556. Historisch Centrum Overijssel.

Kuenen, Abraham. *Critices et hermeneutics librorum n. foederis lineamenta.*
Leiden: P. Engels, 1858.

Andriessen, P. J. *Een Engelsche jongen op eene Hollandsche school.*
Amsterdam: P. N. van Kampen, 1864.

Onze Tolk: Centraalblad voor kunst- en letternieuws 1, no. 8. (January 5,
1870).

*Handelingen der Zes-en-twintigste Vergadering van de kuratoren der
Theologische School der Christelijke Gereformeerde Kerk in Nederland.*
Kampen: S. van Velzen Jnr., 1871.

Handelingen van den raad der Gemeente Kampen, 1873. Kampen: K. van
Hulst, 1873.

Bulens, F. J. "Litt. Examenandi" and "Theol. Examinandi." June 11 and July
12, 1873. Item no. 12821. Archief van het College van Curatoren,
Stadsarchief Kampen.

Mees, Jacob David. *Dagboek: 1872-1874.* Hilversum: Verloren, 1997.

*Handelingen der Dertigste Vergadering van de kuratoren der Theologische
School der Christelijke Gereformeerde Kerk in Nederland.* Kampen: G.
Ph. Zalsman, 1874.

Verslag van den toestand der gemeente Kampen over het jaar 1873. Kampen:
n.p., 1874.

"Notulen: 1872 november 7-7 april 1876." Archief van het College van
Hoogleraren, Stadsarchief Kampen, Item no. 15491.

*Handelingen der drie-en-dertigste vergadering van de kuratoren der
Theologische School der Christelijke Gerformeerde Kerk in Nederland.*
Amsterdam: P. van der Sluys, 1876.

Winkler, Johan. "Een en ander over Friesche Eigennamen." *De Vrije Vries* 1,
sections 3-4 (1877).

*Verslag van het verhandelde in de Comite-Vergadering der Synode van Zwolle
1882, op Woensdag 23 Aug. in de Voormiddagzitting.* A. Steketee
Archive, Historisch Documentatiecentrum voor het Nederlands
Protestantisme (1800-heden), folder 17.

Tiele to Bavinck, Leiden, January 17, 1883. HBA, folder 2.

Kuenen to Bavinck, Leiden, January 19, 1883. HBA, folder 2.

*Handelingen der algemeene vergadering van de Maatschappij der
Nederlandsche Letterkunde te Leiden, gehouden aldaar den 21sten Juni
1883, in het gebouw van de Maatschappij tot Nut van 't Algemeen.*
Leiden: Brill, 1883.

*Handelingen der algemeene vergadering van de Maatschappij der
Nederlandsche Letterkunde te Leiden, gehouden aldaar den 19den Juni
1884, in het gebouw van de Maatschappij tot Nut van 't Algemeen.*
Leiden: Brill, 1884.

van der Munnik to Bavinck, Kampen, March 29, 1889. HBA, folder 3.

Berends to Bavinck, Amsterdam, April 1, 1889. HBA, folder 3.

Bavinck to Hovy, Kampen, April 15, 1889. HBA, folder 3.

Jaarboekje van de Jongelingsvereenigingen in Nederland, voor 1894, uitgegeven van wege den Nederlandschen Bond van Jongelingsvereenigingen op Gereformeerden Grondslag. 's Gravenhage: A. Berends, 1894.

"Feestrede van Prof. Dr. H. Bavinck." In *Gedenkboek: Opgedragen door het feestcomite aan Prof. Dr. A. Kuyper bij zijn vijf en twintigjarig jubileum als hoofdredacteur van "De Standaard," 1872 1 April 1897, 38-52.* Amsterdam: G. J. C. Herdes, 1897. *Concept-Zendingsorde voor de Gereformeerde Kerken in Nederland.* N.p., ca. 1902.

Rumpff to Bavinck, Kampen, May 15, 1905. HBA, folder 8.

Bavinck to Hoekstra, Amsterdam, May 1, 1906. HBA, folder 8.

Kuyper-Gedenkboek 1907. 's Gravenhage: n.p., 1908.

Herman Bavinck and Johanna Bavinck-Schippers to unknown addressee, Amsterdam, November 10, 1912. HBA, folder 9.

Kuyper to Bavinck, Amsterdam, November 12, 1912. HBA, folder 12.

Acta der generale synode van de Gereformeerde Kerken in Nederland, gehouden te Leeuwarden van 24 augustus-9 september 1920. Kampen: Kok, 1920.

"Amelia Josina den Dekker." *Bevolkingsregister, Almkerk, 1910-1920,* 34:96.

"Wouterina Arnolda den Dekker." *Bevolkingsregister, Emmikhoven en Waardhuizen, 1870-1879,* 14:103.

"Zwolle, Registers van overlijden, 1811-942, Aaltje Klinkert." Inventory no. 15325, article no. 231. Historisch Centrum Overijssel.

Verslag der Handelingen van de Eerste Kamer. March 12, 1913. 's Gravenhage: Algemeene Landsdrukkerij.

Congres voor Gereformeerde Evangelisatie op dinsdag 8 en woensdag 9 april 1913 te Amsterdam. N.p., 1913.

Snouck Hurgronje to Johanna Bavinck-Schippers, Leiden, June 28, 1921. HBA, folder 11.

Dosker to Johanna Bavinck-Schippers, Holland, MI, August 29, 1921. HBA, folder 11.

[Bavinck-Schippers, Johanna]. "Prof Dr H Bavinck." N.d. HBA, folder 40.

Dosker to Johanna Bavinck-Schippers, Louisville, March 20, 1923. HBA, folder 11.

Bolt, John, James Bratt, and Paul Visser, eds. *The J. H. Bavinck Reader.* Grand Rapids: Eerdmans, 2013.

2차 자료

Aalders, Willem Jan. "In Memoriam: Dr. H. Bavinck." *Stemmen des tijds* 10 (1921): 129-41.

Abbenhuis, Maartje M. *The Art of Staying Neutral: The Netherlands in the First World War, 1914-1918.* Amsterdam: Amsterdam University Press, 2006.

Adriaanse, L. *De nieuwe koers in onze zending, of toelichting op de zendingsorde.* Amsterdam: Kirchner, 1903.

Allen, Michael. *Grounded in Heaven: Recentering Christian Hope and Life on God.* Grand Rapids: Eerdmans, 2018.

van Alphen, Daniel Francois. *Reisverhalen en indrukken van een togt via*

Bentheim (Munster), Hannover, Hamburg, Kiel en Korsor naar Kopenhagen. 's Gravenhage: J. M. van 't Haaff, 1874.

Anema, Anne. *Calvinisme en rechtswetenschap: Een studie*. Amsterdam: Kirchner, 1897.

———. *De grondslagen der sociologie: Een studie*. Amsterdam: Kirchner, 1900. Augustine. *On Christian Teaching*. Translated by R. P. H. Green. Oxford: Oxford University Press, 1997.

Bacote, Vincent. *The Spirit in Public Theology: Appropriating the Legacy of Abraham Kuyper*. Eugene, OR: Wipf & Stock, 2005. [한글 번역본: 빈센트 E. 바코트, 『아브라함 카이퍼의 공공신학과 성령』, 이의현·정단비 공역 (서울: SFC출판부, 2019)].

Baggerman, Arianne. "Lost Time: Temporal Discipline and Historical Awareness in Nineteenth-Century Dutch Egodocuments." In *Controlling Time and Shaping the Self: Developments in Autobiographical Writing since the Sixteenth Century*, edited by Arianne Baggerman, Rudolf Dekker, and Michael James Mascuch, 455-535. Leiden: Brill, 2011.

Bakker, Nelle. *Kind en karakter: Nederlandse pedagogen over opvoeding in het gezin, 1845-1925*. Amsterdam: Het Spinhuis, 1995.

Bakker, W., and H. Mulder. "Petrus Biesterveld." In *Biografisch lexicon voor de geschiedenis van het Nederlands protestantisme*, edited by D. Nauta, A. de Groot, J. van den Berg, O. J. de Jong, F. R. J. Knetsch, and G. H. M. Posthumus Meyjes, 3:41-42. Kampen: Kok, 1988.

Banks, Louis Albert, ed. *T. De Witt Talmage: His Life and Work*. Philadelphia: John C. Winston, 1902.

Barger, M. W. "De vrouw en de studie." *Christendom en Vrouwenbeweging,* series 4, no. 1 (1923).

Bavinck, Berendinus Johannes Femia. *De sterfte aan tuberculosis pulmonum in Nederland (1875-1895).* Kampen: J. H. Bos, 1897.

Bavinck, C. B., N. Buffinga, J. Douma, J. H. Sillevis Smitt, and B. Wielenga. *"Ons aller Moeder": Een woord van voorlichting en getuigenis inzake de kwestie-Geelkerken.* Kampen: Kok, 1925.

Bavinck, Coenraad Bernardus. "Appendix A: Foreword." In Herman Bavinck, *Essays on Religion, Science, and Society,* edited by John Bolt, translated by Harry Boonstra and Gerrit Sheeres, 279-80. Grand Rapids: Baker Academic, 2008.

———. "Voorrede bij den tweeden druk." In Herman Bavinck, *Magnalia Dei,* 1-4. 2nd ed. Kampen: Kok, 1931.

Beach, J. Mark. "Abraham Kuyper, Herman Bavinck, and the 'Conclusions of Utrecht 1905.'" *Mid-America Journal of Theology* 19 (2008): 11-68.

———. "Introductory Essay." In *Saved by Grace: The Holy Spirit's Work in Calling and Regeneration,* by Herman Bavinck, translated by Nelson D. Kloosterman, ix-xi. Grand Rapids: Reformation Heritage Books, 2008.

Beets, Nicolaas. *Life and Character of J. H. van der Palm.* Translated by J. P. Westerveld. New York: Hurd & Houghton, 1895.

van Bekkum, Koert. "Verlangen naar tastbare genade: Achtergrond, geschiedenis en typologie van spiritualiteit in de Gereformeerde Kerken (vrijgemaakt)." In *Proeven van spiritualiteit: Bijdragen ter gelegenheid van 160 jaar Theologische Universiteit Kampen,* edited by

Koert van Bekkum, 131-58. Barneveld: Uitgeverij De Vuurbaak, 2014.

van den Belt, Henk. "Herman Bavinck's Lectures on the Certainty of Faith (1891)." *Bavinck Review* 8 (2017): 35-63.

van Bemmelen, Pieter. *L'Egypte et l'Europe, par un ancien juge mixte.* Leiden: Brill, 1884.

van den Berg, J. "De Spiritualiteit van de Afgescheidenen." In *Gereformeerd Theologisch Tijdschrift* 92 (1992): 172-88.

Berkhof, Louis. *The History of Christian Doctrines.* Grand Rapids: Banner of Truth, 1949.

Berkouwer, Gerrit. *Faith and Justification.* Grand Rapids: Eerdmans, 1954.

Beuker, Gerrit Jan. *Abgeschiedenes Streben nach Einheit: Leben und Wirken Henricus Beukers, 1834-1900.* Bad Bentheim: Hellendoorn KG, 1996.

———. "The Area beyond Hamse and Hardenberg': Van Raalte and Bentheim." In *The Enduring Legacy of Albertus C. Van Raalte as Leader and Liaison*, edited by Jacob E. Nyenhuis and George Harinck, 23-42. Grand Rapids: Eerdmans, 2014.

———. "German Oldreformed Emigration: Catastrophe or Blessing?" In *Breaches and Bridges: Reformed Subcultures in the Netherlands, Germany, and the United States*, edited by George Harinck and Hans Krabbendam, 101-14. Amsterdam: VU Uitgeverij, 2000.

———. *Umkehr und Erneuerung: Aus der Geschichte der Evangelisch-altreformierten Kirche in Niedersachsen, 1838-1988.* Bad Bentheim: Hellendoorn KG, 1988.

Beuker, H. "Dr Bavincks inaugurele rede." *De Vrije Kerk* 9 (1883): 178-83.

————. *Tubantiana*. Kampen: Kok, 1897.

Beversluis, M. *De val van Dr. A. Kuyper een zegen voor ons land en volk*. Oud-Beierland: Hoogwerf, 1905.

Binnerts Sz., A. *Nieuw-Gereformeerde en Moderne Theologie: Beschouwingen naar aanleiding van de rectorale oratie van Prof. Bavinck, ter moderne theologenvergadering voorgedragen en aangevuld met een Naschrift*. Baarn: Hollandia-Drukkerij, 1912.

Blanning, T. C. W. Introduction to *The Oxford Illustrated History of Modern Europe*, edited by T. C. W. Blanning, 1-10. Oxford: Oxford University Press, 1996.

Bloemendal, Berthold. "Kerkelijke en nationale achtergronden van Duitse studenten in Kampen, 1854-1994." In *Documentatieblad voor de Nederlandse Kerkgeschiedenis na 1800*, no. 85 (December 2016): 62-78.

Boeke, D. E. *Gereformeerde Evangelisatie: Indrukken op het Congres voor Gereformeerde Evangelisatie te Amsterdam, 8/9 April 1913*. Amsterdam: Kirberger & Kesper, 1913.

Boekholt, P. Th. F. M., and Engelina Petronella de Booy. *Geschiedenis van de school in Nederland vanaf de middeleeuwen tot aan de huidige tijd*. Assen: Van Gorcum, 1987.

Boeles, W. B. S. *Frieslands hoogeschool en het Rijks Athenaeum te Franeker*. Leeuwarden: H. Kuipers, 1878.

de Boer, Tijtze. "De Filosofie van Henri Bergson." *De Beweging* 5 (1909): 225-44.

————. *Geschichte der Philosophie im Islam*. Stuttgart: Fr. Frommanns

Verlag, 1901.

———. *Nietzsche en de wetenschap*. Amsterdam: Scheltema & Holkema's Boekhandel, 1906.

———. "Plato en Aristoteles bij de moslims." *Tweemaandelijksch Tijdschrift* 6 (1900): 306-31.

Boersma, Hans. *Seeing God: The Beatific Vision in Christian Tradition*. Grand Rapids: Eerdmans, 2018.

Boissevain, Charles. *Van 't Noorden naar 't Zuiden: Schetsen en indrukken van de Verenigde Staten van Noord-Amerika*. Haarlem: H. D. Tjeenk Willink, 1881.

Bolt, John. *Bavinck on the Christian Life: Following Jesus in Faithful Service*. Wheaton: Crossway, 2015. [한글 번역본: 도서출판 다함에서 번역 출간할 예정이다].

———. "Editor's Introduction." In *Reformed Dogmatics: Prolegomena*, by Herman Bavinck, edited by John Bolt, 1:11-22. Grand Rapids: Baker Academic, 2003.

———. "Grand Rapids between Kampen and Amsterdam: Herman Bavinck's Reception and Influence in North America." *Calvin Theological Journal* 38, no. 2 (2003): 263-80.

———. "Herman Bavinck Speaks English: A Bibliographic Essay." *Mid-America Journal of Theology* no. 19 (2008): 117-26.

Bos, David. *Servants of the Kingdom: Professionalization among Ministers of the Nineteenth-Century Netherlands Reformed Church*. Leiden: Brill, 2010.

Bos, Emo. *Souvereiniteit en religie: Godsdienstvrijheid onder de eerste*

Oranjevorsten. Hilversum: Verloren, 2009.

Bos, F. L. "Velzen, Simon van." In *Biografisch lexicon voor de geschiedenis van het Nederlands protestantisme*, edited by D. Nauta, A. de Groot, J. van den Berg, O. J. de Jong, F. R. J. Knetsch, and G. H. M. Posthumus Meyjes, 2:431-33. Kampen: Kok, 1983.

Bosma, Ulbe, and Remco Raben. *Being "Dutch" in the Indies: A History of Creolisation and Empire, 1500-1920.* Translated by Wendie Shaffer. Athens: Ohio University Press, 2008.

Bouma, H. *Een vergeten hoofdstuk.* Enschede: Boersma, 1959.

Bouwman, Harm. "Ds. J. Bavinck." *De Bazuin*, December 3, 1909.

———. "Een leerstoel voor de zending." *De Bazuin*, September 9, 1910.

———. "Gedenkdag." *De Bazuin*, January 10, 1913.

Bratt, James., ed. *Abraham Kuyper: A Centennial Reader.* Grand Rapids: Eerdmans, 1998.

———. *Abraham Kuyper: Modern Calvinist, Christian Democrat.* Grand Rapids: Eerdmans, 2013.

———. "The Context of Herman Bavinck's Stone Lectures: Culture and Politics in 1908." *Bavinck Review* 1 (2010): 4-24.

Bratt, James. Introduction to "Calvinism: Source and Stronghold of Our Constitutional Liberties," by Abraham Kuyper, in Bratt, *Abraham Kuyper: A Centennial Reader*, 279-80.

Brederveld, J. *Christian Education: A Summary and Discussion of Bavinck's Pedagogical Principles.* Grand Rapids: Smitter, 1928.

———. *Hoofdlijnen der paedagogiek van dr. Herman Bavinck.* Amsterdam: De Standaard, 1927.

Bremmer, R. H. *Herman Bavinck als dogmaticus*. Kampen: Kok, 1966.

———. *Herman Bavinck (1854-1921): Portret van 'n Reformatoriese denker in Nederland*. Potchefstroom: Potchefstroomse Universiteit vir Christelike Hoer Onderwys, 1998.

———. *Herman Bavinck en zijn tijdgenoten*. Kampen: Kok, 1966.

Brinkman, Martien. "Bavinck en de katholiciteit van de kerk." In *Ontmoetingen met Bavinck*, edited by George Harinck and Gerrit Neven, 307-24. Barneveld: Uitgeverij De Vuurbaak, 2006.

Bristley, Eric. *Guide to the Writings of Herman Bavinck*. Grand Rapids: Reformation Heritage Books, 2008.

Brock, Cory. *Orthodox yet Modern: Herman Bavinck's Use of Friedrich Schleiermacher*. Bellingham, WA: Lexham, 2020.

Brock, Cory, and Nathaniel Gray Sutanto. "Introduction to the Annotated Edition." In *Philosophy of Revelation: A New Annotated Edition*, by Herman Bavinck, edited by Cory Brock and Nathaniel Gray Sutanto, xxi-xxxii. Peabody, MA: Hendrickson, 2018. [한글 번역: 코리 브록＆나다니엘 그레이 스탄토, "새로운 주석판에 대한 서문," in 『계시 철학: 개정·확장·해제본』 코리 브록·나다니엘 수탄토 편, 박재은 옮김 및 해제, 31-50. 군포: 도서출판 다함, 2019].

ten Broek, M. *De geestelijke opwekking in Holland*. Ermelo: Gebr. Mooij, 1905.

Brown, Stewart J. "The Disruption and the Dream: The Making of New College 1843-1861." In *Disruption to Diversity: Edinburgh Divinity 1846-1996*, 29-50. Edinburgh: T&T Clark, 1996.

———. *Thomas Chalmers and the Godly Commonwealth in Scotland*.

Oxford: Oxford University Press, 1983.

Brownson, Marcus A. "The Calvin Celebration in Geneva, and Calvin's City as It Is Today: Personal Impressions." *Journal of the Presbyterian Historical Society (1901-1930)* 5, no. 4 (December 1909): 164-74.

Bruce, Alexander Balmain. "The Rev. Professor Stewart F. Salmond, DD, Free Church College, Aberdeen." *Biblical World* 8, no. 5 (1896): 347-53.

Brugman, J. "Snouck Hurgronje's Study of Islamic Law." In *Leiden Oriental Connections, 1850-1940,* edited by Willem Otterspeer, 82-93. Leiden: Brill, 1989.

de Bruijn, Jan. *Abraham Kuyper: A Pictorial Biography.* Grand Rapids: Eerdmans, 2008.

———. "Het krankheidsverschijnsel der zich intellectueel man voelende vrouw.' De eerste vrouwelijke studenten aan de Vrije Universiteit." In *Ridders van het Recht: De juridische faculteit van de Vrije Universiteit, 1880-2010,* edited by J. de Bruijn, S. Faber, and A. Soeteman, 83-92. Amsterdam: Prometheus, 2015.

Buys, Marius. *Mr. Jan Rudolf Thorbecke herdacht.* Tiel: D. Mijs, 1872.

Campbell, Douglas. *The Puritan in Holland, England and America: An Introduction to American History.* 2 vols. New York: Harper and Brothers, 1892-93.

Casimir, Rommert. "Bavincks paedagogische beginselen." *School en leven* 8 (1906/1907): 38-42, 87-90, 118-23, 177-83, 193-200, 321-27, 465-67.

Chantepie de la Saussaye, Daniel. *Verzameld werk.* 3 vols. Zoetermeer: Boekencentrum, 1997-2003.

Christelijke Sociaal Congres. Rotterdam: Drukkerij Libertas, 1919.

de Cock, Helenius. *Waarom heb ik mijn kinderen laten vaccineren? Open brief aan de heer D. Wijnbeek.* Kampen: Simon van Velzen Jr., 1871.

Datema, Pieter Gerrit. *Zending, een plicht?* N.p., 1904.

Daubanton, F. E. *Confessie en dogmatiek.* Amsterdam: F. W. Egeling, 1891.

Davies, Guy. Review of *Herman Bavinck: Pastor, Churchman, Statesman, and Theologian,* by Ron Gleason. *European Journal of Theology* 21, no. 2 (October 2012): 176.

Dekker, Rudolf. "Childhood in Dutch Autobiographies, 1600-850: Changing Memory Strategies." *Paedagogica Historica* 32 (1996): 65-76.

———. Introduction to *Egodocuments and History: Autobiographical Writing in Its Social Context since the Middle Ages,* edited by Rudolf Dekker, 7-20. Hilversum: Verloren, 2002.

van Dellen, Idzerd. *In God's Crucible: An Autobiography.* Grand Rapids: Baker, 1950.

———. "In Memoriam: Prof. Dr. H. Bavinck te Kampen." *Onze Toekomst,* August 26, 1921.

Dennison, James T., Jr. Introduction to *The Letters of Geerhardus Vos,* edited by James T. Dennison Jr., 11-86. Phillipsburg, NJ: P&R, 2005.

Dercksen, J. M. E. *Gedenkboek der feestvieringen van het driehonderdjarig bestaan der hoogeschool te Leiden. Leiden:* De Breuk & Smits, 1875.

van Deursen, Arie Theodorus. *The Distinctive Character of the Free University in Amsterdam, 1880-2005.* Grand Rapids: Eerdmans, 2008.

Diepenhorst-De Gaay Fortman, A. C. *Wat wil de Nederlandsche Christen-Vrouwenbond?* Rotterdam: Drukkerij Libertas, 1920.

Diepersloot, J., and E. L. Smelik. *Een kleine kerk in een groten tijd (De Gereformeerde Kerken in Hersteld Verband).* N.p., 1937.

Dirksen, Peter Berend, and Aad W. van der Kooi, eds. *Abraham Kuenen (1828-1891): His Major Contributions to the Study of the Old Testament.* Leiden: Brill, 1993.

Donner, J. H. *Afgewezen, maar niet teleurgesteld: Toespraak naar 1 Koningen 8:17-19a.* Kampen: G. Ph. Zalsman, 1873.

———. *Lichtstralen van den kandelaar des woords.* Leiden: D. Donner, 1883.

Dorner, I. A. *Entwicklungsgeschichte der Lehre von der Person Christi.* Berlin: Schlawitz, 1853. ET: *History of the Development of the Doctrine of the Person of Christ.* Translated by D. W. Simon. Edinburgh: T&T Clark, 1861.

Dosker, Henry Elias. *The Dutch Anabaptists.* Philadelphia: Judson Press, 1921.

———. "Herman Bavinck." *Princeton Theological Review* 20 (1922): 448-64. Reprinted as "Herman Bavinck: A Eulogy by Henry Elias Dosker," in *Essays on Religion, Science,* and Society, edited by John Bolt, translated by Harry Boonstra and Gerrit Sheeres, 13-24. Grand Rapids: Baker Academic, 2008.

van Driel, C. M. [Niels]. *Schermen in de schemering: Vijf opstellen over modernisme en orthodoxie.* Hilversum: Verloren, 2007.

———. "The Status of Women in Contemporary Society: Principles and Practice in Herman Bavinck's Socio-Political Thought." In *Five*

Studies in the Thought of Herman Bavinck, a Creator of Modern Dutch Theology, edited by John Bolt, 153-95. Lewiston, NY: Mellen, 2011.

Droge, Philip. *Pelgrim: Leven en reizen van Christiaan Snouck Hurgronje.* Utrecht: Spectrum, 2017.

Du Bois, W. E. B. "Die Negerfrage in den Vereinigten Staaten." *Archiv fur Sozialwissenschaft und Sozialpolitik* 22 (1906): 31-79.

Van Dyke, Harry. *Groen van Prinsterer's Lectures on Unbelief and Revolution.* Jordan Station, Ontario: Wedge Publishing Foundation, 1989.

———. Review of *Herman Bavinck: Pastor, Churchman, Statesman, and Theologian,* by Ron Gleason. *Calvin Theological Journal* 46, no. 1 (April 2011): 192-97.

Dykstra, Russell. Review of *Herman Bavinck: Pastor, Churchman, Statesman, and Theologian,* by Ron Gleason. *Protestant Reformed Theological Journal* 46, no. 1 (November 2012): 133-37.

van Eeden, Frederik. *De kleine Johannes.* 3 vols. Amsterdam: Elsevier, 1979.

———. *De nachtbruid: De gedenkschriften van Vico Muralto.* Amsterdam: Versluys, 1909.

Eekhoff, W., ed. *Oorkonden der geschiedenis van het Sint Anthonij-Gasthuis te Leeuwarden, uit de 153 en 16e eeuw, Eerste deel, Van 1406-1562.* Leeuwarden: n.p., 1876.

Eerdmans, Bernardus. *"Orthodox" verweer.* Leiden: S. C. van Doesburgh, 1911.

Eglinton, James. "The Christian Family in the Twenty-First Century." In *The Christian Family,* by Herman Bavinck, translated by Nelson D.

Kloosterman, ix-x. Grand Rapids: Christian's Library Press, 2012.

———. Review of *Herman Bavinck: Pastor, Churchman, Statesman, and Theologian*, by Ron Gleason. *Scottish Bulletin of Evangelical Theology* 29, no. 1 (Spring 2011): 127.

———. *Trinity and Organism: Towards a New Reading of Herman Bavinck's Organic Motif*. London: Bloomsbury T&T Clark, 2012.

———. "*Varia Americana* and Race: Kuyper as Antagonist and Protagonist." *Journal of Reformed Theology* 11 (2017): 65-80.

van Eijnatten, Joris, and Fred van Lieburg. *Nederlandse religiegeschiedenis*. Hilversum: Verloren, 2006.

Eisenstadt, Shmuel Noah. *Comparative Civilizations and Multiple Modernities*. 2 vols. Leiden: Brill, 2003.

Faber, Riemer, trans. *Synopsis purioris theologiae / Synopsis of a Purer Theology*: Latin Text and English Translation. Vol. 1, *Disputations 1-23*. Leiden: Brill, 2014. Vol. 2, *Disputations 24-42*. Leiden: Brill, 2016.

Fokkema, Douwe, and Frans Grijzenhout. *Dutch Culture in a European Perspective: 1600-2000*. New York: Palgrave Macmillan, 2004.

Fuller, Ross. *The Brotherhood of the Common Life and Its Influence*. New York: State University of New York Press, 1995.

Geelhoed, J. *Dr. Herman Bavinck*. Goes: Oosterbaan & Le Cointre, 1958.

Geesink, Willem. *Calvinisten in Nederland*. Rotterdam: J. H. Dunk, 1887.

———. *De ethiek in de gereformeerde theologie: Rede bij de overdracht van het rectoraat der Vrije Universiteit te Amsterdam op 20 october 1897*. Amsterdam: Kirchner, 1897.

———. *Gereformeerde ethiek*. Edited by Valentijn Hepp. Kampen: Kok, 1931.

———. "In Memoriam: Petrus Abraham Elisa Sillevis Smitt." *Almanak van het Studentencorps a/d Vrije-Universiteit, 1919*, 61-72. Amsterdam: Herdes, 1919.

de Gelder, Jan Jacob. *Catalogus van de tentoonstelling ter herdenking van het driehonderdvijftigjarig bestaan der Leidsche universiteit in het museum "De Lakenhal." Leiden, Februari 1925*. Leiden: Sijthoff, 1925.

van Gelderen, J., and F. Rozemond. *Gegevens betreffende de Theologische Universiteit Kampen, 1854-1994*. Kampen: Kok, 1994.

Gerok, Karl. *Palmbladen; Heilige woorden: Ter bevordering van christelijke geloof en christelijke wereldbeschouwing*. Translated by C. P. L. Rutgers. Groningen: Zweeden, 1865.

Geurts, Pieter Antoon Marie. *Voorgeschiedenis van het statencollegte te Leiden: 1575-1593*. Leiden: Brill, 1984.

Gielen, Jos. "Nietzsche in Nederland." *De Nieuwe Taalgids* 37 (1943): 19-26.

Gispen, W. "Aan een vriend te Jeruzalem." *De Bazuin*, October 28, 1892.

Gleason, Ron. *Herman Bavinck: Pastor, Churchman, Statesman, and Theologian*. Phillipsburg, NJ: P&R, 2010. [한글 번역본: 론 글리슨, 『헤르만 바빙크 평전: 목회자, 교회 지도자, 정치가, 신학자』 윤석인 옮김 (서울: 부흥과개혁사, 2014)].

Goedvree, Aart. *Een ondoordringbaar mysterie: Wedergeboorte volgens Herman Bavinck*. Apeldoorn: Labarum Academic, 2018.

de Graaf, Gerrit Roelof. "Fides Quaerit Intellectum: 'Het geloof zoekt te verstaan'; Het Kamper studentencorps 'Fides Quaerit

Intellectum' in zijn omgang met de 'moderne' cultuur (1863-902)."
Documentatieblad voor de Nederlandse kerkgeschiedenis na 1800 28
(2005): 20-35.

de Graaff, W. "Een merkwaardige school in de vorige eeuw." *De Hoeksteen*
11 (1982): 105-12.

Graham, Gordon. "Bavinck, Nietzsche, and Secularization." In *The Kuyper
Center Review*, vol. 2, *Revelation and Common Grace*, edited by John
Bowlin, 14-26. Grand Rapids: Eerdmans, 2011.

Griffis, William Elliot. *The Influence of the Netherlands in the Making of
the English Commonwealth and the American Republic.* Boston: De
Wolfe, Fiske & Co., 1891.

Groen van Prinsterer, Guillaume. *Ongeloof en revolutie: Eene reeks van
historische voorlezingen.* Leiden: S. & J. Luchtmans, 1847. ET:
Unbelief and Revolution: A Series of Lectures in History. Edited and
translated by Harry van Dyke. Amsterdam: Groen van Prinsterer
Fund, 1973-75.

Groenewegen, Herman. *De theologie en hare wijsbegeerte.* Amsterdam:
Rogge, 1904.

———. "Wetenschap of dogmatisme." *Theologisch Tijdschrift* 37 (1903): 385-
424.

Gunning, J. H., Jr. "Aan Prof. Dr. H. Bavinck." *De Vrije Kerk* 10 (1884): 212-
20.

———. "Aan Prof. Dr. H. Bavinck." *De Vrije Kerk* 10 (1884): 277-86.

———. "Aan Prof. Dr. H. Bavinck." *De Vrije Kerk* 10 (1884): 314-19.

———. *De heilige schrift, Gods woord: Antwoord aan Dr. A. Kuyper op zijn*

"Confidentie." Amsterdam: Hoveker, 1872.

———. *Jezus Christus de middelaar Gods en der menschen: Naar aanleiding van dr. H. Bavinck, De theologie enz. door J. H. Gunning jr.* Amsterdam: Hoveker & Zoon, 1884.

Gunning Wzn. [Willemszoon], J. H. "Prof. dr. H. Bavinck." *Het Kind* 22 (1921): 321-25.

Hagen, T. J. "De geestelijke verzorging van onze weermacht." In *Onze Weermacht—van 1914 tot 1918—Extra Nummer van De Amsterdammer Weekblad voor Nederland,* edited by J. A. van Hamel et al., 7-10. Amsterdam: n.p., 1918.

Harger, Swenna, and Loren Lemmen. *Beloved Family and Friends: Letters between Grafschaft Bentheim, Germany and America.* Holland, MI: Bentheimers International Society, 2007.

———. *The County of Bentheim and Her Emigrants to North America.* Holland, MI: Swenna Harger, 1994.

Harinck, George. "Abraham Kuyper: De Vrije Universiteit op weg naar de samenleving." In *Verder kijken: Honderdvijfendertig jaar Vrije Universiteit Amsterdam in de samenleving; Zesentwintig portretten,* edited by Ab Flipse, 19-26. Amsterdam: VU Uitgeverij, 2016.

———. "'Als een schelm weggejaagd'? De ARP en de verkiezingen van 1905." In *Het kabinet-Kuyper (1901-1905),* edited by D. Th. Kuiper and G. J. Schutte, 270-301. Zoetermeer: Meinema, 2001.

———. "Being Public: On Abraham Kuyper and His Publications." In *Abraham Kuyper: An Annotated Bibliography, 1857-2010,* by Tjitze Kuipers, vii-xxi. Leiden: Brill, 2011.

―――. "De Antirevolutionarie Partij, 1905-1918." In *De Antirevolutionarie Partij, 1829-1980*, edited by George Harinck, Roel Kuiper, and Peter Bak, 123-56. Hilversum: Verloren, 2001.

―――. "Een uur lang is het hier brandend licht en warm geweest': Bavinck en Kampen." In *Ontmoetingen met Bavinck*, edited by George Harinck and Gerrit Neven, 107-18. Barneveld: De Vuurbaak, 2006.

―――. "Groen van Prinsterer en Thomas Chalmers: 'Precious Ties of a Common Faith." In *Groen van Prinsterer in Europese Context*, edited by George Harinck and Jan de Bruijn, 43-54. Hilversum: Uitgeverij Verloren, 2004.

―――. "Herman Bavinck and Geerhardus Vos." *Calvin Theological Journal* 45, no. 1 (2010): 18-31.

―――. "Herman Bavinck and the Neo-Calvinist Concept of the French Revolution." In *Neo-Calvinism and the French Revolution*, edited by James Eglinton and George Harinck, 13-30. London: Bloomsbury T&T Clark, 2014.

―――. "Inleiding." In *"Men wil toch niet gaarne een masker dragen": Brieven van Henry Dosker aan Herman Bavinck, 1873–1921*, edited by George Harinck and Wouter Kroese, 11-15. Amsterdam: Historisch Documentatiecentrum voor het Nederlands Protestantisme (1800-heden), 2018.

―――. "Inleiding." In *Mijne reis naar Amerika*, by Herman Bavinck, edited by George Harinck, 9-29. Barneveld: Uitgeverij De Vuurbaak, 1998.

―――. "Land da ons verwondert en ons betoovert': Bavinck en Amerika." In *Ontmoetingen met Bavinck*, edited by George Harinck and

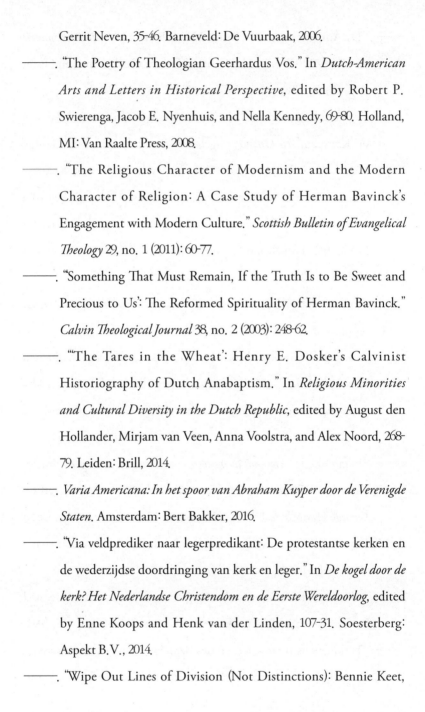

Gerrit Neven, 35-46. Barneveld: De Vuurbaak, 2006.

———. "The Poetry of Theologian Geerhardus Vos." In *Dutch-American Arts and Letters in Historical Perspective*, edited by Robert P. Swierenga, Jacob E. Nyenhuis, and Nella Kennedy, 69-80. Holland, MI: Van Raalte Press, 2008.

———. "The Religious Character of Modernism and the Modern Character of Religion: A Case Study of Herman Bavinck's Engagement with Modern Culture." *Scottish Bulletin of Evangelical Theology* 29, no. 1 (2011): 60-77.

———. "Something That Must Remain, If the Truth Is to Be Sweet and Precious to Us': The Reformed Spirituality of Herman Bavinck." *Calvin Theological Journal* 38, no. 2 (2003): 248-62.

———. "'The Tares in the Wheat': Henry E. Dosker's Calvinist Historiography of Dutch Anabaptism." In *Religious Minorities and Cultural Diversity in the Dutch Republic*, edited by August den Hollander, Mirjam van Veen, Anna Voolstra, and Alex Noord, 268-79. Leiden: Brill, 2014.

———. *Varia Americana: In het spoor van Abraham Kuyper door de Verenigde Staten.* Amsterdam: Bert Bakker, 2016.

———. "Via veldprediker naar legerpredikant: De protestantse kerken en de wederzijdse doordringing van kerk en leger." In *De kogel door de kerk? Het Nederlandse Christendom en de Eerste Wereldoorlog*, edited by Enne Koops and Henk van der Linden, 107-31. Soesterberg: Aspekt B.V., 2014.

———. "Wipe Out Lines of Division (Not Distinctions): Bennie Keet,

Neo-Calvinism and the Struggle against Apartheid." *Journal of Reformed Theology* 11, no. 1-2 (2017): 83-85.

Harinck, George, and Wim Berkelaar. *Domineesfabriek: Geschiedenis van de Theologische Universiteit Kampen.* Amsterdam: Prometheus, 2018.

Harinck, George, Cornelis van der Kooi, and Jasper Vree, eds. *"Als Bavinck nu maar eens kleur bekende": Aantekeningen van H. Bavinck over de zaak-Netelenbos, het Schriftgezag en de Situatie van de Gereformeerde Kerken (November 1919).* Amsterdam: VU Uitgeverij, 1994.

Harinck, George, Herman Paul, and Bart Wallet, eds. *Het gereformeerde geheugen: Protestantse herinneringscultuur in Nederland, 1850-2000.* Amsterdam: Bert Bakker, 2009.

Harinck, George, and Marjoleine de Vos. *Wat eten we vanavond? Protestants!* Amsterdam: Donum Reeks, 2005.

Harinck, George, and Lodewijk Winkler. "The Nineteenth Century." In *Handbook of Dutch Church History,* edited by Herman Selderhuis, 445. Gottingen: Vandenhoeck & Ruprecht, 2015.

den Hartogh, G. M. *De Afscheiding en de Theologische School.* Aalten: N. V. de Graafschap, 1934.

———. "De eerste halve eeuw." In *Sola Gratia: Schets van de geschiedenis en de werkzaamheid van de Theologische Hogeschool der Gereformeerde Kerken in Nederland,* edited by J. D. Boerkoel, Th. Delleman, and G. M. den Hartogh, 7-103. Kampen: Kok, 1954.

———. *Onze Theologische School.* Kampen: Kok, 1953.

———. "Varia." In *Sola Gratia: Schets van de geschiedenis en de werkzaamheid van de Theologische Hogeschool der Gereformeerde Kerken in*

Nederland, edited by J. D. Boerkoel, Th. Delleman, and G. M. den Hartogh, 60-64. Kampen: Kok, 1954.

Hedley, Douglas. "Theology and the Revolt against the Enlightenment." In *The Cambridge History of Christianity: World Christianities, c. 1815-c. 1914*, edited by Sheridan Gilley and Brian Stanley, 30-52. Cambridge: Cambridge University Press, 2006.

Heere, Peter, Arnold Vernooij, and Jan van den Bos. *De Erebegraafplaats Bloemendaal*. The Hague: SDU Uitgevers, 2005.

Heideman, Eugene. *Hendrik P. Scholte: His Legacy in the Netherlands and in America*. Grand Rapids: Eerdmans, 2015.

——. *The Relation of Revelation and Reason in E. Brunner and H. Bavinck*. Assen: Van Gorcum, 1959.

Hendriksen, William. "Translator's Preface." In *The Doctrine of God*, by Herman Bavinck, 7-9. Edinburgh: Banner of Truth Trust, 1951.

Henry, Matthew. *Letterlijke en practicale Bijbelverklaring*. Utrecht: Kemink, 1896. Translation of *An Exposition of the Old and New Testaments*, first published 1708-10.

Hepp, Valentijn. *Dr. Herman Bavinck*. Amsterdam: Ten Have, 1921.

——. *Levensbericht voor Herman Bavinck*. Leiden: Brill, 1923.

Herman [이름이 명시되어 있지 않다]. "Goed en kwaad gerucht uit Nederland." *Java-Bode*, October 14, 1882.

Hevesi, Dennis. "Johtje Vos, Who Saved Wartime Jews, Dies at 97." *New York Times*, November 4, 2007.

Heywood, Colin. "Children's Work in Countryside and City." In *The Routledge History of Childhood in the Western World*, edited by Paula

S. Fass, 125-41. London: Routledge, 2013.

Hille, H., and J. P. Neven. "Verheerlijkt en verguisd." *Oude Paden*, March 2001, 42-52.

van Hoeken, C. J. *Antwoord aan den schrijver van: Een woord aan de afgescheidenen uit de hervormden, en aan allen die de waarheid lief hebben.* 's Gravenhage: J. van Golverdinge, 1841.

Hoekstra, Tjeerd. "Begravenis Prof. *Dr. Bavinck.*" De Bazuin, August 6, 1921.

———. "Prof. Dr. H. Bavinck." *Gereformeerd Theologisch Tijdschrift* 22, no. 3/4 (July-August 1921): 97-102.

Hofkamp, S. J. *Geschiedenis der Beschaving: Een leesboek voor de hoogste klasse der lagere scholen.* Groningen: M. Smit, 1856.

Honig, Anthonie. "Algemeene vergadering der Vereeniging tot Christelijke Verzorging van Krankzinnigen in Nederland." *De Bazuin*, October 22, 1907.

———. *De Zending en de scholen.* Zeist: n.p., 1900.

———. "Evangelisatie." *De Bazuin*, May 16, 1913.

———. *Handboek van de Gereformeerde Dogmatiek.* Kampen: Kok, 1938.

———. "Ter gedachtenis aan Prof. Bavinck." *Gereformeerd Theologisch Tijdschrift* 6 (October 1921): 186.

Hoogenbirk, A. J. *Heeft Calvijn ooit bestaan? Kritisch onderzoek der Calvijn-legende.* Nijkerk: G. F. Callenbach, 1907.

———. *Om de kunst.* Nijkerk: Callenbach, 1903.

Houtman, C. "Noordtzij, Arie." In *Biografisch Lexicon voor de Geschiedenis van het Nederlandse Protestantisme*, 3:282-84. Kampen: Kok, 1988.

——. "Noordtzij, Maarten." In *Biografisch Lexicon voor de Geschiedenis van het Nederlandse Protestantisme*, 3:284-86. Kampen: Kok, 1988.

Hovy, Willem. "Advertentien: Vrije Universiteit." *De vriend van oud en jong*, April 28, 1889.

Huttinga, Wolter. "Marie Antoinette' or Mystical Depth? Herman Bavinck on Theology as Queen of the Sciences." In *Neo-Calvinism and the French Revolution*, edited by James Eglinton and George Harinck, 143-54. London: Bloomsbury T&T Clark, 2014.

Jaarsma, Cornelius Richard. *The Educational Philosophy of Herman Bavinck: A Textbook in Education*. Grand Rapids: Eerdmans, 1935.

de Jong, Marinus. "The Heart of the Academy: Herman Bavinck in Debate with Modernity on the Academy, Theology, and the Church." In *The Kuyper Center Review*, vol. 5, *Church and Academy*, edited by Gordon Graham, 62-75. Grand Rapids: Eerdmans, 2015.

Joustra, Jessica. "An Embodied *Imago Dei*: How Herman Bavinck's Understanding of the Image of God Can Help Inform Conversations on Race." *Journal of Reformed Theology* 11, no. 1-2 (2017): 9-23.

Kalff, Gerrit. *Het lied in de middeleeuwen*. Leiden: Brill, 1883.

Kalff, Gerrit, Jr. *Leven van Dr. G. Kalff (1856–1923)*. Groningen: Wolters, 1924.

Kamphuis, Jaap. *Nietzsche in Nederland*. Ermelo: Woord en Wereld, 1987.

Kasteel, Petrus. *Abraham Kuyper*. Kampen: Kok, 1938.

Katz, Cornelia Frida. "Inleiding." *Christendom en Vrouwenbeweging*, introductory issue (1923).

Kennedy, James, and Jan Zwemer. "Religion in the Modern Netherlands and the Problems of Pluralism." *BMGN—Low Countries Historical Review* 125, nos. 2-3 (2010): 237-68.

van Keulen, Dirk. *Bijbel en dogmatiek: Schriftbeschouwing en schriftgebruik in het dogmatisch werk van A. Kuyper, H. Bavinck en G. C. Berkouwer.* Kampen: Kok, 2003.

——. "Herman Bavinck and the War Question." In *Christian Faith and Violence*, edited by D. van Keulen and M. E. Brinkman, 1:122-40. Zoetermeer: Meinema, 2005.

——. "Herman Bavinck's *Reformed Ethics*: Some Remarks about Unpublished Manuscripts in the Libraries of Amsterdam and Kampen." *Bavinck Review* 1 (2010): 25-56.

——. "Ten geleide." In *Gereformeerde ethiek*, by Herman Bavinck, edited by Dirk van Keulen, 9-34. Utrecht: Uitgeverij KokBoekencentrum, 2019.

van Klinken, G. J. "Lucas Lindeboom: Voorman van de christelijke zorg." In *Bevlogen theologen: Geengageerde predikanten in de negentiende en twintigste eeuw*, edited by Paul E. Werkman and Roelof Enno van der Woude, 123-46. Hilversum: Verloren, 2012.

van Klinken, L. *Bavincks paedagogische beginselen.* Meppel: Stenvert, 1936.

Klok, Jacobus, and Hendrik de Cock. *De evangelische gezangen getoetst en gewogen en te ligt gevonden.* Groningen: J. H. Bolt, 1834.

Kok, A. B. W. M. *Dr Herman Bavinck.* Amsterdam: S. J. P. Bakker, 1945.

van Koningsveld, Pieter Sjoerd. "Conversion of European Intellectuals to Islam: The Case of Christiaan Snouck Hurgronje alias 'Abd al-

Ghaffār." In *Muslims in Interwar Europe: A Transcultural Historical Perspective*, edited by Bekim Agai, Umar Ryad, and Mehdi Sajid, 88-104. Leiden: Brill, 2016.

Krabbendam, Hans. *Vrijheid in het verschiet: Nederlandse emigratie naar Amerika, 1840-1940.* Hilversum: Uitgeverij Verloren, 2006.

Krop, F. J. *Waarom bestrijden wij Rome?* Leeuwarden: Bouman, 1900.

Kuipers, Joel C. *Language, Identity, and Marginality in Indonesia: The Changing Nature of Ritual Speech on the Island of Sumba.* Cambridge: Cambridge University Press, 1998.

Kuipers, Tjitze. *Abraham Kuyper: An Annotated Bibliography, 1857-2010.* Leiden: Brill, 2011.

Kuyper, Abraham, Jr. "Bavinck-Comite." *De Heraut*, October 2, 1921.

———. *Van de Kennisse Gods.* Amsterdam: W. Kirchner, 1907.

Kuyper, Henriette, and Johanna Kuyper. *De levensavond van Dr. A. Kuyper.* Kampen: Kok, 1921.

Laman, H. W., ed. *Wandelen door geloof: Overdenkingen van de gereformeerde predikanten.* Utrecht: Gereformeerd Tractaatgenootschap "Filippus," 1930.

Lamers, G. H. *De leer van het geloofsleven.* Amsterdam: W. H. Kirberger, 1877.

———. *De toekomst van de dogmatiek.* Amsterdam: W. H. Kirberger, 1878.

———. *Een woord over dogmatische theologie en dogmatiek.* Amsterdam: W. H. Kirberger, 1876.

Land, J. P. N. "Philosophy in the Dutch Universities." *Mind: A Quarterly Review of Psychology and Philosophy* 3 (1878): 87-104.

Landwehr, J. H. *In Memoriam: Prof. Dr. H. Bavinck.* Kampen: Kok, 1921.

――――. *Kort overzich van de geschiedenis der Gereformeerde Kerken in Nederland, 1795 tot heden.* Zwolle: Tulp, 1908.

De Lange, J. *De Afscheiding te Leiden.* Rotterdam: J. H. Donner, 1934.

Lauzon, Matthew. "Modernity." In *The Oxford Handbook of World History,* edited by Jerry H. Bentley, 73-84. Oxford: Oxford University Press, 2011.

Leo XIII. "Encyclical Letter *Rerum Novarum." In The Church Speaks to the Modern World: The Social Teachings of Leo XIII,* edited by Etienne Gilson, 205-44. Garden City, NY: Image, 1954.

Lewis, C. S. *Mere Christianity.* London: Fontana, 1952. [한글 번역본: C. S. 루이스, 『순전한 기독교』, 장경철·이종태 공역 (서울: 홍성사, 2005)].

van der Linde, Antonius. *Michael Servet: Een brandoffer der gereformeerde inquisitie.* Groningen: P. Noordhoff, 1891.

Lindeboom, C. "Speciale opleiding voor de zending?" *De Bazuin,* November 4, 1910.

Lindeboom, Fenna Tjeerdina. *De ontwikkeling van het strafstelsel in Sovjet-Rusland, 1917-1937.* Rotterdam: Libertas Drukkerijen, 1937.

Lindeboom, Lucas. *Bewaart het pand u toebetrouwd, of de geruststelling in "Opleiding en theologie" onderzocht en gewogen.* Kampen: Zalsman, 1896.

――――. *Gereformeerde stichtingen van barmhartigheid in Nederland.* Kampen: Kok, 1927.

――――. *Godgeleerden.* Heusden: A Gezelle Meerburg, 1894.

――――. "Het doctoraat in de heilige godgeleerdheid aan de Theologische

School der Christ. Geref. Kerk." N.p., 1887.

———. "Ingezonden." *De Bazuin*, March 13, 1896.

———. *Onze roeping tegenover, en onder Rome.* Heusden: A. Gezelle Meerburg, 1890.

Lindeboom, Lucas, and Maarten Noordtzij. "Een woord betreffende de zaak der Opleiding." *De Bazuin*, October 10, 1902.

Lindsay, Thomas. "The Protestant Reformation: Its Spiritual Character and Its Fruits in the Individual Life." In *Alliance of the Reformed Churches Holding to the Presbyterian System: Proceedings of the Fifth General Council Toronto, 1892,* edited by George D. Mathews, 39–45. London: Publication Committee of the Presbyterian Church of England, 1892.

Loosjes, A. *Overijssel, Friesland, Groningen en Drente in Beeld.* Amsterdam: Scheltema & Holkema's Boekhandel en Uitgevers Maatschappij, 1927.

Luther, Martin. *Het regtveerdigend geloof verklaart en bevestigt: In eene verhandeling over Paulus brief aan den Galaten.* Translated by Theodorus van der Groe. Utrecht: A. Visscher, 1870. 1519년에 최초로 라틴어로 출간되었다.

Mackay, James Hutton. *Religious Thought in Holland during the Nineteenth Century.* London: Hodder & Stoughton, 1911.

Martin, Frederick. *The Statesman's Year-Book: A Statistical, Genealogical, and Historical Account of the States and Sovereigns of the Civilised World for the Year 1886.* London: MacMillan and Co., 1866.

Mathews, George D., ed. *Alliance of the Reformed Churches Holding to the*

Presbyterian System: Proceedings of the Fifth General Council Toronto, 1892. London: Publication Committee of the Presbyterian Church of England, 1892.

Mattson, Brian. *Restored to Our Destiny: Eschatology and the Image of God in Herman Bavinck's Reformed Dogmatics.* Leiden: Brill, 2011.

von Meyenfeldt, F. H. "Prof. Dr. Herman Bavinck: 1854-954, 'Christus en de cultuur.'" *Polemios* 9, no. 21 (October 15, 1954): 109-12.

de Moen, Carol Godefroy. *De Bede van Salomo om wijsheid en wetenschap: Een gepast voorbeeld voor allen, maar inzonderheid voor de dienaren in 's Heeren wijngaard, die met Gods hulp de hun opgelegde taak willen aanvaarden en volbrengen.* Kampen: S. van Velzen Jnr., 1854.

———. "Toelichting." *De Bazuin*, December 22, 1854.

Moltmann, Jurgen. *Man: Christian Anthropology in the Conflicts of the Present.* Translated by John Sturdy. Philadelphia: Fortress, 1974.

Mooij, M. *Bond van Vrije Evangelische Gemeenten.* Baarn: Hollandia Drukkerij, 1907.

Mulder, H. "Lindeboom, Lucas." In *Biografisch lexicon voor de geschiedenis van het Nederlands protestantisme*, edited by D. Nauta, A. de Groot, J. van den Berg, O. J. de Jong, F. R. J. Knetsch, and G. H. M. Posthumus Meyjes, 3:250-53. Kampen: Kok, 1988.

Muller, P. J. *Handboek der dogmatiek.* 2nd ed. Groningen: Wolters, 1908.

Multatuli. *Max Havelaar, of De koffieveilingen der Nederlandsche Handelmaatschappy.* Edited by Annemarie Kets-Vree. Assen: Van Gorcum, 1992.

———. *Max Havelaar, or The Coffee Auctions of the Dutch Trading Company.*

Translated by Baron Alphonse Nahuys. Edinburgh: Edmonson & Douglas, 1868.

De Nederlandsche Vrouwenbond tot Verhooging van het Zedelijk Bewustzijn: Ontstaan, Organisatie, en Werkwijze. N.p, n.d.

van Nes, A. L. *Woorden van broederlijke onderwijzing en waarschuwing ten opzigte van het gebruik der sterke dranken.* Groningen: J. Oomkens, 1841.

de Niet, Johan, and Herman Paul. "Collective Memories of John Calvin in Dutch Neo-Calvinism." In *Sober, Strict, and Scriptural: Collective Memories of John Calvin, 1800-2000*, edited by Johan de Niet, Herman Paul, and Bart Wallet, 67-95. Leiden: Brill, 2009.

Nijkeuter, Henk. *Geschiedenis van de Drentse literatuur, 1816-1956.* Assen: Van Gorcum, 2003.

Noordtzij, Maarten. *Egyptologie en Assyriologie in betrekking tot de geloofwaardigheid des Ouden Testaments: Rede bij het overdragen van het rectoraat aan de Theologische School te Kampen, den 19den December 1881.* Utrecht: C. van Bentum, 1882.

van Oosterzee, J. J. *Christelijke dogmatiek: Een handbook voor academisch onderwijs en eigen oefening.* Utrecht: Kemink, 1876.

den Ouden, R. A., and R. C. Verweyck. *Het Kuyperhuis.* Baarn: E. J. Bosch, 1921.

Pass, Bruce. "'The Heart of Dogmatics': The Place and Purpose of Christology in the Theological Method of Herman Bavinck." PhD diss., University of Edinburgh, 2018.

Pierson, Allard. *Dr. A. Pierson aan zijne laatste gemeente.* Arnhem: D. A.

Thieme, 1865.

Pieters, K. J., D. J. van der Werp, and J. R. Kreulen. *Is de Afscheiding in Nederland van het Hervormd Kerkgenootschap, zooals het thans en sedert 1816 bestaat, uit God of uit menschen?* Franeker: T. Telenga, 1856.

Pos, H. J. "Levensbericht Tj. De Boer." In *Jaarboek der Koninklijke Nederlandse Akademie van Wetenschappen*, 215. Amsterdam: Koninklijke Nederlandse Akademie van Wetenschappen, 1945-46.

Puchinger, George, and Nico Scheps. *Gesprek over de onbekende Kuyper*. Kampen: Kok, 1971.

Querido, Israel. "Letterkundige kroniek." *Algemeen Handelsblad*, October 3, 1906.

Ralston, Joshua. "Islam as a Christian Trope: The Place and Function of Islam in Reformed Dogmatic Theology." *Muslim World* 107, no. 4 (October 2017): 754-76.

Rapport inzake het vrouwenkiesrecht aan de generale synode van de Gereformeerde Kerken. Kampen: Kok, 1927.

Reitsma, J. "Passio Dordracena." *Geloof en Vrijheid: Tweemaandelijksch tijdschrift* 21 (September/October 1887): 555-90.

de Reus, Tjerk. "Op het kompas van De la Saussaye." *Friesch Dagblad*, October 25, 2003.

Rimius, Heinrich. *The History of the Moravians*. London: J. Robinson, 1754.

Robert, Jacques. *The European Territory: From Historical Roots to Global Challenges*. London: Routledge, 2014.

Robertson, Archibald Thomas. *A Short Grammar of the Greek New Testament: For Students Familiar with the Elements of Greek.* New York: Hodder and Stoughton, 1909.

Roegiers, J., and N. C. F. van Sas. "Revolution in the North and South, 1780-830." In *History of the Low Countries,* edited by J. C. H. Blom and Emiel Lamberts, 275-318. New York: Berghahn Books, 1999.

Rombouts, Fr. Siegbertus. *Prof. dr. H. Bavinck: Gids bij de studie van zijn paedagogische werken.* 's Hertogenbosch: Malmberg, 1922.

van Roon, G. *Protestants Nederland en Duitsland, 1933-41.* Utrecht: Spectrum, 1973.

Roosevelt, Theodore. *Theodore Roosevelt Papers.* Series 9: Desk Diaries, 1901-1909. *1907, Jan. 1-1908, Dec. 31; 1909, Jan. 7–Feb. 18.* Library of Congress, Washington, DC.

Rosendaal, Adriaan Cornelis. *Naar een school voor de gereformeerde gezindte: Het christelijke onderwijsconcept van het Gereformeerd Schoolverband (1868-1971).* Hilversum: Verloren, 2006.

Rullmann, J. C. *Onze voortrekkers.* Delft: Naamlooze Vennootschap W. D. Meinema, 1923.

Rutten, Alex. De Publieke Man: *Dr. P. H. Ritter Jnr. als cultuurbemiddelaar in het interbellum.* Hilversum: Literatoren, 2018.

de Savornin Lohman, Alexander. *De correspondentie over mijn ontslag als hoogleeraar aan de Vrije Universiteit.* Utrecht: Kemink, 1896.

———. "Donner (Johannes Hendrikus)." In *Nieuw Nederlandsch Biografisch Woordenboek,* edited by P. C. Molhuysen and P. J. Blok, 1:738. Leiden: A. W. Sijthoff, 1911.

Schaeffer, J. C. *De plaats van Abraham Kuyper in de "Vrije Kerk."* Amsterdam: Buijten & Schipperhein, 1997.

Schaver, J. L. *The Polity of the Churches.* 2 vols. Chicago: Church Polity Press, 1947.

Schivelbusch, Wolfgang. *The Railway Journey: The Industrialization of Time and Space in the 19th Century.* Berkeley: University of California Press, 1986.

Schluter, Dick. "De grensoverschrijdende activiteiten van duivelbanners." In *Nederland en Bentheim: Vijf eeuwen kerk aan de grens / Die Niederlande und Bentheim: Funf Jahrhunderte Kirche an der Grenze,* edited by P. H. A. M. Abels, G.-J. Beuker, and J. G. J. van Booma, 131-46. Delft: Eburon, 2003.

Schoemaker, J. *Geschiedenis der Oud-Gereformeerde Kerk in het Graafschap Bentheim en het Vorstendom Ostfriesland.* Hardenberg: A. Kropveld, 1900.

Scholte, Hendrik Pieter. "De zesde december." *De Reformatie* 2, no. 1 (1841): 291-97.

———. "Moet in de Nederlandsche Staatsregeling de Bepaling worden Opgenomen, dat de Koning Behooren moet tot de Hervormde Godsdienst?" *De Reformatie* 1, no. 7 (1840): 320-32.

———. "Wet op de Verdraagzaamheid opgesteld door Jefferson." In *De Reformatie* 8, no. 2 (1845): 174-78.

Scholten, Johannes Henricus. *De leer der hervormde kerk in hare grondbeginselen.* 2 vols. Leiden: Engels, 1850.

Schoone-Jongen, Robert. "Dutch and Dutch Americans, to 1870." In

Immigrants in American History: Arrival, Adaptation, and Integration, edited by Elliott Robert Barkan, 1:59-66. Oxford: ABC-CLIO, 2013.

Sheeres, Janet Sjaarda. *Son of Secession.* Grand Rapids: Eerdmans, 2006.

Slotemaker de Bruine, J. R. "De vrouw en de kerk." *Christendom en Vrouwenbeweging,* series 6, no. 1, 1923.

Smits, C. *De Afscheiding van 1834. Vol. 8, Provincie Noord-Brabant.* Dordrecht: J. P. van den Tol, 1988.

Snel, Johan. "Kuypers dodenmasker." In *Tussen Kampen en Amsterdam: George Harinck en het Historisch Documentatiecentrum van de Vrije Universiteit, 1985-2017,* edited by Wim Berkelaar, Hans Seijlhouwer, and Bart Wallet, 114-18. Amsterdam: Donum Reeks, 2018.

Snouck Hurgronje, Christiaan. *De beteekenis van den islam voor zijne belijders in Oost-Indie.* Leiden: Brill, 1883.

———. "De islam." *De Gids* 50, no. 2 (1886): 239-73.

———. "Der Mahdi." *Revue Coloniale Internationale* 1 (1886): 25-59.

———. *Mekka.* 2 vols. The Hague: Nijhoff, 1888-89.

———. *Mekka in the Latter Part of the 19th Century—Daily Life, Customs and Learning: The Moslims of the East-Indian Archipelago.* Edited and translated by J. H. Monahan. Leiden: Brill, 2006.

———. "Mijne reis naar Arabie." *Nieuwe Rotterdamsche Courant,* November 26 and 27, 1885.

———. "Mohammedaansch recht en rechtwetenschap: Opmerkingen naar aanleiding van twee onlangs verschenen brochures." *De Indische Gids* 8, no. 1 (1886): 90-111.

──────. "Nogmaals 'De Islam en Oost-Indie' naar aanleiding van prof. De Louters brief." *De Indische Gids* 5, no. 2 (1883): 75-80.

──────. "Prof. De Louter over 'Godsdienstige wetten, volksinstellingen en gebruiken.'" *De Indische Gids* 5, no. 2 (1883): 98-108.

──────. *Verspreide geschriften*. 2 vols. Leipzig: Schroeder, 1923.

Spits, F. C. "Problems of Defence in a Non-belligerent Society: Military Service in the Netherlands during the Second Half of the Nineteenth Century." In *Britain and the Netherlands, vol. 6, War and Society*, edited by A. C. Duke and C. A. Tamse, 189-202. The Hague: Martinus Nijhoff, 1977.

Spurgeon, Charles Haddon. *Voor iederen morgen: Dagboek voor huisgezin of binnenkamer*. Translated by P. Huet. Amsterdam: W. H. Kirberger, 1870. *Morning by Morning: Daily Readings for the Family or the Closet*의 최초의 번역본은 1866년에 출판되었다.

Stanley, Brian. "Africa through European Christian Eyes: The World Missionary Conference, Edinburgh, 1910." In *African Identities and World Christianity in the Twentieth Century*, edited by Klaus Koschorke and Jens Holger Schjorring, 165-80. Wiesbaden: Harassowitz, 2005.

Steketee, Adriaan. *De beteekenis der Kunst voor den toekomstigen Evangeliedienaar: Rede, uitgesproken bij het overgeven van het rectoraat den 16en Dec. 1880*. Kampen: Zalsman, 1881.

──────. *De studie van Plato, met het oog op de theologische forming: Rede, uitgesproken, bij het neerleggen van 't rectoraat, den 16en december 1875*. Kampen: G. Ph. Zalsman, 1875.

Stellingwerff, J. *Kuyper en de VU*. Kampen: Kok, 1987.

Stokvis, Pieter R. D. "The Secession of 1834 and Dutch Emigration to the United States: Religious Aspects of Emigration in Comparative Perspective." In *Breaches and Bridges: Reformed Subcultures in the Netherlands, Germany, and the United States*, edited by George Harinck and Hans Krabbendam, 21-32. VU Studies on Protestant History 4. Amsterdam: VU Uitgeverij, 2000.

Stout, Jeffrey. "Christianity and the Class Struggle." In *The Kuyper Center Review*, vol. 4, *Calvinism and Democracy*, edited by John Bowlin, 40-53. Grand Rapids: Eerdmans, 2014.

Strahan, James. *Andrew Bruce Davidson*. London: Hodder & Stoughton, 1917.

Strauss, David. *Das Leben Jesu, kritisch bearbeitet*. Tubingen: Osiander, 1835.

Strong, Josiah. *Our Country: Its Possible Future and Its Present Crisis*. New York: Baker and Taylor for the American Home Missionary Society, 1885.

———. *Our Country: Its Possible Future and Its Present Crisis*. Edited by Jurgen Herbst. Cambridge, MA: Harvard University Press, 1963.

Stuart, Martinus Cohen. *Zes maanden in Amerika*. Haarlem: Kruseman and Tjeenk Willem, 1875.

Sullivan, Elizabeth. "A Brief History of the Collection." In *European Clocks and Watches in the Metropolitan Museum of Art*, edited by Clare Vincent, Jan Hendrik Leopold, and Elizabeth Sullivan, 3-8. New York: Metropolitan Museum of Art, 2015.

Taylor, Charles. *A Secular Age*. Cambridge, MA: Harvard University Press, 2007.

Tichler, Jacob. *Huldrich Zwingli, de Kerkhervormer*. Utrecht: Kemink, 1858.

Troeltsch, Ernst. *Gesammelte schriften*. Vol. 2. Aalen: Scientia Verlag, 1962.

Tweede Internationaal Congres van Gereformeerden (Calvinisten), Amsterdam 23-26 October 1934, Verslagen. 's Gravenhage: Martinus Nijhoff, 1935.

Uitterdijk, Jurjen Nanninga. *Kampen: Geschiedkundig overzicht en merkwaardigheden*. Kampen: Van Hulst, 1878.

University of Amsterdam. *Album academicum van het Athenaeum illustre en van de Universiteit van Amsterdam: Bevattende de namen der curatoren, hoogleeraren en leeraren van 1632 tot 1913, der rectores magnifici en secretarissen van den Senaat der universiteit van 1877 tot 1913, der leden van den Illustrissimus senatus studiosorum Amstelodamensium van 1851 tot 1913, en der studenten van 1799 tot 1913*. Amsterdam: R. W. P. de Vries, 1913.

Ursinus, Zacharias. *Verklaring op den Heidelbergschen Catechismus*. Translated by C. van Proosdy. Kampen: Zalsman, 1882.

Valeton, J. P. P., Jr. *De Nederlandsche zendingsschool*. Utrecht: n.p., 1905.

Vandenbosch, Amry. *Dutch Foreign Policy since 1815: A Study in Small Power Politics*. The Hague: Martinus Nijhoff, 1959.

Vanderlaan, Eldred. *Protestant Modernism in Holland*. Oxford: Oxford University Press, 1924.

van Veen, H. "De Afscheiding en de gezangenstrijd." In *Afscheiding—*

Wederkeer: Opstellen over de Afscheiding van 1834, edited by D. Deddens and J. Kamphuis, 117-49. Haarlem: Vijlbrief, 1984.

Veenhof, Cornelis. "Uit het leven van de Theologische Hogeschool 6." *De Reformatie* 30, no. 16 (1955): 123-25.

Veenhof, Jan. *Revelatie en Inspiratie: De Openbarings- en Schriftbeschouwing van Herman Bavinck in vergelijking met die van de ethische theologie.* Amsterdam: Buijten & Schipperheijn, 1968.

te Velde, Melis. *Anthony Brummelkamp: 1811–1888.* Barneveld: Uitgeverij de Vuurbaak, 1988.

———. "Brummelkamp, Anthony." In *Biografisch lexicon voor de geschiedenis van het Nederlands protestantisme,* edited by D. Nauta, A. de Groot, J. van den Berg, O. J. de Jong, F. R. J. Knetsch, and G. H. M. Posthumus Meyjes, 4:74-77. Kampen: Kok, 1998.

Verne, Jules. *De Noordpool-expeditie van kapitein Hatteras.* Leiden: de Breuk & Smits, 1870. 1864년에 처음으로 출간되었다.

Visser, Eduard. God, *het woord en de tering: Leven en werk van Simon Gorter (1838- 1871), met een teksteditie van zijn brieven en een keuze uit zijn proza en preken.* Hilversum: Verloren, 2017.

de Vrankrijker, A. C. J. *Vier eeuwen Nederlandsch studentenleven.* Voorburg: Boot, 1936.

Vree, Jasper. *Enkele aspecten van de Afscheiding in Delfzijl: Gebeurtenissen van toen—een vraag aan ons.* N.p., 1985.

———. "Gunning en Kuyper: Een bewogen vriendschap rond Schrift en kerk in de jaren 1860-1873." In *Noblesse oblige: Achtergrond en actualiteit van de theologie van J. H. Gunning jr.,* edited by Th.

Hettema and L. Mietus, 62-86. Gorinchem: Ekklesia, 2005.

———. *Kuyper in de kiem: De precalvinistische periode van Abraham Kuyper, 1848-1874.* Hilversum: Verloren, 2006.

———. "Van separatie naar integratie: De afgescheidenen en hun kerk in de Nederlandse samenleving (1834-1892)." In *Religies en (on)gelijkheid in een plurale samenleving,* edited by R. Kranenborg and W. Stoker, 161-76. Leuven: Garant, 1995.

Wagenhammer, Hans. *Das Wesen des Christentums.* Mainz: Matthias Grunewald, 1973.

Wijne, Johan S. *De "vergissing" van Troelstra.* Hilversum: Verloren, 1999.

Wilhelmina, Princess of the Netherlands. *Eenzaam maar niet alleen.* Amsterdam: W. ten Have, 1959.

Wintle, Michael. *An Economic and Social History of the Netherlands, 1800-1920: Demographic, Economic and Social Transition.* Cambridge: Cambridge University Press, 2000.

Wirtz Czn., J. C. *Bijdrage tot de geschiedenis van de schoolstrijd.* Amsterdam: H. J. Spruyt's Uitgevers-Maatschappij, 1926.

de Wit, Willem Jan. *On the Way to the Living God.* Amsterdam: VU University Press, 2011.

Witkam, Jan Just. "Christiaan Snouck Hurgronje's description of Mecca." In *Mekka in the Latter Part of the 19th Century—Daily Life, Customs and Learning: The Moslims of the East-Indian Archipelago,* by Christaan Snouck Hurgronje, edited and translated by J. H. Monahan, xiii-xxi. Leiden: Brill, 2006.

———. "Copy on Demand: AbūŠbbā in Mecca, 1303/1886." In *The Trade in*

Papers Marked with Non-Latin Characters, edited by Anne Regourd, 206-26. Leiden: Brill, 2018.

Woldring, H. E. S. *Een handvol filosofen: Geschiedenis van de filosofiebeoefening aan de Vrije Universiteit in Amsterdam van 1880 tot 2012.* Hilversum: Verloren, 2013.

Wood, John Halsey. "Church, Sacrament and Civil Society: Abraham Kuyper's Early Baptismal Theology." *Journal of Reformed Theology* 2, no. 3 (2008): 275-96.

Wright, David. Introduction to *Disruption to Diversity: Edinburgh Divinity, 1846-1996,* edited by David Wright and Gary D. Badcock, vii-xxiv. Edinburgh: T&T Clark, 1996.

Wumkes, G. A. "Bavinck (Jan)." In *Nieuw Nederlandsch Biografisch Woordenboek,* edited by P. C. Molhuysen and P. J. Blok, 10:34-35. Leiden: A. W. Sijthoff's Uitgevers-Maatschappij, 1911.

———. *Stads- en Dorpskroniek van Friesland.* Heerenveen: Nieuwsblad van Friesland, 1917.

van Wyk, D. J. C. "P J Hoedemaker, teoloog en kerkman." *HTS Teologiese Studies* 47, no. 4 (1991): 1069-87.

Yarnell, Malcolm. *The Formation of Christian Doctrine.* Nashville: B&H, 2007.

Young, D. A. "The Reception of Geology in the Dutch Reformed Tradition: The Case of Herman Bavinck (1854-1921)." In *Geology and Religion: A History of Harmony and Hostility,* edited by M. Kolbl-Ebert, 289-300. Geological Society Special Publication 310. London: Geological Society, 2009.

Zeller, Eduard. *Das theologische System Zwingli's.* Tubingen: L. Fr. Fues, 1853.

Zijdeman, Richard Lindert. *Status Attainment in the Netherlands, 1811-1941: Spatial and Temporal Variation before and during Industrialisation.* Ede: Ponsen & Looijen, 2010.

Zuidema [이름이 명시되어 있지 않다]. "KAPTEYN (Johannes)." In *Nieuw Nederlandsch Biografisch Woordenboek,* edited by P. C. Molhuysen and P. J. Blok, 2:647-48. Leiden: A. W. Sijthoff's, 1912.

van Zuthem, Johan. *"Heelen en halven": Orthodox-protestantse voormannen en het "politiek" antipapisme in de periode 1872-925.* Hilversum: Verloren, 2001.

van der Zweep, L. *De paedagogiek van Bavinck, met een inleiding tot zijn werken.* Kampen: Kok, 1935.

ㄱ

괴테 171-2, 235
귀납적인 사상가 391, 392, 393
글리슨, 론 34-5, 124, 140, 432
　　부정확한 내용 121, 147, 159, 168, 265, 295, 303, 375, 452, 610
　　오역 163, 415
깔프, 헤리트 140-2, 146, 161, 311
꾸우는, 아브라함 158, 197, 204,
　　210-1, 223, 225-8, 233-4, 245, 258, 260-1, 305-6, 309-10, 378, 381, 481, 512,
　　549, 650, 659, 사진(226)
　　바빙크의 박사논문에 대한 사실상의 지도교수 225-8
　　바빙크에게 끼친 영향 227, 233, 258-60
끄랍번담 63-4

ㄴ

나폴레옹 43, 48, 249
네떨른보스, J. B. 597-601, 615-6
노르트제이, 마르뜬 169, 264, 278, 286, 301, 344, 384, 387, 414, 458-9, 462
니체, 프리드리히 464, 477-80, 482, 499-500, 503, 508-9, 515, 519, 526, 531,
　　548, 552-3, 568-9, 577, 580, 591, 593, 660
　　초인의 개념 478, 577, 591, 593-4

ㄷ

데꺼, 에두아르트 다우어스 ("물타툴리"를 보라.)
뗀 데꺼, 아리 133, 219-21, 312, 314-5, 331, 349
　　아멜리아에 대한 바빙크의 청혼 거절 219-21
뗀 데꺼, 아멜리아 133-6, 138-9, 157, 190-2, 208-10, 219-21, 234, 242, 272-3,
　　299, 312-3, 315, 331-2, 369, 505, 658
도너, J. H. 19, 164, 169-70, 175-6, 178-82, 193, 199, 212, 234, 238, 658, 사진
　　(164)

도스꺼, 니꼴라스 134, 137

도스꺼, 헨리 엘리아스 15-6, 33, 47, 82, 113, 118-9, 130, 133, 137-9, 157, 168, 204-5, 218, 231, 254-6, 273, 299, 315, 339, 347, 352, 374, 398-9, 517-8, 612-3, 650, 658

도일, 아서 코난 447

드 문, 까렐 호더프로이 105-8, 161, 165

드 부어 씨 120-2, 209, 331

드 사보르닌 로만, 알렉산더 429-30, 661

드 콕, 헨드릭 51, 59, 66, 148, 152

드 콕, 헬레니우스 94, 100, 148, 152, 169, 176, 286-7, 336, 414

뒤 부아, W. E. B. 524

디킨스, 찰스 389

뜨룰스트라, 피떠 엘러스 490, 493, 593

ㄹ

라우언호프, 로더베이끄 250, 303, 312, 318, 325, 361-3, 365, 367, 549

라위스, 헤르만 614, 620-2, 624, 660, 사진(623)

라위스, 헤리트 590, 595, 606, 614, 616, 620, 623, 660, 사진(621)

라위스, 후호 플로리스 614, 620-4, 622-3, 660-1, 사진(623)

라위스, 테오도루스 595, 606, 620-1, 623, 사진(623)

라위스-바빙크, 요한나 헤지나 "하니"(헤르만 바빙크의 딸) 415-6, 453-4, 496, 512, 516, 519, 566, 576, 590, 595, 606, 614, 616, 620-1, 623, 661, 사진(619)

란트베어, J. H. 181, 246, 302, 354, 392, 607

레싱, 고트홀트 55-6, 85

루스벨트, 시어도어 28, 518

루이스, C. S. 510

루터, 마틴 99, 530

린더봄, 루카스
    신학교 임용 288-9, 300-3
    바빙크에 대한 불만 343-4
    정신질환자들을 위한 돌봄에 기여 534
    복음전도에 대한 바빙크와의 의견 차이 572-3
    신학교육에 대한 바빙크와의 의견 차이 394-5, 412-4, 421-9, 446-8, 458

ㅁ

매트슨, 브라이언 30

물타툴리(에두아르트 다우어스 데꺼) 182, 184-7, 545, 571

ㅂ
바르트, 칼 326, 553-4
바빙크, 까렐 베른하르트(헤르만 바빙크의 형제) 95, 126, 436
바빙크, 얀(헤르만 바빙크의 아버지) 사진(89)
  제비뽑기 80, 90-5, 289
  회심 75-78
  사망과 장례 112, 535-8
  목사 안수와 벤트하임에서의 사역 87-9
  신학교의 청빙 거절 90-5
  현대 문화와의 관계 72-3, 98-105, 349
  저작 99-101, 110, 455-6
바빙크, 베런디나 요한나 "디나"(헤르만 바빙크의 남매) 89, 95, 101, 119, 121,
  126, 436
바빙크, 베런디누스 요한네스 페미아 "디누스"(헤르만 바빙크의 형제) 101, 109,
  163, 340, 347, 365, 369, 371, 436, 454, 537, 657
바빙크-스키퍼르스, 요한나 아드리아나 사진(374)
  영국 예찬론자 566
  약혼과 결혼 372-4, 385-8, 사진(385, 386)
  가문의 배경 348-50, 369
  지식인의 삶 374-6, 520, 617-20
  기독교 여성 운동에서의 역할 613-7, 사진(614)
바빙크, 요한 헤르만(헤르만 바빙크의 사촌) 620
바빙크, 요한네스 헤리트 "요한"(헤르만 바빙크의 형제) 101, 108-9, 112, 139,
  163, 347, 369, 374, 433-6, 522, 537, 658
바빙크, 쿤라트 베르나르두스 "베르나르트"(헤르만 바빙크의 형제) 100, 163, 265,
  276, 369, 371, 376, 383, 386, 450, 454, 537, 555, 602, 615-6, 657
바빙크, 페미아(헤르만 바빙크의 남매) 95, 101, 126, 436
바빙크, 헤르마누스(헤르만 바빙크의 할아버지) 74, 97, 109, 119
바빙크, 헤르만
  (성격과 개성)
    자서전적 스케치 117-9, 649-51
    야망 214, 227-31, 252-3, 279-82, 324, 361-3, 396-7, 425-6, 467-70
    가족의 역사에 대한 인식 46-7, 201-2, 537-40
    귀납적인 사상가 391-3
    외로움 268-74

　　예의 520-21

　　사적인 영역 138-9, 208-10, 566, 604-6

　　독신 271-3, 296-9, 347, 357-8

　　젊은 시절의 의심 194-6, 230-9

　(교회)

　　즈볼러의 기독개혁교회 137-8

　　호이흐라흐트의 기독개혁교회 199

　　네떨른보스 문제 597-601

　　설교 212-3, 244-7, 262-3, 268-9, 283, 451-5

　　분리의 아들 64-7, 137-8, 460, 609-10

　　개혁교회들의 연합 347-54, 393-7

　(명예)

　　네덜란드 사자 기사단 458, 651

　　시어도어 루스벨트 대통령과의 만남 28, 518

　　왕립학술원의 회원으로 임명 140-1, 651

　　네덜란드령 동인도 민족 연구를 위한 왕립 학회의 회원으로 임명 355-6

　　네덜란드 문학 협회 회원으로 지명 309

　　스톤 강좌 28, 482, 510, 515, 517-9, 527

　(저널리즘과 편집장)

　　「드 바자원」의 편집장 449-50

　　「드 프레이 께르끄」의 편집장 276

　(외모)

　　학생 시절 199, 사진(166)

　　깜픈에서의 교수 시절 사진(301)

　　암스테르담에서의 교수 시절 사진(472, 577)

　　마지막으로 알려진 초상화 사진(595)

　(정치 참여)

　　반혁명당의 지도부 491-7, 504-5, 558-9

　　의회 연설 563-5, 569-73, 585-9, 593, 사진(574)

　　세인포스트 스캔들 429-33

　(견해)

　　칼빈주의와 네덜란드의 문화에 관하여 388-90, 398-9, 418-21

　　식민주의에 관하여 544-6, 563-5

　　성경 교리에 관하여 260-1, 306-8, 503-4, 597-601

　　이민에 관하여 61, 338-9, 405, 524-5

　　복음 전도와 선교에 관하여 525-7

　　암스테르담 자유대학교에 관하여 279-85, 465-70

　　지질학에 관하여 554

해외의 신칼빈주의에 관하여 404-7, 441-3
개혁파 신학과 신칼빈주의에 관하여 396-7
"신칼빈주의"라는 표현에 관하여 550
종교에 관하여 333-4, 576
교육학에 관하여 485-8, 577
심리학에 관하여 357
여행에 관하여 395-9, 453-4
전쟁에 관하여 578-80
사회 속에서의 여성에 관하여 585-9
(여행)
여행 계획의 중단 215, 309, 337
베를린(1886) 338-9
파리와 제네바(1891) 388
런던(1892) 398, 626, 643
북아메리카(1892) 395-407, 사진(404)
독일과 오스트리아(1900) 453-4
런던(1903) 473-4
북아메리카(1908) 28, 118, 514-21, 사진(516, 517)
런던(1909) 530-1
런던(1912) 557
이탈리아와 프랑스(1913) 557-8
바빙크-홀란드, 헤지나(헤르만 바빙크의 어머니) 68, 87-9, 95, 98, 101-2, 108-10, 112, 114-6, 121, 126, 129-31, 162-3, 243, 291, 370-1, 사진(87)
베른, 쥘 99
보스, 게르할더스 15, 130, 338-40, 346-7, 398, 408, 412, 440, 517-8, 662
브랫, 제임스 153, 490
브렘머, R. H. 33-4, 121, 124-5, 132, 140, 168, 209, 232, 245, 302-3, 445, 453, 551, 557, 560, 601, 610
브룸멀깜프, 안토니 81, 90, 105, 146, 148, 158, 163, 168-9, 176, 203, 205-6, 288-9, 344, 348
비렝아, 다우어 끌라제스 103, 191-2, 229, 244, 254, 275-6, 285, 288-9, 300-1, 316, 343-4, 352, 395, 398, 401-2, 414, 473, 626, 662
비스떠르펠트, 페트루스 412, 414, 434, 448, 453, 456-9, 462, 467, 474, 494, 501-2, 521-2, 542-4
빌더데이끄, 빌름 378, 505-7
빌름 1세 43, 49-50, 59
빌름 2세 43, 54, 59, 62
빌헬미나 공주(여왕) 180, 452, 490

ㅅ

상뜨뻬 드 라 소세이 320, 325-8, 381, 444

성 바포 46-7

스캅만, 헤르만 343

스키퍼르스, 안드리스 빌름 110, 348-9, 372, 387, 661

쉬벨부쉬, 볼프강 73

쉰다흐, 얀 바런트 53, 76-7, 79-80, 201-2

슐라이어마허, 프리드리히 157, 195, 216, 265, 304, 308, 326, 334, 438-9, 568-9,
    661

스눅 후르흐론여, 크리스티안(압둘 알-가파르) 사진(188)

        바빙크의 출세를 돕기 위한 노력 355-6, 361-5, 503-5

        바빙크의 사상에 대한 비판 260, 306-8, 529-30

        바빙크와의 초기 우정 188-99

        메카 여행 319-24, 332-4

        상카나와의 결혼 371-2

스테꺼떼이, 아드리안 148, 157, 159-60, 164, 169, 176, 194-5, 243-4, 263-5, 285-
    8, 290, 343, 352, 573, 662, 사진(286)

스펄전, 찰스 해돈 99

스후마꺼르, 하름 힌드릭 53, 87

스홀터, 헨드릭 뻬떠 58, 60-4, 66

스홀튼, 요한네스 헨리쿠스 158, 197, 204, 207, 210-1, 214, 223-7, 229, 234, 245,
    250, 252-3, 258, 260-1, 318, 325, 328, 512, 529, 549, 650, 661, 사진(211)

        바빙크에게 끼친 영향 258-60

ㅇ

야스뻐, 프레이 67

에이르트만스, 베르나르두스 511-2, 547-9, 553

오르, 제임스 397, 480, 531

우닝끄, 얀 헨드릭 243-4, 247, 269, 275-9, 285, 313-5, 607

워싱톤, 북커 T. 523

워필드, B. B. 385, 401, 517, 595, 664

ㅊ

찰머스, 토머스 61, 336

츠빙글리, 울리히 222-7, 232-3, 236, 650

ㅌ

토르벡꺼, 요한 루돌프 129, 131

틸러, 꼬르넬리스 페트루스 305-6, 사진(306)

ㅋ

카이퍼, 아브라함

    자유대학교에서 바빙크에게 접촉

        첫 번째 접촉 229-30

        거절 이후의 접촉 282-5, 408-15, 사진(358)

        최종적으로 성공한 접촉 456-62

        카이퍼의 뒤를 이은 바빙크 155-7

        연역적 접촉과 귀납적 접촉의 비교 391-3

        석고 마스크 602-3, 사진(603)

        바빙크와의 첫 만남 151-4, 사진(187)

        학생 시절의 바빙크와의 교류 182-7, 217-8, 229-31

        바빙크와의 첫 번째 공유 플랫폼 388-93

        바빙크와의 정치적 긴장 494-7, 585-9, 사진(496)

        바빙크과의 개인적인 신학적 입장 차이 412-3, 429-33, 495-9

        전성기의 바빙크와의 관계 558-62, 585-9

        바빙크과의 신학적 유사성 265-6, 329-30, 350-2, 399-400

칸트, 임마누엘 55-6, 85, 482, 550, 568-9

칼뱅, 장 153-4, 233, 265, 450, 529-32, 548, 575, 590, 595

크리습, 올리버 21

크베리도, 이스라엘 506

ㅍ

판 데이끄, 이삭 125

판 랄터, 알베르투스 54, 58, 63-4, 66, 79, 105, 115, 633

판 펠전, 시몬 64, 90, 102, 105, 146, 148-50, 177, 203, 206, 344, 352

페인호프, 얀 30

포스 요한나 "요쩌"(카이퍼의 조카) 622

포이에르바하, 루트비히 304

프린스터러, 흐룬 판, 귀욤 265, 389, 488-9, 495, 550, 646, 659

ㅎ

하링크, 조지 61, 137, 231, 243, 255, 287, 338, 345-7, 398, 407, 418, 422, 481

헤이싱크, 빌름 345, 471-2, 474, 502

헤일께르껀, 요한네스 615-6, 663

헤프, 발렌떼인 33-4, 94, 112, 120-2, 124, 126, 132, 140, 163, 174, 209, 224, 227, 245-6, 258, 302, 386, 398, 453, 517, 551, 557, 607, 610, 613

호너흐, 안토니 462, 540, 597

홈즈, 셜록 447

후더마꺼, 필리푸스 야코부스 356, 412

휜닝 2세, 요한네스.헤르마누스 229, 328-9, 331, 342, 353, 365, 481, 659

히틀러, 아돌프 48, 622

1834년의 분리 49-54, 66-7, 214-8, 222-5, 350-1, 365-6, 539-40, 662-3
    신학적 다양성 81, 150, 413-4
19세기 네덜란드 문화
    고등 교육 128-131
    안식일 준수 103
    학교 출석 120
    선거권(투표권) 430, 495-7, 584-9

ㄱ

개혁교의학(헤르만 바빙크)
    계약 방식 426
    카이퍼의 『백과사전』에 대하여 427-8, 497-9, 513
    준비 315-9, 325-6, 376-82
    개정 2판 509-10, 515, 532, 546-7
    번역 617-9, 사진(618)
    개정 2판의 미출간 553-5
개혁교회들의 연합(1892) 347-54, 393-5
개혁파 윤리학(헤르만 바빙크)
    초기 준비 315-9, 381-2, 408-10
    미완성된 이유 447-9, 471-2, 573-5
계몽주의 36, 49-50, 55, 57, 68, 86, 318, 544, 549
국가들의 봄 (1848) 54-5, 67, 71-2, 83-6, 141, 365-6
기독개혁교회
    치리회
        프라너꺼르 247-51, 256-7
        히어른흐라흐트(레이든) 180-2
        호이흐라흐트(레이든) 180-2, 199
        깜픈 101-2, 166-7, 214-8, 464-6
        즈볼러 137-8
        기독개혁교회의 기원 51-3

총회
　　즈볼러(1882) 285-91
　　아선(1888) 350-1
　　호로닝언(1899) 446-7
　　아른헴(1902) 456-7, 540
　　레이우바르던(1920) 597-602
기독교와 여성 운동 613-7, 사진(614)
깜픈 101-2, 108-9, 147-9
　　기독개혁치리회 (기독개혁교회 아래 "치리회" 부분을 보라.)
깜픈 신학교
　　초기 95, 103-8, 147-51
　　바빙크가 떠난 후 494
　　네덜란드에서의 개혁교회의 위치(1892년 이후) 393-5, 446-52, 456-62

ㄴ
나치즘 ("네덜란드 저항 운동"을 보라.)
네덜란드 (국가) 개혁교회(네덜란드 국교회) 44-54, 87, 148-9, 335
네덜란드 저항 운동 620-4
니더작센의 복음주의 옛 개혁파 교회 47-56, 67, 78-81, 87-9, 338-9

ㄷ
다원주의 478, 577, 586-9
동인도 16, 184, 186, 294, 320, 355-6, 363, 371-2, 473, 540-1, 543, 545, 563-5, 573
두 바빙크 가설 29-35

ㄹ
라틴어
　　바빙크의 활용 133, 139-40, 208, 252, 290, 318
　　네덜란드 교육에서의 위치 변화 128-31, 511
　　네덜란드 개혁주의 문화에서의 중요성 96, 109, 128
레이든
　　『레이든 통론』 ("『순수신학통론』" 부분을 보라.)
　　레이든 대학교 140, 145
　　학생 문화 172-8, 188-90, 192-4
레포르마치(신문) 62-3

ㅁ

『막스 하벌라르』(물타툴리) ("물타툴리"를 보라.)

메노파(메노나이트) 46-7, 52, 63, 378, 537, 539

미합중국

　　미국에서의 바빙크 (헤르만 바빙크 아래 "여행" 부분을 보라.)

　　미국의 기독교 384-5, 395-6, 400-7, 441, 519-21

　　분리파의 이민 47-8, 52-3, 63-4, 149

민주주의 29, 43, 54, 68, 366, 389, 495, 564

　　반혁명당 156, 348, 389, 429, 431-2, 452, 470, 488, 491-5, 501, 550, 558,
　　　　561, 575, 588-9, 602, 620, 646, 659, 661, 665

믿음은 이해를 추구한다 151, 264

ㅂ

바자원(신문) 92-4, 115-6, 236-7

　　편집장으로서의 바빙크 (바빙크 아래 "저널리즘과 편집장" 부분을 보라.)

벤트하임 42, 46-9, 53-8, 67, 72-5, 82-4, 86, 88-9, 91, 93, 96, 98, 201-2, 338,
　　465, 537, 663

벤트하임 숲 72-3, 76-7

부흥 운동 49-51, 376

분스호튼 95, 117-22, 134, 157, 651

분리파(1834) ("1834년의 분리(Afscheiding)" 부분을 보라.)

불교 545

ㅅ

산업화 73, 97-8, 109, 111, 494, 587

　　제1차 산업혁명 43, 389

　　제2차 산업혁명 389

성경

　　성경 번역 376-94, 423-4

　　국가 번역본 105-6, 377-9, 424

성경 비평 211, 223, 244-5, 253, 286, 306-7, 378

『순수 신학 통론』 251-4, 318, 381, 425

스코틀랜드 자유교회 61-2, 336-7, 399

스탄다르트(신문) 17, 102, 169, 316, 374, 378, 392, 416, 429, 431, 449, 560-1,
　　588, 620, 665

시 134-6, 374-5

신칼빈주의
　　특징적인 강조의 등장 264-6, 385-90
　　용어의 등장 345-6
　　옛 칼빈주의에 대하여 318-9
　　개혁신학에 대하여 396-7

ㅇ

아랍어 190, 215, 253, 332-4
아메리카 - 미국을 보라.
알름께르끄 95-6, 99, 108, 117-23, 126, 133, 163, 173, 208, 210, 219-20, 242, 332, 650
알허메인 한델스블라트 320-1, 358, 364, 379, 506-7, 537, 563, 565, 616, 665
암스테르담 111-2, 147, 275-84, 331, 335, 343-7, 사진(608)
암스테르담 대학교 109, 162, 328, 444, 446
암스테르담 왕립 학술원 140, 510-1, 651
암스테르담 자유대학교 사진(459)
　　바빙크 청빙 (아브라함 카이퍼 아래를 보라.)
　　설립 218
애통 335, 347, 350-2, 356, 359, 384, 394, 397, 408, 497, 540, 662-4
어드만스 출판사 375, 618, 사진(618)
에든버러 215, 336-8
윤리 신학 229, 326, 328-30, 480-1, 509, 659
이민 (헤르만 바빙크 아래 "이민에 관하여" 부분을 보라.)
이슬람 188, 319-23, 332-4, 371-2, 493, 508, 542, 564-5, 576
　　이슬람 사상에 대한 바빙크의 비판적 평가(조슈아 랄스턴) 334
인종 522-5

ㅈ

제1차 세계대전 43, 502, 579-80, 590-1
제2차 세계대전 43, 579, 619-24
즈볼러 137
　　분리파 치리회 (기독개혁교의 아래 "치리회" 부분을 보라.)
즈볼러 김나지움 38, 116, 118-9, 128-31, 133-4, 140-2, 146, 158-64, 194, 366, 612, 650, 659
초인 (니체 아래 "초인의 개념" 부분을 보라.)

ㅋ

칼빈주의 (헤르만 바빙크 아래 "견해" 부분을 보라.)
칼빈 신학교 384

ㅍ

편집장으로서의 바빙크 (헤르만 바빙크 아래 "기자와 편집자" 부분을 보라.)
프라너꺼르 145, 262-3
    기독개혁치리회 (기독개혁교회 아래 "치리회" 부분을 보라.)
    프라너꺼르 대학 248-9
프랑스 혁명 42, 84, 391, 488, 501, 503, 647
프레이 께르끄(신학 저널) 254, 264-6, 275-6, 303, 316, 328, 381, 480
    편집장 바빙크 (헤르만 바빙크 아래 "저널리즘과 편집장" 부분을 보라.)
프린스턴 28, 651
프린스턴 신학교 47, 339, 385, 401, 440, 510, 514-20, 664
프린스턴 대학교 440-3

ㅎ

하설만 학교 118-26, 128, 242, 331
하이델베르크 요리문답 76, 110, 268, 277, 423, 455, 465
학문(*wetenschap*)
    정의 35-7
    초기 분리측 역사의 맥락에서 103-7
    흐루너뻬헌에 대하여 483-5
현대성(근대성) 29-32, 35-6, 56-8, 72, 112, 178, 204, 211, 227, 238, 255, 325,
    366, 461, 511-2, 547-51, 553, 570
현대신학(근대신학) 36, 44, 85-6, 159, 161-2, 166, 183, 195, 199, 253, 258, 260,
    265, 322, 548, 553, 661
현대주의(근대주의) ("현대성"을 보라.)
호프 칼리지 138, 149, 398
호허페인 38, 81-3, 88-90, 95, 97-8, 114, 117-9, 144-5, 173, 339, 650
흐따위흐니스(잡지) 100, 128
흐론트뱃(신문) 117-8, 383, 395, 400, 649-50